과거, 출세의 사다리 3

족보를 통해 본 조선 문과급제자의 신분이동

(정조~철종 대)

한 영 우

· 서울대학교 문리과대학 사학과 졸업. 동 대학원 박사
· 서울대학교 한국문화연구소장 / 한국사연구회장 / 국사편찬위원회 위원 /
  서울대학교 규장각관장 / 서울대학교 인문대학장 / 한림대학교 특임교수 /
  문화재위원회 사적분과위원장 / 서울특별시사 편찬위원 /
  이화여대 이화학술원 석좌교수 겸 이화학술원장 역임
· 현재
  서울대학교 명예교수

정조~철종 대

과거, 출세의 사다리 3
족보를 통해 본 조선 문과급제자의 신분이동

초판 제1쇄 인쇄 2013. 12. 9.
초판 제1쇄 발행 2013. 12. 12.

지은이   한영우
펴낸이   김경희
편 집   최윤정·김동석
펴낸곳   (주)지식산업사
         본사 ● 413-832, 경기도 파주시 교하읍 문발리 520-12
                전화 (031) 955-4226~7 팩스 (031)955-4228
         서울사무소 ● 110-040, 서울시 종로구 통의동 35-18
                전화 (02)734-1978 팩스 (02)720-7900
         한글문패   지식산업사
         영문문패   www.jisik.co.kr
         전자우편   jsp@jisik.co.kr
         등록번호   1-363
         등록날짜   1969. 5. 8.

책값은 뒤표지에 있습니다.

ISBN 978-89-423-1171-2 (94910)
ISBN 978-89-423-0068-6 (전4권)

이 책을 읽고 저자에게 문의하고자 하는 이는
지식산업사 전자우편으로 연락 바랍니다.

科擧

과거, 출세의 사다리 3

―족보를 통해 본 조선 문과급제자의 신분이동

(정조~철종 대)

한영우

지식산업사

I 차 례

정조 대
신분이 낮은 급제자와 벼슬

1) 정조 대 민국정치와 서얼허통; 〈정유절목〉

영조의 뒤를 이은 정조(1776~1800)도 소민小民들을 정치에 참여시
켜 민국民國의 시대를 열어가겠다는 정책을 추진했다. 자신의 위상을
'군사君師'로 자처하면서 탕평책蕩平策을 계승하여 강력한 왕권을 행
사한 이유가 여기에 있었다. '군사'란 '성인聖人'과 같은 뜻으로 치통
治統과 도통道統을 겸비했음을 뜻한다. 소민이란 평민平民, 서얼庶孽,
중인中人 등을 모두 포괄하는 것으로 이들의 정치참여 기회를 넓혀줌
으로써 양반문벌의 독점체제를 타파하겠다는 것이다.

정조의 소민 포용정책에서 특히 문제가 되는 것은 서얼과 중인층
이었다. 평민은 법적으로는 아무런 제약을 받지 않았지만, 서얼과 중
인은 출세에 법적 제한이 있었기 때문에 이들의 족쇄를 풀어 주는 것
이 중요한 과제로 등장했다. 그래서 정조는 영조가 만년에 시행한 청
직淸職 서용이 제대로 시행되지 않는 것을 개탄하면서 즉위 직후 인
사권을 가진 이조와 병조에 명하여 서얼소통절목을 만들어 올리라고

명했다. 이에 따라 정조 원년(1777) 3월에 이조에서 〈서류소통절목庶流疏通節目〉을 만들어 올렸는데, 이를 흔히 〈정유절목丁酉節目〉으로 부른다. 그 내용은 다음과 같다.[1]

① 문과급제자의 분관分館은 옛날대로 교서관校書館으로, 무과급제자의 추천은 수부청守部廳(수문청)으로 한다.

② 문관의 참상관參上官(4~6품)은 호조戶曹, 형조刑曹, 공조工曹 등 3조를 허락한다. 해당 관청의 판관判官(종5품) 이하 자리는 음관蔭官이나 무관도 구애받지 않는다.

③ 능陵, 전殿, 묘廟(종묘), 사社(사직), 종부시宗簿寺 등의 낭관(5~6품), 사헌부 감찰監察(정6품), 그리고 금부도사禁府都事(종5품)는 허락하지 않는다.

④ 문관과 무관의 당하관堂下官은 부사府使(종3품)를 상한으로 하고, 당상관堂上官은 목사牧使(정3품 당상관)로 한정한다. 생원과 진사, 음관은 군수郡守(종4품)를 허락하되 치적이 있는 자는 부사를 허락한다. 생원, 진사, 인의引儀 출신이 아닌 자는 현령縣令(종5품)으로 한정하며, 그 가운데 치적이 있는 자는 군수를 허락한다.

⑤ 문관 참상관은 성균관 직강直講(정5품), 무관 참상관은 중추부中樞府로 가는 데 구애받지 않는다. 그러나 무신은 도총부都摠府와 훈련원訓鍊院의 부정副正(종3품)은 허락하지 않는다.

⑥ 오위장五衛將(종2품)은 문관, 무관, 음관 모두 구애받지 않는다. 무신 또한 우후虞侯(정4품)를 허락한다.

⑦ 문식文識과 행의行義가 뛰어난 자와 재기才器와 정적政績이 현저한 자는 규정을 초월하여 발탁하되, 묘당廟堂과 전관銓官(이조와 병조의 낭관)의 품

---

1) 《정조실록》 권3, 정조 원년 3월 21일 정해.

지旨를 거쳐 시행한다. 병조도 마찬가지다.

⑧ 서류는 본종本宗의 가세家世를 따라 차등을 둔다.

⑨ 서얼이 벼슬길에 나간 뒤에 적자嫡子를 능멸하는 경우에는 법률로 다스
린다.

⑩ 외방의 향임鄕任(향청의 직임)은 수임首任(좌수) 이외의 직임은 참용僭用
시킨다.

〈정유절목〉은 정조가 기대한 완전한 허통에는 이르지 못했지만,
영조 대 서류들에게 청직을 허통한 것에서 약간 후퇴하여 서얼들을
조건에 따라 한품서용限品敍用한다는 요지를 담은 것이었다. 정조는
보수층의 반발을 우려하여 서얼허통을 단계적으로 높여 가는 정책을
채택한 것이다.

그래서 이 절목에서는 호조, 형조, 공조 등 3조의 참상관(4~6품)과
지방관의 목사(정3품 당상관), 무반의 오위장(종2품)과 중추부의 임용
을 허락한다는 것이고, 예외를 인정하여 조정에서 합의가 되면 더 높
은 청요직淸要職에도 나가도록 한다는 내용이다. 여기서 3조의 참상
관에 임명한다는 것은, 바꿔 말하면 인사권을 가진 이조와 병조 그리
고 예조에는 임명하지 않는다는 뜻이다. 그리고 외방의 향임도 수석
首席을 제외한 자리에 나가도록 한다는 것도 새로운 내용이다. 여기
서 향임이란 구체적으로 좌수座首, 별감別監, 감관監官, 풍헌風憲 등을
말하는데, 그 가운데 좌수가 수석으로 그 자리만은 서류가 나가지 못
하도록 한 것이다. 이 절목은 정조 9년(1785)에 편찬한 《대전통편大典
通編》에 수록되어 법제화되었다.

그런데 정조는 〈정유절목〉이 만들어진 원년 5월에 담당부서에서

절목을 집행하지 않는 것을 질책하고, 7월에는 금군禁軍(궁궐을 지키는 군인)과 마병馬兵도 중인과 서얼로 채워 승진시킬 것을 명하기도 했다.[2] 정조 5년(1781)과 9년에도 왕은 잇달아 인사행정이 절목대로 집행되지 않는 것을 질책하는 하교下敎를 거듭거듭 내렸다. 정조 7년(1783)에는 서얼소통 대책을 묻는 책문策問을 시험문제로 내기도 했다. 정조는 3조에 임용할 것을 특별히 강조했다. 이어 정조 15년(1791)에는 서얼을 한성 오부五部의 영令(종5품)에 임명하라는 명을 내리기도 했다.[3]

위 〈정유절목〉이 내려지자 보수적인 유생들은 서울의 성균관과 지방의 향교鄕校, 서원書院에서 서얼들의 입학을 막았다. 그러자 정조 2년(1778) 8월에 경상도, 충청도, 전라도 서얼 3,272명은 유생 황경헌黃景憲을 대표로 하여 이에 항의하는 상소를 올렸다. 이들은 앞서 영조 49년(1773)에도 상소하여 향학鄕學(향교)의 등록을 허락받은 바 있는 무리들로, 7개월 동안이나 서울에 올라와 대궐 문 앞에서 농성하면서 다시 상소를 올렸다.

그 내용은 영조 대 서얼에게 청직을 허용하는 은전恩典을 내렸음에도, 최근에 정조가 만든 소통절목에서 청직허용을 금지한 것을 빙자하여 성균관이 서얼을 추방하고 있을 뿐 아니라 지방에도 통문을 보내 향교와 서원에 발을 붙이지 못하게 하고, 유록儒錄과 향안鄕案에서도 삭제하는 소동이 일어나고 있다는 것이었다.[4]

정조는 이에 대해 성균관에 알려 처리하겠다고 약속하고, 이어 성

---

2) 《정조실록》 권4, 정조 원년 7월 22일 을유.
3) 《정조실록》 권32, 정조 15년 4월 11일 을묘.
4) 《정조실록》 권6, 정조 2년 8월 1일 무오.

균관에 서얼의 원한을 풀어 주라는 하교를 내렸다.[5] 이로써 서얼의
성균관 입학이 다시 허용되었다.

　정조의 서얼정책이 가장 큰 빛을 보인 것은 재위 3년(1779)에 규장
각奎章閣에 검서관檢書官을 설치하면서 서얼을 등용한 일이었다.[6] 4
명의 검서관을 모두 서얼 출신인 유득공柳得恭, 박제가朴齊家, 이덕무
李德懋, 서이수徐理修로 임명한 것이다. 4검서관으로 불리는 이들은 비
록 직책은 낮아도 정조의 각별한 사랑을 받으면서 핵심적인 편찬사
업에 참여하여 문화적으로 큰 공적을 남겼으며, 이른바 북학파의 중
심인물로도 활동했다. 이들은 뒤에 현감(종6품)이나 군수(종4품), 부사
(종3품)로도 봉직했다. 뒤에 검서관으로 임명된 성대중成大中과 그 아
들 성해응成海應도 서얼이다.

　정조 15년(1791)에 임금은 성균관 대사성大司成 유당柳戇에게 교를
내려 식당에서 서얼들을 남쪽 줄에 앉게 하는 것을 바로잡아 나이순
으로 앉게 하라고 명했다.[7] 이 조치는 서얼들로부터 큰 환호를 받았
다. 그러나 정조는 가정에서의 적서질서는 잘 지키도록 당부했다. 이
어 임금은 서얼과 중인을 기사장騎士將에 추천하라고 명하고, 문관은
돈녕부 도정敦寧府 都正(정3품), 음관은 서울 5부部의 영令(종5품)에 추
천하도록 지시했다.[8]

　정조 17년(1793)에는 서얼을 관직에 추천하라고 명을 내렸음에도
이를 어긴 이조판서 이병정李秉鼎과 참판 정범조鄭範朝를 파직시키기
도 했다.[9]

5)《정조실록》권7, 정조 3년 3월 30일 갑인.
6)《정조실록》권7, 정조 3년 3월 27일 신해.
7)《정조실록》권32, 정조 15년 4월 16일 경신.
8)《정조실록》권32, 정조 15년 6월 4일 정미.

정조 연간에는 이렇듯 서얼에 대한 소통에 임금이 적극적으로 나섰으나, 서얼을 우대하면 공직질서가 무너지고 적손嫡孫이 피해를 입는다는 신하들의 반발로 완전한 통청에는 이르지 못했다. 하지만 재주 있는 서얼이 검서관이 되기도 하고 성균관과 향교, 서원의 입학이 다시 허락되고 나이순으로 대접을 받게 된 것은 중요한 성과라고 할 수 있다.

참고로, 정조 대 서얼이지만 벼슬길에 오른 이는 위에 소개한 검서관 말고도 원중거元重擧(현감; 종6품), 오정근吳正根(오위장; 종2품), 정현조丁俔祖(현감; 종6품), 이홍상李鴻祥(찰방; 종6품), 이명규李命圭(예빈시 참봉; 종9품), 최수옹崔粹翁(봉상시 주부; 종6품), 김홍련金洪連(승문원 검교; 정6품), 남봉수南鳳秀(사도시 직장; 종7품), 이가운李可運(동부도사; 종5품) 등 30여 명에 이른다.[10]

그러면, 정조 대 문과급제자 가운데 소민에 해당하는 인물은 실제로 얼마나 되며, 그들이 받은 벼슬의 실제상황은 어떤지를 다음에 살펴보기로 한다.

2) 시험종류별 급제자 인원

정조 재위 24년 동안 각종 문과시험의 전체 급제자 수는 777명으로, 매년 평균 32.37명을 뽑은 셈이다. 이를 앞뒤 시기와 비교하면 다음과 같다.

표를 보면, 광해군에서 숙종 대까지는 매년 평균 31명 이하를 유지

---

9) 《정조실록》 권37, 정조 17년 5월 27일 무오.
10) 《규사》 권2.

해 오다가 경종과 영조 대에는 40명을 넘어서고 있음을 볼 수 있다. 이런 수치의 변화는 관직수요가 늘어서 생긴 현상이라기보다는 하층민을 포용하려는 탕평책의 결과로 볼 수 있다. 하지만, 그 부작용으로 벼슬을 받지 못한 급제자가 늘어났다. 정조 대에는 매년 평균 급제자가 32.37명으로 줄어들었는데, 이는 공급과잉을 조정하려는 의도로 보인다. 정조 대 이후로는 30명 선이 유지되다가 고종 대에 이르러 거의 2배에 가까운

광해군 대	30.06명
인조 대	27.74명
효종 대	24.5 명
현종 대	26.2 명
숙종 대	31 명
경종 대	45.75명
영조 대	40.98명
정조 대	32.37명
순조 대	30.8 명
헌종 대	30.33명
철종 대	33.6 명
고종 대	56.7 명

56.7명으로 급자기 늘어난다. 이는 고종 대에 근대화가 추진되면서 관직수요가 늘어난 것과 사회통합의 필요성이 증대된 결과이다.

다음에 정조 대 777명의 급제자를 시험종류별로 알아보면 다음과 같다.

식년시式年試	8회	363명
증광시增廣試	3회	120명
정시庭試	11회	199명
별시別試	3회	27명
알성시謁聖試	7회	34명
중시대거 별시重試對擧 別試	1회	5명
평안도 도과江原道 道科	1회	9명
함경도 도과咸鏡道 道科	1회	7명
수원 별시水原 別試	2회	10명
남한산성 별시南漢山城 別試	1회	3명
합 계		777명

먼저, 3년마다 시행되는 정기시험인 식년시급제자는 8회에 걸쳐 363명을 선발하여 전체 급제자의 46.7퍼센트에 이른다. 식년시는 7배수를 선발하는 초시급제자를 8도의 인구비율로 안배하기 때문에 지방민에게 유리한 시험이다. 식년시와 비슷

한 성격의 증광시는 3회에 걸쳐 120명을 선발했다. 식년시와 증광시 급제자를 합치면 483명으로 전체 급제자의 62.16퍼센트를 차지한다. 이 수치는 영조 대 53.35퍼센트에 견주어 한층 높다. 지방민에 대한 배려가 영조 대보다 커진 것을 보여 준다.

정조 대 식년시의 매회 평균 급제자 수는 45.37명으로 영조 대의 45명과 비슷한 수치다. 식년시급제자는 원칙적으로 33명을 선발하는 것이지만, 이렇게 정원을 늘린 것은 신분이 낮은 지방 인재들을 포용하려는 의도가 반영된 것이다.

지방 인재들에 대한 배려는 평안도와 함경도에서 시행한 도과로도 나타났으며, 수원에서 두 차례, 남한산성에서 한 차례 별시를 치르기도 했다. 이렇게 지방에서 실시된 시험에서 선발된 급제자는 모두 29명에 이른다. 이 지역들이 국방의 요지라는 점을 고려한 것이다.

특히 평안도와 함경도, 강원도, 제주도 등 소외된 지역의 인재들을 격려하기 위해 도과 말고도 '빈흥賓興'이라 하여 간단한 경서經書 시험을 치러 급제자에게 벼슬을 주기도 하고 전시殿試에 직접 응시하도록 하기도 했는데, 빈흥은 정조 대 처음으로 시행된 제도이다. 이들의 우수 시험답안지를 모아 놓은 책이 《빈흥록賓興錄》으로 평안도의 《관서빈흥록關西賓興錄》, 함흥의 《풍패빈흥록豊沛賓興錄》, 함경도의 《관북빈흥록關北賓興錄》, 강원도의 《관동빈흥록關東賓興錄》, 경상도의 《교남빈흥록嶠南賓興錄》, 그리고 제주도의 《탐라빈흥록耽羅賓興錄》 등 6종이 있다. 문벌 세력이 많은 서울, 경기, 충청도를 제외한 것이다. 다만, 이것들은 정식 문과시험이 아니고 벼슬이나 인적사항도 기록에 보이지 않아 분석대상에서 제외했다.

3) 지역별 급제자 분포

정조 대 이후로는 문과급제자의 출신 지역이 《방목》에 거의 모두 기재되어 있어 지역별 급제자 수를 정확하게 파악할 수 있다. 이는 영조 대에 약 3분의 1 정도의 급제자만이 출신 지역을 기록한 것과 다르다. 777명의 급제자를 지역별로 살펴보면 다음과 같다.

지 역	전체 급제자(비율)	식년시급제자(비율)
서 울	257명(33 %)	68명(26.45%)
평안도	120명(15.44%)	88명(73.33%)
경기도	115명(14.8 %)	41명(35.65%)
경상도	94명(12.09%)	70명(74.46%)
충청도	70명(9 %)	33명(47.14%)
전라도	44명(5.66%)	20명(45.45%)
함경도	29명(3.73%)	18명(62.06%)
강원도	23명(2.96%)	9명(39.13%)
제주도	9명(1.16%)	6명(66.66%)
황해도	4명(0.51%)	1명(25 %)
미 상	12명	
합계(평균)	777명	354명(45.56%)

위 표를 보면, 가장 많은 급제자를 배출한 곳은 서울로 전체 급제자의 33퍼센트에 해당하는 257명이 나왔다. 영조 대 《방목》에는 출신지가 기록되지 않은 급제자들이 약 3분의 2 정도나 되어 서울 출신 급제자의 수치를 정확하게 알 수 없으므로 영조 대와 비교할 수 없는 것이 유감이다. 하지만 순조 대는 서울 출신이 39.4퍼센트, 헌종 대는 37.1퍼센트, 철종 대는 38퍼센트로 증가하고 있어 서울 출신의 비중

이 갈수록 커지고 있는 것을 볼 수 있는데, 고종 대는 다시 32퍼센트 대로 낮아지고 있다. 이런 변화는 지방 출신에 대한 국가의 의지와 깊은 관계가 있는데, 특히 식년시의 비중이 얼마나 큰가에 따라 달라 진다.

서울 다음으로 급제자를 많이 배출한 지역은 평안도로 전체 급제자의 15.44퍼센트에 해당하는 120명이 나왔다. 이 수치에는 평안도 도과로 선발한 9명이 포함된다. 8도의 인구비율을 보면 평안도는 경상도에 이어 2위를 차지하고 있는데, 문과급제율은 경상도를 앞지르고 있는 것이 눈길을 끈다.[11] 인구 1위인 경상도는 급제율이 4위로 밀리고 있다.

앞서 영조 대에는 거주지가 확인된 평안도 출신 급제자가 142명인데, 실제는 그보다 더 많았을 것으로 추정되지만 확실한 수치를 알수 없어 비교가 불가능하다. 순조 대에는 정조 대와 똑같은 15.44퍼센트를 차지하면서 2위를 유지하다가 헌종 대에는 14.9퍼센트, 철종 대에는 13.8퍼센트로 내려가 경상도한테 밀려 3위로 내려갔다. 그러다가 고종 대에 이르러 16퍼센트대를 차지하면서 다시 2위로 올라섰

---

11) 정조 대 편찬된 《호구총수戶口總數》를 따르면, 정조 22년(1798) 서울과 8도의 인구는 다음과 같다.

서 울	193,783명
경상도	1,582,102명
평안도	1,283,239명
전라도	1,226,247명
충청도	871,057명
함경도	683,966명
경기도	662,992명
황해도	579,845명
강원도	329,455명
합 계	7,412,686명

다. 다시 말해 정조와 고종 대가 평안도 출신의 급제율이 가장 높은
시대임을 알 수 있는데, 이는 평안도에 대한 정부의 배려와도 깊은
관련이 있다.

평안도 지역 가운데서도 가장 괄목할 급제율을 보인 것은 정주定州
로 45명을 헤아리는데, 이는 전체 평안도 출신 급제자의 37.5퍼센트
에 해당한다. 정주 다음으로는 안주安州와 평양平壤이 각각 8명으로
뒤를 쫓고 있으나, 정주와의 격차는 매우 크다.[12]

앞서 영조 대에도 거주지가 밝혀진 평안도 출신 급제자 142명 가
운데 정주 출신이 48명으로 33.8퍼센트를 차지하고 있으며, 정주 다
음으로는 안주가 15명으로 정주 출신 급제자의 절반에도 미치지 못
하고 있었다.

한편, 8도 급제자가 식년시에 급제한 비율을 보면 경상도가 74.4퍼
센트로 가장 높고, 평안도가 73.3퍼센트로 두 번째이며, 서울이 26.4
퍼센트로 가장 낮다. 이를 바꿔 말하면, 서울 출신은 식년시보다는
정시나 별시 등에 급제하는 비율이 가장 높고, 경상도와 평안도는 정
반대라는 것을 보여 준다.

조선 후기, 특히 영조와 정조 대 이후로 평안도 출신 급제자가 급
속하게 많아지면서 신흥 가문이 형성되었다. 수원백씨水原白氏, 배천
조씨白川趙氏, 경주김씨慶州金氏, 연안김씨延安金氏, 해주노씨海州盧氏,

---

12) 정조 대 평안도 출신 급제자의 군현별 인원은 다음과 같다.
   45명 급제자 지역: 정주
   8명 급제자 지역: 안주, 평양
   6명 급제자 지역: 개천
   5명 급제자 지역: 영변
   3명 급제자 지역: 태천, 용천, 선천, 상원, 의주, 영유, 가산, 은산, 강동, 순천
   2명 급제자 지역: 철산, 운산, 벽동, 구성
   1명 급제자 지역: 삼등, 숙천, 삭주, 순안, 맹산, 위원, 강계, 성천, 자산, 희천

순천김씨順天金氏, 연안차씨延安車氏, 전주김씨全州金氏, 순흥안씨順興安
氏 등이 이에 속한다. 그와 아울러 최초로 문과급제자를 배출하는 성
관姓貫도 무수히 등장한다. 이에 대해서는 뒤에 다시 설명할 것이다.

평안도 다음으로 3위를 차지한 것은 경기도로 14.8퍼센트에 해당
하는 115명의 급제자를 배출했는데, 여기에는 수원과 남한산성에서
치른 별시급제자 13명이 포함된다. 경기도 인구가 6위인 것을 고려하
면 급제율이 높은 편이다.

경상도는 94명을 배출하여 경기도에 이어 4위를 차지하고 있는데,
8도 가운데 인구가 가장 많은 것을 고려하면 성적이 아주 좋지 않다.
그런데 순조 대에는 경상도가 경기도를 제치고 3위로 올라서고, 헌종
과 철종 대에는 평안도를 제치고 2위로 올라섰다가 고종 대에 이르
러서는 평안도, 경기도, 충청도에 밀려 5위로 밀려나고 있다.

경상도 다음으로는 충청도 5위(인구 4위), 전라도 6위(인구 3위), 함
경도 7위(인구 5위), 강원도 8위(인구 8위), 제주도 9위(인구 9위), 황해
도 10위(인구 7위)의 순으로 나타난다. 인구 3위인 전라도가 급제율
6위로 떨어지고, 인구가 적은 강원도와 제주도가 황해도보다 앞선 것
이 눈여겨볼 만하다.

위와 같은 현상을 통틀어 보면 서울, 경기, 충청, 평안도가 인구비
율에 비추어 급제율이 높고, 경상도, 전라도, 황해도, 함경도가 인구
비율에 비추어 급제율이 부진하다는 것을 말해 준다.

4) 신분이 낮은 급제자의 비율과 유형

정조 대 문과급제자 777명 가운데 신분이 낮은 급제자로 판명된

인원은 모두 412명에 이른다. 이는 전체 급제자의 53.02퍼센트에 해당한다. 이 수치를 앞뒤 시기와 비교하면 다음과 같다.

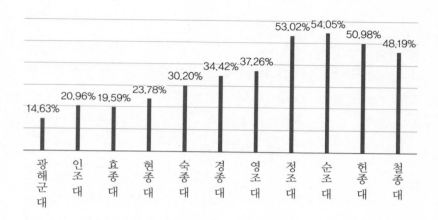

위 표를 보면, 신분이 낮은 급제자의 비율이 광해군 대 14퍼센트대에서 출발하여 숙종 대 이후에는 30퍼센트대로 올라가고, 다시 정조 대에는 53퍼센트대로 가파르게 올라선 것을 알 수 있다. 그러니까 급제자의 절반 이상이 신분이 낮은 부류임을 말해 준다. 그 뒤 19세기 세도정치기에는 그 수치가 차츰 내려가는데, 철종 대가 가장 낮은 48퍼센트대를 보이고 있다가 고종 대에 이르러 거의 60퍼센트대에 육박하는 증가를 보이고 있다. 이러한 수치의 변화는 18세기 후반에서 19세기 후반에 이르는 1백 년 동안 신분이동이 격렬하게 일어났다는 것을 말해 준다.

그런데 정조 대 신분이 낮은 급제자 412명의 신분을 자세히 조사해 보면 다음과 같은 여러 부류가 있다. ①《족보》 자체가《청구》와 《만성》의 통합보에 보이지 않는 급제자 16명, ②《족보》는 있으나 급제자의 가계가 보이지 않는 급제자가 226명으로 전체 급제자의 29.08퍼센트, 신분이 낮은 급제자의 54.85퍼센트를 차지하고 있다. ③ 《족보》에 급제자의 이름이 보이나 조상의 가계가 끊어진 급제자가 4명, ④《족보》에 가계가 체계적으로 보이나 내외 4대조 또는 직계 3대조 위에도 여러 대에 걸쳐 벼슬아치가 보이지 않는 급제자가 166 명으로 전체 급제자의 21.36퍼센트, 신분이 낮은 급제자의 40.29퍼센트를 차지한다.

(1)《족보》자체가 없는 급제자

정조 대 문과급제자로 자기 성관의 《족보》 자체가 《청구》와 《만성》에 보이지 않는 급제자는 모두 16명이다. 이들은 인구가 극히 적은 희성稀姓에 속하고, 자기 성관에서 유일한 문과급제자가 13명이다. 지역적으로는 평안도나 함경도 등 북방 출신이 11명으로 가장 많다. 벼슬을 받은 급제자는 3명에 지나지 않는다. 16명의 명단을 소개하면 다음과 같다.

장지묵張志黙 경기도 풍덕豊德 사람으로 유학을 거쳐 식년시에 급제했는데 벼슬이 없고, 본관이 지례知禮인데 《지례장씨보》 자체가 없다. 《세종실록》〈지리지〉에는 지례의 토성土姓 가운데 장씨가 있으며, 2000년 현재 지례장씨 인구는 97가구 318명의 극희성으로 조선시대 문과급제자는 장지묵이 유일하다.

최운한崔雲翰 평안도 삭주朔州 사람으로 평안도 별시에 급제하여 벼슬이 사헌부 장령掌令(정4품)에 이르렀다. 본관이 청송青松인데《청송최씨보》자체가 없어 신원을 알 수 없다. 2000년 현재 청송최씨 인구는 389가구 1,225명의 희성으로 최운한이 유일한 문과급제자이다. 그런데 《세종실록》〈지리지〉를 보면 최씨는 삭주의 입진성入鎭姓으로 되어 있어 조선 초기 청송에서 삭주로 강제 이주한 주민의 후손으로 처음 문과급제자를 배출한 것을 알 수 있다.

임효원林孝源 함경도 명천明川 사람으로 유학을 거쳐 함경도 별시에 급제했는데 벼슬은 없고, 본관이 동래東萊이지만 《동래임씨보》자체가 없다. 2000년 현재 동래임씨 인구는 175가구 530명의 희성으로 조선시대 문과급제자는 임효원이 유일하다. 《세종실록》〈지리지〉와 《동국여지승람》에는 동래에 임씨가 없어 그가 급제한 뒤에 이곳을 본관으로 정한 듯하다.

이경신李敬臣 함경도 안변安邊 사람으로 유학을 거쳐 함경도 별시에 급제하여 벼슬이 사헌부 장령(정4품)에 이르렀다. 본관이 간성杆城이지만 《간성이씨보》자체가 없다. 이씨는 조선 초기 간성의 속성續姓으로 향리를 지내던 씨족인데, 그 일부가 함경도 안변으로 이주한 것으로 보인다. 2000년 현재 간성이씨 인구는 319가구 965명의 희성으로 조선시대 문과급제자 5명을 배출했다.

박창조朴昌朝 함경도 함흥咸興 사람으로 유학을 거쳐 식년시에 급제했는데 벼슬이 없고, 본관이 사천泗川이지만 《사천박씨보》자체가 없다. 《세종실록》〈지리지〉나 《동국여지승람》어디에도 사천에 박씨가 보이지 않는 것으로 보아 박창조가 급제한 뒤에 본관을 사천으로 정한 듯하다. 2000년 현재 사천박씨 인구는 252가구 881명의 희성으로 조선시대 문과급제자는 그가 유일하다.

방재악方在岳 평안도 맹산孟山 사람으로 유학을 거쳐 정시에 급제했

는데 벼슬이 없고, 본관이 풍주豊州(豊川)이지만 《풍주방씨보》 자체
가 없다. 《세종실록》〈지리지〉를 보면 맹산의 방씨는 황해도 풍주에
서 이주해 온 입진성入鎭姓으로 되어 있다. 2000년 현재 풍천방씨 인
구는 단 1명으로 알려져 있는데, 현재 북한에 주로 살고 있거나 후손
들이 다른 성관으로 바꾼 것인지도 모른다. 어쨌든 방재악은 조선시
대 유일한 문과급제자이다.

최치호崔致祜 평안도 운산雲山 사람으로 유학을 거쳐 식년시에 급제
했는데 벼슬이 없고, 본관이 상주尙州이지만 《상주최씨보》 자체가 없
다. 《세종실록》〈지리지〉, 《동국여지승람》, 그리고 영조 대 편찬된
《여지도서》 어디에도 운산에는 상주최씨가 없다. 아마도 최치호가 급
제한 뒤에 본관을 상주로 정한 듯하다. 2000년 현재 상주최씨 인구는
517가구 1,685명의 희성으로 조선시대 문과급제자는 그가 유일하다.

김필선金必宣 평안도 의주義州 사람으로 유학을 거쳐 식년시에 급제
했는데 벼슬이 없고, 본관이 대구大邱지만 《대구김씨보》 자체가 없
다. 《세종실록》〈지리지〉, 《동국여지승람》, 《여지도서》 어디에도 의
주에 대구김씨가 보이지 않는다. 2000년 현재 대구김씨 인구는 1,030
가구 2,986명의 희성으로 조선시대 문과급제자는 명종 대 김심金沈에
이어 김필선이 두 번째이다.

이근오李覲吾 경상도 울산蔚山 사람으로 진사를 거쳐 경과에 급제했
는데 벼슬이 없고, 본관이 울산이지만 《울산이씨보》 자체가 없다. 이
씨는 울산의 토성土姓이며 2000년 현재 울산이씨 인구는 1,967가구
6,328명의 희성으로, 선조 대 이순민李舜民이 문과에 급제한 뒤 이근
오가 두 번째이다.

채일상蔡─祥 충청도 제천堤川 사람으로 유학을 거쳐 경과에 급제했

는데 벼슬이 없고, 본관이 이천利川이지만 《이천채씨보》 자체가 없다. 《세종실록》〈지리지〉나 《동국여지승람》에도 이천과 제천에 채씨가 없다. 더욱 이상한 것은 채일상의 할아버지 본관이 인천仁川으로 되어 있는데, 《인천채씨보》에는 증조까지의 가계만 보이고 할아버지 이후의 가계는 보이지 않는다는 점이다. 2000년 현재 이천채씨 인구는 1가구 2명이고, 그가 유일한 문과급제자이다.

동방숙東方淑 평안도 위원渭原 사람으로 유학을 거쳐 식년시에 급제하여 벼슬이 성균관 전적(정6품)에 이르렀다. 본관이 진주晉州이지만 《진주동방씨보》 자체가 없다. 《세종실록》〈지리지〉, 《동국여지승람》, 《여지도서》에는 진주와 위원에 모두 동방씨가 없다. 2000년 현재 진주동방씨 인구는 30가구 98명의 희성으로 중국에서 귀화한 성씨로 알려져 있으며, 동방숙이 유일한 문과급제자이자 중시조中始祖로 알려져 있다.

김온金瑥 평안도 순천順川 사람으로 유학을 거쳐 식년시에 급제했는데 벼슬이 없고, 본관이 순천이지만 《순천김씨보》 자체가 없다. 《세종실록》〈지리지〉와 《동국여지승람》, 《여지도서》 어디에도 순천에 순천김씨가 보이지 않는다. 2000년 현재 순천김씨 인구는 147가구 431명의 희성으로 김온은 조선시대 유일한 문과급제자이다. 자신의 출신지를 본관으로 만들어 시조가 된 것으로 보인다.

부종인夫宗仁 제주濟州 사람으로 유학을 거쳐 식년시에 급제했는데 벼슬이 없고, 본관이 제주인데 《제주부씨보》 자체가 없다. 2000년 현재 제주부씨 인구는 2,980가구 9,440명으로, 부종인이 조선시대 유일한 문과급제자이다.

허형許珩 경기도 포천抱川 사람으로 유학을 거쳐 경과에 급제했는데 벼슬이 없고, 본관이 원주原州이지만《원주허씨보》자체가 없다.
현재 원주허씨 인구도 알 수 없으며, 허형이 유일한 문과급제자이다.
《세종실록》〈지리지〉에는 원주와 포천에 모두 허씨가 없어 그가 문
과에 급제한 뒤에 처음으로 본관을 원주로 정한 것으로 보인다.

　정익방鄭翼邦 평안도 희천熙川 사람으로 유학을 거쳐 식년시에 급제
했는데 벼슬이 없고, 본관이 개성開城이지만《개성정씨보》자체가 없
다. 2000년 현재 개성정씨 인구는 428가구 1,313명의 희성으로 정익
방이 조선시대 유일한 문과급제자이다.《세종실록》〈지리지〉,《동국
여지승람》,《여지도서》어디에도 희천에 개성정씨가 보이지 않는다.
아마도 그가 문과에 급제한 뒤에 본관을 개성으로 정한 듯하다.

　이형李珩 함경도 함흥咸興 사람으로 유학을 거쳐 식년시에 급제했
는데 벼슬이 없고, 본관이 용강龍江이지만《용강이씨보》자체가 없
다. 현재 인구도 알 수 없으며, 문과급제자는 이형이 유일하다.

(2)《족보》에 오르지 못한 급제자의 비율

　정조 대 전체 급제자 777명 가운데《청구》와《만성》의《족보》에
가계家系가 보이지 않는 급제자는 모두 226명으로 전체 급제자의
29.08퍼센트, 신분이 낮은 급제자의 54.85퍼센트를 차지한다. 이를 앞
뒤 시기와 비교하면 다음과 같다.

왕 대	전체 급제자 대비	신분 낮은 급제자 대비
광해군	11.08%	75.75%
인 조	14.81%	70.7 %
효 종	14.69%	75 %

현　종	14.83%	62.36%
숙　종	18.71%	61.94%
경　종	21.31%	61.9 %
영　조	22.61%	60.7 %
정　조	29.08%	54.85%
순　조	29.83%	55.2 %
헌　종	31.2 %	61.2 %
철　종	32.48%	67.4 %

　표를 보면 《족보》에 가계가 보이지 않는 급제자의 비율이 전체 급제자를 대상으로 할 경우에는 광해군 대 11퍼센트대에서 차츰 증가하여 정조 대에는 29퍼센트대로 높아지고, 그 뒤로는 30퍼센트대를 넘어서고 있음을 알 수 있다. 그런데 신분이 낮은 급제자를 대상으로 비율을 알아보면 오히려 시대가 지날수록 그 비율이 낮아지고 있음을 알 수 있다. 광해군 대 75퍼센트대를 보였던 수치가 차츰 줄어들면서 정조 대에는 54퍼센트대로 내려갔다. 이런 수치의 변화는 뒤에 살피게 될 내외 4대조 또는 그 위 여러 대에 벼슬아치가 없는 급제자의 비율이 시대가 내려갈수록 높아지는 현상과 관련이 있다. 다시 말해 시대가 내려갈수록 《족보》에 가계가 보이지 않는 급제자와 내외 4대조 가운데 벼슬아치가 없는 급제자의 비율이 함께 높아지고 있다는 뜻이다.

　문과에 급제했음에도 《족보》에 오르지 못하고 있다는 것은 조상 가운데 벼슬아치가 없거나 가까운 조상 가운데 벼슬아치가 없어 가계가 그만큼 한미寒微하다는 뜻이다. 따라서 이들은 희성, 평민, 향리, 서얼, 또는 노비로 있다가 양인良人으로 올라와 벼슬한 경우로 볼 수 있다.

(3) 《족보》에 오르지 못한 급제자의 지역분포

그러면 정조 대 《족보》에 오르지 못한 급제자 226명은 지역별로
어떻게 분포했는가? 이를 표로 만들면 다음과 같다.

지역	전체 급제자	《족보》에 오르지 못한 급제자	전체 급제자 대비	《족보》에 오르지 못한 급제자 대비
평안도	120명	102명	85 %	45.13%
경상도	94명	24명	25.53%	10.61%
전라도	44명	24명	54.54%	10.61%
경기도	115명	17명	14.78%	07.52%
함경도	29명	17명	58.62%	07.52%
충청도	70명	15명	21.42%	06.63%
강원도	23명	11명	47.82%	04.86%
서 울	257명	7명	02.72%	03.09%
제주도	9명	3명	33.33%	01.32%
황해도	4명	3명	75 %	01.32%
합 계	777명	223명		
미 상		3명		
합 계	777명	226명	평균 29.08%	

위 표를 보면, 《족보》에 오르지 못한 급제자 226명 가운데 평안도
에서 102명을 배출해 45.13퍼센트를 차지하고 있다. 그러니까 《족
보》에 오르지 못한 226명의 거의 절반이 평안도 출신이라는 뜻이다.
또한 평안도 출신 급제자 120명의 85퍼센트는 《족보》에 오르지 못한
것을 알 수 있다. 황해도는 급제자의 75퍼센트, 함경도는 58.62퍼센
트가 《족보》에 오르지 못하고 있어 북방 지역 출신 급제자들의 절반
이상이 《족보》에 오르지 못한 부류임을 알 수 있다.

서울은 전체 급제자의 2.72퍼센트만이《족보》에 오르지 못하고 있어 가장 집안이 좋고, 그 다음은 경기도와 충청도 급제자들이 각각 14퍼센트대와 21퍼센트대로 집안이 좋은 것을 알 수 있다. 남방 지역에서는 전라도가 54.54퍼센트로 경상도 25.53퍼센트에 견주어 집안이 좋지 않은 급제자의 비율이 2배 이상 많다. 이를 종합해 보면 서울, 경기, 충청도 등 중부 지방 출신 급제자들의 집안이 상대적으로 좋은 것을 알 수 있다.

(4) 《족보》에 오르지 못한 급제자의 신분

정조 대 문과급제자 777명 가운데《족보》에 오르지 못한 226명은 조상 가운데 벼슬아치가 없는 평민이거나, 인구가 희박한 희성이거나, 향리거나, 서얼이거나, 중인이거나, 또는 노비로서 양인으로 올라가서 문과에 급제한 부류 등으로 볼 수 있다. 이들 특이한 부류의 급제자들을 차례로 소개하면 다음과 같다.

(가) 서얼 출신, 향임 출신, 귀화인 출신

《족보》에 가계가 보이지 않는 급제자 226명 가운데 서얼 출신으로 확인된 급제자가 2명, 서얼로 추측되는 급제자가 1명, 향임 출신이 1명, 귀화인 출신이 1명이다. 이들 5명의 명단을 소개하면 다음과 같다.

정현조丁俔祖 경상도 풍기豊基 사람으로 유학을 거쳐 증광시에 급제하여 벼슬이 현감(종6품)에 이르렀다. 본관이 나주羅州이고 할아버지와 증조는 모두 문과급제자임에도《나주정씨보》에는 본인만 누락되었다. 조선시대 서얼의 역사를 정리한 《규사葵史》를 보면 정현조는 서출이라고 한다. 하지만 《방목》에는 그가 서출이라는 것을 전혀 밝히지 않고 있다.

최수옹崔粹翁 경기도 양성陽城 사람으로 진사를 거쳐 정시에 장원급제하여 벼슬이 찰방(종6품)에 이르렀다. 본관이 해주海州인데 《해주최씨보》에는 증조까지의 가계만 보이고, 할아버지, 아버지, 그리고 본인의 이름이 보이지 않는다. 《규사》를 보면 최수옹은 서출로 되어 있다. 그러나 《방목》에는 그가 서출임을 밝히지 않고 있다.

이상렴李尙濂 평안도 정주定州 사람으로 유학을 거쳐 식년시에 급제했는데, 벼슬이 없다. 본관이 전주全州인데 《전주이씨과거급제자총람》에는 이상렴을 파미분류자派未分類者로 기록하고 있다. 다시 말해 어느 파에 속하는지 알 수 없어 《족보》에 오르지 못한 인물로, 서출이거나 평민임을 암시한다.

고응관高應觀 전라도 영광靈光 사람으로 유학을 거쳐 식년시에 급제하여 벼슬이 사헌부 장령(정4품)에 이르렀다. 본관이 장흥長興이지만 《장흥고씨보》에 가계가 보이지 않는다. 동생이 영광의 향임이라고 기록되어 있으므로13) 고응관 또한 향임 집안 출신이다.

이정일李鼎鎰 황해도 신천信川 사람으로 유학을 거쳐 문과에 급제하여 벼슬이 봉상시 봉사奉事(종8품)에 이르렀다. 본관이 화산花山인데 화산이씨는 고려 때 베트남에서 귀화해 온 왕족의 후손이다. 2000년 현재 화산이씨 인구는 230가구 1,775명의 희성으로 이정일이 유일한 조선시대 문과급제자이다. 그런데 《만성》에는 《화산이씨보》 자체가

---

13) 《정조실록》 권30, 정조 14년 4월 23일 계유.

없으며, 《청구》의 《화산이씨보》에는 그의 가계가 보이지 않는다.

(나) 유일급제자 또는 첫 급제자

정조 대 《족보》에 오르지 못한 226명의 급제자 가운데 자기 본관의 유일급제자는 3명, 첫 급제자는 1명인데 그 명단을 소개하면 다음과 같다.

김치간金致簡 평안도 순안順安 사람으로 벼슬이 없고, 본관이 당악唐岳(中和)인데 《당악김씨보》에 가계가 보이지 않는다. 김치간은 조선시대 유일한 문과급제자이다.

유사평劉師玶 평안도 은산殷山 사람으로 벼슬이 없고, 본관이 충주忠州인데 《충주유씨보》에 가계가 보이지 않는다. 2000년 현재 충주유씨 인구는 497가구 1,597명의 희성으로 문과급제자 3명 가운데 유사평이 첫 급제자이다.

이학연李學淵 함경도 안변安邊 사람으로 벼슬이 없고, 본관이 안산安山인데 《안산이씨보》에 가계가 보이지 않는다. 2000년 현재 안산이씨 인구는 1,184가구 3,667명의 희성으로 이학연이 유일한 문과급제자이다.

이정일李鼎鎰 앞에서 이미 설명했다.

(5) 《족보》에 가계가 단절된 급제자

정조 대 문과급제자 777명 가운데 자기 본관의 《족보》는 있으나 《족보》에 오직 본인이나 아버지까지만 기록되어 있고 조상의 가계가 끊어져 있는 급제자는 4명이다. 이들은 모두 인구가 적은 희성이며,

자기 본관의 유일한 문과급제자가 3명이다. 이들의 명단을 소개하면 다음과 같다.

김종탁金宗鐸 함경도 정평定平 사람으로 벼슬이 사헌부 장령(정4품)에 이르렀다. 본관이 청송靑松인데 《만성》에는 《청송김씨보》 자체가 없으며, 《청구》의 《청송김씨보》에는 김종탁의 이름만 올라 있다. 2000년 현재 청송김씨 인구는 504가구 1,641명의 희성으로 그가 조선시대 유일한 문과급제자이다. 《세종실록》〈지리지〉를 보면 김씨는 정평의 입진성入鎭姓으로 되어 있어 조선 초기 남방에서 강제로 이주해 온 주민임을 알 수 있다.

김취행金就行 개성開城 사람으로 유학을 거쳐 식년시에 급제했는데, 벼슬이 없다. 본관이 웅천熊川인데 《웅천김씨보》를 보면 아버지와 김취행의 이름만 보이며 아버지는 벼슬이 없다. 2000년 현재 웅천김씨 인구는 119가구 347명의 희성으로 그가 조선시대 유일한 문과급제자이다.

모달겸牟達兼 전라도 함평咸平 사람으로 벼슬이 온릉령溫陵令(종5품)에 이르렀다. 본관이 함평인데 《함평모씨보》에는 조상의 가계가 끊어진 형태로 외따로 기록되어 있어 가계를 알 수 없다. 2000년 현재 함평모씨 인구는 5,546가구 1만 7,939명의 희성으로 조선시대 문과급제자는 3명인데, 모달겸이 마지막이다.

필성뢰弼聖賚 함경도 함흥咸興 사람으로 벼슬이 승문원承文院에 분관分館되었으며, 본관이 대흥大興이다. 《대흥필씨보》를 보면 아버지와 필성뢰의 이름만 보이는데, 아버지는 벼슬이 없다. 2000년 현재 인구는 52가구 172명의 희성으로 그가 유일한 문과급제자이다. 《세종실록》〈지리지〉에는 대흥과 함흥 어디에도 필씨가 없어 그가 벼슬 아치가 된 뒤에 성씨를 갖게 된 것으로 보인다.

(6) A형 급제자의 벼슬

정조 대 문과급제자 777명 가운데《족보》자체가《청구》와《만성》에 없는 급제자 16명,《족보》에 가계가 보이지 않는 급제자 226명, 가계가 단절된 급제자 4명 등 도합 246명이 받은 벼슬은 어떠한가? 편의상 이들을 A형 급제자로 부른다.

먼저, A형 급제자들 가운데 벼슬이 확인되는 급제자는 모두 59명으로 취직률은 23.98퍼센트이다. 취직률이 매우 낮은 것을 알 수 있다. 그러면 이들이 받은 벼슬은 구체적으로 어떤 것인가? 다음에 최고품계순으로 59명의 인원과 출신지를 소개하면 다음과 같다.

통정대부通政大夫(정3품 당상관)	1명
사간원 대사간大司諫(정3품 당상관)	1명
이조참의吏曹參議(정3품 당상관)	1명(평안)
사간원 사간司諫(종3품)	1명(미상)
1~3품	4명
사헌부 장령掌令(정4품)	13명(평안 5명)
첨정僉正(종4품)	1명(평안)
군수郡守(종4품)	2명(평안 2명)
의정부 검상檢詳(정5품)	1명(평안)
정랑正郎(정5품)	2명
사헌부 지평持平(정5품)	7명
도사都事(종5품)	2명
현령縣令(종5품)	2명

사간원 정언正言(정6품)	1명
성균관 전적典籍(정6품)	4명
겸춘추兼春秋(종6품)	2명
찰방察訪(종6품)	5명
현감縣監(종6품)	6명
초계문신抄啓文臣	1명
4~6품	49명
춘추관 기사관記事官(정7~9품)	1명
성균관 박사博士(정7품)	1명
승정원 주서注書(정7품)	1명
봉사奉事(종8품)	1명
부봉사副奉事(정9품)	1명
승문원承文院	1명
7~9품	6명
합 계	59명

위 표를 보면, 의정부 정승政丞이나 판서判書 등 2품 이상에 오른
인물은 없고, 3품 이상에 오른 인물은 4명이다. 그 가운데 당상관인
이조참의가 1명, 사간원 대사간이 1명이다.

4품에서 6품에 이르는 참상관參上官은 모두 49명으로, 특히 감찰직
인 사헌부司憲府 장령(정4품)과 지평(정5품)으로 나간 급제자가 20명으
로 가장 많고, 성균관 전적(정6품)이 4명에 이른다. 다음에 찰방, 현
감, 군수 등 지방 수령으로 나간 급제자가 17명이다. 다만, 청요직으
로 알려진 홍문관弘文館에 나간 급제자는 없고, 요직에 해당하는 6조
낭관은 2명에 지나지 않아 청요직 진출이 매우 낮음을 볼 수 있다.

7품에서 9품에 이르는 참외관參外官은 모두 6명으로, 요직으로 알
려진 승문원에는 오직 1명밖에 없고, 나머지는 한직에 해당하는 벼슬

이다.

한편, 지역별로는 평안도 출신 급제자가 20명으로 가장 많고, 그 밖에 함경도, 황해도 등 북방 지역 출신 급제자들이 절반을 넘어서고 있다. 이들은 주로 사헌부와 수령직守令職에 나가고 있다.

(7) B형 급제자의 비율

정조 대 문과급제자 777명 가운데 내외 4대조 곧 직계 3대조와 외조 가운데 벼슬아치가 없는 사람, 또는 그 위의 여러 대에 걸쳐 벼슬아치가 없는 급제자를 모두 합치면 166명에 이르는데, 이는 전체 급제자의 21.36퍼센트, 신분이 낮은 급제자의 40.29퍼센트에 해당한다. 이들을 편의상 B형 급제자로 부른다.

이들의 본관 자체는 앞에 소개한 부류에 견주어 비교적 좋은 집안으로 볼 수 있고 《족보》도 갖추고 있지만, 약 1백 년 동안 또는 그 이상의 동안에 벼슬아치가 나오지 못한 집안이라는 것을 말해 준다. 그러니까 주관적으로는 몰락양반이고, 객관적으로는 평민으로 볼 수 있다.

법적으로 본다면, 이들은 16세기 중엽에 편찬된 《경국대전주해經國大典註解》규정을 따라 문과에 응시할 때 보단자保單子를 바쳐야 하는 부류이다. 만약 보단자 규정이 이들의 응시를 막는 규정이라면 이렇게 166명이 급제할 수는 없을 것이다. 따라서 《경국대전주해》의 보단자 규정은 실제로 내외 4대조 가운데 벼슬아치가 없는 자의 응시를 막으려는 조치가 아니라, 범죄자나 노비 또는 서얼의 응시를 견제하려는 장치에 지나지 않는다는 것을 여기서도 확인할 수 있다.

다음에 이들의 급제율을 앞뒤 시기와 비교하면 다음과 같다.

왕 대	전체 급제자 대비	신분 낮은 자 대비
광해군 대	0.88%	6.06%
인조 대	2.8 %	13.37%
효종 대	1.22%	6.25%
현종 대	4.09%	17.2 %
숙종 대	7.7 %	25.52%
경종 대	8.19%	23.8 %
영조 대	11.54%	30.98%
정조 대	21.36%	40.29%
순조 대	21.83%	40.56%
헌종 대	18.46%	35.34%
철종 대	14.43%	30.39%

위 표를 보면, 광해군 대 1퍼센트 미만에 지나지 않던 수치가 차츰 늘어나면서 영조 대의 11퍼센트대를 거쳐 정조와 순조 대에는 21퍼센트대로 급상승한 것을 알 수 있다. 그 다음 헌종과 철종 대에는 18퍼센트와 14퍼센트대로 낮아지고 있는 것을 볼 수 있다.

한편, 신분이 낮은 급제자를 대상으로 한 비율도 광해군 대 6퍼센트대에서 출발하여 정조와 순조 대에는 40퍼센트대로 올라가고, 헌종과 철종 대에는 35퍼센트대와 30퍼센트대로 약간 내려가고 있다. 이런 수치의 변화는 몰락양반으로 불리는 평민층의 급제율이 정조와 순조 대에 절정을 이루고, 그 다음 헌종과 철종 대에는 다소 주춤해지고 있다는 것을 뜻한다.

(8) B형 급제자의 지역분포

정조 대 문과급제자 가운데 내외 4대조 또는 그 윗대에도 여러 대에 걸쳐 벼슬아치가 없는 급제자 166명의 출신 지역을 살펴보면, 앞에 설명한 《족보》에 오르지 못한 급제자들의 출신 지역과는 좋은 대조를 보인다. 이들 출신 지역의 도별 분포를 살펴보면 다음과 같다.

지 역	내외 4대조 안에 벼슬 없는 급제자(비율)	《족보》에 오르지 못한 급제자 비율
경상도	53명(31.92%)	10.61%
경기도	33명(19.87%)	7.52%
충청도	25명(15.06%)	6.63%
서 울	22명(13.25%)	3.09%
전라도	16명(9.63%)	10.61%
평안도	7명(4.21%)	45.13%
함경도	3명(1.80%)	7.52%
강원도	4명(2.40%)	4.86%
제주도	2명(1.20%)	1.32%
황해도	-	1.32%
미 상	1명	
합 계	166명(21.36%)	

위 표를 보면, 정조 대 내외 4대조 또는 그 위의 여러 대에 걸쳐 벼슬아치가 없는 급제자의 비율은 경상도가 31.92퍼센트를 차지하여 전국에서 가장 많은 급제자를 배출하고 있으며, 그 다음에 경기도(19.87퍼센트), 충청도(15.06퍼센트), 서울(13.25퍼센트), 전라도(9.63퍼센트), 평안도(4.21퍼센트)의 순으로 내려가고 있다. 이 비율은 앞에서 설명한 《족보》에 가계가 보이지 않는 급제자의 지역 비율과는 정반대

현상을 보이고 있다. 특히 현격한 격차를 보이고 있는 지역은 평안도로, 《족보》에 오르지 못한 급제자가 102명으로 45.13퍼센트를 보였던 비율이 여기서는 7명에 지나지 않는 급제자를 배출하여 4.21퍼센트로 줄어들고 있다. 그러니까 평안도 출신 급제자들의 신분이 상대적으로 보면 8도 가운데 가장 낮다는 뜻이다.

경상도 출신 급제자로 《족보》에 오르지 못한 급제자가 24명으로 10.61퍼센트를 차지하고 있다가 여기서는 31.92퍼센트로 늘어나 전국 1위를 차지한 것도 눈길을 끈다. 이는 경기, 충청, 전라도 등에 견주어 상대적으로 경상도 출신 급제자들의 신분이 낮다는 것을 뜻하는 동시에 지난 1백여 년 동안 벼슬아치가 많이 배출되지 못하여 몰락양반(평민)이 그만큼 많아졌다는 것을 말해 주기도 한다. 이런 현상은 조선 후기에 기호지방 출신의 서인西人과 노론老論이 집권하면서 남인南人에 속하는 경상도 출신의 정계 진출이 그만큼 어려워졌다는 것을 보여 주기도 한다.

(9) B형 급제자의 신분

정조 대 내외 4대조 또는 그 위에도 여러 대에 걸쳐 벼슬아치가 없는 급제자 166명의 신분을 좀 더 자세히 살펴보면 여러 부류가 있다. 급제자들의 조상 가운데 몇 대에 걸쳐 벼슬아치가 없는가를 조사해 보면, 직계 19대조가 1명, 직계 11대조가 1명, 직계 9대조가 6명, 직계 8대조가 8명, 직계 7대조가 16명, 직계 6대조가 21명, 직계 5대조가 34명, 직계 4대조가 41명, 내외 4대조가 38명이다. 그 가운데 벼슬아치가 9대조 이상 없는 급제자 8명만을 소개하면 다음과 같다.

현기玄紀 함경도 경성鏡城 사람으로 유학을 거쳐 함경도 별시에 급제하여 벼슬이 성균관 박사(정7품)에 이르렀는데, 본관이 연주延州(寧邊)이다. 그런데 《청구》의 《연주현씨보》를 보면 직계 19대조 가운데 벼슬아치가 없다. 현기는 연주현씨 가운데 첫 문과급제자이며, 그 뒤로 급제자 4명이 배출되었다. 《세종실록》〈지리지〉에는 현씨가 연주의 입진성入鎭姓으로 나오므로 조선 초기 남방에서 이주한 성씨임을 알 수 있다.

김치광金致光 전라도 광주光州(光山) 사람으로 증광시에 급제하여 벼슬이 도사都事(종5품)에 이르렀는데, 본관이 광주이다. 그런데 《만성》의 《광주김씨보》에는 김치광의 가계가 보이지 않으며, 《청구》의 《광산김씨보》에 가계가 보이는데, 그는 왜란 때 의병장 김덕령金德齡의 후손으로 직계 9대조 가운데 벼슬아치는 증조가 별검別檢(정8품)을 한 것이 전부이다.

윤효관尹孝寬 전라도 강진康津 사람으로 유학을 거쳐 식년시에 급제하여 벼슬이 부사府使(종3품)에 이르렀는데, 본관이 해남海南이다. 그런데 《만성》의 《해남윤씨보》에는 윤효관의 가계가 보이지 않으며, 《청구》의 《해남윤씨보》를 보면 직계 11대조 가운데 벼슬아치가 없다.14)

안제원安濟元 평안도 안주安州 사람으로 유학을 거쳐 벼슬이 도사(종5품)에 이르렀는데, 본관이 순흥順興이다. 그런데 《만성》의 《순흥안씨보》에는 안제원의 가계가 보이지 않으며, 《청구》의 《순흥안씨보》를 보면 직계 9대조 가운데 벼슬아치가 없다.

최기겸崔起謙 평양平壤 사람으로 생원을 거쳐 증광시에 급제하여 벼

---

14) 《해남윤씨보》에는 윤효관의 할아버지 윤홍수가 문과에 급제한 것으로 되어 있으나 《방목》에는 그의 이름이 보이지 않는다. 《방목》의 기록을 따라야 할 것이다.

슬이 좌랑(정6품)에 이르렀는데, 본관이 경주慶州이다. 그런데 《만성》
의 《경주최씨보》에는 최기겸의 가계가 보이지 않으며, 《청구》의
《경주최씨보》에는 가계가 보이는데, 직계 9대조 가운데 벼슬아치가
없을 뿐 아니라 그 윗대도 교수(종6품)나 훈도(종9품) 등 하찮은 벼슬
아치뿐이다.

김용견金龍見 상주尙州 사람으로 유학을 거쳐 식년시에 급제하여 벼
슬이 사헌부 장령(정4품)에 이르렀는데, 본관이 상산商山(尙州)이다.
그런데 《만성》의 《상산김씨보》에는 김용견의 가계가 보이지 않으
며, 《청구》의 《상산김씨보》에는 가계가 보이는데 직계 9대조 가운
데 벼슬아치가 없다.

이병열李秉烈 경상도 단성丹城 사람으로 유학을 거쳐 식년시에 급제
했는데, 본관이 성주星州이다. 그런데 《만성》의 《성주이씨보》에는
이병열의 가계가 보이지 않으며, 《청구》의 《성주이씨보》에는 가계
가 보이는데, 그는 개국공신 이제李濟의 11세손으로 직계 9대조 가운
데 벼슬아치가 없다.

고명학高鳴鶴 제주도 정의旌義 사람으로 유학을 거쳐 식년시에 급제
하여 벼슬이 현감(종6품)에 이르렀는데, 본관이 제주濟州이다. 그런데
《청구》의 《제주고씨보》에는 가계가 보이지 않으며, 《만성》의 《제주
고씨보》에는 가계가 보이는데, 직계 9대조 가운데 벼슬아치가 없다.

(10) B형 급제자의 벼슬

정조 대 내외 4대조 또는 그 위의 여러 대에 걸쳐 벼슬아치가 없는
급제자 166명은 어떤 벼슬을 받았는가? 《방목》과 《실록》을 살펴보

면 벼슬을 받지 못한 급제자는 모두 14명이고, 벼슬을 받은 급제자는 152명으로 취직률은 91.56퍼센트이다. 앞서 소개한 《족보》에 오르지 못한 급제자의 취직률이 23.98퍼센트에 그친 것과 비교하면 성적이 상대적으로 월등하게 좋은 것을 알 수 있다. 취직률과 신분이 밀접한 관련이 있다는 것을 말해 준다. 이 둘을 합쳐서 평균적인 취직률을 알아보면 51.21퍼센트이다. 이 수치를 앞뒤 시기와 비교하면 다음과 같다.

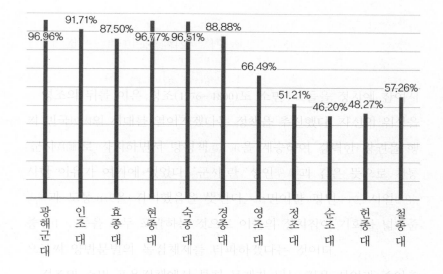

위 표를 보면, 광해군 대 96퍼센트대를 보이던 취직률이 시대가 내려가면서 차츰 낮아져서 영조 대 66퍼센트대를 기록하고, 다시 정조 대에는 그보다 더 낮은 51퍼센트대를 기록하고 있음을 알 수 있다. 그리고 그 수치는 그 다음 순조 대 이후로 더욱 내려간다. 이는 시대가 내려갈수록 취직률이 낮아지고 있다는 것을 말해 준다.

위 사실은 무엇보다도 영조와 정조 대 이후로 탕평책이 표방되면서 하층민을 지나치게 많이 급제시켜 공급과잉을 가져온 결과이다. 하지만, 문과에 급제했다는 사실 자체가 신분상승을 가져왔다는 점을 고려하면 취직률이 낮은 것만을 가지고 신분이동이 경색되었다고 말하는 것은 곤란하다.

이제 152명의 급제자들이 받은 가장 높은 벼슬의 품계순으로 인원을 정리해 보면 다음과 같다.

판서判書(정2품)	1명(서울)
참판參判(종2품)	7명(경상 3명, 서울 2명, 경기, 충청)
부윤府尹(종2품)	3명(경상 2명, 충청)
오위장五衛將(종2품)	1명(평안)
참의參議(정3품 당상관)	5명(서울·경기 각 2명, 경상)
참지參知(정3품 당상관)	1명(경기)
통정대부通政大夫(정3품 당상관)	1명(서울)
사간원 대사간大司諫(정3품 당상관)	4명(서울·경상 각 2명)
승지承旨(정3품 당상관)	10명(충청 5명, 경기 3명, 서울 2명)
도정都正(정3품 당상관)	3명(경상·충청·전라 각 1명)
1~정3품 당상관	**36명**
통례원 통례通禮(정3품 당하관)	1명(전라)
사간원 사간司諫(종3품)	6명(경상 2명, 서울·경기·전라·충청 각 1명)
부사府使(종3품)	3명(서울·경상·전라 각 1명)
사헌부 집의執義(종3품)	3명(충청 2명, 경상)
정3품 당하관~종3품	**13명**
사헌부 장령掌令(정4품)	12명(평안·경상 각 3명, 전라·서울 각 2명, 충청·경기 각 1명)
시강원 필선弼善(정4품)	1명(경상)
군수郡守(종4품)	2명(경상·전라)
사헌부 지평持平(정5품)	16명(서울·경기 7명, 경상 3명, 충청 3명, 강원·전라 각 1명)

홍문관 교리校理(정5품)	5명(경상 2명, 전라 2명, 서울)
사간원 헌납獻納(정5품)	3명(경상 2명, 서울)
정랑正郎(정5품)	2명(경기, 경상)
영슈(종5품)	2명(평안, 경상)
도사都事(종5품)	7명(경상 3명, 전라 2명, 경기·평안 각 1명)
교서관 교리校理(종5품)	2명(경기, 서울)
홍문관 수찬修撰(정6품)	1명(강원)
사헌부 감찰監察(정6품)	4명(경상 2명, 충청·경기 각 1명)
좌랑佐郎(정6품)	10명(경상 4명, 경기 4명, 서울·평안 각 1명)
사간원 정언正言(정6품)	19명(충청 5명, 경기 5명, 경상 4명, 서울 3명, 전라 2명)
성균관 전적典籍(정6품)	5명(경상 3명, 충청 2명)
찰방察訪(종6품)	2명(함경, 경기)
현감縣監(종6품)	2명(함경, 제주)
주부主簿(종6품)	1명(미상)
벼슬미상(6품)	1명(경상)
4~6품	97명
성균관 박사博士(정7품)	1명(함경)
승정원 주서注書(정7품)	3명(경기, 전라, 경상)
직장直長(종7품)	1명(경상)
교서관 정자正字(정9품)	1명(경상)
7~9품	6명
합 계	152명
벼슬을 받지 못한 급제자	14명
합 계	166명

위 표를 다시 정리해 보면, 벼슬을 받은 152명 가운데 3품 이상 고관에 오른 급제자는 모두 49명이고, 그 가운데 정3품 당상관에 오른 급제자가 36명, 당하관에 오른 급제자가 13명이다. 당상관 가운데는 2품직에 해당하는 판서가 1명, 참판이 7명이며, 3품직 당상관에 해당

하는 승지가 10명으로 가장 많고, 6조 참의와 참지가 6명, 언관직인 사간원 대사간이 4명, 부윤이 3명, 종친부와 돈녕부의 도정이 3명이다. 여기서 실직實職을 가진 당상관이 36명이나 된다는 것은 앞에서 살펴본 《족보》에 오르지 못한 급제자와 비교하여 큰 차이를 보이고 있다. 따라서 의정부 정승政丞을 빼고는 가장 높은 벼슬에 오른 것을 알 수 있다.

다음에 당하관堂下官에 해당하는 벼슬로는 사간원 사간(종3품)이 6명으로 가장 많고, 사헌부 집의(종3품)와 부사(종3품)가 각각 3명이다.

4품에서 6품의 참상관參上官은 모두 97명이다. 그 가운데 감찰직인 사헌부 장령(정4품), 지평(정5품), 감찰(정6품)을 합쳐 32명으로 가장 많고, 언관직인 사간원에도 헌납(정5품)과 정언(정6품)을 합쳐 22명이 된다. 위 둘을 합하면 54명으로 참상관의 절반 이상을 차지한다. 또한 참상관 가운데는 청요직인 홍문관의 교리(정5품)와 수찬(정6품)에 오른 자가 6명이나 된다. 참상관 벼슬에서도 《족보》에 오르지 못한 급제자와는 매우 다른 것을 알 수 있다.

7품에서 9품에 이르는 참외관參外官의 벼슬을 받은 급제자는 모두 6명에 지나지 않아, 152명 가운데 146명이 참상관 이상의 벼슬을 받았음을 알 수 있다.

전체적으로 볼 때 내외 4대조 또는 그 윗대에도 벼슬아치가 없는 급제자들은 의정부 정승(정1품)이나 이조판서吏曹判書(정2품), 대제학大提學(정2품) 등 최고위직을 제외하고는 출세에 별다른 제약을 받지 않았음을 알 수 있다.

여기서 평안도와 함경도 출신 급제자의 벼슬을 보면, 중앙직으로는 사헌부 장령(정4품)이 가장 많고, 성균관 전적(정6품)이나 6조 낭

관, 그리고 지방관인 찰방(종6품), 도사(종5품) 등 지방관으로 나가는
경우가 대부분이다. 이런 현상은 앞서 설명한 대로《족보》에 오르지
못한 급제자의 경우도 비슷하다. 이조참의(정3품 당상관)에 오른 개천
출신 급제자와 오위장(종2품)으로 나간 정주 출신 급제자의 경우가
가장 높은 지위에 올랐다고 볼 수 있으며, 그 밖에 당상관에 오른 인
물은 없다. 여기서 평안도 출신이 문과에 대거 급제했다는 그 사실
자체가 가장 큰 신분이동으로 볼 수 있다.

5) 정조 대 신분이 낮은 급제자 명단

정조 대 신분이 낮은 급제자 412명의 명단을 급제한 시기순으로
소개하면 다음과 같다.

1 윤행리尹行履(1741~?) 거주지를 알 수 없다. 생원을 거쳐 정조 즉
위년(1776) 36세로 전시殿試에 장원급제하여 벼슬이 사간원 사간(종3
품)에 이르렀다.《방목》에는 벼슬이 없이 아버지[珪], 할아버지[昌迪],
증조[誼], 외조[金德一] 이름이 보이고, 본관이 남원南原으로 되어 있
다. 그런데《청구》와《만성》의《남원윤씨보》에는 아버지까지의 가
계는 보이나 윤행리의 이름은 보이지 않는다.

2 김종탁金宗鐸(1728~?) 함경도 정평定平 사람으로 유학을 거쳐 정
조 즉위년 49세로 정시에 병과로 급제하여 벼슬이 사헌부 장령(정4
품)에 이르렀다.《방목》에는 벼슬이 없이 아버지[垾], 할아버지[夏三],
증조[重萬], 외조[朱垌進] 이름이 보이고, 본관이 청송靑松으로 되어 있
다. 그런데《만성》에는《청송김씨보》자체가 없으며,《청구》의《청

송김씨보》에는 오직 김종탁 한 사람만 기록되어 있다. 2000년 현재 청송김씨 인구는 504가구 1,641명의 희성으로 조선시대 문과급제자는 그가 유일하다.

　3 **홍광일**洪光―(1738~?) 거주지를 알 수 없으며 생원을 거쳐 정조 즉위년 39세로 전시에 병과로 급제하여 벼슬이 사헌부 장령(정4품)에 이르렀다. 《방목》에는 벼슬이 없이 아버지[命元], 할아버지[錫泰], 증조[頤行], 외조[金瑞] 이름이 보이고, 본관이 남양南陽으로 되어 있다. 그런데 《청구》와 《만성》의 《남양홍씨보》에는 홍광일의 가계가 보이지 않는다.

　4 **김치영**金致泳(1748~?) 거주지를 알 수 없으며 유학을 거쳐 정조 즉위년 29세로 전시에 병과로 급제했다. 《방목》에는 벼슬이 없이 아버지[弼西], 할아버지[佐鼎], 증조[克良], 외조[朴碩來] 이름이 보이고, 본관이 경주慶州로 되어 있다. 그러나 《청구》와 《만성》의 《경주김씨보》에는 김치영의 가계가 보이지 않는다.

　5 **유임주**兪任柱(1752~?) 거주지를 알 수 없으며 유학을 거쳐 정조 즉위년 25세로 전시에 병과로 급제하여 벼슬이 주부(종6품)에 이르렀다. 《방목》에는 벼슬이 없이 아버지[漢福], 할아버지[彦杰], 증조[愼基], 외조[姜柱華] 이름이 보이고, 본관이 기계杞溪로 되어 있다. 《청구》와 《만성》의 《기계유씨보》를 보면 유임주의 직계 5대조 가운데 벼슬아치가 없고 외조도 벼슬아치가 아니다.

　6 **김정국**金鼎國(1747~?) 충청도 신창新昌 사람으로 유학을 거쳐 정조 원년(1777) 31세로 증광시에 을과로 급제하여 벼슬이 돈녕부 도정(정3품 당상관)과 첨지중추부사(정3품 당상관)에 이르렀다. 《방목》에는 벼슬이 없이 아버지[敬復], 할아버지[瀗], 증조[重珍], 외조[黃就祐] 이

름이 보이고, 본관이 김해金海로 되어 있다.《청구》와《만성》의《김해김씨보》를 보면 김정국의 직계 3대조가 조상 계보와 끊어진 형태로 독립되어 있는데, 3대조 모두 벼슬아치가 아니고 외조 또한 벼슬아치가 아니다.

7 **김종발**金宗發(1747~?) 경상도 의성義城 사람으로 유학을 거쳐 정조 원년 31세로 증광시에 을과로 급제하여 벼슬이 사헌부 장령(정4품)에 이르렀다.《방목》에는 벼슬이 없이 아버지[南應], 할아버지[履模], 증조[賢佐], 외조[金胄巖] 이름이 보이고, 본관이 안동安東으로 되어 있다.《청구》와《만성》의《안동김씨보》를 보면 김종발의 직계 4대조 가운데 벼슬아치가 없고 외조도 벼슬아치가 아니다.

8 **오익환**吳翼煥(1754~?) 충청도 청주淸州 사람으로 진사를 거쳐 정조 원년 24세로 증광시에 병과로 급제하여 벼슬이 사헌부 집의(종3품)에 이르렀다.《방목》에는 벼슬이 없이 아버지[光復], 할아버지[昉], 증조[意明], 외조[嚴霙] 이름이 보이고, 본관이 보성寶城으로 되어 있다.《청구》와《만성》의《보성오씨보》를 보면 오익환의 직계 7대조 가운데 벼슬아치가 없고 외조도 벼슬아치가 아니다.

9 **윤지범**尹持範(1752~?) 전라도 강진康津 사람으로 정조 원년 26세로 증광시에 병과로 급제하여 벼슬이 사간원 정언(정6품)과 군수(종4품)에 이르렀다.《방목》에는 벼슬이 없이 아버지[悼], 할아버지[德顯], 증조[斗緖], 외조[睦時敬] 이름이 보이고, 본관이 해남海南으로 되어 있다.《청구》와《만성》의《해남윤씨보》를 보면 윤지범은 윤선도尹善道의 6대손이지만 직계 4대조 가운데 벼슬아치가 없고 오직 외조만이 문과에 급제하여 정랑(정5품)을 지냈다.

10 **김희직**金熙稷(1742~?) 경상도 안동安東 사람으로 유학을 거쳐 정

조 원년 36세로 증광시에 병과로 급제하여 벼슬이 홍문관 교리(정5품)에 이르렀다. 《방목》에는 벼슬이 없이 아버지[虎東], 할아버지[景灝], 증조[汝鐸], 외조[趙善常] 이름이 보이고, 본관이 의성義城으로 되어 있다. 《청구》와 《만성》의 《의성김씨보》를 보면 김희직의 직계 6대조 가운데 실직 벼슬아치가 없고 외조도 벼슬아치가 아니다.

11 **이승운**李升運(1746~?) 서울 사람으로 유학을 거쳐 정조 원년 32세로 증광시에 병과로 급제하여 벼슬이 사헌부 지평(정5품)과 홍문관 교리(정5품)를 거쳐 순조 대 남양부사(종3품)에 이르렀다. 《방목》에는 벼슬이 없이 아버지[徽大], 할아버지[春挺], 증조[濟相], 외조[李發馨] 이름이 보이고, 본관이 연안延安으로 되어 있다. 《청구》와 《만성》의 《연안이씨보》를 보면 이승운의 직계 4대조 가운데 벼슬아치가 없고 외조도 벼슬아치가 아니다.

12 **이엽**李燁(1729~1788) 전라도 광주光州 사람으로 생원을 거쳐 정조 원년 49세로 증광시에 병과로 급제하여 벼슬이 공조정랑(정5품)에 이르렀는데, 문집 《농은집農隱集》을 남긴 학자이기도 하다. 《방목》에는 벼슬이 없이 아버지[相奎], 할아버지[潤], 증조[雲搏], 외조[李以相] 이름이 보이고, 본관이 전의全義로 되어 있다. 그런데 《청구》와 《만성》의 《전의이씨보》에는 이엽의 가계가 보이지 않는다. 《족보》에 오르지 못한 인물이다.

13 **김굉**金㙆(1739~?) 경상도 예천醴泉 사람으로 생원을 거쳐 정조 원년 39세로 증광시에 병과로 급제하여 벼슬이 홍문관 교리(정5품)를 거쳐 예조참판(종2품)과 승지(정3품 당상관)에 이르렀다. 《방목》에는 벼슬이 없이 아버지[光憲], 할아버지[壽天], 증조[彦謙], 외조[南以老] 이름이 보이고, 본관이 의성義城으로 되어 있다. 《청구》와 《만성》의

《의성김씨보》를 보면 김굉의 직계 6대조 가운데 벼슬아치가 없고 외조도 벼슬아치가 아니다.

14 이백형李百亨(1737~?) 충청도 홍주洪州 사람으로 진사를 거쳐 정조 원년 증광시에 병과로 급제하여 벼슬이 승지(정3품 당상관)에 이르렀다. 《방목》에는 벼슬이 없이 아버지[匡時], 할아버지[眞卿], 증조[集成], 외조[沈濟], 처부[尹光夏] 이름이 보이고, 본관이 전주全州로 되어 있다. 《전주이씨과거급제자총람》을 보면 이백형의 직계 4대조 안에 벼슬아치가 없고 외조도 벼슬아치가 아니다.

15 송철宋澈(1723~?) 경기도 이천利川 사람으로 유학을 거쳐 정조 원년 55세로 증광시에 병과로 급제하여 벼슬이 도사(종5품)에 이르렀다. 《방목》에는 벼슬이 없이 아버지[濟殷], 할아버지[璠], 증조[廷瑗], 외조[任堅] 이름이 보이고, 본관이 여산礪山으로 되어 있다. 《청구》와 《만성》의 《여산송씨보》를 보면 송철의 직계 4대조 가운데 벼슬아치가 없고 외조도 벼슬아치가 아니다.

16 심달한沈達漢(1740~?) 경상도 김천金川 사람으로 유학을 거쳐 정조 원년 38세로 증광시에 병과로 급제하여 벼슬이 사헌부 지평(정5품)과 사간원 정언(정6품)에 이르렀다. 《방목》에는 벼슬이 없이 아버지[海普], 할아버지[一興], 증조[世弼], 외조[黃最] 이름이 보이고, 본관이 청송靑松으로 되어 있다. 《청구》와 《만성》의 《청송심씨보》를 보면 심달한의 직계 4대조 가운데 벼슬아치가 없고 외조도 벼슬아치가 아니다.

17 정전鄭篆(1729~1790) 평안도 철산鐵山 사람으로 유학을 거쳐 정조 원년 49세로 증광시에 병과로 급제하여 벼슬이 성균관 학유(종9품)를 거쳐 봉상시 첨정(종4품)에 이르렀는데, 학문과 문장이 뛰어나

문집 《송창집松滄集》을 남겼다. 《방목》에는 벼슬이 없이 아버지[仁輔, 생부 亨輔], 할아버지[孝極], 증조[雄震], 외조[金必瑾] 이름이 보이고, 본관이 하동河東으로 되어 있다. 그런데 《청구》와 《만성》의 《하동정씨보》에는 정전의 가계가 보이지 않는다. 《족보》에 오르지 못한 인물이다.

18 고응화高應華(1723~?) 강릉江陵 사람으로 유학을 거쳐 정조 원년 55세로 증광시에 병과로 급제했다. 《방목》에는 벼슬이 없이 아버지[允明], 할아버지[壽喦], 증조[漢英], 외조[金聖柱] 이름이 보이고, 본관이 제주濟州로 되어 있다. 그런데 《청구》와 《만성》의 《제주고씨보》에는 고응화의 가계가 보이지 않는다. 《족보》에 오르지 못한 인물이다.

19 정현조丁俔祖(1757~?) 경상도 풍기豊基 사람으로 유학을 거쳐 정조 원년 21세로 증광시에 병과로 급제하여 벼슬이 현감(종6품)에 이르렀다. 《방목》에는 벼슬이 없이 아버지[志翕], 할아버지[思愼], 증조[道謙], 외조[張漢佐] 이름이 보이고, 본관이 나주羅州로 되어 있다. 그런데 《청구》와 《만성》의 《나주정씨보》를 보면 할아버지까지의 가계는 보이나 아버지와 정현조의 이름은 보이지 않는다. 《규사葵史》에 그는 서자라 한다.

20 이한룡李漢龍(1725~?) 경상도 함창咸昌 사람으로 유학을 거쳐 정조 원년 증광시에 병과로 급제하여 벼슬이 좌랑(정6품)에 이르렀다. 《방목》에는 벼슬이 없이 아버지[允栽, 생부 允權], 할아버지[尙謙], 증조[世元], 외조[金敏秋] 이름이 보이고, 본관이 전주全州로 되어 있다. 《전주이씨과거급제자총람》을 보면 이한룡은 효령대군孝寧大君의 후손으로, 직계 4대조 가운데 벼슬아치가 없고 외조 또한 벼슬아치가 아니다.

21 **김이길**金鯉吉(1750~?) 경상도 예천醴泉 사람으로 유학을 거쳐 정조 원년 28세로 증광시에 병과로 급제하여 벼슬이 도사(종5품)에 이르렀다. 《방목》에는 벼슬이 없이 아버지[纘, 생부 紃], 할아버지[夢龍], 증조[挺萬], 외조[李台煥] 이름이 보이고, 본관이 예안禮安으로 되어 있다. 그런데 《청구》와 《만성》의 《예안김씨보》를 보면 할아버지는 몽룡이 아니라 태석泰錫으로 되어 있으며, 직계 6대조 가운데 벼슬아치가 없고 외조도 벼슬아치가 아니다.

22 **김인채**金麟采(1733~?) 전라도 강진康津 사람으로 유학을 거쳐 정조 원년 45세로 증광시에 병과로 급제했다. 《방목》에는 벼슬이 없이 아버지[應洙], 할아버지[昌赫], 증조[成韻], 외조[邊致舜] 이름이 보이고, 본관이 청주淸州로 되어 있다. 그런데 《청구》와 《만성》의 《청주김씨보》에는 김인채의 가계가 보이지 않는다. 《족보》에 오르지 못한 인물이다.

23 **신광우**申光祐(1726~?) 강원도 원주原州 사람으로 유학을 거쳐 정조 원년 52세로 증광시에 병과로 급제했다. 《방목》에는 벼슬이 없이 아버지[普], 할아버지[思敬], 증조[鐸], 외조[洪重錫] 이름이 보이고, 본관이 평산平山으로 되어 있다. 그런데 《청구》의 《평산신씨보》에는 아버지까지의 가계는 보이나 신광우의 이름은 보이지 않으며, 《만성》의 《평산신씨보》에는 가계가 모두 보이지만 직계 4대조 가운데 벼슬아치가 없고 외조도 벼슬아치가 아니다.

24 **김치광**金致光(1732~?) 전라도 광주光州(光山) 사람으로 유학을 거쳐 정조 원년 46세로 증광시에 병과로 급제하여 벼슬이 평안도 도사(종5품)에 이르렀다. 《방목》에는 벼슬이 없이 아버지[道鳴], 할아버지[榮復], 증조[守信], 외조[奇挺虁] 이름이 보이고, 본관이 광주로 되어

있다. 그런데 《만성》의 《광주김씨보》에는 김치광의 가계가 보이지 않으며, 《청구》의 《광산김씨보》에는 가계가 보이는데 직계 9대조 가운데 벼슬아치는 증조가 별검別檢(정8품)을 한 것밖에 없다. 왜란 때 의병장을 지냈던 김덕령金德齡의 방계손이다.

25 송문술宋文述(1746~?) 전라도 전주全州 사람으로 진사를 거쳐 정조 원년 32세로 증광시에 병과로 급제하여 벼슬이 군수(종4품), 장령(정4품)을 거쳐 통례원 통례(정3품 당상관)에 이르고 통정대부(정3품 당상관)에 올랐다. 《방목》에는 벼슬이 없이 아버지[心休], 할아버지[裕孫], 증조[秀彦], 외조[洪道明] 이름이 보이고, 본관이 진천鎭川으로 되어 있다. 《청구》와 《만성》의 《진천송씨보》를 보면 송문술의 직계 4대조 가운데 벼슬아치가 없고 외조도 벼슬아치가 아니다.

26 윤효관尹孝寬(1745~?) 전라도 강진康津 사람으로 유학을 거쳐 정조 원년 33세로 식년시에 갑과로 급제하여 벼슬이 사헌부 장령(정4품)과 사간원 정언(정6품)을 거쳐 영월부사(종3품)에 이르렀다. 《방목》에는 벼슬이 없이 아버지[德彦], 할아버지[興壽], 증조[昌道], 외조[魏相文] 이름이 보이고, 본관이 해남海南으로 되어 있다. 그런데 《만성》의 《해남윤씨보》에는 윤효관의 가계가 보이지 않으며, 《청구》의 《해남윤씨보》에는 가계가 보이는데, 직계 11대조 가운데 벼슬아치가 없고15) 외조도 벼슬아치가 아니다.

27 백처현白處玄(1742~?) 평안도 태천泰川 사람으로 유학을 거쳐 정조 원년 36세로 식년시에 을과로 급제하여 벼슬이 찰방(종6품)에 이

---

15) 《해남윤씨보》를 보면 윤효관의 할아버지 윤흥수가 문과에 급제한 것으로 되어 있는데, 《방목》에는 그의 이름이 보이지 않아 사실이 아닌 것 같다. 한편, 《해남윤씨보》에는 흥수의 이름이 수흥으로 되어 있어서 《방목》과 다르다. 《족보》를 믿을 수 없다.

르렀다. 《방목》에는 벼슬이 없이 아버지[鴻秋], 할아버지[振胄], 증조
[文徵], 외조[金益夔] 이름이 보이고, 본관이 선산善山으로 되어 있다.
그런데 《만성》에는 《선산백씨보》 자체가 없고, 《청구》의 《선산백씨
보》에는 백태운白泰運 한 사람의 이름만 보이고 백처현의 이름은 보
이지 않는다. 《족보》에 오르지 못한 인물이다. 선산백씨는 경종 대
이후 문과급제자 5명을 배출했는데, 모두가 태천 출신이어서 태천백
씨로도 불린다. 해방 뒤 수원백씨로 통합되었다.

28 이석기李錫祺(1740~?) 평안도 정주定州 사람으로 유학을 거쳐 정
조 원년 38세로 식년시에 을과로 급제하여 벼슬이 오위장(종2품)에
이르렀다. 《방목》에는 벼슬이 없이 아버지[胤根], 할아버지[良運], 증
조[弘祥], 외조[文原道] 이름이 보이고, 본관이 전주全州로 되어 있다.
《전주이씨과거급제자총람》을 보면 이석기는 이성계의 조상인 목조
穆祖의 아들 안원대군安原大君의 후손으로 직계 15대조 가운데 벼슬아
치는 5대조가 공조참의(정3품 당상관)를 지낸 것뿐이다.

29 이상만李相萬(1735~?) 충청도 서원西原 사람으로 유학을 거쳐 정
조 원년 43세로 식년시에 을과로 급제했다. 《방목》에는 벼슬이 없이
아버지[錫和], 할아버지[圍坤], 증조[寅馨], 외조[崔益明] 이름이 보이고,
본관이 경주慶州로 되어 있다. 그런데 《청구》의 《경주이씨보》에는
증조까지의 가계만 보이고 그 이후의 가계는 보이지 않는다. 한편,
《만성》의 《경주이씨보》에는 아버지까지의 가계는 보이나 이상만의
이름은 보이지 않는다. 《족보》에 오르지 못한 인물이다.

30 방윤익房允翼(1720~?) 전라도 남원南原 사람으로 유학을 거쳐 정
조 원년 58세로 식년시에 을과로 급제했다. 《방목》에는 벼슬이 없이
아버지[泰潤], 할아버지[斗載], 증조[明燁], 외조[洪履大] 이름이 보이고,

본관이 남양南陽으로 되어 있다. 그런데 《만성》에는 《남양방씨보》 자체가 없으며, 《청구》의 《남양방씨보》에는 방윤익의 가계가 보이지 않는다. 《족보》에 오르지 못한 인물이다.

31 김택민金澤珉(1721~?) 강릉江陵 사람으로 통덕랑(정5품)을 거쳐 정조 원년 57세로 식년시에 병과로 급제했다. 《방목》에는 벼슬이 없이 아버지[炡], 할아버지[元璥], 증조[憻], 외조[權聖佐] 이름이 보이고, 본관이 경주慶州로 되어 있다. 그런데 《청구》와 《만성》의 《경주김씨보》에는 김택민의 가계가 보이지 않는다. 《족보》에 오르지 못한 인물이다.

32 신대구申大龜(1745~?) 서울 사람으로 유학을 거쳐 정조 원년 33세로 식년시에 병과로 급제하여 벼슬이 사헌부 지평(정5품)으로 통정대부(정3품 당상관)에 이르렀다. 《방목》에는 벼슬이 없이 아버지[腱], 할아버지[漢明], 증조[維], 외조[安重謙] 이름이 보이고, 본관이 평산平山으로 되어 있다. 《만성》의 《평산신씨보》를 보면 신대구의 직계 5대조와 외조 가운데 벼슬아치가 없다.

33 이국표李國標(1754~?) 경상도 영천榮川 사람으로 유학을 거쳐 정조 원년 24세로 식년시에 병과로 급제했다. 《방목》에는 벼슬이 없이 아버지[受鼎], 할아버지[益蕃], 증조[錫佐], 외조[崔鳳賢] 이름이 보이고, 본관이 전의全義로 되어 있다. 그런데 《청구》의 《전의이씨보》에는 할아버지까지의 가계만 보이고 아버지와 이국표의 이름은 보이지 않으며, 할아버지 이상 4대조 가운데 벼슬아치가 없다. 한편, 《만성》의 《전의이씨보》에는 가계가 보이지 않는다. 《족보》에 오르지 못한 인물이다.

34 유광억柳光澺(1737~?) 경상도 상주尙州 사람으로 유학을 거쳐 정

조 원년 41세로 식년시에 병과로 급제하여 벼슬이 병조좌랑(정6품)과 사간원 정언(정7품)에 이르렀다.《방목》에는 벼슬이 없이 아버지[聖魯], 할아버지[後謙], 증조[命河], 외조[姜世殷] 이름이 보이고, 본관이 풍산豊山으로 되어 있다.《청구》의《풍산유씨보》를 보면 유광억은 유성룡柳成龍의 6대손으로 직계 3대조와 외조 가운데 벼슬아치가 없다.

35 **김명대**金命大(1719~?) 충청도 서천舒川 사람으로 통덕랑(정5품)을 거쳐 정조 원년 59세로 식년시에 병과로 급제하여 벼슬이 성균관 전적(정6품)에 이르렀다.《방목》에는 벼슬이 없이 아버지[有鳳], 할아버지[湜], 증조[峻鳴], 외조[朴斗錫] 이름이 보이고, 본관이 광주光州(光山)로 되어 있다. 그런데《청구》의《광산김씨보》에는 김명대의 가계가 보이지 않으며,《만성》의《광주김씨보》에는 가계가 보이는데 직계 4대조와 외조 가운데 벼슬아치가 없다.

36 **문찬규**文粲奎(1737~?) 전라도 영암靈岩 사람으로 유학을 거쳐 정조 원년 41세로 식년시에 병과로 급제했다.《방목》에는 벼슬이 없이 아버지[德鵬], 할아버지[昌燁], 증조[鳳來], 외조[李壽昌] 이름이 보이고, 본관이 남평南平으로 되어 있다. 그런데《청구》와《만성》의《남평문씨보》에는 문찬규의 가계가 보이지 않는다.《족보》에 오르지 못한 인물이다.

37 **정양한**鄭良翰(1737~?) 전라도 광주光州 사람으로 유학을 거쳐 정조 원년 41세로 식년시에 병과로 급제했다.《방목》에는 벼슬이 없이 아버지[時慶], 할아버지[益壽], 증조[起賢], 외조[宋德謙] 이름이 보이고, 본관이 경주慶州로 되어 있다. 그런데《청구》와《만성》의《경주정씨보》에는 정양한의 가계가 보이지 않는다.《족보》에 오르지 못한 인물이다.

38 김정명金鼎命(1744~?) 함경도 경성鏡城 사람으로 유학을 거쳐 정조 원년 34세로 식년시에 병과로 급제했다. 《방목》에는 벼슬이 없이 아버지[濡], 할아버지[九鍊], 증조[重萬], 외조[黃先淸] 이름이 보이고, 본관이 경주慶州로 되어 있다. 그런데 《청구》와 《만성》의 《경주김씨보》에는 김정명의 가계가 보이지 않는다. 《족보》에 오르지 못한 인물이다.

39 한계옥韓啓玉(1750~?) 함경도 함흥咸興 사람으로 유학을 거쳐 정조 원년 28세로 식년시에 병과로 급제하여 벼슬이 사헌부 장령(정4품)에 이르렀다. 《방목》에는 벼슬이 없이 아버지[世壨], 할아버지[晋赫], 증조[斗興], 외조[李廷極] 이름이 보이고, 본관이 청주淸州로 되어 있다. 그런데 《청구》와 《만성》의 《청주한씨보》에는 한계옥의 이름이 보이지 않는다. 《족보》에 오르지 못한 인물이다.

40 차신용車信用(1748~?) 평안도 용천龍川 사람으로 유학을 거쳐 정조 원년 30세로 식년시에 병과로 급제하여 벼슬이 의정부 검상檢詳(정5품)으로 의망되었는데 집안 내력을 알지 못하여 낙점되지 못했다.16) 《방목》에는 벼슬이 없이 아버지[雲軾], 할아버지[聖樞], 증조[顯萬], 외조[金德弘] 이름이 보이고, 본관이 연안延安으로 되어 있다. 그런데 《청구》와 《만성》의 《연안차씨보》에는 차신용의 가계가 보이지 않는다. 《족보》에 오르지 못한 인물이다. 연안차씨는 조선시대 문과급제자 27명을 배출했는데, 대부분 평안도 출신으로 그들도 《족보》에 오르지 못했다.

41 이기정李基禎(1750~?) 경상도 함안咸安 사람으로 유학을 거쳐 정

---

16) 《정조실록》 권47, 정조 21년 12월 20일 을묘.

조 원년 28세로 식년시에 병과로 급제했다. 《방목》에는 벼슬이 없이 아버지[賢國], 할아버지[聖臣], 증조[喜復], 외조[李有年] 이름이 보이고, 본관이 광주廣州로 되어 있다. 《청구》의 《광주이씨보》를 보면 이기정은 조선 초기 명신 이극감李克堪의 12대손으로 직계 6대조 가운데 벼슬아치는 4대조가 무과에 급제한 것뿐이고 외조도 벼슬아치가 아니다. 한편, 《만성》의 《광주이씨보》에는 가계가 보이지 않는다.

42 김기찬金驥燦(1748~?) 경상도 선산善山 사람으로 유학을 거쳐 정조 원년 30세로 식년시에 병과로 급제하여 벼슬이 사헌부 장령(정4품)에 이르렀다. 《방목》에는 벼슬이 없이 아버지[柱勳], 할아버지[夢海], 증조[以鏡], 외조[洪大熙] 이름이 보이고, 본관이 의성義城으로 되어 있다. 《청구》와 《만성》의 《의성김씨보》를 보면 김기찬은 명신 김성일金誠一의 8대손으로 직계 4대조 가운데 벼슬아치가 없고 외조도 벼슬아치가 아니다.

43 곽진익郭鎭益(1740~?) 경기도 이천利川 사람으로 유학을 거쳐 정조 원년 38세로 식년시에 병과로 급제했다. 《방목》에는 벼슬이 없이 아버지[就堅], 할아버지[箕年], 증조[萬元], 외조[李時馥] 이름이 보이고, 본관이 현풍玄風으로 되어 있다. 그런데 《청구》와 《만성》의 《현풍곽씨보》에는 곽진익의 가계가 보이지 않는다. 《족보》에 오르지 못한 인물이다.

44 이익서李益瑞(1736~?) 평안도 삼등三登 사람으로 유학을 거쳐 정조 원년 42세로 식년시에 병과로 급제했다. 《방목》에는 벼슬이 없이 아버지[敏采], 할아버지[濟泰], 증조[萬赫], 외조[白時和] 이름이 보이고, 본관이 수안遂安으로 되어 있다. 그런데 《만성》에는 《수안이씨보》 자체가 없으며, 《청구》의 《수안이씨보》에는 이익서의 가계가 보이

지 않는다. 《족보》에 오르지 못한 인물이다.

45 김서복金瑞復(1742~?) 경상도 영천榮川 사람으로 유학을 거쳐 정조 원년 36세로 식년시에 병과로 급제했는데, 정조 2년 1월 승문원承文院에 분관分館할 때 김서복을 권점에 넣은 관리가 탄핵을 받는 일이 생겼다.17) 이 사건은 그가 승문원에 들어갈 자격이 없다는 이유 때문에 일어났다. 《방목》에는 벼슬이 없이 아버지[佛], 할아버지[天壽], 증조[時翼], 외조[李錫夢] 이름이 보이고, 본관이 풍산豊山으로 되어 있다. 그런데 《청구》와 《만성》의 《풍산김씨보》를 보면 할아버지 이상의 가계는 보이나 아버지와 그의 이름은 보이지 않는다. 그가 승문원에 들어가지 못한 이유도 여기에 있었을 것이다.

46 차봉운車鳳運(1737~?) 강원도 영월寧越 사람으로 유학을 거쳐 정조 원년 41세로 식년시에 병과로 급제했다. 《방목》에는 벼슬이 없이 아버지[聖裕], 할아버지[指輪], 증조[得民], 외조[金嗣億] 이름이 보이고, 본관이 연안延安으로 되어 있다. 그런데 《청구》와 《만성》의 《연안차씨보》에는 차봉운의 가계가 보이지 않는다. 《족보》에 오르지 못한 인물이다.

47 여규명呂奎明(1745~?) 경상도 금산金山 사람으로 유학을 거쳐 정조 원년 33세로 식년시에 병과로 급제하여 벼슬이 도사(종5품)에 이르렀다. 《방목》에는 벼슬이 없이 아버지[弘大], 할아버지[翰周], 증조[以達], 외조[都益謨] 이름이 보이고, 본관이 성산星山으로 되어 있다. 《청구》와 《만성》의 《성산여씨보》를 보면 여규명의 직계 6대조 가운데 벼슬아치가 없다.

---

17) 《정조실록》 권5, 정조 2년 1월 6일 정묘.

48 고극충高克忠(1731~?) 평안도 선천宣川 사람으로 유학을 거쳐 정조 원년 47세로 식년시에 병과로 급제했다. 《방목》에는 벼슬이 없이 아버지[命說], 할아버지[尙崙], 증조[惟進], 외조[鄭元弼] 이름이 보이고, 본관이 제주濟州로 되어 있다. 그런데 《청구》와 《만성》의 《제주고씨보》에는 고극충의 가계가 보이지 않는다. 《족보》에 오르지 못한 인물이다.

49 김명언金命彦(1749~?) 평안도 상원祥原 사람으로 유학을 거쳐 정조 원년 29세로 식년시에 병과로 급제했다. 《방목》에는 벼슬이 없이 아버지[宗恒], 할아버지[學濂], 증조[台銶], 외조[李道徵] 이름이 보이고, 본관이 경주慶州로 되어 있다. 그런데 《청구》와 《만성》의 《경주김씨보》에는 김명언의 가계가 보이지 않는다. 《족보》에 오르지 못한 인물이다. 영조 대 편찬된 《여지도서》에는 상원에 경주김씨가 없어 본관이 의심스럽다.

50 박한규朴漢奎(1732~?) 서울 사람으로 유학을 거쳐 정조 원년 46세로 정시에 장원급제했다. 《방목》에는 벼슬이 없이 아버지[震瑞], 할아버지[尙道], 증조[聖立], 외조[金元九] 이름이 보이고, 본관이 밀양密陽으로 되어 있다. 그런데 《청구》와 《만성》의 《밀양박씨보》에는 박한규의 가계가 보이지 않는다. 《족보》에 오르지 못한 인물이다.

51 양치학楊致鶴(1720~?) 평안도 정주定州 사람으로 유학을 거쳐 정조 원년 58세로 정시에 병과로 급제했다. 《방목》에는 벼슬이 없이 아버지[兌演], 할아버지[萬郁], 증조[繼文], 외조[金禮道] 이름이 보이고, 본관이 청주淸州로 되어 있다. 그런데 《청구》와 《만성》의 《청주양씨보》에는 양치학의 가계가 보이지 않는다. 《족보》에 오르지 못한 인물이다. 《여지도서》를 보아도 정주에 청주양씨가 없어 본관이 의심

스럽다.

52 이만영李萬榮(1736~?) 충청도 해미海美 사람으로 유학을 거쳐 정조 원년 42세로 정시에 병과로 급제하여 벼슬이 사헌부 집의(종3품)에 이르렀다. 《방목》에는 벼슬이 없이 아버지[純馨], 할아버지[道根], 증조[宇洪], 외조[權世徽] 이름이 보이고, 본관이 전주全州로 되어 있다. 《전주이씨과거급제자총람》을 보면 이만영은 정종의 후궁 소생인 선성군宣城君의 후손으로 직계 5대조와 외조 가운데 벼슬아치가 없다.

53 차형구車亨衢(1744~?) 평안도 숙천肅川 사람으로 유학을 거쳐 정조 원년 34세로 정시에 병과로 급제했다. 《방목》에는 벼슬이 없이 아버지[聖由], 할아버지[汝殷], 증조[萬遠], 외조[李升奎] 이름이 보이고, 본관이 연안延安으로 되어 있다. 그런데 《청구》와 《만성》의 《연안차씨보》에는 차형구의 가계가 보이지 않는다. 《족보》에 오르지 못한 인물이다. 《여지도서》에는 숙천에 용성차씨龍城車氏만 보이고 연안차씨는 보이지 않아 본관이 의심스럽다.

54 김하련金夏璉(1736~?) 평안도 의주義州 사람으로 유학을 거쳐 정조 원년 42세로 정시에 병과로 급제하여 벼슬이 전라도 도사(종5품)에 이르렀다. 《방목》에는 벼슬이 없이 아버지[皓], 할아버지[鐩], 증조[籌昌], 외조[申惠雄] 이름이 보이고, 본관이 경주慶州로 되어 있다. 그런데 《청구》와 《만성》의 《경주김씨보》에는 김하련의 가계가 보이지 않는다. 《족보》에 오르지 못한 인물이다. 《여지도서》에는 의주에 경주김씨가 보이지 않아 본관이 의심스럽다.

55 박종정朴宗正(1755~?) 서울 사람으로 유학을 거쳐 정조 2년(1778) 24세로 알성시에 장원급제하여 벼슬이 순조 대 사간원 대사간(정3품 당상관)과 참판(종2품)에 이르렀다. 《방목》에는 벼슬이 없이 아

버지[履源], 할아버지[師喆], 증조[弼義], 외조[李顯耉], 처부[李錫禛] 이
름이 보이고, 본관이 반남潘南으로 되어 있다.《청구》와《만성》의
《반남박씨보》를 보면 박종정의 직계 3대조와 외조 가운데 벼슬아치
가 없다.

　　56 박사묵朴師黙(1736~?) 강원도 원주原州 사람으로 유학을 거쳐 정
조 2년 43세로 알성시에 을과로 급제하여 벼슬이 홍문관 교리(정5품)
에 이르렀다.《방목》에는 벼슬이 없이 아버지[東毅], 할아버지[重潤],
증조[萬全] 이름이 보이고, 본관이 밀양密陽으로 되어 있다.《청구》와
《만성》의《밀양박씨보》를 보면 박사묵의 직계 4대조와 외조 가운데
벼슬아치가 없다.

　　57 최수옹崔粹翁(1734~?) 경기도 양성陽城 사람으로 진사를 거쳐 정
조 2년 46세로 정시에 장원급제하여 벼슬이 찰방(종6품)에 이르렀다.
《방목》에는 벼슬이 없이 아버지[祚永], 할아버지[尙軾], 증조[雲瑞], 외
조[尹五商] 이름이 보이고, 본관이 해주海州로 되어 있다. 그런데《청
구》와《만성》의《해주최씨보》에는 증조까지의 가계는 보이나 그 뒤
의 가계는 보이지 않는다.《규사》를 보면 최수옹은 서자라고 한다.
서자가 장원급제한 것이다.

　　58 이득휴李得休(1731~?) 경기도 수원水原 사람으로 유학을 거쳐 정
조 2년 48세로 정시에 병과로 급제하여 벼슬이 사헌부 장령(정4품)을
거쳐 승지(정3품 당상관)에 이르렀다.《방목》에는 벼슬이 없이 아버지
[溁], 할아버지[維鎭], 증조[志道], 외조[許環] 이름이 보이고, 본관이 여
주驪州로 되어 있다. 그런데《청구》의《여주이씨보》에는 이득휴의
가계가 보이지 않으며,《만성》의《여주이씨보》를 보면 직계 4대조
와 외조 가운데 벼슬아치가 없다.

59 김정룡金廷龍(1712~?) 경기도 용인龍仁 사람으로 유학을 거쳐 정조 2년 67세로 정시에 병과로 급제하여 벼슬이 좌랑(정6품)에 이르렀다. 《방목》에는 벼슬이 없이 아버지[聖彦], 할아버지[餘慶], 증조[一振], 외조[李棻] 이름이 보이고, 본관이 강릉江陵으로 되어 있다. 그런데 《청구》의 《강릉김씨보》에는 아버지까지의 가계는 보이나 김정룡의 이름이 보이지 않으며, 《만성》의 《강릉김씨보》에는 가계가 보이는데 직계 4대조와 외조 가운데 벼슬아치가 없다.

60 김우해金宇海(1743~?) 전라도 함평咸平 사람으로 유학을 거쳐 정조 4년(1780) 38세로 식년시에 장원급제했다. 《방목》에는 벼슬이 없이 아버지[若欽], 할아버지[始昌], 증조[重彬], 외조[李慶蒔] 이름이 보이고, 본관이 상주尙州로 되어 있다. 그런데 《청구》와 《만성》의 《상주김씨보》에는 김우해의 가계가 보이지 않는다. 《족보》에 오르지 못한 인물이다.

61 안제원安濟元(1749~?) 평안도 안주安州 사람으로 유학을 거쳐 정조 4년 32세로 식년시에 갑과로 급제하여 벼슬이 도사(종5품)에 이르렀다. 《방목》에는 벼슬이 없이 아버지[思坤], 할아버지[碩著], 증조[相維], 외조[李泰重] 이름이 보이고, 본관이 순흥順興으로 되어 있다. 《청구》의 《순흥안씨보》를 보면 안제원의 직계 9대조 가운데 벼슬아치가 없고, 《만성》의 《순흥안씨보》에는 가계가 보이지 않는다. 안주의 순흥안씨는 영조 대 이후 문과급제자 24명을 배출하여 이 지역의 명문으로 등장했다.

62 김성응金聲應(1737~?) 경상도 예안禮安 사람으로 유학을 거쳐 정조 4년 44세로 식년시에 갑과로 급제했다. 《방목》에는 벼슬이 없이 아버지[若衡], 할아버지[洸; 濿의 오기], 증조[益輝], 외조[趙壽台] 이름이

보이고, 본관이 광주光州로 되어 있다. 《청구》와 《만성》의 《광주김
씨보》를 보면 김성응의 직계 6대조와 외조 가운데 벼슬아치가 없다.

63 안매권安邁權(1758~?) 평안도 안주安州 사람으로 장사랑將仕郎(종
9품)을 거쳐 정조 4년 23세로 식년시에 을과로 급제하여 벼슬이 사헌
부 장령(정4품)에 이르렀다. 《방목》에는 벼슬이 없이 아버지[正來],
할아버지[昕], 증조[謹之], 외조[金南淑] 이름이 보이고, 본관이 순흥順
興으로 되어 있다. 그런데 《만성》의 《순흥안씨보》에는 안매권의 가
계가 보이지 않으며, 《청구》의 《순흥안씨보》에는 가계가 보이는데,
직계 7대조 가운데 벼슬아치는 6대조[義男; 봉사]뿐이다. 안주의 순흥
안씨는 조선 후기 문과급제자 24명을 배출하여 이 지방의 신흥 명문
으로 등장했다.

64 윤경주尹擎柱(1720~?) 충청도 목천木川 사람으로 유학을 거쳐 정
조 4년 58세로 식년시에 을과로 급제했다. 《방목》에는 벼슬이 없이
아버지[溟], 할아버지[以五], 증조[葆], 외조[洪燧] 이름이 보이고, 본관
이 남원南原으로 되어 있다. 그런데 《청구》와 《만성》의 《남원윤씨
보》에는 윤경주의 가계가 보이지 않는다. 《족보》에 오르지 못한 인
물이다.

65 김담金潭(1756~?) 전라도 담양潭陽 사람으로 유학을 거쳐 정조
4년 25세로 식년시에 을과로 급제했다. 《방목》에는 벼슬이 없이 아
버지[載秋], 할아버지[世郁], 증조[振九], 외조[朴祉恒] 이름이 보이고,
본관이 순천順天으로 되어 있다. 그런데 《청구》와 《만성》의 《순천김
씨보》에는 김담의 가계가 보이지 않는다. 《족보》에 오르지 못한 인
물이다.

66 김성추金聲秋(1736~?) 경상도 상주尙州 사람으로 유학을 거쳐 정

조 4년 45세로 식년시에 을과로 급제하여 벼슬이 능령陵令(종5품)에 이르렀다. 《방목》에는 벼슬이 없이 아버지〔致廉〕, 할아버지〔振兌〕, 증조〔好寬〕, 외조〔李思兼〕 이름이 보이고, 본관이 상산商山(尙州)으로 되어 있다. 그런데 《만성》의 《상주김씨보》에는 김성추의 가계가 보이지 않으며, 《청구》의 《상주김씨보》에는 가계가 보이는데, 직계 5대조 안에 벼슬아치가 없고 그 윗대도 대부분 무반직이다.

67 **김명유**金命瑜(1731~?) 평안도 안주安州 사람으로 통덕랑(정5품)을 거쳐 정조 4년 50세로 식년시에 병과로 급제했다. 《방목》에는 벼슬이 없이 아버지〔尙獜〕, 할아버지〔嗣億〕, 증조〔禹三〕, 외조〔李時燁〕 이름이 보이고, 본관이 수원水原으로 되어 있다. 그런데 《청구》와 《만성》의 《수원김씨보》에는 김명유의 가계가 보이지 않는다. 《족보》에 오르지 못한 인물이다.

68 **유회**柳檴(1740~?) 평안도 영변寧邊 사람으로 장사랑(종9품)을 거쳐 정조 4년 41세로 식년시에 병과로 급제했다. 《방목》에는 벼슬이 없이 아버지〔漢祥〕, 할아버지〔春發〕, 증조〔澹〕, 외조〔金振鼎〕 이름이 보이고, 본관이 진주晋州로 되어 있다. 그런데 《청구》와 《만성》의 《진주유씨보》에는 유회의 가계가 보이지 않는다. 《족보》에 오르지 못한 인물이다. 《여지도서》에는 영변에 진주유씨가 보이지 않아 본관이 의심스럽다.

69 **이복윤**李福潤(1741~?) 경기도 양근楊根 사람으로 생원을 거쳐 정조 4년 40세로 식년시에 병과로 급제하여 벼슬이 사헌부 지평(정5품)에 이르렀다. 《방목》에는 벼슬이 없이 아버지〔銶〕, 할아버지〔禎基〕, 증조〔藎〕, 외조〔閔珪〕 이름이 보이고, 본관이 경주慶州로 되어 있다. 그런데 《청구》와 《만성》의 《경주이씨보》에는 이복윤의 가계가 보이지

않는다. 《족보》에 오르지 못한 인물이다.

70 이일운李日運(1736~?) 충청도 서산瑞山 사람으로 생원을 거쳐 정조 4년 45세로 식년시에 병과로 급제하여 벼슬이 목사(정3품 당상관)와 승지(정3품 당상관)에 이르렀다. 《방목》에는 벼슬이 없이 아버지〔師言〕, 할아버지〔受謙〕, 증조〔寅斗〕, 외조〔朴璉〕 이름이 보이고, 본관이 함평咸平으로 되어 있다. 《청구》와 《만성》의 《함평이씨보》를 보면 이일운의 직계 3대조와 외조 가운데 벼슬아치가 없다.

71 윤준尹濬(1737~?) 경기도 교하交河 사람으로 유학을 거쳐 정조 4년 식년시에 44세로 병과로 급제했다. 《방목》에는 벼슬이 없이 아버지〔就文〕, 할아버지〔昌邦〕, 증조〔東相〕, 외조〔金萬和〕 이름이 보이고, 본관이 파평坡平으로 되어 있다. 그런데 《청구》와 《만성》의 《파평윤씨보》에는 윤준의 가계가 보이지 않는다. 《족보》에 오르지 못한 인물이다.

72 황내정黃乃正(1743~?) 강릉江陵 사람으로 유학을 거쳐 정조 4년 38세로 식년시에 병과로 급제했다. 《방목》에는 벼슬이 없이 아버지〔瀞〕, 할아버지〔震啓〕, 증조〔珽〕, 외조〔金汝純〕 이름이 보이고, 본관이 평해平海로 되어 있다. 그런데 《청구》와 《만성》의 《평해황씨보》에는 황내정의 가계가 보이지 않는다. 《족보》에 오르지 못한 인물이다.

73 서유기徐有沂(1751~?) 경상도 안동安東 사람으로 유학을 거쳐 정조 4년 30세로 식년시에 병과로 급제하여 벼슬이 군수(종4품)와 사헌부 집의(종3품)에 이르렀다. 《방목》에는 벼슬이 없이 아버지〔謹修〕, 할아버지〔命樑〕, 증조〔宗萬〕, 외조〔申永熙〕 이름이 보이고, 본관이 대구大丘(達城)로 되어 있다. 《청구》와 《만성》의 《대구서씨보》를 보면 서유기의 직계 5대조와 외조 가운데 벼슬아치가 없다.

74 조형수曹亨壽(1749~?) 평양平壤 사람으로 유학을 거쳐 정조 4년 32세로 식년시에 병과로 급제하여 벼슬이 어천찰방(종6품)에 이르렀다. 《방목》에는 벼슬이 없이 아버지[廷碩], 할아버지[漢明], 증조[斗尙], 외조[朴承贊] 이름이 보이고, 본관이 창녕昌寧으로 되어 있다. 그런데 《청구》와 《만성》의 《창녕조씨보》에는 조형수의 가계가 보이지 않는다. 《족보》에 오르지 못한 인물이다.

75 한성환韓聖煥(1738~?) 충청도 서산瑞山 사람으로 유학을 거쳐 정조 4년 43세로 식년시에 병과로 급제하여 도사(종5품)에 이르렀다. 《방목》에는 벼슬이 없이 아버지[致中], 할아버지[國樞], 증조[遇觀], 외조[崔世弼] 이름이 보이고, 본관이 서원西原(淸州)으로 되어 있다. 그런데 《청구》와 《만성》의 《청주한씨보》에는 한성환의 가계가 보이지 않는다. 《족보》에 오르지 못한 인물이다.

76 이휘李彙(1747~?) 평안도 개천价川 사람으로 유학을 거쳐 정조 4년 34세로 식년시에 병과로 급제했다. 《방목》에는 벼슬이 없이 아버지[明喆], 할아버지[日瑞], 증조[道源], 외조[鄭德載] 이름이 보이고, 본관이 광주廣州로 되어 있다. 그런데 《청구》와 《만성》의 《광주이씨보》에는 이휘의 가계가 보이지 않는다. 《족보》에 오르지 못한 인물이다. 《세종실록》〈지리지〉와 《동국여지승람》에는 개천에 해양이씨海陽李氏만 보이다가 《여지도서》에는 해양이씨가 사라지고 광주이씨가 나오는데, 혹시 해양이씨가 본관을 광주로 바꾸었는지도 모른다.

77 고택겸高宅謙(1732~?) 전라도 담양潭陽 사람으로 유학을 거쳐 정조 4년 49세로 식년시에 병과로 급제하여 벼슬이 병조정랑(정5품)을 거쳐 홍문관 교리(정5품)에 이르렀다. 《방목》에는 벼슬이 없이 아버지[萬旭], 할아버지[應龍], 증조[世貞], 외조[韓命東] 이름이 보이고, 본

관이 장택長澤(長興)으로 되어 있다. 《청구》와 《만성》의 《장흥고씨
보》를 보면 고택겸은 고경명高敬命의 6대손으로 직계 4대조와 외조
가운데 벼슬아치가 없다.

78 이신묵李信黙(1752~?) 평안도 개천价川 사람으로 유학을 거쳐 정
조 4년 29세로 식년시에 병과로 급제했다. 《방목》에는 벼슬이 없이
아버지[心玉], 할아버지[命采], 증조[升奎], 외조[盧命一] 이름이 보이고,
본관이 광주廣州로 되어 있다. 그런데 《청구》와 《만성》의 《광주이씨
보》에는 이신묵의 가계가 보이지 않는다. 《족보》에 오르지 못한 인
물이다. 앞에 소개한 이휘와 마찬가지로 본관이 의심스럽다.

79 이진택李鎭宅(1738~?) 경주慶州 사람으로 유학을 거쳐 정조 4년
43세로 식년시에 병과로 급제하여 벼슬이 사헌부 장령(정4품)에 이르
렀다. 《방목》에는 벼슬이 없이 아버지[雲培], 할아버지[胤錫], 증조
[璡], 외조[南國望] 이름이 보이고, 본관이 경주로 되어 있다. 그런데
《청구》와 《만성》의 《경주이씨보》에는 이진택의 가계가 보이지 않
는다. 《족보》에 오르지 못한 인물이다.

80 민승룡閔升龍(1744~1821) 경상도 산청山淸 사람으로 유학을 거쳐
정조 4년 37세로 식년시에 병과로 급제하여 벼슬이 성균관 전적(정6
품)과 역승驛丞(종9품)을 거쳐 사헌부 장령(정4품)에 이르렀다. 《방목》
에는 벼슬이 없이 아버지[坰], 할아버지[齊尹], 증조[仁耉], 외조[權衡]
이름이 보이고, 본관이 여흥驪興으로 되어 있다. 그런데 《청구》와
《만성》의 《여흥민씨보》에는 민승룡의 가계가 보이지 않는다. 《족
보》에 오르지 못한 인물이다.

81 안봉래安鳳來(1727~?) 평안도 정주定州 사람으로 유학을 거쳐 정
조 4년 54세로 식년시에 병과로 급제했다. 《방목》에는 벼슬이 없이

아버지[湜], 할아버지[行中], 증조[廷贄], 외조[車順立] 이름이 보이고, 본관이 순흥順興으로 되어 있다. 그런데 《청구》와 《만성》의 《순흥안 씨보》에는 안봉래의 가계가 보이지 않는다. 《족보》에 오르지 못한 인물이다.

82 정내성鄭來成(1744~?) 경상도 안동安東 사람으로 유학을 거쳐 정조 4년 37세로 식년시에 병과로 급제하여 벼슬이 사간원 정언(정6품)을 거쳐 병조참지(정3품 당상관)와 좌윤(종2품)에 이르렀다. 《방목》에는 벼슬이 없이 아버지[重變], 할아버지[天相], 증조[泰斗], 외조[權萬元] 이름이 보이고 본관이 서원西原(淸州)으로 되어 있다. 《청구》와 《만성》의 《청주정씨보》를 보면 정내성의 직계 6대조 가운데 벼슬아 치가 없다. 그러나 외조는 문과에 급제했다.

83 최규한崔逵漢(1750~?) 전라도 광주光州 사람으로 유학을 거쳐 정조 4년 31세로 식년시에 병과로 급제했다. 《방목》에는 벼슬이 없이 아버지[彦國], 할아버지[聖章], 증조[衡], 외조[李昌壽] 이름이 보이고, 본관이 수원水原으로 되어 있다. 그런데 《청구》와 《만성》의 《수원최 씨보》에는 최규한의 가계가 보이지 않는다. 《족보》에 오르지 못한 인물이다.

84 정계충鄭繼忠(1740~?) 전라도 무안務安 사람으로 정조 4년 41세로 식년시에 병과로 급제했다. 《방목》에는 벼슬이 없이 아버지[仁謙], 할아버지[有慶], 증조[望久], 외조[李受井] 이름이 보이고, 본관이 진주晉州로 되어 있다. 그런데 《청구》와 《만성》의 《진주정씨보》에는 정계충의 가계가 보이지 않는다. 《족보》에 오르지 못한 인물이다.

85 장지묵張志黙(1743~?) 경기도 풍덕豊德 사람으로 유학을 거쳐 정조 4년 38세로 식년시에 병과로 급제했다. 《방목》에는 벼슬이 없이

아버지[師栻, 생부 師漢], 할아버지[天樞], 증조[雲翼], 외조[馬徵表] 이름
이 보이고, 본관이 지례知禮(尙州)로 되어 있다. 그런데《청구》와《만
성》에는《지례장씨보》자체가 없어 가계를 알 수 없다. 장씨는 경상
도 지례의 토성土姓 가운데 하나로, 2000년 현재 인구는 97가구 318
명의 희성인데 조선시대 문과급제자는 오직 장지묵뿐이다.

  86 권문도權文度(1740~?) 경상도 안동安東 사람으로 유학을 거쳐 정
조 4년 41세로 식년시에 병과로 급제하여 벼슬이 사간원 정언(정6품)
에 이르렀다.《방목》에는 벼슬이 없이 아버지[思謙], 할아버지[正國],
증조[蓍], 외조[金仲欽] 이름이 보이고, 본관이 안동安東으로 되어 있
다.《청구》와《만성》의《안동권씨보》를 보면 권문도는 명신 권벌權
橃의 9대손으로 직계 6대조와 외조 가운데 벼슬아치가 없다.

  87 김취행金就行(1739~?) 개성開城 사람으로 유학을 거쳐 정조 4년
42세로 식년시에 병과로 급제했다.《방목》에는 벼슬이 없이 아버지
[弘海], 할아버지[禹鎔], 증조[南元], 외조[金麗兌] 이름이 보이고, 본관
이 웅천熊川으로 되어 있다. 그런데《만성》에는《웅천김씨보》가 없
으며,《청구》의《웅천김씨보》에는 아버지와 김취행의 이름만 보이
는데 아버지는 벼슬이 없다. 2000년 현재 웅천김씨 인구는 119가구
347명의 희성으로, 그가 조선시대 유일한 문과급제자이다.

  88 마사인馬思仁(1755~?) 개성開城 사람으로 유학을 거쳐 정조 4년
26세로 식년시에 병과로 급제했다.《방목》에는 벼슬이 없이 아버지
[之洛], 할아버지[啓河], 증조[穗], 외조[李好謙] 이름이 보이고, 본관이
목천木川으로 되어 있다. 그런데《청구》와《만성》의《목천마씨보》에
는 마사인의 가계가 보이지 않는다.《족보》에 오르지 못한 인물이다.

  89 손진익孫鎭翼(1760~?) 경상도 상주尙州 사람으로 유학을 거쳐 정

조 4년 21세로 식년시에 병과로 급제하여 벼슬이 좌랑(정6품)에 이르렀다.《방목》에는 벼슬이 없이 아버지[潤慶], 할아버지[昌顯], 증조[雲億], 외조[趙錫春] 이름이 보이고, 본관이 경주慶州로 되어 있다.《청구》와《만성》의《경주손씨보》를 보면 손진익의 직계 3대조와 외조 가운데 벼슬아치가 없다.

　　90 김양척金良倜(1746~?) 평안도 정주定州 사람으로 유학을 거쳐 정조 4년 35세로 식년시에 병과로 급제하여 벼슬이 겸춘추兼春秋(종6품)를 거쳐 순조 대 문천군수(종4품)에 이르렀다.《방목》에는 벼슬이 없이 아버지[運五], 할아버지[德咸], 증조[昌健], 외조[朴廷益] 이름이 보이고, 본관이 연안延安으로 되어 있다. 그런데《청구》와《만성》의《연안김씨보》에는 김양척의 가계가 보이지 않는다.《족보》에 오르지 못한 인물이다.《세종실록》〈지리지〉와《동국여지승람》에는 정주에 신주김씨信州金氏와 용강김씨龍岡金氏만 보이다가《여지도서》에는 앞의 두 김씨가 사라지고 연안김씨가 등장하여 의아스럽다.

　　91 문광서文光瑞(1741~?) 평안도 정주定州 사람으로 유학을 거쳐 정조 4년 40세로 식년시에 병과로 급제했다.《방목》에는 벼슬이 없이 아버지[重明], 할아버지[九昌], 증조[希宗], 외조[成澤] 이름이 보이고, 본관이 남평南平으로 되어 있다. 그런데《청구》와《만성》의《남평문씨보》에는 문광서의 가계가 보이지 않는다.《족보》에 오르지 못한 인물이다.

　　92 이돈李暾(개명 晴, 1758~?) 경기도 파주坡州 사람으로 유학을 거쳐 정조 6년(1782) 25세로 알성시에 병과로 급제하여 벼슬이 홍문관 교리(정5품)에 이르렀다.《방목》에는 벼슬이 없이 아버지[鳳彬], 할아버지[瀚], 증조[舜翼], 외조[閔省修], 처부[尹蓋東] 이름이 보이고, 본관이

덕수德水로 되어 있다.《청구》와《만성》의《덕수이씨보》를 보면 이돈의 직계 5대조와 외조 가운데 실직 벼슬아치가 없다.

93 조몽언趙夢鷃(1748~?) 평안도 정주定州 사람으로 진사를 거쳐 정조 6년 35세로 평안도 별시에서 장원급제했다.《방목》에는 벼슬이 없이 아버지[慶潤] 이름만 보이고, 본관이 배천白川으로 되어 있다. 그런데《청구》와《만성》의《배천조씨보》에는 조몽언의 가계가 보이지 않는다.《족보》에 오르지 못한 인물이다. 정주의 배천조씨는 영조대 이후 문과급제자 26명을 배출하여 이 지역의 명문으로 등장했다.

94 최운한崔雲翰(1752~?) 평안도 삭주朔州 사람으로 유학을 거쳐 정조 6년 31세로 평안도 별시에 을과로 급제하여 벼슬이 사헌부 장령(정4품)에 이르렀다.《방목》에는 벼슬이 없이 아버지[奎五] 이름만 보이고, 본관이 청송靑松으로 되어 있다. 그런데《청구》와《만성》에는《청송최씨보》자체가 없다. 2000년 현재 청송최씨 인구는 389가구 1,225명의 희성으로, 최운한은 조선시대 유일한 문과급제자이다.

95 승응조承膺祚(1744~?) 평안도 정주定州 사람으로 유학을 거쳐 정조 6년 39세로 평안도 별시에 병과로 급제하여 벼슬이 사헌부 장령(정4품)에 이르렀다.《방목》에는 벼슬이 없이 아버지[景述] 이름만 보이고, 본관이 연일延日로 되어 있다. 그런데《만성》에는《연일승씨보》자체가 없고,《청구》의《연일승씨보》에 승응조의 가계가 보이는데, 직계 4대조 가운데 벼슬아치가 없다. 2000년 현재 연일승씨 인구는 568가구 1,828명의 희성으로, 조선시대 문과급제자 6명을 배출했다.

96 윤창리尹昌履(1734~?) 평양平壤 사람으로 유학을 거쳐 정조 6년 49세로 평안도 별시에 병과로 급제했다.《방목》에는 벼슬이 없이 아

버지〔仁瞻〕이름만 보이고, 본관이 파평坡平으로 되어 있다. 그런데 《청구》와 《만성》의 《파평윤씨보》에는 윤창리의 가계가 보이지 않는다. 《족보》에 오르지 못한 인물이다.

97 임희탁任希鐸(1739~?) 평양平壤 사람으로 유학을 거쳐 정조 6년 44세로 평안도 별시에 병과로 급제했다. 《방목》에는 벼슬이 없이 아버지〔台鼎〕이름만 보이고, 본관이 풍천豊川으로 되어 있다. 그런데 《청구》와 《만성》의 《풍천임씨보》에는 임희탁의 가계가 보이지 않는다. 《족보》에 오르지 못한 인물이다. 《여지도서》에는 평양에 풍천 임씨가 보이지 않는다.

98 김덕로金德老(1755~?) 평안도 정주定州 사람으로 유학을 거쳐 정조 6년 28세로 평안도 별시에 병과로 급제했다. 《방목》에는 벼슬이 없이 아버지〔益鴻〕이름만 보이고, 본관이 공산公山(公州)으로 되어 있다. 그런데 《청구》와 《만성》의 《공주김씨보》에는 김덕로의 가계가 보이지 않는다. 《족보》에 오르지 못한 인물이다. 조선시대 문과급제자 11명을 배출했는데, 그 가운데 9명이 평안도 출신으로 확인되고 있다. 2000년 현재 인구는 2,401가구 7,587명의 희성이다.

99 김진각金珍恪(1748~?) 평양平壤 사람으로 유학을 거쳐 정조 6년 35세로 평안도 별시에 병과로 급제하여 벼슬이 겸춘추(종6품)에 이르렀다. 《방목》에는 벼슬이 없이 아버지〔厚玉〕이름만 보이고, 본관이 상주尙州로 되어 있다. 그런데 《청구》와 《만성》의 《상주김씨보》에는 김진각의 가계가 보이지 않는다. 《족보》에 오르지 못한 인물이다.

100 김용현金龍俔(1728~?) 평안도 영변寧邊 사람으로 유학을 거쳐 정조 6년 평안도 별시에 병과로 급제했다. 《방목》에는 벼슬이 없이 아버지〔鼎實〕이름만 보이고, 본관이 김해金海로 되어 있다. 그런데

《청구》와 《만성》의 《김해김씨보》에는 김용현의 가계가 보이지 않는다. 《족보》에 오르지 못한 인물이다.

101 김희린金禧麟(1731~?) 평안도 영유永柔 사람으로 진사를 거쳐 정조 6년 52세로 평안도 별시에 병과로 급제했다. 《방목》에는 벼슬이 없이 아버지[處岳] 이름만 보이고, 본관이 공산公山(公州)으로 되어 있다. 그런데 《청구》와 《만성》의 《공주김씨보》에는 김희린의 가계가 보이지 않는다. 《족보》에 오르지 못한 인물이다. 공주김씨에 대해서는 앞의 김덕로를 참고할 것이다.

102 박문원朴聞源(1742~?) 함경도 경원慶源 사람으로 참봉(종9품)을 거쳐 정조 6년 함경도 별시에 장원급제했다. 《방목》에는 벼슬이 없이 아버지[愼衡] 이름만 보이고, 본관이 밀양密陽으로 되어 있다. 그런데 《청구》와 《만성》의 《밀양박씨보》에는 박문원의 가계가 보이지 않는다. 《족보》에 오르지 못한 인물이다.

103 임효원林孝源(1747~?) 함경도 명천明川 사람으로 유학을 거쳐 정조 6년 함경도 별시에 을과로 급제했다. 《방목》에는 벼슬이 없이 아버지[尙彬] 이름만 보이고, 본관이 동래東萊로 되어 있다. 그런데 《청구》와 《만성》에는 《동래임씨보》 자체가 없어 가계를 알 수 없다. 2000년 현재 동래임씨 인구는 175가구 530명의 희성으로, 조선시대 문과급제자는 임효원뿐이다.

104 박상춘朴尙春(1731~?) 함경도 고원高原 사람으로 영슈(종5품)을 거쳐 정조 6년 52세로 함경도 별시에 병과로 급제하여 벼슬이 현감(종6품)에 이르렀다. 《방목》에는 벼슬이 없이 아버지[桂雄] 이름만 보이고, 본관이 밀양密陽으로 되어 있다. 그런데 《청구》와 《만성》의 《밀양박씨보》에는 박상춘의 가계가 보이지 않는다. 《족보》에 오르

지 못한 인물이다.

105 이성륜李聖輪(1755~?) 함경도 함흥咸興 사람으로 유학을 거쳐 정조 6년 28세로 함경도 별시에 병과로 급제했다.《방목》에는 벼슬이 없이 아버지〔顯復〕이름만 보이고, 본관이 용인龍仁으로 되어 있다. 그런데《청구》와《만성》의《용인이씨보》에는 이성륜의 가계가 보이지 않는다.《족보》에 오르지 못한 인물이다.

106 이경신李敬臣(1741~?) 함경도 안변安邊 사람으로 생원을 거쳐 정조 6년 42세로 함경도 별시에 병과로 급제하여 벼슬이 사헌부 장령(정4품)에 이르렀다.《방목》에는 벼슬이 없이 아버지〔輿〕이름만 보이고, 본관이 간성杆城으로 되어 있다. 그런데《청구》와《만성》에는 《간성이씨보》자체가 없다. 2000년 현재 간성이씨 인구는 319가구 965명의 희성으로, 조선시대 문과급제자는 5명이다.

107 현기玄杞(1761~?) 함경도 경성鏡城 사람으로 유학을 거쳐 정조 6년 함경도 별시에 병과로 급제하여 벼슬이 성균관 박사(정7품)에 이르렀다.《방목》에는 벼슬이 없이 아버지〔聖澤〕이름만 보이고, 본관이 연주延州로 되어 있다.《청구》의《연주현씨보》를 보면 현기의 직계 19대조 가운데 벼슬아치가 없다.

108 김희섭金禧燮(1731~?) 충청도 충주忠州 사람으로 진사를 거쳐 정조 6년 52세로 경과에 을과로 급제했다.《방목》에는 벼슬이 없이 아버지〔得文〕, 할아버지〔一五〕, 증조〔載華〕, 외조〔崔尙興〕이름이 보이고, 본관이 경주慶州로 되어 있다. 그런데《청구》의《경주김씨보》에는 김희섭의 가계가 보이지 않으며,《만성》의《경주김씨보》에는 할아버지까지의 가계는 보이나 아버지와 그의 이름은 보이지 않는다. 《족보》에 오르지 못한 인물이다.

109 성종인成種仁(1751~?) 경기도 양주楊州 사람으로 생원을 거쳐 정조 6년 32세로 별시에 병과로 급제하여 벼슬이 홍문관 교리(정5품)를 거쳐 승지(정3품 당상관)에 이르렀다. 《방목》에는 벼슬이 없이 아버지[恕], 할아버지[泰朝], 증조[萬齡], 외조[趙榮偉] 이름이 보이고, 본관이 창녕昌寧으로 되어 있다. 《청구》와 《만성》의 《창녕성씨보》를 보면 성종인의 직계 4대조와 외조 가운데 벼슬아치가 없다.

110 이도李燾(1731~?) 전라도 남원南原 사람으로 유학을 거쳐 정조 6년 52세로 경과에 병과로 급제하여 벼슬이 돈녕부 도정(정3품 당상관)에 이르렀다. 《방목》에는 벼슬이 없이 아버지[頤福], 할아버지[星老], 증조[文源], 외조[林萬重] 이름이 보이고, 본관이 전주全州로 되어 있다. 《전주이씨과거급제자총람》을 보면 이도는 효령대군孝寧大君의 후손이지만 직계 3대조와 외조 가운데 벼슬아치가 없다.

111 유홍지柳弘之(1739~?) 경기도 양주楊州 사람으로 생원을 거쳐 정조 7년(1783) 45세로 증광시에 을과로 급제했다. 《방목》에는 벼슬이 없이 아버지[逋], 할아버지[以柱], 증조[瀵], 외조[李萬元] 이름이 보이고, 본관이 전주全州로 되어 있다. 그런데 《청구》와 《만성》의 《전주유씨보》에는 유홍지의 가계가 보이지 않는다. 《족보》에 오르지 못한 인물이다.

112 최중규崔重圭(1746~?) 서울 사람으로 유학을 거쳐 정조 7년 38세로 증광시에 을과로 급제하여 벼슬이 사헌부 지평(정5품)을 거쳐 순조 대 승지(정3품 당상관)에 이르렀다. 《방목》에는 벼슬이 없이 아버지[燦], 할아버지[相鼎], 증조[沃], 외조[金顯相] 이름이 보이고, 본관이 전주全州로 되어 있다. 《청구》와 《만성》의 《전주최씨보》를 보면 최중규의 직계 3대조와 외조 가운데 벼슬아치가 없다.

113 **이형달**李衡達(1753~?) 경기도 양주楊州 사람으로 생원을 거쳐 정조 7년 31세로 증광시에 병과로 급제하여 벼슬이 사간원 정언(정6품)과 병조좌랑(정6품)에 이르렀다. 《방목》에는 벼슬이 없이 아버지[顯復], 할아버지[戶], 증조[昌馨], 외조[南潁老] 이름이 보이고, 본관이 전주全州로 되어 있다. 《전주이씨과거급제자총람》을 보면 이형달의 직계 3대조와 외조 가운데 벼슬아치가 없다.

114 **신복**申馥(1753~?) 경상도 안동安東 사람으로 진사를 거쳐 정조 7년 31세로 증광시에 병과로 급제하여 벼슬이 홍문관 교리(정5품)에 이르렀다. 《방목》에는 벼슬이 없이 아버지[思珏], 할아버지[�], 증조[命亨], 외조[姜瀟] 이름이 보이고, 본관이 평산平山으로 되어 있다. 《청구》와 《만성》의 《평산신씨보》를 보면 신복의 직계 4대조와 외조 가운데 벼슬아치가 없다.

115 **박능원**朴能源(1738~?) 서울 사람으로 생원을 거쳐 정조 7년 46세로 증광시에 병과로 급제하여 벼슬이 사간원 정언(정6품)에 이르렀다. 《방목》에는 벼슬이 없이 아버지[師尹], 할아버지[弼謙], 증조[泰道], 외조[趙命遠] 이름이 보이고, 본관이 반남潘南으로 되어 있다. 《청구》와 《만성》의 《반남박씨보》를 보면 박능원의 직계 3대조와 외조 가운데 벼슬아치가 없다.

116 **이유수**李儒修(1758~?) 충청도 면천沔川 사람으로 생원을 거쳐 정조 7년 26세로 증광시에 병과로 급제하여 벼슬이 사간원 정언(정6품)에 이르렀다. 《방목》에는 벼슬이 없이 아버지[奭運], 할아버지[昌運], 증조[受泰], 외조[洪文輔] 이름이 보이고, 본관이 함평咸平으로 되어 있다. 그런데 《만성》의 《함평이씨보》에는 이유수의 가계가 보이지 않으며, 《청구》의 《함평이씨보》에는 가계가 보이는데, 직계 6대

조와 외조 가운데 벼슬아치가 없다.

117 변경우邊景祐(1745~?) 제주濟州 사람으로 통덕랑(정5품)을 거쳐 정조 7년 39세로 증광시에 병과로 급제하여 벼슬이 사헌부 장령(정4품)을 거쳐 순조 대 통정대부(정3품 당상관)에 가자加資되었다. 《방목》에는 벼슬이 없이 아버지[聖佐], 할아버지[是翰], 증조[希蘆], 외조[玄太始] 이름이 보이고, 본관이 원주原州로 되어 있다. 그런데 《청구》와 《만성》의 《원주변씨보》에는 변경우의 가계가 보이지 않는다. 《족보》에 오르지 못한 인물이다.

118 홍봉주洪鳳周(1725~?) 전라도 남평南平 사람으로 생원을 거쳐 정조 7년 59세로 증광시에 병과로 급제했다. 《방목》에는 벼슬이 없이 아버지[壽源], 할아버지[以東], 증조[益河], 외조[吳受謙] 이름이 보이고, 본관이 풍산豊山으로 되어 있다. 그런데 《청구》와 《만성》의 《풍산홍씨보》에는 홍봉주의 가계가 보이지 않는다. 《족보》에 오르지 못한 인물이다.

119 최기겸崔起謙(1729~?) 평양平壤 사람으로 생원을 거쳐 정조 7년 55세로 증광시에 병과로 급제하여 벼슬이 좌랑(정6품)에 이르렀다. 《방목》에는 벼슬이 없이 아버지[瀚], 할아버지[邦益], 증조[泰濟], 외조[金就礪] 이름이 보이고, 본관이 경주慶州로 되어 있다. 그런데 《만성》의 《경주최씨보》에는 최기겸의 가계가 보이지 않으며, 《청구》의 《경주최씨보》에는 가계가 보이는데 직계 9대조 가운데 벼슬아치가 없을 뿐 아니라 그 윗대도 교수(종6품)나 훈도(종9품) 등 하찮은 벼슬에 머물고 있다.

120 권방權訪(1740~?) 경상도 안동安東 사람으로 생원을 거쳐 정조 7년 44세로 증광시에 병과로 급제했다. 《방목》에는 벼슬이 없이 아

버지[壽], 할아버지[可正], 증조[份], 외조[金元烈]의 이름이 보이고, 본
관이 안동安東으로 되어 있다. 그런데《청구》와《만성》의《안동권씨
보》에는 권방의 가계가 보이지 않는다.《족보》에 오르지 못한 인물
이다.

121 박휘朴暉(1735~?) 전라도 담양潭陽 사람으로 유학을 거쳐 정조
7년 49세로 증광시에 병과로 급제했다.《방목》에는 벼슬이 없이 아
버지[弼憲], 할아버지[師誼], 증조[茂新], 외조[宣國佐] 이름이 보이고,
본관이 밀양密陽으로 되어 있다. 그런데《청구》와《만성》의《밀양박
씨보》에는 박휘의 가계가 보이지 않으며 외조의 이름은 어느 선씨보
에도 보이지 않는다.《족보》에 오르지 못한 인물이다.

122 고정헌高廷憲(1735~?) 전라도 광주光州 사람으로 유학을 거쳐
정조 7년 49세로 증광시에 병과로 급제하여 벼슬이 사간원 사간(종3
품)에 이르렀다.《방목》에는 벼슬이 없이 아버지[炅], 할아버지[漢仁],
증조[可迪], 외조[林亨夏] 이름이 보이고, 본관이 장택長澤(長興)으로
되어 있다. 그런데《청구》와《만성》의《장흥고씨보》를 보면 고정헌
의 직계 3대조와 외조 가운데 벼슬아치가 없다.

123 김용金墉(1744~?) 제주濟州 사람으로 유학을 거쳐 정조 7년 40
세로 병과로 급제했다.《방목》에는 벼슬이 없이 아버지[五鼎], 할아
버지[德亨], 증조[碾], 외조[梁汝章] 이름이 보이고, 본관이 김해金海로
되어 있다. 그런데《청구》와《만성》의《김해김씨보》에는 김용의 가
계가 보이지 않는다.《족보》에 오르지 못한 인물이다.

124 김태희金泰熙(1744~?) 평안도 정주定州 사람으로 유학을 거쳐
정조 7년 40세로 증광시에 병과로 급제했다.《방목》에는 벼슬이 없
이 아버지[南淑], 할아버지[是瑍], 증조[世雄], 외조[姜允輔] 이름이 보

이고, 본관이 연안延安으로 되어 있다. 그런데 《청구》와 《만성》의 《연안김씨보》에는 김태희의 가계가 보이지 않는다. 《족보》에 오르지 못한 인물이다. 정주의 연안김씨는 숙종 대 이후 문과급제자 43명을 배출하여 이 지역의 최고 명문으로 부상했다.

125 강성익康聖翊(1747~?) 제주도 정의旌義 사람으로 유학을 거쳐 정조 7년 37세로 증광시에 병과로 급제하여 벼슬이 사헌부 지평(정5품)을 거쳐 현감(종6품)에 이르렀다. 《방목》에는 벼슬이 없이 아버지〔一鳴〕, 할아버지〔文達〕, 증조〔嗣安〕, 외조〔金武弘〕 이름이 보이고, 본관이 신천信川으로 되어 있다. 그런데 《청구》와 《만성》의 《신천강씨보》에는 강성익의 가계가 보이지 않는다. 《족보》에 오르지 못한 인물이다.

126 이종열李宗烈(1756~?) 평안도 용천龍川 사람으로 유학을 거쳐 정조 7년 28세로 정시에 을과로 급제하여 벼슬이 춘추관 기사관記事官(6~9품)에 이르렀다. 《방목》에는 벼슬이 없이 아버지〔再愿〕, 할아버지〔世泰〕, 증조〔東碩〕, 외조〔金命惲〕 이름이 보이고, 본관이 단양丹陽으로 되어 있다. 그런데 《청구》와 《만성》의 《단양이씨보》에는 이종열의 가계가 보이지 않는다. 《족보》에 오르지 못한 인물이다.

127 최벽崔璧(1762~?) 경주慶州 사람으로 생원을 거쳐 정조 7년 22세로 식년시에 장원급제하여 벼슬이 정언(정6품)과 사헌부 지평(정5품)에 이르렀다. 《방목》에는 벼슬이 없이 아버지〔宗燮〕, 할아버지〔慶珊〕, 증조〔夏基〕, 외조〔申道河〕 이름이 보이고, 본관이 경주慶州로 되어 있다. 《청구》와 《만성》의 《경주최씨보》를 보면 최벽의 직계 5대조와 외조 가운데 벼슬아치가 없다.

128 조석호趙錫虎(1724~?) 경상도 상주尙州 사람으로 유학을 거쳐

정조 7년 60세로 식년시에 갑과로 급제하여 벼슬이 예조좌랑(정6품)
에 이르렀다. 《방목》에는 벼슬이 없이 아버지[觀經], 할아버지[涵], 증
조[啓胤], 외조[朴天樴] 이름이 보이고, 본관이 풍양豊壤으로 되어 있
다. 《청구》와 《만성》의 《풍양조씨보》를 보면 조석호의 직계 5대조
와 외조 가운데 벼슬아치가 없다.

129 이동인李東仁(1752~?) 경상도 단성丹城 사람으로 유학을 거쳐
정조 7년 32세로 식년시에 갑과로 급제하여 벼슬이 직장(종7품)에 이
르렀다. 《방목》에는 벼슬이 없이 아버지[德中], 할아버지[世瑋], 증조
[申命], 외조[金崇濂] 이름이 보이고, 본관이 광주廣州로 되어 있다.
《청구》와 《만성》의 《광주이씨보》를 보면 이동인의 직계 3대조 가운
데 벼슬아치가 없고 외조도 벼슬아치가 아니다.

130 김낙일金洛一(1750~?) 전라도 해남海南 사람으로 유학을 거쳐
정조 7년 34세로 식년시에 을과로 급제하여 벼슬이 도사(종5품)에 이
르렀다. 《방목》에는 벼슬이 없이 아버지[德五], 할아버지[世鎭], 증조
[聲大], 외조[朴泰厚] 이름이 보이고, 본관이 김해金海로 되어 있다.
《청구》와 《만성》의 《김해김씨보》를 보면 김낙일의 직계 8대조와 외
조 가운데 벼슬아치가 없다.

131 이정덕李鼎德(1752~?) 경주慶州 사람으로 유학을 거쳐 정조 7년
32세로 식년시에 을과로 급제하여 벼슬이 예조참의(정3품 당상관)와
부사(종3품)에 이르렀다. 《방목》에는 벼슬이 없이 아버지[憲壽], 할아
버지[逸中], 증조[德祿], 외조[李秀時] 이름이 보이고, 본관이 여주驪州
로 되어 있다. 《청구》와 《만성》의 《여주이씨보》를 보면 이정덕의
직계 6대조와 외조 가운데 벼슬아치가 없다.

132 박현보朴顯輔(1728~?) 경상도 의성義城 사람으로 통덕랑(정5품)

을 거쳐 정조 7년 56세로 식년시에 을과로 급제했다. 《방목》에는 벼
슬이 없이 아버지[泰彙], 할아버지[希顔], 증조[世敏], 외조[鄭泰齊] 이
름이 보이고, 본관이 군위軍威로 되어 있다. 그런데 《만성》에는 《군
위박씨보》 자체가 없고, 《청구》의 《군위박씨보》에는 박현보의 가계
가 보이지 않는다. 《족보》에 오르지 못한 인물이다. 2000년 현재 군
위박씨 인구는 489가구 1,613명의 희성으로, 조선시대 문과급제자 4
명을 배출했다.

133 이용주李龍柱(1749~?) 경기도 포천抱川 사람으로 유학을 거쳐
정조 7년 35세로 식년시에 을과로 급제하여 벼슬이 좌랑(정6품)에 이
르렀다. 《방목》에는 벼슬이 없이 아버지[壄], 할아버지[道恒], 증조
[碩], 외조[高斗杓] 이름이 보이고, 본관이 전주全州로 되어 있다. 《전
주이씨과거급제자총람》을 보면 이용주는 세조의 후궁 소생인 덕원
군德源君의 후손으로 직계 5대조 가운데 벼슬아치가 없다.

134 박창조朴昌朝(1722~?) 함경도 함흥咸興 사람으로 유학을 거쳐
정조 7년 62세로 식년시에 병과로 급제했다. 《방목》에는 벼슬이 없
이 아버지[梓], 할아버지[彭齡], 증조[世濂], 외조[任儒] 이름이 보이고,
본관이 사천泗川으로 되어 있다. 그런데 《청구》와 《만성》에는 《사천
박씨보》 자체가 없다. 2000년 현재 사천박씨 인구는 252가구 881명
의 희성으로, 조선시대 문과급제자는 박창조 한 사람뿐이다. 《세종실
록》 〈지리지〉와 《동국여지승람》에는 사천에 박씨가 없어 그가 급제
한 뒤로 이곳을 본관으로 삼은 것으로 보인다.

135 정동鄭棟(1741~?) 경상도 함양咸陽 사람으로 유학을 거쳐 정조
7년 43세로 식년시에 병과로 급제했다. 《방목》에는 벼슬이 없이 아
버지[仁徵], 할아버지[東鳳], 증조[世重], 외조[盧命元] 이름이 보이고,

본관이 초계草溪로 되어 있다. 그런데 《청구》와 《만성》의 《초계정씨보》에는 정동의 가계가 보이지 않는다. 《족보》에 오르지 못한 인물이다.

136 고응관高應觀(1743~?) 전라도 영광靈光 사람으로 유학을 거쳐 정조 7년 41세로 식년시에 병과로 급제하여 벼슬이 사헌부 장령(정4품)에 이르렀다. 《방목》에는 벼슬이 없이 아버지[可賢], 할아버지[俊], 증조[漢一], 외조[金鼎和] 이름이 보이고, 본관이 장흥長興으로 되어 있다. 그런데 《청구》와 《만성》의 《장흥고씨보》에는 고응관의 가계가 보이지 않는다. 《실록》을 보면 동생이 영광의 향임인 좌수座首였다고 한다.18) 그러니까 그의 집안은 벼슬을 하지 못한 향임 가문이었음을 알 수 있다.

137 황재실黃載實(1749~?) 경상도 순흥順興 사람으로 유학을 거쳐 정조 7년 35세로 식년시에 병과로 급제했다. 《방목》에는 벼슬이 없이 아버지[玉漢], 할아버지[錫鑑], 증조[壽增], 외조[姜杭] 이름이 보이고, 본관이 창원昌原으로 되어 있다. 그런데 《청구》와 《만성》의 《창원황씨보》에는 황재실의 가계가 보이지 않는다. 《족보》에 오르지 못한 인물이다.

138 유숙柳憷(1733~?) 서울 사람으로 유학을 거쳐 정조 7년 51세로 식년시에 병과로 급제하여 벼슬이 사간원 정언(정6품)에 이르렀다. 《방목》에는 벼슬이 없이 아버지[觀明], 할아버지[坐], 증조[春延], 외조[尹就徵] 이름이 보이고, 본관이 전주全州로 되어 있다. 《청구》와 《만성》의 《전주유씨보》를 보면 유숙의 직계 5대조 가운데 벼슬아치

---

18) 《정조실록》 권30, 정조 14년 4월 23일 계유.

가 없고 외조도 벼슬아치가 아니다.

　　139 민광로閔光魯(1749~?) 경상도 밀양密陽 사람으로 유학을 거쳐 정조 7년 34세로 식년시에 병과로 급제했다. 《방목》에는 벼슬이 없이 아버지[百宜], 할아버지[光洙], 증조[友參], 외조[都啓運] 이름이 보이고, 본관이 여흥驪興으로 되어 있다. 그런데 《만성》의 《여흥민씨보》에는 민광로의 가계가 보이지 않으며, 《청구》의 《여흥민씨보》에는 증조의 이름만 보이고 그 뒤의 가계는 보이지 않는다. 《족보》에 오르지 못한 인물이다.

　　140 박재기朴在冀(1750~?) 경상도 단성丹城 사람으로 유학을 거쳐 정조 7년 34세로 식년시에 병과로 급제하여 벼슬이 사간원 정언(정6품)에 이르렀다. 《방목》에는 벼슬이 없이 아버지[來五], 할아버지[經一], 증조[忠彦], 외조[李齊厚] 이름이 보이고, 본관이 밀양密陽으로 되어 있다. 《청구》와 《만성》의 《밀양박씨보》를 보면 직계 6대조와 외조 가운데 벼슬아치가 없다.

　　141 이사겸李思謙(1753~?) 경상도 단성丹城 사람으로 유학을 거쳐 정조 7년 31세로 식년시에 병과로 급제하여 벼슬이 도사(종5품)에 이르렀다. 《방목》에는 벼슬이 없이 아버지[天木], 할아버지[夢權], 증조[壽寅], 외조[金壽岳] 이름이 보이고, 본관이 성주星州로 되어 있다. 《청구》와 《만성》의 《성주이씨보》를 보면 이사겸의 직계 3대조와 외조 가운데 벼슬아치가 없다.

　　142 손회경孫會慶(1748~?) 경상도 상주尙州 사람으로 유학을 거쳐 정조 7년 36세로 식년시에 병과로 급제하여 벼슬이 사헌부 감찰(정6품)에 이르렀다. 《방목》에는 벼슬이 없이 아버지[益顯], 할아버지[雲述], 증조[景郁], 외조[李遇亭] 이름이 보이고, 본관이 경주慶州로 되어

있다. 《청구》와 《만성》의 《경주손씨보》를 보면 손회경의 직계 3대
조와 외조 가운데 벼슬아치가 없다.

143 **이창주**李昌胄(1748~?) 경상도 인동仁同 사람으로 유학을 거쳐
정조 7년 36세로 식년시에 병과로 급제하여 벼슬이 성균관 전적(정6
품)에 이르렀다. 《방목》에는 벼슬이 없이 아버지[春晋], 할아버지[綖],
증조[師聖], 외조[柳聖麟] 이름이 보이고, 본관이 전주全州로 되어 있
다. 《전주이씨과거급제자총람》을 보면 이창주는 세종의 여덟째 아들
영응대군永膺大君의 후손으로, 직계 4대조와 외조 가운데 벼슬아치가
없다.

144 **김형린**金亨麟(1754~?) 평안도 안주安州 사람으로 유학을 거쳐
정조 7년 30세로 식년시에 병과로 급제하여 벼슬이 순조 대 금교찰
방(종6품)에 이르렀다. 《방목》에는 벼슬이 없이 아버지[土奎], 할아버
지[德淳], 증조[益文], 외조[韓贊柱] 이름이 보이고, 본관이 수원水原으
로 되어 있다. 그런데 《청구》와 《만성》의 《수원김씨보》에는 김형린
의 가계가 보이지 않는다. 《족보》에 오르지 못한 인물이다.

145 **김응저**金膺著(1754~?) 평안도 의주義州 사람으로 유학을 거쳐
정조 7년 30세로 식년시에 병과로 급제했다. 《방목》에는 벼슬이 없
이 아버지[履澤], 할아버지[允臣], 증조[萬鍊], 외조[朴雲禎] 이름이 보
이고, 본관이 경주慶州로 되어 있다. 그런데 《청구》와 《만성》의 《경
주김씨보》에는 김응저의 가계가 보이지 않는다. 《족보》에 오르지 못
한 인물이다. 《여지도서》에는 의주에 경주김씨가 없어 본관이 의심
스럽다.

146 **강덕항**姜德恒(1714~?) 충청도 충주忠州 사람으로 유학을 거쳐
정조 7년 70세로 식년시에 병과로 급제했다. 《방목》에는 벼슬이 없

이 아버지〔宇聖〕, 할아버지〔柱石〕, 증조〔允亨〕, 외조〔禹弼漢〕 이름이 보이고, 본관이 진주晉州로 되어 있다. 그런데 《청구》와 《만성》의 《진주강씨보》에는 강덕항의 가계가 보이지 않는다. 《족보》에 오르지 못한 인물이다.

147 안경심安經心(1744~?) 평안도 안주安州 사람으로 유학을 거쳐 정조 7년 40세로 식년시에 병과로 급제하여 벼슬이 능령陵令(종5품)에 이르렀다. 《방목》에는 벼슬이 없이 아버지〔世誠〕, 할아버지〔如章〕, 증조〔進〕, 외조〔金弘奎〕 이름이 보이고, 본관이 순흥順興으로 되어 있다. 그런데 《만성》의 《순흥안씨보》에는 안경심의 가계가 보이지 않으며, 《청구》의 《순흥안씨보》에는 가계가 보이는데, 직계 6대조 가운데 벼슬아치가 없고 외조도 벼슬아치가 아니다. 안주의 순흥안씨는 영조 대 이후 문과급제자 24명을 배출하여 이 지방의 명문으로 등장했다.

148 김치간金致簡(1745~?) 평안도 순안順安 사람으로 유학을 거쳐 정조 7년 39세로 식년시에 병과로 급제했다. 《방목》에는 벼슬이 없이 아버지〔錫采〕, 할아버지〔振淵〕, 증조〔厲精〕, 외조〔安就義〕 이름이 보이고, 본관이 당악唐岳(中和)으로 되어 있다. 그런데 《청구》와 《만성》의 《당악김씨보》에는 김치간의 가계가 보이지 않는다. 《족보》에 오르지 못한 인물이다. 김씨는 당악의 토성土姓 가운데 하나이며, 2000년 현재 당악김씨 인구는 1,743가구 5,464명으로 그가 유일한 문과급제자이다.

149 송응망宋應望(1743~?) 경상도 성주星州 사람으로 유학을 거쳐 정조 7년 41세로 식년시에 병과로 급제했다. 《방목》에는 벼슬이 없이 아버지〔之廈〕, 할아버지〔胄錫〕, 증조〔學基〕, 외조〔黃淵〕 이름이 보이

고, 본관이 야성冶城으로 되어 있다. 그런데 《만성》의 《야성송씨보》
에는 할아버지까지의 가계만 보이는데, 할아버지 위의 5대조 가운데
벼슬아치가 없다. 한편, 《청구》의 《야성송씨보》에는 5대조 이상의
가계만 보인다. 《족보》에 오르지 못한 인물이다.

　　150 김치정金致正(1749~?) 평안도 태천泰川 사람으로 유학을 거쳐
정조 7년 35세로 식년시에 병과로 급제했다. 《방목》에는 벼슬이 없
이 아버지[墅], 할아버지[命佐], 증조[鳳徵], 외조[金鼎西] 이름이 보이
고, 본관이 의성義城으로 되어 있다. 그런데 《청구》와 《만성》의 《의
성김씨보》에는 김치정의 가계가 보이지 않는다. 《족보》에 오르지 못
한 인물이다. 《여지도서》에는 태천에 의성김씨가 없어 본관이 의심
스럽다.

　　151 이덕현李德鉉(1763~?) 충청도 보은報恩 사람으로 유학을 거쳐
정조 7년 21세로 식년시에 병과로 급제하여 벼슬이 참판(종2품)에 이
르렀다. 《방목》에는 벼슬과 아버지[在行], 할아버지[錫祜], 증조[普一],
외조[申泰淸], 처부[鄭泰東] 이름이 보이고, 본관이 용인龍仁으로 되어
있다. 《청구》와 《만성》의 《용인이씨보》를 보면 이덕현의 직계 3대
조와 외조 가운데 벼슬아치가 없다.

　　152 고승갑高昇甲(1749~?) 평안도 안주安州 사람으로 유학을 거쳐
정조 7년 35세로 식년시에 병과로 급제했다. 《방목》에는 벼슬이 없
이 아버지[德厚], 할아버지[宇龍], 증조[武卿], 외조[康祐廷] 이름이 보
이고, 본관이 제주濟州로 되어 있다. 그런데 《청구》와 《만성》의 《제
주고씨보》에는 고승갑의 가계가 보이지 않는다. 《족보》에 오르지 못
한 인물이다. 《여지도서》에는 안주에 제주고씨가 없어 본관이 의심
스럽다.

153 **박흥복**朴興福(1734~?) 함경도 경성鏡城 사람으로 유학을 거쳐 정조 7년 50세로 식년시에 병과로 급제했다.《방목》에는 벼슬이 없이 아버지[儀淑], 할아버지[永國], 증조[時善], 외조[金鎭垕] 이름이 보이고, 본관이 밀양密陽으로 되어 있다. 그런데《청구》와《만성》의《밀양박씨보》에는 박흥복의 가계가 보이지 않는다.《족보》에 오르지 못한 인물이다.

154 **노등**盧橙(1746~?) 평안도 정주定州 사람으로 유학을 거쳐 정조 7년 38세로 식년시에 병과로 급제했다.《방목》에는 벼슬이 없이 아버지[玄漸, 생부 玄濟], 할아버지[命佐], 증조[光協; 문과급제] 이름이 보이고, 본관이 해주海州로 되어 있다. 그런데《만성》에는《해주노씨보》자체가 없고,《청구》의《해주노씨보》에는 증조와 할아버지의 이름은 보이나 아버지와 노등의 이름은 보이지 않는다.《족보》에 오르지 못한 인물이다. 정주의 해주노씨는 영조 대 이후 문과급제자 15명을 배출하여 이 지방의 신흥 명문으로 등장했다.

155 **최시순**崔時淳(1755~?) 전라도 화순和順 사람으로 생원을 거쳐 정조 8년(1784) 30세로 경과에 병과로 급제하여 벼슬이 사간원 정언(정6품)에 이르렀다.《방목》에는 벼슬이 없이 아버지[綱錫], 할아버지[長翼], 증조[昌孫], 외조[任德昌] 이름이 보이고, 본관이 해주海州로 되어 있다.《청구》와《만성》의《해주최씨보》를 보면 최시순의 직계 4대조와 외조 가운데 벼슬아치가 없다.

156 **김우검**金禹儉(1732~?) 충청도 충주忠州 사람으로 진사를 거쳐 정조 8년 53세로 경과에 병과로 급제하여 벼슬이 성균관 전적(정6품)에 이르렀다.《방목》에는 벼슬이 없이 아버지[胤祖], 할아버지[道復], 증조[命賚], 외조[邊致漢] 이름이 보이고, 본관이 광산光山으로 되어 있

다. 《청구》와 《만성》의 《광산김씨보》를 보면 김우검의 직계 7대조
와 외조 가운데 벼슬아치가 없다.

157 이익렬李益烈(1744~?) 평안도 운산雲山 사람으로 유학을 거쳐
정조 8년 41세로 경과에 병과로 급제했다. 《방목》에는 벼슬이 없이
아버지[龍集], 할아버지[涉], 증조[時咸], 외조[吉義貞] 이름이 보이고,
본관이 수안遂安으로 되어 있다. 그런데 《만성》에는 《수안이씨보》가
없으며, 《청구》의 《수안이씨보》에는 이익렬의 가계가 보이지 않는
다. 《족보》에 오르지 못한 인물이다.

158 한치응韓致應(1760~?) 서울 사람으로 생원을 거쳐 정조 8년 25
세로 경과에 장원급제하여 벼슬이 병조판서(정2품)에 이르렀다. 《방
목》에는 벼슬이 없이 아버지[光迪], 할아버지[世章], 증조[宗範], 외조
[閔命寅], 처부[金泰欽] 이름이 보이고, 본관이 청주淸州로 되어 있다.
《청구》와 《만성》의 《청주한씨보》를 보면 한치응은 한백겸韓百謙의
6대손으로, 직계 3대조와 외조 가운데 벼슬아치가 없다.

159 유경柳畊(1756~?) 서울 사람으로 유학을 거쳐 정조 8년 29세로
경과에 을과로 급제하여 벼슬이 참판(종2품)에 이르렀다. 《방목》에는
벼슬이 없이 아버지[師喆], 할아버지[應瑞], 증조[正徽], 외조[韓師沃]
이름이 보이고, 본관이 진주晉州로 되어 있다. 《청구》와 《만성》의
《진주유씨보》를 보면 유경의 직계 4대조와 외조 가운데 벼슬아치가
없다.

160 윤우열尹羽烈(1753~?) 경기도 장단長湍 사람으로 유학을 거쳐
정조 8년 32세로 경과에 병과로 급제하여 벼슬이 참판(종2품)에 이르
렀다. 《방목》에는 벼슬이 없이 아버지[取東], 할아버지[得儉], 증조[啓
明], 외조[李址] 이름이 보이고, 본관이 해평海平으로 되어 있다. 《청

구》와 《만성》의 《해평윤씨보》를 보면 윤우열의 직계 4대조와 외조 가운데 벼슬아치가 없다.

161 **김석권**金錫權(1735~?) 평안도 영변寧邊 사람으로 유학을 거쳐 정조 8년 50세로 경과에 병과로 급제했다. 《방목》에는 벼슬이 없이 아버지[必球], 할아버지[以涵], 증조[宗仁], 외조[康德奎] 이름이 보이고, 본관이 경주慶州로 되어 있다. 그런데 《청구》와 《만성》의 《경주김씨보》에는 김석권의 가계가 보이지 않는다. 《족보》에 오르지 못한 인물이다.

162 **정윤중**鄭允中(1735~?) 경상도 상주尙州 사람으로 유학을 거쳐 정조 8년 50세로 정시에 병과로 급제하여 벼슬이 성균관 전적(정6품)에 이르렀다. 《방목》에는 벼슬이 없이 아버지[弘一, 생부 參一], 할아버지[文周], 증조[道三], 외조[崔宗大] 이름이 보이고, 본관이 진주晉州로 되어 있다. 그런데 《청구》와 《만성》의 《진주정씨보》에는 정윤중의 가계가 보이지 않는다. 《족보》에 오르지 못한 인물이다.

163 **강극성**姜克成(1750~?) 충청도 청양靑陽 사람으로 진사를 거쳐 정조 9년(1785) 36세로 알성시에 병과로 급제하여 벼슬이 사헌부 감찰(정6품)을 거쳐 지평(정5품)에 이르렀다. 《방목》에는 벼슬이 없이 아버지[文益] 이름만 보이고, 본관이 진주晉州로 되어 있다. 그런데 《청구》와 《만성》의 《진주강씨보》에는 강극성의 가계가 보이지 않는다. 《족보》에 오르지 못한 인물이다.

164 **권홍**權伀(1762~?) 경기도 부평富平 사람으로 유학을 거쳐 정조 9년 24세로 경과에 병과로 급제하여 벼슬이 사헌부 지평(정5품)에 이르렀다. 《방목》에는 벼슬이 없이 아버지[趾彦, 생부 文彦], 할아버지[世膺], 증조[遇慶], 외조[李春芳] 이름이 보이고, 본관이 안동安東으로 되

어 있다. 《청구》와 《만성》의 《안동권씨보》를 보면 권홍의 직계 4대
조와 외조 가운데 벼슬아치가 없다.

165 **방재악**方在岳(1739~?) 평안도 맹산孟山 사람으로 유학을 거쳐
정조 9년 47세로 경과에 병과로 급제했다. 《방목》에는 벼슬이 없이
아버지[世權], 할아버지[處熙], 증조[泰道], 외조[朴昌垕] 이름이 보이고,
본관이 풍주豊州(豊川)로 되어 있다. 그런데 《청구》와 《만성》에는
《풍천방씨보》 자체가 없다. 2000년 현재 풍천방씨 인구는 단 1명으
로, 조선시대 문과급제자는 방재악뿐이다.

166 **장상오**張相五(1755~?) 평안도 벽동碧潼 사람으로 유학을 거쳐 정
조 9년 31세로 경과에 병과로 급제했다. 《방목》에는 벼슬이 없이 아
버지[龍翼], 할아버지[至哲], 증조[乃璧], 외조[李春普] 이름이 보이고, 본
관이 인동仁同으로 되어 있다. 그런데 《청구》와 《만성》의 《인동장씨
보》에는 장상오의 가계가 보이지 않는다. 《족보》에 오르지 못한 인물
이다. 《여지도서》에는 벽동에 인동장씨가 없어 본관이 의심스럽다.

167 **안중묵**安重黙(1741~?) 평안도 가산嘉山 사람으로 유학을 거쳐
정조 10년(1786) 46세로 별시에 병과로 급제했다. 《방목》에는 벼슬이
없이 아버지[處一], 할아버지[克曄], 증조[智獻], 외조[李克俊] 이름이
보이고, 본관이 순흥順興으로 되어 있다. 그런데 《청구》와 《만성》의
《순흥안씨보》에는 안중묵의 가계가 보이지 않는다. 《족보》에 오르
지 못한 인물이다. 《여지도서》에는 가산에 순흥안씨가 없어 본관이
의심스럽다.

168 **오대곤**吳大坤(1734~?) 충청도 문의文義 사람으로 진사를 거쳐 정
조 10년 53세로 초계문신抄啓文臣에 급제한 뒤 식년시에 장원급제했
다. 《방목》에는 벼슬이 없이 아버지[處燧] 이름만 보이고, 본관이 보성

寶城으로 되어 있다. 그런데 《청구》와 《만성》의 《보성오씨보》에는 오대곤의 가계가 보이지 않는다. 《족보》에 오르지 못한 인물이다.

169 이구운李龜雲(1744~?) 경상도 예안禮安 사람으로 유학을 거쳐 정조 10년 43세로 식년시에 갑과로 급제하여 벼슬이 형조참판(종2품)에 이르렀다. 《방목》에는 벼슬이 없이 아버지[世翊], 할아버지[守元], 증조[集], 외조[金景瀗] 이름이 보이고, 본관이 진보眞寶로 되어 있다. 《청구》와 《만성》의 《진보이씨보》를 보면 이구운의 직계 3대조와 외조 가운데 벼슬아치가 없다.

170 최붕해崔鵬海(1755~?) 경상도 성주星州 사람으로 유학을 거쳐 정조 10년 32세로 식년시에 갑과로 급제하여 벼슬이 성균관 전적(정6품)에 이르렀다. 《방목》에는 벼슬이 없이 아버지[益重, 생부 應重] 이름만 보이고, 본관이 영천永川으로 되어 있다. 《청구》와 《만성》의 《영천최씨보》를 보면 최붕해의 직계 8대조 가운데 벼슬아치가 없다. 조선시대 문과급제자는 모두 3명이다.

171 남달손南達孫(1765~?) 경기도 광주廣州 사람으로 유학을 거쳐 정조 10년 31세로 식년시에 을과로 급제하여 벼슬이 순조 대 사헌부 장령(정4품)에 이르렀다. 《방목》에는 벼슬이 없이 아버지[翼厚] 이름만 보이고, 본관이 의령宜寧으로 되어 있다. 그런데 《청구》의 《의령남씨보》에는 남달손의 가계가 보이지 않으며, 《만성》의 《의령남씨보》에는 가계가 보이는데 직계 3대조와 외조 가운데 벼슬아치가 없다.

172 김용견金龍見(1761~?) 경상도 상주尙州 사람으로 유학을 거쳐 정조 10년 36세로 식년시에 을과로 급제하여 벼슬이 순조 대 사헌부 장령(정4품)에 이르렀다. 《방목》에는 벼슬이 없이 아버지[重玉] 이름만 보이고, 본관이 상산尙山으로 되어 있다. 그런데 《만성》의 《상산

김씨보》에는 김용견의 가계가 보이지 않으며,《청구》의《상산김씨
보》에는 가계가 보이는데 직계 9대조 가운데 벼슬아치가 없다.

　　173 홍택하洪宅夏(1752~?) 경상도 의흥義興 사람으로 유학을 거쳐
정조 10년 35세로 식년시에 을과로 급제하여 벼슬이 좌랑(정6품)에
이르렀다.《방목》에는 벼슬이 없이 아버지[龜吉, 생부 龜命] 이름만 보
이고, 본관이 부계缶溪(缶林)로 되어 있다. 그런데《만성》의《부계홍
씨보》에는 홍택하의 가계가 보이지 않으며,《청구》의《부림홍씨보》
에는 가계가 보이는데 직계 6대조 가운데 벼슬아치가 없다.

　　174 이덕연李德淵(1751~?) 평안도 상원祥原 사람으로 유학을 거쳐
정조 10년 36세로 식년시에 을과로 급제했다.《방목》에는 벼슬이 없
이 아버지[馥恒] 이름만 보이고, 본관이 경주慶州로 되어 있다. 그런데
《청구》와《만성》의《경주이씨보》에는 이덕연의 가계가 보이지 않
는다.《족보》에 오르지 못한 인물이다.《여지도서》에는 상원에 경주
이씨가 없어 본관이 의심스럽다.

　　175 신광악申光岳(1751~?) 강원도 횡성橫城 사람으로 유학을 거쳐
정조 10년 36세로 식년시에 을과로 급제하여 벼슬이 사간원 정언(정6
품)과 사헌부 지평(정5품)에 이르렀다.《방목》에는 벼슬이 없이 아버
지[瓊] 이름만 보이고, 본관이 평산平山으로 되어 있다.《청구》와《만
성》의《평산신씨보》를 보면 신광악의 직계 4대조와 외조 가운데 벼
슬아치가 없다.

　　176 이정병李鼎秉(1759~?) 경주慶州 사람으로 유학을 거쳐 정조 10
년 28세로 식년시에 을과로 급제하여 벼슬이 홍문관 수찬(정6품)을
거쳐 사간원 대사간(정3품 당상관)과 참판(종2품)에 이르렀다.《방목》
에는 벼슬이 없이 아버지[憲白], 할아버지[逃中], 증조[德祿], 외조[申

塋] 이름이 보이고, 본관이 여주驪州로 되어 있다.《청구》와《만성》의《여주이씨보》를 보면 이정병은 이언적李彦迪의 7대손으로, 직계 6대조와 외조 가운데 벼슬아치가 없다.

177 **김재일**金載一(1749~?) 전라도 해남海南 사람으로 유학을 거쳐 정조 10년 38세로 식년시에 병과로 급제하여 벼슬이 순조 대 사헌부 지평(정5품)에 이르렀다.《방목》에는 벼슬이 없이 아버지[昌五] 이름만 보이고, 본관이 김해金海로 되어 있다. 그런데《청구》의《김해김씨보》에는 김재일의 가계가 보이지 않으며,《만성》의《김해김씨보》에는 가계가 보이는데, 직계 7대조 가운데 벼슬아치가 없다.

178 **이정규**李挺奎(1746~?) 경기도 광주廣州 사람으로 유학을 거쳐 정조 10년 41세로 식년시에 병과로 급제했다.《방목》에는 벼슬이 없이 아버지[膺漢] 이름만 보이고, 본관이 연안延安으로 되어 있다. 그런데《청구》와《만성》의《연안이씨보》에는 이정규의 가계가 보이지 않는다.《족보》에 오르지 못한 인물이다.

179 **한시유**韓始裕(1759~?) 충청도 목천木川 사람으로 유학을 거쳐 정조 10년 28세로 식년시에 병과로 급제하여 벼슬이 부사(종3품)와 사헌부 장령(정4품)에 이르렀다.《방목》에는 벼슬이 없이 아버지[箕東] 이름만 보이고, 본관이 청주淸州로 되어 있다. 그런데《청구》의《청주한씨보》에는 한시유의 가계가 보이지 않으며,《만성》의《청주한씨보》를 보면 직계 7대조 가운데 벼슬아치가 없다. 청주한씨중앙종친회에서 발간한《청주한씨보》를 보면 그는 고려 말 명신인 한악韓渥의 후손이지만, 직계 12대조 가운데 벼슬아치가 없다.

180 **설경관**薛慶觀(1736~?) 전라도 순창淳昌 사람으로 유학을 거쳐 정조 10년 51세로 식년시에 병과로 급제했다.《방목》에는 벼슬이 없

이 아버지[世忠] 이름만 보이고, 본관이 순창으로 되어 있다. 그런데
《청구》와 《만성》의 《순창설씨보》에는 설경관의 가계가 보이지 않
는다. 《족보》에 오르지 못한 인물이다. 순창설씨는 조선시대 문과급
제자 2명을 배출했는데, 그가 두 번째이다.

181 송택붕宋宅朋(1737~?) 평안도 정주定州 사람으로 유학을 거쳐
정조 10년 50세로 식년시에 병과로 급제했다. 《방목》에는 벼슬이 없
이 아버지[亮彦], 할아버지[國龜], 증조[重濂], 외조[元萬表] 이름이 보
이고, 본관이 여산礪山으로 되어 있다. 그런데 《청구》와 《만성》의
《여산송씨보》에는 송택붕의 가계가 보이지 않는다. 《족보》에 오르
지 못한 인물이다.

182 유정柳楨(1748~?) 평안도 영변寧邊 사람으로 유학을 거쳐 정조
10년 39세로 식년시에 병과로 급제했다. 《방목》에는 벼슬이 없이 아
버지[漢井] 이름만 보이고, 본관이 진주晋州로 되어 있다. 그런데 《청
구》와 《만성》의 《진주유씨보》에는 유정의 가계가 보이지 않는다.
《족보》에 오르지 못한 인물이다. 《여지도서》에는 영변에 진주유씨
가 없어 본관이 의심스럽다.

183 유사평劉師玶(1760~?) 평안도 은산殷山 사람으로 유학을 거쳐
정조 10년 27세로 식년시에 병과로 급제했다. 《방목》에는 벼슬이 없
이 아버지[德恒], 할아버지[表世], 증조[希稷], 외조[金重國] 이름이 보
이고, 본관이 충주忠州로 되어 있다. 그런데 《만성》에는 《충주유씨
보》 자체가 없고, 《청구》의 《충주유씨보》에는 단 한 사람만 기록되
어 있는데, 유사평의 가계는 보이지 않는다. 《족보》에 오르지 못한
인물이다. 2000년 현재 충주유씨 인구는 497가구 1,597명의 희성으
로 조선시대 문과급제자 3명을 배출했는데, 그가 첫 급제자이다. 하

지만 《여지도서》에 충주유씨가 보이지 않는 것으로 보아 본관이 의
심스럽다.

184 **김명저**金明著(1718~?) 충청도 괴산槐山 사람으로 유학을 거쳐
정조 10년 69세로 식년시에 병과로 급제했다. 《방목》에는 벼슬이 없
이 아버지[海徵] 이름만 보이고, 본관이 안동安東으로 되어 있다. 그런
데 《청구》와 《만성》의 《안동김씨보》에는 김명저의 가계가 보이지
않는다. 《족보》에 오르지 못한 인물이다.

185 **이현수**李顯秀(1751~1807) 충청도 공산公山 사람으로 유학을 거
쳐 정조 10년 36세로 식년시에 병과로 급제하여 벼슬이 정랑(정5품)
과 사헌부 지평(정5품)에 이르렀다. 《방목》에는 벼슬이 없이 아버지
[應燮] 이름만 보이고, 본관이 전주全州로 되어 있다. 《전주이씨과거
급제자총람》을 보면 이현수의 직계 5대조 가운데 벼슬아치가 없다.

186 **김초섭**金初燮(1763~?) 평안도 정주定州 사람으로 유학을 거쳐
정조 10년 24세로 식년시에 병과로 급제하여 벼슬이 사헌부 장령(정4
품)에 이르렀다. 《방목》에는 벼슬이 없이 아버지[宗栻], 할아버지[泰
貴], 증조[南極], 외조[李慶祜] 이름만 보이고, 본관이 연안延安으로 되
어 있다. 그런데 《청구》와 《만성》의 《연안김씨보》에는 김초섭의 가
계가 보이지 않는다. 정주의 연안김씨는 영조 대 이후 문과급제자 43
명을 배출하여 이 지방의 최고 명족으로 성장했다.

187 **허혼**許混(1736~?) 평안도 구성龜城 사람으로 유학을 거쳐 정조
10년 51세로 식년시에 병과로 급제했다. 《방목》에는 벼슬이 없이 아
버지[珏], 할아버지[郁], 증조[洽], 외조[崔守臨] 이름이 보이고, 본관이
양천陽川으로 되어 있다. 그런데 《청구》와 《만성》의 《양천허씨보》
에는 허혼의 가계가 보이지 않는다. 《족보》에 오르지 못한 인물이다.

188 윤행철尹行喆(1740~?) 서울 사람으로 유학을 거쳐 정조 10년 47세로 식년시에 병과로 급제하여 벼슬이 사간원 정언(정6품), 사헌부 지평(정5품)에 이르렀다.《방목》에는 벼슬이 없이 아버지[瓚, 또는 懲] 이름만 보이고, 본관이 남원南原으로 되어 있다.《청구》와《만성》의 《남원윤씨보》를 보면 윤행철의 직계 4대조와 외조 가운데 벼슬아치가 없다.

189 강세규姜世揆(1762~?) 경상도 상주尙州 사람으로 유학을 거쳐 정조 10년 25세로 식년시에 병과로 급제하여 벼슬이 사헌부 지평(정5품)과 사간원 헌납(정5품)에 이르렀다.《방목》에는 벼슬이 없이 아버지[必炯], 할아버지[欐], 증조[碩經] 이름이 보이고, 본관이 진주晉州로 되어 있다.《청구》와《만성》의《진주강씨보》를 보면 강세규의 직계 8대조 가운데 벼슬아치가 없다.

190 백경해白慶楷(1765~?) 평안도 정주定州 사람으로 유학을 거쳐 정조 10년 22세로 식년시에 병과로 급제하여 벼슬이 군수(종4품)에 이르렀다.《방목》에는 벼슬이 없이 아버지[善養], 할아버지[日永], 증조[采後], 외조[盧玄軫] 이름이 보이고, 본관이 수원水原으로 되어 있다. 그런데《청구》와《만성》의《수원백씨보》에는 백경해의 가계가 보이지 않는다. 정주의 수원백씨는 영조 대 이후 문과급제자 22명을 배출하여 이 지방의 신흥 명문으로 등장했다.

191 조각趙恪(1735~?) 충청도 서천舒川 사람으로 유학을 거쳐 정조 10년 52세로 식년시에 병과로 급제하여 벼슬이 사헌부 지평(정5품)을 거쳐 우윤右尹(종2품)에 이르렀다.《방목》에는 벼슬이 없이 아버지[尙琦, 생부 尙淹] 이름만 보이고, 본관이 풍양豊壤으로 되어 있다. 그런데 《청구》의《풍양조씨보》에는 조각의 가계가 보이지 않으며,《만성》

의 《풍양조씨보》에는 직계 4대조 아래의 가계만 보이는데 벼슬아치
가 없다.

　192 **이상준**李尙寯(1747~?) 경기도 용인龍仁 사람으로 유학을 거쳐
정조 10년 40세로 식년시에 병과로 급제하여 벼슬이 사간원 정언(정6
품)에 이르렀다. 《방목》에는 벼슬이 없이 아버지[學淵] 이름만 보이
고, 본관이 광주廣州로 되어 있다. 《청구》와 《만성》의 《광주이씨보》
를 보면 이상준의 직계 3대조와 외조 가운데 벼슬아치가 없다.

　193 **김경오**金敬吾(1744~?) 평안도 강동江東 사람으로 유학을 거쳐
정조 10년 43세로 식년시에 병과로 급제했다. 《방목》에는 벼슬이 없
이 아버지[錫龜] 이름만 보이고, 본관이 강동江東으로 되어 있다. 그런
데 《만성》에는 《강동김씨보》 자체가 없으며, 《청구》의 《강동김씨
보》에는 김경오의 가계가 보이지 않는다. 《족보》에 오르지 못한 인
물이다. 김씨는 강동의 입진성入鎭姓으로 2000년 현재 강동김씨 인구
는 413가구 1,236명의 희성이며 조선시대 문과급제자 2명을 배출했
는데, 그가 두 번째이다.

　194 **백흥삼**白興三(1719~?) 평안도 벽동碧潼 사람으로 유학을 거쳐
정조 10년 68세로 식년시에 병과로 급제했다. 《방목》에는 벼슬이 없
이 아버지[受彬] 이름만 보이고, 본관이 수원水原으로 되어 있다. 그런
데 《청구》와 《만성》의 《수원백씨보》에는 백흥삼의 가계가 보이지
않는다. 《족보》에 오르지 못한 인물이다. 《여지도서》에는 벽동에 수
원백씨가 없는 것으로 보아 본관이 의심스럽다.

　195 **이만화**李萬和(1716~?) 평안도 영유永柔 사람으로 유학을 거쳐
정조 10년 71세로 식년시에 병과로 급제했다. 《방목》에는 벼슬이 없
이 아버지[賢輔] 이름만 보이고, 본관이 강화江華(河陰)로 되어 있다.

그런데 《청구》와 《만성》의 《강화이씨보》에는 이만화의 가계가 보이지 않는다. 《족보》에 오르지 못한 인물이다.

196 승경항承慶恒(1744~?) 평안도 정주定州 사람으로 유학을 거쳐 정조 10년 43세로 식년시에 병과로 급제하여 벼슬이 승정원 주서(정7품)에 이르렀다. 《방목》에는 벼슬이 없이 아버지[正灝] 이름만 보이고 본관이 연일延日로 되어 있다. 그런데 《만성》에는 《연일승씨보》 자체가 없으며, 《청구》의 《연일승씨보》에는 승경항의 가계가 보이지 않는다. 《족보》에 오르지 못한 인물이다. 승씨는 고려 초 중국에서 귀화한 성씨로, 2000년 현재 연일승씨 인구는 568가구 1,828명의 희성으로 조선시대 문과급제자는 6명이다.

197 신약추申若樞(1733~?) 충청도 청주淸州 사람으로 유학을 거쳐 정조 11년(1787) 55세로 정시문과에 병과로 급제하여 벼슬이 도정都正(정3품 당상관)에 이르렀다가 유배당했다. 《방목》에는 벼슬이 없이 아버지[淳], 할아버지[聖河], 증조[潰], 외조[宋國經] 이름이 보이고, 본관이 고령高靈으로 되어 있다. 《청구》와 《만성》의 《고령신씨보》를 보면 신약추의 직계 5대조 가운데 벼슬아치가 없다.

198 신부申溥(1764~?) 충청도 제천堤川 사람으로 유학을 거쳐 정조 11년 24세로 정시문과에 병과로 급제하여 벼슬이 성균관 박사(정7품)에 이르렀다. 《방목》에는 벼슬이 없이 아버지[翰周] 이름만 보이고, 본관이 영해寧海로 되어 있다. 그런데 《청구》와 《만성》의 《영해신씨보》에는 신부의 가계가 보이지 않는다. 《족보》에 오르지 못한 인물이다.

199 신성모申星模(1763~?) 충청도 문의文義 사람으로 유학을 거쳐 정조 11년 25세로 정시문과에 병과로 급제하여 벼슬이 통례원 통례(정3

품 당하관)와 승지(정3품 당상관)에 이르렀다.《방목》에는 벼슬이 없이
아버지〔鼎祿〕, 할아버지〔蓍權〕, 증조〔泰東〕, 외조〔權處堂〕이름이 보이고,
본관이 고령高靈으로 되어 있다.《청구》와《만성》의《고령신씨보》를
보면 신성모의 직계 5대조와 외조 가운데 벼슬아치가 없다.

　　200 김원묵金元黙(1762~?) 평안도 정주定州 사람으로 유학을 거쳐
정조 13년(1789) 28세로 식년시에 을과로 급제했다.《방목》에는 벼슬
이 없이 아버지〔瀁運〕, 할아버지〔象三〕, 증조〔聖寶〕, 외조〔李壽萬〕이름
이 보이고, 본관이 연안延安으로 되어 있다. 그런데《청구》와《만성》
의《연안김씨보》에는 김원묵의 가계가 보이지 않는다.《족보》에 오
르지 못한 인물이다.

　　201 정혐鄭馦(1756~?) 경상도 금산金山 사람으로 유학을 거쳐 정조
13년에 34세로 식년시에 을과로 급제하여 벼슬이 사헌부 감찰(정6품)
에 이르렀다.《방목》에는 벼슬이 없이 아버지〔師沂〕, 할아버지〔萬容〕,
증조〔璞〕, 외조〔宋必咸〕이름이 보이고, 본관이 연일延日로 되어 있다.
그런데《청구》의《연일정씨보》를 보면 할아버지까지의 가계는 보이
나 아버지와 정혐의 이름은 보이지 않으며,《만성》의《연일정씨보》
에는 그의 가계가 보이나 5대조와 외조 가운데 벼슬아치가 없다.

　　202 김규하金圭夏(1740~?) 경기도 양주楊州 사람으로 유학을 거쳐
정조 13년 50세로 식년시에 병과로 급제했다.《방목》에는 벼슬이 없
이 아버지〔啓明〕, 할아버지〔筬〕, 증조〔敬基〕이름이 보이고, 본관이 부
안扶安으로 되어 있다. 그런데《청구》와《만성》의《부안김씨보》에
는 김규하의 가계가 보이지 않는다.《족보》에 오르지 못한 인물이다.

　　203 김종혁金宗赫(1739~?) 평안도 개천价川 사람으로 유학을 거쳐
정조 13년 51세로 식년시에 병과로 급제했다.《방목》에는 벼슬이 없

이 아버지[聖斗], 할아버지[再虎], 증조[應遠], 외조[方振偉] 이름이 보이고, 본관이 양주楊州로 되어 있다. 그런데 《청구》와 《만성》의 《양주김씨보》에는 김종혁의 가계가 보이지 않는다. 《족보》에 오르지 못한 인물이다. 2000년 현재 양주김씨 인구는 1,109가구 3,510명의 희성으로 조선시대 문과급제자 8명을 배출했는데, 그 가운데 평안도 개천에서 5명, 평양에서 1명이 급제한 것으로 확인되고 있어 평안도 지역에서 주로 급제자가 배출된 것을 알 수 있다.

204 **박정원**朴鼎元(1753~?) 경상도 밀양密陽 사람으로 유학을 거쳐 정조 13년 37세로 식년시에 병과로 급제하여 벼슬이 정랑(정5품)에 이르렀다. 《방목》에는 벼슬이 없이 아버지[諜], 할아버지[增絅], 증조[雲衢], 외조[孫夙聞] 이름이 보이고, 본관이 밀양으로 되어 있다. 그런데 《만성》의 《밀양박씨보》에는 박정원의 가계가 보이지 않으며, 《청구》의 《밀양박씨보》에는 가계가 보이는데, 직계 8대조와 외조 가운데 벼슬아치가 없다.

205 **홍종섭**洪宗涉(1765~?) 경상도 안동安東 사람으로 유학을 거쳐 정조 13년 25세로 식년시에 병과로 급제했다. 《방목》에는 벼슬이 없이 아버지[圭績], 할아버지[胄玄], 증조[寅錫], 외조[李基龍] 이름이 보이고, 본관이 부림缶林으로 되어 있다. 그런데 《청구》와 《만성》의 《부림홍씨보》에는 홍종섭의 가계가 보이지 않는다. 《족보》에 오르지 못한 인물이다.

206 **최치호**崔致祜(1754~?) 평안도 운산雲山 사람으로 유학을 거쳐 정조 13년 36세로 식년시에 병과로 급제했다. 《방목》에는 벼슬이 없이 아버지[德呂], 할아버지[敏道], 증조[屹], 외조[李芘茂] 이름이 보이고, 본관이 상주尙州로 되어 있다. 그런데 《청구》와 《만성》에는 《상

주최씨보》 자체가 없다. 2000년 현재 상주최씨 인구는 517가구 1,685명의 희성으로, 조선시대 문과급제자는 최치호 한 사람뿐이다. 《세종실록》〈지리지〉를 보면 운산의 김씨는 입진성入鎭姓의 하나로 되어 있어 남방에서 이주해 온 주민임을 알 수 있는데, 상주에는 최씨가 없어 그가 문과에 급제한 뒤에 상주를 본관으로 삼은 듯하다.

207 김필선金必宣(1762~?) 평안도 의주義州 사람으로 유학을 거쳐 정조 13년 28세로 식년시에 병과로 급제했다. 《방목》에는 벼슬이 없이 아버지[麗起], 할아버지[世雄], 증조[達英], 외조[李永柱] 이름이 보이고, 본관이 대구大丘로 되어 있다. 그런데 《청구》와 《만성》에는 《대구김씨보》 자체가 없다. 2000년 현재 대구김씨 인구는 1,030가구 2,986명의 희성으로, 조선시대 문과급제자 3명을 배출했는데, 명종 대 급제한 김심金沈이 첫 번째이고, 김필선이 두 번째다. 《세종실록》〈지리지〉를 보면 김씨는 대구의 속성續姓으로 향리를 하고 있었다고 하므로 그의 집안도 이 지역의 향리를 하고 있다가 어느 시기에 평안도로 이주하여 벼슬아치가 된 것으로 보인다.

208 이태희李泰熙(1761~?) 전라도 함평咸平 사람으로 유학을 거쳐 정조 13년 29세로 식년시에 병과로 급제하여 벼슬이 사헌부 장령(정4품)에 이르렀다. 《방목》에는 벼슬이 없이 아버지[東潤], 할아버지[挺國], 증조[昌元], 외조[陳庭澤] 이름이 보이고, 본관이 경주慶州로 되어 있다. 그런데 《청구》의 《경주이씨보》에는 이태희의 가계가 보이지 않으며, 《만성》의 《경주이씨보》에는 가계가 보이는데, 직계 6대조 가운데 벼슬아치가 없다.

209 김성진金成珍(1746~?) 평안도 개천价川 사람으로 유학을 거쳐 정조 13년 44세로 식년시에 병과로 급제했다. 《방목》에는 벼슬이 없

이 아버지[光瀗], 할아버지[禹三], 증조[以鳴], 외조[趙碩澄] 이름이 보
이고, 본관이 밀양密陽으로 되어 있다. 그런데《만성》에는《밀양김씨
보》자체가 없고,《청구》의《밀양김씨보》에는 김성진의 가계가 보
이지 않는다.《족보》를 갖지 못한 인물이다. 2000년 현재 밀양김씨
인구는 3,009가구 9,351명의 희성으로 조선시대 문과급제자 4명을 배
출했는데, 그 가운데 3명이 개천 출신이다.《여지도서》에는 개천에
밀양김씨가 없어 본관이 의심스럽다.

　210 모달겸牟達兼(1749~?) 전라도 함평咸平 사람으로 통덕랑(정5품)
을 거쳐 정조 13년 41세로 식년시에 병과로 급제하여 벼슬이 온릉령
溫陵令(종5품)에 이르렀다.《방목》에는 벼슬이 없이 아버지[景觀], 할
아버지[聖耕], 증조[有瑞], 외조[郭重泰] 이름이 보이고, 본관이 함평으
로 되어 있다. 그런데《만성》에는《함평모씨보》자체가 없고,《청
구》의《함평모씨보》에는 아버지 모경관의 아들은 모연겸牟連謙으로
되어 있고, 모달겸은 외따로 가계가 끊어진 형태로 기록되어 있어 이
상하다. 아버지 모경관은 영조 26년 문과에 급제한 인물이므로,《방
목》의 기록을 사실로 믿으면 모경관과 모달겸 부자가 연달아 문과에
급제한 셈이다. 그런데《함평모씨보》에는 어찌하여 모달겸의 조상이
끊어져 있는지 이해할 수 없다. 함평모씨는 고려 인종 대 송나라에서
귀화한 모경牟慶의 후손이라 한다.

　211 김상려金尙礪(1723~?) 평안도 안주安州 사람으로 유학을 거쳐
정조 13년 67세로 식년시에 병과로 급제했다.《방목》에는 벼슬이 없
이 아버지[泰魯], 할아버지[世璧], 증조[孝信], 외조[車滿績] 이름이 보
이고, 본관이 전주全州로 되어 있다. 그런데《만성》에는《전주김씨
보》자체가 없고,《청구》의《전주김씨보》에는 김상려의 가계가 보

이지 않는다. 《족보》에 오르지 못한 평안도 평민 출신으로 보인다. 《세종실록》〈지리지〉를 보면 김씨는 전주의 속성續姓으로 향리를 하고 있다고 되어 있고, 안주의 김씨는 입진성入鎭城으로 되어 있어 원래 전주의 향리였다가 평안도로 이주한 것으로 보인다. 전주김씨는 조선 후기 문과급제자 21명을 배출했는데, 그 가운데 14명이 평안도 출신이다.

212 노단盧鏄(1745~?) 평안도 정주定州 사람으로 유학을 거쳐 정조 13년 45세로 식년시에 병과로 급제했다. 《방목》에는 벼슬이 없이 아버지〔玄龍〕, 할아버지〔命祖〕, 증조〔光哲〕, 외조〔李道成〕 이름이 보이고, 본관이 해주海州로 되어 있다. 그런데 《만성》에는 《해주노씨보》 자체가 없으며, 《청구》의 《해주노씨보》에는 노단의 가계가 보이지 않는다. 정주의 해주노씨는 영조 대 이후 문과급제자 15명을 배출했다.

213 정수鄭璲(1742~?) 전라도 함평咸平 사람으로 유학을 거쳐 정조 13년 48세로 식년시에 병과로 급제했다. 《방목》에는 벼슬이 없이 아버지〔履夏〕, 할아버지〔相東〕, 증조〔繼曾〕, 외조〔柳東赫〕 이름이 보이고, 본관이 진주晉州로 되어 있다. 그런데 《청구》와 《만성》의 《진주정씨보》에는 정수의 가계가 보이지 않는다. 《족보》에 오르지 못한 인물이다.

214 조몽경趙夢璟(1754~?) 평안도 정주定州 사람으로 유학을 거쳐 정조 13년 36세로 식년시에 병과로 급제했다. 《방목》에는 벼슬이 없이 아버지〔彦泰〕, 할아버지〔昌來〕, 증조〔壽逈〕, 외조〔安德均〕 이름이 보이고, 본관이 배천白川으로 되어 있다. 그런데 《만성》의 《배천조씨보》에는 조몽경의 가계가 보이지 않으며, 《청구》의 《배천조씨보》에는 할아버지까지의 가계만 보이고 아버지와 그의 이름은 보이지 않

는다. 정주의 배천조씨는 영조 대 이후 문과급제자 26명을 배출하여 이 지방의 신흥 명문으로 등장했다.

215 조창렴趙昌濂(1722~?) 평안도 선천宣川 사람으로 유학을 거쳐 정조 13년 68세로 식년시에 병과로 급제했다. 《방목》에는 벼슬이 없이 아버지[相楚], 할아버지[自完], 증조[得逸], 외조[金喆陽] 이름이 보이고, 본관이 배천白川으로 되어 있다. 그런데 《청구》와 《만성》의 《배천조씨보》에는 조창렴의 가계가 보이지 않는다. 《여지도서》에는 선천에 배천조씨가 없어 본관이 의심스럽다.

216 김필룡金弼龍(1739~?) 전라도 나주羅州 사람으로 유학을 거쳐 정조 13년 51세로 식년시에 병과로 급제했다. 《방목》에는 벼슬이 없이 아버지[漢成], 할아버지[萬迪], 증조[以堅], 외조[李枝元] 이름이 보이고, 본관이 김해金海로 되어 있다. 그런데 《청구》와 《만성》의 《김해김씨보》에는 김필룡의 가계가 보이지 않는다. 《족보》에 오르지 못한 인물이다.

217 한계익韓啓翼(1751~?) 전라도 흥덕興德 사람으로 유학을 거쳐 정조 13년 39세로 식년시에 병과로 급제하여 벼슬이 사헌부 장령(정4품)에 이르렀다. 《방목》에는 벼슬이 없이 아버지[東老], 할아버지[晋有], 증조[運昌], 외조[朴昌潤] 이름이 보이고, 본관이 청주淸州로 되어 있다. 그런데 《청구》와 《만성》의 《청주한씨보》에는 한계익의 가계가 보이지 않는다. 한편, 청주한씨중앙종친회에서 발간한 《청주한씨보》에는 그의 가계가 보이는데 직계 7대조 가운데 벼슬아치가 없다.

218 김영필金永弼(1738~?) 경상도 예천醴泉 사람으로 유학을 거쳐 정조 13년 52세로 식년시에 병과로 급제했다. 《방목》에는 벼슬이 없이 아버지[宅命], 할아버지[正龜], 증조[恒重], 외조[金壽完] 이름이 보

이고, 본관이 김해金海로 되어 있다. 그런데《청구》와《만성》의《김해김씨보》에는 김영필의 가계가 보이지 않는다.

219 이지용李志容(1753~?) 경상도 단성丹城 사람으로 유학을 거쳐 정조 13년 37세로 식년시에 병과로 급제하여 벼슬이 사간원 정언(정6품)에 이르렀다. 《방목》에는 벼슬이 없이 아버지[胤迪], 할아버지[芬國], 증조[奎], 외조[黃鉒] 이름이 보이고, 본관이 성주星州로 되어 있다. 그런데《만성》의《성주이씨보》에는 이지용의 가계가 보이지 않으며,《청구》의《성주이씨보》에는 가계가 보이는데, 그는 개국공신 이제李濟의 9대손이지만 직계 7대조 가운데 벼슬아치는 할아버지가 무과에 급제하여 별장別將(종9품)을 한 것뿐이다.

220 박우규朴禹圭(1759~?) 경기도 가평加平 사람으로 유학을 거쳐 정조 13년 31세로 식년시에 병과로 급제했다. 《방목》에는 벼슬이 없이 아버지[光弼], 할아버지[萬根], 증조[尙潤], 외조[申聖權] 이름이 보이고, 본관이 함양咸陽으로 되어 있다. 그런데《청구》와《만성》의《함양박씨보》에는 박우규의 가계가 보이지 않는다. 《족보》에 오르지 못한 인물이다.

221 유지원柳之源(1750~?) 경상도 안동安東 사람으로 유학을 거쳐 정조 13년 40세로 식년시에 병과로 급제했다. 《방목》에는 벼슬이 없이 아버지[正鉉], 할아버지[賁時], 증조[揚輝], 외조[金浚河] 이름이 보이고, 본관이 전주全州로 되어 있다. 그런데《청구》의《전주유씨보》에는 유지원의 가계가 보이지 않으며,《만성》의《진주유씨보》에는 가계가 보이는데, 직계 7대조 가운데 벼슬아치가 없다.

222 이영李瑛(1765~?) 경상도 상주尙州 사람으로 유학을 거쳐 정조 13년 25세로 식년시에 병과로 급제하여 벼슬이 사헌부 지평(정5품)에

이르렀다. 《방목》에는 벼슬이 없이 아버지[克培], 할아버지[堯義], 증조[茂龍], 외조[呂齊泰] 이름이 보이고, 본관이 흥양興陽으로 되어 있다. 그런데 《청구》와 《만성》의 《흥양이씨보》에는 이영의 가계가 보이지 않는다. 《족보》에 오르지 못한 인물이다. 2000년 현재 흥양이씨 인구는 5,305가구 1만 6,977명의 희성으로 조선시대 문과급제자 7명을 배출했다.

223 김내묵金乃黙(1748~?) 평양平壤 사람으로 유학을 거쳐 정조 13년 42세로 식년시에 병과로 급제했다. 《방목》에는 벼슬이 없이 아버지[錫龍], 할아버지[珎元], 증조[斗宗], 외조[李至淡] 이름이 보이고, 본관이 양주楊州로 되어 있다. 그런데 《청구》와 《만성》의 《양주김씨보》에는 김내묵의 가계가 보이지 않는다. 《족보》에 오르지 못한 인물이다. 2000년 현재 양주김씨 인구는 1,109가구 3,510명의 희성으로 조선 후기 문과급제자 8명을 배출했는데, 그 가운데 5명이 평안도 개천 출신이고, 1명이 평양 출신이다.

224 안경묵安敬黙(1756~?) 평안도 가산嘉山 사람으로 정조 13년 34세로 식년시에 병과로 급제했다. 《방목》에는 벼슬이 없이 아버지[處直], 할아버지[淨愚], 증조[智獻], 외조[尹商衡] 이름이 보이고, 본관이 순흥順興으로 되어 있다. 그런데 《청구》와 《만성》의 《순흥안씨보》에는 안경묵의 가계가 보이지 않는다. 《족보》에 오르지 못한 인물이다. 《여지도서》에는 가산에 순흥안씨가 없어 본관이 의심스럽다.

225 윤행규尹行達(1741~?) 충청도 홍주洪州 사람으로 유학을 거쳐 정조 13년 49세로 식년시에 병과로 급제했다. 《방목》에는 벼슬이 없이 아버지[師德], 할아버지[曔], 증조[憲徵], 외조[朴壽星] 이름이 보이고, 본관이 무송茂松으로 되어 있다. 그런데 《청구》와 《만성》의 《무

송윤씨보》에는 윤행규의 가계가 보이지 않는다.《족보》에 오르지 못
한 인물이다.

　226 김봉거金鳳擧(1760~?) 평안도 정주定州 사람으로 유학을 거쳐
정조 13년 30세로 식년시에 병과로 급제했다.《방목》에는 벼슬이 없
이 아버지[振兌], 할아버지[國麗], 증조[銀垕], 외조[金浣碩] 이름이 보
이고, 본관이 경주慶州로 되어 있다. 그런데《청구》와《만성》의《경
주김씨보》에는 김봉거의 가계가 보이지 않는다.《족보》에 오르지 못
한 인물이다.《여지도서》에는 정주에 연안김씨가 없어 본관이 의심
스럽다.

　227 김치려金致礪(1758~?) 평안도 정주定州 사람으로 유학을 거쳐
정조 13년 32세로 식년시에 병과로 급제했다.《방목》에는 벼슬이 없
이 아버지[重軫], 할아버지[佐鼎], 증조[剋良], 외조[金萬廷] 이름이 보
이고, 본관이 경주慶州로 되어 있다. 그런데《청구》와《만성》의《경
주김씨보》에는 김치려의 가계가 보이지 않는다.《족보》에 오르지 못
한 인물이다.《여지도서》에는 정주에 경주김씨가 없어 본관이 의심
스럽다.

　228 문봉기文鳳岐(1748~?) 전라도 광주光州 사람으로 유학을 거쳐
정조 13년 42세로 식년시에 병과로 급제했다.《방목》에는 벼슬이 없
이 아버지[世允], 할아버지[弼尙], 증조[宣奎], 외조[盧尙業] 이름이 보
이고, 본관이 남평南平으로 되어 있다. 그런데《청구》와《만성》의
《남평문씨보》에는 문봉기의 가계가 보이지 않는다.《족보》에 오르
지 못한 인물이다.

　229 이종직李宗直(1747~?) 평안도 정주定州 사람으로 유학을 거쳐
정조 13년 43세로 식년시에 병과로 급제했다.《방목》에는 벼슬이 없

이 아버지[浚一], 할아버지[東運], 증조[元華], 외조[周鳳儀] 이름이 보이고, 본관이 연안延安으로 되어 있다. 그런데 《청구》와 《만성》의 《연안이씨보》에는 이종직의 가계가 보이지 않는다. 《족보》에 오르지 못한 인물이다. 《여지도서》에는 정주에 연안이씨가 없어 본관이 의심스럽다.

230 신희순申義淳(1759~?) 서울 사람으로 유학을 거쳐 정조 13년 31세로 식년시에 병과로 급제했다. 《방목》에는 벼슬이 없이 아버지[鼎材], 할아버지[夏淸], 증조[溢], 외조[柳愿] 이름이 보이고, 본관이 고령高靈으로 되어 있다. 그런데 《청구》의 《고령신씨보》에는 신희순의 가계가 보이지 않으며, 《만성》의 《고령신씨보》에는 가계가 보이는데 직계 7대조 가운데 벼슬아치가 없고 외조도 벼슬아치가 아니다.

231 채지영蔡趾永(1753~?) 충청도 아산牙山 사람으로 유학을 거쳐 정조 13년 37세로 식년시에 급제하여 벼슬이 사간원 정언(정6품)에 이르렀다. 《방목》에는 벼슬이 없이 아버지[弘命], 할아버지[匡夏], 증조[膺禎], 외조[鄭聖欽] 이름이 보이고, 본관이 평강平康으로 되어 있다. 《청구》와 《만성》의 《평강채씨보》를 보면 채지영의 직계 7대조와 외조 가운데 벼슬아치가 없다.

232 차경진車敬鎭(1765~?) 평안도 선천宣川 사람으로 유학을 거쳐 정조 13년 25세로 식년시에 병과로 급제하여 벼슬이 순조 대 사헌부 장령(정4품)에 이르렀다. 《방목》에는 벼슬이 없이 아버지[德弘], 할아버지[大修], 증조[命濟], 외조[金采鏡] 이름이 보이고, 본관이 연안延安으로 되어 있다. 그런데 《만성》의 《연안차씨보》에는 차경진의 가계가 보이지 않으며, 《청구》의 《연안차씨보》에는 오직 할아버지(문과 급제)의 이름만 외따로 기록되어 있고 차경진의 이름은 보이지 않는

다.《족보》에 오르지 못한 인물이다. 다만 연안차씨는 조선시대 문과 급제자 27명을 배출했는데, 그 가운데 평안도에서만 15명이 배출되었다.《여지도서》에는 선천에 연안차씨가 없고 해남차씨海南車氏만 보여 본관이 의심스럽다.

233 이동우李東宇(1740~?) 경기도 금천衿川 사람으로 통덕랑(정5품)을 거쳐 정조 13년 50세로 식년시에 병과로 급제하여 벼슬이 지평(정5품)과 사간원 정언(정6품)에 이르렀다.《방목》에는 벼슬이 없이 아버지[世祕], 할아버지[養粹], 증조[賓興], 외조[宋秀誨] 이름이 보이고, 본관이 한산韓山으로 되어 있다. 그런데《청구》와《만성》의《한산이씨보》에는 이동우의 가계가 보이지 않는다.《족보》에 오르지 못한 인물이다.

234 정운제鄭運躋(1740~?) 서울 사람으로 통덕랑(정5품)을 거쳐 정조 13년 50세로 식년시에 병과로 급제했다.《방목》에는 벼슬이 없이 아버지[輯寧], 할아버지[重協], 증조[橙], 외조[陳相桓] 이름이 보이고, 본관이 해주海州로 되어 있다. 그런데《청구》와《만성》의《해주정씨보》를 보면 아버지까지의 가계는 보이나 정운제의 이름은 빠져 있다.《족보》에 오르지 못한 인물이다.

235 정의조鄭毅祚(1739~?) 서울 사람으로 유학을 거쳐 정조 13년 51세로 식년시에 병과로 급제하여 벼슬이 사간원 헌납(정5품)에 이르렀다.《방목》에는 벼슬이 없이 아버지[運一], 할아버지[處寧], 증조[重規], 외조[崔奎度] 이름이 보이고, 본관이 해주海州로 되어 있다.《청구》와《만성》의《해주정씨보》를 보면 직계 3대조와 외조 가운데 벼슬아치가 없다.

236 정필조鄭弼祚(1739~?) 서울 사람으로 유학을 거쳐 정조 13년 51

세로 식년시에 병과로 급제하여 벼슬이 사헌부 장령(정4품)에 이르렀
다. 《방목》에는 벼슬이 없이 아버지[運燾], 할아버지[九寧], 증조[重
載], 외조[柳煜] 이름이 보이고, 본관이 해주海州로 되어 있다. 《청구》
와 《만성》의 《해주정씨보》를 보면 직계 3대조와 외조 가운데 벼슬
아치가 없다.

237 임한任爀(1759~?) 충청도 서산瑞山 사람으로 유학을 거쳐 정조
13년 31세로 식년시에 병과로 급제하여 벼슬이 사간원 정언(정6품)에
이르렀다. 《방목》에는 벼슬이 없이 아버지[鳳周], 할아버지[運], 증조
[履元], 외조[趙儼] 이름이 보이고, 본관이 풍천豊川으로 되어 있다.
《청구》와 《만성》의 《풍천임씨보》를 보면 직계 4대조와 외조 가운데
벼슬아치가 없다.

238 이덕승李德升(1756~?) 경기도 수원水原 사람으로 유학을 거쳐
정조 14년(1790) 35세로 수원 별시에 갑과로 급제하여 벼슬이 순조
대 사헌부 장령(정4품)을 거쳐 참의(정3품 당상관)에 이르렀다. 《방목》
에는 벼슬이 없이 아버지[裕後], 할아버지[師說], 증조[虔], 외조[尹淨]
이름이 보이고, 본관이 전주全州로 되어 있다. 《전주이씨과거급제자
총람》을 보면 이덕승은 양녕대군讓寧大君의 후손이지만 직계 4대조와
외조 가운데 벼슬아치가 없다.

239 이이희李履熙(1763~?) 경기도 광주廣州 사람으로 유학을 거쳐
정조 14년 38세로 수원 별시에 을과로 급제하여 벼슬이 사간원 정언
(정6품)에 이르렀다. 《방목》에는 벼슬이 없이 아버지[裕彬], 할아버지
[源], 증조[海鎭], 외조[閔徵洙] 이름이 보이고, 본관이 덕수德水로 되어
있다. 《청구》와 《만성》의 《덕수이씨보》를 보면 직계 6대조 가운데
벼슬아치는 5대조가 무과에 급제한 것뿐이다.

240 **오성근**吳聖根(1743~?) 경기도 과천果川 사람으로 통덕랑(정5품)을 거쳐 정조 14년 48세로 수원 별시에 병과로 급제했다. 《방목》에는 벼슬이 없이 아버지[厚源], 할아버지[鐔], 증조[文瑞], 외조[申一夏] 이름이 보이고, 본관이 보성寶城으로 되어 있다. 그런데 《청구》와 《만성》의 《보성오씨보》에는 오성근의 가계가 보이지 않는다. 《족보》에 오르지 못한 인물이다.

241 **심능섭**沈能燮(1767~?) 경상도 선산善山 사람으로 유학을 거쳐 정조 14년 24세로 춘당대시에 을과로 급제하여 벼슬이 참의(정3품 당상관)에 이르렀다. 《방목》에는 벼슬이 없이 아버지[祐之], 할아버지[鑽], 증조[龜賢], 외조[尹守鐸] 이름이 보이고, 본관이 청송靑松으로 되어 있다. 《청구》와 《만성》의 《청송심씨보》를 보면 심능섭의 직계 4대조와 외조 가운데 벼슬아치가 없다.

242 **이중련**李重蓮(1765~?) 서울 사람으로 유학을 거쳐 정조 14년 26세로 춘당대시에 병과로 급제하여 벼슬이 홍문관을 거쳐 순조 대 사간원 사간(종3품)에 이르렀다. 《방목》에는 벼슬이 없이 아버지[文燮], 할아버지[世馨], 증조[善積], 외조[尹鼎相] 이름이 보이고, 본관이 연안延安으로 되어 있다. 《청구》와 《만성》의 《연안이씨보》를 보면 이중련의 직계 4대조와 외조 가운데 벼슬아치가 없다.

243 **이의원**李毅遠(1764~?) 서울 사람으로 유학을 거쳐 정조 14년 27세로 경과에 을과로 급제하여 벼슬이 병조참의(정3품 당상관)에 이르렀다. 《방목》에는 벼슬이 없이 아버지[益徵], 할아버지[最完], 증조[涉], 외조[尹堰] 이름이 보이고, 본관이 전주全州로 되어 있다. 《전주이씨과거급제자총람》을 보면 이의원의 가계는 《방목》과 달리 아버지[謙徵], 할아버지[振完], 증조[洙]로 되어 있으며, 직계 5대조와 외조

가운데 벼슬아치가 없다.

244 이한교李漢喬(1759~?) 경기도 포천抱川 사람으로 생원을 거쳐 정조 14년 32세로 경과에 병과로 급제하여 벼슬이 교서관 교리(종5품)에 이르렀다. 《방목》에는 벼슬이 없이 아버지[命集], 할아버지[宗翰], 증조[東佐], 외조[南凡秀] 이름이 보이고, 본관이 경주慶州로 되어 있다. 《청구》와 《만성》의 《경주이씨보》를 보면 이한교의 직계 5대조와 외조 가운데 벼슬아치가 없다.

245 이우명李雨明(1761~?) 서울 사람으로 유학을 거쳐 정조 14년 30세로 경과에 병과로 급제했다. 《방목》에는 벼슬이 없이 아버지[暉禛], 할아버지[載熙], 증조[耳季], 외조[沈壽] 이름이 보이고, 본관이 한산韓山으로 되어 있다. 《청구》와 《만성》의 《한산이씨보》를 보면 이우명의 직계 3대조와 외조 가운데 벼슬아치가 없다.

246 이근오李覲吾(1760~?) 경상도 울산蔚山 사람으로 진사를 거쳐 정조 14년 31세로 경과에 병과로 급제했다. 《방목》에는 벼슬이 없이 아버지[宜昌], 할아버지[時玉], 증조[文白], 외조[李頎] 이름이 보이고, 본관이 울산蔚山으로 되어 있다. 그런데 《청구》와 《만성》에는 《울산이씨보》 자체가 없어 신원을 알 수 없다. 2000년 현재 울산이씨 인구는 1,967가구 6,328명으로 조선시대 문과급제자 2명을 배출했는데 선조 대 이순민李舜民이 급제한 뒤로 이근오가 두 번째다.

247 이원팔李元八(1765~?) 서울 사람으로 유학을 거쳐 정조 14년 26세로 경과에 병과로 급제하여 벼슬이 순조 대 사간원 대사간(정3품 당상관)에 이르렀다. 《방목》에는 벼슬이 없이 아버지[耳鼎], 할아버지[重寅], 증조[慶遇], 외조[趙鎭謙] 이름이 보이고, 본관이 전주全州로 되어 있다. 《전주이씨과거급제자총람》을 보면 이원팔은 세종의 후궁 소생

인 영해군寧海君의 14세손으로 직계 5대조 가운데 벼슬아치가 없다.

248 김경환金景煥(1759~?) 평안도 정주定州 사람으로 유학을 거쳐 정조 14년 32세로 경과에 병과로 급제했다. 《방목》에는 벼슬이 없이 아버지[相元], 할아버지[灝], 증조[國隣], 외조[李宜臨] 이름이 보이고, 본관이 연안延安으로 되어 있다. 그런데 《청구》와 《만성》의 《연안김 씨보》에는 김경환의 가계가 보이지 않는다. 하지만 정주의 연안김씨 는 영조 대 이후로 문과급제자 43명을 배출하여 이 지방 최고 명문으 로 등장했다.

249 김석태金錫泰(1764~?) 평안도 가산嘉山 사람으로 유학을 거쳐 정조 14년 27세로 경과에 병과로 급제했다. 《방목》에는 벼슬이 없이 아버지[健修], 할아버지[宏集], 증조[昌厚], 외조[洪命瀚] 이름이 보이고, 본관이 순천順天으로 되어 있다. 그런데 《청구》와 《만성》의 《순천김 씨보》에는 김석태의 가계가 보이지 않는다. 《족보》에 오르지 못한 인물이다. 《여지도서》를 보아도 가산에 순천김씨가 없어 본관이 의 심스럽다.

250 이정목李鼎牧(1757~?) 경주慶州 사람으로 유학을 거쳐 정조 14 년 34세로 경과에 병과로 급제하여 벼슬이 정자(정9품)에 이르렀다. 《방목》에는 벼슬이 없이 아버지[憲質], 할아버지[光中], 증조[德儀], 외 조[李弘离] 이름이 보이고, 본관이 여주驪州로 되어 있다. 그런데 《만 성》의 《여주이씨보》에는 증조까지의 가계만 기록되어 있고 그 뒤는 보이지 않는다. 한편, 《청구》의 《여주이씨보》에는 이정목의 가계가 보이는데, 할아버지가 광중이 아닌 석중碩中으로 되어 있어 《방목》과 다르다. 어쨌든 《청구》를 따르면, 그는 이언적李彦迪의 8대손으로 직 계 6대조와 외조 가운데 벼슬아치가 없다.

251 최치익崔致翼(1759~?) 평양平壤 사람으로 생원을 거쳐 정조 14
년 32세로 경과에 병과로 급제했다.《방목》에는 벼슬이 없이 아버지
[起謙], 할아버지[瀚], 증조[邦益], 외조[金錫璘] 이름이 보이고, 본관이
경주慶州로 되어 있다. 그런데《만성》의《경주최씨보》에는 최치익의
가계가 보이지 않으며,《청구》의《경주최씨보》에는 아버지까지의
가계는 보이나 최치익의 이름은 보이지 않는다.《족보》에 오르지 못
한 인물이다.

252 채일상蔡一祥(1748~?) 충청도 제천堤川 사람으로 유학을 거쳐
정조 14년 43세로 경과에 병과로 급제했다.《방목》에는 벼슬이 없이
아버지[定之], 할아버지[希範], 증조[九夏], 외조[沈璥] 이름이 보이고,
본관이 이천利川으로 되어 있다. 그런데《청구》와《만성》에는《이천
채씨보》자체가 없어 신원을 알 수 없다. 2000년 현재 이천채씨 인구
는 1가구 2명으로, 조선시대 문과급제자는 채일상이 유일하다. 그런
데 이상한 것이 있다. 할아버지 채희범이 영조 35년 식년시에 급제한
사실이 있는데,《방목》에는 본관이 인천仁川으로 되어 있다. 하지만,
《인천채씨보》에는 증조[渫]까지의 가계만 보이고 그 이후 가계는 보
이지 않는다. 아마도 원래는 인천채씨였다가 그 후손들이 본관을 이
천으로 바꾼 것이 아닌가 추측된다. 원래 이천에 채씨가 없다는 점도
고려할 필요가 있다. 이렇게 본관을 바꾼 이유는 알 수 없다.

253 이윤행李允行(1762~?) 충청도 면천沔川 사람으로 유학을 거쳐
정조 14년 29세로 경과에 병과로 급제하여 벼슬이 사간원 정언(정6
품)과 사헌부 지평(정5품)에 이르렀다.《방목》에는 벼슬이 없이 아버
지[興周], 할아버지[命翊], 증조[馨遠], 외조[金夢壘] 이름이 보이고, 본
관이 전주全州로 되어 있다.《전주이씨과거급제자총람》을 보면 이윤

행은 성종의 후궁 소생인 양원군楊原君의 10세손으로 직계 4대조와
외조 가운데 벼슬아치가 없다.

254 황진黃璡(1733~?) 평양平壤 사람으로 참봉(종9품)을 거쳐 정조
14년 58세로 경과에 병과로 급제하여 벼슬이 사헌부 장령(정4품)에
이르렀다.《방목》에는 벼슬이 없이 아버지[敏厚], 할아버지[藎良], 증
조[戴昌], 외조[金聖弘] 이름이 보이고, 본관이 황주黃州로 되어 있다.
그런데《만성》에는《황주황씨보》자체가 없고,《청구》의《황주황씨
보》에는 고려시대 인물인 문부文富 한 사람만 기록되어 있다. 하지만
아버지는 문과에 급제한 인물임에도《족보》에 오르지 못한 것이 이
상하다. 2000년 현재 황주황씨 인구는 260가구 861명의 희성으로, 조
선시대 문과급제자는 5명이다.

255 이형우李亨宇(1736~?) 평안도 은산殷山 사람으로 유학을 거쳐
정조 16년(1792) 57세로 식년시에 을과로 급제했다.《방목》에는 벼슬
이 없이 아버지[昌斗], 할아버지[時晶], 증조[廷樑], 외조[林峻榮] 이름
이 보이고, 본관이 안성安城으로 되어 있다. 그런데《청구》와《만성》
의《안성이씨보》에는 이형우의 가계가 보이지 않는다.《족보》에 오
르지 못한 인물이다.

256 이병열李秉烈(1749~?) 경상도 단성丹城 사람으로 유학을 거쳐
정조 16년 44세로 식년시에 을과로 급제했다.《방목》에는 벼슬이 없
이 아버지[孝命], 할아버지[如珠], 증조[胤老], 외조[文璶世] 이름이 보
이고, 본관이 성주星州로 되어 있다. 그런데《만성》의《성주이씨보》
에는 이병열의 가계가 보이지 않으며,《청구》의《성주이씨보》에 가
계가 보이는데, 그는 개국공신 이제李濟의 11대손으로 직계 9대조와
외조 가운데 벼슬아치가 없다.

257 임헌任爌(1755~1792) 충청도 서산瑞山 사람으로 유학을 거쳐 정조 16년 38세로 식년시에 을과로 급제했는데, 이해 바로 세상을 떠났다. 《방목》에는 벼슬이 없이 아버지[鳳周], 할아버지[運], 증조[履元], 외조[趙儼] 이름이 보이고, 본관이 풍천豊川으로 되어 있다. 《만성》의 《풍천임씨보》를 보면 임헌의 직계 3대조와 외조 가운데 벼슬아치가 없고, 《청구》의 《풍천임씨보》에는 아버지까지의 가계는 보이나 그의 이름은 보이지 않는다. 아마 후사가 끊어져 이름을 뺀 것으로 보인다.

258 이홍달李弘達(개명 渭達. 1758~?) 서울 사람으로 생원을 거쳐 정조 16년 36세로 식년시에 을과로 급제하여 벼슬이 예문관 응교(정4품)와 승지(정3품 당상관)에 이르렀다. 《방목》에는 벼슬이 없이 아버지[顯經], 할아버지[根], 증조[昌馨], 외조[柳德鎭] 이름이 보이고, 본관이 전주全州로 되어 있다. 《전주이씨과거급제자총람》을 보면 이홍달은 효령대군孝寧大君의 후손으로 직계 3대조와 외조 가운데 벼슬아치가 없다.

259 김명흠金明欽(1723~?) 경기도 이천利川 사람으로 통덕랑(정5품)을 거쳐 정조 16년 70세로 식년시에 병과로 급제하여 벼슬이 좌랑(정6품)에 이르렀다. 《방목》에는 벼슬이 없이 아버지[啓基], 할아버지[蓋煌], 증조[宗相], 외조[權用經] 이름이 보이고, 본관이 선산善山으로 되어 있다. 그런데 《만성》의 《선산김씨보》에는 김명흠의 가계가 보이지 않으며, 《청구》의 《선산김씨보》에는 가계가 보이는데, 직계 4대조 가운데 벼슬아치가 보이지 않는다.

260 홍택주洪宅柱(1764~?) 평안도 정주定州 사람으로 통덕랑(정5품)을 거쳐 정조 16년 29세로 식년시에 병과로 급제했다. 《방목》에는

벼슬이 없이 아버지[夏俊], 할아버지[命一], 증조[麗周], 외조[金洙郁] 이름이 보이고, 본관이 남양南陽으로 되어 있다. 그런데 《청구》와 《만성》의 《남양홍씨보》에는 홍택주의 가계가 보이지 않는다. 《족보》에 오르지 못한 인물이다. 정주의 남양홍씨는 영조 대 이후 문과 급제자 11명을 배출했으며, 홍경래洪景來도 남양홍씨다.

261 김양철金良喆(1751~?) 평안도 정주定州 사람으로 장사랑(종9품)을 거쳐 정조 16년 42세로 식년시에 병과로 급제했다. 《방목》에는 벼슬이 없이 아버지[翼五], 할아버지[德咸], 증조[昌健], 외조[田後文] 이름이 보이고, 본관이 연안延安으로 되어 있다. 그런데 《청구》와 《만성》의 《연안김씨보》에는 김양철의 가계가 보이지 않는다. 《족보》에 오르지 못한 인물이다. 정주의 연안김씨는 영조 대 이후 문과 급제자 43명을 배출하여 이 지방의 최고 명문으로 등장했다.

262 심반沈鐇(1757~?) 서울 사람으로 유학을 거쳐 정조 16년 36세로 식년시에 병과로 급제하여 벼슬이 홍문관 교리(정5품)에 이르렀다. 《방목》에는 벼슬이 없이 아버지[楚賢], 할아버지[汲], 증조[壽範], 외조[金聖模] 이름이 보이고, 본관이 청송靑松으로 되어 있다. 그런데 《청구》의 《청송심씨보》에는 심반의 가계가 보이지 않으며, 《만성》의 《청송심씨보》에는 가계가 보이는데, 직계 3대조와 외조 가운데 벼슬아치가 없다.

263 김병연金秉淵(1749~?) 강릉江陵 사람으로 유학을 거쳐 정조 16년 44세로 식년시에 병과로 급제하여 벼슬이 순조 대 병조정랑(정5품)과 현감(종6품)에 이르렀다. 《방목》에는 벼슬이 없이 아버지[翊鉉, 생부 東鉉], 할아버지[聲珍], 증조[仲健], 외조[成德咸] 이름이 보이고, 본관이 김해金海로 되어 있다. 그런데 《청구》와 《만성》의 《김해김씨

보》에는 김병연의 가계가 보이지 않는다. 《족보》에 오르지 못한 인물이다.

264 강학준姜學濬(1760~?) 경상도 진주晉州 사람으로 유학을 거쳐 정조 16년 33세로 식년시에 병과로 급제했다. 《방목》에는 벼슬이 없이 아버지[錫臨], 할아버지[命垕], 증조[獻世], 외조[鄭光益] 이름이 보이고, 본관이 진주晉州로 되어 있다. 그런데 《청구》와 《만성》의 《진주강씨보》에는 강학준의 가계가 보이지 않는다. 《족보》에 오르지 못한 인물이다.

265 정종현鄭宗顯(1763~?) 평안도 정주定州 사람으로 유학을 거쳐 정조 16년 30세로 식년시에 병과로 급제했다. 《방목》에는 벼슬이 없이 아버지[德寬], 할아버지[嗣僑], 증조[再隆], 외조[崔斗興] 이름이 보이고, 본관이 하동河東으로 되어 있다. 그런데 《청구》와 《만성》의 《하동정씨보》에는 정종현의 가계가 보이지 않는다. 《족보》에 오르지 못한 인물이다. 《여지도서》에는 정주에 하동정씨가 없고 보령정씨保寧鄭氏만 보여 본관이 의심스럽다.

266 유성진柳星鎭(1725~?) 경기도 이천利川 사람으로 유학을 거쳐 정조 16년 68세로 식년시에 병과로 급제하여 벼슬이 참의(종2품)에 이르렀다. 《방목》에는 벼슬이 없이 아버지[堡], 할아버지[春囿], 증조[噎], 외조[金井瑞] 이름이 보이고, 본관이 전주全州로 되어 있다. 《청구》와 《만성》의 《전주유씨보》를 보면 유성진의 직계 5대조와 외조 가운데 벼슬아치가 없다.

267 허휴許鑴(1760~?) 함경도 길주吉州 사람으로 유학을 거쳐 정조 16년 33세로 식년시에 병과로 급제했다. 《방목》에는 벼슬이 없이 아버지[壌], 할아버지[煃], 증조[震宗], 외조[太應軫] 이름이 보이고, 본관

이 양천陽川으로 되어 있다. 그런데 《청구》와 《만성》의 《양천허씨보》에는 허휴의 가계가 보이지 않는다. 《족보》에 오르지 못한 인물이다.

268 이상렴李尙濂(1768~?) 평안도 정주定州 사람으로 유학을 거쳐 정조 16년 25세로 식년시에 병과로 급제했다. 《방목》에는 벼슬이 없이 아버지[弘璘], 할아버지[鳳鳴], 증조[萬雄], 외조[金錫龜] 이름이 보이고, 본관이 전주全州로 되어 있다. 《전주이씨과거급제자총람》을 보면 이상렴은 파미분류자로 되어 있다. 《족보》가 없고 계파를 모른다는 뜻이다. 순수 평민이거나 서출일 가능성이 크다.

269 여영휘呂永徽(1759~?) 평안도 상원祥原 사람으로 유학을 거쳐 정조 16년 34세로 식년시에 병과로 급제했다. 《방목》에는 벼슬이 없이 아버지[槻], 할아버지[渭良], 증조[周翰], 외조[康大夏] 이름이 보이고, 본관이 함양咸陽으로 되어 있다. 그런데 《청구》와 《만성》의 《함양여씨보》에는 여영휘의 가계가 보이지 않는다. 《족보》에 오르지 못한 인물이다. 《여지도서》에는 상원에 함양여씨가 없어 본관이 의심스럽다.

270 유심환柳沁煥(1763~?) 평안도 영변寧邊 사람으로 유학을 거쳐 정조 16년 30세로 식년시에 병과로 급제했다. 《방목》에는 벼슬이 없이 아버지[檍], 할아버지[運瑞], 증조[星彬], 외조[梁瑞龍] 이름이 보이고, 본관이 진주晉州로 되어 있다. 그런데 《청구》와 《만성》의 《진주유씨보》에는 유심환의 가계가 보이지 않는다. 《족보》에 오르지 못한 인물이다. 《여지도서》를 보아도 영변에 진주유씨가 없어 본관이 의심스럽다.

271 최계운崔啓運(1764~?) 경주慶州 사람으로 유학을 거쳐 정조 16

년 29세로 식년시에 병과로 급제했다. 《방목》에는 벼슬이 없이 아버지[柱宸], 할아버지[達賢], 증조[南鵬], 외조[孫景九] 이름이 보이고, 본관이 경주慶州로 되어 있다. 그런데 《청구》와 《만성》의 《경주최씨보》에는 최계운의 가계가 보이지 않는다. 《족보》에 오르지 못한 인물이다.

272 박영동朴榮東(1763~?) 경상도 산청山淸 사람으로 유학을 거쳐 정조 16년 30세로 식년시에 병과로 급제했다. 《방목》에는 벼슬이 없이 아버지[孝聞], 할아버지[鳳齡], 증조[師亮], 외조[李應慶] 이름이 보이고, 본관이 반남潘南으로 되어 있다. 그런데 《만성》의 《반남박씨보》에는 박영동의 가계가 보이지 않으며, 《청구》의 《반남박씨보》에는 가계가 보이는데, 박행朴荇의 후손으로 직계 7대조와 외조 가운데 벼슬아치가 없다.

273 방역方易(1729~?) 평안도 정주定州 사람으로 유학을 거쳐 정조 16년 64세로 식년시에 병과로 급제했다. 《방목》에는 벼슬이 없이 아버지[震碩], 할아버지[尙範], 증조[仁立], 외조[朴泰祉] 이름이 보이고, 본관이 온양溫陽으로 되어 있다. 그런데 《청구》와 《만성》의 《온양방씨보》에는 방역의 가계가 보이지 않는다. 《족보》에 오르지 못한 인물이다. 온양방씨는 조선시대 문과급제자 9명을 배출했는데, 그 가운데 7명이 평안도 출신이고 7명 가운데 6명이 정주 출신이다. 또한 조선 후기에 역관譯官 49명과 의관醫官 36명을 배출하기도 하다.

274 정발鄭渤(1761~?) 경상도 칠곡漆谷 사람으로 유학을 거쳐 정조 16년 32세로 식년시에 병과로 급제하여 벼슬이 승정원 주서(정7품)에 이르렀다. 《방목》에는 벼슬이 없이 아버지[惟軾], 할아버지[元弼], 증조[萬岑], 외조[申維岳] 이름이 보이고, 본관이 동래東萊로 되어 있다.

그런데 《만성》의 《동래정씨보》에는 정발의 가계가 보이지 않으며, 《청구》의 《동래정씨보》에는 가계가 보이는데, 직계 7대조와 외조 가운데 벼슬아치가 없고 그 윗대는 무반산직을 가지고 있을 뿐이다.

275 김직金直(1745~?) 경상도 영천榮川 사람으로 유학을 거쳐 정조 16년 48세로 식년시에 병과로 급제했다. 《방목》에는 벼슬이 없이 아버지[光鎬], 할아버지[秀三], 증조[友璧], 외조[宋應賢] 이름이 보이고, 본관이 예안禮安으로 되어 있다. 그런데 《청구》와 《만성》의 《예안김씨보》에는 김직의 가계가 보이지 않는다. 《족보》에 오르지 못한 인물이다.

276 강취승康就昇(1754~?) 평안도 정주定州 사람으로 유학을 거쳐 정조 16년 39세로 식년시에 병과로 급제했다. 《방목》에는 벼슬이 없이 아버지[德章], 할아버지[泰臨], 증조[大老], 외조[尹聖遇] 이름이 보이고, 본관이 신천信川으로 되어 있다. 그런데 《청구》와 《만성》의 《신천강씨보》에는 강취승의 가계가 보이지 않는다. 《족보》에 오르지 못한 인물이다. 《여지도서》에는 정주에 신천강씨가 없고 진주강씨晉州康氏만 보여 본관이 의심스럽다.

277 한광열韓光烈(1748~?) 경기도 이천利川 사람으로 유학을 거쳐 정조 16년 45세로 식년시에 병과로 급제했다. 《방목》에는 벼슬이 없이 아버지[宗愈], 할아버지[必虔], 증조[世徵], 외조[權德徵] 이름이 보이고, 본관이 청주淸州로 되어 있다. 그런데 《청구》와 《만성》의 《청주한씨보》에는 한광열의 가계가 보이지 않는다. 《족보》에 오르지 못한 인물이다.

278 유희劉熹(1766~?) 평안도 은산殷山 사람으로 유학을 거쳐 정조 16년 27세로 식년시에 병과로 급제했다. 《방목》에는 벼슬이 없이 아

버지[師瑞], 할아버지[德恒], 증조[表世], 외조[金兌晃] 이름이 보이고,
본관이 충주忠州로 되어 있다. 그런데 《만성》에는 《충주유씨보》자
체가 없고, 《청구》의 《충주유씨보》에는 고려시대 인물인 유긍달劉兢
達 한 사람밖에 없다. 《족보》를 갖지 못한 인물이다. 하지만 충주유
씨는 정조 10년 유사평劉師坪이 문과에 급제한 뒤로 급제자 3명을 배
출했는데, 유희는 유사평의 조카이다. 《여지도서》에는 은산에 충주
유씨가 보이지 않아 본관이 의심스럽다.

　　279 **우석구**禹錫龜(1767~?) 경상도 창녕昌寧 사람으로 유학을 거쳐
정조 16년 26세로 식년시에 병과로 급제했다. 《방목》에는 벼슬이 없
이 아버지[大一], 할아버지[尙胤], 증조[重夏], 외조[金德宇] 이름이 보이
고, 본관이 단양丹陽으로 되어 있다. 그런데 《청구》와 《만성》의
《단양우씨보》에는 우석구의 가계가 보이지 않는다. 《족보》에 오르
지 못한 인물이다.

　　280 **윤덕우**尹德雨(1725~?) 전라도 해남海南 사람으로 유학을 거쳐
정조 16년 68세로 식년시에 병과로 급제했다. 《방목》에는 벼슬이 없
이 아버지[基緖, 생부 衡緖], 할아버지[爾任], 증조[性美], 외조[金韻商] 이
름이 보이고, 본관이 해남海南으로 되어 있다. 그런데 《만성》의 《해
남윤씨보》에는 윤덕우의 가계가 보이지 않으며, 《청구》의 《해남윤
씨보》에는 가계가 보이는데 직계 6대조와 외조 가운데 벼슬아치가
없다.

　　281 **조항존**趙恒存(1769~?) 강릉江陵 사람으로 유학을 거쳐 정조 16
년 24세로 식년시에 병과로 급제하여 벼슬이 순조 대 사헌부 지평(정
5품)에 이르렀다. 《방목》에는 벼슬이 없이 아버지[廷璧], 할아버지[漢
蕃], 증조[時傑], 외조[崔彙吉] 이름이 보이고, 본관이 풍양豊壤으로 되

어 있다. 그런데 《청구》와 《만성》의 《풍양조씨보》에는 조항존의 가계가 보이지 않는다. 《족보》에 오르지 못한 인물이다.

282 강세홍姜世弘(1751~?) 전라도 나주羅州 사람으로 유학을 거쳐 정조 16년 42세로 식년시에 병과로 급제했다. 《방목》에는 벼슬이 없이 아버지[弼渭], 할아버지[來周], 증조[繼鳳], 외조[李德夏] 이름이 보이고, 본관이 진주晋州로 되어 있다. 그런데 《청구》와 《만성》의 《진주강씨보》에는 강세홍의 가계가 보이지 않는다. 《족보》에 오르지 못한 인물이다.

283 동방숙東方淑(1734~?) 평안도 위원渭原 사람으로 유학을 거쳐 정조 16년 59세로 식년시에 병과로 급제하여 벼슬이 성균관 전적(정6품)에 이르렀다. 《방목》에는 벼슬이 없이 아버지[昌], 할아버지[元], 증조[宗], 외조[玄進玭] 이름이 보이고, 본관이 진주晋州로 되어 있다. 그런데 《청구》와 《만성》에는 《진주동방씨보》 자체가 없다. 《세종실록》〈지리지〉, 《동국여지승람》, 《여지도서》에는 위원에 동방씨가 없고 정주에만 동방씨가 있어 혹시 동방숙이 정주에 살다가 위원으로 와서 문과에 급제했는지도 모른다. 2000년 현재 진주동방씨 인구는 30가구 98명의 희성으로, 그가 유일한 문과급제자이다.

284 김온金瑥(1764~?) 평안도 순천順川 사람으로 유학을 거쳐 정조 16년 29세로 식년시에 병과로 급제했다. 《방목》에는 벼슬이 없이 아버지[重九], 할아버지[萬鎰], 증조[齊膺], 외조[金健行] 이름이 보이고, 본관이 순천順川으로 되어 있다. 그런데 《청구》와 《만성》에는 《순천김씨보》 자체가 없다. 《족보》를 갖지 못한 인물이다. 2000년 현재 순천김씨 인구는 147가구 431명의 희성으로, 김온이 유일한 문과급제자이다. 《여지도서》에는 순천에 순천김씨가 보이지 않아 아마도 그

가 문과에 급제한 뒤에 본관을 이곳으로 정한 듯하다.

285 이창서李昌瑞(1758~?) 평안도 정주定州 사람으로 유학을 거쳐 정조 16년 35세로 식년시에 병과로 급제하여 벼슬이 사헌부 장령(정4품)에 이르렀다. 《방목》에는 벼슬이 없이 아버지[彦恒], 할아버지[時咸], 증조[碩厚], 외조[金興萬] 이름이 보이고, 본관이 전주全州로 되어 있다. 《전주이씨과거급제자총람》을 보면 이창서는 목조穆祖의 아들 안원대군安原大君의 후손으로 직계 14대조 가운데 벼슬아치는 6대와 7대조 두 사람에 지나지 않는다.

286 노상희盧尙熙(1769~?) 평안도 정주定州 사람으로 유학을 거쳐 정조 16년 24세로 식년시에 병과로 급제했다. 《방목》에는 벼슬이 없이 아버지[惠喆], 할아버지[聖載], 증조[順弼], 외조[鄭再龍] 이름이 보이고, 본관이 해주海州로 되어 있다. 그런데 《만성》에는 《해주노씨보》 자체가 없고, 《청구》의 《해주노씨보》에는 노상희의 가계가 보이지 않는다. 《족보》에 오르지 못한 인물이다. 정주의 해주노씨는 영조 대 이후 문과급제자 15명을 배출하여 이 지역의 신흥 명문 가운데 하나로 등장했다.

287 유홍기劉弘基(1765~?) 평안도 정주定州 사람으로 유학을 거쳐 정조 16년 28세로 식년시에 병과로 급제했다. 《방목》에는 벼슬이 없이 아버지[夢澤], 할아버지[命馥], 증조[世興], 외조[金萬楨] 이름이 보이고, 본관이 강릉江陵으로 되어 있다. 그런데 《청구》와 《만성》의 《강릉유씨보》에는 유홍기의 가계가 보이지 않는다. 《족보》에 오르지 못한 인물이다. 《여지도서》에는 정주에 백주유씨白州劉氏(배천유씨)만 보이고 강릉유씨는 보이지 않아 혹시 백주유씨가 본관을 바꾸었는지도 모른다. 조선시대 백주유씨 문과급제자는 2명이고, 강릉유

씨 급제자는 6명이다.

288 유홍구劉弘玖(1758~?) 평안도 정주定州 사람으로 유학을 거쳐 정조 16년 35세로 식년시에 병과로 급제했다. 《방목》에는 벼슬이 없이 아버지[仁澤], 할아버지[命馥], 증조[世興], 외조[金順億] 이름이 보이고, 본관이 강릉江陵으로 되어 있다. 그런데 《청구》와 《만성》의 《강릉유씨보》에는 유홍구의 가계가 보이지 않는다. 앞에 소개한 유홍기의 사촌형으로 그 또한 《족보》를 갖지 못한 인물이다.

289 이명부李明孚(1741~?) 경기도 양근陽根 사람으로 유학을 거쳐 정조 16년 52세로 식년시에 병과로 급제하여 벼슬이 이조정랑(정5품)에 이르렀다. 《방목》에는 벼슬이 없이 아버지[寅奎], 할아버지[之恒], 증조[震道], 외조[呂光渭] 이름이 보이고, 본관이 전주全州로 되어 있다. 《전주이씨과거급제자총람》을 보면 이명부의 직계 3대조와 외조 가운데 벼슬아치가 없다.

290 이남규李南圭(1765~?) 충청도 충주忠州 사람으로 유학을 거쳐 정조 18년(1794) 30세로 알성시에 병과로 급제하여 벼슬이 승지(정3품 당상관)에 이르렀다. 《방목》에는 벼슬이 없이 아버지[日會], 할아버지[瑩], 증조[殷民], 외조[洪昌] 이름이 보이고, 본관이 전주全州로 되어 있다. 《전주이씨과거급제자총람》을 보면 이남규는 성종의 후궁 소생인 계성군桂城君의 후손으로 직계 5대조와 외조 가운데 벼슬아치가 없다.

291 공윤항孔胤恒(1769~?) 경기도 용인龍仁 사람으로 유학을 거쳐 정조 18년 26세로 알성시에 병과로 급제하여 벼슬이 성균관 전적(정6품)을 거쳐 승지(정3품 당상관)에 이르렀다. 《방목》에는 벼슬이 없이 아버지[源仁], 할아버지[學洙], 증조[益聖], 외조[金受英] 이름이 보이고,

본관이 곡부曲阜로 되어 있다. 공윤항은 중종 대 명신이자 기묘명현의 한 사람인 공서린孔瑞獜의 8대손이라 한다.[19] 그런데 《청구》에는 《곡부공씨보》가 아닌 《창원공씨보昌原孔氏譜》에 공윤항과 아버지의 이름이 보이는데, 할아버지와 증조의 이름은 《방목》과 다르다. 《족보》를 따르면 직계 4대조 가운데 벼슬아치가 없다.

　　292 윤동수尹東壽(1748~?) 경기도 파주坡州 사람으로 진사를 거쳐 정조 18년 47세로 경과정시에 을과로 급제하여 벼슬이 사간원 정언(정6품)과 사헌부 지평(정5품)에 이르렀다. 《방목》에는 벼슬이 없이 아버지[在義], 할아버지[聖獜], 증조[好莘], 외조[李胤東] 이름이 보이고, 본관이 파평坡平으로 되어 있다. 그런데 《청구》와 《만성》의 《파평윤씨보》를 보면 윤동수의 증조 이름은 공통적으로 지贇로 되어 있어 《방목》과 다른데, 직계 4대조와 외조 가운데 벼슬아치가 없다.

　　293 장성좌張聖佐(1713~?) 황해도 봉산鳳山 사람으로 유학을 거쳐 정조 18년 82세로 경과정시에 병과로 급제했는데, 임금은 나이를 고려하여 정원이 넘었지만 뽑았다. 《방목》에는 벼슬이 없이 아버지[漢慶], 할아버지[斗齡], 증조[時敏], 외조[金日三] 이름이 보이고, 본관이 결성結城으로 되어 있다. 그런데 《청구》와 《만성》의 《결성장씨보》에는 장성좌의 가계가 보이지 않는다. 《족보》에 오르지 못한 인물이다. 2000년 현재 결성장씨 인구는 6,708가구 2만 1,068명의 희성으로, 조선시대 문과급제자 6명을 배출했는데, 그 가운데 3명이 봉산 출신이다.

　　294 이우형李宇炯(1731~?) 충청도 충주忠州 사람으로 유학을 거쳐

---

19) 《정조실록》 권35, 정조 16년 8월 21일 정해.

정조 18년 64세로 경과정시에 병과로 급제하여 벼슬이 사헌부 감찰
(정6품)에 이르렀다. 《방목》에는 벼슬이 없이 아버지[明夏], 할아버지
[聖裕], 증조[松年], 외조[林再春] 이름이 보이고, 본관이 전주全州로 되
어 있다. 《전주이씨과거급제자총람》을 보면 이우형의 직계 7대조와
외조 가운데 벼슬아치가 없다.

   295 김철수金喆修(1767~?) 평안도 영유永柔 사람으로 유학을 거쳐
정조 18년 28세로 경과정시에 병과로 급제했다. 《방목》에는 벼슬이
없이 아버지[龍偶], 할아버지[重一], 증조[鼎禹], 외조[宋時亨] 이름이
보이고, 본관이 풍천豊川으로 되어 있다. 그런데 《만성》에는 《풍천김
씨보》 자체가 없고, 《청구》의 《풍천김씨보》에는 김철수의 가계가
보이지 않는다. 《족보》에 오르지 못한 인물이다. 《세종실록》〈지리
지〉를 보면 풍천의 김씨는 토성土姓 가운데 하나이고 영유의 김씨는
입진성入鎭姓으로 하나로 되어 있어 풍천에서 영유로 이주한 주민으
로 보인다. 2000년 현재 인구는 733가구 2,292명의 희성으로 조선시
대 문과급제자 6명을 배출했다.

   296 한치중韓致重(1755~?) 서울 사람으로 유학을 거쳐 정조 18년 40
세로 경과정시에 병과로 급제하여 벼슬이 사헌부 장령(정4품)에 이르
렀다. 《방목》에는 벼슬이 없이 아버지[尙黙], 할아버지[珪], 증조[載
華], 외조[李鉉祥] 이름이 보이고, 본관이 청주淸州로 되어 있다. 《청
구》와 《만성》의 《청주한씨보》를 보면 한치중의 직계 4대조와 외조
가운데 벼슬아치가 없다.

   297 유원명柳遠鳴(1760~?) 서울 사람으로 진사를 거쳐 정조 18년 35
세로 경과정시에 병과로 급제하여 벼슬이 승정원 주서(정7품)를 거쳐
순조 대 사헌부 지평(정5품)과 사간원 사간(종3품)에 이르렀다. 《방

목》에는 벼슬이 없이 아버지[雲翕], 할아버지[庭說], 증조[黙], 외조[韓德龍] 이름이 보이고, 본관이 진주晉州로 되어 있다. 《청구》와 《만성》의 《진주유씨보》를 보면 유원명의 직계 4대조와 외조 가운데 벼슬아치가 없다.

298 유지우柳之羽(1741~?) 경기도 부평富平 사람으로 진사를 거쳐 정조 18년 54세로 경과정시에 병과로 급제하여 벼슬이 좌랑(정6품)에 이르렀다. 《방목》에는 벼슬이 없이 아버지[宗裕], 할아버지[光台], 증조[世萬], 외조[朴瑋] 이름이 보이고, 본관이 진주晉州로 되어 있다. 《청구》의 《진주유씨보》를 보면 유지우의 직계 5대조와 외조 가운데 벼슬아치가 아니다.

299 윤제홍尹濟弘(1764~?) 경기도 양주楊州 사람으로 유학을 거쳐 정조 18년 31세로 경과정시에 병과로 급제하여 벼슬이 사헌부 장령(정4품)을 거쳐 순조 대 사간원 대사간(정3품 당상관)에 이르렀다. 《방목》에는 벼슬이 없이 아버지[錫復], 할아버지[得壽], 증조[楷], 외조[李重郁] 이름이 보이고, 본관이 파평坡平으로 되어 있다. 그런데 《청구》와 《만성》의 《파평윤씨보》에는 윤제홍의 가계가 보이지 않는다. 《족보》에 오르지 못한 인물이다.

300 이이담李以澹(1753~?) 평안도 용천龍川 사람으로 유학을 거쳐 정조 18년 42세로 경과정시에 병과로 급제했다. 《방목》에는 벼슬이 없이 아버지[世翕], 할아버지[景震], 증조[時楨], 외조[金寅泰] 이름이 보이고, 본관이 단양丹陽으로 되어 있다. 그런데 《청구》와 《만성》의 《단양이씨보》에는 이이담의 가계가 보이지 않는다. 《족보》에 오르지 못한 인물이다. 2000년 현재 단양이씨 인구는 5,122가구 1만 6,213명의 희성으로, 조선시대 문과급제자 21명을 배출했는데, 그 절반이

평안도 출신이다.

301 심보영沈普永(1743~?) 강릉江陵 사람으로 유학을 거쳐 정조 18
년 52세로 경과정시에 병과로 급제하여 벼슬이 순조 대 사헌부 지평
(정5품)에 이르렀다. 《방목》에는 벼슬이 없이 아버지[秀箕, 생부 秀翼],
할아버지[光運], 증조[必行], 외조[李彙謙] 이름이 보이고, 본관이 삼척
三陟으로 되어 있다. 그런데 《청구》와 《만성》의 《삼청심씨보》에는
심보영의 가계가 보이지 않는다. 《족보》에 오르지 못한 인물이다.
2000년 현재 삼척심씨 인구는 4,003가구 1만 2,362명의 희성으로 조
선시대 문과급제자 7명을 배출했다.

302 김취강金就强(1743~?) 함경도 정평定平 사람으로 유학을 거쳐 정
조 18년 43세로 경과정시에 병과로 급제했는데, 이에 앞서 인정전에
서 시행한 2만 3,900명을 대상으로 한 삼일제三日製에서 수석을 차지
하여 전시에 직부한 뒤 급제했다. 《방목》에는 벼슬이 없이 아버지[三
俊], 할아버지[嶽遜], 증조[得宗], 외조[姜進友] 이름이 보이고, 본관이
경주慶州로 되어 있다. 그런데 《청구》와 《만성》의 《경주김씨보》에는
김취강의 가계가 보이지 않는다. 《족보》에 오르지 못한 인물이다.

303 황만령黃萬齡(1759~?) 경상도 순흥順興 사람으로 생원을 거쳐
정조 18년 40세로 경과정시에 병과로 급제했다. 《방목》에는 벼슬이
없이 아버지[仁實], 할아버지[德培], 증조[世燮], 외조[裵應旭] 이름이
보이고, 본관이 창원昌原으로 되어 있다. 그런데 《청구》와 《만성》의
《창원황씨보》에는 황만령의 가계가 보이지 않는다. 《족보》에 오르
지 못한 인물이다.

304 홍인조洪寅祚(1724~?) 강원도 삼척三陟 사람으로 유학을 거쳐
정조 18년 71세로 경과정시에 병과로 급제했다. 《방목》에는 벼슬이

없이 아버지[溫], 할아버지[禹成], 증조[應溥], 외조[鄭玖] 이름이 보이고, 본관이 남양南陽으로 되어 있다. 그런데 《청구》와 《만성》의 《남양홍씨보》에는 홍인조의 가계가 보이지 않는다. 《족보》에 오르지 못한 인물이다.

305 최봉화崔鳳和(1763~?) 평안도 정주定州 사람으로 유학을 거쳐 정조 18년 32세로 경과정시에 병과로 급제했다. 《방목》에는 벼슬이 없이 아버지[麟瑞], 할아버지[台佐], 증조[廷奭], 외조[楊昌郁] 이름이 보고, 본관이 해주海州로 되어 있다. 그런데 《청구》와 《만성》의 《해주최씨보》에는 최봉화의 가계가 보이지 않는다. 《족보》에 오르지 못한 인물이다. 《여지도서》에는 정주에 해주최씨가 없고 춘주최씨春州崔氏만 보이므로 혹 춘주최씨가 본관을 해주로 바꾸었는지도 모른다.

306 최지성崔之聖(1757~?) 경기도 화성華城 사람으로 생원을 거쳐 정조 19년(1795) 39세로 화성 우화관에서 시행한 별시에 장원급제하여 벼슬이 사간원 정언(정6품)에 이르렀다. 《방목》에는 벼슬이 없이 아버지[義敬] 이름만 보이고, 본관이 강화江華로 되어 있다. 그런데 《청구》의 《강화최씨보》에는 최지성의 가계가 보이지 않으며, 《만성》의 《강화최씨보》에는 가계가 보이는데, 직계 3대조 가운데 벼슬아치가 없다.

307 정순민鄭淳民(1755~?) 경기도 과천果川 사람으로 유학을 거쳐 정조 19년 41세로 화성 우화관 별시에 병과로 급제하여 벼슬이 사헌부 지평(정5품)에 이르렀다. 《방목》에는 벼슬이 없이 아버지[顯祚] 이름만 보이고, 본관이 해주海州로 되어 있다. 《청구》와 《만성》의 《해주정씨보》를 보면 정순민의 직계 3대조 가운데 벼슬아치가 없다.

308 윤함尹涵(1744~?) 서울 사람으로 진사를 거쳐 정조 19년 52세

로 식년시에 을과로 급제하여 벼슬이 순조 대 사헌부 장령(정4품)에
이르렀다. 《방목》에는 벼슬이 없이 아버지[之宣], 할아버지[德祚], 증
조[諲], 외조[朴天榮] 이름이 보이고, 본관이 파평坡平으로 되어 있다.
그런데 《청구》와 《만성》의 《파평윤씨보》에는 윤함의 가계가 보이
지 않는다. 《족보》에 오르지 못한 인물이다.

309 윤형열尹亨烈(1765~?) 경기도 양주楊州 사람으로 유학을 거쳐
정조 19년 31세로 식년시에 을과로 급제하여 벼슬이 사헌부 지평(정5
품)에 이르렀다. 《방목》에는 벼슬이 없이 아버지[赫東], 할아버지[得
鼎], 증조[瀚], 외조[李壽最] 이름이 보이고, 본관이 해평海平으로 되어
있다. 그런데 《청구》의 《해평윤씨보》에는 윤형열의 가계가 보이지
않으며, 《만성》의 《해평윤씨보》에는 가계가 보이는데, 증조가 양濮
으로 되어 있고 직계 6대조와 외조 가운데 벼슬아치가 없다.

310 김희주金熙周(1760~?) 경상도 안동安東 사람으로 생원을 거쳐
정조 19년 36세로 식년시에 을과로 급제하여 벼슬이 홍문관 부수찬
(종6품)을 거쳐 순조 대 대사간(정3품 당상관)에 이르렀다. 《방목》에는
벼슬이 없이 아버지[始東], 할아버지[景澐], 증조[汝鐸], 외조[朴孝述]
이름이 보이고, 본관이 의성義城으로 되어 있다. 《청구》와 《만성》의
《의성김씨보》를 보면 김희주의 직계 6대조와 외조 가운데 벼슬아치
가 없다.

311 박정검朴廷儉(1765~?) 경상도 고성固城 사람으로 생원을 거쳐
정조 19년 31세로 식년시에 을과로 급제했다. 《방목》에는 벼슬이 없
이 아버지[來吉], 할아버지[爛], 증조[明梓], 외조[石擎天] 이름이 보이
고, 본관이 고성으로 되어 있다. 그런데 《만성》에는 《고성박씨보》
자체가 없고, 《청구》의 《고성박씨보》에는 박정검의 가계가 보이지

않는다. 《족보》에 오르지 못한 인물이다. 2000년 현재 고성박씨 인구
는 1,242가구 3,911명의 희성으로 조선시대 문과급제자는 3명이다.

312 **손석지**孫錫祉(1761~?) 경상도 창녕昌寧 사람으로 유학을 거쳐
정조 19년 35세로 식년시에 병과로 급제하여 벼슬이 사간원 헌납(정5
품)에 이르렀다. 《방목》에는 벼슬이 없이 아버지[起初], 할아버지[慶
章], 증조[之一], 외조[郭處崇] 이름이 보이고, 본관이 밀양密陽으로 되
어 있다. 그런데 《만성》의 《밀양손씨보》에는 손석지의 가계가 보이
지 않으며, 《청구》의 《밀양손씨보》에는 가계가 보이는데, 직계 5대
조 가운데 증조가 호군護軍(정4품)을 한 것이 전부다.

313 **이몽룡**李夢龍(1754~?) 경상도 인동仁同 사람으로 유학을 거쳐
정조 19년 42세로 식년시에 병과로 급제했다. 《방목》에는 벼슬이 없
이 아버지[載天], 할아버지[秀番], 증조[杞], 외조[洪宇三] 이름이 보이
고, 본관이 영천永川으로 되어 있다. 그런데 《청구》와 《만성》의 《영
천이씨보》에는 이몽룡의 가계가 보이지 않는다. 《족보》에 오르지 못
한 인물이다.

314 **문상표**文尙表(1757~?) 평안도 강계江界 사람으로 유학을 거쳐
정조 19년 39세로 식년시에 병과로 급제했다. 《방목》에는 벼슬이 없
이 아버지[處周], 할아버지[鳳協], 증조[瑞奎], 외조[盧洞] 이름이 보이
고, 본관이 남평南平으로 되어 있다. 그런데 《청구》와 《만성》의 《남
평문씨보》에는 문상표의 가계가 보이지 않는다. 《족보》에 오르지 못
한 인물이다. 《여지도서》에는 강계에 남평문씨가 보이지 않아 본관
이 의심스럽다.

315 **안형직**安衡稷(1777~?) 전라도 함평咸平 사람으로 유학을 거쳐
정조 19년 19세로 식년시에 병과로 급제했다. 《방목》에는 벼슬이 없

이 아버지[致節], 할아버지[晩堂], 증조[汝元], 외조[鄭羲] 이름이 보이고, 본관이 죽산竹山으로 되어 있다. 그런데 《청구》와 《만성》의 《죽산안씨보》에는 안형직의 가계가 보이지 않는다. 《족보》에 오르지 못한 인물이다.

316 최인간崔仁簡(1762~?) 경주慶州 사람으로 유학을 거쳐 정조 19년 34세로 식년시에 병과로 급제했다. 《방목》에는 벼슬이 없이 아버지[之鴻], 할아버지[近天], 증조[元泰], 외조[李命天] 이름이 보이고, 본관이 경주慶州로 되어 있다. 그런데 《청구》와 《만성》의 《경주최씨보》에는 최인간의 가계가 보이지 않는다. 《족보》에 오르지 못한 인물이다.

317 이영발李英發(개명 義發. 1768~?) 경상도 의성義城 사람으로 유학을 거쳐 정조 19년 28세로 식년시에 병과로 급제하여 벼슬이 헌종 대 사간원 대사간(정3품 당상관)에 이르렀다. 《방목》에는 벼슬이 없이 아버지[宜明], 할아버지[德祷], 증조[秀春], 외조[尹德殷] 이름이 보이고, 본관이 영천永川으로 되어 있다. 《청구》와 《만성》의 《영천이씨보》를 보면 이영발의 직계 5대조와 외조 가운데 벼슬아치가 없다.

318 박광석朴光錫(1764~?) 경상도 대구大丘 사람으로 유학을 거쳐 정조 19년 32세로 식년시에 병과로 급제하여 벼슬이 성균관 전적(정6품), 사헌부 감찰(정6품)을 거쳐 순조 대 홍문관 교리(정5품)를 지내고 우윤(종2품)에 이르렀다. 《방목》에는 벼슬이 없이 아버지[聖洙], 할아버지[命履], 증조[處裕, 《족보》에는 慶裕], 외조[洪必龜] 이름이 보이고, 본관이 순천順天으로 되어 있다. 《청구》와 《만성》의 《순천박씨보》를 보면 박광석의 직계 3대조와 외조 가운데 벼슬아치가 없다.

319 이중채李重采(1736~?) 충청도 서천舒川 사람으로 유학을 거쳐

정조 19년 60세로 식년시에 병과로 급제했다.《방목》에는 벼슬이 없
이 아버지[明燮], 할아버지[世運], 증조[善濟], 외조[尹東泰] 이름이 보
이고, 본관이 연안延安으로 되어 있다.《청구》와《만성》의《연안이
씨보》를 보면 이중채의 직계 3대조와 외조 가운데 벼슬아치가 없다.

320 윤치임尹致任(1767~?) 전라도 남원南原 사람으로 유학을 거쳐
정조 19년 29세로 식년시에 병과로 급제했다.《방목》에는 벼슬이 없
이 아버지[基嚇], 할아버지[益采], 증조[道涵], 외조[任鏡昊] 이름이 보
이고, 본관이 남원南原으로 되어 있다. 그런데《청구》와《만성》의
《남원윤씨보》에는 윤치임의 가계가 보이지 않는다.《족보》에 오르
지 못한 인물이다.

321 이절李晢(1767~?) 평안도 개천价川 사람으로 유학을 거쳐 정조
19년 29세로 식년시에 병과로 급제했다.《방목》에는 벼슬이 없이 아
버지[信喆], 할아버지[日瑞], 증조[道源], 외조[申夢魯] 이름이 보이고,
본관이 광주廣州로 되어 있다. 그런데《청구》와《만성》의《광주이씨
보》에는 이절의 가계가 보이지 않는다.《족보》에 오르지 못한 인물
이다.

322 이원묵李元黙(1754~?) 평안도 개천价川 사람으로 유학을 거쳐
정조 19년 42세로 식년시에 병과로 급제하여 벼슬이 순조 대 성균관
대사성(정3품 당상관), 의주부윤(종2품), 관찰사(종2품), 이조참의(정3품
당상관)에 이르렀다.《방목》에는 벼슬이 없이 아버지[太玉], 할아버지
[命來], 증조[升奎], 외조[金五奎] 이름이 보이고, 본관이 광주廣州로 되
어 있다. 그런데《청구》와《만성》의《광주이씨보》에는 이원묵의 가
계가 보이지 않는다.《족보》에 오르지 못한 인물이다.

323 이성연李聖淵(1766~?) 충청도 목천木川 사람으로 유학을 거쳐

정조 19년 30세로 식년시에 병과로 급제하여 벼슬이 승지(정3품 당상
관)에 이르렀다. 《방목》에는 벼슬이 없이 아버지[義敦], 할아버지[精
中], 증조[命穆], 외조[李恒寬] 이름이 보이고, 본관이 전주全州로 되어
있다. 《전주이씨과거급제자총람》을 보면 이성연은 세종의 아들인 광
평대군廣平大君의 후손으로 직계 8대조 가운데 벼슬아치가 없다.

324 정경한鄭敬翰(1762~?) 평안도 철산鐵山 사람으로 유학을 거쳐
정조 19년 34세로 식년시에 병과로 급제했다. 《방목》에는 벼슬이 없
이 아버지[來彦], 할아버지[七興], 증조[欽英], 외조[林振鳳] 이름이 보
이고, 본관이 하동河東으로 되어 있다. 그런데 《청구》와 《만성》의
《하동정씨보》에는 정경한의 가계가 보이지 않는다. 《족보》에 오르
지 못한 인물이다. 철산의 하동정씨는 영조 대 이후 문과급제자 10명
을 배출하여 이 지역의 명문으로 떠올랐다.

325 박창거朴昌擧(1763~?) 평안도 성천成川 사람으로 유학을 거쳐
정조 19년 33세로 식년시에 병과로 급제했다. 《방목》에는 벼슬이 없
이 아버지[正黙], 할아버지[匡一], 증조[命柱], 외조[崔元奎] 이름이 보
이고, 본관이 밀양密陽으로 되어 있다. 그런데 《청구》와 《만성》의
《밀양박씨보》에는 박창거의 가계가 보이지 않는다. 《족보》에 오르
지 못한 인물이다.

326 민양세閔養世(1767~?) 충청도 공주公州 사람으로 유학을 거쳐
정조 19년 29세로 식년시에 병과로 급제하여 벼슬이 순조 대 사헌부
지평(정5품)에 이르렀다. 《방목》에는 벼슬이 없이 아버지[師鈺], 할아
버지[墻], 증조[震燁], 외조[羅致鶴] 이름이 보이고, 본관이 여주驪州(驪
興)로 되어 있다. 그런데 《청구》와 《만성》의 《여주민씨보》를 보면
민양세의 직계 5대조와 외조 가운데 벼슬아치가 없다.

327 홍달훈洪達勳(1756~?) 제주濟州 사람으로 유학을 거쳐 정조 18년 탐라빈흥耽羅賓興에 급제한 뒤 정조 19년 40세로 식년시에 병과로 급제했다.《방목》에는 벼슬이 없이 아버지[秀澤], 할아버지[繼敏], 증조[萬激], 외조[姜汝興] 이름이 보이고, 본관이 남양南陽으로 되어 있다. 그런데《청구》의《남양홍씨보》에는 홍달훈의 가계가 보이지 않으며,《만성》의《남양홍씨보》에는 가계가 보이는데 직계 8대조 가운데 벼슬아치가 없고 그 윗대도 군직을 가진 이가 많다.

328 김치룡金致龍(1767~?) 평안도 정주定州 사람으로 유학을 거쳐 정조 19년 29세로 식년시에 병과로 급제하여 벼슬이 겸춘추兼春秋(종6품)에 이르렀다.《방목》에는 벼슬이 없이 아버지[載源, 생부 載洙], 할아버지[瑞郁], 증조[宇軫], 외조[金澤湫] 이름이 보이고, 본관이 연안延安으로 되어 있다. 그런데《청구》와《만성》의《연안김씨보》에는 김치룡의 가계가 보이지 않는다.《족보》에 오르지 못한 인물이다. 정주의 연안김씨는 영조 대 이후 문과급제자 43명을 배출하여 이 지역의 최고 명문으로 등장했다.

329 노휘盧鐸(1768~?) 평안도 정주定州 사람으로 유학을 거쳐 정조 19년 28세로 식년시에 병과로 급제했다.《방목》에는 벼슬이 없이 아버지[玄澄], 할아버지[命翁], 증조[光哲], 외조[金五采] 이름이 보이고, 본관이 해주海州로 되어 있다. 그런데《만성》에는《해주노씨보》자체가 없으며,《청구》의《해주노씨보》에는 노휘의 가계가《방목》과 달리 아버지가 현태玄泰(무직), 할아버지가 명좌命佐(무직), 증조가 광협光協으로 되어 있는데, 노광협은 숙종 대 문과에 급제한 사실이 있다.《족보》의 가계를 사실과 다른 것으로 본다면, 노휘의 진짜 가계는《족보》에 오르지 못한 인물로 볼 수 있다.

330 **이계**李晵(1761~?) 경기도 화성華城 사람으로 유학을 거쳐 정조 19년 35세로 식년시에 병과로 급제하여 벼슬이 사헌부 지평(정5품)과 사간원 정언(정6품)에 이르렀다. 《방목》에는 벼슬이 없이 아버지[龍彬], 할아버지[溫], 증조[成鎭], 외조[具萬遜] 이름이 보이고, 본관이 덕수德水로 되어 있다. 《청구》와 《만성》의 《덕수이씨보》를 보면 이계의 직계 6대조와 외조 가운데 벼슬아치가 없다.

331 **이학연**李學淵(1755~?) 함경도 안변安邊 사람으로 유학을 거쳐 정조 19년 41세로 식년시에 병과로 급제했다. 《방목》에는 벼슬이 없이 아버지[載權], 할아버지[瑞華], 증조[纘先], 외조[金夏錫] 이름이 보이고, 본관이 안산安山으로 되어 있다. 그런데 《만성》에는 《안산이씨보》 자체가 없으며, 《청구》의 《안산이씨보》에는 이학연의 가계가 보이지 않는다. 2000년 현재 안산이씨 인구는 1,184가구 3,667명의 희성으로, 조선시대에 문과급제자는 그가 유일하다.

332 **변경붕**邊景鵬(1756~?) 제주도 대정大靜 사람으로 유학을 거쳐 정조 18년 탐라빈흥을 통해 급제한 뒤 정조 19년 40세로 식년시에 병과로 급제하여 벼슬이 찰방(종6품)과 현령(종5품)에 이르렀다. 《방목》에는 벼슬이 없이 아버지[聖休], 할아버지[是海], 증조[希蓮], 외조[吳繼姬] 이름이 보이고, 본관이 원주原州로 되어 있다. 그런데 《청구》의 《원주변씨보》에는 변경붕의 가계가 보이지 않으며, 《만성》의 《원주변씨보》를 보면 직계 8대조 가운데 벼슬아치가 없고 그 윗대도 대대로 군직을 가지고 있을 뿐이다.

333 **정시선**鄭時善(1767~?) 경상도 성주星州 사람으로 유학을 거쳐 정조 19년 29세로 식년시에 병과로 급제하여 벼슬이 사간원 사간(종3품)에 이르렀다. 《방목》에는 벼슬이 없이 아버지[承毅], 할아버지[埜],

증조[相琦], 외조[姜幹] 이름이 보이고, 본관이 해주海州로 되어 있다. 그런데 《만성》에는 《해주정씨보》 자체가 없고, 《청구》의 《해주정씨보》를 보면 정시선은 왜란 때 의병장인 정문부鄭文孚의 7대손으로 그 사이에 벼슬아치가 없다.

334 정재욱丁在昱(1752~?) 평안도 강동江東 사람으로 유학을 거쳐 정조 19년 44세로 식년시에 병과로 급제했다. 《방목》에는 벼슬이 없이 아버지[應奎], 할아버지[泰亨], 증조[自明], 외조[李德素] 이름이 보이고, 본관이 나주羅州로 되어 있다. 그런데 《청구》와 《만성》의 《나주정씨보》에는 정재욱의 가계가 보이지 않는다. 《족보》에 오르지 못한 인물이다. 《여지도서》에는 강동에 나주정씨가 보이지 않아 본관이 의심스럽다.

335 홍하정洪夏正(1732~?) 평안도 정주定州 사람으로 유학을 거쳐 정조 19년 64세로 식년시에 병과로 급제했다. 《방목》에는 벼슬이 없이 아버지[命龜], 할아버지[健周], 증조[禹迪], 외조[林琦] 이름이 보이고, 본관이 남양南陽으로 되어 있다. 그런데 《청구》와 《만성》의 《남양홍씨보》에는 홍하정의 가계가 보이지 않는다. 《족보》에 오르지 못한 인물이다. 정주의 남양홍씨는 영조 대 이후 문과급제자 11명을 배출했다.

336 한학주韓學周(1770~?) 평안도 정주定州 사람으로 유학을 거쳐 정조 19년 26세로 식년시에 병과로 급제했다. 《방목》에는 벼슬이 없이 아버지[義喆], 할아버지[興朝], 증조[時休], 외조[趙景著] 이름이 보이고, 본관이 청주淸州로 되어 있다. 그런데 《청구》와 《만성》의 《청주한씨보》에는 한학주의 가계가 보이지 않는다. 《족보》에 오르지 못한 인물이다.

337 **이승우**李昇羽(1742~?) 경기도 파주坡州 사람으로 유학을 거쳐 정조 19년 54세로 식년시에 병과로 급제하여 벼슬이 사헌부 지평(정5품)에 이르렀다. 《방목》에는 벼슬이 없이 아버지[澤敷], 할아버지[輝德], 증조[時晃], 외조[朴來東] 이름이 보이고, 본관이 전의全義로 되어 있다. 그런데 《청구》와 《만성》의 《전의이씨보》에는 이승우의 가계가 보이지 않는다. 《족보》에 오르지 못한 인물이다.

338 **백치락**白致樂(1758~?) 평안도 태천泰川 사람으로 유학을 거쳐 정조 19년 38세로 식년시에 병과로 급제하여 벼슬이 순조 대 사헌부 장령(정4품)에 이르렀다. 《방목》에는 벼슬이 없이 아버지[文興], 할아버지[運秋], 증조[成曄], 외조[李胤昉] 이름이 보이고, 본관이 선산善山으로 되어 있다. 그런데 《만성》에는 《선산백씨보》 자체가 없고, 《청구》의 《선산백씨보》에는 경종 대 문과에 급제한 백태운白泰運 한 사람만 기록되어 있을 뿐 백치락의 가계가 보이지 않는다. 《족보》에 오르지 못한 인물이다. 조선시대 문과급제자 5명을 배출했는데, 그 가운데 3명이 태천 출신으로 확인되고 있다. 현재 선산백씨는 수원백씨로 통합되었다.

339 **고명학**高鳴鶴(1769~?) 제주도 정의旌義 사람으로 유학을 거쳐 정조 18년 탐라빈흥에 급제한 뒤 정조 19년 27세로 식년시에 병과로 급제하여 벼슬이 현감(종6품)에 이르렀다. 《방목》에는 벼슬이 없이 아버지[天柱], 할아버지[世緯], 증조[嗣發], 외조[金成珍] 이름이 보이고, 본관이 제주濟州로 되어 있다. 그런데 《청구》의 《제주고씨보》에는 고명학의 가계가 보이지 않으며, 《만성》의 《제주고씨보》를 보면 그는 세종 대 명신인 고득종高得宗의 후손으로 직계 9대조 가운데 벼슬 아치가 없다.

340 권행언權行彦(1745~?) 서울 사람으로 유학을 거쳐 정조 19년 51세로 식년시에 병과로 급제하여 벼슬이 순조 대 병조참의(정3품 당상관)에 이르렀다. 《방목》에는 벼슬이 없이 아버지[世育], 할아버지[遇經], 증조[瑗], 외조[李償] 이름이 보이고, 본관이 안동安東으로 되어 있다. 《청구》와 《만성》의 《안동권씨보》를 보면 권행언의 직계 3대조와 외조 가운데 벼슬아치가 없다.

341 백문경白文璟(1732~?) 평안도 정주定州 사람으로 유학을 거쳐 정조 19년 64세로 식년시에 병과로 급제했다. 《방목》에는 벼슬이 없이 아버지[鳳秋], 할아버지[米西], 증조[秀輝], 외조[元海白] 이름이 보이고, 본관이 수원水原으로 되어 있다. 그런데 《청구》와 《만성》의 《수원백씨보》에는 백문경의 가계가 보이지 않는다. 《족보》에 오르지 못한 인물이다. 정주 지방의 수원백씨는 영조 대 이후 문과급제자 22명을 배출하여 이 지역의 명문으로 떠올랐다.

342 박윤문朴潤文(1730~?) 평안도 자산慈山 사람으로 유학을 거쳐 정조 19년 66세로 식년시에 병과로 급제했다. 《방목》에는 벼슬이 없이 아버지[泰謙], 할아버지[仁儉], 증조[孝元], 외조[尹義昌] 이름이 보이고, 본관이 밀양密陽으로 되어 있다. 그런데 《청구》와 《만성》의 《밀양박씨보》에는 박윤문의 가계가 보이지 않는다. 《족보》에 오르지 못한 인물이다.

343 조석장趙碩章(1764~?) 평안도 순천順川 사람으로 유학을 거쳐 정조 19년 32세로 식년시에 병과로 급제했다. 《방목》에는 벼슬이 없이 아버지[邦一], 할아버지[以垕], 증조[得珩], 외조[金在礌] 이름이 보이고, 본관이 배천白川으로 되어 있다. 그런데 《청구》와 《만성》의 《배천조씨보》에는 조석장의 가계가 보이지 않는다. 《족보》에 오르

지 못한 인물이다.

344 부종인夫宗仁(1767~?) 제주도 정의旌義 사람으로 유학을 거쳐 정조 18년 탐라빈흥에 급제한 뒤 정조 19년 29세로 식년시에 병과로 급제했다. 《방목》에는 벼슬이 없이 아버지[道勛], 할아버지[行忠], 증조[萬雄], 외조[高漢淸] 이름이 보이고, 본관이 제주濟州로 되어 있다. 그런데 《청구》와 《만성》에는 《제주부씨보》 자체가 없을 만큼 집안이 한미하다. 2000년 현재 제주부씨 인구는 2,980가구에 9,440명으로, 부종인이 조선시대 유일한 문과급제자이다.

345 이경윤李卿尹(1751~?) 경기도 파주坡州 사람으로 진사를 거쳐 정조 19년 45세로 경과에 장원급제하여 벼슬이 사헌부 감찰(정6품)에 이르렀다. 《방목》에는 벼슬이 없이 아버지[孝實], 할아버지[鳴周], 증조[德輝], 외조[閔文煥] 이름이 보이고, 본관이 전주全州로 되어 있다. 《전주이씨과거급제자총람》을 보면 이경윤은 정종의 후궁 소생인 덕천군德泉君의 후손으로 직계 5대조와 외조 가운데 벼슬아치가 없다.

346 김일金鎰(1747~?) 경기도 과천果川 사람으로 생원을 거쳐 정조 19년 49세로 경과에 병과로 급제하여 벼슬이 승정원 주서(정7품)에 이르렀다. 《방목》에는 벼슬이 없이 아버지[載恪], 할아버지[琮], 증조[夏瑞], 외조[李益輝] 이름이 보이고, 본관이 연안延安으로 되어 있다. 《청구》와 《만성》의 《연안김씨보》를 보면 김일은 김안로金安老의 9대손으로 직계 8대조 가운데 벼슬아치는 5대조[壽長]가 문과에 급제한 것밖에 없다.

347 이의채李毅采(1756~?) 거주지를 알 수 없다. 진사를 거쳐 정조 19년 40세로 경과에 병과로 급제하여 벼슬이 순조 대 사간원 정언(정6품)에 이르렀다. 《방목》에는 벼슬이 없이 아버지[頤樞], 할아버지[大

集], 증조[瀚], 외조[金漢宬] 이름이 보이고, 본관이 한산韓山으로 되어 있다. 그런데 《청구》와 《만성》의 《한산이씨보》에는 이의채의 가계가 보이지 않는다. 《족보》에 오르지 못한 인물이다.

348 정일태鄭日泰(1760~?) 경기도 교하交河 사람으로 생원을 거쳐 정조 19년 36세로 경과에 병과로 급제하여 벼슬이 사헌부 지평(정5품)에 이르렀다. 《방목》에는 벼슬이 없이 아버지[世黙], 할아버지[萬樞], 증조[濬], 외조[南維夏] 이름이 보이고, 본관이 연일延日로 되어 있다. 《청구》와 《만성》의 《연일정씨보》를 보면 직계 7대조와 외조 가운데 벼슬아치가 없다.

349 허형許珩(1773~?) 경기도 포천抱川 사람으로 유학을 거쳐 정조 19년 23세로 경과에 병과로 급제했다. 《방목》에는 벼슬이 없이 아버지[掄], 할아버지[秉], 증조[演], 외조[金東潤] 이름이 보이고 본관이 원주原州로 되어 있다. 그런데 《청구》와 《만성》에는 《원주허씨보》 자체가 없다. 현재 원주허씨 인구는 알 수 없으며, 허형이 조선시대 유일한 문과급제자이다.

350 민영유閔泳儒(1764~?) 전라도 나주羅州 사람으로 진사를 거쳐 정조 19년 32세로 경과에 병과로 급제하여 벼슬이 사간원 정언(정6품)에 이르렀다. 《방목》에는 벼슬이 없이 아버지[邦任], 할아버지[正迪], 증조[應謙], 외조[崔岳齊] 이름이 보이고, 본관이 여흥驪興으로 되어 있다. 《청구》와 《만성》의 《여흥민씨보》를 보면 민영유의 직계 7대조와 외조 가운데 벼슬아치가 없다.

351 민창려閔昌呂(1742~?) 경기도 통진通津 사람으로 유학을 거쳐 정조 19년 54세로 경과에 병과로 급제했다. 《방목》에는 벼슬이 없이 아버지[閏祖], 할아버지[震英], 증조[爾瑊], 외조[崔時泰] 이름이 보이고,

본관이 여흥驪興으로 되어 있다. 그런데 《청구》와 《만성》의 《여흥민씨보》에는 민창려의 가계가 보이지 않는다. 《족보》에 오르지 못한 인물이다.

352 김이후金履垕(1774~?) 함경도 영흥永興 사람으로 유학을 거쳐 정조 19년 22세로 영흥에서 치른 풍폐빈흥豊沛賓興에 급제한 뒤 춘당대시에 병과로 다시 급제하여 벼슬이 찰방(종6품)에 이르렀다. 《방목》에는 벼슬이 없이 아버지[尙熙], 할아버지[是兌], 증조[重九], 외조[李喜春] 이름이 보이고, 본관이 경주慶州로 되어 있다. 그런데 《청구》와 《만성》의 《경주김씨보》에는 김이후의 가계가 보이지 않는다. 《족보》에 오르지 못한 인물이다.

353 남궁성南宮惺(1777~?) 강화도 교동喬洞 사람으로 유학을 거쳐 정조 19년 19세로 춘당대시에 병과로 급제했다. 《방목》에는 벼슬이 없이 아버지[曇], 할아버지[檍], 증조[珏], 외조[韓師周] 이름이 보이고, 본관이 함열咸悅로 되어 있다. 그런데 《청구》와 《만성》의 《함열남궁씨보》에는 남궁성의 가계가 보이지 않는다. 《족보》에 오르지 못한 인물이다.

354 김수신金秀臣(1752~?) 경기도 광주廣州 사람으로 진사를 거쳐 정조 20년(1796) 45세로 중시대거 별시에 장원급제하여 벼슬이 사간원 정언(정6품)에 이르렀다. 《방목》에는 벼슬이 없이 아버지[星漢], 할아버지[忭], 증조[玄升], 외조[朴瓚] 이름이 보이고, 본관이 안동安東으로 되어 있다. 《청구》와 《만성》의 《안동김씨보》를 보면 김수신의 직계 5대조 가운데 벼슬아치가 없다.

355 송제宋磾(1767~?) 전라도 남원南原 사람으로 유학을 거쳐 정조 20년 30세로 중시대거 별시에 을과로 급제했다. 《방목》에는 벼슬이

없이 아버지[益中], 할아버지[道明], 증조[蟄], 외조[吳允厚] 이름이 보이고, 본관이 홍주洪州로 되어 있다. 그런데 《청구》에는 《홍주송씨보》 자체가 없으며, 《만성》의 《홍주송씨보》에는 아버지까지의 가계만 보이고 송제의 이름은 보이지 않는다. 《족보》에 오르지 못한 인물이다. 2000년 현재 홍주송씨 인구는 2,340가구 7,718명의 희성으로 조선시대 문과급제자 9명을 배출했다.

356 안익겸安益謙(1766~?) 평안도 순천順川 사람으로 유학을 거쳐 정조 20년 31세로 중시대거 별시에 병과로 급제했다. 《방목》에는 벼슬이 없이 아버지[憲祚], 할아버지[處赫], 증조[景琮], 외조[李淵采] 이름이 보이고, 본관이 순흥順興으로 되어 있다. 그런데 《청구》와 《만성》의 《순흥안씨보》에는 안익겸의 가계가 보이지 않는다. 《족보》에 오르지 못한 인물이다.

357 박시원朴時源(1764~?) 경상도 영천榮川 사람으로 진사를 거쳐 정조 22년(1798) 35세로 식년시에 갑과로 급제하여 벼슬이 사간원 사간(종3품)에 이르렀다. 《방목》에는 벼슬이 없이 아버지[師豹], 할아버지[鼎九], 증조[文曄], 외조[權就撰] 이름이 보이고, 본관이 반남潘南으로 되어 있다. 《청구》와 《만성》의 《반남박씨보》를 보면 박시원의 직계 7대조와 외조 가운데 벼슬아치가 없다.

358 윤효식尹孝植(1773~?) 경기도 양주楊州 사람으로 진사를 거쳐 정조 22년 26세로 식년시에 을과로 급제하여 벼슬이 사헌부 지평(정5품)에 이르렀다. 《방목》에는 벼슬이 없이 아버지[沁], 할아버지[之宣], 증조[德祖], 외조[李啓白] 이름이 보이고, 본관이 파평坡平으로 되어 있다. 그런데 《청구》의 《파평윤씨보》에는 윤효식의 가계가 보이지 않으며, 《만성》의 《파평윤씨보》를 보면 직계 6대조와 외조 가운데 벼

슬아치가 없다.

359 한중묵韓重黙(1735~?) 함경도 함흥咸興 사람으로 유학을 거쳐 정조 22년 식년시에 을과로 급제했다.《방목》에는 벼슬이 없이 아버지[碩彬], 할아버지[洺], 증조[晋遠], 외조[金重萬] 이름이 보이고, 본관이 청주淸州로 되어 있다. 그런데《청구》와《만성》의《청주한씨보》에는 한중묵의 가계가 보이지 않는다.《족보》에 오르지 못한 인물이다.

360 필성뢰弼聖賚(1752~?) 함경도 함흥咸興 사람으로 생원을 거쳐 정조 22년 47세로 식년시에 을과로 급제했다. 승문원에서 필성뢰의 성씨姓氏가 괴팍하다는 이유로 교서관에 분관시키자 정조는 그가 지벌地閥이 낮은 사람은 아니라고 하면서 크게 꾸짖고 승문원에 분관하도록 명했다.[20] 그 뒤 벼슬이 성균관 사성(종3품)에 이르렀다.《방목》에는 벼슬이 없이 아버지[殷相], 할아버지[興邦], 증조[斗萬], 외조[李春發] 이름이 보이고, 본관이 대흥大興으로 되어 있다. 그런데《만성》에는《대흥필씨보》자체가 없고,《청구》의《대흥필씨보》에는 그와 아버지 이름만 보이는데, 아버지는 벼슬이 없다.《세종실록》〈지리지〉,《동국여지승람》,《여지도서》어디에도 대흥에 필씨가 없어 그가 벼슬아치가 된 뒤에 이곳을 본관으로 정한 것으로 보인다. 2000년 현재 대흥필씨 인구는 52가구 172명의 희성으로, 그가 유일한 문과급제자이다.

361 이섭李燮(1744~?) 함경도 경성鏡城 사람으로 생원을 거쳐 정조 22년 55세로 식년시에 을과로 급제하여 벼슬이 현감(종6품)에 이르렀다.《방목》에는 벼슬이 없이 아버지[東根, 생부 東相], 할아버지[齊榮],

---

20)《정조실록》권49, 정조 22년 8월 4일 을미.

증조[是韺], 외조[全天理] 이름이 보이고, 본관이 전주全州로 되어 있다.《전주이씨과거급제자총람》을 보면 이섭은 태조의 맏아들인 진안대군鎭安大君 이방우李芳雨의 14세손으로, 직계 4대조와 외조 가운데 벼슬아치가 없으며 그 윗대로는 무관이 많다.

362 주필상朱弼相(1755~?) 함경도 안변安邊 사람으로 유학을 거쳐 정조 22년 44세로 식년시에 병과로 급제하여 벼슬이 찰방(종6품)에 이르렀다.《방목》에는 벼슬이 없이 아버지[澈洙], 할아버지[禹錫], 증조[遠燮], 외조[韓錫鼎] 이름이 보이고, 본관이 전주全州로 되어 있다.《만성》의《전주주씨보》를 보면 주필상의 직계 3대조와 외조 가운데 벼슬아치가 없으며,《청구》의《전주주씨보》에는 고조 위의 가계만 보인다. 전주주씨는 조선시대 문과급제자 22명을 배출했는데, 그 가운데 14명이 함흥 출신이고, 1명이 안변 출신이다.

363 한종만韓宗萬(1722~?) 함경도 북청北靑 사람으로 유학을 거쳐 정조 22년 77세로 식년시에 병과로 급제하여 벼슬이 성균관 전적(정6품)에 이르렀다.《방목》에는 벼슬이 없이 아버지[宅一], 할아버지[益三], 증조[弼五], 외조[金鼎呂] 이름이 보이고, 본관이 청주淸州로 되어 있다. 그런데《청구》와《만성》의《청주한씨보》에는 한종만의 가계가 보이지 않는다.《족보》에 오르지 못한 인물이다. 청주한씨중앙종친회에서 발간한 현행《청주한씨보》에는 가계가 보이는데, 직계 10대조 가운데 벼슬아치가 없다.

364 한치해韓致海(1748~?) 함경도 정평定平 사람으로 봉사(종8품)를 거쳐 정조 22년 51세로 식년시에 병과로 급제했다.《방목》에는 벼슬이 없이 아버지[範禹], 할아버지[是休], 증조[碩泰], 외조[朴世重] 이름이 보이고, 본관이 청주淸州로 되어 있다. 그런데《청구》와《만성》의

《청주한씨보》에는 한치해의 가계가 보이지 않는다. 《족보》에 오르지 못한 인물이다.

365 권국형權國衡(1741~?) 강원도 횡성橫城 사람으로 유학을 거쳐 정조 22년 58세로 식년시에 병과로 급제했다. 《방목》에는 벼슬이 없이 아버지[泰來], 할아버지[碩文], 증조[永緖], 외조[裵嵩] 이름이 보이고, 본관이 안동安東으로 되어 있다. 그런데 《청구》와 《만성》의 《안동권씨보》에는 권국형의 가계가 보이지 않는다. 《족보》에 오르지 못한 인물이다.

366 박재인朴在寅(1755~?) 함경도 함흥咸興 사람으로 유학을 거쳐 정조 22년 44세로 식년시에 병과로 급제했다. 《방목》에는 벼슬이 없이 아버지[必爀], 할아버지[祖慶], 증조[楷], 외조[李秀錫] 이름이 보이고, 본관이 밀양密陽으로 되어 있다. 그런데 《청구》와 《만성》의 《밀양박씨보》에는 박재인의 가계가 보이지 않는다. 《족보》에 오르지 못한 인물이다.

367 안유安裕(1770~?) 평안도 안주安州 사람으로 유학을 거쳐 정조 22년 29세로 식년시에 병과로 급제했다. 《방목》에는 벼슬이 없이 아버지[宅謙], 할아버지[憲周], 증조[處貞], 외조[楊震恒] 이름이 보이고, 본관이 순흥順興으로 되어 있다. 그런데 《청구》와 《만성》의 《순흥안씨보》에는 안유의 가계가 보이지 않는다. 《족보》에 오르지 못한 인물이다. 안주의 순흥안씨는 영조 대 이후 문과급제자 24명을 배출하여 이 지방의 명문으로 등장했다.

368 구명원具明源(1768~?) 강원도 홍천洪川 사람으로 유학을 거쳐 정조 22년 31세로 식년시에 병과로 급제하여 벼슬이 사헌부 지평(정5품)과 현감(종6품)에 이르렀다. 《방목》에는 벼슬이 없이 아버지[錫圭],

할아버지[持謙], 증조[喜壽], 외조[李漢杰] 이름이 보이고, 본관이 능성綾城으로 되어 있다. 그런데 《청구》와 《만성》의 《능성구씨보》에는 구명원의 가계가 보이지 않는다. 《족보》에 오르지 못한 인물이다.

369 유책柳潗(1767~?) 경기도 이천利川 사람으로 통덕랑(정5품)을 거쳐 정조 22년 32세로 식년시에 병과로 급제하여 벼슬이 순조 대 통례원 통례(정3품 당하관)와 병조참지(정3품 당상관)에 이르렀다. 《방목》에는 벼슬이 없이 아버지[陽鎭], 할아버지[堡], 증조[春囿], 외조[沈重] 이름이 보이고, 본관이 전주全州로 되어 있다. 《청구》의 《전주유씨보》를 보면 유책의 직계 6대조와 외조 가운데 벼슬아치가 없고, 《만성》의 《전주유씨보》를 보면 직계 6대조 이상의 가계가 《청구》와 조금 다른데 5대조까지 벼슬아치가 없다.

370 권창익權昌益(1730~?) 경상도 영해寧海 사람으로 유학을 거쳐 정조 22년 69세로 식년시에 병과로 급제했는데, 정조는 권창익의 나이가 많은 것을 고려하여 6품직에 제수하라고 명했다. 《방목》에는 벼슬이 없이 아버지[達齡], 할아버지[大伸], 증조[尙贇], 외조[安廷旭] 이름이 보이고, 본관이 안동安東으로 되어 있다. 《청구》와 《만성》의 《안동권씨보》를 보면 직계 5대조와 외조 가운데 벼슬아치가 없다.

371 이돈덕李敦德(1760~?) 전라도 함평咸平 사람으로 유학을 거쳐 정조 22년 39세로 식년시에 병과로 급제했다. 《방목》에는 벼슬이 없이 아버지[奎緖], 할아버지[命龍], 증조[運泰], 외조[金仁鐸] 이름이 보이고, 본관이 함평으로 되어 있다. 그런데 《청구》와 《만성》의 《함평이씨보》에는 이돈덕의 가계가 보이지 않는다. 《족보》에 오르지 못한 인물이다.

372 민문수閔文洙(1738~?) 충청도 청주淸州 사람으로 통덕랑(정5품)

을 거쳐 정조 22년 61세로 식년시에 병과로 급제했다.《방목》에는
벼슬이 없이 아버지[鎭龜], 할아버지[明重], 증조[光晰], 외조[洪鎬] 이
름이 보이고, 본관이 여흥驪興으로 되어 있다. 그런데《청구》와《만
성》의《여흥민씨보》에는 민문수의 가계가 보이지 않는다.《족보》에
오르지 못한 인물이다.

373 박사진朴師晋(1759~?) 충청도 목천木川 사람으로 유학을 거쳐
정조 22년 40세로 식년시에 병과로 급제했다.《방목》에는 벼슬이 없
이 아버지[弼潤], 할아버지[彪], 증조[之禮], 외조[楊鳳周] 이름이 보이
고, 본관이 반남潘南으로 되어 있다. 그런데《청구》와《만성》의《반
남박씨보》에는 박사진의 가계가 보이지 않는다.《족보》에 오르지 못
한 인물이다.

374 신석림辛碩林(1766~?) 경상도 영산靈山 사람으로 유학을 거쳐
정조 22년 32세로 식년시에 병과로 급제하여 벼슬이 양산군수(종4품)
에 이르렀다.《방목》에는 벼슬이 없이 아버지[致輔], 할아버지[光復],
증조[景夏], 외조[申應岳] 이름이 보이고, 본관이 영산으로 되어 있다.
《청구》의《영산신씨보》를 보면 신석림의 직계 5대조와 외조 가운데
벼슬아치가 없고 그 위의 5대조는 무직武職을 가지고 있었다.

375 정익방鄭翼邦(1750~?) 평안도 희천熙川 사람으로 유학을 거쳐
정조 22년 49세로 식년시에 병과로 급제했다.《방목》에는 벼슬이 없
이 아버지[裕民], 할아버지[諒], 증조[仁性], 외조[韓弼健] 이름이 보이
고, 본관이 개성開城으로 되어 있다. 그런데《청구》와《만성》에는
《개성정씨보》자체가 없다.《세종실록》〈지리지〉,《동국여지승람》,
《여지도서》어디에도 희천에 정씨가 없어 정익방이 정말로 희천 사
람인지도 불확실하다. 2000년 현재 개성정씨 인구는 428가구 1,313명

의 희성으로, 그가 유일한 문과급제자이다.

376 구진행具晉行(1737~?) 충청도 보은報恩 사람으로 유학을 거쳐 정조 22년 62세로 식년시에 병과로 급제하여 벼슬이 사간원 정언(정6품)에 이르렀다. 《방목》에는 벼슬이 없이 아버지[廷夔], 할아버지[泰岳], 증조[爾性], 외조[陳聖欽] 이름이 보이고, 본관이 능성綾城으로 되어 있다. 《청구》의 《능성구씨보》를 보면 할아버지 이름이 시형始亨(무직)으로 되어 있는데 3대조와 외조 가운데 벼슬아치가 없으며, 《만성》의 《능성구씨보》에는 할아버지 태악泰岳까지의 가계는 보이나 아버지와 구진행의 이름은 보이지 않는다. 신원이 불확실한 인물이다.

377 홍도윤洪道潤(1722~?) 평안도 정주定州 사람으로 유학을 거쳐 정조 22년 77세로 식년시에 병과로 급제했다. 《방목》에는 벼슬이 없이 아버지[萬瑂], 할아버지[義範], 증조[瑞龜], 외조[朴慶廈] 이름이 보이고, 본관이 남양南陽으로 되어 있다. 그런데 《청구》와 《만성》의 《남양홍씨보》에는 홍도윤의 가계가 보이지 않는다. 《족보》에 오르지 못한 인물이다. 정주의 순흥안씨는 영조 대 이후 문과급제자 11명을 배출했고, 평안도에서만 24명이 급제했다.

378 이세백李世伯(1726~?) 경상도 예안禮安 사람으로 유학을 거쳐 정조 22년 73세로 식년시에 병과로 급제하여 벼슬이 도정都正(정3품 당상관)에 이르렀다. 《방목》에는 벼슬이 없이 아버지[守聖], 할아버지[柔], 증조[信哲], 외조[朴徽道] 이름이 보이고, 본관이 진보眞寶로 되어 있다. 《청구》와 《만성》의 《진보이씨보》를 보면 이세백은 이황李滉의 7대손으로 직계 3대조와 외조 가운데 벼슬아치가 없다.

379 김몽니金夢柅(1722~?) 함경도 명천明川 사람으로 유학을 거쳐

정조 22년 77세로 식년시에 병과로 급제했다. 《방목》에는 벼슬이 없이 아버지[光箸], 할아버지[克謙], 증조[斗南], 외조[許賁] 이름이 보이고, 본관이 전주全州로 되어 있다. 그런데 《청구》의 《전주김씨보》에는 김몽니의 가계가 보이지 않으며, 《만성》에는 《전주김씨보》 자체가 없다. 《족보》에 오르지 못한 인물이다. 전주김씨는 선조 대 이후 문과급제자 21명을 배출했는데, 그 가운데 12명이 평안도 출신이고 3명이 함경도 출신이다. 2000년 현재 전주김씨 인구는 1만 8,126가구에 5만 7,979명의 희성이다.

380 정교鄭僑(1764~?) 경상도 상주尙州 사람으로 유학을 거쳐 정조 22년 35세로 식년시에 병과로 급제하여 벼슬이 시강원 필선弼善(정4품)에 이르렀다. 《방목》에는 벼슬이 없이 아버지[衡相], 할아버지[泰健], 증조[之鐘], 외조[趙奮經] 이름이 보이고, 본관이 동래東萊로 되어 있다. 《청구》와 《만성》의 《동래정씨보》를 보면 정교의 직계 10대조 가운데 벼슬아치는 6대조가 참봉(종9품)에 오른 것뿐이다.

381 정이운鄭履運(1745~?) 강릉江陵 사람으로 유학을 거쳐 정조 22년 54세로 식년시에 병과로 급제했다. 《방목》에는 벼슬이 없이 아버지[舜瑞], 할아버지[仁三], 증조[夢賚], 외조[全道天] 이름이 보이고, 본관이 연일延日로 되어 있다. 그런데 《청구》와 《만성》의 《연일정씨보》에는 정이운의 가계가 보이지 않는다. 《족보》에 오르지 못한 인물이다.

382 승헌조承憲祖(1741~?) 평안도 정주定州 사람으로 유학을 거쳐 정조 22년 58세로 식년시에 병과로 급제했다. 《방목》에는 벼슬이 없이 아버지[正孝], 할아버지[鳳齡], 증조[義昌], 외조[金益采] 이름이 보이고, 본관이 연일延日(迎日)로 되어 있다. 그런데 《만성》에는 《연일

승씨보》자체가 없고,《청구》의《연일승씨보》에는 승헌조의 가계가
보이지 않는다.《족보》를 갖지 못한 인물이다.《세종실록》〈지리지〉
에는 연일이나 정주에 승씨가 없고,《동국여지승람》에 비로소 정주
에 승씨가 보이나 본관이 함종咸從으로 되어 있어 조선 후기에 본관
을 연일로 바꾼 것으로 보인다. 승씨는 고려 초 중국에서 귀화한 주
민으로 2000년 현재 인구는 568가구 1,828명의 희성이다. 조선시대
문과급제자 6명을 배출했는데 그 가운데 5명이 정주 출신으로 확인
되고 있다.

383 김치덕金致德(1764~?) 전라도 광주光州 사람으로 유학을 거쳐
정조 22년 35세로 식년시에 병과로 급제했다.《방목》에는 벼슬이 없
이 아버지[擇鳴], 할아버지[榮晋], 증조[守信], 외조[李潤命] 이름이 보
이고, 본관이 광주光州(光山)로 되어 있다.《청구》의《광산김씨보》를
보면 김치덕은 왜란 때 명장 김덕령金德齡의 방계 6대손으로, 증조와
아버지의 이름은 보이나 할아버지가 영복榮復으로 되어 있고 김치덕
의 이름도 보이지 않는다. 한편,《만성》의《광산김씨보》에는 그의
가계가 보이지 않는다.《족보》에 오르지 못한 인물이다.

384 박경구朴慶九(1768~?) 경상도 고령高靈 사람으로 유학을 거쳐
정조 22년 31세로 식년시에 병과로 급제하여 벼슬이 사헌부 지평(정5
품)에 이르렀다.《방목》에는 벼슬이 없이 아버지[擎國], 할아버지[致
鵬], 증조[瀞], 외조[李文泰] 이름이 보이고, 본관이 고령으로 되어 있
다.《청구》의《고령박씨보》를 보면 박경구의 직계 8대조 가운데 벼
슬아치는 5대조[望之]가 무과에 급제하여 현감(종6품)을 지낸 것뿐이
고 외조도 벼슬아치가 아니다. 한편,《만성》의《고령박씨보》에는 아
버지와 할아버지의 이름만 보이고 그 윗대의 가계는 보이지 않는다.

385 조운휴趙運休(1754~?) 황해도 서흥瑞興 사람으로 유학을 거쳐 정조 22년 45세로 식년시에 병과로 급제했다.《방목》에는 벼슬이 없이 아버지[台明], 할아버지[重呂], 증조[廷蘭], 외조[朴萬成] 이름이 보이고, 본관이 배천白川으로 되어 있다. 그런데《청구》와《만성》의 《배천조씨보》에는 조운휴의 가계가 보이지 않는다.《족보》에 오르지 못한 인물이다.

386 장중진張重鎭(1727~?) 서울 사람으로 유학을 거쳐 정조 22년 72세로 식년시에 병과로 급제했다.《방목》에는 벼슬이 없이 아버지[之趙], 할아버지[復漢], 증조[元吉], 외조[朴枝昌] 이름이 보이고, 본관이 인동仁同으로 되어 있다. 그런데《청구》와《만성》의《인동장씨보》에는 장중진의 가계가 보이지 않는다.《족보》에 오르지 못한 인물이다.

387 김상란金尙蘭(1724~?) 평안도 정주定州 사람으로 통덕랑(정5품)을 거쳐 정조 22년 75세로 식년시에 병과로 급제했다.《방목》에는 벼슬이 없이 아버지[振垕], 할아버지[錫祿], 증조[仲礪], 외조[洪禹績] 이름이 보이고, 본관이 연안延安으로 되어 있다. 그런데《청구》와 《만성》의《연안김씨보》에는 김상란의 가계가 보이지 않는다.《족보》에 오르지 못한 인물이다. 정주의 연안김씨는 영조 대 이후 문과 급제자 43명을 배출하여 정주의 최고 명문으로 등장했다.

388 문봉익文鳳翼(1721~?) 전라도 능주綾州 사람으로 유학을 거쳐 정조 22년 78세로 식년시에 병과로 급제했는데, 나이가 많다는 이유로 임금이 성균관 전적(정6품)을 특별히 제수했다.21)《방목》에는 벼슬이 없이 아버지[尙素], 할아버지[之聖], 증조[渭], 외조[朴之敬] 이름

---

21)《정조실록》권48, 정조 22년 3월 13일 정축.

이 보이고, 본관이 남평南平으로 되어 있다. 그런데 《청구》와 《만성》
의 《남평문씨보》에는 문봉익의 가계가 보이지 않는다. 《족보》에 오
르지 못한 인물이다.

389 유진택柳鎭澤(1740~?) 경기도 과천果川 사람으로 유학을 거쳐
정조 22년 59세로 식년시에 병과로 급제하여 벼슬이 김천찰방(종6품)
에 이르렀다. 《방목》에는 벼슬이 없이 아버지[匡緒, 생부 聖緒], 할아버
지[益源], 증조[俵], 외조[鄭昌朝] 이름이 보이고, 본관이 진주晉州로 되
어 있다. 《청구》와 《만성》의 《진주유씨보》를 보면 유진택의 직계 5
대조와 외조 가운데 벼슬아치가 없다.

390 김용범金龍範(1755~?) 경상도 영천榮川 사람으로 유학을 거쳐
정조 22년 44세로 식년시에 병과로 급제했다. 《방목》에는 벼슬이 없
이 아버지[宅延], 할아버지[守榘], 증조[濩], 외조[金必錡] 이름이 보이
고, 본관이 연안延安으로 되어 있다. 그런데 《청구》와 《만성》의 《연
안김씨보》에는 김용범의 가계가 보이지 않는다. 《족보》에 오르지 인
물이다.

391 정약수丁若琇(1761~?) 경상도 영천榮川 사람으로 유학을 거쳐
정조 22년 38세로 식년시에 병과로 급제하여 벼슬이 성균관 전적(정6
품)에 이르렀다. 《방목》에는 벼슬이 없이 아버지[載鐘], 할아버지[志
完], 증조[謙慎], 외조[金鐸] 이름이 보이고, 본관이 나주羅州로 되어 있
다. 《청구》의 《나주정씨보》를 보면 직계 3대조와 외조 가운데 벼슬
아치가 없고, 《만성》의 《나주정씨보》를 보면 직계 6대조 가운데 벼
슬아치가 없다.

392 김성호金聖灝(1760~?) 함경도 명천明川 사람으로 유학을 거쳐
정조 22년 39세로 식년시에 병과로 급제했다. 《방목》에는 벼슬이 없

이 아버지[兌允], 할아버지[瑞雲], 증조[繼鼎], 외조[李重奎] 이름이 보이고, 본관이 김해金海로 되어 있다. 그런데 《청구》와 《만성》의 《김해김씨보》에는 김성호의 가계가 보이지 않는다. 《족보》에 오르지 못한 인물이다.

393 문상중文尙中(1773~?) 평안도 정주定州 사람으로 유학을 거쳐 정조 22년 26세로 식년시에 병과로 급제했다. 《방목》에는 벼슬이 없이 아버지[處儉], 할아버지[夢恪], 증조[世奎], 외조[李光運] 이름이 보이고, 본관이 남평南平으로 되어 있다. 그런데 《청구》와 《만성》의 《남평문씨보》에는 문상중의 가계가 보이지 않는다. 《족보》에 오르지 못한 인물이다. 남평문씨는 조선시대 문과급제자 38명을 배출했는데, 그 가운데 정조 대 이후 평안도에서 11명이 나왔으며, 11명 가운데 정주 출신이 8명이다.

394 박찰원朴察遠(1747~?) 함경도 경원慶源 사람으로 생원을 거쳐 정조 22년 52세로 식년시에 병과로 급제했는데, 변방 사람임을 고려하여 정조가 특명으로 급제시켰다.[22] 《방목》에는 벼슬이 없이 아버지[愼衡], 할아버지[世傑], 증조[完], 외조[崔齊華] 이름이 보이고, 본관이 밀양密陽으로 되어 있다. 그런데 《청구》와 《만성》의 《밀양박씨보》에는 박찰원의 가계가 보이지 않는다. 《족보》에 오르지 못한 인물이다.

395 이형李珩(1735~?) 함경도 함흥咸興 사람으로 유학을 거쳐 정조 22년 64세로 식년시에 병과로 급제했다. 《방목》에는 벼슬이 없이 아버지[日躋], 할아버지[禛恒], 증조[泰基], 외조[朱柙] 이름이 보이고, 본

---

22) 《정조실록》 권48, 정조 22년 3월 14일 무인.

관이 용강龍江으로 되어 있다. 그런데 《청구》와 《만성》에는 《용강이
씨보》자체가 없다. 이씨는 용강의 입진성入鎭姓으로 되어 있어 조선
초기 남방에서 강제 이주한 주민인데, 현재 인구는 알 수 없다. 조선
시대 문과급제자는 이형이 유일하다.

396 **이정일**李鼎鎰(1777~?) 황해도 신천信川 사람으로 유학을 거쳐
정조 23년(1799) 23세로 춘당대시에 병과로 급제하여 벼슬이 순조 대
봉상시 부봉사副奉事(정9품)에 이르렀다. 《방목》에는 벼슬이 없이 아
버지[陽殷], 할아버지[寧], 증조[震栽], 외조[柳挺俊] 이름이 보이고, 본
관이 화산花山(金川)으로 되어 있다. 그런데 《만성》에는 《화산이씨
보》가 없으며, 《청구》의 《화산이씨보》에는 이정일의 가계가 보이지
않는다. 화산이씨는 고려 중기 베트남에서 귀화해 온 왕족의 후손이
며, 2000년 현재 인구는 230가구 1,775명의 희성으로 그가 유일한 문
과급제자이다.

397 **이종덕**李種德(1762~?) 충청도 예산禮山 사람으로 유학을 거쳐
정조 23년 38세로 춘당대시에 병과로 급제하여 벼슬이 순조 대 정의
현감(종6품)과 청양현감을 지냈다. 《방목》에는 벼슬이 없이 아버지
[百延], 할아버지[之夏], 증조[萬實], 외조[尹東覺] 이름이 보이고, 본관
이 연안延安으로 되어 있다. 그런데 《청구》의 《연안이씨보》에는 이
종덕의 가계가 보이지 않으며, 《만성》의 《연안이씨보》에는 할아버
지까지의 가계만 보일 뿐 아버지와 이종덕의 이름은 보이지 않는다.
이를 따르면, 그는 선조 대 명신 이광정李光庭의 7대손인데 직계 6대
조 가운데 벼슬아치가 없다. 그가 《족보》에 누락된 것은 어떤 이유가
있는 듯하다.

398 **홍우섭**洪祐燮(1770~?) 경기도 이천利川 사람으로 정조 24년

(1800) 31세로 경과정시에 병과로 급제했다.《방목》에는 벼슬이 없이 아버지[秉心], 할아버지[仁範], 증조[濩], 외조[李虎臣] 이름이 보이고, 본관이 남양南陽으로 되어 있다. 그런데《청구》와《만성》의《남양홍씨보》에는 홍우섭의 가계가 보이지 않는다.《족보》에 오르지 못한 인물이다.

399 오홍석吳洪錫(1776~?) 충청도 문의文義 사람으로 유학을 거쳐 정조 24년 25세로 경과정시에 병과로 급제했다.《방목》에는 벼슬이 없이 아버지[亨一], 할아버지[宗城], 증조[達曾], 외조[鄭漢經] 이름이 보이고, 본관이 보성寶城으로 되어 있다. 그런데《청구》와《만성》의 《보성오씨보》에는 오홍석의 가계가 보이지 않는다.《족보》에 오르지 못한 인물이다.

400 신경회申慶會(1768~?) 강원도 원주原州 사람으로 생원을 거쳐 정조 24년 33세로 경과정시에 병과로 급제했다.《방목》에는 벼슬이 없이 아버지[鞅], 할아버지[致雨], 증조[挺岳], 외조[金宗鎭] 이름이 보이고, 본관이 평산平山으로 되어 있다.《청구》의《평산신씨보》를 보면 신경회의 직계 4대조와 외조 가운데 벼슬아치가 없으며,《만성》의《평산신씨보》에는 가계가 보이지 않는다.

401 신광식申光軾(1748~?) 서울 사람으로 생원을 거쳐 정조 24년 53세로 경과정시에 병과로 급제하여 벼슬이 사헌부 장령(정4품)과 현감(종6품)에 이르렀다.《방목》에는 벼슬이 없이 아버지[晛], 할아버지[思彦], 증조[鏞], 외조[林右彦] 이름이 보이고, 본관이 평산平山으로 되어 있다. 그런데《청구》와《만성》의《평산신씨보》에는 할아버지까지의 가계만 보이고, 신광식과 그 아버지 이름은 보이지 않는다.《족보》에 오르지 못한 인물이다.

402 조형기趙亨基(1762~?) 서울 사람으로 진사를 거쳐 정조 24년 39세로 경과정시에 병과로 급제했다. 《방목》에는 벼슬이 없이 아버지〔道宇〕, 할아버지〔彬〕, 증조〔泰潤〕, 외조〔宋逮孫〕 이름이 보이고, 본관이 양주楊州로 되어 있다. 그런데 《청구》와 《만성》의 《양주조씨보》에는 조형기의 가계가 보이지 않는다. 《족보》에 오르지 못한 인물이다.

403 고정봉高廷鳳(1743~?) 전라도 광주光州 사람으로 유학을 거쳐 정조 22년 광주에서 시행한 별시에 급제한 뒤 정조 24년 58세로 경과정시에 병과로 급제하여 벼슬이 전라도 도사(종5품)를 거쳐 순조 대 홍문관 교리(정5품)에 이르렀다. 《방목》에는 벼슬이 없이 아버지〔暎〕, 할아버지〔漢貞〕, 증조〔可翼〕, 외조〔金麒瑞〕 이름이 보이고, 본관이 장택長澤(長興)으로 되어 있다. 《청구》와 《만성》의 《장흥고씨보》를 보면 고정봉은 고경명高敬命의 7대손으로 직계 6대조 가운데 벼슬아치는 4대조가 공조좌랑(정6품)을 한 것밖에는 없다.

404 김석현金碩鉉(1747~?) 서울 사람으로 진사를 거쳐 정조 24년 54세로 경과전시에 병과로 급제하여 벼슬이 사간원 정언(정6품)에 이르렀다. 《방목》에는 벼슬이 없이 아버지〔復祚〕, 할아버지〔翼瑞〕, 증조〔錫夏〕, 외조〔許濬〕 이름이 보이고, 본관이 김해金海로 되어 있다. 《청구》와 《만성》의 《김해김씨보》를 보면 직계 8대조와 외조 가운데 벼슬아치가 없다.

405 이현상李顯相(1770~?) 서울 사람으로 생원을 거쳐 정조 24년 31세로 경과정시에 병과로 급제했다. 《방목》에는 벼슬이 없이 아버지〔漢雲〕, 할아버지〔聖錫〕, 증조〔益壽〕, 외조〔朴聖希〕 이름이 보이고, 본관이 우계羽溪로 되어 있다. 그런데 《청구》와 《만성》의 《우계이씨보》에는 이현상의 가계가 보이지 않는다. 《족보》에 오르지 못한 인물이다.

406 이남익李南翼(1773~?) 충청도 충주忠州 사람으로 유학을 거쳐 정조 24년 28세로 경과정시에 병과로 급제하여 벼슬이 순조 대 사간원 정언(정6품)을 거쳐 사간(종3품)에 이르렀다. 《방목》에는 벼슬이 없이 아버지[日會], 할아버지[瑩], 증조[殷民], 외조[洪昌] 이름이 보이고, 본관이 전주全州로 되어 있다. 《전주이씨과거급제자총람》을 보면 이남익은 성종의 후궁 소생인 계성군桂城君의 후손으로 직계 5대조와 외조 가운데 벼슬아치가 없다.

407 조석정曺錫正(1774~?) 서울 사람으로 진사를 거쳐 정조 24년 27세로 경과정시에 병과로 급제하여 벼슬이 순조 대 홍문관을 거쳐 사간원 대사간(정3품 당상관)에 이르렀다. 《방목》에는 벼슬이 없이 아버지[晩振], 할아버지[允明], 증조[命敷], 외조[朴鸞源], 처부[兪漢謨] 이름이 보이고, 본관이 창녕昌寧으로 되어 있다. 《청구》와 《만성》의 《창녕조씨보》를 보면 조석정의 직계 3대조와 외조 가운데 벼슬아치가 없다.

408 한호운韓浩運(1761~?) 평안도 정주定州 사람으로 유학을 거쳐 정조 24년 40세로 경과정시에 병과로 급제하여 벼슬이 순조 대 가산현령(종5품)에 이르렀는데, 홍경래의 난을 토벌하다가 순직하여 참판(종2품)에 추증되었다. 《방목》에는 벼슬이 없이 아버지[順彬], 할아버지[雄泰], 증조[興輔], 외조[金鼎萬] 이름이 보이고, 본관이 청주淸州로 되어 있다. 그런데 《청구》와 《만성》의 《청주한씨보》에는 한호운의 가계가 보이지 않는다. 《족보》에 오르지 못한 인물이다.

409 이집운李集運(1763~?) 충청도 충청도 청주淸州 사람으로 유학을 거쳐 정조 24년 38세로 경과정시에 병과로 급제하여 벼슬이 사간원 정언(정6품)에 이르렀다. 《방목》에는 벼슬이 없이 아버지[惠源], 할아

버지[錫泰], 증조[囿坤], 외조[有重鼎] 이름이 보이고, 본관이 경주慶州
로 되어 있다. 《청구》와 《만성》의 《경주이씨보》를 보면 직계 5대조
와 외조 가운데 벼슬아치가 없다.

410 정도채鄭度采(1776~?) 경기도 용인龍仁 사람으로 유학을 거쳐
정조 24년 경과정시에 병과로 급제하여 벼슬이 순조 대 사간원 사간
(종3품)에 이르렀다. 《방목》에는 벼슬이 없이 아버지[萬濟], 할아버지
[鑄], 증조[纘志], 외조[安宗濟] 이름이 보이고, 본관이 연일延日로 되어
있다. 《청구》와 《만성》의 《연일정씨보》를 보면 직계 3대조와 외조
가운데 벼슬아치가 없고, 그 위의 4대와 5대는 무관武官이며, 그 위의
2대는 벼슬이 없다.

411 안이정安以鼎(1766~?) 평안도 구성龜城 사람으로 유학을 거쳐
정조 24년 35세로 경과정시에 병과로 급제했다. 《방목》에는 벼슬이
없이 아버지[沃], 할아버지[敏中], 증조[始興], 외조[金貴昌] 이름이 보
이고, 본관이 순흥順興으로 되어 있다. 그런데 《청구》와 《만성》의
《순흥안씨보》에는 안이정의 가계가 보이지 않는다. 《족보》에 오르
지 못한 인물이다.

412 민철유閔哲儒(1757~?) 전라도 나주羅州 사람으로 생원을 거쳐
정조 24년 44세로 경과정시에 병과로 급제하여 벼슬이 승정원 주서
(정7품)에 이르렀다. 《방목》에는 벼슬이 없이 아버지[邦仁], 할아버지
[正協], 증조[應謙], 외조[李夢烈] 이름이 보이고, 본관이 여흥驪興으로
되어 있다. 《청구》와 《만성》의 《여흥민씨보》를 보면 직계 10대조
가운데 벼슬아치는 8대조가 주부(종6품)를 지낸 것뿐이다.

2
순조 대
신분이 낮은 급제자와 벼슬

1) 순조 대 서얼 통청운동과 〈계미절목〉(1823)

영조와 정조 대에 잇달아 서얼庶孽의 청요직淸要職 진출을 허용하는 〈서얼허통절목〉이 이루어져 왔음은 앞에서 설명했다. 서얼허통정책은 순조 대(1800~1834)에도 이루어졌다. 이렇게 왕이 바뀔 때마다 서얼에 대한 허통정책을 시행한 이유는 이를 법제로 만들어 제도로 정착시키기 어려운 문제점이 있었기 때문이었다. 다시 말해 서얼허통을 법제로 만들어 항속적으로 시행하면 서얼을 차대하는 가족질서가 무너질 뿐 아니라, 벼슬자리가 좁아지는 데 대한 적자嫡子들의 반발이 커질 것을 우려한 것이다. 그런 까닭으로 서얼의 불만을 어느 정도 완화시키는 수준에서 때때로 통청을 일시적으로 허용하고 그치는 정책을 반복적으로 시행해 온 것이다.

순조가 즉위한 원년(1801)에 영의정 심환지沈煥之(1730~1802)와 이조판서 윤행임尹行恁(1762~1801), 좌의정 이시수李時秀(1745~1821) 등은 영조와 정조가 시행한 〈서얼허통절목〉에 따라 서얼을 등용할 것

을 임금에게 진언하여 동의를 얻었다.[23] 순조 4년(1804)에는 임금이 좌
의정 서매수徐邁修(1731~1818)의 건의를 받아들여, 군기시 첨정僉正(종
4품)으로 제한한 품계를 군기시 부정副正(종3품)으로 올려서 서얼을 소
통시키라고 하교했다.[24]

　이렇게 순조 대에는 대체로 영조 대의 예를 따라 서얼소통이 이루
어졌다. 순조 23년(1823) 7월 25일에 이르러서는 경기도, 충청도, 전
라도, 경상도, 황해도, 강원도의 서얼 유생 9,996명이 김희용金熙鏞을
대표로 하여 집단적인 상소를 올렸다.[25] 6도의 서얼들이 대거 참여
한 이 상소는 그 이전까지 있었던 서얼 상소운동 가운데 가장 규모가
컸다.

　위 상소의 요지는 영조와 정조의 허통절목을 칭송하고, 정조가 성
균관에서 나이순으로 좌차座次를 정하라고 한 것은 장차 서얼금고를
완전히 폐지하려는 생각에서 나온 것인데 뜻을 이루지 못하고 세상
을 떠난 것을 안타까워했다. 여기서는 나아가 양자제도養子制度의 잘
못도 비판하고 있다. 적손嫡孫이 없으면 서손庶孫으로 후사를 잇게 하
면 되는 데도 먼 일가붙이를 데려다 양자를 삼는 것은 관작官爵으로
가문을 이어가려는 계책이며, 이 때문에 서손들이 조상을 숭배하는
윤리를 잃게 만들었다는 것이다. 결과적으로 서얼차대는 뿌리나 계
파도 모르는 향품鄕品이나 한족寒族이 벼슬에 구애받지 않고 있는 것
만도 못한 처지가 되었다는 것이다. 결론적으로 서얼이 궁극적으로
원하는 바는 가정에서 제사의 종통宗統을 이을 수 있게 하고, 향당鄕

---

23) 《순조실록》 권2, 순조 원년 1월 10일 정해.
24) 《순조실록》 권6, 순조 4년 12월 10일 을축.
25) 《순조실록》 권26, 순조 23년 7월 25일 신묘.

黨과 학교에서 버림받지 않게 하고, 조정의 벼슬에 지장을 받지 않게 해 달라는 것이었다.

순조는 위 상소에 대해 묘당廟堂(의정부)으로 하여금 좋은 방도를 마련하도록 하겠다는 비답을 내렸다. 그러나 묘당에서 논의가 있기 전에 이 소식을 접한 성균관 유생들이 권당捲堂(수업거부)하면서 서얼들의 주장을 반박하는 상소를 8월 2일에 올렸다.26) 그 요지는 이렇다. 먼저, 첩이란 절차를 밟지 않고 만난 사이라는 점을 지적했다. 양가良家의 여자가 첩이 되는 경우는 열에 한둘에 지나지 않고, 십중팔구는 여종女從이라는 것이다. 그러므로 만약 서손을 후사로 삼게 되면 양가 어머니의 족속과 노비 어머니의 족속이 똑같은 척속戚屬이 되므로 모두가 상천常賤이 되고 만다는 것이다. 그리고 가정에서 서얼이 아비를 아비로 부르지 못하게 한 것은 아버지가 만든 것이므로 국가에 호소할 일이 아니며, 가정에서 종통宗統을 갖지 못하고 있기 때문에 벼슬길에 차등을 두는 것은 당연하다는 것이다.

순조는 성균관 유생들의 상소를 접하고 비답을 내려 유생들의 잘못을 꾸짖고, 권당을 풀고 학교로 돌아오라고 명했다. 다음 날 성균관 대사성 정기선鄭基善(1784~1839)은 유생들의 권당소회에 대해 변론하는 상소를 올렸으며,27) 권당하는 유생들에게 벌을 주었다.

순조 23년에 일어난 이 사건을 정리하여 책자를 만든 것이 바로 《행하술杏下述》이다. 작자 불명의 이 책은 서얼의 상소와 이에 대한 유생들의 항의상소, 정기선의 변론상소, 그리고 시중의 여론을 모은 〈여송輿誦〉 등을 합친 것으로, 기본적으로는 서얼허통을 찬성하는 관

---

26)《순조실록》권26, 순조 23년 8월 2일 무술.
27)《순조실록》권26, 순조 23년 8월 3일 기해.

점에서 편찬한 것이다.

순조 23년 8월 20일부터 드디어 묘당에서 서얼허통에 대한 논의가 시작되었고, 9월 9일에 비변사에서 그 결과를 임금에게 보고했다. 이 논의에 참여한 영돈녕 김조순金祖淳(1765~1832)을 비롯한 수십 명의 대신들은 대부분 서얼의 청현직淸顯職 벼슬길을 터 주자는 데 동의했다. 이러한 합의에 바탕을 두고 그해 11월 12일에 비변사는 〈서류소통절목〉을 만들어 임금에게 보고했는데, 〈계미절목癸未節目〉이라고도 부르는 이 절목의 요지는 다음과 같다.

① 문관의 분관分館과 무관의 시천始薦은 〈정유절목〉(정조 원년: 1777)에 따라 교서관校書館과 수부청守部廳 곧 수문청守門廳으로 한다.

② 문관은 종2품으로 한정하여 좌우윤左右尹(종2품)과 호조, 형조, 공조의 참의參議(정3품 당상관)만 허용하고, 통청通淸은 영조 대의 예대로 대직臺職(사헌부와 사간원)만 허용한다.

③ 음관蔭官은 목사牧使(정3품 당상관)에 한정한다. 부도사部都事(종5품), 감역監役, 수봉관守奉官 등에 초사初仕하는 것은 구애받지 않는다.

④ 무신은 종2품 병사兵使(병마절도사: 종2품)로 한정한다. 총관摠管, 아장亞將, 서북곤西北閫(서북병영의 아장), 훈련원의 정正(정3품 당하관)과 부정副正(종3품) 및 묘廟, 사社, 능陵, 전殿, 궁宮의 직直, 계방桂坊(세자시강원)의 교관敎官 등은 허락하지 않는다.

⑤ 각 도에서는 재행자才行者 한 사람을 뽑아서 추천한다.

⑥ 서얼도 문벌에 따라 차등을 둔다.

⑦ 문식文識과 행의行誼가 탁월한 자와 재능과 치적이 현저한 자는 예외로 발탁한다. 다만, 공론公論이 인정하고 묘당과 전조銓曹(이조와 병조)의 품

지稟늘가 있어야 한다.

⑧ 향교와 서원의 유향儒鄕과 향임鄕任은 감사와 수령에게 맡긴다. 다만, 수임首任(좌수)으로 통용하는 경우에는 정한을 두되 분쟁이 일어나는 경우에는 무겁게 다스린다.

⑨ 적파嫡派를 능멸하는 경우에는 율문律文으로 다스린다.

이상, 순조 23년의 〈계미절목〉은 대체로 정조 원년의 〈정유절목〉을 따르고 있으나, 전에는 승진의 한품限品을 정3품에 한정했던 것을 종2품까지 높여 주어 문관의 경우 종2품의 좌우윤을 허락하고, 정3품 당상관에 해당하는 호조, 형조, 공조의 참의를 허락한 것, 무신의 경우는 종2품의 병마절도사를 허락했다는 점이 달라졌다. 또한 청직淸職 가운데서 사헌부司憲府와 사간원司諫院 등 대직臺職을 허용한다는 것도 이전과는 다르다.

위 절목을 뒤집어 말하면, 서얼은 승문원, 홍문관, 예문관 등의 청직淸職과 이조, 병조, 예조 등 요직要職, 그리고 호조, 형조, 공조의 판서와 참판, 한성부 판윤, 의정부 정승 등에는 나갈 수 없다는 뜻이다. 하지만 학식과 덕망이 뛰어나고 재능과 업적이 탁월한 경우에는 그러한 한품에 구애되지 않는다는 예외규정을 두어 모든 청직에 나갈 수 있다는 희망을 남겨 놓고 있다. 따라서 일반 사족이나 평민과 똑같은 법적 지위를 허용한 것은 아니지만, 그동안 시행된 절목에 견주어서는 상대적으로 한층 더 개방적인 성격을 띠었다고 할 수 있다. 그러면 실제로 순조 대 서얼들은 문과에 어느 정도 급제했으며, 어떤 벼슬에 나아갔는가를 구체적으로 알아보도록 한다.

2) 시험종류별 급제자 인원

순조 대 34년 동안 문과에 급제한 전체 인원은 모두 1,049명인데, 이를 시험종류별로 정리해 보면 다음과 같다.

식년시式年試	12회	485명
경과정시慶科庭試, 별시別試	29회	528명
알성시謁聖試	3회	11명
평안도 별시	2회	13명
함경도 별시	2회	12명
합 계		1,049명

먼저, 전체 급제자 1,049명을 매년 평균으로 나누면 30.8명이 되는데, 영조 대 44명, 정조 대 32.3명과 비교하여 약간 줄어든 수치다.

식년시급제자는 12회에 걸쳐 485명이 급제하여 전체 급제자의 46.23퍼센트를 차지하고 있으며, 매회 평균 40.4명을 선발한 셈이다. 이는 정조 대 매회 평균 45.4명을 선발한 것과 견주어 보면 다소 줄어든 것으로, 영조와 정조 대보다 전체적으로 급제자를 적게 선발한 것이 특징이다. 하지만 매회 33명을 선발한다는 원칙은 깨졌음을 알 수 있다.

다음에 평안도와 함경도에서 각각 두 차례에 걸쳐 별시를 시행하여 모두 25명의 급제자를 선발한 것은 순조 11년 홍경래의 난이 있은 뒤에 북방 지역의 안정을 도모하려는 조치로 보인다.

3) 지역별 급제자 분포

순조 대 문과급제자 1,049명의 지역별 분포와 과목별 급제자 분포를 살펴보면 다음과 같다.

지 역	총 급제자(비율)	식년시급제자(비율)	기타 급제자(비율)
서 울	414명(39.46%)	97명(23.4 %)	317명(76.56%)
평안도	162명(15.44%)	125명(77.16%)	37명(22.84%)
경상도	148명(14.1 %)	110명(74.32%)	38명(25.67%)
충청도	110명(10.4 %)	56명(50.9 %)	54명(49.09%)
경기도	85명(8.1 %)	26명(30.58%)	59명(69.41%)
전라도	55명(5.24%)	40명(72.7 %)	15명(27.27%)
강원도	30명(2.86%)	14명(46.6 %)	16명(53.33%)
함경도	25명(2.38%)	9명(36 %)	16명(64 %)
황해도	13명(1.24%)	7명(53.8 %)	6명(46.15%)
제 주	6명	0명	6명(100 %)
미 상	1명	1명	0명
합 계	1,049명	485명(46.23%)	564명(53.76%)

(1) 서울 출신 급제자

위 표를 보면, 서울 출신 급제자가 414명으로 전체 급제자의 약 39.4퍼센트를 차지하고 있는데, 이는 정조 대 31.9퍼센트에 견주어 7퍼센트 이상 높아진 수치다. 참고로, 다음 헌종 대와 철종 대에도 각각 37.1퍼센트와 38퍼센트를 차지하다가 고종 대에 이르러 다시 정조 대 수준인 32퍼센트대로 내려가고 있는데, 이런 변화는 세도정치의 전개가 벼슬아치의 서울 집중을 촉진시켰다는 사실을 말해 준다.

서울 다음으로 급제자 비율이 높은 지역은 평안도 162명(15.44퍼센트), 경상도 148명(14.1퍼센트), 충청도 110명(10.48퍼센트), 경기도 85명(8.1퍼센트), 전라도 55명(5.24퍼센트), 강원도 30명(2.86퍼센트), 함경도 25명(2.38퍼센트), 황해도 13명(1.24퍼센트), 제주 6명의 순으로 되어 있다. 여기서 인구가 경상도보다 적은 평안도가 경상도를 앞지르고 있다는 것이 가장 눈에 띄는 현상이다.

다음에 식년시만을 대상으로 급제율을 살펴보면, 급제율이 가장 높은 지역은 평안도로 77.16퍼센트를 보이고 있으며, 그 다음은 경상도(74.32퍼센트), 전라도(72.7퍼센트), 황해도(53.8퍼센트), 충청도(50.9퍼센트), 강원도(46.6퍼센트), 함경도(36퍼센트), 경기도(30.58퍼센트), 서울(23.4퍼센트)의 순을 보이고 있다. 이런 현상은 서울과 그 인근 지역인 경기도 지역 급제자들이 식년시보다는 그 밖의 시험에 주로 급제하고, 반대로 서울에서 거리가 먼 평안도, 경상도, 전라도 등 지역은 주로 식년시에 급제했다는 사실을 말해 준다. 식년시는 초시급제자 인원을 도별 인구비율로 안배하고 있기 때문에 지방민에게 상대적으로 유리한 시험이라는 것이 입증된다.

(2) 평안도의 인구증가와 급제자 증가

서울 다음으로 급제자를 많이 배출한 지역은 평안도로서 162명을 배출하여 전체 급제자의 15.44퍼센트를 차지했다. 앞서 정조 대에도 평안도는 서울 다음으로 많은 급제자를 배출하여 14.9퍼센트를 차지한 바 있었는데, 순조 대에는 이보다 약간 더 높은 급제율을 보이고 있는 것이다. 두 차례에 걸쳐 평안도 별시를 치러 13명을 선발한 것이 영향을 주기도 했지만, 별시가 아니었더라도 2위 자리에는 변함이 없다.

그러면 평안도 출신 급제자의 급제율이 높은 이유는 무엇인가? 우리의 상식으로 본다면 인구가 더 많고, 유학자가 많을 것으로 보이는 경상도가 평안도를 앞지를 것으로 예상되는데, 현실은 그렇지 않은 것이다. 18세기 말 정조 22년(1796)의 인구통계를 보면, 경상도가 약 158만 명으로 가장 많고 그 다음이 평안도로서 약 128만 명으로 2위, 전라도가 약 122만 명으로 3위를 차지했다.[28]

그런데 17세기 후반기인 현종 13년(1672)의 인구통계를 보면, 경상도가 96만 명으로 가장 많고 전라도가 85만 명으로 2위, 평안도가 68만 명으로 3위를 차지했다. 1백 년 만인 18세기 말에 평안도가 전라도를 제치고 2위로 올라선 것이다. 평안도 출신의 문과급제율이 높아진 이유 가운데는 이러한 인구증가도 한 요인이 되었을 것이다. 하지만 인구 2위인 평안도가 인구 1위인 경상도를 제치고 급제율 1위로 올라선 것은 놀라운 일이다.

그러면 평안도 인구가 18세기에 이렇듯 증가한 이유는 무엇인가? 가장 큰 이유는 남방에서 이주한 주민이 늘어난 데 있다. 조선 초기 세종 대에는 압록강 연안 지역에 4군을 설치하고 평안도를 개척하면

---

28) 정조 22년(1798)에 조사된 인구통계를 보면, 8도의 인구는 다음과 같다.
　　1위 경상도 1,582,102명
　　2위 평안도 1,283,239명
　　3위 전라도 1,226,247명
　　4위 충청도 　871,057명
　　5위 함경도 　683,966명
　　6위 경기도 　662,992명
　　7위 황해도 　579,845명
　　8위 강원도 　329,455명

서 남방의 부호富戶와 향리鄕吏들을 강제로 이주시키는 정책을 추진
하여 평안도 인구가 늘기 시작했는데, 조선 후기에는 평안도 경제가
발전하면서 자발적인 이주민이 늘어난 것이다. 이런 사정은 영조 대
편찬된《여지도서輿地圖書》에 실린 성씨姓氏와《세종실록》〈지리지〉
나 16세기 중엽에 편찬된《동국여지승람》에 기록된 평안도의 성씨
를 비교해 보면 알 수 있다.

우선, 평안도에서 급제자를 많이 배출한 몇 개 지역의 성관 수를
살펴보면 다음과 같다.

지 역	《세종실록》〈지리지〉		《동국여지승람》	《여지도서》
정주定州	입진성入鎭姓	8개	16개	35개
평양平壤	–		1개	18개
철산鐵山	입진성	3개	3개	10개
순천順川	입진성	24개	24개	47개
선천宣川	입진성	9개	9개	25개
영유永柔	입진성	16개	19개	32개
합 계	입진성	60개	72개	167개

위 표는 편의적으로 6개 지역을 선택하여 성씨의 변화를 살펴본
것이다. 조선 초기의《세종실록》〈지리지〉에는 남방에서 강제로 이
주한 60개 성관이 입진성이라는 이름으로 기록되어 있었는데, 이것
이 16세기 중엽의《동국여지승람》에는 72개 성관으로 약간 늘어나
고, 18세기 중엽의《여지도서》에는 167개 성관으로 비약적인 증가를
보이고 있다.

그런데 이렇게《여지도서》에 보이는 새로운 성관에는 크게 두 부
류가 있다. 하나는 처음으로 문과급제자가 배출되면서 새롭게 탄생

한 성관이고, 다른 하나는 남방 지역에서 명문으로 알려진 성관의 주민들이 조선 후기에 평안도 지역으로 자발적으로 이주했거나 남방의 명문으로 본관을 바꾼 것으로 보이는 부류이다. 예를 들면, 광산탁씨光山卓氏, 온양방씨溫陽方氏, 진주김씨晉州金氏, 수안이씨遂安李氏, 전주김씨全州金氏, 풍천김씨豊川金氏, 양근김씨楊根金氏, 수안계씨遂安桂氏, 공주김씨公州金氏, 충주김씨忠州金氏, 해주노씨海州盧氏 등은 전자에 속하고, 연안김씨延安金氏, 수원백씨水原白氏, 배천조씨白川趙氏, 남양홍씨南陽洪氏, 밀양박씨密陽朴氏, 하동정씨河東鄭氏, 남평문씨南平文氏, 순흥안씨順興安氏, 연안차씨延安車氏 등은 후자에 속한다.

다음에 평안도 출신 급제자 162명을 군현별로 알아보는 것도 의미가 있다. 정주가 58명으로 압도적으로 많으며 평안도 출신 급제자의 35.8퍼센트를 차지하고 있다. 정조 대에 평안도 출신 급제자 120명 가운데 정주 출신이 45명으로 37.5퍼센트를 차지하고 있었던 것에 견준다면 급제율이 약간 낮아진 셈이지만 그래도 정주 지방의 급제율은 압도적이다. 평안도에서도 정주 지방이 압도적인 우세를 보이는 이유는 앞으로 연구할 과제이지만, 성씨가 가장 많이 증가한 것과 아울러 이 지방이 납청納靑을 중심으로 한 놋그릇 산업의 발달로 경제수준이 다른 지역에 견주어 높았다는 사실과 관련이 있는 듯하다.

정주 지역에서 영조 대 이후 특히 급제자를 많이 배출한 성관은 연안김씨延安金氏(43명), 배천조씨白川趙氏(26명), 수원백씨水原白氏(22명), 해주노씨海州盧氏(15명), 남양홍씨南陽洪氏(11명), 남평문씨南平文氏(8명), 온양방씨溫陽方氏(6명), 광산탁씨光山卓氏(5명), 연일승씨延日承氏(5명) 등이다.

그런데 정조와 순조 대에 걸쳐 정주 출신이 이토록 문과시험에서

괄목할 성과를 거두면서도 이 지역을 중심으로 순조 11년(1811)에 홍
경래의 난이 일어난 사실은 많은 것을 암시한다. 급제율은 높았지만
실제로 벼슬길에 나가는 취직률은 상대적으로 부진한 데서 오는 불
만이 큰 요인으로 작용했을 것으로 보인다. 평안도 여러 지역이 홍경
래의 난에 적극 가담한 이유도 마찬가지로 보인다.

정주 다음으로는 안주安州가 16명인데, 정주와 비교하면 격차가
매우 크다. 안주 지역에는 특히 순흥안씨順興安氏(26명)와 수원김씨水
原金氏(7명)에서 많은 급제자를 배출하여 눈길을 끈다. 그 다음에는
평양平壤 12명, 영변寧邊 6명, 철산鐵山, 가산嘉山, 박천博川, 개천价川
이 각 5명, 영유永柔와 숙천肅川이 각 4명, 구성龜城, 강동江東, 운산雲
山, 용강龍岡, 순천順川, 의주義州가 각 3명, 성천成川, 선천宣川, 강서江
西, 태천泰川, 곽산郭山, 순안順安, 벽동碧潼이 각 2명, 은산殷山, 영원寧
遠, 양덕陽德, 중화中和, 용천龍川, 위원渭原, 상원祥原, 창성昌城이 각 1
명이다.

조선 후기에 평안도 출신자의 과거급제율이 급속히 높아지면서 신
흥 명문이 등장하는 것은 필연적인 일이었다. 그 대표적인 성관으로
는 수원백씨水原白氏, 배천조씨白川趙氏, 연안김씨延安金氏, 순흥안씨順
興安氏, 밀양박씨密陽朴氏, 남양홍씨南陽洪氏, 남평문씨南平文氏, 하동정
씨河東鄭氏, 해주노씨海州盧氏, 연안차씨延安車氏, 전주김씨全州金氏, 수
안이씨遂安李氏, 순천김씨順天金氏, 온양방씨溫陽方氏, 진주김씨晋州金氏,
단양이씨丹陽李氏 등을 들 수 있다. 이들 가문 가운데 특히 수원백씨,
배천조씨, 해주노씨, 연안차씨, 전주김씨, 수안이씨, 온양방씨, 진주김
씨 등은 서울 남방 지역보다 더 높은 급제율을 보이고 있음에도《족
보》에 오른 인물이 거의 없다는 점이 특징이다.

평안도 출신 급제자가 받은 벼슬에 대해서는 뒤에 다시 설명할 예정이지만, 급제율에 견주어 볼 때 취직률은 상대적으로 가장 낮은 것을 알 수 있다.

평안도 출신 급제자 가운데는 새로운 본관을 가진 급제자가 많은 것이 눈에 띄는 변화이다. 이는 그만큼 가문이 한미하다는 것을 말해 준다. 예를 들면, 천안김씨天安金氏, 요산이씨遼山李氏, 공주배씨公州裵氏, 배천최씨白川崔氏, 성주현씨星州玄氏, 울진이씨蔚珍林氏, 단성이씨丹城李氏, 하양김씨河陽金氏, 안의임씨安義林氏, 원주최씨原州崔氏, 화성김씨華城金氏, 황주최씨黃州崔氏, 시흥김씨始興金氏, 연안길씨延安吉氏, 나주최씨羅州崔氏, 남양김씨南陽金氏, 정주이씨定州李氏 등이 그것이다. 이들 성관에서는 조선시대에 문과급제자 1명을 배출한 경우가 대부분이다. 그래서 이들 성씨는 《청구》와 《만성》에 《족보》가 보이지 않을 뿐 아니라 현재에도 《족보》를 제대로 만들지 못하고 있고, 인구도 극히 희박하여 그 계보를 알기 어렵다.

(3) 경상도, 기타 지역 출신 급제자

평안도 다음으로 세 번째로 급제자를 많이 배출한 지역은 경상도로서 148명을 헤아리는데, 이는 전체 급제자의 14.1퍼센트에 해당한다. 평안도 출신 급제자보다 14명이 적다. 경상도 인구가 평안도보다 더 많은 것을 고려하면29) 경상도의 진출이 상대적으로 미약한 것을 알 수 있다. 정조 대에는 경상도 출신 급제자가 전체 급제자의 12.2퍼

---

29) 정조 22년(1798)에 조사된 인구를 보면, 경상도 인구는 1,582,102명이고, 평안도 인구는 1,283,239명이다.

센트를 차지하여 전국 4위를 기록했는데, 여기에 견주면 순조 대에는 경상도의 급제율이 높아진 셈이다. 참고로, 뒤 시기에서는 헌종 대 16퍼센트로 전국 2위, 철종 대 16.9퍼센트로 전국 2위로 올라섰다가 고종 대에는 10.17퍼센트로 전국 5위로 밀려나고 있다. 이런 변화는 세도정치 시기에 경상도의 급제율이 그 앞뒤 시기에 견주어 상대적으로 높아졌다는 뜻으로 풀이된다.

경상도 다음으로는 충청도가 110명으로 4위, 경기도가 85명으로 5위, 전라도가 55명, 강원도 30명, 함경도 25명, 황해도 13명, 제주도 6명의 순으로 되어 있다.

함경도는 두 차례에 걸친 함경도 별시에서 선발한 12명을 합친 것임에도 함경도 인구의 절반밖에 안 되는 강원도보다도 부진했음을 알 수 있다. 하지만 조선 후기에는 함경도에도 신흥 명문이 등장한다. 예를 들면, 청주한씨淸州韓氏, 장흥위씨長興魏氏, 전주주씨全州朱氏에서 많은 급제자가 배출되고 있어 눈길을 끈다.

강원도는 황해도 인구의 절반 정도임에도 황해도보다 급제율이 2배 이상 높은 것도 눈여겨볼 만한 현상이다.

4) 신분이 낮은 급제자의 비율

순조 대 문과급제자 1,049명 가운데 신분이 낮은 것으로 확인된 급제자는 모두 567명으로 전체 급제자의 54.05퍼센트를 차지한다. 이 수치를 앞뒤 시기와 비교하면 다음과 같다.

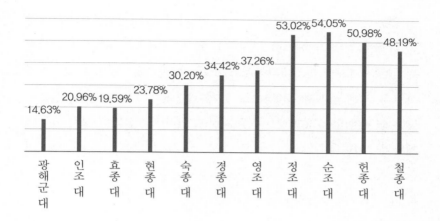

위 표를 보면, 신분이 낮은 급제자의 비율이 광해군 대 14퍼센트대
로 출발해서 인조 대 이후로 20퍼센트대를 오르내리다가 숙종 대 이
후로 30퍼센트대로 올라서고, 정조 대에 이르러 53.02퍼센트에 이르
고 있다. 순조 대는 정조 대와 거의 비슷한 54.05퍼센트를 보이다가
헌종 대 이후 차츰 내려가는 추세를 보여 철종 대에는 48.19퍼센트대
를 기록하고 있다.

위와 같은 수치의 변화는 조선 후기에 문과를 통한 신분변동의 실
상을 가장 상징적으로, 그리고 통계적으로 보여 준다는 점에서 중요
한 의미를 지니고 있다.

5) 신분이 낮은 급제자의 유형

순조 대 신분이 낮은 급제자 567명의 신원을 자세히 조사해 보면
다음과 같은 여러 유형이 있다. ①《족보》 자체가 《청구》와 《만성》
에 없는 급제자가 19명, ②《족보》는 있으나 《족보》에 가계가 보이

지 않는 급제자가 313명으로 전체 급제자의 29.83퍼센트, 신분이 낮은 급제자의 55.2퍼센트를 차지하고 있다. ③《족보》에 가계가 단절된 급제자가 3명, ④ 내외 4대조 또는 가까운 윗대에도 벼슬아치가 보이지 않는 급제자 230명으로 전체 급제자의 21.92퍼센트, 신분이 낮은 급제자의 40.56퍼센트를 차지하고 있다. ⑤ 신원이 불확실한 급제자가 2명이다.

(1)《족보》 자체가 없는 급제자

순조 대 문과급제자 1,049명 가운데《족보》 자체가《청구》와《만성》에 보이지 않는 급제자는 모두 19명이다. 이들 가운데 14명은 평안도 사람으로 대부분 조선 초기 남방에서 강제 이주해 와 입진성入鎭姓으로 불리던 부류로 조선 후기 비로소 문과에 급제하여 출세하기 시작한다. 이들은 인구가 적은 희성들이며, 조선시대 유일한 문과급제자가 11명, 첫 급제자가 3명이다. 이들 19명의 명단을 소개하면 다음과 같다.

김광정金光鼎 전라도 영암靈巖 사람으로 벼슬이 없고, 본관이 천안天安이지만《청구》와《만성》에는《천안김씨보》가 없다. 2000년 현재 천안김씨 인구는 442가구 1,494명의 희성으로, 김광정이 유일한 문과급제자이다.

이식李埴 평안도 요산遼山 사람으로 벼슬이 없고, 본관이 정주定州지만《청구》와《만성》에는《정주이씨보》가 없다. 2000년 현재 정주이씨 인구는 1,010가구 3,320명의 희성으로, 이식이 유일한 문과급제자이다.

배상인裵相仁 평안도 안주安州 사람으로 벼슬이 없고, 본관이 공주公州지만 《청구》와 《만성》에는 《공주배씨보》가 없다. 현재 공주배씨 인구도 알 수 없으며, 배상인이 유일한 문과급제자이다.

최대식崔大寔 평안도 정주定州 사람으로 벼슬이 도사(종5품)에 이르렀는데, 본관이 배천白川이지만 《청구》와 《만성》에는 《배천최씨보》 자체가 없다. 2000년 현재 배천최씨 인구는 291가구 823명의 희성으로, 조선시대 문과급제자는 2명인데 최대식이 첫 급제자이다.

현진상玄鎭商 충청도 천안天安 사람으로 벼슬이 없고, 본관이 성주星州이지만 《청구》와 《만성》에는 《성주현씨보》가 없다. 2000년 현재 성주현씨 인구는 1,438가구 4,938명의 희성으로, 조선시대 문과급제자는 6명이다.

임정기林正起 평안도 중화中和 사람으로 벼슬이 없고, 본관이 울진蔚珍이지만 《청구》와 《만성》에는 《울진임씨보》 자체가 없다. 2000년 현재 울진임씨 인구는 2,004가구 6,384명의 희성으로, 조선시대 문과급제자 6명을 배출했다.

이원일李源- 경기도 통진通津 사람으로 벼슬이 없고, 본관이 단성丹城이지만 《청구》와 《만성》에는 《단성이씨보》가 없다. 2000년 현재 단성이씨 인구는 695가구 2,226명의 희성으로, 조선시대 문과급제자는 이원일이 유일하다.

김조흠金祖欽 평양平壤 사람으로 벼슬이 없고, 본관이 하양河陽이지만 《청구》와 《만성》에는 《하양김씨보》 자체가 없다. 2000년 현재 인구는 1가구 1명으로, 김조흠이 유일한 문과급제자이다. 《세종실록》〈지리지〉를 보면 김씨는 조선 초기에 하양의 속성續姓으로 향리

鄕吏를 하였다고 하므로 조선 초기에 향리를 하고 있다가 평안도로 강제 이주해 온 주민임을 알 수 있다.

임건林㙞 평안도 정주定州 사람으로 벼슬이 없고, 본관이 안의安義 이지만 《청구》와 《만성》에는 《안의임씨보》가 없다. 2000년 현재 안 의임씨 인구는 530가구 1,681명의 희성으로, 조선시대 문과급제자는 모두 4명인데 임건이 첫 급제자이다.

최진경崔晉慶 함경도 경성鏡城 사람으로 벼슬이 없고, 본관이 원주原 州이지만 《청구》와 《만성》에는 《원주최씨보》가 없다. 2000년 현재 원주최씨 인구는 550가구 1,709명의 희성으로, 최진경이 유일한 문과 급제자이다. 《세종실록》〈지리지〉에는 원주와 경성 어디에도 최씨가 보이지 않아 그가 급제한 뒤로 본관을 원주로 정한 것으로 보인다.

윤서유尹書有 충청도 은진恩津 사람으로 벼슬이 없고, 본관이 청주淸 州이지만 《청구》와 《만성》에는 《청주윤씨보》가 없다. 2000년 현재 청주윤씨 인구는 157가구 532명의 희성으로, 윤서유가 유일한 문과 급제자이다. 《세종실록》〈지리지〉에는 청주와 은진 어디에도 윤씨가 없어 그가 급제한 뒤에 본관을 청주로 정한 것으로 보인다.

최봉항崔鳳恒 평안도 숙천肅川 사람으로 벼슬이 없고, 본관이 진주晉 州이지만 《청구》와 《만성》에는 《진주최씨보》가 없다. 2000년 현재 진주최씨 인구는 2,235가구 7,289명의 희성으로, 조선시대 문과급제 자는 2명이다. 영조 대 첫 급제자가 나온 뒤로 최봉항이 두 번째이다. 《세종실록》〈지리지〉를 보면 숙천의 최씨는 조선 초기 황해도 봉산 鳳山에서 강제 이주해 온 입진성入鎭姓으로 되어 있다.

김당金樘 평안도 안주安州 사람으로 벼슬이 없고, 본관이 화성華城 이지만 《청구》와 《만성》에는 《화성김씨보》가 없다. 2000년 현재 화

성김씨 인구는 105가구 340명의 희성으로, 김당이 유일한 문과급제
자이다.《세종실록》〈지리지〉에는 안주의 김씨가 조선 초기 수원水
原에서 이주해 온 입진성으로 되어 있어 그가 문과에 급제한 뒤에 화
성을 본관으로 정한 것으로 보인다. 화성은 정조 대 건설한 도시이므
로 그 이전에는 화성이라는 지명이 없었다.

김치일金致― 평양平壤 사람으로 벼슬이 도사(종5품)에 이르렀는데,
본관이 시흥始興이지만 《청구》와 《만성》에는 《시흥김씨보》가 없다.
2000년 현재 시흥김씨 인구는 알 수 없으며, 김치일이 유일한 문과급
제자이다. 시흥이라는 지명은 정조 대 처음으로 생겨났으므로 그가
벼슬아치가 된 뒤에 본관을 시흥으로 정한 것으로 보인다.

최종환崔宗煥 평안도 정주定州 사람으로 벼슬이 없고, 본관이 나주羅
州이지만 《청구》와 《만성》에는 《나주최씨보》가 없다. 2000년 현재
나주최씨 인구는 1,922가구 6,018명의 희성으로, 조선시대 문과급제
자 2명을 배출했으며, 최종환이 처음이고 순조 25년 급제한 최치상崔
致常이 두 번째이자 마지막인데 모두 정주 사람이다.

최치상崔致常 평안도 정주定州 사람으로 벼슬이 없고, 본관이 나주羅
州인데 《청구》와 《만성》에는 《나주최씨보》가 없다. 위에 소개한 최
종환과 같은 집안이다.

최중식崔重湜 평안도 의주義州 사람으로 벼슬이 병조좌랑(정6품)에
이르렀는데, 본관이 황주黃州이지만 《청구》와 《만성》에는 《황주최
씨보》자체가 없다. 2000년 현재 황주최씨 인구는 446가구 1,395명의
희성으로, 최중식이 조선시대 유일한 문과급제자이다.

길진국吉鎭國 평안도 영변寧邊 사람으로 벼슬이 없고, 본관이 연안延
安인데 《청구》와 《만성》에는 《연안길씨보》 자체가 없다. 현재 인구

도 알 수 없는데, 아마 해평길씨海平吉氏로 통합된 듯하다. 조선시대 문과급제자는 길진국이 유일하다. 《세종실록》〈지리지〉를 보면 영변의 길씨는 조선 초기 경상도 예안禮安에서 이주해 온 입진성으로 되어 있다.

김용언金龍彦 평안도 정주定州 사람으로 벼슬이 없고, 본관이 남양南陽인데 《청구》와 《만성》에는 《남양김씨보》가 없다. 2000년 현재 남양김씨 인구는 745가구 2,403명의 희성으로, 조선시대 문과급제자는 2명으로 숙종 대 첫 급제자가 나온 뒤로 김용언이 두 번째다. 김씨는 정주의 입진성 가운데 하나인데 황해도 신천信川에서 왔다고 한다.

(2) 《족보》에 오르지 못한 급제자의 지역분포

순조 대 1,049명의 급제자 가운데 자기 본관의 《족보》 자체가 없는 급제자는 19명이고 《족보》는 있으나 《족보》에 가계가 보이지 않는 급제자는 313명으로, 이를 합치면 332명이다. 이는 전체 급제자의 31.64퍼센트를 차지한다. 이는 정조 대 31.6퍼센트와 비교하여 거의 비슷한 수준이다. 그런데 《족보》에 오르지 못한 급제자를 지역별로 조사해 보면 다음과 같다.

지 역	총 급제자	《족보》에 오르지 못한 급제자(비율)
서 울	414명	10명(2.41%)
평안도	162명	150명(92.59%)*
경상도	148명	52명(35.13%)
충청도	110명	32명(29 %)*
경기도	85명	13명(15.29%)*

전라도	55명	30명(54.54%)*
강원도	30명	8명(26.66%)
함경도	25명	20명(80 %)*
황해도	13명	10명(76.92%)
제 주	6명	6명(100 %)
미 상	1명	1명
합계(평균)	1,049명	332명(31.64%)

*는《족보》자체가 없는 급제자로서 평안도 14명, 충청도 2명, 경기도 1명, 전라
도 1명, 함경도 1명으로 이 수치가 포함되었다.

위 표를 보면,《족보》자체가 없거나 또는《족보》는 있어도 가계
가 보이지 않는 급제자의 비율이 가장 높은 지역은 제주도로 100퍼
센트를 보이고, 그 다음에는 평안도가 92.59퍼센트, 함경도가 80퍼센
트, 황해도가 76.92퍼센트, 전라도가 54.54퍼센트, 경상도가 35.13퍼
센트, 충청도가 29퍼센트, 강원도가 26.66퍼센트, 경기도가 15.29퍼센
트, 서울이 2.41퍼센트의 순으로 되어 있다.

위 수치를 역순으로 생각하면 서울 출신 급제자들의 신분이 가장
높고, 그 다음에는 경기도, 강원도, 충청도, 경상도, 전라도, 황해도,
함경도, 평안도, 제주도의 순으로 신분이 낮다는 뜻이다. 특히 평안
도는 전체 급제자가 162명으로 서울 다음으로 높으면서도《족보》에
오르지 못한 급제자가 92.59퍼센트에 이르고 있는 것은 놀라운 일이
다. 그나마《족보》에 가계가 보이는 사람은 대부분 전주이씨全州李氏
이다.

(3) 《족보》에 오르지 못한 급제자의 신분

(가) 유일급제자, 첫 급제자

순조 대 문과급제자로 《족보》에 가계가 보이지 않는 급제자 313명 가운데 자기 본관에서 유일한 문과급제자는 5명, 첫 급제자는 1명이다. 이들은 중인가문이거나 인구가 적은 희성인 경우가 대부분이다. 이들 6명의 명단을 소개하면 다음과 같다.

김희룡金熙龍 경상도 영천永川 사람으로 벼슬이 없고, 본관이 용궁龍宮인데 《용궁김씨보》에 가계가 보이지 않는다. 2000년 현재 용궁김씨 인구는 3,325가구 1만 660명의 희성으로, 김희룡이 조선시대 유일한 문과급제자이다. 그런데 조선 후기 주학籌學 15명, 율과律科 5명, 음양과陰陽科 1명, 의과醫科 1명의 급제자를 배출하여 중인집안이 되었다.

임학문林鶴聞 평안도 가산嘉山 사람으로 벼슬이 없고, 본관이 옥야沃野(沃溝)인데 《옥야임씨보》에 가계가 보이지 않는다. 2000년 현재 옥야임씨 인구는 196가구 626명의 희성으로, 임학문이 조선시대 유일한 문과급제자이다.

김경리金景履 전라도 순천順天 사람으로 벼슬이 없고, 본관이 계림鷄林(慶州)으로 되어 있는데 《계림김씨보》 자체는 없고 《경주김씨보》에는 가계가 보이지 않는다. 어쨌든 계림김씨 가운데는 유일한 문과급제자이다.

최석현崔錫玄 서울 사람으로 벼슬이 없고, 본관이 직산稷山인데 《직산최씨보》에는 가계가 보이지 않는다. 2000년 현재 직산최씨 인구는 250가구 768명의 희성으로, 최석현이 유일한 문과급제자이다. 하지만 조선 후기에 역과譯科 21명, 의과醫科 12명, 음양과陰陽科 36명, 율과律科 7명의 급제자를 배출한 대표적인 서울의 중인가문이다. 생부인 최진옥崔振玉도 의과급제자이다.[30]

김연金輦 평안도 선천宣川 사람으로 벼슬이 없고, 본관이 옥천沃川인데 《옥천김씨보》에 가계가 보이지 않는다. 2000년 현재 옥천김씨 인구는 215가구 723명의 희성으로, 조선시대 문과급제자 2명을 배출했는데 김연이 처음이다.

전윤담全允淡 평양平壤 사람으로 벼슬이 없고, 본관이 전주全州인데 《전주전씨보》에는 가계가 보이지 않는다. 2000년 현재 전주전씨 인구는 4,985가구 1만 6,434명의 희성으로, 전윤담이 유일한 문과급제자이다. 하지만 조선 후기에 무과武科 1명, 역과譯科 2명, 의과醫科 2명, 음양과陰陽科 9명, 율과律科 5명의 급제자를 배출한 중인가문이다.

(나) 서얼 출신 급제자, 한미한 급제자

순조 대 《족보》에 가계가 보이지 않는 급제자 313명 가운데는 서얼 출신이 1명, 그 밖에 신분이 낮은 것으로 지목되었거나 의심되는 급제자가 4명이다. 이들 5명의 명단을 소개하면 다음과 같다.

이종심李宗心 평안도 정주定州 사람으로 벼슬이 없고, 본관이 전주全州인데 《전주이씨과거급제자총람》에는 가계가 보이지 않는다. 《전주이씨보》는 가장 잘 정비된 것임에도 가계가 보이지 않는 것은 이종심의 신분이 서출이거나 본관을 속였거나 평민이거나, 셋 가운데 하나일 가능성이 크다.

---

30) 〈本廳完薦案〉, 《朝鮮後期曆算家譜, 索引》(한국문화사, 1991).

이기정李翼楨 평안도 정주定州 사람으로 벼슬이 없고, 본관이 전주全
州인데 《전주이씨과거급제자총람》에는 이기정이 파미분류자派未分類
者로 기록되어 있어 《족보》에 오르지 못한 인물이다. 서출이거나 본
관을 속였거나 평민이거나, 셋 가운데 하나일 가능성이 크다.

신재헌申在獻 서울 사람으로 업유業儒를 거쳐 문과에 급제했으나 벼
슬이 없고, 본관이 평산平山이지만 《평산신씨보》에는 아버지까지의
가계만 보이고 신재헌의 이름은 보이지 않는다. 서출이기 때문에
《족보》에서 뺀 것으로 보인다. 서울의 명문가 출신이기 때문에 신분
을 속이지 못한 것이다.

홍구섭洪龜燮 전라도 순창淳昌 사람으로 문과에 급제하여 세자시강
원 관원이 되었는데, 사헌부에서는 홍구섭의 지벌地閥이 낮다는 이유
로 반대했으나 임금은 이를 거절했다.[31] 본관은 남양南陽인데, 《남양
홍씨보》에는 그의 가계가 보이지 않는다. 남양홍씨는 결코 지벌이
낮은 가문이 아닌 데도 지벌이 낮다고 비판받은 것은 성관 때문이 아
니라 직계의 가계 때문일 것이다.

안급인安玖仁 평안도 벽동碧潼 사람으로 벼슬이 없고, 본관이 순흥順
興인데 《순흥안씨보》에는 가계가 보이지 않는다. 그런데 안급인의
아버지는 벽동의 향인鄕人으로 홍경래의 난 때 1백 석의 쌀을 국가에
바쳐 관군官軍의 군량을 도와주었다고 한다.[32] 《족보》에 오르지 못
한 벽동의 부자 평민임을 알 수 있다.

---

31) 《순조실록》 권21, 순조 18년 1월 9일 정미.
32) 《순조실록》 권16, 순조 12년 6월 9일 경술.

2. 순조 대 신분이 낮은 급제자와 벼슬 185

(4) 《족보》에 가계가 단절된 급제자, 신원을 알 수 없는 급제자

(가) 《족보》에 가계가 단절된 급제자

순조 대 문과급제자 1,049명 가운데 《족보》에 본인이나 아버지까지의 이름만 보이고 그 윗대의 가계가 단절된 급제자는 모두 3명이다. 이들은 모두 아버지가 벼슬이 없으며 그 윗대에 내세울 만한 인물이 없다는 것을 뜻한다. 문과에 급제한 뒤 벼슬을 받은 인물은 1명에 지나지 않는다. 이들 3명의 명단을 소개하면 다음과 같다.

진석주陳錫周 창녕昌寧 사람으로 벼슬이 없고, 본관이 여양驪陽으로 《여양진씨보》에는 아버지와 진석주의 이름만 외따로 보이는데 아버지는 벼슬이 없다.

길현범吉顯範 춘천春川 사람으로 벼슬이 사헌부 지평(정5품)에 이르렀는데, 본관이 선산善山이다. 그런데 《선산길씨보》에는 길현범과 그 아버지 이름만 외따로 보이고, 조상의 가계가 단절되어 있는데 아버지는 벼슬이 없다.

이우중李寓中 평안도 용천龍川 사람으로 벼슬이 없고, 본관이 단양丹陽이다. 《단양이씨보》에는 이우중과 그 아버지의 이름만 외따로 보이는데, 아버지는 벼슬이 없다.

(나) 신원을 알 수 없는 급제자

순조 대 문과급제자 1,049명 가운데 신원을 알 수 없는 급제자는 2명이다. 그 명단은 다음과 같다.

신대원申大元 경상도 영해寧海 사람으로 벼슬이 시강원 필선弼善(정4품)에 이르렀는데, 본관이 영해이다. 그런데 《청구》의 《영해신씨보》

에는 가계가 보이지 않으며, 《만성》의 《영해신씨보》를 시조 신현申
賢(고려시대 사람)의 4대손으로 되어 있는데, 직계 3대조 가운데 벼슬
아치가 없다. 그러나 고려시대 인물이 4대조라는 것은 있을 수 없으
며 증조 이상의 인물들이 생략되어 있는 것이다. 따라서 신대원은 가
계를 알 수 없는 인물이다.

김우휴金羽休 전라도 장성長城 사람으로 벼슬이 홍문관 교리(종5품)
를 거쳐 사간원 사간(종3품)에 이르렀는데, 본관이 울산蔚山이다. 《청
구》의 《울산김씨보》에는 증조 이후의 가계가 끊어져 있으며, 《만
성》의 《울산김씨보》를 보면 할아버지와 아버지의 이름이 《방목》과
달라 혼란스럽다. 신원을 알 수 없는 인물이다.

(5) A형 급제자의 벼슬

순조 대 《족보》 자체가 없는 급제자 19명, 《족보》에 가계가 보이
지 않는 급제자 313명, 가계가 단절된 급제자 3명, 신원을 알 수 없는
급제자 2명을 합친 337명 가운데 벼슬을 받은 사람은 얼마나 되며
그들이 받은 벼슬은 구체적으로 무엇인가? 이들을 편의상 A형 급제
자로 부른다. 그런데 이들 가운데 《방목》이나 《실록》에서 벼슬이 확
인된 사람은 모두 59명으로 취직률은 17.5퍼센트이다. 정조 대 23.98
퍼센트의 취직률과 비교하면 한층 낮아진 것을 알 수 있다. 다음에
이들의 출신 지역을 살펴보면 보면 다음과 같다.

표를 보면, 취직률이 출신 지역에 따라 편차가 있다. 취직율이 높
은 지역은 경기도, 전라도, 제주도로 모두 33~38퍼센트대를 차지하
고 있으며, 함경도가 26.31퍼센트, 강원도가 25퍼센트로 그 뒤를 잇

지 역	《족보》에 오르지 못한 자	벼슬을 받은 자(비율)
서 울	10명	2명(20 %)
평안도	150명	19명(12.66%)
경상도	52명	8명(15.38%)
경기도	13명	5명(38.46%)
충청도	33명	6명(18.18%)
전라도	30명	10명(33.33%)
함경도	19명	5명(26.31%)
강원도	8명	2명(25 %)
황해도	10명	0명(0 %)
제 주	6명	2명(33.33%)
합계(평균)	331명	59명(17.18%)

고 있다. 취직률이 가장 낮은 지역은 황해도와 평안도로, 황해도는 10명 전원이 벼슬을 얻지 못했으며, 평안도는 150명 가운데 19명만이 벼슬을 얻어 취직률이 12.66퍼센트를 보이고 있다. 경상도의 경우도 취직률은 15.38퍼센트를 보여 평안도 다음으로 부진하다.

그러면, 위 59명이 받은 벼슬은 구체적으로 어떤 것인가?《실록》에는 주로 4품에서 6품의 참상관參上官 이상 벼슬을 받은 사람들을 기록하고 있기 때문에 《실록》에 벼슬이 보이지 않는다고 해서 벼슬을 전혀 받지 못했다고 단정할 수는 없다. 하지만 《방목》이나 《실록》에 벼슬이 보이지 않는 경우는 일단 벼슬을 받지 못한 것으로 여기기로 한다. 다음에 이들이 받은 벼슬의 최고품계순으로 인원을 정리하면 다음과 같다.

판윤判尹(정2품)	1명(평안)
사간원 대사간大司諫(정3품 당상관)	1명(전라)
참의參議(정3품 당상관)	2명(평안, 경상)
병조참지兵曹參知(정3품 당상관)	2명(개성, 제주)
통례원 통례通禮(정3품 당하관)	6명(평안 2명, 경기 2명, 함경·제주 각 1명)
부사府使(종3품)	1명(충청)
사간원 사간司諫(종3품)	1명(전라)
사헌부 집의執義(종3품)	1명(충청)
1~3품	15명
사헌부 장령掌令(정4품)	5명(평안 3명, 경기·전라 각 1명)
시강원 필선弼善(정4품)	1명(경상)
군수郡守(종4품)	4명(평안, 함경, 충청, 경상)
경력經歷(종4품)	1명(평안)
사간원 헌납獻納(정5품)	2명(서울, 전라)
사헌부 지평持平(정5품)	12명(평안·경상 각 3명, 전라·함경 각 2명, 충청·강원 각 1명)
도사都事(종5품)	1명(평안)
종부시령宗簿寺令(종5품)	1명(평안)
전사관典祀官(종5품)	1명(평안)
사간원 정언正言(정6품)	3명(서울, 전라 2명)
좌랑佐郎(정6품)	2명(평안, 경상)
현감縣監(종6품)	2명(평안, 경상)
찰방察訪(종6품)	4명(평안, 충청 2명, 함경)
부사과副司果(종6품)	2명(전라, 경기)
지구관知穀官(6품)	1명(경상)
승정원 주서注書(정7품)	1명(강원)
시강원侍講院 관원	1명(전라)
4~9품	44명
합 계	59명

위 표를 다시 정리하면, 《족보》 자체가 없거나 《족보》에 오르지 못한 급제자, 《족보》에 가계가 단절된 급제자, 신원을 알 수 없는 급

제자로 벼슬을 받은 59명 가운데 의정부 정승政丞이나 6조 판서判書의 벼슬을 받은 사람은 한 사람도 없다. 하지만 3품 이상 벼슬을 받은 사람은 모두 15명에 이르는데, 그 가운데는 판윤(정2품), 대사간(정3품 당상관), 참의(정3품 당상관), 병조참지(정3품 당상관) 등 당상관堂上官에 오른 인물이 6명에 이른다. 정3품 당하관에 오른 인물 가운데는 통례원 통례가 6명으로 가장 많다. 이 자리는 국가의식을 집행하는 직책으로 권력기관은 아니다.

4품에서 9품에 이르는 참상관參上官과 참외관參外官에 오른 인물은 모두 44명이다. 그 가운데는 청요직에 해당하는 홍문관弘文館에 나간 급제자는 없고, 감찰직에 해당하는 사헌부司憲府 장령(정4품)이나 지평(정5품)에 나간 인물이 17명으로 가장 많고, 언관직인 사간원司諫院에도 헌납(정5품)과 정언(정6품)에 나간 인물이 5명이다. 사헌부와 사간원을 합치면 22명으로 전체의 절반을 차지한다. 요직에 해당하는 6조 낭관에는 좌랑(정6품)이 2명에 지나지 않고 정랑(정5품)은 없다. 지방관인 군수, 경력, 도사, 현감, 찰방으로 나간 인물은 모두 11명에 이른다. 이상을 요약하면, 참상관과 참외관으로 가장 많이 나간 자리는 언관직과 지방관이라고 말할 수 있다.

(6) 내외 4대조 또는 그 위의 여러 대에 벼슬아치가 없는 급제자

(가) 문과급제자의 인원과 지역분포

순조 대 문과급제자 가운데 《족보》에 가계는 보이지만, 직계 3대조(외조 포함 내외 4대조) 또는 그 위의 여러 대에 걸쳐 벼슬아치가 없는 급제자는 230명으로 전체 급제자의 21.92퍼센트, 신분이 낮은 급제자의 40.56퍼센트에 이른다. 이를 영조 대의 11.54퍼센트와 비교하면 크게 늘어난 수치이고, 정조 대 21.36퍼센트와 견주어 보면 엇비슷하다.

위 부류에 속하는 급제자는 대부분 성관 자체는 명문에 속하고 있지만, 자신의 직계에는 벼슬아치가 적어 상대적으로 한미寒微한 사람들이다. 다시 말해 이들은 흔히 몰락양반으로 불리는 평민으로 볼 수 있다. 다음에 이들의 출신 지역을 먼저 알아보고, 이들이 받은 벼슬에 대해 차례로 알아보기로 한다. 먼저, 위 부류의 급제자들을 출신 지역별로 알아보면 다음과 같다.

지 역	총 급제자	4대조 안에 벼슬이 없는 자	《족보》에 오르지 못한 자	합 계
경상도	148명	76명(51.35%)	55명(37.16%)	131명(88.51%)
경기도	85명	37명(43.52%)	15명(17.64%)	52명(61.17%)
충청도	110명	40명(36.36%)	32명(29.09%)	72명(65.45%)
강원도	30명	9명(30 %)	8명(26.66%)	17명(56.66%)
전라도	55명	15명(27.27%)	32명(58.18%)	47명(85.45%)
함경도	25명	3명(12 %)	19명(76 %)	22명(88 %)
서 울	414명	43명(10.38%)	10명(2.41%)	53명(12.8 %)
황해도	13명	1명(7.69%)	10명(76.92%)	11명(84.61%)
평안도	162명	6명(3.7 %)	150명(92.59%)	156명(96.29%)
제 주	6명	0명	6명(100 %)	6명(100 %)
미 상	1명			
합 계	1,049명	230명(21.92%)	337명(32.12%)	567명(54.05%)

위 표를 다시 정리하면, 내외 4대조 또는 그 위로도 여러 대에 걸쳐 벼슬아치가 없는 급제자는 경상도가 51.35퍼센트로서 가장 수치가 높고, 그 다음이 경기도(43.52퍼센트), 충청도(36.36퍼센트), 강원도

(30퍼센트), 전라도(27.27퍼센트), 함경도(12퍼센트), 서울(10.38퍼센트), 황해도(7.69퍼센트), 평안도(3.7퍼센트)의 순이다.

여기서 경상도 출신의 수치가 51퍼센트대에 이른 것은, 다른 도에 견주어 상대적으로 몰락양반의 문과급제율이 높다는 것을 보여 준다. 반대로 평안도가 3.7퍼센트로서 가장 수치가 낮은 것은, 얼핏 생각하면 평안도 출신의 집안이 좋은 것으로 착각하기 쉽다. 하지만, 위 수치를 《족보》에 오르지 못한 급제자의 수치와 합쳐서 생각해 보면 사정은 다르다. 제주가 1백 퍼센트로 급제자 전원의 신분이 낮고, 그 다음이 평안도로서 신분이 낮은 급제자의 비율이 96.29퍼센트이고, 함경도(88퍼센트), 경상도(88.51퍼센트), 황해도(84.61퍼센트), 전라도(85.45퍼센트), 충청도(65.45퍼센트), 경기도(61.17퍼센트), 강원도(53.33퍼센트), 서울(12.8퍼센트)의 순으로 이어지고 있다. 이 수치를 바꿔 말하면, 서울 출신 급제자의 신분이 가장 좋고 그 다음이 강원도, 경기도, 충청도, 전라도, 황해도, 경상도, 함경도, 평안도, 제주도의 순으로 신분이 낮은 사람이 많았다는 것을 뜻한다.

(나) 내외 4대조 가운데 벼슬아치 없는 급제자의 여러 부류

순조 대 내외 4대조 또는 가까운 윗대 조상 가운데 벼슬아치가 없는 급제자는 230명인데, 이 가운데도 여러 등급이 있다. 조상 가운데 벼슬아치가 가장 먼 윗대에 있었던 급제자는 13대가 1명이고, 그 다음에 11대 2명, 10대 3명, 9대 8명, 8대 9명, 7대 22명, 6대 33명, 5대 35명, 4대 59명, 내외 4대조 58명으로 되어 있다.

여기서 편의상 9대 이상에 벼슬아치가 없는 급제자 14명의 명단을 소개하면 다음과 같다. 이 가운데 6명이 전주이씨全州李氏라는 것이 눈에 띈다.

한석지韓錫祉 평안도 영변寧邊 사람으로 벼슬이 없는데, 본관이 청주淸州이다. 《청주한씨보》를 보면 한석지는 개국공신 한상경韓尙敬의 후손으로 직계 13대조 가운데 벼슬아치가 없다.

이약수李若洙 함경도 함흥咸興 사람으로 벼슬이 참봉(종9품)에 이르렀는데, 본관이 전주全州다. 《전주이씨과거급제자총람》을 보면 이성계의 조상 목조穆祖의 후손으로 직계 11대조 가운데 벼슬아치가 없다.

손흥조孫興祖 경상도 상주尙州 사람으로 벼슬이 사간원 정언(정6품)에 이르렀는데, 본관이 비안比安이다. 《비안손씨보》를 보면 직계 10대조와 외조 가운데 벼슬아치가 없다.

장봉주張奉周 경상도 인동仁同 사람으로 벼슬이 찰방(종6품)에 이르렀는데, 본관이 인동仁同이다. 《인동장씨보》를 보면 직계 10대조 가운데 벼슬아치가 없다.

김기주金基周 충청도 충주忠州 사람으로 벼슬이 대사간(정3품 당상관)에 이르렀는데, 본관이 광산光山이다. 《광산김씨보》를 보면 직계 11대조와 외조 가운데 벼슬아치가 없다.

이의성李義省 경기도 포천抱川 사람으로 벼슬이 사헌부 지평(정5품)에 이르렀는데, 본관이 전주全州다. 《전주이씨과거급제자총람》을 보면 이의성은 세종의 아들 광평대군廣平大君의 후손으로 직계 9대조와 외조 가운데 벼슬아치가 없다.

이승곤李升坤 경상도 현풍玄風 사람으로 벼슬이 사헌부 지평(정5품)에 이르렀는데, 본관이 전주全州다. 《전주이씨과거급제자총람》을 보면 이승곤은 세종의 아들 임영대군臨瀛大君의 후손으로 직계 9대조와 외조 가운데 벼슬아치가 없다.

이익문李益文 경상도 예천醴泉 사람으로 벼슬이 병조참의(정3품 당상관)에 이르렀는데, 본관이 전주全州다.《전주이씨과거급제자총람》을 보면 이익문은 태종의 후궁 소생인 희령군熙寧君의 후손으로 직계 9대조와 외조 가운데 벼슬아치가 없다.

김희태金希台 경상도 금산金山 사람으로 벼슬이 사헌부 장령(정4품)에 이르렀는데, 본관이 선산善山이다.《선산김씨보》를 보면 직계 9대조와 외조 가운데 벼슬아치가 없다.

김용익金龍翼 경상도 상주尙州 사람으로 벼슬이 사헌부 지평(정5품)에 이르렀는데, 본관이 상산商山이다.《상산김씨보》를 보면 직계 9대조와 외조 가운데 벼슬아치가 없다.

이창조李昌祖 함경도 영흥永興 사람으로 벼슬이 사헌부 장령(정4품)에 이르렀는데, 본관이 전주全州이다.《전주이씨과거급제자총람》을 보면 이창조는 도조度祖의 아들 완창대군完昌大君의 12대손으로 직계 9대조와 외조 가운데 벼슬아치가 없다.

김영기金永基 경상도 상주尙州 사람으로 벼슬이 참판(종2품)에 이르렀는데, 본관이 상산商山이다.《상산김씨보》를 보면 직계 10대조 가운데 벼슬아치가 없다.

이윤성李潤聖 전라도 장성長城 사람으로 벼슬이 사헌부 장령(정4품)에 이르렀는데, 본관이 전주全州다.《전주이씨과거급제자총람》을 보면 그는 환조桓祖의 서자인 완산군完山君의 15세손으로 직계 9대조 가운데 벼슬아치가 없다.

안윤시安潤蓍 평양平壤 사람으로 벼슬이 사간원 헌납(정5품)에 이르렀는데, 본관이 순흥順興이다.《순흥안씨보》를 보면 직계 9대조와 외조 가운데 벼슬아치가 없다

(다) B형 급제자의 벼슬

그러면 내외 4대조 또는 그 가까운 윗대에 벼슬아치가 없는 급제자 230명이 받은 벼슬은 어떠했는가? 이들을 편의상 B형 급제자로 부른다. 먼저 벼슬을 받은 급제자는 206명이고, 벼슬을 받지 못한 급제자는 24명으로, 89.56퍼센트의 취직률을 보이고 있다. 앞에서 설명한 《족보》에 오르지 못한 급제자들이 17.5퍼센트의 취직률을 보이고 있는 것과 견주어 취직률이 매우 높은 것을 알 수 있다. 취직률의 차이는 신분의 차이와 깊은 관계가 있다는 것을 말해 준다.

B형 급제자 206명이 받은 벼슬을 최고품계순으로 나열하여 인원을 알아보면 다음과 같다.

판의금부사判義禁府事(종1품)	3명
지의금부사知義禁府事(정2품)	1명
판서判書(정2품)	5명
참판參判(종2품)	10명
부윤府尹(종2품)	1명
승지承旨(정3품 당상관)	24명
참의參議(정3품 당상관)	7명
참지參知(정3품 당상관)	2명
사간원 대사간大司諫(정3품 당상관)	19명
도정都正(정3품 당상관)	2명
목사牧使(정3품 당상관)	1명
시정寺正(정3품 당하관)	3명
통례원 통례通禮(정3품 당하관)	2명
사간원 사간司諫(종3품)	7명
사헌부 집의執義(종3품)	2명
부사府使(종3품)	2명
1~3품	91명

홍문관 응교應敎(정4품)	1명
사헌부 장령掌令(정4품)	13명
군수郡守(종4품)	4명
정랑正郞(정5품)	1명
홍문관 교리校理(정5품)	6명
사간원 헌납獻納(정5품)	7명
사헌부 지평持平(정5품)	20명
시강원 문학文學(정5품)	3명
영令(종5품)	1명
도사都事(종5품)	1명
판관判官(종5품)	1명
시강원 사서司書(정6품)	1명
좌랑佐郞(정6품)	8명
사간원 정언正言(정6품)	30명
성균관 전적典籍(정6품)	3명
서장관書狀官(4~6품)	1명
사과司果(정6품)	1명
현감縣監(종6품)	1명
찰방察訪(종6품)	3명
선전관宣傳官(종6품)	1명
4~6품	107명
승정원 주서注書(정7품)	2명
정자正字(정9품)	5명
참봉參奉(종9품)	1명
7~9품	8명
합 계	206명

표를 다시 정리하면, 벼슬을 받은 206명 가운데 3품 이상 고관에 오른 급제자는 거의 절반에 가까운 91명에 이르고 있는데, 그 가운데 의정부 정승政丞(정1품)은 없지만 종1품에 해당하는 판의금부사가 3

명, 2품에 해당하는 판서가 5명, 참판이 10명, 정3품 당상관인 참의와 참지가 9명, 사간원 대사간이 19명, 승정원 승지가 24명에 이르고 있다. 앞에서 살펴본 《족보》에 오르지 못한 급제자들과 비교하여 벼슬이 월등하게 높은 것을 볼 수 있다.

4품에서 6품에 이르는 참상관參上官에는 107명이 나가고 있는데, 청요직에 해당하는 홍문관弘文館의 응교(정4품)와 교리(정5품)에도 7명이 나가고 있으며, 감찰직인 사헌부司憲府에 33명, 간관인 사간원司諫院에 37명이 진출하고 있다. 이 둘을 합치면 70명으로 참상관의 절대다수가 청요직에 나가고 있음을 볼 수 있다. 군수(종4품) 이하 지방의 수령은 10명에 지나지 않는다.

7품에서 9품에 이르는 참외관參外官에는 겨우 8명이 진출했다. 다시 말해 203명의 절대다수가 참상관 이상의 벼슬을 받았음을 알 수 있다.

6) 순조 대 신분이 낮은 급제자 전체의 취직률

순조 대 《족보》에 오르지 못한 급제자와 《족보》에 가계가 단절된 급제자, 내외 4대조 또는 그 가까운 윗대에 벼슬아치가 없는 급제자 등 신분이 낮은 급제자 567명 가운데 벼슬을 받은 급제자는 모두 265명으로 46.73퍼센트를 보이고 있다. 이 수치를 앞뒤 시기와 비교하면 다음과 같다.

표를 통해서 광해군 대 96.96퍼센트를 보였던 취직률이 시대가 내려갈수록 차츰 줄어들다가 영조 대에는 66퍼센트대를 보이고, 정조 대에는 그보다 더 낮은 51퍼센트대로 내려갔다가 순조 대에는 46퍼

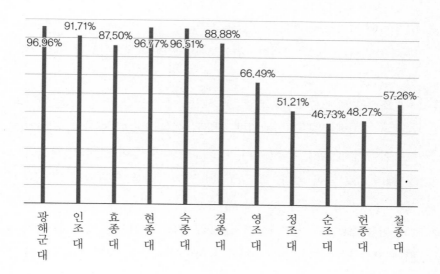

센트대로 더 내려간 것을 볼 수 있다. 순조 다음의 헌종 대는 48퍼센트대, 그 다음 철종 대에는 57퍼센트대로 다시 오르고 있는데, 이는 헌종과 철종 대 급제자들이 대부분 고종 대에 이르러 벼슬을 많이 받은 결과이다.

7) 순조 대 신분이 낮은 급제자 명단

순조 대 문과급제자 가운데 신분이 낮은 급제자 567명의 명단을 급제한 시기순으로 소개하면 다음과 같다.

1 **김성진**金聲振(1763~?) 경상도 선산善山 사람으로 유학을 거쳐 순조 원년(1801) 39세로 정시에 병과로 급제하여 벼슬이 도사(종5품)에 이르렀다. 《방목》에는 벼슬이 없이 아버지[錄], 할아버지[在鼎], 증조

〔周燮〕, 외조〔姜碩耉; 姜碩晏〕이름이 보이고, 본관이 선산으로 되어 있다. 《청구》와 《만성》의 《선산김씨보》를 보면 직계 6대조와 외조 가운데 벼슬아치가 없다.

2 **조석곤**曺錫鯤(1775~?) 평양平壤 사람으로 유학을 거쳐 순조 원년 27세로 정시에 병과로 급제했다. 《방목》에는 벼슬이 없이 아버지〔羽振〕, 할아버지〔允德〕, 증조〔命彦〕, 외조〔文治世〕이름이 보이고, 본관이 창녕昌寧으로 되어 있다. 그런데 《청구》와 《만성》의 《창녕조씨보》에는 조석곤의 가계가 보이지 않는다.

3 **이석**李鉐(1769~?) 전라도 익산益山 사람으로 진사를 거쳐 순조 원년 33세로 별시에 을과로 급제하여 벼슬이 사간원 정언(정6품)을 거쳐 부사(종3품)에 이르렀다. 《방목》에는 벼슬이 없이 아버지〔得一〕, 할아버지〔廷燮〕, 증조〔東植〕, 외조〔金基祖〕이름이 보이고, 본관이 전주全州로 되어 있다. 《전주이씨과거급제자총람》을 보면 이석은 중종의 후궁 소생인 덕흥대원군德興大院君의 후손으로 직계 5대조와 외조 가운데 벼슬아치가 없다.

4 **변상휘**邊相徽(1734~?) 전라도 부안扶安 사람으로 진사를 거쳐 순조 원년 68세로 별시에 을과로 급제했다. 《방목》에는 벼슬이 없이 아버지〔宗周〕, 할아버지〔致臨〕, 증조〔修〕, 외조〔吳德勳〕이름이 보이고, 본관이 황주黃州로 되어 있다. 그런데 《청구》의 《황주변씨보》에는 증조까지의 가계는 보이나 그 이후의 가계는 보이지 않으며, 《만성》의 《황주변씨보》에는 가계가 전혀 보이지 않는다.

5 **최홍진**崔鴻晉(1745~?) 경기도 안산安山 사람으로 진사를 거쳐 순조 원년 57세로 별시에 병과로 급제하여 벼슬이 세자시강원 사서司書(정6품)에 이르렀다. 《방목》에는 벼슬이 없이 아버지〔光昱, 생부 光宅〕,

할아버지[瑞雲], 증조[宇成], 외조[李綮], 처부의 이름이 보이고, 본관이 전주全州로 되어 있다. 《청구》와 《만성》의 《전주최씨보》를 보면 직계 3대조와 외조 가운데 벼슬아치가 없다.

　　6 이약수李若洙(1753~?) 함경도 함흥咸興 사람으로 생원을 거쳐 순조 원년 49세로 별시에 병과로 급제하여 벼슬이 참봉(종9품)에 이르렀다. 《방목》에는 벼슬이 없이 아버지[台鉉], 할아버지[埏], 증조[賓煦], 외조[韓是載], 처부의 이름이 보이고, 본관이 전주全州로 되어 있다. 《전주이씨과거급제자총람》을 보면 이약수는 목조穆祖의 후손으로 직계 11대조 가운데 벼슬아치가 없다.

　　7 조도우趙道宇(1736~?) 서울 사람으로 진사를 거쳐 순조 원년 66세로 별시에 병과로 급제했다. 《방목》에는 벼슬이 없이 아버지[彬], 할아버지[泰潤], 증조[元直], 외조[鄭東旭] 이름이 보이고, 본관이 양주楊州로 되어 있다. 그런데 《청구》와 《만성》의 《양주조씨보》에는 조도우의 가계가 보이지 않는다.

　　8 유이환兪理煥(1776~?) 서울 사람으로 유학을 거쳐 순조 원년 26세로 별시에 병과로 급제하여 벼슬이 홍문관을 거쳐 승지(정3품 당상관)에 이르렀다. 《방목》에는 벼슬이 없이 아버지[星柱], 할아버지[漢遇], 증조[彦容], 외조[李師言], 처부[洪喜榮] 이름이 보이고, 본관이 기계杞溪로 되어 있다. 《청구》와 《만성》의 《기계유씨보》를 보면 직계 3대조와 외조 가운데 벼슬아치가 없다.

　　9 이선李選(1762~?) 춘천春川 사람으로 유학을 거쳐 순조 원년 40세로 별시에 병과로 급제했다. 《방목》에는 벼슬이 없이 아버지[復烈, 생부 鼎烈], 할아버지[枰], 증조[濟彦], 외조[鄭弼商], 처부의 이름이 보이고, 본관이 우봉牛峰으로 되어 있다. 그런데 《청구》의 《우봉이씨보》

에는 아버지까지의 가계는 보이나 이선의 이름은 보이지 않는데, 직
계 4대조와 외조 가운데 벼슬아치가 없다. 한편, 《만성》의 《우봉이
씨보》에는 가계가 보이는데, 직계 3대조 가운데 벼슬아치가 없고 그
의 벼슬도 기록되어 있지 않다.

　　10 심능식心能栻(1765~?) 경상도 선산善山 사람으로 유학을 거쳐 순
조 원년 37세로 별시에 병과로 급제하여 벼슬이 홍문관을 거쳐 승지
(정3품 당상관)에 이르렀다. 《방목》에는 벼슬이 없이 아버지[大之], 할
아버지[鏤], 증조[龜賢], 외조[趙榮稷] 이름이 보이고, 본관이 청송靑松
으로 되어 있다. 《청구》와 《만성》의 《청송심씨보》를 보면 직계 3대
조와 외조 가운데 벼슬아치가 없다.

　　11 박승용朴升用(1754~?) 평안도 성천成川 사람으로 유학을 거쳐 순
조 원년 48세로 식년시에 을과로 급제했다. 《방목》에는 벼슬이 없이
아버지[師一], 할아버지[慶武], 증조[文彧], 외조[羅纘業] 이름이 보이고,
본관이 밀양密陽으로 되어 있다. 그런데 《청구》와 《만성》의 《밀양박
씨보》에는 박승용의 가계가 보이지 않는다.

　　12 성재기成在基(1771~?) 경상도 상주尙州 사람으로 유학을 거쳐 순
조 원년 31세로 식년시에 을과로 급제하여 벼슬이 좌랑(정6품)에 이
르렀다. 《방목》에는 벼슬이 없이 아버지[普烈], 할아버지[國柱], 증조
[爾濼], 외조[申儼] 이름이 보이고, 본관이 창녕昌寧으로 되어 있다.
《청구》와 《만성》의 《창녕성씨보》를 보면 직계 6대조와 외조 가운데
벼슬아치가 없다.

　　13 변시섬邊始暹(1773~?) 경상도 예천醴泉 사람으로 유학을 거쳐 순
조 원년 29세로 식년시에 을과로 급제하여 벼슬이 사간원 정언(정6
품)에 이르렀다. 《방목》에는 벼슬이 없이 아버지[益普], 할아버지[國

賓], 증조[有建], 외조[金秋漢] 이름이 보이고, 본관이 원주原州로 되어 있다. 《청구》와 《만성》의 《원주변씨보》를 보면 직계 3대조와 외조 가운데 벼슬아치가 없다.

14 이재숭李在嵩(1769~?) 경상도 성주星州 사람으로 생원을 거쳐 순조 원년 33세로 식년시에 을과로 급제했다. 《방목》에는 벼슬이 없이 아버지[奎運], 할아버지[柱臣], 증조[濟厚], 외조[李命和], 처부의 이름이 보이고, 본관이 전의全義로 되어 있다. 그런데 《만성》의 《전의이씨보》에는 이재숭의 가계가 전혀 보이지 않으며, 《청구》의 《전의이씨보》에는 아버지까지의 가계만 보이고 그의 이름은 보이지 않는다. 《족보》에 오르지 못한 인물이다.

15 신필복愼必復(1765~?) 경상도 안의安義 사람으로 유학을 거쳐 순조 원년 37세로 식년시에 을과로 급제하여 벼슬이 사헌부 지평(정5품)과 현감(종6품)에 이르렀다. 《방목》에는 벼슬이 없이 아버지[性天], 할아버지[道明], 증조[守儉], 외조[李鼎協] 이름이 보이고, 본관이 거창居昌으로 되어 있다. 《청구》와 《만성》의 《거창신씨보》를 보면 직계 5대조와 외조 가운데 벼슬아치가 없다.

16 김낙룡金洛龍(1777~?) 충청도 홍주洪州 사람으로 유학을 거쳐 순조 원년 25세로 식년시에 을과로 급제하여 벼슬이 헌종 대 대사간(정3품 당상관)과 승지(정3품 당상관)에 이르렀다. 《방목》에는 벼슬이 없이 아버지[行健], 할아버지[得運], 증조[斗八], 외조[李時馨], 처부의 이름이 보이고, 본관이 광산光山으로 되어 있다. 그런데 《만성》의 《광산김씨보》에는 김낙룡의 가계가 보이지 않으며, 《청구》의 《광산김씨보》를 보면 직계 3대조 가운데 벼슬아치가 없다.

17 조덕리趙德履(1769~?) 평안도 선천宣川 사람으로 유학을 거쳐 순

조 원년 33세로 식년시에 병과로 급제했다.《방목》에는 벼슬이 없이 아버지[奎煥], 할아버지[命權], 증조[時泰], 외조[姜福善] 이름이 보이고, 본관이 배천白川으로 되어 있다. 그런데《청구》와《만성》의《배천조씨보》에는 조덕리의 가계가 보이지 않는다. 배천조씨는 조선시대 문과급제자 68명을 배출했는데, 그 가운데 평안도 출신으로 확인된 인물이 37명이고, 정주 출신만 숙종 대 이후 26명에 이르고 있다.

18 조영존趙永存(1770~?) 평안도 정주定州 사람으로 유학을 거쳐 순조 원년 32세로 식년시에 병과로 급제했다.《방목》에는 벼슬이 없이 아버지[夢夔], 할아버지[彦翊], 증조[昌來], 외조[洪命馥] 이름이 보이고, 본관이 배천白川으로 되어 있다. 그런데《청구》와《만성》의《배천조씨보》에는 조영존의 가계가 보이지 않는다. 정주의 배천조씨는 숙종 대 이후 문과급제자 26명을 배출하여 연안김씨延安金氏, 수원백씨水原白氏와 더불어 이 지역의 명문으로 부상했다.

19 권변權拚(1772~?) 충청도 죽산竹山 사람으로 유학을 거쳐 순조 원년 30세로 식년시에 병과로 급제했다.《방목》에는 벼슬이 없이 아버지[璿], 할아버지[怡], 증조[諗], 외조[劉光國], 처부의 이름이 보이고, 본관이 안동安東으로 되어 있다. 그런데《청구》와《만성》의《안동권씨보》에는 권변의 가계가 보이지 않는다.

20 김계연金啓淵(1767~?) 충청도 문의文義 사람으로 유학을 거쳐 순조 원년 35세로 식년시에 병과로 급제했다.《방목》에는 벼슬이 없이 아버지[秋鎭], 할아버지[始溟], 증조[重禹], 외조[盧成麟] 이름이 보이고, 본관이 강릉江陵으로 되어 있다. 그런데《청구》와《만성》의《강릉김씨보》에는 김계연의 가계가 보이지 않는다.

21 임홍식任弘植(1774~?) 강원도 평강平康 사람으로 유학을 거쳐 순

조 원년 28세로 식년시에 병과로 급제했다. 《방목》에는 벼슬이 없이 아버지〔光河〕, 할아버지〔聖運〕, 증조〔壽璧〕, 외조〔朴昌道〕 이름이 보이고, 본관이 풍천豐川으로 되어 있다. 그런데 《청구》와 《만성》의 《풍천임씨보》에는 임홍식의 가계가 보이지 않는다.

22 **김희룡**金熙龍(1765~?) 경상도 영천永川 사람으로 유학을 거쳐 순조 원년 37세로 식년시에 병과로 급제했다. 《방목》에는 벼슬이 없이 아버지〔宇杓〕, 할아버지〔商濟〕, 증조〔近玄〕, 외조〔趙應斗〕 이름이 보이고, 본관이 용궁龍宮으로 되어 있다. 그런데 《청구》의 《용궁김씨보》에는 고려시대 인물인 김존중金存中 한 사람만 기록되어 있고, 《만성》의 《용궁김씨보》에도 김희룡의 가계가 보이지 않는다. 2000년 현재 용궁김씨 인구는 3,325가구 1만 660명의 희성으로, 그가 조선시대 유일한 문과급제자이다. 조선 후기에는 의과醫科 1명, 음양과陰陽科 1명, 율과律科 5명, 주학籌學 15명의 급제자를 배출하여 기술직 중인가문에 속했다.

23 **김광정**金光鼎(1754~?) 전라도 영암靈岩 사람으로 유학을 거쳐 순조 원년 48세로 식년시에 병과로 급제했다. 《방목》에는 벼슬이 없이 아버지〔宗禼〕, 할아버지〔益三〕, 증조〔爾雄〕, 외조〔金耆昇〕 이름이 보이고, 본관이 천안天安으로 되어 있다. 그런데 《청구》와 《만성》에는 《천안김씨보》 자체가 없다. 2000년 현재 천안김씨 인구는 442가구 1,494명의 희성으로, 김광정이 조선시대 유일한 문과급제자이다.

24 **임이존**林以存(1748~?) 서울 사람으로 유학을 거쳐 순조 원년 54세로 식년시에 병과로 급제했다. 《방목》에는 벼슬이 없이 아버지〔在垕〕, 할아버지〔鶴鳴〕, 증조〔廷郁〕, 외조〔梁濟河〕 이름이 보이고, 본관이 나주羅州로 되어 있다. 그런데 《청구》와 《만성》의 《나주임씨보》에

는 임이존의 가계가 보이지 않는다.

　25 **허진**許臻(1762~?) 평안도 구성龜城 사람으로 유학을 거쳐 순조 원년 40세로 식년시에 병과로 급제했다. 《방목》에는 벼슬이 없이 아버지[任], 할아버지[邦增], 증조[謐], 외조[白善基] 이름이 보이고, 본관이 양천陽川으로 되어 있다. 그런데 《청구》와 《만성》의 《양천허씨보》에는 허진의 가계가 보이지 않는다.

　26 **성노진**成老鎭(1766~?) 충청도 예산禮山 사람으로 유학을 거쳐 순조 원년 36세로 식년시에 병과로 급제하여 벼슬이 찰방(종6품)에 이르렀다. 《방목》에는 벼슬이 없이 아버지[珩], 할아버지[胤祉], 증조[㐽], 외조[趙思濟] 이름이 보이고, 본관이 창녕昌寧으로 되어 있다. 그런데 《청구》와 《만성》의 《창녕성씨보》에는 성노진의 가계가 보이지 않는다.

　27 **남규채**南奎采(1764~?) 충청도 문의文義 사람으로 유학을 거쳐 순조 원년 38세로 식년시에 병과로 급제하여 벼슬이 승정원 주서(정7품)에 이르렀다. 《방목》에는 벼슬이 없이 아버지[溰, 생부 澈], 할아버지[以寬], 증조[鶴昌], 외조[尹東曾] 이름이 보이고, 본관이 의령宜寧으로 되어 있다. 《청구》와 《만성》의 《의령남씨보》를 보면 직계 4대조와 외조 가운데 벼슬아치가 없다.

　28 **서유소**徐有素(1775~?) 서울 사람으로 유학을 거쳐 순조 원년 27세로 식년시에 병과로 급제하여 벼슬이 홍문관을 거쳐 대사간(정3품 당상관)에 이르렀다. 《방목》에는 벼슬이 없이 아버지[亮修], 할아버지[命載], 증조[宗杓], 외조[申大順], 처부의 이름이 보이고, 본관이 대구大邱로 되어 있다. 《청구》와 《만성》의 《대구서씨보》를 보면 직계 3대조와 외조 가운데 벼슬아치가 없다.

29 이종심李宗心(1778~?) 평안도 정주定州 사람으로 유학을 거쳐 순조 원년 24세로 식년시에 병과로 급제했다.《방목》에는 벼슬이 없이 아버지[璟], 할아버지[晃淑], 증조[元弼], 외조[崔道一] 이름이 보이고, 본관이 전주全州로 되어 있다. 그런데《전주이씨과거급제자총람》에는 이종심의 이름이 보이지 않는다. 왕족이면서도《족보》에 오르지 못한 것으로 보아 서출인 듯하다.

30 조덕趙穗(1773~?) 경상도 상주尙州 사람으로 유학을 거쳐 순조 원년 29세로 식년시에 병과로 급제하여 벼슬이 참의(정3품 당상관)에 이르렀다.《방목》에는 벼슬이 없이 아버지[濯洙], 할아버지[錫一], 증조[學經], 외조[金銓] 이름이 보이고, 본관이 풍양豊壤으로 되어 있다.《청구》와《만성》의《풍양조씨보》를 보면 직계 6대조 가운데 벼슬아치가 없다.

31 권득중權得中(1744~?) 경상도 순흥順興 사람으로 유학을 거쳐 순조 원년 58세로 식년시에 병과로 급제했다.《방목》에는 벼슬이 없이 아버지[益亨], 할아버지[任揆], 증조[東挺], 외조[金興祖] 이름이 보이고, 본관이 안동安東으로 되어 있다. 그런데《청구》와《만성》의《안동권씨보》에는 권득중의 가계가 보이지 않는다.

32 서도유徐道裕(1770~?) 충청도 대흥大興 사람으로 유학을 거쳐 순조 원년 32세로 식년시에 병과로 급제했다.《방목》에는 벼슬이 없이 아버지[範禮], 할아버지[相晉], 증조[景智], 외조[尹尙雨], 처부의 이름이 보이고, 본관이 부여扶餘로 되어 있다. 그런데《청구》와《만성》의《부여서씨보》에는 서도유의 가계가 보이지 않는다. 2000년 현재 부여서씨 인구는 4,486가구 1만 4,312명의 희성으로 조선시대 문과급제자는 4명이다.

33 홍중서洪重緖(1783~?) 평안도 영유永柔 사람으로 유학을 거쳐 순조 원년 19세로 식년시에 병과로 급제했다. 《방목》에는 벼슬이 없이 아버지[萬源], 할아버지[以濟], 증조[明海], 외조[洪胤聲] 이름이 보이고, 본관이 남양南陽으로 되어 있다. 그런데 《청구》와 《만성》의 《남양홍씨보》에는 홍중서의 가계가 보이지 않는다. 아버지 홍만원은 영조 2년 식년시에 급제한 인물로, 그와 달리 본관이 안산安山으로 되어 있다. 하지만 《만성》에는 《안산홍씨보》 자체가 없고, 《청구》의 《안산홍씨보》에는 홍중서의 이름이 보이지 않는다. 따라서 그는 어느 홍씨보에도 보이지 않는 인물이다.

34 김호진金虎振(1769~?) 경상도 고령高靈 사람으로 유학을 거쳐 순조 원년 33세로 식년시에 병과로 급제했다. 《방목》에는 벼슬이 없이 아버지[養精], 할아버지[敬一], 증조[壽俗], 외조[呂齊觀], 처부의 이름이 보이고, 본관이 선산善山으로 되어 있다. 《청구》와 《만성》의 《선산김씨보》를 보면 김호진은 김종직金宗直의 12대손으로 직계 8대조 가운데 벼슬아치는 5대조가 봉사(종8품)를 지낸 것밖에는 없다. 《족보》에는 외조부[崔宅柱]의 이름이 《방목》과 다르다.

35 박사언朴思彦(1773~?) 평안도 정주定州 사람으로 유학을 거쳐 순조 원년 29세로 식년시에 병과로 급제하여 벼슬이 문희묘文禧廟의 전사관典祀官에 이르렀다. 《방목》에는 벼슬이 없이 아버지[弼權], 할아버지[昌燁], 증조[聖樞], 외조[白文篁] 이름이 보이고, 본관이 밀양密陽으로 되어 있다. 그런데 《청구》와 《만성》의 《밀양박씨보》에는 박사언의 가계가 보이지 않는다.

36 김이적金履迪(1777~?) 평안도 강동江東 사람으로 유학을 거쳐 순조 원년 25세로 식년시에 병과로 급제했다. 《방목》에는 벼슬이 없이

아버지[允澤], 할아버지[錫礪], 증조[湼聲], 외조[申斗弘] 이름이 보이고,
본관이 당악唐岳(中和)으로 되어 있다. 그런데 《청구》와 《만성》의
《당악김씨보》에는 인조 대 문과에 급제한 김여욱金汝旭(현감)만이 벼
슬아치로 나오고, 김이적의 가계는 보이지 않는다. 2000년 현재 당악
김씨 인구는 1,743가구 5,464명의 희성으로 조선시대 문과급제자 4명
을 배출했는데, 그가 세 번째다.

37 안광우安光宇(1753~?) 서울 사람으로 진사를 거쳐 순조 2년
(1802) 2월 50세로 정시에 장원급제하여 벼슬이 사헌부 장령(정4품)과
홍문관을 거쳐 승지(정3품 당상관)에 이르렀다. 《방목》에는 벼슬이 없
이 아버지[構], 할아버지[宗彬], 증조[允禧], 외조[兪彦吉], 처부의 이름
이 보이고, 본관이 죽산竹山으로 되어 있다. 《청구》와 《만성》의 《죽
산안씨보》를 보면 직계 3대조와 외조 가운데 벼슬아치가 없다.

38 박성한朴聲漢(1763~?) 서울 사람으로 생원을 거쳐 순조 2년 40세
로 정시에 병과로 급제하여 벼슬이 사간원 정언(정6품)에 이르렀다.
《방목》에는 벼슬이 없이 아버지[長欽], 할아버지[廷琓], 증조[聖龜], 외
조[柳喆謀], 처부의 이름이 보이고, 본관이 음성陰城으로 되어 있다.
《청구》와 《만성》의 《음성박씨보》를 보면 직계 5대조와 외조 가운데
벼슬아치가 없다.

39 박종우朴宗祐(1746~?) 평안도 숙천肅川 사람으로 유학을 거쳐 순
조 2년 2월 57세로 정시에 병과로 급제했다. 《방목》에는 벼슬이 없
이 아버지[天杓], 할아버지[峻發], 증조[枝盛], 외조[崔泰輝] 이름이 보
이고, 본관이 충주忠州로 되어 있다. 그런데 《청구》와 《만성》의 《충
주박씨보》에는 박종우의 가계가 보이지 않는다.

40 김용묵金用黙(1773~?) 서울 사람으로 진사를 거쳐 순조 2년 10월

30세로 정시에 을과로 급제하여 벼슬이 사헌부 집의(종3품)에 이르렀다. 《방목》에는 벼슬이 없이 아버지〔聖球〕, 할아버지〔道徵〕, 증조〔錫紀〕, 외조〔金熵〕, 처부의 이름이 보이고, 본관이 청풍淸風으로 되어 있다. 《청구》와 《만성》의 《청풍김씨보》를 보면 직계 3대조와 외조 가운데 벼슬아치가 없다.

41 **정의명**鄭義命(1776~?) 평안도 철산鐵山 사람으로 유학을 거쳐 순조 2년 10월 27세로 정시에 병과로 급제했다. 《방목》에는 벼슬이 없이 아버지〔顯進〕, 할아버지〔處夏〕, 증조〔斗山〕, 외조〔張星惟〕 이름이 보이고, 본관이 하동河東으로 되어 있다. 그런데 《청구》와 《만성》의 《하동정씨보》에는 정의명의 가계가 보이지 않는다. 철산의 하동정씨는 영조 대 이후 문과급제자 10명을 배출했다.

42 **황명한**黃明漢(1771~?) 충청도 죽산竹山 사람으로 생원을 거쳐 순조 2년 11월 정시에 32세로 정시에 장원급제하여 벼슬이 사헌부 지평(정5품)에 이르렀다. 《방목》에는 벼슬이 없이 아버지〔鏶〕, 할아버지〔載河〕, 증조〔晳〕, 외조〔金敬修〕 이름이 보이고, 본관이 장수長水로 되어 있다. 그런데 《청구》와 《만성》의 《장수황씨보》에는 황명한의 가계가 보이지 않는다.

43 **김이수**金履秀(1761~?) 서울 사람으로 유학을 거쳐 순조 3년(1803) 알성시에 을과로 급제하여 벼슬이 좌랑(정6품)에 이르렀다. 《방목》에는 벼슬이 없이 아버지〔直行〕, 할아버지〔時逸〕, 증조〔盛益〕, 외조〔閔百當〕, 처부의 이름이 보이고, 본관이 안동安東으로 되어 있다. 《청구》와 《만성》의 《안동김씨보》를 보면 김이수는 조선 중기 문신 김상용金尙容의 후손으로 직계 3대조와 외조 가운데 벼슬아치가 없다.

44 **유춘동**柳春東(1776~?) 경기도 부평富平 사람으로 유학을 거쳐 순

조 3년 28세로 알성시에 병과로 급제하여 벼슬이 사간원 사간(종3품)
에 이르렀다. 《방목》에는 벼슬이 없이 아버지[之翔], 할아버지[宗裕],
증조[光台], 외조[李光濂], 처부의 이름이 보이고, 본관이 진주晉州로
되어 있다. 《청구》와 《만성》의 《진주유씨보》를 보면 직계 6대조와
외조 가운데 실직 벼슬아치가 없다.

　　45 신용연申用淵(1759~?) 강원도 원주原州 사람으로 생원을 거쳐 순
조 3년 45세로 춘당대 별시에 병과로 급제했다. 《방목》에는 벼슬이
없이 아버지[遠欽], 할아버지[鼎周], 증조[璿], 외조[孫後漸] 이름이 보
이고, 본관이 영해寧海로 되어 있다. 그런데 《청구》와 《만성》의 《영
해신씨보》에는 신용연의 가계가 보이지 않는다.

　　46 김우순金愚淳(1760~?) 서울 사람으로 교관敎官을 거쳐 순조 3년
44세로 춘당대 별시에 병과로 급제하여 벼슬이 승지(정3품 당상관)와
홍문관을 거쳐 대사간(정3품 당상관)과 동지돈녕부사(종2품)에 이르렀
다. 《방목》에는 벼슬이 없이 아버지[履命], 할아버지[淵行], 증조[時
吉], 외조[李商穆] 이름이 보이고, 본관이 안동安東으로 되어 있다. 《청
구》와 《만성》의 《안동김씨보》를 보면 직계 3대조와 외조 가운데 벼
슬아치가 없다.

　　47 안상묵安尙黙(1763~?) 서울 사람으로 진사를 거쳐 순조 3년 41세
로 춘당대 별시에 병과로 급제하여 벼슬이 사간원 정언(정6품)에 이
르렀다. 《방목》에는 벼슬이 없이 아버지[業], 할아버지[宗濟], 증조[錫
元], 외조[朴賚] 이름이 보이고, 본관이 순흥順興으로 되어 있다. 《청
구》와 《만성》의 《순흥안씨보》를 보면 직계 4대조와 외조 가운데 벼
슬아치가 없다.

　　48 유영오柳榮五(1777~?) 서울 사람으로 유학을 거쳐 순조 3년 춘당

대 별시에 병과로 급제하여 벼슬이 병조참지(정3품 당상관)에 이르렀다.《방목》에는 벼슬이 없이 아버지[璥], 할아버지[雲漢], 증조[諄], 외조[權顯應], 처부의 이름이 보이고, 본관이 흥양興陽으로 되어 있다. 《청구》와《만성》의《흥양유씨보》에 유영오의 가계가 보이는데, 4대조까지는 서로 같으나 5대조와 6대조의 이름이 서로 다르다. 전자를 따르면 직계 6대조 가운데 벼슬아치가 없고, 후자를 따르면 4대조 가운데 벼슬아치가 없다. 외조도 벼슬아치가 아니다.

49 윤규백尹奎白(1762~?) 경기도 수원水原 사람으로 유학을 거쳐 순조 3년 42세로 춘당대 별시에 급제하여 벼슬이 사헌부 지평(정5품)에 이르렀다.《방목》에는 벼슬이 없이 아버지[檀], 할아버지[德謙], 증조[斗緖], 외조[羅允學] 이름이 보이고, 본관이 해남海南으로 되어 있다. 《청구》와《만성》의《해남윤씨보》를 보면 윤규백은 윤선도尹善道의 6대손이며 증조 윤두서尹斗緖는 화가로 이름을 떨치기도 했다. 직계 3대조와 외조 가운데 벼슬아치가 없다.

50 최정진崔廷鎭(1769~?) 경상도 고령高靈 사람으로 생원을 거쳐 순조 3년 35세로 춘당대 별시에 병과로 급제하여 벼슬이 성균관 전적(정6품)에 이르렀다.《방목》에는 벼슬이 없이 아버지[興壁], 할아버지[師錫], 증조[壽崗], 외조[吳季垕] 이름이 보이고, 본관이 경주慶州로 되어 있다.《청구》와《만성》의《경주최씨보》를 보면 직계 7대조와 외조 가운데 벼슬아치가 없다.

51 윤진尹禛(1760~?) 경기도 안산安山 사람으로 생원을 거쳐 순조 3년 44세로 춘당대 별시에 병과로 급제하여 벼슬이 정자(정9품)에 이르렀다.《방목》에는 벼슬이 없이 아버지[行履], 할아버지[曄], 증조[德恒], 외조[金頤厚] 이름이 보이고, 본관이 파평坡平으로 되어 있다.《청

구》와 《만성》의 《파평윤씨보》를 보면 직계 5대조와 외조 가운데 벼슬아치가 없다.

52 이원숙李元肅(1768~?) 충청도 보은報恩 사람으로 유학을 거쳐 순조 3년 36세로 춘당대 별시에 병과로 급제했다. 《방목》에는 벼슬이 없이 아버지[薰], 할아버지[馨最], 증조[玖], 외조[金磬], 처부의 이름이 보이고, 본관이 전의全義로 되어 있다. 그런데 《청구》의 《전의이씨보》를 보면 할아버지까지의 가계는 보이나 아버지와 이원숙의 이름이 보이지 않으며, 《만성》의 《전의이씨보》에는 가계가 전혀 보이지 않는다.

53 장용팔張龍八(1778~?) 경상도 인동仁同 사람으로 유학을 거쳐 순조 3년 26세로 춘당대 별시에 병과로 급제했다. 《방목》에는 벼슬이 없이 아버지[運燮, 생부 寅燮], 할아버지[守模], 증조[宗蓍], 외조[金河錫], 처부의 이름이 보이고, 본관이 인동으로 되어 있다. 그런데 《만성》의 《인동장씨보》에는 장용팔의 가계가 보이지 않으며, 《청구》의 《인동장씨보》를 보면 직계 6대조 가운데 벼슬아치가 없다.

54 김재진金載鎭(1765~?) 경상도 김해金海 사람으로 유학을 거쳐 순조 3년 39세로 춘당대 별시에 병과로 급제했다. 《방목》에는 벼슬이 없이 아버지[永漢], 할아버지[錫柱], 증조[武生], 외조[梁漢伯] 이름이 보이고, 본관이 김해로 되어 있다. 그런데 《청구》와 《만성》의 《김해김씨보》에는 김재진의 가계가 보이지 않는다.

55 윤혜규尹惠圭(1760~?) 충청도 노성魯城 사람으로 생원을 거쳐 순조 3년 44세로 춘당대 별시에 병과로 급제하여 벼슬이 좌랑(정6품)에 이르렀다. 《방목》에는 벼슬이 없이 아버지[光箸], 할아버지[東彦], 증조[靑敎], 외조[金命圭] 이름이 보이고, 본관이 파평坡平으로 되어 있

다. 그런데 《청구》의 《파평윤씨보》에는 윤혜규의 가계가 보이지 않고, 《만성》의 《파평윤씨보》에는 가계가 보이는데 직계 5대조와 외조 가운데 벼슬아치가 없다.

56 강기환姜基煥(1778~?) 경상도 안동安東 사람으로 유학을 거쳐 순조 3년 26세로 춘당대 별시에 급제했다. 《방목》에는 벼슬이 없이 아버지[棟], 할아버지[瀚], 증조[履一], 외조[李世翕], 처부의 이름이 보이고, 본관이 진주晉州로 되어 있다. 그런데 《청구》와 《만성》의 《진주강씨보》에는 강기환의 가계가 보이지 않는다.

57 박규수朴珪壽(1763~?) 서울 사람으로 유학을 거쳐 순조 3년 41세로 춘당대시에 병과로 급제하여 벼슬이 사간원 정언(정6품)과 헌납(정5품)에 이르렀다. 《방목》에는 벼슬이 없이 아버지[相一, 생부 宗淳], 할아버지[啓源], 증조[師仁], 외조[姜俊岳], 처부의 이름이 보이고, 본관이 반남潘南으로 되어 있다. 그런데 《청구》의 《반남박씨보》에는 박규수의 가계가 보이지 않으며, 《만성》의 《반남박씨보》에는 할아버지까지의 가계만 보이고 아버지와 박규수의 이름은 보이지 않는다.

58 민병훈閔秉勳(1780~?) 충청도 결성結城 사람으로 생원을 거쳐 순조 4년(1804) 25세로 춘당대 전시에 을과로 급제하여 벼슬이 사간원 정언(정6품)에 이르렀다. 《방목》에는 벼슬이 없이 아버지[種吉], 할아버지[頤世], 증조[師尹], 외조[崔一濟], 처부의 이름이 보이고, 본관이 여흥驪興으로 되어 있다. 《청구》와 《만성》의 《여흥민씨보》를 보면 직계 4대조와 외조 가운데 벼슬아치가 없다.

59 손흥조孫興祖(1765~?) 경상도 상주尙州 사람으로 생원을 거쳐 순조 4년 40세로 춘당대 전시에 병과로 급제하여 벼슬이 사간원 정언(정6품)에 이르렀다. 《방목》에는 벼슬이 없이 아버지[翼振], 할아버지

〔緻〕, 증조〔命三〕, 외조〔李昌國〕 이름이 보이고, 본관이 비안比安으로 되어 있다. 그런데 《만성》에는 《비안손씨보》 자체가 없으며, 《청구》의 《비안손씨보》를 보면 직계 10대조와 외조 가운데 벼슬아치가 없다. 2000년 현재 비안손씨 인구는 132가구 423명의 희성으로 손흥조가 유일한 문과급제자이다.

60 이협심李協心(1777~?) 충청도 천안天安 사람으로 유학을 거쳐 순조 4년 28세로 춘당대 전시에 병과로 급제했다. 《방목》에는 벼슬이 없이 아버지〔弘燁, 생부 東燁〕, 할아버지〔世德〕, 증조〔台斗〕, 외조〔金聖溫〕 이름이 보이고, 본관이 안성安城으로 되어 있다. 그런데 《청구》와 《만성》의 《안성이씨보》에는 이협심의 가계가 보이지 않는다.

61 이약열李若烈(1765~?) 경상도 단성丹城 사람으로 유학을 거쳐 순조 4년 40세로 식년시에 갑과로 급제했다. 《방목》에는 벼슬이 없이 아버지〔啓誠〕, 할아버지〔如琢〕, 증조〔胤壽〕, 외조〔郭元壂〕 이름이 보이고, 본관이 성주星州로 되어 있다. 그런데 《만성》의 《성주이씨보》에는 이약열의 가계가 보이지 않으며, 《청구》의 《성주이씨보》에는 가계가 보이는데, 그는 태조의 부마 이제李濟의 11대손으로 직계 8대조 가운데 벼슬아치가 없다.

62 서정보徐鼎輔(1762~?) 서울 사람으로 주부(종6품)를 거쳐 순조 4년 43세로 식년시에 을과로 급제하여 벼슬이 홍문관을 거쳐 사간원 대사간(정3품 당상관)에 이르렀다. 《방목》에는 벼슬이 없이 아버지〔有能〕, 할아버지〔悅修〕, 증조〔命寬〕, 외조〔李廷衡〕, 처부의 이름이 보이고, 본관이 대구大邱로 되어 있다. 《청구》와 《만성》의 《대구서씨보》를 보면 직계 3대조와 외조 가운데 벼슬아치가 없다.

63 이원李昈(1761~?) 경기도 양지陽智 사람으로 유학을 거쳐 순조 4

년 44세로 식년시에 을과로 급제하여 벼슬이 정자(정9품)에 이르렀다. 《방목》에는 벼슬이 없이 아버지[蓍彬], 할아버지[泳], 증조[德崇], 외조[張浣] 이름이 보이고, 본관이 덕수德水로 되어 있다. 《청구》와 《만성》의 《덕수이씨보》를 보면 직계 3대조와 외조 가운데 벼슬아치가 없고 그 위로는 7대에 걸쳐 무반직武班職을 세습해 왔다.

64 원상요元相堯(1746~?) 평안도 구성龜城 사람으로 유학을 거쳐 순조 4년 59세로 식년시에 을과로 급제했다. 《방목》에는 벼슬이 없이 아버지[學愚], 할아버지[善弘], 증조[世胄], 외조[白文煌] 이름이 보이고, 본관이 원주原州로 되어 있다. 그런데 《청구》와 《만성》의 《원주원씨보》에는 원상요의 가계가 보이지 않는다.

65 이식李埴(1778~?) 평안도 정주定州 사람으로 유학을 거쳐 순조 4년 27세로 식년시에 을과로 급제했다. 《방목》에는 벼슬이 없이 아버지[彦陽], 할아버지[宗英], 증조[道漸], 외조[蘇命運] 이름이 보이고, 본관이 요산遼山으로 되어 있다. 그런데 《청구》와 《만성》에는 《요산이씨보》 자체가 없다. 2000년 현재 요산이씨 인구는 1,010가구 3,320명의 희성으로 이식이 조선시대 유일한 문과급제자이다.

66 최도빈崔道彬(1760~?) 경상도 경산慶山 사람으로 유학을 거쳐 순조 4년 45세로 식년시에 을과로 급제했다. 《방목》에는 벼슬이 없이 아버지[秀坤], 할아버지[斗瞻], 증조[致栢], 외조[張孝源] 이름이 보이고, 본관이 경주慶州로 되어 있다. 그런데 《청구》와 《만성》의 《경주최씨보》에는 최도빈의 가계가 보이지 않는다.

67 양석관梁奭觀(1746~?) 전라도 능주綾州 사람으로 유학을 거쳐 순조 4년 59세로 식년시에 병과로 급제했다. 《방목》에는 벼슬이 없이 아버지[命龍], 할아버지[泰夏], 증조[之瀷], 외조[安后淵] 이름이 보이고,

본관이 제주濟州로 되어 있다. 그런데《청구》와《만성》의《제주양씨
보》에는 양석관의 가계가 보이지 않는다.

68 이경욱李慶旭(1766~?) 평안도 안주安州 사람으로 유학을 거쳐 순
조 4년 39세로 식년시에 병과로 급제했다.《방목》에는 벼슬이 없이
아버지〔養河〕, 할아버지〔世泰〕, 증조〔億禎〕, 외조〔韓師益〕 이름이 보이고,
본관이 광주廣州로 되어 있다. 그런데《청구》와《만성》의《광주이씨
보》에는 이경욱의 가계가 보이지 않는다.

69 차익수車翊修(1763~?) 평안도 숙천肅川 사람으로 유학을 거쳐 순
조 4년 42세로 식년시에 병과로 급제했다.《방목》에는 벼슬이 없이
아버지〔尙臣〕, 할아버지〔正琯〕, 증조〔義轎〕, 외조〔李東禹〕 이름이 보이고,
본관이 연안延安으로 되어 있다. 그런데《청구》와《만성》의《연안차
씨보》에는 차익수의 가계가 보이지 않는다. 연안차씨는 조선시대 문
과급제자 28명을 배출했는데, 그 가운데 조선 후기 평안도 출신으로
확인된 급제자가 15명이며, 숙천 출신만 순조 대 이후 6명이다.

70 이인적李仁迪(1768~?) 평안도 은산殷山 사람으로 유학을 거쳐 순
조 4년 37세로 식년시에 병과로 급제했다.《방목》에는 벼슬이 없이
아버지〔承胄〕, 할아버지〔德祚〕, 증조〔泰芳〕, 외조〔李賢齊〕 이름이 보이고,
본관이 홍주洪州로 되어 있다. 그런데《청구》와《만성》의《홍주이씨
보》에는 이인적의 가계가 보이지 않는다. 홍주이씨는 조선시대 문과
급제자 9명을 배출했는데, 그 가운데 5명이 순조 대 이후 평안도에서
급제하였다.

71 정필한鄭弼漢(1772~?) 충청도 충주忠州 사람으로 유학을 거쳐 순
조 4년 33세로 식년시에 병과로 급제했다.《방목》에는 벼슬이 없이
아버지〔履周〕, 할아버지〔蘭徵〕, 증조〔瑾〕, 외조〔盧允一〕 이름이 보이고,

본관이 초계草溪로 되어 있다. 그런데 《청구》와 《만성》의 《초계정씨보》에는 정필한의 가계가 보이지 않는다.

72 진석주陳錫周(1771~?) 경상도 창녕昌寧 사람으로 유학을 거쳐 순조 4년 34세로 식년시에 병과로 급제했다. 《방목》에는 벼슬이 없이 아버지[慶壽], 할아버지[龜載], 증조[睦瑞], 외조[朴厚琮] 이름이 보이고, 본관이 여양驪陽으로 되어 있다. 그런데 《만성》의 《여양진씨보》에는 진석주의 가계가 보이지 않으며, 《청구》의 《여양진씨보》를 보면 가계가 끊어진 형태로 아버지와 그의 이름이 독립되어 기록되어 있다. 그러니까 아버지 윗대의 가계는 모른다는 뜻이다. 아버지는 벼슬아치가 아니다.

73 조규승趙奎昇(1769~?) 경기도 용인龍仁 사람으로 유학을 거쳐 순조 4년 36세로 식년시에 병과로 급제하여 벼슬이 승지(정3품 당상관)에 이르렀다. 《방목》에는 벼슬이 없이 아버지[煥], 할아버지[鼎重], 증조[擢], 외조[宋慶運], 처부의 이름이 보이고, 본관이 한양漢陽으로 되어 있다. 《청구》와 《만성》의 《한양조씨보》를 보면 직계 5대조와 외조 가운데 벼슬아치가 없다.

74 조영걸趙永傑(1773~?) 평안도 정주定州 사람으로 유학을 거쳐 순조 4년 32세로 식년시에 병과로 급제하여 벼슬이 사헌부 지평(정5품)에 이르렀다. 《방목》에는 벼슬이 없이 아버지[夢玉], 할아버지[彦泰], 증조[昌來], 외조[朴浹] 이름이 보이고, 본관이 배천白川으로 되어 있다. 그런데 《만성》의 《배천조씨보》에는 조영걸의 가계가 보이지 않으며, 《청구》의 《배천조씨보》에는 증조까지의 가계는 보이나 할아버지 이후의 가계는 보이지 않는다. 가계를 알 수 없는 인물이다. 정주의 배천조씨는 영조 대 이후 문과급제자 26명을 배출하여 이 지방

의 명문으로 등장했다.

75 **양종유**梁宗維(1732~?) 평안도 정주定州 사람으로 통덕랑(정5품)을 거쳐 순조 4년 73세로 식년시에 병과로 급제했다. 《방목》에는 벼슬이 없이 아버지[萬級], 할아버지[碩弘], 증조[達河], 외조[洪萬澄] 이름이 보이고, 본관이 남원南原으로 되어 있다. 그런데 《청구》와 《만성》의 《남원양씨보》에는 양종유의 가계가 보이지 않는다.

76 **배한**裵瀚(1755~?) 경상도 성주星州 사람으로 유학을 거쳐 순조 4년 50세로 식년시에 병과로 급제했다. 《방목》에는 벼슬이 없이 아버지[萬緯], 할아버지[欽祖], 증조[胤昌], 외조[張志墅] 이름이 보이고, 본관이 성주로 되어 있다. 그런데 《청구》와 《만성》의 《성주배씨보》에는 배한의 가계가 보이지 않는다.

77 **이언순**李彦淳(1774~?) 경상도 예안禮安 사람으로 유학을 거쳐 순조 4년 31세로 식년시에 병과로 급제하여 벼슬이 이조참의(정3품 당상관)에 이르렀다. 《방목》에는 벼슬이 없이 아버지[龜容], 할아버지[世浹], 증조[守綱], 외조[金若鎰] 이름이 보이고, 본관이 진보眞寶로 되어 있다. 《청구》와 《만성》의 《진보이씨보》를 보면 이언순은 이황李滉의 9대손으로 직계 4대조와 외조 가운데 실직 벼슬아치가 없다.

78 **권섭**權燮(1786~?) 강원도 횡성橫城 사람으로 통덕랑(정5품)을 거쳐 순조 4년 19세로 식년시에 병과로 급제했다. 《방목》에는 벼슬이 없이 아버지[國圭], 할아버지[泰來], 증조[碩文], 외조[金泳] 이름이 보이고, 본관이 안동安東으로 되어 있다. 그런데 《청구》와 《만성》의 《안동권씨보》에는 권섭의 가계가 보이지 않는다.

79 **김지렴**金志濂(1769~?) 경상도 상주尙州 사람으로 생원을 거쳐 순조 4년 36세로 식년시에 병과로 급제했다. 《방목》에는 벼슬이 없이

아버지[顯九], 할아버지[尙欽], 증조[萬佑], 외조[權聖昌] 이름이 보이고, 본관이 순천順天으로 되어 있다. 그런데《만성》의《순천김씨보》에는 김지렴의 가계가 보이지 않으며,《청구》의《순천김씨보》에는 증조까지의 가계만 보이고 할아버지 이후의 가계는 보이지 않는다.

80 김형金瑩(1765~?) 경상도 영천榮川 사람으로 유학을 거쳐 순조 4년 40세로 식년시에 병과로 급제했다.《방목》에는 벼슬이 없이 아버지[慶集], 할아버지[寔], 증조[光世], 외조[金兒彬] 이름이 보이고, 본관이 연안延安으로 되어 있다. 그런데《청구》와《만성》의《연안김씨보》에는 김형의 가계가 보이지 않는다.

81 황기안黃基安(1766~?) 서울 사람으로 유학을 거쳐 순조 4년 39세로 식년시에 병과로 급제하여 벼슬이 홍문관을 거쳐 사간원 정언(정6품)에 이르렀다.《방목》에는 벼슬이 없이 아버지[仁燧], 할아버지[格], 증조[柱河], 외조[鄭㮮], 처부의 이름이 보이고, 본관이 창원昌原으로 되어 있다.《청구》와《만성》의《창원황씨보》를 보면 직계 3대조와 외조 가운데 벼슬아치가 없다.

82 홍구섭洪龜燮(1771~?) 경기도 양주楊州 사람으로 유학을 거쳐 순조 4년 34세로 식년시에 병과로 급제하여 벼슬이 사헌부 장령(정4품)에 이르렀다. 홍구섭이 장령에 임명되었을 때 지벌地閥이 낮다는 비판을 받기도 했으나 임금은 이를 듣지 않았다.[33]《방목》에는 벼슬이 없이 아버지[秉寔], 할아버지[漸海], 증조[啓魯], 외조[李重載] 이름이 보이고, 본관이 남양南陽으로 되어 있다. 그런데《만성》의《남양홍씨보》에는 그의 가계가 보이지 않으며,《청구》의《남양홍씨보》를 보

---

[33]《순조실록》권21, 순조 18년 1월 9일 정미.

면 직계 4대조와 외조 가운데 벼슬아치가 없다.

83 이헌李爔(1758~?) 서울 사람으로 유학을 거쳐 순조 4년 47세로 식년시에 병과로 급제하여 벼슬이 사간원 정언(정6품)에 이르렀다. 《방목》에는 벼슬이 없이 아버지[德仁], 할아버지[臣紀; 臣騫], 증조[以泰], 외조[申晈], 처부의 이름이 보이고, 본관이 전주全州로 되어 있다. 《전주이씨과거급제자총람》을 보면 직계 3대조와 외조 가운데 벼슬아치가 없다.

84 김세충金世忠(1769~?) 경상도 상주尙州 사람으로 유학을 거쳐 순조 4년 36세로 식년시에 병과로 급제했다. 《방목》에는 벼슬이 없이 아버지[仁益], 할아버지[有九], 증조[尙鎰], 외조[鄭重華] 이름이 보이고, 본관이 순천順天으로 되어 있다. 그런데 《청구》와 《만성》의 《순천김씨보》에는 김세충의 가계가 보이지 않는다.

85 윤덕년尹德年(1752~?) 함경도 함흥咸興 사람으로 유학을 거쳐 순조 4년 53세로 식년시에 병과로 급제했다. 《방목》에는 벼슬이 없이 아버지[殷敬, 생부 厚敬], 할아버지[時友], 증조[義達], 외조[黃載伸] 이름이 보이고, 본관이 파평坡平으로 되어 있다. 그런데 《청구》와 《만성》의 《파평윤씨보》에는 윤덕년의 가계가 보이지 않는다.

86 문양로文養老(1758~?) 평안도 정주定州 사람으로 유학을 거쳐 순조 4년 47세로 식년시에 병과로 급제했다. 《방목》에는 벼슬이 없이 아버지[鳳集], 할아버지[碩奎], 증조[昌道], 외조[崔峻采] 이름이 보이고, 본관이 남평南平으로 되어 있다. 그런데 《청구》와 《만성》의 《남평문씨보》에는 문양로의 가계가 보이지 않는다. 남평문씨는 정조 대 이후 평안도에서만 문과급제자 11명을 배출했는데, 그 가운데 정주에서 8명이 나왔다.

87 오하철吳夏哲(1783~?) 전라도 고창高廠 사람으로 생원을 거쳐 순조 4년 22세로 식년시에 병과로 급제했다. 《방목》에는 벼슬이 없이 아버지〔說良〕, 할아버지〔相燦〕, 증조〔震孝〕, 외조〔金天五〕, 처부의 이름이 보이고, 본관이 해주海州로 되어 있다. 그런데 《청구》와 《만성》의 《해주오씨보》에는 오하철의 가계가 보이지 않는다.

88 임학문林鶴聞(1774~?) 평안도 가산嘉山 사람으로 유학을 거쳐 순조 4년 31세로 식년시에 병과로 급제했다. 《방목》에는 벼슬이 없이 아버지〔正浩〕, 할아버지〔宗哲〕, 증조〔順晩〕, 외조〔朴東彦〕 이름이 보이고, 본관이 옥야沃野(沃溝)로 되어 있다. 그런데 《만성》에는 《옥구임씨보》 자체가 없고, 《청구》의 《옥구임씨보》에는 오직 고려시대 인물 임개林檗 한 사람만 기록되어 있다. 임씨는 옥구의 토성土姓 가운데 하나로 2000년 현재 인구는 196가구 626명의 희성인데, 조선시대 문과급제자는 임학문이 유일하다. 《여지도서》에는 가산에 옥구임씨가 보이지 않아 그가 문과에 급제한 뒤에 옥구를 본관으로 정한 듯하다.

89 이이희李頤熙(1772~?) 전라도 함평咸平 사람으로 유학을 거쳐 순조 4년 33세로 식년시에 병과로 급제하여 벼슬이 사간원 정언(정6품)에 이르렀다. 《방목》에는 벼슬이 없이 아버지〔東潤〕, 할아버지〔挺國〕, 증조〔昌元〕, 외조〔陳廷澤〕, 처부의 이름이 보이고, 본관이 경주慶州로 되어 있다. 그런데 《청구》의 《경주이씨보》를 보면 할아버지 이상의 가계가 《방목》과 다르며, 《만성》의 《경주이씨보》를 보면 직계 5대조와 외조 가운데 벼슬아치가 없다.

90 조직영趙直永(1752~?) 충청도 서천舒川 사람으로 유학을 거쳐 순조 4년 53세로 식년시에 병과로 급제하여 벼슬이 종친부 도정都正(정3품 당상관)에 이르렀다. 《방목》에는 벼슬이 없이 아버지〔鎭嵩, 생부 鎭

恒), 할아버지[挺宇], 증조[尙獜], 외조[權撰] 이름이 보이고, 본관이 풍
양豊壤으로 되어 있다. 《청구》와 《만성》의 《풍양조씨보》를 보면 직
계 4대조와 외조 가운데 벼슬아치가 없다.

91 이이경李以敬(1762~?) 경상도 칠곡柒谷 사람으로 유학을 거쳐 순
조 4년 43세로 식년시에 병과로 급제하여 벼슬이 좌랑(정6품)에 이르
렀다. 《방목》에는 벼슬이 없이 아버지[台運], 할아버지[東蓍], 증조[和
中], 외조[孫希曾], 처부의 이름이 보이고, 본관이 광주廣州로 되어 있
다. 《청구》와 《만성》의 《광주이씨보》를 보면 직계 4대조와 외조 가
운데 벼슬아치가 없다.

92 한석지韓錫祉(1770~?) 평안도 영변寧邊 사람으로 유학을 거쳐 순
조 5년(1805) 36세로 춘당대 정시에 을과로 급제했다. 《방목》에는 벼
슬이 없이 아버지[士振], 할아버지[國老], 증조[世豪], 외조[吉萬純] 이
름이 보이고, 본관이 청주淸州로 되어 있다. 그런데 《청구》와 《만성》
의 《청주한씨보》에는 한석지의 가계가 보이지 않는다. 현행 《청주한
씨보》에는 가계가 보이는데, 그는 개국공신 한상경韓尙敬의 후손이지
만 직계 13대조 가운데 벼슬아치가 없다. 《여지도서》에는 영변에 청
주한씨가 없어 본관이 의심스럽다.

93 이제익李濟翼(1767~?) 경기도 양천陽川 사람으로 유학을 거쳐 순
조 5년 39세로 춘당대 정시에 병과로 급제하여 벼슬이 사간원 정언
(정6품)에 이르렀다. 《방목》에는 벼슬이 없이 아버지[台鉉], 할아버지
[昌塾], 증조[煊], 외조[南宮溥], 처부의 이름이 보이고, 본관이 전주全州
로 되어 있다. 《전주이씨과거급제자총람》을 보면 이제익은 인조의
동생인 능원대군綾原大君의 6대손으로 직계 6대조 가운데 벼슬아치가
없다.

94 김경직金敬直(1755~?) 평양平壤 사람으로 유학을 거쳐 순조 5년 51세로 춘당대 정시에 병과로 급제했다. 《방목》에는 벼슬이 없이 아버지[挺甲], 할아버지[壽禧], 증조[瑊], 외조[金鳳記] 이름이 보이고, 본관이 경주慶州로 되어 있다. 그런데 《청구》와 《만성》의 《경주김씨보》에는 김경직의 가계가 보이지 않는다. 《여지도서》에는 평양에 경주김씨가 보이지 않아 본관이 의심스럽다.

95 신시근辛蓍根(1777~?) 충청도 청안淸安 사람으로 진사를 거쳐 순조 5년 29세로 춘당대 정시에 병과로 급제했다. 《방목》에는 벼슬이 없이 아버지[之復], 할아버지[鍊], 증조[彭齡], 외조[呂德周], 처부의 이름이 보이고, 본관이 영산靈山으로 되어 있다. 그런데 《청구》와 《만성》의 《영산신씨보》에는 신시근의 가계가 보이지 않는다.

96 이조현李朝鉉(1761~?) 서울 사람으로 진사를 거쳐 순조 5년 45세로 춘당대 별시에 갑과로 급제하여 벼슬이 참판(종2품)에 이르렀다. 《방목》에는 벼슬이 없이 아버지[在誠], 할아버지[天祚], 증조[晉寅], 외조[趙漢儒], 처부의 이름이 보이고, 본관이 용인龍仁으로 되어 있다. 《청구》와 《만성》의 《용인이씨보》를 보면 직계 3대조와 외조 가운데 벼슬아치가 없다.

97 윤석영尹錫永(1771~?) 서울 사람으로 진사를 거쳐 순조 5년 35세로 춘당대 별시에 을과로 급제하여 벼슬이 홍문관 교리(정5품)에 이르렀다. 《방목》에는 벼슬이 없이 아버지[善養], 할아버지[光輔], 증조[慶運], 외조[徐命耆], 처부의 이름이 보이고, 본관이 파평坡平으로 되어 있다. 《청구》와 《만성》의 《파평윤씨보》를 보면 직계 3대조와 외조 가운데 벼슬아치가 없다.

98 민조영閔祖榮(1763~?) 서울 사람으로 생원을 거쳐 순조 5년 43세

로 춘당대 별시에 을과로 급제하여 벼슬이 사간원 정언(정6품)에 이르렀다. 《방목》에는 벼슬이 없이 아버지[雨龍], 할아버지[泳洙], 증조[一亮], 외조[蔡膺祐], 처부의 이름이 보이고, 본관이 여흥驪興으로 되어 있다. 그런데 《청구》와 《만성》의 《여흥민씨보》에는 민조영의 가계가 보이지 않는다.

99 이기준李麒峻(1758~?) 서울 사람으로 진사를 거쳐 순조 5년 48세로 춘당대 별시에 병과로 급제했다. 《방목》에는 벼슬이 없이 아버지[克禮], 할아버지[吉普], 증조[挺龍], 외조[朴來慶], 처부의 이름이 보이고, 본관이 성주星州로 되어 있다. 그런데 《청구》와 《만성》의 《성주이씨보》에는 이기준의 가계가 보이지 않는다.

100 김종문金鍾文(1750~?) 충청도 서원西原(淸州) 사람으로 유학을 거쳐 순조 5년 56세로 춘당대 별시에 병과로 급제했다. 《방목》에는 벼슬이 없이 아버지[致基, 생부 致瑞], 할아버지[承魯], 증조[策], 외조[李思儉], 처부의 이름이 보이고, 본관이 청풍淸風으로 되어 있다. 그런데 《청구》와 《만성》의 《청풍김씨보》에는 김종문의 가계가 보이지 않는다.

101 홍성조洪聖肇(1745~?) 황해도 황주黃州 사람으로 진사를 거쳐 순조 5년 61세로 춘당대 별시에 병과로 급제했다. 《방목》에는 벼슬이 없이 아버지[以采], 할아버지[得溁], 증조[是潭], 외조[李奎亮] 이름이 보이고, 본관이 남양南陽으로 되어 있다. 그런데 《청구》와 《만성》의 《남양홍씨보》에는 홍성조의 가계가 보이지 않는다.

102 임처진林處鎭(1769~?) 충청도 석성石城 사람으로 유학을 거쳐 순조 5년 37세로 춘당대 별시에 병과로 급제하여 벼슬이 홍문관을 거쳐 승지(정3품 당상관)에 이르렀다. 《방목》에는 벼슬이 없이 아버지

[泰遠, 생부 濟遠], 할아버지[道憲], 증조[夔], 외조[李愼徽], 처부의 이름이 보이고, 본관이 나주羅州로 되어 있다. 《청구》와 《만성》의 《나주임씨보》를 보면 직계 7대조 가운데 벼슬아치가 없다.

103 노중경盧重慶(1762~?) 강원도 양양襄陽 사람으로 유학을 거쳐 순조 5년 44세로 춘당대 별시에 병과로 급제했다. 《방목》에는 벼슬이 없이 아버지[邦燮], 할아버지[裕謙], 증조[舜紀], 외조[李光國] 이름이 보이고, 본관이 광주光州로 되어 있다. 그런데 《청구》와 《만성》의 《광주노씨보》에는 노중경의 가계가 보이지 않는다.

104 신면주申冕周(1768~?) 경상도 의성義城 사람으로 생원을 거쳐 순조 5년 38세로 춘당대 별시에 병과로 급제하여 벼슬이 홍문관 부수찬(종6품)을 거쳐 승지(정3품 당상관)에 이르렀다. 《방목》에는 벼슬이 없이 아버지[弘敎], 할아버지[爌], 증조[重模], 외조[柳濙] 이름이 보이고, 본관이 아주鵝州로 되어 있다. 그런데 《청구》와 《만성》의 《아주신씨보》를 보면 4대조 이상의 이름이 서로 다르며, 직계 5대조 또는 6대조와 외조 가운데 벼슬아치가 없다.

105 맹흠규孟欽圭(1735~?) 충청도 온양溫陽 사람으로 진사를 거쳐 순조 5년 71세로 춘당대 별시에 병과로 급제하여 벼슬이 사간원 정언(정6품)과 사헌부 장령(정4품)에 이르렀다. 《방목》에는 벼슬이 없이 아버지[躋遠], 할아버지[揆大], 증조[淑夏], 외조[朴淳明] 이름이 보이고, 본관이 신창新昌으로 되어 있다. 그런데 《만성》의 《신창맹씨보》에는 맹흠규의 가계가 보이지 않으며, 《청구》의 《신창맹씨보》를 보면 그는 맹사성孟思誠의 14대손으로 직계 3대조와 외조 가운데 벼슬아치가 없다.

106 유지익柳之翊(1760~?) 경기도 부평富平 사람으로 진사를 거쳐

순조 5년 46세로 춘당대 별시에 병과로 급제하여 벼슬이 좌랑(정6품)에 이르렀다.《방목》에는 벼슬이 없이 아버지[命裕], 할아버지[光井], 증조[世百], 외조[李壽榮], 처부의 이름이 보이고, 본관이 진주晉州로 되어 있다.《청구》와《만성》의《진주유씨보》를 보면 직계 5대조와 외조 가운데 벼슬아치가 없다.

107 **김경리**金景履(1754~?) 전라도 순천順天 사람으로 유학을 거쳐 순조 5년 52세로 춘당대 별시에 병과로 급제했다.《방목》에는 벼슬이 없이 아버지[顯泰], 할아버지[昌普], 증조[台光], 외조[金德齡] 이름이 보이고, 본관이 계림鷄林으로 되어 있다. 그런데《청구》와《만성》에는《계림김씨보》자체가 없어 신원을 알 수 없다. 2000년 현재 계림김씨 인구는 442가구 1,378명의 희성으로, 김경리가 조선시대 유일한 문과급제자이다.

108 **배상인**裵相仁(1774~?) 평안도 안주安州 사람으로 유학을 거쳐 순조 5년 32세로 춘당대 별시에 병과로 급제했다.《방목》에는 벼슬이 없이 아버지[以度], 할아버지[俊淑], 증조[業先], 외조[朴敬弘] 이름이 보이고, 본관이 공주公州로 되어 있다. 그런데《청구》와《만성》에는《공주배씨보》자체가 없어 신원을 알 수 없다. 배상인이 조선시대 유일한 문과급제자이다.《세종실록》〈지리지〉를 비롯하여《동국여지승람》,《여지도서》어디에도 안주와 공주에는 배씨가 없어 그가 문과에 급제한 뒤에 비로소 공주를 본관으로 정한 것으로 보인다.

109 **이중진**李中鎭(1766~?) 충청도 충주忠州 사람으로 생원을 거쳐 순조 6년(1806) 41세로 춘당대 별시에 을과로 급제하여 벼슬이 사간원 헌납(정5품)과 현감(종6품)에 이르렀다.《방목》에는 벼슬이 없이 아버지[益修], 할아버지[近], 증조[斗星], 외조[金漢章], 처부의 이름이

보이고, 본관이 전주全州로 되어 있다. 《전주이씨과거급제자총람》을 보면 이중진은 세종의 아들인 임영대군臨瀛大君의 11대손으로 직계 7대조와 외조 가운데 벼슬아치가 없다.

110 정희조鄭熙祚(1777~?) 서울 사람으로 유학을 거쳐 순조 6년 30세로 춘당대 별시에 병과로 급제했다. 《방목》에는 벼슬이 없이 아버지[運祥, 생부 運佐], 할아버지[奎寧], 증조[重茂], 외조[慶泰休], 처부의 이름이 보이고, 본관이 해주海州로 되어 있다. 그런데 《청구》와 《만성》의 《해주정씨보》에는 정희조의 가계가 보이지 않는다.

111 정재경鄭載慶(1784~?) 충청도 옥천沃川 사람으로 유학을 거쳐 순조 7년(1807) 24세로 식년시에 갑과로 급제했다. 《방목》에는 벼슬이 없이 아버지[台煥], 할아버지[鶴柱], 증조[東秀], 외조[金重九] 이름이 보이고, 본관이 하동河東으로 되어 있다. 《청구》와 《만성》의 《하동정씨보》를 보면 직계 5대조와 외조 가운데 벼슬아치가 없다.

112 허신許炻(1779~?) 전라도 남원南原 사람으로 유학을 거쳐 순조 7년 29세로 식년시에 을과로 급제하여 벼슬이 사간원 정언(정6품)에 이르렀다. 《방목》에는 벼슬이 없이 아버지[昌], 할아버지[植], 증조[潝], 외조[朴燉], 처부의 이름이 보이고, 본관이 양천陽川으로 되어 있다. 그런데 《청구》의 《양천허씨보》에는 허신의 가계가 보이지 않으며, 《만성》의 《양천허씨보》에는 가계가 보이는데 직계 4대조와 외조 가운데 벼슬아치가 없다.

113 이영서李令緒(1773~?) 서울 사람으로 유학을 거쳐 순조 7년 35세로 식년시에 병과로 급제하여 벼슬이 사간원 정언(정6품)에 이르렀다. 《방목》에는 벼슬이 없이 아버지[儒述], 할아버지[復運], 증조[慶集], 외조[魚錫文], 처부의 이름이 보이고, 본관이 함평咸平으로 되어

있다. 《청구》와 《만성》의 《함평이씨보》를 보면 직계 4대조와 외조
가운데 벼슬아치가 없다.

114 **한익상**韓益相(1767~?) 경기도 양근楊根 사람으로 유학을 거쳐
순조 7년 41세로 식년시에 병과로 급제하여 벼슬이 사간(종3품), 관찰
사(종2품)를 거쳐 병조참판(종2품)에 이르렀다. 《방목》에는 벼슬이 없
이 아버지[命幹], 할아버지[德箕], 증조[師疇], 외조[申緯] 이름이 보이
고, 본관이 서원西原(淸州)으로 되어 있다. 《청구》와 《만성》의 《청주
한씨보》를 보면 직계 4대조와 외조 가운데 벼슬아치가 없다.

115 **박종심**朴宗心(1784~?) 서울 사람으로 유학을 거쳐 순조 7년 24
세로 식년시에 병과로 급제하여 벼슬이 정자(정9품)에 이르렀다. 《방
목》에는 벼슬이 없이 아버지[運源, 생부 遜源], 할아버지[師晩], 증조[弼
重], 외조[尹光] 이름이 보이고, 본관이 반남潘南으로 되어 있다. 그런
데 《청구》의 《반남박씨보》에는 박종심의 가계가 보이지 않으며,
《만성》의 《반남박씨보》에는 가계가 보이나 직계 5대조와 외조 가운
데 벼슬아치가 없다.

116 **이돈하**李敦夏(1770~?) 전라도 함평咸平 사람으로 유학을 거쳐
순조 7년 38세로 식년시에 병과로 급제했다. 《방목》에는 벼슬이 없
이 아버지[奎瑞], 할아버지[命龍], 증조[運泰], 외조[金仁鐸] 이름이 보
이고, 본관이 함평咸平으로 되어 있다. 그런데 《청구》와 《만성》의
《함평이씨보》에는 이돈하의 가계가 보이지 않는다.

117 **구의묵**具宜黙(1769~?) 충청도 보은報恩 사람으로 유학을 거쳐
순조 7년 39세로 식년시에 병과로 급제하여 벼슬이 사간원 헌납(정5
품)에 이르렀다. 《방목》에는 벼슬이 없이 아버지[益行], 할아버지[廷
賓], 증조[始元], 외조[兪彦若] 이름이 보이고, 본관이 능성綾城으로 되

어 있다.《청구》와《만성》의《능성구씨보》를 보면 직계 5대조와 외
조 가운데 벼슬아치가 없다.

118 김재명金載明(1770~?) 서울 사람으로 유학을 거쳐 순조 7년 38
세로 식년시에 병과로 급제했다.《방목》에는 벼슬이 없이 아버지[光
魯], 할아버지[東佖], 증조[沆], 외조[權益性] 이름이 보이고, 본관이 상
산商山(尙州)으로 되어 있다. 그런데《청구》의《상산김씨보》에는 김
재명의 가계가 보이지 않으며,《만성》의《상주김씨보》를 보면 직계
3대조와 외조 가운데 벼슬아치가 없다. 그가 문과에 급제한 사실을
기록하지 않고 있는 것이 이상하다.

119 김재성金載成(1776~?) 앞에 소개한 김재명의 아우로, 순조 7년
32세로 식년시에 병과로 급제했다.《방목》에는 벼슬이 없고, 조상의
가계가 형과 같다. 형과 마찬가지로《청구》의《상산김씨보》에는 김
재성의 가계가 보이지 않으며,《만성》의《상주김씨보》를 보면 직계
3대조와 외조 가운데 벼슬아치가 없다. 김재성이 문과에 급제한 사실
을 적지 않은 것이 이상하다.

120 정화석鄭華錫(1734~?) 전라도 함평咸平 사람으로 유학을 거쳐
순조 7년 74세로 식년시에 병과로 급제했다.《방목》에는 벼슬이 없
이 아버지[重璉], 할아버지[陽益], 증조[東龜], 외조[白瑞弘], 처부의 이
름이 보이고, 본관이 동래東萊로 되어 있다. 그런데《청구》와《만성》
의《동래정씨보》에는 정화석의 가계가 보이지 않는다.

121 강두환姜斗煥(1781~?) 경상도 안동安東 사람으로 유학을 거쳐
순조 7년 27세로 식년시에 병과로 급제하여 벼슬이 사간원 헌납(정5
품)에 이르렀다.《방목》에는 벼슬이 없이 아버지[濼], 할아버지[浣],
증조[履一], 외조[安明逸], 처부의 이름이 보이고, 본관이 진주晉州로

되어 있다. 《청구》와 《만성》의 《진주강씨보》를 보면 직계 5대조와 외조 가운데 벼슬아치가 없다.

122 차진형車琡衡(1767~?) 평안도 구성龜城 사람으로 유학을 거쳐 순조 7년 41세로 식년시에 병과로 급제했다. 《방목》에는 벼슬이 없이 아버지〔星翰〕, 할아버지〔萬輔〕, 증조〔輆邦〕, 외조〔李光浩〕 이름이 보이고, 본관이 연안延安으로 되어 있다. 그런데 《청구》와 《만성》의 《연안차씨보》에는 차진형의 가계가 보이지 않는다. 《여지도서》에는 구성에 연안차씨가 없고 공주차씨公州車氏만 보여 혹시 공주차씨가 본관을 연안차씨로 바꾸었는지도 모른다.

123 이동순李同淳(1779~?) 경상도 예안禮安 사람으로 유학을 거쳐 순조 7년 29세로 식년시에 병과로 급제하여 벼슬이 교리(정5품)를 거쳐 헌종 대 승지(정3품 당상관)에 이르렀다. 《방목》에는 벼슬이 없이 아버지〔龜天〕, 할아버지〔世學〕, 증조〔守曾〕, 외조〔李之黙〕, 처부의 이름이 보이고, 본관이 진보眞寶로 되어 있다. 《청구》와 《만성》의 《진보이씨보》를 보면 이동순은 이황李滉의 9대손으로 직계 4대조와 외조 가운데 벼슬아치가 없다.

124 서승열徐承烈(1773~?) 경상도 순흥順興 사람으로 유학을 거쳐 순조 7년 35세로 식년시에 병과로 급제했다. 《방목》에는 벼슬이 없이 아버지〔幹碩〕, 할아버지〔大胤〕, 증조〔自達〕, 외조〔權正鎭〕 이름이 보이고, 본관이 달성達城(大丘)으로 되어 있다. 그런데 《청구》와 《만성》의 《달성서씨보》에는 서승열의 가계가 보이지 않는다.

125 황찬희黃贊熙(1769~?) 경상도 상주尙州 사람으로 유학을 거쳐 순조 7년 39세로 식년시에 병과로 급제하여 벼슬이 사간원 정언(정6품)을 거쳐 군수(종4품)에 이르렀다. 《방목》에는 벼슬이 없이 아버지

〔汝鎭, 생부 健休〕, 할아버지〔淑〕, 증조〔宗瑞; 鍾瑞〕, 외조〔權孝鎭〕 이름이
보이고, 본관이 장수長水로 되어 있다. 《청구》와 《만성》의 《장수황
씨보》를 보면 직계 4대조와 외조 가운데 벼슬아치가 없다.

　　126 이상룡李相龍(1767~?) 경상도 의안義安 사람으로 유학을 거쳐
순조 7년 41세로 식년시에 병과로 급제하여 벼슬이 사간원 정언(정6
품)에 이르렀다. 《방목》에는 벼슬이 없이 아버지〔天漢〕, 할아버지〔宅
鉉〕, 증조〔聖澤〕, 외조〔成爾涵〕 이름이 보이고, 본관이 하빈河濱으로 되
어 있다. 그런데 《만성》의 《하빈이씨보》에는 이상룡의 가계가 보이
지 않으며, 《청구》의 《하빈이씨보》를 보면 직계 6대조와 외조 가운
데 벼슬아치가 없다.

　　127 양재맹梁在孟(1776~?) 경상도 단성丹城 사람으로 유학을 거쳐
순조 7년 32세로 식년시에 병과로 급제했다. 《방목》에는 벼슬이 없
이 아버지〔德忠, 생부 煥〕, 할아버지〔積夏〕, 증조〔錫祉〕, 외조〔姜恒瑞〕 이
름이 보이고, 본관이 남원南原으로 되어 있다. 그런데 《청구》와 《만
성》의 《남원양씨보》에는 양재맹의 가계가 보이지 않는다.

　　128 김문택金文澤(1767~?) 전라도 담양潭陽 사람으로 유학을 거쳐
순조 7년 41세로 식년시에 병과로 급제했다. 《방목》에는 벼슬이 없
이 아버지〔得麗〕, 할아버지〔運兌〕, 증조〔東元〕, 외조〔朴行信〕 이름이 보
이고, 본관이 김해金海로 되어 있다. 그런데 《청구》와 《만성》의 《김
해김씨보》에는 김문택의 가계가 보이지 않는다.

　　129 이기화李基華(1780~?) 경기도 양근楊根 사람으로 유학을 거쳐
순조 7년 28세로 식년시에 병과로 급제하여 벼슬이 홍문관을 거쳐
승지(정3품 당상관)에 이르렀다. 《방목》에는 벼슬이 없이 아버지〔尙
宗〕, 할아버지〔文淵〕, 증조〔胤源〕, 외조〔沈命爀〕, 처부〔任希游〕 이름이 보

이고, 본관이 광주廣州로 되어 있다. 《청구》와 《만성》의 《광주이씨보》를 보면 직계 3대조와 외조 가운데 벼슬아치가 없다.

130 김석홍金錫洪(1766~?) 함경도 영흥永興 사람으로 유학을 거쳐 순조 7년 42세로 식년시에 병과로 급제했다. 《방목》에는 벼슬이 없이 아버지[潤宅], 할아버지[仁尙], 증조[秀行], 외조[安泰國] 이름이 보이고, 본관이 경주慶州로 되어 있다. 그런데 《청구》와 《만성》의 《경주김씨보》에는 김석홍의 가계가 보이지 않는다.

131 박용해朴龍海(1779~?) 경상도 순흥順興 사람으로 유학을 거쳐 순조 7년 29세로 식년시에 병과로 급제했다. 《방목》에는 벼슬이 없이 아버지[相忠], 할아버지[弘禧], 증조[聖愈], 외조[金昌國] 이름이 보이고, 본관이 밀양密陽으로 되어 있다. 그런데 《청구》와 《만성》의 《밀양박씨보》에는 박용해의 가계가 보이지 않는다.

132 최대식崔大寔(1777~?) 평안도 정주定州 사람으로 유학을 거쳐 순조 7년 31세로 식년시에 병과로 급제하여 벼슬이 도사(종5품)에 이르렀는데, 순조 12년에 일어난 홍경래의 난 때 공을 세웠다. 《방목》에는 벼슬이 없이 아버지[敬洶], 할아버지[啓禧], 증조[峻], 외조[洪慶濟] 이름이 보이고, 본관이 배천白川으로 되어 있다. 그런데 《청구》와 《만성》에는 《배천최씨보》 자체가 없을 정도로 집안이 한미하다. 2000년 현재 배천최씨 인구는 291가구 823명의 희성으로, 조선시대 문과급제자는 최대식이 처음이며, 그 뒤로는 고종 7년에 최처심崔處心이 두 번째로 식년시에 급제했을 뿐이다. 《세종실록》〈지리지〉를 보면 최씨는 배천의 속성續姓으로 향리를 하고 있다고 되어 있으며 정주의 최씨는 입진성入鎭姓으로 되어 있어, 그의 집안은 본래 배천의 향리였다가 조선 초기에 평안도로 강제 이주한 주민임을 알 수 있다.

133 유가균柳可均(1777~?) 평안도 영원寧遠 사람으로 유학을 거쳐 순조 7년 31세로 식년시에 병과로 급제했다.《방목》에는 벼슬이 없이 아버지[永煥], 할아버지[槿], 증조[運瑞], 외조[李賢權] 이름이 보이고, 본관이 진주晉州로 되어 있다. 그런데《청구》와《만성》의《진주유씨보》에는 유가균의 가계가 보이지 않는다.《여지도서》에는 영원에 진주유씨가 없어 그가 급제한 뒤 진주를 본관으로 정한 듯하다.

134 손석조孫錫祚(1762~?) 평안도 정주定州 사람으로 유학을 거쳐 순조 7년 46세로 식년시에 병과로 급제했다.《방목》에는 벼슬이 없이 아버지[元楚], 할아버지[後暄], 증조[哲壽], 외조[金世鐸] 이름이 보이고, 본관이 밀양密陽으로 되어 있다. 그런데《청구》와《만성》의《밀양손씨보》에는 손석조의 가계가 보이지 않는다.《여지도서》에는 정주에 밀양손씨가 없고 비안손씨庇安孫氏만 보여 혹시 그가 본관을 비안에서 명문인 밀양으로 바꾸었는지도 모른다.

135 정이해鄭利海(1769~?) 평안도 철산鐵山 사람으로 유학을 거쳐 순조 7년 39세로 식년시에 병과로 급제했다.《방목》에는 벼슬이 없이 아버지[處玉], 할아버지[命徵], 증조[重烈], 외조[金命和] 이름이 보이고, 본관이 하동河東으로 되어 있다. 그런데《청구》와《만성》의《하동정씨보》에는 정이해의 가계가 보이지 않는다. 하동정씨는 영조대 이후 평안도에서만 문과급제자 14명을 배출했는데, 그 가운데 철산에서 10명이 급제했다.

136 김진명金進明(1772~?) 평안도 정주定州 사람으로 유학을 거쳐 순조 7년 36세로 식년시에 병과로 급제했다.《방목》에는 벼슬이 없이 아버지[聖章], 할아버지[重亨], 증조[斗澄], 외조[金汝康] 이름이 보이고, 본관이 경주慶州로 되어 있다. 그런데《청구》와《만성》의《경

주김씨보》에는 김진명의 가계가 보이지 않는다. 《여지도서》에는 정주에 연안김씨延安金氏만 보이고 경주김씨는 보이지 않아 본관이 의심스럽다.

137 **윤사은**尹師殷(1781~?) 함경도 영흥永興 사람으로 유학을 거쳐 순조 7년 27세로 식년시에 병과로 급제하여 벼슬이 헌종 대 문천군수(종4품)에 이르렀다. 《방목》에는 벼슬이 없이 아버지[宰興], 할아버지[義寬], 증조[俊發], 외조[李華振] 이름이 보이고, 본관이 파평坡平으로 되어 있다. 그런데 《청구》와 《만성》의 《파평윤씨보》에는 윤사은의 가계가 보이지 않는다.

138 **정완**鄭浣(1752~?) 경기도 마전麻田 사람으로 통덕랑(정5품)을 거쳐 순조 7년 춘당대 정시에 장원급제했다. 《방목》에는 벼슬이 없이 아버지[道泰], 할아버지[玭], 증조[就祥], 외조[金世徽] 이름이 보이고, 본관이 동래東萊로 되어 있다. 그런데 《청구》와 《만성》의 《동래정씨보》에는 정완의 가계가 보이지 않는다.

139 **신재헌**申在獻(1773~?) 서울 사람으로 업유業儒(서출)를 거쳐 순조 7년 35세로 춘당대 정시에 을과로 급제했다. 《방목》에는 벼슬이 없이 아버지[光勉], 할아버지[曘], 증조[思遠], 외조[金秋白] 이름이 보이고, 본관이 평산平山으로 되어 있다. 그런데 《청구》와 《만성》의 《평산신씨보》를 보면 아버지까지의 가계가 보이는데 여러 대가 벼슬을 하였지만, 신재헌의 이름은 보이지 않는다. 서출이기 때문일 것이다. 그의 신분을 업유라고 솔직하게 적은 것은 서울에 사는 명문의 서출이므로 신분을 속일 수가 없었기 때문인 듯하다.

140 **최석현**崔錫玄(1790~?) 서울 사람으로 유학을 거쳐 순조 7년 18세로 춘당대 정시에 병과로 급제했다. 《방목》에는 벼슬이 없이 아버

지[挺玉, 생부 振玉], 할아버지[宅成], 증조[齊昆], 외조[洪勉儉] 이름이 보이고, 본관이 직산稷山으로 되어 있다. 그런데 《만성》에는 《직산최씨보》 자체가 없고, 《청구》의 《직산최씨보》에는 최석현의 이름이 보이지 않는다. 2000년 현재 직산최씨 인구는 250가구 768명의 희성으로 조선시대 문과급제자는 그가 유일하지만, 조선 후기에 역과譯科 21명, 의과醫科 12명, 음양과陰陽科 36명, 율과律科 7명의 급제자를 배출하여 서울의 전형적인 기술직 중인가문이 되었다. 그의 생부인 최진옥도 의과 출신이다.[34]

141 강운姜橒(1773~1834) 서울 사람으로 진사를 거쳐 순조 7년 35세로 춘당대 별시에 을과로 급제하여 벼슬이 이조정랑(정5품)과 세자시강원 필선弼善(정4품)에 이르렀다. 만년에는 벼슬을 그만두고 학문에 전념했으며 문집 《송서집松西集》을 남겼다. 《방목》에는 벼슬이 없이 아버지[溎], 할아버지[一臣], 증조[重吉], 외조[洪儵], 처부의 이름이 보이고, 본관이 진주晉州로 되어 있다. 그런데 《만성》의 《진주강씨보》에는 강운의 가계가 보이지 않으며, 《청구》의 《진주강씨보》를 보면 증조의 이름이 재보宰輔로 되어 있어 《방목》과 다른데, 직계 4대조와 외조 가운데 벼슬아치가 없다. 신분이 모호한 인물이다.

142 이현李鋧(1758~?) 경상도 칠곡漆谷 사람으로 생원을 거쳐 순조 7년 50세로 춘당대 별시에 병과로 급제했다. 《방목》에는 벼슬이 없이 아버지[忠祿], 할아버지[熙一], 증조[柱世], 외조[柳檩], 처부의 이름이 보이고, 본관이 성주星州로 되어 있다. 그런데 《청구》와 《만성》의 《성주이씨보》에는 이현의 가계가 보이지 않는다.

---

34) 〈本廳完薦案〉, 《朝鮮後期曆算家譜, 索引》(한국문화사, 1991).

143 **김호운**金虎運(1768~?) 경상도 안동安東 사람으로 생원을 거쳐 순조 9년(1809) 42세로 춘당대 별시에 을과로 급제했다. 《방목》에는 벼슬이 없이 아버지[始弘], 할아버지[用河], 증조[世玶], 외조[申思柱] 이름이 보이고, 본관이 의성義城으로 되어 있다. 그런데 《청구》와 《만성》의 《의성김씨보》에는 김호운의 가계가 보이지 않는다.

144 **권규**權煃(1774~?) 경상도 영해寧海 사람으로 유학을 거쳐 순조 9년 36세로 춘당대 별시에 을과로 급제했다. 《방목》에는 벼슬이 없이 아버지[昌進], 할아버지[台齡], 증조[大楷], 외조[鄭洽] 이름이 보이고, 본관이 안동安東으로 되어 있다. 그런데 《청구》와 《만성》의 《안동권씨보》에는 권규의 가계가 보이지 않는다.

145 **김주묵**金周黙(1777~?) 서울 사람으로 진사를 거쳐 순조 9년 33세로 춘당대 별시에 병과로 급제하여 벼슬이 참판(종2품)에 이르렀다. 《방목》에는 벼슬이 없이 아버지[聖球], 할아버지[道徵], 증조[錫紀], 외조[金熺], 처부의 이름이 보이고, 본관이 청풍淸風으로 되어 있다. 《청구》와 《만성》의 《청풍김씨보》를 보면 직계 3대조와 외조 가운데 벼슬아치가 없다.

146 **김상온**金相溫(1760~?) 경상도 영천榮川 사람으로 생원을 거쳐 순조 9년 50세로 춘당대 별시에 병과로 급제하여 벼슬이 성균관 전적(정6품)에 이르렀다. 《방목》에는 벼슬이 없이 아버지[長源], 할아버지[瑞趾], 증조[偶], 외조[金尙黙] 이름이 보이고, 본관이 풍산豊山으로 되어 있다. 《청구》와 《만성》의 《풍산김씨보》를 보면 직계 6대조 가운데 벼슬아치가 없다.

147 **권회**權檜(1769~?) 경상도 안동安東 사람으로 생원을 거쳐 순조 9년 41세로 춘당대 별시에 병과로 급제했다. 《방목》에는 벼슬이 없

이 아버지[相允], 할아버지[德起], 증조[頔], 외조[柳漢] 이름이 보이고,
본관이 안동安東으로 되어 있다. 그런데 《청구》와 《만성》의 《안동권
씨보》에는 권회의 가계가 보이지 않는다.

148 박희현朴熙顯(1780~?) 충청도 온양溫陽 사람으로 유학을 거쳐
순조 9년 30세로 춘당대 별시에 병과로 급제하여 벼슬이 사헌부 장
령(정4품)과 찰방(종6품)에 이르렀다. 《방목》에는 벼슬이 없이 아버지
[天模], 할아버지[翊壽], 증조[敏寂], 외조[李瑮], 처부의 이름이 보이고,
본관이 상주尙州(沙伐)로 되어 있다. 그런데 《만성》의 《상주박씨보》
에는 박희현의 가계가 보이지 않으며, 《청구》의 《사벌박씨보》를 보
면 직계 4대조와 외조 가운데 벼슬아치가 없다.

149 정욱동鄭郁東(1776~?) 서울 사람으로 유학을 거쳐 순조 9년 34
세로 춘당대 별시에 병과로 급제하여 벼슬이 사헌부 지평(정5품)에
이르렀다. 《방목》에는 벼슬이 없이 아버지[涵], 할아버지[彦博], 증조
[華瑞], 외조[李世傭], 처부[李址永] 이름이 보이고, 본관이 동래東萊로
되어 있다. 《청구》와 《만성》의 《동래정씨보》를 보면 직계 5대조와
외조 가운데 벼슬아치가 없다.

150 윤상열尹尙烈(1747~?) 충청도 대흥大興 사람으로 생원을 거쳐
순조 9년 63세로 춘당대 별시에 병과로 급제했다. 《방목》에는 벼슬
이 없이 아버지[錫東], 할아버지[得任], 증조[涵], 외조[鄭恒祚], 처부의
이름이 보이고, 본관이 해평海平으로 되어 있다. 그런데 《청구》의
《해평윤씨보》를 보면 할아버지까지의 가계만 보일 뿐 아버지와 윤상
열의 이름은 보이지 않고, 《만성》의 《해평윤씨보》를 보면 아버지까
지의 가계만 보이고 그의 이름은 보이지 않는다.

151 김재호金在浩(1778~?) 함경도 함흥咸興 사람으로 진사를 거쳐

순조 9년 32세로 춘당대 별시에 병과로 급제했다. 《방목》에는 벼슬
이 없이 아버지[命爀], 할아버지[萬坪], 증조[尙輝], 외조[徐命宗] 이름
이 보이고, 본관이 청주淸州로 되어 있다. 그런데 《청구》와 《만성》의
《청주김씨보》에는 김재호의 가계가 보이지 않는다. 조선시대 청주김
씨 문과급제자는 모두 8명이고, 무과급제자는 33명이다. 《세종실록》
〈지리지〉에는 함흥의 김씨가 입진성入鎭姓의 하나로 되어 있어 조선
초기에 청주에서 함흥으로 강제 이주한 주민임을 알 수 있다. 함흥의
청주김씨는 인조 대 이후 급제자 13명을 배출하여 이 지역의 명문으
로 등장했다.

　　152 심계석沈啓錫(1782~?) 충청도 충주忠州 사람으로 진사를 거쳐
순조 9년 28세로 춘당대 별시에 병과로 급제하여 벼슬이 홍문관을
거쳐 승지(정3품 당상관)에 이르렀다. 《방목》에는 벼슬이 없이 아버지
[之秀], 할아버지[宜運], 증조[湜], 외조[李益煥], 처부의 이름이 보이고,
본관이 청송靑松으로 되어 있다. 《청구》와 《만성》의 《청송심씨보》
를 보면 직계 4대조와 외조 가운데 벼슬아치가 없다.

　　153 이함갑李菡甲(1780~?) 강원도 이천伊川 사람으로 유학을 거쳐
순조 9년 30세로 춘당대 별시에 병과로 급제했다. 《방목》에는 벼슬
이 없이 아버지[逸孫], 할아버지[興遠], 증조[盛來], 외조[尹興宗], 처부
의 이름이 보이고, 본관이 용인龍仁으로 되어 있다. 그런데 《청구》의
《용인이씨보》에는 이함갑의 가계가 보이지 않는다. 《만성》의 《용인
이씨보》에는 할아버지까지의 가계는 보이나 아버지와 그의 이름은
보이지 않는다. 할아버지 윗대의 가계를 보면 직계 9대조 가운데 벼
슬아치는 오직 고조 한 사람뿐이다.

　　154 한상은韓相殷(1762~?) 경기도 양주楊州 사람으로 유학을 거쳐

순조 9년 48세로 춘당대 별시에 병과로 급제하여 벼슬이 사헌부 지평(정5품)에 이르렀다.《방목》에는 벼슬이 없이 아버지[永祚], 할아버지[處愚], 증조[道林], 외조[李馩], 처부의 이름이 보이고, 본관이 서원西原(淸州)으로 되어 있다.《청구》와 《만성》의 《청주한씨보》를 보면 직계 7대조와 외조 가운데 벼슬아치가 없다.

155 박영현朴榮顯(1777~?) 평안도 정주定州 사람으로 유학을 거쳐 순조 9년 33세로 춘당대 별시에 병과로 급제하여 벼슬이 성균관 박사(정7품)를 거쳐 사헌부 장령(정4품)에 이르렀다.《방목》에는 벼슬이 없이 아버지[昌基], 할아버지[世儉], 증조[殷廷], 외조[玄星柱] 이름이 보이고, 본관이 밀양密陽으로 되어 있다. 그런데 《청구》와 《만성》의 《밀양박씨보》에는 박영현의 가계가 보이지 않는다.

156 김양복金陽復(1776~?) 평안도 양덕陽德 사람으로 유학을 거쳐 순조 9년 34세로 춘당대 별시에 병과로 급제했다.《방목》에는 벼슬이 없이 아버지[鼎元], 할아버지[聲澤], 증조[選鎰], 외조[崔台祜] 이름이 보이고, 본관이 순천順天으로 되어 있다. 그런데 《청구》와 《만성》의 《순천김씨보》에는 김양복의 가계가 보이지 않는다.《여지도서》에는 양덕에 순천김씨가 보이지 않고 등주김씨登州金氏만 보여, 그가 본관을 등주에서 명문인 순천으로 바꾸었는지도 모른다.

157 강필로姜必魯(1782~?) 경상도 안동安東 사람으로 유학을 거쳐 순조 9년 28세로 춘당대 별시에 병과로 급제하여 벼슬이 홍문관을 거쳐 헌종 대 종부시정宗簿寺正(정3품 당하관), 철종 대 대사간(정3품 당상관)에 이르렀다. 말년에는 벼슬을 버리고 초가에 은거하면서 작약산인芍藥山人이라 불리면서 살았다.《방목》에는 벼슬이 없이 아버지[穆], 할아버지[㵳], 증조[最一], 외조[金汝弼], 처부의 이름이 보이고,

본관이 진주晉州로 되어 있다. 《청구》와 《만성》의 《진주강씨보》를 보면 직계 6대조와 외조 가운데 벼슬아치가 없다.

158 **임태준**任泰濬(1791~?) 평안도 강서江西 사람으로 유학을 거쳐 순조 9년 19세로 춘당대 별시에 병과로 급제했다. 《방목》에는 벼슬이 없이 아버지[鍾覺], 할아버지[致聖], 증조[時贊], 외조[林一謙] 이름이 보이고, 본관이 풍천豊川으로 되어 있다. 그런데 《청구》와 《만성》의 《풍천임씨보》에는 임태준의 가계가 보이지 않는다. 《여지도서》에는 강서에 풍천임씨가 보이지 않아 본관이 의심스럽다.

159 **이기승**李基承(1762~?) 서울 사람으로 유학을 거쳐 순조 9년 48세로 춘당대 별시에 병과로 급제하여 벼슬이 사간원 정언(정6품)을 거쳐 승지(정3품 당상관)에 이르렀다. 《방목》에는 벼슬이 없이 아버지[益顯], 할아버지[昌夏], 증조[道命], 외조[柳挺奎], 처부의 이름이 보이고, 본관이 광주廣州로 되어 있다. 그런데 《만성》의 《광주이씨보》에는 아버지까지의 가계는 보이나 이기승의 이름이 보이지 않으며, 《청구》의 《광주이씨보》에는 가계가 보이는데, 직계 5대조와 외조 가운데 벼슬아치가 없다.

160 **정예용**鄭禮容(1773~?) 서울 사람으로 유학을 거쳐 순조 9년 37세로 춘당대 별시에 병과로 급제하여 벼슬이 홍문관을 거쳐 헌종 대 대사간(정3품 당상관)과 승지(정3품 당상관)에 이르렀다. 《방목》에는 벼슬이 없이 아버지[東望, 생부 東楓], 할아버지[守儉], 증조[錫年], 외조[李夏範], 처부의 이름이 보이고, 본관이 동래東萊로 되어 있다. 《청구》와 《만성》의 《동래정씨보》를 보면 직계 3대조와 외조 가운데 벼슬아치가 없다.

161 **이석주**李錫周(1771~?) 경기도 수원水原 사람으로 유학을 거쳐

순조 10년(1810) 30세로 식년시에 갑과로 급제했다.《방목》에는 벼슬이 없이 아버지[珪], 할아버지[齊賢], 증조[雲祥], 외조[洪景祚] 이름이 보이고, 본관이 여주驪州로 되어 있다. 그런데《청구》와《만성》의《여주이씨보》에는 이석주의 가계가 보이지 않는다.

162 서지보徐志輔(1771~?) 평안도 박천博川 사람으로 유학을 거쳐 순조 10년 30세로 식년시에 을과로 급제했다.《방목》에는 벼슬이 없이 아버지[慶大, 생부 壽大], 할아버지[文豹], 증조[龜河], 외조[白光秋] 이름이 보이고, 본관이 이천利川으로 되어 있다. 그런데《청구》와《만성》의《이천서씨보》에는 서지보의 가계가 보이지 않는다.

163 백사곤白思坤(1770~?) 평안도 태천泰川 사람으로 통덕랑(정5품)을 거쳐 순조 10년 31세로 식년시에 을과로 급제했다.《방목》에는 벼슬이 없이 아버지[鳳瑞], 할아버지[秀基], 증조[天繪], 외조[金益載] 이름이 보이고, 본관이 수원水原으로 되어 있다. 그런데《청구》와《만성》의《수원백씨보》에는 백사곤의 가계가 보이지 않는다. 태천의 수원백씨는 순조 대 이후 문과급제자 14명을 배출하여 태천 지역의 신흥 명문으로 등장했다.

164 이형주李衡柱(1775~?) 평안도 정주定州 사람으로 유학을 거쳐 순조 10년 36세로 식년시에 을과로 급제하여 벼슬이 참의(정3품 당상관)에 이르렀다.《방목》에는 벼슬이 없이 아버지[昌麟], 할아버지[敏坤], 증조[元明], 외조[洪夏運] 이름이 보이고, 본관이 전주全州로 되어 있다.《전주이씨과거급제자총람》을 보면 이형주는 목조의 아들 안원대군安原大君의 후손으로 직계 15대조 가운데 벼슬아치는 5대조가 무과에 급제하고 6대조가 공조참의(정3품 당상관)를 지낸 것뿐이다.

165 김득충金得种(1784~?) 충청도 공주公州 사람으로 유학을 거쳐

순조 10년 27세로 식년시에 을과로 급제했다. 《방목》에는 벼슬이 없이 아버지[魯玉], 할아버지[德載], 증조[福善], 외조[崔栢三] 이름이 보이고, 본관이 경주慶州로 되어 있다. 그런데 《청구》와 《만성》의 《경주김씨보》에는 김득충의 가계가 보이지 않는다.

166 복내정卜來禎(1772~?) 충청도 청양靑陽 사람으로 유학을 거쳐 순조 10년 29세로 식년시에 을과로 급제하여 벼슬이 찰방(종6품)에 이르렀다. 《방목》에는 벼슬이 없이 아버지[景德], 할아버지[台耆], 증조[鍵], 외조[閔正洙] 이름이 보이고, 본관이 면천沔川으로 되어 있다. 그런데 《만성》에는 《면천복씨보》 자체가 없고, 《청구》의 《면천복씨보》에는 복내정의 가계가 보이지 않는다. 복씨는 중국 귀화인의 후손으로 2000년 현재 면천복씨 인구는 2,287가구 7,471명의 희성인데, 조선시대 문과급제자 7명을 배출했다.

167 고시신高時臣(1771~?) 전라도 창평昌平 사람으로 유학을 거쳐 순조 10년 40세로 식년시에 병과로 급제하여 벼슬이 홍문관을 거쳐 승지(정3품 당상관)에 이르렀다. 《방목》에는 벼슬이 없이 아버지[元謙], 할아버지[萬宅], 증조[應仁], 외조[李廷煒] 이름이 보이고, 본관이 장택長澤(長興)으로 되어 있다. 《청구》의 《장흥고씨보》를 보면 고시신은 고경명高敬命의 8대손으로 직계 4대조와 외조 가운데 벼슬아치가 없다.

168 박용호朴龍祜(1778~?) 전라도 남원南原 사람으로 유학을 거쳐 순조 10년 33세로 식년시에 병과로 급제했다. 《방목》에는 벼슬이 없이 아버지[東璀], 할아버지[天畁], 증조[時雄], 외조[金大成], 처부의 이름이 보이고, 본관이 죽산竹山으로 되어 있다. 그런데 《청구》와 〈만성》의 《죽산박씨보》에는 박용호의 가계가 보이지 않는다.

169 한종운韓鐘運(1778~?) 춘천春川 사람으로 유학을 거쳐 순조 10
년 33세로 식년시에 병과로 급제하여 벼슬이 사헌부 지평(정5품)과
현감(종6품)에 이르렀다. 《방목》에는 벼슬이 없이 아버지[瀜], 할아버
지[命恒], 증조[楹], 외조[朴信根] 이름이 보이고, 본관이 청주淸州로 되
어 있다. 《청구》와 《만성》의 《청주한씨보》를 보면 직계 3대조와 외
조 가운데 벼슬아치가 없고, 4~6대조는 무과에 급제했으며 그 위로
3대는 벼슬이 없다.

170 한발익韓發翼(1781~?) 평안도 박천博川 사람으로 유학을 거쳐
순조 10년 30세로 식년시에 병과로 급제했다. 《방목》에는 벼슬이 없
이 아버지[志道], 할아버지[泰一], 증조[德敏], 외조[文鳳集] 이름이 보
이고, 본관이 서원西原(淸州)으로 되어 있다. 그런데 《청구》와 《만
성》의 《청주한씨보》에는 한발익의 가계가 보이지 않는다. 현행 《청
주한씨보》에는 그의 가계가 보이는데, 직계 11대조 가운데 오직 7대
조만이 무과에 급제했을 뿐이다.

171 김지태金持泰(1789~?) 평안도 개천价川 사람으로 유학을 거쳐
순조 10년 22세로 식년시에 병과로 급제하여 벼슬이 전라도 찰방(종6
품)과 사헌부 지평(정5품)에 이르렀다. 김지태가 지평으로 있을 때 관
서關西 사람을 승문원承文院에 분관分館하지 않는 폐단을 임금에게 상
소한 일도 있었다.[35] 《방목》에는 벼슬이 없이 아버지[章煥], 할아버
지[相精], 증조[泳], 외조[吉銖] 이름이 보이고, 본관이 연안延安으로 되
어 있다. 그런데 《청구》와 《만성》의 《연안김씨보》에는 그의 가계가
보이지 않는다. 정주의 연안김씨는 영조 대 이후 문과급제자 43명을

---

35) 《순조실록》 권32, 순조 31년 6월 22일 임인.

배출하여 이 지역 최고 명문으로 등장했다.

　172 장진일張振一(1774~?) 황해도 곡산谷山 사람으로 유학을 거쳐 순조 10년 37세로 식년시에 병과로 급제했다.《방목》에는 벼슬이 없이 아버지[大韶], 할아버지[啓勳], 증조[斗樞], 외조[李明] 이름이 보이고, 본관이 결성結城으로 되어 있다. 그런데《만성》에는《결성장씨보》자체가 없고,《청구》의《결성장씨보》에는 장진일의 가계가 보이지 않는다. 2000년 현재 결성장씨 인구는 6,708가구 2만 1,068명으로 조선시대 문과급제자는 5명인데, 영조 대 첫 급제자가 나왔고 그가 두 번째이다. 대부분 황해도 출신이다.

　173 이찬근李繼根(1741~?) 전라도 순천順天 사람으로 유학을 거쳐 순조 10년 70세로 식년시에 병과로 급제하여 벼슬이 성균관 전적(정6품)을 거쳐 사직서령社稷署令(종5품)에 이르렀다.《방목》에는 벼슬이 없이 아버지[慶華], 할아버지[萬茂], 증조[有堅], 외조[南老一] 이름이 보이고, 본관이 전주全州로 되어 있다.《전주이씨과거급제자총람》을 보면 이찬근은 효령대군孝寧大君의 후손으로 직계 6대조와 외조 가운데 벼슬아치가 없다.

　174 탁감卓瑊(1776~?) 평안도 정주定州 사람으로 유학을 거쳐 순조 10년 35세로 식년시에 병과로 급제했다.《방목》에는 벼슬이 없이 아버지[東林], 할아버지[宗胤], 증조[聖濟], 외조[李錫純] 이름이 보이고, 본관이 광산光山으로 되어 있다. 그런데《청구》와《만성》의《광산탁씨보》에는 탁감의 가계가 보이지 않는다. 2000년 현재 광산탁씨 인구는 4,891가구 1만 5,691명의 희성으로 조선시대 문과급제자 7명을 배출했는데, 태조 대 첫 급제자가 나온 뒤 그가 두 번째이다. 7명 가운데 5명이 정주 출신이고, 1명이 곽산郭山 출신으로 대부분 평안도

에서 급제하였음을 알 수 있다.

175 백광유白光濡(1766~?) 평안도 정주定州 사람으로 유학을 거쳐
순조 10년 45세로 식년시에 병과로 급제했다. 《방목》에는 벼슬이 없
이 아버지[楚項], 할아버지[采黙], 증조[瑞圭], 외조[金國明] 이름이 보
이고, 본관이 수원水原으로 되어 있다. 그런데 《청구》와 《만성》의
《수원백씨보》에는 백광유의 가계가 보이지 않는다. 정주의 수원백씨
는 영조 대 이후 문과급제자 22명을 배출하여 이 지역 명문으로 등장
했다. 조선시대 문과급제자는 모두 63명인데, 그 가운데 평안도 출신
이 41명을 차지하고 있다.

176 이명순李命純(1781~?) 평안도 정주定州 사람으로 유학을 거쳐
순조 10년 30세로 식년시에 병과로 급제했다. 《방목》에는 벼슬이 없
이 아버지[尙沃], 할아버지[震浩], 증조[萬偶], 외조[白昌郁] 이름이 보
이고, 본관이 성주星州로 되어 있다. 그런데 《청구》와 《만성》의 《성
주이씨보》에는 이명순의 가계가 보이지 않는다. 《여지도서》에는 정
주에 성주이씨가 보이지 않아 본관이 의심스럽다.

177 김창제金昌濟(1777~?) 평안도 곽산郭山 사람으로 유학을 거쳐
순조 10년 34세로 식년시에 병과로 급제했다. 《방목》에는 벼슬이 없
이 아버지[韓翼], 할아버지[德弼], 증조[處雄], 외조[李仁烈] 이름이 보
이고, 본관이 광산光山으로 되어 있다. 그런데 《청구》와 《만성》의
《광산김씨보》에는 김창제의 가계가 보이지 않는다. 《여지도서》에는
곽산에 광산김씨가 보이지 않아 본관이 의심스럽다.

178 안형진安亨鎭(1784~?) 평안도 안주安州 사람으로 유학을 거쳐
순조 10년 27세로 식년시에 병과로 급제했다. 《방목》에는 벼슬이 없
이 아버지[汝亮], 할아버지[昌一], 증조[天濟], 외조[金軫華] 이름이 보

이고, 본관이 순흥順興으로 되어 있다. 그런데 《청구》와 《만성》의 《순흥안씨보》에는 안형진의 가계가 보이지 않는다. 안주의 순흥안씨는 영조 대 이후 문과급제자 31명을 배출하여 이 지역의 최고 명문으로 등장했다.

179 유승환俞昇煥(1785~?) 충청도 부여扶餘 사람으로 유학을 거쳐 순조 10년 26세로 식년시에 병과로 급제했다. 《방목》에는 벼슬이 없이 아버지[榮柱], 할아버지[漢淑], 증조[彦篝], 외조[李普炅] 이름이 보이고, 본관이 기계杞溪로 되어 있다. 그런데 《청구》의 《기계유씨보》에는 유승환의 가계가 보이지 않으며, 《만성》의 《기계유씨보》에는 할아버지까지의 가계만 보일 뿐 아버지와 그의 이름은 보이지 않는다.

180 황도黃燾(1776~?) 춘천春川 사람으로 유학을 거쳐 순조 10년 35세로 식년시에 병과로 급제하여 벼슬이 사헌부 지평(정5품)을 거쳐 통례원 우통례右通禮(정3품 당하관)와 승지(정3품 당상관)에 이르렀다. 《방목》에는 벼슬이 없이 아버지[尙中], 할아버지[運河], 증조[世俊], 외조[鄭堉], 처부[李度謙] 이름이 보이고, 본관이 평해平海로 되어 있다. 그런데 《청구》의 《평해황씨보》에는 황도의 가계가 보이지 않으며 《만성》의 《평해황씨보》에는 가계가 보이는데, 직계 6대조와 외조 가운데 벼슬아치가 없다.

181 이시헌李時獻(1771~?) 경상도 영해寧海 사람으로 유학을 거쳐 순조 10년 40세로 식년시에 병과로 급제하여 벼슬이 사간원 정언(정6품)에 이르렀다. 《방목》에는 벼슬이 없이 아버지[宗瀚], 할아버지[廷秀], 증조[湅], 외조[金大憲] 이름이 보이고, 본관이 영천永川으로 되어 있다. 그런데 《만성》의 《영천이씨보》에는 이시헌의 가계가 보이지 않으며, 《청구》의 《영천이씨보》를 보면 그는 농암 이현보李賢輔의

10대손으로 직계 8대조와 외조 가운데 벼슬아치가 없다.

182 홍윤환洪綸煥(1781~?) 평안도 정주定州 사람으로 유학을 거쳐 순조 10년 30세로 식년시에 병과로 급제했다. 《방목》에는 벼슬이 없이 아버지[昇柱], 할아버지[夏達], 증조[命濬], 외조[安弼鎭] 이름이 보이고, 본관이 남양南陽으로 되어 있다. 그런데 《청구》와 《만성》의 《남양홍씨보》에는 홍윤환의 가계가 보이지 않는다. 정주의 남양홍씨는 영조 대 이후 문과급제자 11명을 배출했다.

183 현진상玄鎭商(1779~?) 충청도 천안天安 사람으로 유학을 거쳐 순조 10년 32세로 식년시에 병과로 급제했다. 《방목》에는 벼슬이 없이 아버지[載穆], 할아버지[重華], 증조[聖圭], 외조[金再堉], 처부의 이름이 보이고, 본관이 성주星州로 되어 있다. 그런데 《청구》와 《만성》에는 《성주현씨보》 자체가 없다. 2000년 현재 성주현씨 인구는 1,438가구 4,938명의 희성으로, 조선시대 문과급제자 5명을 배출했다.

184 이욱향李旭香(일명 郁馨, 1775~?) 충청도 괴산槐山 사람으로 유학을 거쳐 순조 10년 36세로 식년시에 병과로 급제하여 벼슬이 사헌부 지평(정5품)과 호조좌랑(정6품)에 이르렀다. 《방목》에는 벼슬이 없이 아버지[復陽], 할아버지[儀朝], 증조[圍春], 외조[高師喆] 이름이 보이고, 본관이 전주全州로 되어 있다. 《전주이씨과거급제자총람》을 보면 이욱향은 효령대군孝寧大君의 후손으로 직계 6대조와 외조 가운데 벼슬아치가 없다.

185 우석간馬錫簡(1782~1838) 경상도 창녕昌寧 사람으로 유학을 거쳐 순조 10년 29세로 식년시에 병과로 급제하여 찰방(종6품), 정언(정6품), 예조좌랑(정6품)에 이르렀다가 벼슬을 버리고 낙향했으며, 《지족헌집知足軒集》이라는 문집을 남겼다. 《방목》에는 벼슬이 없이 아버

지〔德昌〕, 할아버지〔尙好〕, 증조〔重夏〕, 외조〔尹國成〕 이름이 보이고, 본관이 단양丹陽으로 되어 있다. 그런데 《청구》와 《만성》의 《단양우씨보》에는 우석간의 가계가 보이지 않는다. 벼슬을 버리고 낙향한 것도 좌랑 이상으로 승진이 안 되는 사정이 가문에 있었던 것이 아닌가 짐작된다.

186 이득영李得英(1776~?) 황해도 황주黃州 사람으로 유학을 거쳐 순조 10년 35세로 식년시에 병과로 급제했다. 《방목》에는 벼슬이 없이 아버지〔敏秀〕, 할아버지〔芹〕, 증조〔命淳〕, 외조〔李喬岳〕 이름이 보이고, 본관이 수안遂安으로 되어 있다. 그런데 《만성》에는 《수안이씨보》 자체가 없고, 《청구》의 《수안이씨보》에는 이득영의 가계가 보이지 않는다.

187 장봉주張鳳周(1773~?) 경상도 인동仁同 사람으로 유학을 거쳐 순조 10년 38세로 식년시에 병과로 급제하여 벼슬이 찰방(종6품)에 이르렀다. 《방목》에는 벼슬이 없이 아버지〔鎭五, 생부 鎭九〕, 할아버지〔在玉〕, 증조〔點〕, 외조〔金瑜〕 이름이 보이고, 본관이 인동으로 되어 있다. 그런데 《만성》의 《인동장씨보》에는 장봉주의 가계가 보이지 않으며 《청구》의 《인동장씨보》에는 가계가 보이는데, 직계 10대조 가운데 벼슬아치가 한 사람도 없다.

188 이흥수李興邃(1762~?) 함경도 장진長津(北靑) 사람으로 유학을 거쳐 순조 10년 49세로 식년시에 병과로 급제했다. 《방목》에는 벼슬이 없이 아버지〔齊檍〕, 할아버지〔鳳羽〕, 증조〔時昆〕, 외조〔金杺〕 이름이 보이고, 본관이 수안遂安으로 되어 있다. 그런데 《만성》에는 《수안이씨보》 자체가 없고, 《청구》의 《수안이씨보》에는 이흥수의 가계가 보이지 않는다.

189 임경조林景祚(1760~?) 함경도 함흥咸興 사람으로 유학을 거쳐 순조 10년 51세로 식년시에 병과로 급제했다. 《방목》에는 벼슬이 없이 아버지[萬枝], 할아버지[文善], 증조[汝樑], 외조[金紀星] 이름이 보이고, 본관이 평택平澤으로 되어 있다. 그런데 《청구》와 《만성》의 《평택임씨보》에는 임경조의 가계가 보이지 않는다.

190 권야權倻(1782~?) 충청도 서원西原(淸州) 사람으로 유학을 거쳐 순조 10년 29세로 식년시에 병과로 급제하여 벼슬이 통례(정3품 당하관)와 승지(정3품 당상관)에 이르렀다. 《방목》에는 벼슬이 없이 아버지[孚彦], 할아버지[世遠], 증조[翊經], 외조[閔憲祖] 이름이 보이고, 본관이 안동安東으로 되어 있다. 《청구》와 《만성》의 《안동권씨보》를 보면 직계 6대조와 외조 가운데 벼슬아치가 없다.

191 김치곤金致坤(1789~?) 경상도 창녕昌寧 사람으로 유학을 거쳐 순조 10년 22세로 식년시에 병과로 급제하여 벼슬이 사간원 정언(정6품)에 이르렀다. 《방목》에는 벼슬이 없이 아버지[東礪, 생부 璟礪], 할아버지[汝郁], 증조[尙重], 외조[朴尙節], 처부[權正範] 이름이 보이고, 본관이 서흥瑞興으로 되어 있다. 《청구》의 《서흥김씨보》를 보면 직계 5대조 가운데 벼슬아치가 없고, 《만성》의 《서흥김씨보》를 보면 할아버지 이상의 가계가 다르게 보이는데,36) 직계 6대조 가운데 벼슬아치가 없다.

192 박민한朴民翰(1778~?) 경상도 단성丹城 사람으로 유학을 거쳐 순조 10년 33세로 식년시에 병과로 급제하여 벼슬이 선전관宣傳官(종6품)에 이르렀다. 《방목》에는 벼슬이 없이 아버지[文五], 할아버지[尙

---

36) 《만성》의 《서흥김씨보》에는 할아버지가 국점國漸, 증조가 상점尙精, 고조가 시찬是瓚으로 되어 있다.

悌], 증조[壽遠], 외조[崔興漸] 이름이 보이고, 본관이 순천順天으로 되어 있다.《청구》의《순천박씨보》를 보면 직계 3대조 가운데 벼슬아치가 없고,《만성》의《순천박씨보》를 보면 직계 5대조 가운데 벼슬아치가 없다.

193 이승열李升烈(1767~?) 평안도 운산雲山 사람으로 유학을 거쳐 순조 11년(1811) 45세로 경과정시에 장원급제하여 벼슬이 순조 11년의 홍경래의 난 때 운산 지방의 소모장召募將을 지낸 다음 순조 16년에는 비인현감(종6품)으로 있으면서 그곳에 표류한 이양선異樣船(영국배)을 조사하여 보고하기도 했다.《방목》에는 벼슬이 없이 아버지[宜集], 할아버지[汲], 증조[時咸], 외조[承奎聖] 이름이 보이고, 본관이 수안遂安으로 되어 있다. 그런데《만성》에는《수안이씨보》자체가 없고,《청구》의《수안이씨보》에는 이승열의 가계가 보이지 않는다.

194 성용신成龍申(1781~?) 경기도 포천抱川 사람으로 유학을 거쳐 순조 11년 31세로 경과정시에 병과로 급제하여 벼슬이 헌종 대 통례원 좌통례(정3품 당하관)와 순흥부사(종3품)에 이르렀다.《방목》에는 벼슬이 없이 아버지[德雲], 할아버지[五錫], 증조[至端], 외조[邊翼偵] 이름이 보이고, 본관이 창녕昌寧으로 되어 있다. 그런데《청구》와《만성》의《창녕성씨보》에는 성용신의 가계가 보이지 않는다.

195 이영렬李永烈(개명 慶烈. 1767~?) 충청도 천안天安 사람으로 유학을 거쳐 순조 11년 45세로 경과정시에 병과로 급제하여 벼슬이 사헌부 지평(정5품)에 이르렀다.《방목》에는 벼슬이 없이 아버지[近亨], 할아버지[鎭漢], 증조[命大], 외조[全寫] 이름이 보이고, 본관이 전주全州로 되어 있다.《전주이씨과거급제자총람》을 보면 할아버지 이상의 가계가《방목》과 다른데, 이는 양자로 들어갔기 때문이다. 어쨌든

《족보》를 따르면, 이영렬은 태종의 후궁 소생인 근녕군謹寧君의 후손으로 직계 8대조 가운데 벼슬아치가 없다.

196 성시광成始光(1766~?) 경기도 여주驪州 사람으로 진사를 거쳐 순조 11년 46세로 경과정시에 병과로 급제하여 벼슬이 승지(정3품 당상관)에 이르렀다. 《방목》에는 벼슬이 없이 아버지[甲鉉], 할아버지[致五], 증조[秉夏], 외조[李盛來] 이름이 보이고, 본관이 창녕昌寧으로 되어 있다. 《청구》와 《만성》의 《창녕성씨보》를 보면 직계 3대조와 외조 가운데 벼슬아치가 없다.

197 신천록申川祿(1766~?) 충청도 서원西原(淸州) 사람으로 유학을 거쳐 순조 11년 46세로 경과정시에 병과로 급제하여 벼슬이 사간원 정언(정6품)에 이르렀다. 《방목》에는 벼슬이 없이 아버지[周權], 할아버지[啓淵], 증조[靐], 외조[趙復彬] 이름이 보이고, 본관이 고령高靈으로 되어 있다. 《청구》와 《만성》의 《고령신씨보》를 보면 직계 3대조와 외조 가운데 벼슬아치가 없다.

198 최명현崔命顯(1780~?) 충청도 대흥大興 사람으로 유학을 거쳐 순조 11년 32세로 경과정시에 병과로 급제하여 벼슬이 지평(정5품)을 거쳐 통례원 좌통례(정3품 당하관)로서 통정대부(정3품 당상관)에 가자加資되었다. 《방목》에는 벼슬이 없이 아버지[光履], 할아버지[瑞國], 증조[始大], 외조[李興元] 이름이 보이고, 본관이 전주全州로 되어 있다. 《청구》와 《만성》의 《전주최씨보》를 보면 직계 4대조와 외조 가운데 벼슬아치가 없다.

199 김기주金基周(1787~?) 충청도 충주忠州 사람으로 유학을 거쳐 순조 11년 25세로 경과정시에 병과로 급제하여 벼슬이 헌종 대 좌통례(정3품 당하관)를 거쳐 대사간(정3품 당상관)에 이르렀다. 《방목》에는

벼슬이 없이 아버지[魯儉], 할아버지[憲祖], 증조[道復], 외조[李德新]
이름이 보이고, 본관이 광산光山으로 되어 있다. 《청구》와 《만성》의
《광산김씨보》를 보면 직계 11대조와 외조 가운데 벼슬아치가 없다.

200 길현범吉顯範(1788~?) 춘천春川 사람으로 유학을 거쳐 순조 11년
24세로 경과정시에 병과로 급제하여 벼슬이 사헌부 지평(정5품)에 이
르렀다. 《방목》에는 벼슬이 없이 아버지[仁煥], 할아버지[慶元], 증조
[徵德], 외조[金鳳五] 이름이 보이고, 본관이 선산善山(海平)으로 되어
있다. 그런데 《만성》의 《해평길씨보》에는 길현범의 가계가 보이지
않으며, 《청구》의 《해평길씨보》를 보면 아버지와 길현범 단 두 사람
이 가계가 끊어진 형태로 기록되어 있는데, 아버지는 벼슬이 없다.

201 오태장吳泰長(1755~?) 해주海州 사람으로 유학을 거쳐 순조 11
년 57세로 경과정시에 병과로 급제하여 벼슬이 사헌부 지평(정5품)에
이르렀다. 《방목》에는 벼슬이 없이 아버지[彦述], 할아버지[命冑], 증
조[遂大], 외조[安宗煉] 이름이 보이고, 본관이 해주海州로 되어 있다.
《만성》의 《해주오씨보》를 보면 직계 5대조와 외조 가운데 벼슬아치
가 없다. 한편, 《청구》의 《해주오씨보》에는 증조까지의 가계만 보이
고 할아버지 이하의 가계는 보이지 않는데, 4대조와 5대조는 벼슬이
없다.

202 윤영로尹永魯(1773~?) 충청도 대흥大興 사람으로 유학을 거쳐
순조 11년 39세로 경과정시에 병과로 급제했다. 《방목》에는 벼슬이
없이 아버지[頤相, 생부 復相], 할아버지[學洙], 증조[東英], 외조[兪漢偉],
처부의 이름이 보이고, 본관이 파평坡平으로 되어 있다. 그런데 《청
구》와 《만성》의 《파평윤씨보》에는 윤영로의 가계가 보이지 않는다.

203 최호인崔浩人(1788~?) 충청도 충주忠州 사람으로 유학을 거쳐

순조 11년 24세로 경과정시에 병과로 급제했다.《방목》에는 벼슬이 없이 아버지[鎭寧], 할아버지[顯起], 증조[日煥], 외조[申曇] 이름이 보이고, 본관이 강릉江陵으로 되어 있다. 그런데 《청구》와 《만성》의 《강릉최씨보》에는 최호인의 가계가 보이지 않는다.

204 구영석具齡錫(1771~?) 충청도 해미海美 사람으로 유학을 거쳐 순조 12년(1812) 41세로 경과정시에 장원급제했다.《방목》에는 벼슬이 없이 아버지[馨遠], 할아버지[泰勳], 증조[夏柱], 외조[羅潤祿] 이름이 보이고, 본관이 능성綾城으로 되어 있다. 그런데 《청구》의《능성구씨보》를 보면 할아버지까지의 가계는 보이나 아버지와 구영석의 이름은 보이지 않는다. 한편,《만성》의《능성구씨보》에는 가계가 보이지 않는다.

205 김성겸金聖謙(1790~?) 경기도 이천利川 사람으로 유학을 거쳐 순조 12년 23세로 경과정시에 을과로 급제하여 벼슬이 철종 대 부사과(종6품)를 거쳐 고종 초 대사간(정3품 당상관)에 이르렀다.《방목》에는 벼슬이 없이 아버지[道潤], 할아버지[光壽], 증조[墺], 외조[崔貞彦], 처부[李聖傅] 이름이 보이고, 본관이 청풍淸風으로 되어 있다. 그런데 《만성》의《청풍김씨보》에는 김성겸의 가계가 보이지 않으며,《청구》의《청풍김씨보》를 보면 8대조부터 가계가 끊어진 형태로 독립되어 있는데, 직계 4대조와 외조 가운데 벼슬아치가 없다.

206 임정기林正起(1787~?) 평안도 중화中和 사람으로 유학을 거쳐 순조 12년 26세로 경과정시에 병과로 급제했다.《방목》에는 벼슬이 없이 아버지[時赫], 할아버지[之欽], 증조[尙彬], 외조[李彦春] 이름이 보이고, 본관이 울진蔚珍으로 되어 있다. 그런데 《청구》와 《만성》에는 《울진임씨보》 자체가 없어 신원을 알 수 없다. 2000년 현재 울진

임씨 인구는 2,004가구 6,384명의 희성으로, 숙종 대 이후로 문과급
제자 6명을 배출했다. 《여지도서》에는 중화에 울진임씨가 보이지 않
아 본관이 의심스럽다.

　　207 송성룡宋成龍(1780~?) 전라도 고산高山 사람으로 유학을 거쳐
순조 12년 33세로 경과정시에 병과로 급제하여 벼슬이 사간원 정언
(정6품)과 현감(종6품)에 이르렀다. 《방목》에는 벼슬이 없이 아버지
[景漢], 할아버지[恒鎭], 증조[載厚], 외조[金必泰] 이름이 보이고, 본관
이 은진恩津으로 되어 있다. 《청구》와 《만성》의 《은진송씨보》를 보
면 직계 3대조와 외조 가운데 벼슬아치가 없다.

　　208 박심수朴心壽(1780~?) 서울 사람으로 유학을 거쳐 순조 12년 33
세로 경과정시에 병과로 급제하여 사헌부 지평(정5품)을 거쳐 홍문록
弘文錄에 들어갔다. 《방목》에는 벼슬이 없이 아버지[宗學], 할아버지
[奇源], 증조[師塤], 외조[李重章] 이름이 보이고, 본관이 반남潘南으로
되어 있다. 《청구》와 《만성》의 《반남박씨보》를 보면 직계 4대조 가
운데 벼슬아치가 없다.

　　209 이상규李祥奎(1772~?) 경상도 의령宜寧 사람으로 진사를 거쳐
순조 13년(1813) 42세로 증광별시에 병과로 급제했다. 《방목》에는 벼
슬이 없이 아버지[邦榮], 할아버지[義采], 증조[彙昌], 외조[呂齊先] 이
름이 보이고, 본관이 전의全義로 되어 있다. 그런데 《청구》와 《만성》
의 《전의이씨보》에는 이상규의 가계가 보이지 않는다.

　　210 유영보柳榮輔(1776~?) 서울 사람으로 유학을 거쳐 순조 13년 38
세로 증광별시에 병과로 급제하여 벼슬이 사간원 정언(정6품)을 거쳐
헌종 대 통례원 좌통례(정3품 당하관)에 이르렀다. 《방목》에는 벼슬이
없이 아버지[項], 할아버지[晶漢], 증조[讚], 외조[朴宗復], 처부[金景愚]

이름이 보이고, 본관이 흥양興陽으로 되어 있다.《청구》의《흥양유씨보》를 보면 직계 6대조 가운데 벼슬아치가 없고,《만성》의《흥양유씨보》를 보면 직계 5대조와 외조 가운데 벼슬아치가 없다.

　　211 권휘權徽(1768~?) 서울 사람으로 진사를 거쳐 순조 13년 46세로 증광별시에 병과로 급제하여 벼슬이 사헌부 장령(정4품)을 거쳐 홍문록에 들어갔다.《방목》에는 벼슬이 없이 아버지[以經, 생부 以綱], 할아버지[濡], 증조[后泰], 외조[尹㳽], 처부[韓鎭夏] 이름이 보이고, 본관이 안동安東으로 되어 있다.《청구》와《만성》의《안동권씨보》를 보면 직계 5대조와 외조 가운데 벼슬아치가 없다.

　　212 심동윤沈東潤(1759~?) 경기도 수원水原 사람으로 유학을 거쳐 순조 13년 55세로 증광별시에 병과로 급제하여 벼슬이 부사(종3품)에 이르렀다.《방목》에는 벼슬이 없이 아버지[鼎魯], 할아버지[杙], 증조[游仁], 외조[李漢復] 이름이 보이고, 본관이 청송靑松으로 되어 있다. 《청구》와《만성》의《청송심씨보》를 보면 직계 6대조와 외조 가운데 벼슬아치가 없다.

　　213 이동적李東迪(1769~?) 경상도 칠곡漆谷 사람으로 유학을 거쳐 순조 13년 45세로 증광별시에 병과로 급제하여 벼슬이 홍문관 교리(정5품)에 이르렀다.《방목》에는 벼슬이 없이 아버지[孝中, 생부 德中], 할아버지[世璘], 증조[申命], 외조[朴慶萬] 이름이 보이고, 본관이 광주廣州로 되어 있다.《청구》와《만성》의《광주이씨보》를 보면 직계 3대조와 외조 가운데 벼슬아치가 없다.

　　214 박장복朴長復(1779~?) 경기도 이천利川 사람으로 진사를 거쳐 순조 13년 35세로 증광별시에 병과로 급제하여 벼슬이 통례원 상례(종3품)와 사간원 대사간(정3품 당상관)을 거쳐 철종 대 공조판서(정2

품)에 이르렀다. 《방목》에는 벼슬이 없이 아버지[道敏], 할아버지[瑀],
증조[顯東], 외조[郭就龍], 처부의 이름이 보이고, 본관이 밀양密陽으로
되어 있다. 《청구》와 《만성》의 《밀양박씨보》를 보면 직계 4대조와
외조 가운데 벼슬아치가 없다.

　　215 홍용규洪龍圭(1767~?) 평안도 강서江西 사람으로 생원을 거쳐
순조 13년 47세로 증광별시에 병과로 급제했다. 《방목》에는 벼슬이
없이 아버지[履一], 할아버지[景祖], 증조[致恒], 외조[權大弼] 이름이
보이고, 본관이 염주鹽州(延安)로 되어 있다. 그런데 《만성》에는 《염
주홍씨보》 자체가 없고, 《청구》의 《염주홍씨보》에는 증조 치항致恒
(벼슬없음)과 그 아들 낙조樂祖의 이름만 보이고, 홍용규와 그 아버지,
할아버지의 이름은 보이지 않는다. 그런데 홍용규는 순조 11년 일어
난 홍경래의 난 때 진압을 위해 순조 12년에 진사로서 돈 270냥을
국가에 헌납하여 포상을 받은 일이 있었다.37) 이 액수는 다른 사람보
다 상대적으로 많은 액수로서 이로 보아 상당한 재력을 가졌음을 알
수 있다. 현재 염주홍씨 인구는 알 수 없으며, 조선시대 문과급제자
2명을 배출했는데, 영조 대 급제하여 시조가 된 홍낙조가 처음이고,
두 번째가 홍용규이다. 《여지도서》에는 강서에 염주홍씨가 보이지
않아 그가 급제한 뒤 본관을 정한 것으로 보인다.

　　216 이우중李寓中(1759~?) 평안도 용천龍川 사람으로 유학을 거쳐
순조 13년 55세로 증광별시에 병과로 급제했다. 《방목》에는 벼슬이
없이 아버지[枰運], 할아버지[萬柱], 증조[俊華], 외조[韓世起] 이름이
보이고, 본관이 단양丹陽으로 되어 있다. 《청구》의 《단양이씨보》에

---

37) 《순조실록》 권16, 순조 12년 6월 9일 경술.

는 이우중과 그 아버지 이름이 가계가 끊어진 형태로 외따로 기록되어 있는데, 아버지는 벼슬이 없다. 한편, 《만성》의 《단양이씨보》에는 가계가 보이지 않는다. 2000년 현재 단양이씨 인구는 5,122가구 1만 6,213명의 희성으로 조선시대 문과급제자 21명을 배출했는데, 정조 대 이후 평안도에서만 11명이 나왔다.

217 이인승李仁承(1762~?) 평양平壤 사람으로 생원을 거쳐 순조 13년 52세로 증광별시에 병과로 급제하여 벼슬이 개성 경력經歷(종4품)에 이르렀다. 《방목》에는 벼슬이 없이 아버지[春涵], 할아버지[恒一], 증조[璞], 외조[金潤輝] 이름이 보이고, 본관이 홍주洪州로 되어 있다. 그런데 《청구》와 《만성》의 《홍주이씨보》에는 이인승의 가계가 보이지 않는다. 2000년 현재 홍주이씨 인구는 4,733가구 1만 4,897명의 희성으로 조선 후기 문과급제자 9명을 배출했는데, 평안도에서만 5명이 나왔다.

218 이제학李齊學(1761~?) 평안도 위원渭原 사람으로 유학을 거쳐 순조 13년 53세로 증광별시에 병과로 급제했다. 《방목》에는 벼슬이 없이 아버지[鳳羽], 할아버지[時崑], 증조[枝盛], 외조[宋世弼] 이름이 보이고, 본관이 수안遂安으로 되어 있다. 그런데 《만성》에는 《수안이씨보》 자체가 없고, 《청구》의 《수안이씨보》에는 이제학의 가계가 보이지 않는다. 2000년 현재 인구는 5,539가구 1만 7,677명의 희성으로 영조 대 이후 문과급제자 26명을 배출했는데, 그 가운데 11명이 평안도 출신이고, 6명이 황해도 출신으로 확인되고 있다.

219 이의성李義省(1771~?) 경기도 포천抱川 사람으로 유학을 거쳐 순조 14년(1814) 44세로 경과정시에 을과로 급제하여 벼슬이 사헌부 지평(정5품)에 이르렀다. 《방목》에는 벼슬이 없이 아버지[尙敬], 할아

버지[俠], 증조[命台], 외조[任世觀] 이름이 보이고, 본관이 전주全州로
되어 있다.《전주이씨과거급제자총람》을 보면 이의성은 광평대군廣
平大君의 후손으로 직계 9대조와 외조 가운데 벼슬아치가 없다.

220 최승우崔昇羽(1770~?) 경상도 선산善山 사람으로 진사를 거쳐
순조 14년 45세로 경과정시에 을과로 급제하여 벼슬이 세자시강원
문학文學(정5품)에 이르렀다.《방목》에는 벼슬이 없이 아버지[光翊],
할아버지[壽仁], 증조[斗樞], 외조[李之彬] 이름이 보이고, 본관이 전주
全州로 되어 있다.《청구》와《만성》의《전주최씨보》를 보면 직계 5
대조와 외조 가운데 벼슬아치가 없다.

221 신경우申景雨(1772~?) 경상도 함창咸昌 사람으로 유학을 거쳐
순조 14년 43세로 경과정시에 병과로 급제하여 벼슬이 강진현감(종6
품)에 이르렀다.《방목》에는 벼슬이 없이 아버지[紹楊], 할아버지[儼],
증조[光顯], 외조[魚有瀗] 이름이 보이고, 본관이 평산平山으로 되어 있
다. 그런데《청구》와《만성》의《평산신씨보》에는 신경우의 가계가
보이지 않는다.

222 이필구李必逑(1771~?) 서울 사람으로 유학을 거쳐 순조 14년 44
세로 경과정시에 병과로 급제했다.《방목》에는 벼슬이 없이 아버지
[漢膺, 생부 漢黙], 할아버지[光鎭], 증조[塾], 외조[許楷] 이름이 보이고,
본관이 평창平昌으로 되어 있다. 그런데《청구》와《만성》의《평창이
씨보》에는 이필구의 가계가 보이지 않는다.

223 이원일李源一(1781~?) 경기도 통진通津 사람으로 유학을 거쳐
순조 14년 34세로 경과정시에 병과로 급제했다.《방목》에는 벼슬이
없이 아버지[遇培], 할아버지[株], 증조[彦豪], 외조[鄭均] 이름이 보이
고, 본관이 단성丹城으로 되어 있다. 그런데《청구》와《만성》에는

《단성이씨보》 자체가 없다. 2000년 현재 단성이씨 인구는 695가구 2,226명의 희성으로, 조선시대에 문과급제자는 이원일이 유일하다.

224 송재순宋在淳(1765~?) 서울 사람으로 진사를 거쳐 순조 14년 50세로 경과정시에 병과로 급제하여 벼슬이 사헌부 장령(정4품)과 현감(종6품)에 이르렀다. 《방목》에는 벼슬이 없이 아버지[文顯], 할아버지[弼休], 증조[逮孫], 외조[許墩] 이름이 보이고, 본관이 진천鎭川으로 되어 있다. 그런데 《청구》의 《진천송씨보》에는 송재순의 가계가 보이지 않으며, 《만성》의 《진천송씨보》를 보면 직계 4대조와 외조 가운데 벼슬아치가 없다.[38]

225 이봉순李鳳純(1786~?) 전라도 영광靈光 사람으로 유학을 거쳐 순조 14년 29세로 증광별시에 병과로 급제하여 벼슬이 목사(정3품 당상관)에 이르렀다. 《방목》에는 벼슬이 없이 아버지[晩求], 할아버지[得源], 증조[養吾], 외조[金烈] 이름이 보이고, 본관이 전주全州로 되어 있다. 《전주이씨과거급제자총람》을 보면 이봉순은 태종의 아들 효령대군孝寧大君의 후손으로 직계 3대조와 외조 가운데 벼슬아치가 없다.

226 이문흠李文欽(1773~?) 개성開城 사람으로 생원을 거쳐 순조 14년 42세로 증광별시에 병과로 급제하여 벼슬이 판관(종5품)에 이르렀다. 《방목》에는 벼슬이 없이 아버지[基建], 할아버지[養利], 증조[百興], 외조[朴泌] 이름이 보이고, 본관이 하빈河濱(大邱)으로 되어 있다. 그런데 《만성》의 《하빈이씨보》에는 이문흠의 가계가 보이지 않으며, 《청구》의 《하빈이씨보》를 보면 직계 5대조 가운데 벼슬아치가 없다. 2000년 현재 인구는 4,657가구 1만 5,058명의 희성으로 조선시

---

38) 《만성》의 《진천송씨보》에는 송재순의 아버지 송문현宋文顯이 음직蔭職으로 찰방(종6품)이 된 것으로 기록되어 있으나, 그가 음직을 받을 만한 조건이 없어 그대로 믿을 수 없다.

대 문과급제자 4명을 배출했는데, 그 가운데 3명은 순조 대 이후 급
제했다.

227 민영훈閔永勳(1775~?) 서울 사람으로 진사를 거쳐 순조 14년(순
조 13년 시행) 40세로 식년시에 갑과로 급제하여 벼슬이 홍문관을 거
쳐 형조참의(정3품 당상관)에 이르렀다. 《방목》에는 벼슬이 없이 아버
지[種吉], 할아버지[頤世], 증조[師尹], 외조[崔一濟], 처부[李孝相] 이름
이 보이고, 본관이 여흥驪興으로 되어 있다. 《청구》와 《만성》의 《여
흥민씨보》를 보면 직계 4대조와 외조 가운데 벼슬아치가 없다.

228 황종인黃鍾人(1781~?) 서울 사람으로 유학을 거쳐 순조 14년 34
세로 식년시에 갑과로 급제하여 벼슬이 사간원 헌납(정5품)에 이르렀
다. 《방목》에는 벼슬이 없이 아버지[基宇], 할아버지[仁煥], 증조[杺],
외조[李顯白], 처부의 이름이 보이고, 본관이 창원昌原으로 되어 있다.
그런데 《청구》와 《만성》의 《창원황씨보》를 보면 직계 3대조 가운데
벼슬아치가 없다.

229 김지순金持純(1778~?) 평안도 개천价川 사람으로 유학을 거쳐
순조 14년 37세로 식년시에 을과로 급제했다. 《방목》에는 벼슬이 없
이 아버지[致煥], 할아버지[相臨], 증조[洸], 외조[金景大] 이름이 보이
고, 본관이 연안延安으로 되어 있다. 그런데 《청구》와 《만성》의 《연
안김씨보》에는 김지순의 가계가 보이지 않는다. 《여지도서》에는 개
천에 유주김씨儒州金氏만 보이고 연안김씨가 보이지 않아 본관이 의
심스럽다.

230 강필환姜弼煥(1780~?) 전라도 무장茂長 사람으로 유학을 거쳐
순조 14년 35세로 식년시에 을과로 급제했다. 《방목》에는 벼슬이 없
이 아버지[命復], 할아버지[漢樞], 증조[萬興], 외조[裵處章], 처부의 이

름이 보이고, 본관이 진주晋州로 되어 있다. 그런데《청구》와《만성》
의《진주강씨보》에는 강필환의 가계가 보이지 않는다.

231 백시원白時源(1776~?) 평안도 정원定原(定州) 사람으로 유학을
거쳐 순조 14년 39세로 식년시에 병과로 급제했다.《방목》에는 벼슬
이 없이 아버지[宗鶴, 생부 宗觀], 할아버지[仁煥], 증조[運西], 외조[金致
瑞] 이름이 보이고, 본관이 수원水原으로 되어 있다. 그런데《청구》와
《만성》의《수원백씨보》에는 백시원의 가계가 보이지 않는다. 정주
의 수원백씨는 영조 대 이후 문과급제자 22명을 배출하여 이 지역의
명문으로 등장했다.

232 신만휴申萬休(1793~?) 경기도 양주楊州 사람으로 유학을 거쳐
순조 14년 22세로 식년시에 을과로 급제하여 벼슬이 철종 대 통례원
좌통례(정3품 당하관)를 거쳐 대사간(정3품 당상관)에 이르렀다.《방목》
에는 벼슬이 없이 아버지[慶求], 할아버지[顯模], 증조[朝海], 외조[柳
煜] 이름이 보이고, 본관이 고령高靈으로 되어 있다.39)《청구》와《만
성》의《고령신씨보》를 보면 직계 5대조와 외조 가운데 벼슬아치가
없다.

233 박희보朴熙輔(1769~?) 경상도 산청山淸 사람으로 유학을 거쳐
순조 14년 46세로 식년시에 병과로 급제했다.《방목》에는 벼슬이 없
이 아버지[煥東], 할아버지[孝曾], 증조[鳳采], 외조[黃鈺] 이름이 보이
고, 본관이 반남潘南으로 되어 있다. 그런데《청구》와《만성》의《반
남박씨보》에는 박희보의 가계가 보이지 않는다.

234 김종호金宗虎(1787~?) 강릉江陵 사람으로 유학을 거쳐 순조 14

---

39)《방목》에는 신만휴의 거주지를 고령으로 본관을 양주로 기록하고 있는데, 이는 거주지와
　본관을 바꿔 기록한 것으로 보인다. 왜냐하면 양주신씨는 없기 때문이다.

년 28세로 식년시에 병과로 급제하여 벼슬이 사헌부 지평(정5품)에 이르렀다. 《방목》에는 벼슬이 없이 아버지[濟魯], 할아버지[胤之], 증조[壽鵬], 외조[李綏祚] 이름이 보이고, 본관이 강릉으로 되어 있다. 그런데 《만성》의 《강릉김씨보》에는 할아버지까지의 가계만 보이고 아버지와 김종호의 이름은 보이지 않는다. 한편, 《청구》의 《강릉김씨보》에는 그의 가계가 보이는데, 아버지 이름이 제한濟漢으로 되어 있고, 직계 5대조와 외조 가운데 벼슬아치가 없다.

235 **김영진**金永鎭(1783~?) 경상도 창녕昌寧 사람으로 유학을 거쳐 순조 14년 32세로 식년시에 병과로 급제했다. 《방목》에는 벼슬이 없이 아버지[夏均], 할아버지[炳海], 증조[時根], 외조[表鳳翊] 이름이 보이고, 본관이 안동安東으로 되어 있다. 그런데 《청구》와 《만성》의 《안동김씨보》에는 김영진의 가계가 보이지 않는다.

236 **김조흠**金祖欽(1786~?) 평양平壤 사람으로 유학을 거쳐 순조 14년 29세로 식년시에 병과로 급제했다. 《방목》에는 벼슬이 없이 아버지[甌], 할아버지[益圭], 증조[萬恒], 외조[尹熙] 이름이 보이고, 본관이 하양河陽으로 되어 있다. 그런데 《청구》와 《만성》에는 《하양김씨보》 자체가 없다. 2000년 현재 하양김씨 인구는 1가구 1명으로 김조흠이 조선시대 유일한 문과급제자이다. 《세종실록》〈지리지〉에는 김씨가 속성續姓으로도 나오고 일반성一般姓으로도 나오는데, 속성인 김씨는 향리를 하고 있다고 되어 있어 그의 집안도 본래 향리일 가능성이 있다.

237 **권중복**權中復(1783~?) 충청도 예산禮山 사람으로 유학을 거쳐 순조 14년 32세로 식년시에 병과로 급제했다. 《방목》에는 벼슬이 없이 아버지[星應], 할아버지[悌性], 증조[亨萬], 외조[金直洙] 이름이 보

이고, 본관이 안동安東으로 되어 있다. 그런데 《청구》의 《안동권씨보》에는 권중복의 가계가 보이지 않으며, 《만성》의 《안동권씨보》에는 가계가 보이는데, 직계 8대조와 외조 가운데 벼슬아치는 5대조가 봉사(종8품)를 한 것이 전부이다.

238 **문경애**文慶愛(1793~?) 평안도 정원定原(定州) 사람으로 유학을 거쳐 순조 14년 22세로 식년시에 병과로 급제하여 벼슬이 철종 대 병조당상兵曹堂上(병조참지; 정3품 당상관), 고종 10년 과거에 급제한 지 60년이 되는 것을 기념하여 한성판윤(정2품)에 특별히 임명했다.[40] 《방목》에는 벼슬이 없이 아버지〔成五〕, 할아버지〔鳳遇〕, 증조〔至明〕, 외조〔李錫垕〕 이름이 보이고, 본관이 남평南平으로 되어 있다. 그런데 《청구》와 《만성》의 《남평문씨보》에는 문경애의 가계가 보이지 않는다.

239 **최강로**崔綱魯(1795~?) 강릉江陵 사람으로 유학을 거쳐 순조 14년 20세로 식년시에 병과로 급제했다. 《방목》에는 벼슬이 없이 아버지〔東柱〕, 할아버지〔福齡〕, 증조〔萬甲〕, 외조〔南聖濟〕 이름이 보이고, 본관이 강릉으로 되어 있다. 그런데 《청구》와 《만성》의 《강릉최씨보》에는 최강로의 가계가 보이지 않는다.

240 **성대진**成大璡(1777~?) 경상도 창녕昌寧 사람으로 유학을 거쳐 순조 14년 41세로 식년시에 병과로 급제했다. 《방목》에는 벼슬이 없이 아버지〔孝仁〕, 할아버지〔啓郁〕, 증조〔正徽〕, 외조〔朴之馨〕 이름이 보이고, 본관이 창녕으로 되어 있다. 그런데 《청구》와 《만성》의 《창녕성씨보》에는 성대진의 가계가 보이지 않는다.

---

40) 《고종실록》 권10, 고종 10년 2월 5일 갑인.

241 **송규필**宋奎弼(1780~?) 경상도 상주尙州 사람으로 유학을 거쳐 순조 14년 35세로 식년시에 병과로 급제하여 벼슬이 사헌부 지평(정5품)에 이르렀다. 《방목》에는 벼슬이 없이 아버지[啓周], 할아버지[震復], 증조[瓗], 외조[李禧遠] 이름이 보이고, 본관이 여산礪山으로 되어 있다. 그런데 《만성》의 《여산송씨보》에는 송규필의 가계가 보이지 않으며, 《청구》의 《여산송씨보》에는 가계가 보이는데, 직계 8대조 가운데 벼슬아치가 없다.

242 **강재면**姜在勉(1781~?) 경상도 의령宜寧 사람으로 유학을 거쳐 순조 14년 34세로 식년시에 병과로 급제했다. 《방목》에는 벼슬이 없이 아버지[泰煥], 할아버지[柱東], 증조[宜溥], 외조[白東虎] 이름이 보이고, 본관이 진주晉州로 되어 있다. 그런데 《청구》의 《진주강씨보》에는 강재면의 가계가 보이지 않으며, 《만성》의 《진주강씨보》에는 가계가 보이는데, 직계 6대조와 외조 가운데 벼슬아치가 없다.

243 **노상의**盧尙義(1782~?) 평안도 정원定原(定州) 사람으로 유학을 거쳐 순조 14년 33세로 식년시에 병과로 급제했다. 《방목》에는 벼슬이 없이 아버지[瑊], 할아버지[賢楷], 증조[命郁], 외조[許贄] 이름이 보이고, 본관이 해주海州로 되어 있다. 그런데 《만성》에는 《해주노씨보》 자체가 없고, 《청구》의 《해주노씨보》에는 노상의의 가계가 보이지 않는다. 2000년 현재 해주노씨 인구는 633가구 1,940명의 희성으로 숙종 대 이후부터 문과급제자 17명을 배출했다. 그 가운데 정주에서 15명이 배출되어 이 지역의 명문으로 등장했다.

244 **강국룡**康國龍(1782~?) 평안도 정원定原(定州) 사람으로 유학을 거쳐 순조 14년 33세로 식년시에 병과로 급제했다. 《방목》에는 벼슬이 없이 아버지[載珏], 할아버지[有績], 증조[萬益], 외조[尹右京] 이름

이 보이고, 본관이 신천信川으로 되어 있다. 그런데《청구》와《만성》
의《신천강씨보》에는 강국룡의 가계가 보이지 않는다. 2000년 현재
신천강씨 인구는 1만 3,909가구에 4만 4,259명으로 조선시대 문과급
제자 26명을 배출했다.

245 박제휘朴齊輝(1781~?) 황해도 송화松禾 사람으로 유학을 거쳐
순조 14년 34세로 식년시에 병과로 급제했다.《방목》에는 벼슬이 없
이 아버지[命輔, 생부 命轍], 할아버지[師仁], 증조[萬亨], 외조[曺茂實] 이
름이 보이고, 본관이 반남潘南으로 되어 있다. 그런데《청구》와《만
성》의《반남박씨보》에는 박제휘의 가계가 보이지 않는다.

246 이정묵李鼎黙(1781~?) 황해도 수안遂安 사람으로 유학을 거쳐
순조 14년 34세로 식년시에 병과로 급제했다.《방목》에는 벼슬이 없
이 아버지[養實], 할아버지[命臣], 증조[聖輝], 외조[李宗英] 이름이 보
이고, 본관이 여주驪州로 되어 있다. 그런데《청구》와《만성》의《여
주이씨보》에는 이정묵의 가계가 보이지 않는다.

247 김연金輦(1786~?) 평안도 선천宣川 사람으로 유학을 거쳐 순조
14년 29세로 식년시에 병과로 급제했다.《방목》에는 벼슬이 없이 아
버지[時冉], 할아버지[直千], 증조[德秋], 외조[朴弼良] 이름이 보이고,
본관이 옥천沃川으로 되어 있다. 그런데《만성》에는《옥천김씨보》
자체가 없으며,《청구》의《옥천김씨보》에는 김연의 가계가 보이지
않는다. 2000년 현재 옥천김씨 인구는 215가구 723명의 희성으로, 조
선시대에 문과급제자 2명을 배출했는데 그가 첫 급제자이다.《세종
실록》〈지리지〉를 보면 김씨는 옥천의 속성續姓으로 향리를 하고 있
다고 되어 있으며, 선천의 김씨는 입진성入鎭姓으로 되어 있어서 조선
초기 향리로 있다가 평안도로 강제 이주한 주민의 후손으로 보인다.

248 윤종현尹宗鉉(1774~?) 평안도 가산嘉山 사람으로 유학을 거쳐 순조 14년 41세로 식년시에 병과로 급제했다.《방목》에는 벼슬이 없이 아버지[得珎], 할아버지[最基], 증조[澤], 외조[李英馥] 이름이 보이고, 본관이 파평坡平으로 되어 있다. 그런데《청구》와《만성》의《파평윤씨보》에는 윤종현의 가계가 보이지 않는다.《여지도서》에는 가산에 파평윤씨가 보이지 않아 본관이 의심스럽다.

249 노광두盧光斗(1772~?) 경상도 함양咸陽 사람으로 유학을 거쳐 순조 14년 43세로 식년시에 병과로 급제하여 벼슬이 사헌부 장령(정4품)을 거쳐 철종 대 호조참판(종2품)에 이르렀다.《방목》에는 벼슬이 없이 아버지[錫奎], 할아버지[禎國], 증조[玆], 외조[朴來吾] 이름이 보이고, 본관이 풍천豊川으로 되어 있다. 그런데《청구》의《풍천노씨보》에는 노광두의 가계가 보이지 않으며,《만성》의《풍천노씨보》에는 가계가 보이는데, 그는 조선 전기 문신 노숙동盧叔仝의 12대손으로 직계 7대조와 외조 가운데 벼슬아치가 없다.

250 김성로金性魯(1751~?) 평안도 안북安北(安州) 사람으로 유학을 거쳐 순조 14년 64세로 식년시에 병과로 급제했다.《방목》에는 벼슬이 없이 아버지[商衙], 할아버지[泰愈], 증조[萬全], 외조[鄭潤恒] 이름이 보이고, 본관이 경주慶州로 되어 있다. 그런데《청구》와《만성》의《경주김씨보》에는 김성로의 가계가 보이지 않는다.

251 이식李湜(1781~?) 평안도 영변寧邊 사람으로 유학을 거쳐 순조 14년 34세로 식년시에 병과로 급제했다.《방목》에는 벼슬이 없이 아버지[德敏], 할아버지[正轎], 증조[世彬], 외조[金九瑞] 이름이 보이고, 본관이 단양丹陽으로 되어 있다. 그런데《청구》와《만성》의《단양이씨보》에는 이식의 가계가 보이지 않는다.

252 김성묵金聖黙(1775~?) 평안도 정원定原(定州) 사람으로 유학을 거쳐 순조 14년 40세로 식년시에 병과로 급제했다. 《방목》에는 벼슬이 없이 아버지[龜選], 할아버지[鼎弼], 증조[壽遠], 외조[李潤儉] 이름이 보이고, 본관이 경주慶州로 되어 있다. 그런데 《청구》와 《만성》의 《경주김씨보》에는 김성묵의 가계가 보이지 않는다. 《여지도서》에는 정주에 경주김씨가 보이지 않아 본관이 의심스럽다.

253 조희룡趙熙龍(1780~?) 진주晉州 사람으로 유학을 거쳐 순조 14년 35세로 식년시에 병과로 급제하여 벼슬이 사과(정6품)에 이르렀다. 《방목》에는 벼슬이 없이 아버지[得愚], 할아버지[燁], 증조[慶運], 외조[河鎋] 이름이 보이고, 본관이 함안咸安으로 되어 있다. 그런데 《만성》의 《함안조씨보》에는 조희룡의 가계가 보이지 않으며, 《청구》의 《함안조씨보》에는 가계가 보이는데, 그는 왜란 때 순국한 조종도趙宗道의 9대손으로 직계 7대조와 외조 가운데 벼슬아치가 없다.

254 박종범朴宗範(1778~?) 경상도 안동安東 사람으로 유학을 거쳐 순조 14년 37세로 식년시에 병과로 급제하여 벼슬이 사헌부 지평(정5품)에 이르렀다. 《방목》에는 벼슬이 없이 아버지[會元], 할아버지[亨運], 증조[鑌], 외조[李孝三] 이름이 보이고, 본관이 반남潘南으로 되어 있다. 그런데 《청구》와 《만성》의 《반남박씨보》에는 박종범의 가계가 보이지 않는다.

255 우하철禹夏哲(1784~?) 경상도 창녕昌寧 사람으로 유학을 거쳐 순조 14년 31세로 식년시에 병과로 급제했다. 《방목》에는 벼슬이 없이 아버지[錫元], 할아버지[拜昌], 증조[聖大], 외조[裵龍甲] 이름이 보이고, 본관이 단양丹陽으로 되어 있다. 그런데 《청구》와 《만성》의 《단양우씨보》에는 우하철의 가계가 보이지 않는다.

256 유치목柳致睦(1771~?) 안동安東 사람으로 유학을 거쳐 순조 14
년 44세로 식년시에 병과로 급제하여 벼슬이 홍문관 부수찬(종6품)을
거쳐 통정대부(정3품 당상관)로 승지(정3품 당상관)에 이르렀다. 《방목》
에는 벼슬이 없이 아버지[憲祚], 할아버지[程春], 증조[浣], 외조[黃載
大], 처부[姜宗欽] 이름이 보이고, 본관이 풍산豊山으로 되어 있다. 《청
구》와 《만성》의 《풍산유씨보》를 보면 유치목은 유성룡柳成龍의 9대
손으로 직계 4대조와 외조 가운데 벼슬아치가 없다.

257 이동한李東翰(1779~?) 경상도 창녕昌寧 사람으로 유학을 거쳐
순조 14년 36세로 식년시에 병과로 급제하여 벼슬이 지구관知穀官에
이르렀다. 《방목》에는 벼슬이 없이 아버지[碩彬], 할아버지[廷國], 증
조[喜春], 외조[尹鳳起] 이름이 보이고, 본관이 경주慶州로 되어 있다.
그런데 《청구》와 《만성》의 《경주이씨보》에는 이동한의 가계가 보
이지 않는다.

258 이승곤李升坤(1786~1859) 현풍玄風 사람으로 유학을 거쳐 순조
14년 29세로 식년시에 병과로 급제하여 벼슬이 사헌부 지평(정5품)에
이르렀다. 《방목》에는 벼슬이 없이 아버지[東燦], 할아버지[張春], 증
조[德彩], 외조[金順甲] 이름이 보이고, 본관이 전주全州로 되어 있다.
《전주이씨과거급제자총람》을 보면 이승곤은 세종의 아들인 임영대
군臨瀛大君의 후손으로 직계 9대조와 외조 가운데 벼슬아치가 없다.
다만, 증조 이름이 이덕채가 아니라 이명덕李命德으로 되어 있고, 외
조 이름도 김순갑이 아니라 김서규金瑞奎(본관 金寧)로 되어 있어 《방
목》과 다르다.

259 이시원李是遠(1789~1866) 강화江華 사람으로 유학을 거쳐 순조
15년(1815) 27세로 춘당대 정시에 장원급제하여 벼슬이 홍문관을 거

쳐 철종 대 형조판서(정2품)와 이조판서에 이르고, 고종 3년에는 지종
정경知宗正卿에 이르렀다. 《방목》에는 벼슬이 없이 아버지[勉伯], 할
아버지[忠翊], 증조[匡明], 외조[沈惠倫], 처부의 이름이 보이고, 본관이
전주全州로 되어 있다. 《전주이씨과거급제자총람》을 보면 아버지 이
면백과 할아버지 이충익은 이름 높은 학자이긴 했으나 벼슬을 하지
는 않았고, 증조와 고조도 벼슬아치가 아니다.

  260 김광국金光國(1755~?) 평안도 순안順安 사람으로 유학을 거쳐
순조 15년 61세로 춘당대 정시에 병과로 급제했다. 《방목》에는 벼슬
이 없이 아버지[潡], 할아버지[仁興], 증조[殷善], 외조[金命表] 이름이
보이고, 본관이 김해金海로 되어 있다. 그런데 《청구》와 《만성》의
《김해김씨보》에는 김광국의 가계가 보이지 않는다.

  261 홍성연洪聖演(1775~?) 서울 사람으로 생원을 거쳐 순조 15년 41
세로 춘당대 정시에 병과로 급제했다. 《방목》에는 벼슬이 없이 아버
지[龍佐], 할아버지[宗漢], 증조[瑞疇], 외조[李廷憲] 이름이 보이고, 본
관이 남양南陽으로 되어 있다. 그런데 《청구》와 《만성》의 《남양홍씨
보》에는 홍성연의 가계가 보이지 않는다.

  262 정우병鄭遇炳(1775~?) 평안도 강동江東 사람으로 유학을 거쳐
순조 15년 41세로 춘당대 정시에 병과로 급제했다. 《방목》에는 벼슬
이 없이 아버지[鴻祚], 할아버지[致相], 증조[濟僑], 외조[楊斗治] 이름
이 보이고, 본관이 진주晉州로 되어 있다. 그런데 《청구》와 《만성》의
《진주정씨보》에는 정우병의 가계가 보이지 않는다. 《여지도서》에는
강동에 진주정씨가 보이지 않아 본관이 의심스럽다.

  263 홍구섭洪龜燮(1781~?) 전라도 순창淳昌 사람으로 유학을 거쳐
순조 15년 35세로 춘당대 정시에 병과로 급제하여 세자시강원 관원

에 이르렀다. 사헌부에서는 홍구섭의 문학文學과 지벌地閥이 낮다는 이유로 반대했으나 임금은 이를 거부했다.41)《방목》에는 벼슬이 없이 아버지[秉俊], 할아버지[一河], 증조[汝哲], 외조[宋麟休], 처부의 이름이 보이고, 본관이 남양南陽으로 되어 있다. 그런데《청구》와《만성》의《남양홍씨보》에는 그의 가계가 보이지 않는다.

264 박명재朴鳴載(1788~?) 경기도 여주驪州 사람으로 생원을 거쳐 순조 15년 28세로 춘당대 정시에 병과로 급제하여 벼슬이 사간원 헌납(정5품)을 거쳐 철종과 고종 대 사간원 대사간(정3품 당상관)에 이르렀다.《방목》에는 벼슬이 없이 아버지[致燮], 할아버지[休一], 증조[景溟], 외조[李宗世], 처부[李祉膺]의 이름이 보이고, 본관이 밀양密陽으로 되어 있다.《청구》와《만성》의《밀양박씨보》를 보면 직계 8대조와 외조 가운데 벼슬아치가 없다.

265 이병덕李秉德(1794~?) 충청도 서산瑞山 사람으로 유학을 거쳐 순조 15년 21세로 춘당대 정시에 병과로 급제하여 벼슬이 철종 대 사간원 정언(정6품)을 거쳐 군수(종4품)에 이르렀다.《방목》에는 벼슬이 없이 아버지[道一], 할아버지[思謙], 증조[景完], 외조[柳煒] 이름이 보이고, 본관이 공주公州로 되어 있다. 그런데《청구》와《만성》의《공주이씨보》에는 이병덕의 가계가 보이지 않는다.

266 홍엄洪儼(1766~?) 황해도 황주黃州 사람으로 유학을 거쳐 순조 15년 50세로 춘당대 정시에 병과로 급제했다.《방목》에는 벼슬이 없이 아버지[聖一], 할아버지[以采], 증조[得淙], 외조[賓師詰] 이름이 보이고, 본관이 남양南陽으로 되어 있다. 그런데《청구》와《만성》의

---

41)《순조실록》권21, 순조 18년 1월 9일 정미.

《남양홍씨보》에는 홍엄의 가계가 보이지 않는다.

　　267 강계우姜繼遇(1789~?) 제주濟州 사람으로 유학을 거쳐 순조 15
년 27세로 춘당대 정시에 병과로 급제하여 벼슬이 철종 대 사헌부 장
령(정4품)을 거쳐 병조참지(정3품 당상관)에 이르렀다. 《방목》에는 벼
슬이 없이 아버지[汝朝], 할아버지[道勛], 증조[興望], 외조[金道兼] 이
름이 보이고, 본관이 진주晉州로 되어 있다. 그런데 《청구》와 《만성》
의 《진주강씨보》에는 강계우의 가계가 보이지 않는다.

　　268 변경준邊景俊(1787~?) 제주濟州 사람으로 유학을 거쳐 순조 15
년 29세로 춘당대 정시에 병과로 급제했다. 《방목》에는 벼슬이 없이
아버지[聖輔], 할아버지[是翰], 증조[希蘆], 외조[梁成大] 이름이 보이고,
본관이 원주原州로 되어 있다. 그런데 《청구》와 《만성》의 《원주변씨
보》에는 변경준의 가계가 보이지 않는다.

　　269 김낙풍金樂灃(1786~?) 평안도 용강龍岡 사람으로 생원을 거쳐
순조 15년 30세로 평안도 별시에 장원급제하여 벼슬이 종부시령宗簿
寺令(종5품)으로 통정대부(정3품 당상관)에 이르렀다. 《방목》에는 벼슬
이 없이 아버지[琥], 할아버지[彪老], 증조[涉], 외조[張學浩] 이름이 보
이고, 본관이 의성義城으로 되어 있다. 그런데 《청구》와 《만성》의
《의성김씨보》에는 김낙풍의 가계가 보이지 않는다.

　　270 안급인安玖仁(1772~?) 평안도 벽동碧潼 사람으로 유학을 거쳐
순조 15년 44세로 평안도 별시에 을과로 급제했다. 《방목》에는 벼슬
이 없이 아버지[士權], 할아버지[宗赫], 증조[處常], 외조[崔宗屹] 이름
이 보이고, 본관이 순흥順興으로 되어 있다. 《실록》을 보면 아버지 안
사권은 벽동의 향인鄕人으로 순조 12년에 일어난 홍경래의 난 때 1백
석의 쌀을 군량미로 의병진義兵陣에 바쳤으며, 아들 안급인을 진중陣

中으로 보내 의병들을 호궤하도록 했다고 한다.42) 하지만 《청구》와
《만성》의 《순흥안씨보》에는 그의 가계가 보이지 않는다. 벽동의 부
자이지만 《족보》를 갖지 못한 향족鄕族임을 알 수 있다. 《여지도서》
에는 벽동에 순흥안씨가 보이지 않아 본관이 의심스럽다.

271 **김경렴**金景濂(1766~?) 평양平壤 사람으로 유학을 거쳐 순조 15
년 50세로 평안도 별시에 병과로 급제했다. 《방목》에는 벼슬이 없이
아버지[光哲], 할아버지[順國], 증조[生鑄], 외조[黃最五] 이름이 보이고,
본관이 김해金海로 되어 있다. 그런데 《청구》와 《만성》의 《김해김씨
보》에는 김경렴의 가계가 보이지 않는다.

272 **정석유**鄭錫瑜(1755~?) 평안도 가산嘉山 사람으로 유학을 거쳐
순조 15년 61세로 평안도 별시에 병과로 급제했다. 《방목》에는 벼슬
이 없이 아버지[宗岳], 할아버지[東煥], 증조[載龍], 외조[金壽傑] 이름
이 보이고, 본관이 진주晉州로 되어 있다. 그런데 《청구》와 《만성》의
《진주정씨보》에는 정석유의 가계가 보이지 않는다. 《여지도서》에는
가산에 함종정씨咸從鄭氏는 보이나 진주정씨는 보이지 않아 본관이
의심스럽다.

273 **임건**林壥(1767~?) 평안도 정원定原(定州) 사람으로 유학을 거쳐
순조 15년 49세로 평안도 별시에 병과로 급제했다. 《방목》에는 벼슬
이 없이 아버지[慶岳], 할아버지[晳], 증조[遇夏], 외조[康晉三] 이름이
보이고, 본관이 안의安義(安陰)로 되어 있다. 그런데 《청구》와 《만
성》에는 《안의임씨보》 자체가 없다. 2000년 현재 안의임씨 인구는
530가구 1,681명의 희성으로 조선시대 문과급제자 4명을 배출했는

---

42) 《순조실록》 권16, 순조 12년 6월 9일 경술.

데, 임건이 첫 급제자이며 나머지 3명도 모두 평안도 출신이다.

274 백시형白時亨(1776~?) 평안도 정원定原(定州) 사람으로 장사랑(종9품)을 거쳐 순조 15년 40세로 평안도 별시에 병과로 급제했다. 《방목》에는 벼슬이 없이 아버지[宗喆], 할아버지[日煥], 증조[鴻], 외조[金學] 이름이 보이고, 본관이 수원水原으로 되어 있다. 그런데 《청구》와 《만성》의 《수원백씨보》에는 백시형의 가계가 보이지 않는다. 정주의 수원백씨는 영조 대 이후 문과급제자 22명을 배출하여 이 지역의 명문으로 등장했다.

275 최성악崔聖岳(1763~?) 평양平壤 사람으로 진사를 거쳐 순조 15년 53세로 평안도 별시에 병과로 급제했다. 《방목》에는 벼슬이 없이 아버지[彦一], 할아버지[必輔], 증조[辰河], 외조[金命采] 이름이 보이고, 본관이 해주海州로 되어 있다. 그런데 《청구》와 《만성》의 《해주최씨보》에는 최성악의 가계가 보이지 않는다.

276 최진경崔晉慶(1765~?) 함경도 경성鏡城 사람으로 유학을 거쳐 순조 15년 51세로 함경도 별시에 장원급제했다. 《방목》에는 벼슬이 없이 아버지[錫南] 이름만 보이고, 본관이 원주原州로 되어 있다. 그런데 《청구》와 《만성》에는 《원주최씨보》 자체가 없다. 2000년 현재 원주최씨 인구는 550가구 1,709명의 희성으로 최진경이 유일한 문과급제자이다. 《세종실록》〈지리지〉에는 최씨가 원주의 망래성亡來姓으로 되어 있으며, 경성에는 어느 읍지에도 최씨가 보이지 않는다. 따라서 그가 문과에 급제한 뒤에 원주를 본관으로 정한 것으로 보인다.

277 채홍면蔡弘勉(1766~?) 함경도 종성鍾城 사람으로 진사를 거쳐 순조 15년 50세로 함경도 별시에 을과로 급제하여 연원찰방(종6품)에 이르렀다. 《방목》에는 벼슬이 없이 아버지[遠恭] 이름만 보이고, 본

관이 평강平康으로 되어 있다. 그런데 《청구》의 《평강채씨보》에는
채홍면의 가계가 보이지 않으며, 《만성》의 《평강채씨보》에는 아버
지 이상의 가계만 보이고, 채홍면의 이름은 보이지 않는다. 아버지
이상의 가계를 보아도 직계 5대조 가운데 벼슬아치가 없다.

　　278 오갑량吳甲良(1773~?) 함경도 회령會寧 사람으로 봉사(종8품)를
거쳐 순조 15년 43세로 함경도 별시에 병과로 급제하여 벼슬이 헌종
대 통례원 우통례(정3품 당하관), 철종 대 행호군行護軍(정4품)에 이르
렀다. 《방목》에는 벼슬이 없이 아버지[鵬南] 이름만 보이고, 본관이
해주海州로 되어 있다. 그런데 《청구》와 《만성》의 《해주오씨보》에
는 오갑량의 가계가 보이지 않는다.

　　279 전성유全性有(1762~?) 함경도 북청北靑 사람으로 생원을 거쳐
순조 15년 54세로 함경도 별시에 병과로 급제했다. 《방목》에는 벼슬
이 없이 아버지[致明] 이름만 보이고, 본관이 기장機張으로 되어 있다.
그런데 《만성》에는 《기장전씨보》 자체가 없고, 《청구》의 《기장전씨
보》에는 오직 전정훈全鼎勳 한 사람만 보이고, 전성유와 그 아버지 이
름은 보이지 않는다. 2000년 현재 기장전씨 인구는 68가구 225명의
희성으로 인조 대 이후 문과급제자 3명을 배출했는데, 모두가 북청
출신이다. 기장의 전씨는 《동국여지승람》 이후부터 보이므로 16세기
가 지나서 비로소 생긴 성관이며, 주로 북청 지역에만 살고 있었던
것으로 보인다.

　　280 문지현文之鉉(1765~?) 함경도 안변安邊 사람으로 생원을 거쳐
순조 15년 51세로 함경도 별시에 병과로 급제했다. 《방목》에는 벼슬
이 없이 아버지[昌瑞] 이름만 보이고, 본관이 남평南平으로 되어 있다.
그런데 《청구》와 《만성》의 《남평문씨보》에는 문지현의 가계가 보

이지 않는다.

281 **고익두**高翊斗(1751~?) 함경도 길주吉州 사람으로 유학을 거쳐 순조 15년 65세로 함경도 별시에 병과로 급제했다. 《방목》에는 벼슬이 없이 아버지[雲翻] 이름만 보이고, 본관이 제주濟州로 되어 있다. 그런데 《청구》와 《만성》의 《제주고씨보》에는 고익두의 가계가 보이지 않는다.

282 **한식림**韓植林(1774~?) 함경도 함흥咸興 사람으로 유학을 거쳐 순조 15년 42세로 함경도 별시에 병과로 급제하여 벼슬이 사헌부 지평(정5품)에 이르렀다. 《방목》에는 벼슬이 없이 아버지[膺濟, 생부 鵬濟] 이름만 보이고, 본관이 청주淸州로 되어 있다. 그런데 《청구》와 《만성》의 《청주한씨보》에는 한식림의 가계가 보이지 않는다. 함흥의 청주한씨는 인조 대 이후 문과급제자 13명을 배출하여 이 지역의 명문으로 등장했다.

283 **구행익**具行益(1790~?) 전라도 무장茂長 사람으로 유학을 거쳐 순조 16년(1816) 27세로 춘당대 정시에 병과로 급제했다. 《방목》에는 벼슬이 없이 아버지[命祿], 할아버지[相範], 증조[華慶], 외조[安聖暉] 이름이 보이고, 본관이 능성綾城으로 되어 있다. 그런데 《청구》와 《만성》의 《능성구씨보》에는 구행익의 가계가 보이지 않는다.

284 **박기욱**朴基旭(1786~?) 경상도 의흥義興 사람으로 유학을 거쳐 순조 16년 31세로 춘당대 정시에 병과로 급제했다. 《방목》에는 벼슬이 없이 아버지[守範], 할아버지[來禎], 증조[世琛], 외조[洪思亨] 이름이 보이고, 본관이 밀양密陽으로 되어 있다. 그런데 《청구》와 《만성》의 《밀양박씨보》에는 박기욱의 가계가 보이지 않는다.

285 **김석룡**金錫龍(1775~?) 전라도 부안扶安 사람으로 유학을 거쳐

순조 16년 42세로 춘당대 정시에 병과로 급제하여 벼슬이 사헌부 지평(정5품)에 이르렀다. 《방목》에는 벼슬이 없이 아버지[炯奎], 할아버지[峻], 증조[壽甲], 외조[李慶一] 이름이 보이고, 본관이 경주慶州로 되어 있다. 그런데 《청구》와 《만성》의 《경주김씨보》에는 김석룡의 가계가 보이지 않는다.

286 한종유韓宗愈(1789~?) 평안도 용강龍岡 사람으로 유학을 거쳐 순조 16년 28세로 춘당대 정시에 병과로 급제했다. 《방목》에는 벼슬이 없이 아버지[鼎五], 할아버지[剋初], 증조[命業], 외조[李世績] 이름이 보이고, 본관이 청주淸州로 되어 있다. 그런데 《청구》와 《만성》의 《청주한씨보》에는 한종유의 가계가 보이지 않는다.

287 임효헌林孝憲(1784~?) 개성開城 사람으로 생원을 거쳐 순조 16년 33세로 춘당대 정시에 병과로 급제했다. 《방목》에는 벼슬이 없이 아버지[命建], 할아버지[時澤], 증조[鶴來], 외조[朴商恒] 이름이 보이고, 본관이 옥야玉野(沃溝)로 되어 있다. 그런데 《만성》에는 《옥구임씨보》 자체가 없고, 《청구》의 《옥구임씨보》에는 오직 고려시대 인물한 사람만 보일 뿐 임효헌의 가계는 보이지 않는다. 2000년 현재 옥야임씨 인구는 422가구 1,285명의 희성으로, 숙종 대 이후 문과급제자 3명을 배출했다.

288 전제현田齊賢(1787~?) 황해도 수안遂安 사람으로 유학을 거쳐 순조 16년 30세로 춘당대 정시에 병과로 급제했다. 《방목》에는 벼슬이 없이 아버지[躍龍], 할아버지[德念], 증조[錫垕], 외조[李善恒] 이름이 보이고, 본관이 담양潭陽으로 되어 있다.43) 그런데 《청구》와 《만

---

43) 《방목》에는 전제현의 거주지가 담양, 본관이 수안으로 되어 있는데, 이는 본관과 거주지를 뒤바꿔 잘못 기록한 것이다.

성》의 《담양전씨보》에는 전제현의 가계가 보이지 않는다.

289 정재영丁載榮(1798~?) 전라도 강진康津 사람으로 유학을 거쳐 순조 16년 19세로 춘당대 정시에 병과로 급제하여 벼슬이 철종 대 사간원 대사간(정3품 당상관)에 이르고,[44] 고종 13년에는 급제한 지 60년을 기념하여 임금이 가자加資를 내리기도 했다. 《방목》에는 벼슬 이 없이 아버지[學彦], 할아버지[南樞], 증조[夢楫], 외조[朴炳] 이름이 보이고, 본관이 해남海南으로 되어 있다. 그런데 《청구》와 《만성》에 는 《해남정씨보》 자체가 없다. 그 대신 《청구》의 《의성정씨보義城丁 氏譜》에 정재영의 가계가 보이는데, 직계 7대조와 외조 가운데 벼슬 아치가 없다. 2000년 현재 의성정씨 인구는 902가구 2,951명의 희성 으로, 그가 유일한 문과급제자이다.

290 윤서유尹書有(1764~?) 충청도 은진恩津 사람으로 유학을 거쳐 순조 16년 53세로 춘당대 정시에 병과로 급제했다. 《방목》에는 벼슬 이 없이 아버지[光宅], 할아버지[克孝], 증조[弘佐], 외조[閔百彦] 이름 이 보이고, 본관이 청주淸州로 되어 있다.[45] 그런데 《청구》와 《만 성》에는 《청주윤씨보》 자체가 없으며, 그 밖의 어느 윤씨보에도 윤 서유의 가계는 보이지 않는다. 2000년 현재 청주윤씨 인구는 157가구 532명의 희성으로 문과급제자 2명을 배출했는데, 중종 대 급제한 윤 취尹就가 청주윤씨의 시조로 되어 있다. 《세종실록》〈지리지〉, 《동국 여지승람》, 《여지도서》 어디에도 은진과 청주에는 윤씨가 없어 본관 이 의심스럽다.

---

44) 《철종실록》권11, 철종 10년 3월 7일 정축.
45) 《방목》에는 윤서유의 본관이 은진, 거주지가 청주로 기록되어 있으나, 이는 본관과 거주지 를 서로 바꾸어 잘못 기록한 것으로 보인다. 왜냐하면 은진윤씨 자체가 없기 때문이다.

291 송능규宋能圭(1788~?) 충청도 청주淸州 사람으로 유학을 거쳐 순조 16년 29세로 춘당대 정시에 급제하여 벼슬이 철종 대 사간원 대사간(정3품 당상관)에 이르렀다. 《방목》에는 벼슬이 없이 아버지[煥玉], 할아버지[明相], 증조[洛源], 외조[金宅行], 처부의 이름이 보이고, 본관이 은진恩津으로 되어 있다. 《청구》와 《만성》의 《은진송씨보》를 보면 직계 6대조와 외조 가운데 벼슬아치가 없다.

292 김인도金仁燾(1795~?) 평안도 박천博川 사람으로 유학을 거쳐 순조 16년 22세로 춘당대 정시에 병과로 급제했다. 《방목》에는 벼슬이 없이 아버지[健岳], 할아버지[玉西], 증조[宅亮], 외조[尹就彦] 이름이 보이고, 본관이 수안遂安으로 되어 있다. 그런데 《만성》에는 《수안김씨보》 자체가 없고, 《청구》의 《수안김씨보》에는 고려시대 인물 김방경金方慶의 아들 한 사람만 적고 있다. 2000년 현재 수안김씨 인구는 1,388가구 4,459명의 희성으로, 숙종 대 이후 문과급제자 3명을 배출했다. 《세종실록》〈지리지〉를 보면 수안의 김씨는 장담長潭(長興)에서 이주해 온 속성續姓이고 박천의 김씨는 입진성入鎭姓으로 되어 있어, 본래 장담에 살다가 조선 초기 황해도 수안으로 이주하고 다시 평안도 박천으로 이주한 주민으로 보인다.

293 박종휴朴宗休(1788~?) 거주지를 알 수 없다. 유학을 거쳐 순조 16년 29세로 식년시에 장원급제하여 벼슬이 헌종과 철종 대 홍문관을 거쳐 사간원 대사간(정3품 당상관)에 이르렀다. 《방목》에는 벼슬이 없이 아버지[永源, 생부 心源], 할아버지[師麟], 증조[弼冑], 외조[元重鉉], 처부의 이름이 보이고, 본관이 반남潘南으로 되어 있다. 《청구》와 《만성》의 《반남박씨보》를 보면 직계 3대조와 외조 가운데 벼슬아치가 없다.

294 정재경鄭在絅(1782~?) 충청도 충주忠州 사람으로 유학을 거쳐 순조 16년 35세로 식년시에 갑과로 급제하여 헌종 대 서장관書狀官(4품~6품)으로 중국에 다녀오기도 했다. 《방목》에는 벼슬이 없이 아버지[懿煥], 할아버지[樘], 증조[萬河], 외조[韓鳳陽] 이름이 보이고, 본관이 영일迎日로 되어 있다. 그런데 《만성》의 《영일정씨보》에는 정재경의 가계가 보이지 않으며, 《청구》의 《영일정씨보》를 보면 직계 3대조와 외조 가운데 벼슬아치가 없다.

295 김대곤金大坤(1783~?) 경상도 창녕昌寧 사람으로 유학을 거쳐 순조 16년 34세로 식년시에 을과로 급제하여 벼슬이 순조 대 홍문관 수찬(정6품)을 거쳐 승지(정3품 당상관)에 이르렀다. 《방목》에는 벼슬이 없이 아버지[璟礪], 할아버지[國涵], 증조[尙精], 외조[楊德春] 이름이 보이고, 본관이 서흥瑞興으로 되어 있다. 《청구》와 《만성》의 《서흥김씨보》를 보면 직계 6대조와 외조 가운데 벼슬아치가 없다.

296 정신鄭藎(1763~?) 경상도 성주星州 사람으로 생원을 거쳐 순조 16년 54세로 식년시에 을과로 급제하여 벼슬이 홍문관 교리(정5품)에 이르렀다. 《방목》에는 벼슬이 없이 아버지[東燮], 할아버지[達濟], 증조[復欽], 외조[金汝昶] 이름이 보이고, 본관이 청주淸州로 되어 있다. 《청구》와 《만성》의 《청주정씨보》를 보면 직계 4대조와 외조 가운데 벼슬아치가 없다.

297 권달준權達準(1782~?) 경상도 안동安東 사람으로 유학을 거쳐 순조 16년 35세로 식년시에 을과로 급제하여 벼슬이 태안군수(종4품)에 이르렀다. 《방목》에는 벼슬이 없이 아버지[若曾], 할아버지[師周], 증조[命申], 외조[金台燮] 이름이 보이고, 본관이 안동安東으로 되어 있다. 그런데 《청구》와 《만성》의 《안동권씨보》에는 권달준의 가계가

보이지 않는다.

298 우석문禹錫文(1793~?) 경상도 창녕昌寧 사람으로 유학을 거쳐 순조 16년 24세로 식년시에 을과로 급제했다. 《방목》에는 벼슬이 없이 아버지[德昌], 할아버지[尙存], 증조[重夏], 외조[金天晢] 이름이 보이고, 본관이 단성丹城(丹陽)으로 되어 있다. 그런데 《청구》와 《만성》의 《단양우씨보》에는 우석문의 가계가 보이지 않는다.

299 이득열李得烈(1776~?) 경상도 단성丹城 사람으로 유학을 거쳐 순조 16년 41세로 식년시에 을과로 급제했다. 《방목》에는 벼슬이 없이 아버지[啓馥], 할아버지[如琢], 증조[胤壽], 외조[郭元垕] 이름이 보이고, 본관이 성주星州로 되어 있다. 그런데 《만성》의 《성주이씨보》에는 이득열의 가계가 보이지 않으며, 《청구》의 《성주이씨보》에는 할아버지 이상의 가계는 보이나 아버지와 그의 이름은 보이지 않는다. 할아버지는 개국공신 이제李濟의 9대손으로, 본인은 말할 것도 없고 직계 7대조 가운데도 벼슬아치가 없다.

300 최치헌崔致憲(1773~?) 전라도 영암靈岩 사람으로 유학을 거쳐 순조 16년 44세로 식년시에 을과로 급제하여 벼슬이 참판(종2품)에 이르렀다. 《방목》에는 벼슬이 없이 아버지[粹德, 생부 粹民], 할아버지[命興], 증조[尙周], 외조[李義敏] 이름이 보이고, 본관이 해주海州로 되어 있다. 《청구》와 《만성》의 《해주최씨보》를 보면 직계 5대조와 외조 가운데 벼슬아치가 없다.

301 김국헌金國憲(1794~?) 평안도 박천博川 사람으로 유학을 거쳐 순조 16년 23세로 식년시에 병과로 급제했다. 《방목》에는 벼슬이 없이 아버지[鴻擧], 할아버지[昌浩], 증조[厚彬], 외조[安宅弘] 이름이 보이고, 본관이 전주全州로 되어 있다. 그런데 《만성》에는 《전주김씨

보》자체가 없고, 《청구》의 《전주김씨보》에는 김국헌의 가계가 보이지 않는다. 2000년 현재 전주김씨 인구는 1만 8,126가구 5만 7,979명의 희성으로 조선시대 문과급제자 20명을 배출했는데, 그 가운데 19명이 숙종 대 이후에 급제했다.[46] 이들 가운데 12명이 평안도 출신이고, 3명이 함경도 출신으로 확인되고 있다. 《세종실록》〈지리지〉를 보면 김씨는 전주의 속성續姓으로 향리를 하고 있다고 되어 있어 조선 초기에 평안도로 강제 이주한 주민으로 보인다.

302 손혁孫爀(1774~?) 경주慶州 사람으로 유학을 거쳐 순조 16년 43세로 식년시에 병과로 급제했다. 《방목》에는 벼슬이 없이 아버지[聖浩], 할아버지[是瑩], 증조[汝億], 외조[李必華] 이름이 보이고, 본관이 경주慶州로 되어 있다. 그런데 《청구》와 《만성》의 《경주손씨보》에는 손혁의 가계가 보이지 않는다.

303 김영묵金永黙(1775~?) 경기도 여주驪州 사람으로 유학을 거쳐 순조 16년 42세로 식년시에 병과로 급제하여 벼슬이 헌종 대 통례원 통례(정3품 당하관)에 이르렀다. 《방목》에는 벼슬이 없이 아버지[泰東], 할아버지[象德], 증조[夢瑞], 외조[張鴻] 이름이 보이고, 본관이 안동安東으로 되어 있다. 그런데 《청구》와 《만성》의 《안동김씨보》에는 김영묵의 가계가 보이지 않는다.

304 송흠석宋欽奭(1785~?) 충청도 문의文義 사람으로 유학을 거쳐 순조 16년 32세로 식년시에 병과로 급제하여 벼슬이 세자시강원 문학(정5품)에 이르렀다. 《방목》에는 벼슬이 없이 아버지[得圭], 할아버지[輝普], 증조[周相], 외조[李奎衡] 이름이 보이고, 본관이 은진恩津으

---

46) 전주김씨 과거급제자는 문과 20명, 무과 45명, 사마시 65명, 역과 5명, 의과 8명, 음양과 1명, 율과 8명이다. 북한의 김일성 일가가 이 전주김씨로 알려져 있다.

로 되어 있다. 그런데《청구》의《은진송씨보》에는 송흠석의 가계가
보이지 않으며,《만성》의《은진송씨보》에는 가계가 보이는데 직계
6대조와 외조 가운데 벼슬아치가 없다.

305 **황호민**黃浩民(1789~?) 충청도 부여扶餘 사람으로 유학을 거쳐
순조 16년 28세로 식년시에 병과로 급제하여 벼슬이 홍문관을 거쳐
철종 대 이조참판(종2품)과 사헌부 대사헌(종2품)에 이르렀다.《방목》
에는 벼슬이 없이 아버지[銓], 할아버지[載恒], 증조[百祚], 외조[李義
直] 이름이 보이고, 본관이 창원昌原으로 되어 있다.《청구》와《만
성》의《창원황씨보》를 보면 직계 4대조 가운데 벼슬아치가 없다.

306 **송수겸**宋守謙(1774~?) 전라도 광주光州 사람으로 유학을 거쳐
순조 16년 45세로 식년시에 병과로 급제하여 벼슬이 이조좌랑(정6품)
에 이르렀다.《방목》에는 벼슬이 없이 아버지[益佐], 할아버지[德明],
증조[墅], 외조[白尙采] 이름이 보이고, 본관이 홍천洪川(洪州)으로 되
어 있다. 그런데《청구》에는《홍주송씨보》자체가 없고,《만성》의
《홍주홍씨보》에는 송수겸의 가계가 보이는데, 직계 6대조와 외조 가
운데 벼슬아치가 없다. 2000년 현재 인구는 2,340가구 7,718명의 희
성으로 조선시대 문과급제자는 9명인데, 대부분 전라도 출신이다.

307 **최봉항**崔鳳恒(1789~?) 평안도 숙천肅川 사람으로 유학을 거쳐
순조 16년 28세로 식년시에 병과로 급제했다.《방목》에는 벼슬이 없
이 아버지[致雲], 할아버지[應振], 증조[宗理], 외조[安得祥] 이름이 보
이고, 본관이 진주晉州로 되어 있다. 그런데《청구》와《만성》에는
《진주최씨보》자체가 없다. 2000년 현재 진주최씨 인구는 2,235가구
7,289명의 희성으로 영조 대 이후 문과급제자 2명을 배출했다.《세종
실록》〈지리지〉를 보면 최씨는 봉주鳳州(鳳山)에서 이주해 온 숙천의

입진성入鎭姓으로 되어 있다. 그런데 《세종실록》, 《동국여지승람》, 《여지도서》에는 진주에 최씨가 없어 영조 대 이후에 진주를 본관으로 정한 것으로 보인다.

308 조억趙嶷(1749~?) 경상도 상주尙州 사람으로 통덕랑(정5품)을 거쳐 순조 16년 68세로 식년시에 병과로 급제하여 벼슬이 사간원 정언(정6품)에 이르렀다. 《방목》에는 벼슬이 없이 아버지[錫權, 생부 錫春], 할아버지[善經], 증조[濚], 외조[李增爀] 이름이 보이고, 본관이 풍양豊壤으로 되어 있다. 《청구》와 《만성》의 《풍양조씨보》를 보면 직계 6대조와 외조 가운데 벼슬아치가 없다.

309 이익문李益文(1796~?) 경상도 예천醴泉 사람으로 유학을 거쳐 순조 16년 21세로 식년시에 병과로 급제하여 벼슬이 승지(정3품 당상관)와 병조참의(정3품 당상관)에 이르렀다. 《방목》에는 벼슬이 없이 아버지[秉誠], 할아버지[述祖], 증조[鼎完], 외조[金相鐸] 이름이 보이고, 본관이 전주全州로 되어 있다. 《전주이씨과거급제자총람》을 보면 이익문은 태종의 후궁 소생인 희령군熙寧君의 후손으로 직계 9대조와 외조 가운데 벼슬아치가 없다.

310 임용진林龍鎭(1756~?) 전라도 곡성谷城 사람으로 유학을 거쳐 순조 16년 61세로 식년시에 병과로 급제했다. 《방목》에는 벼슬이 없이 아버지[昌遠], 할아버지[世茂], 증조[有蕃], 외조[裵太益] 이름이 보이고, 본관이 나주羅州로 되어 있다. 그런데 《청구》와 《만성》의 《나주임씨보》에는 임용진의 가계가 보이지 않는다.

311 김당金橖(1786~?) 평안도 안북安北(安州) 사람으로 유학을 거쳐 순조 16년 31세로 식년시에 병과로 급제했다. 《방목》에는 벼슬이 없이 아버지[挺洙], 할아버지[命壁], 증조[尙麟], 외조[玄光燧] 이름이 보

이고, 본관이 화성華城으로 되어 있다. 그런데 《청구》와 《만성》에는 《화성김씨보》 자체가 없다. 2000년 현재 화성김씨 인구는 105가구 340명의 희성으로 조선시대 문과급제자는 김당이 유일하다. 화성은 정조 대 건설한 도시이므로 그가 급제한 뒤 처음 본관을 이곳으로 정한 듯하다.

312 이필옥李必玉(1790~?) 경상도 선산善山 사람으로 유학을 거쳐 순조 16년 27세로 식년시에 병과로 급제하여 벼슬이 사헌부 지평(정5품)에 이르렀다. 《방목》에는 아버지[得逵], 할아버지[熙章], 증조[厘秀], 외조[孫思稷]47) 이름이 보이고, 본관이 전주全州로 되어 있다. 《전주이씨과거급제자총람》을 보면 이필옥은 태종의 후궁 소생인 온녕군溫寧君의 후손으로, 직계 4대조 가운데 벼슬아치가 없고 그 위로는 3대에 걸쳐 내리 무과급제자를 배출했다.

313 박춘수朴春秀(1750~?) 경상도 선산善山 사람으로 유학을 거쳐 순조 16년 67세로 식년시에 병과로 급제했다. 《방목》에는 벼슬이 없이 아버지[思徹], 할아버지[震長], 증조[聖任], 외조[鄭幹] 이름이 보이고, 본관이 밀양密陽으로 되어 있다. 그런데 《청구》와 《만성》의 《밀양박씨보》에는 박춘수의 가계가 보이지 않는다.

314 박기호朴起壕(1778~?) 평안도 상원祥原 사람으로 유학을 거쳐 순조 16년 39세로 식년시에 병과로 급제했다. 《방목》에는 벼슬이 없이 아버지[聖鎭], 할아버지[菓龍], 증조[時爀], 외조[鄭濟元] 이름이 보이고, 본관이 밀양密陽으로 되어 있다. 그런데 《청구》와 《만성》의 《밀양박씨보》에는 박기호의 가계가 보이지 않는다. 《여지도서》에는

---

47) 《전주이씨과거급제자총람》에는 외조의 이름이 박은직朴恩稷으로 되어 있다.

상원에 통구박씨通溝朴氏만 보이고 밀양박씨는 보이지 않아 통구박씨가 본관을 밀양으로 바꾸었는지도 모른다.

315 윤효각尹效覺(1782~?) 경상도 영천永川 사람으로 유학을 거쳐 순조 16년 35세로 식년시에 병과로 급제했다. 《방목》에는 벼슬이 없이 아버지[學莘], 할아버지[惠甲], 증조[命三], 외조[李祥彦] 이름이 보이고, 본관이 영천永川으로 되어 있다. 그런데 《만성》에는 《영천윤씨보》 자체가 없고, 《청구》의 《영천윤씨보》에는 태종 대 문과에 급제한 윤무尹務와 그 아버지 이름만이 보일 뿐 윤효각의 가계는 보이지 않는다. 2000년 현재 영천윤씨 인구는 275가구 841명의 희성으로, 조선시대 문과급제자 4명을 배출했다.

316 정성일鄭誠一(1789~?) 전라도 고창高廠 사람으로 유학을 거쳐 순조 16년 28세로 식년시에 병과로 급제했다. 《방목》에는 벼슬이 없이 아버지[有鑑], 할아버지[重祿], 증조[宅臣], 외조[梁成龜] 이름이 보이고, 본관이 진주晉州로 되어 있다. 그런데 《청구》와 《만성》의 《진주정씨보》에는 정성일의 가계가 보이지 않는다. 《여지도서》에는 고창에 정씨가 없어 이 지역의 토착민은 아닌 것으로 보인다.

317 이경적李慶績(1774~?) 평안도 안북安北(安州) 사람으로 유학을 거쳐 순조 16년 43세로 식년시에 병과로 급제했다. 《방목》에는 벼슬이 없이 아버지[養躋], 할아버지[世泰], 증조[億楨], 외조[李長春] 이름이 보이고, 본관이 광주廣州로 되어 있다. 그런데 《청구》와 《만성》의 《광주이씨보》에는 이경적의 가계가 보이지 않는다.

318 최치보崔致輔(1784~?) 평안도 정원定原(定州) 사람으로 유학을 거쳐 순조 16년 33세로 식년시에 병과로 급제했다. 《방목》에는 벼슬이 없이 아버지[鳳鳴], 할아버지[擎河], 증조[峻碩], 외조[洪翰] 이름이

보이고, 본관이 해주海州로 되어 있다. 그런데 《청구》와 《만성》의 《해주최씨보》에는 최치보의 가계가 보이지 않는다. 《여지도서》에는 정주에 춘주최씨春州崔氏만 보이고 해주최씨는 보이지 않아 춘주최씨가 본관을 명문인 해주최씨로 바꾸었는지도 모른다.

319 **서낙순**徐洛淳(1755~?) 경주慶州 사람으로 유학을 거쳐 순조 16년 62세로 식년시에 병과로 급제했다. 《방목》에는 벼슬이 없이 아버지[聖躋], 할아버지[愈晋], 증조[至坦], 외조[金道敏] 이름이 보이고, 본관이 대구大丘로 되어 있다. 그런데 《청구》와 《만성》의 《대구서씨보》에는 서낙순의 가계가 보이지 않는다.

320 **한몽규**韓夢奎(1755~?) 함경도 경성鏡城 사람으로 순조 16년 62세로 식년시에 병과로 급제했다. 《방목》에는 벼슬이 없이 아버지[起兆], 할아버지[斗煌], 증조[大宗], 외조[尹處仁] 이름이 보이고, 본관이 청주淸州로 되어 있다. 그런데 《청구》와 《만성》, 그리고 현행 《청주한씨대종보》에는 한몽규의 가계가 보이지 않는다.

321 **안윤경**安允璟(1783~?) 평안도 안북安北(安州) 사람으로 유학을 거쳐 순조 16년 34세로 식년시에 병과로 급제했다. 《방목》에는 벼슬이 없이 아버지[命益], 할아버지[道權], 증조[正仁], 외조[鄭正世] 이름이 보이고, 본관이 순흥順興으로 되어 있다. 그런데 《청구》와 《만성》의 《순흥안씨보》에는 안윤경의 가계가 보이지 않는다. 안주의 순흥안씨는 숙종 대 이후 문과급제자 30명을 배출하여 이 지역의 최고 명문으로 등장했다.

322 **권홍복**權弘復(1776~?) 경상도 영해寧海 사람으로 유학을 거쳐 순조 16년 41세로 식년시에 병과로 급제했다. 《방목》에는 벼슬이 없이 아버지[泰衡], 할아버지[載仁], 증조[德咸], 외조[朴泰聖] 이름이 보

이고, 본관이 안동安東으로 되어 있다. 그런데 《청구》와 《만성》의 《안동권씨보》에는 권홍복의 가계가 보이지 않는다.

323 문치중文致中(1786~?) 평안도 정원定原(定州) 사람으로 유학을 거쳐 순조 16년 31세로 식년시에 병과로 급제했다. 《방목》에는 벼슬이 없이 아버지[養眞], 할아버지[昌周], 증조[得奎], 외조[李敏權] 이름이 보이고, 본관이 남평南平으로 되어 있다. 그런데 《청구》와 《만성》의 《남평문씨보》에는 문치중의 가계가 보이지 않는다.

324 조도趙渡(1791~?) 평안도 순천順川 사람으로 유학을 거쳐 순조 16년 26세로 식년시에 병과로 급제했다. 《방목》에는 벼슬이 없이 아버지[相汲], 할아버지[興甲], 증조[敬曄], 외조[韓台明] 이름이 보이고, 본관이 배천白川으로 되어 있다. 그런데 《청구》와 《만성》의 《배천조씨보》에는 조도의 가계가 보이지 않는다.

325 김이철金履喆(1788~?) 평안도 태천泰川 사람으로 유학을 거쳐 순조 16년 29세로 식년시에 병과로 급제했다. 《방목》에는 벼슬이 없이 아버지[致龜], 할아버지[再郁], 증조[國泰], 외조[康文禧] 이름이 보이고, 본관이 연안延安으로 되어 있다. 그런데 《청구》와 《만성》의 《연안김씨보》에는 김이철의 가계가 보이지 않는다. 《여지도서》에는 태천에 연안김씨가 보이지 않아 본관이 의심스럽다.

326 김우근金羽根(1782~?) 충청도 목천木川 사람으로 유학을 거쳐 순조 17년(1817) 36세로 경과별시에 을과로 급제하여 벼슬이 홍문관 응교應敎(정4품)에 이르렀다. 《방목》에는 벼슬이 없이 아버지[鍾淳], 할아버지[履道], 증조[養行], 외조[李道重] 이름이 보이고, 본관이 안동安東으로 되어 있다. 《청구》와 《만성》의 《안동김씨보》를 보면 김우근은 조선 중기 문신 김상용金尙容의 8대손으로 직계 4대조와 외조

가운데 벼슬아치가 없다.

327 조현휴趙顯休(1778~?) 경상도 안동安東 사람으로 생원을 거쳐 순조 17년 40세로 경과별시에 병과로 급제했다.《방목》에는 벼슬이 없이 아버지[錫商], 할아버지[之陽], 증조[元履], 외조[成惠寅] 이름이 보이고, 본관이 한양漢陽으로 되어 있다.《청구》와《만성》의《한양 조씨보》를 보면 조현휴는 조선 초기 재상이었던 조연趙涓의 후손으로 직계 9대조 가운데 벼슬아치는 4대조 조봉징趙鳳徵이 문과에 급제하여 성균관 직강(정5품)을 한 것이 전부다.

328 유벽조柳璧祚(1778~?) 경상도 안동安東 사람으로 진사를 거쳐 순조 17년 40세로 경과별시에 병과로 급제하여 벼슬이 찰방(종6품)에 이르렀다.《방목》에는 벼슬이 없이 아버지[亨春], 할아버지[湖], 증조[聖久], 외조[李鼎宅] 이름이 보이고, 본관이 풍산豊山으로 되어 있다.《청구》와《만성》의《풍산유씨보》를 보면 유벽조는 유성룡柳成龍의 8대손으로 직계 3대조와 외조 가운데 벼슬아치가 없다.

329 김희태金希台(1763~?) 경상도 금산金山 사람으로 유학을 거쳐 순조 17년 55세로 경과별시에 병과로 급제하여 벼슬이 사헌부 장령(정4품)에 이르렀다.《방목》에는 벼슬이 없이 아버지[義鎭], 할아버지[彭壽], 증조[萬延], 외조[金善命] 이름이 보이고, 본관이 선산善山으로 되어 있다. 그런데《만성》의《선산김씨보》에는 김희태의 가계가 보이지 않으며,《청구》의《선산김씨보》에는 가계가 보이는데 직계 9대조와 외조 가운데 벼슬아치가 없다.

330 김영집金英集(1775~?) 제주濟州 사람으로 유학을 거쳐 순조 17년 43세로 경과별시에 병과로 급제했다.《방목》에는 벼슬이 없이 아버지[益謙], 할아버지[就鑑], 증조[德器], 외조[鄭錫奎] 이름이 보이고,

본관이 나주羅州로 되어 있다. 그런데 《청구》와 《만성》의 《나주김씨보》에는 김영집의 가계가 보이지 않는다. 나주김씨는 나주의 토성土姓으로 조선시대 문과급제자 8명을 배출했는데, 그 가운데 7명은 현종 대 이후에 급제했다.

331 김영업金英業(1784~?) 제주濟州 사람으로 유학을 거쳐 순조 17년 34세로 경과별시에 병과로 급제했다. 《방목》에는 벼슬이 없이 아버지, 할아버지, 증조, 외조의 이름이 보이는데, 앞에 소개한 김영집과 같아 김영집의 아우임을 알 수 있다. 김영업 또한 《족보》에는 가계가 보이지 않는다.

332 백동규白東奎(1765~?) 경기도 파주坡州 사람으로 유학을 거쳐 순조 17년 53세로 경과별시에 병과로 급제하여 벼슬이 홍문관을 거쳐 세자시강원 사서司書(정6품)와 승지(정3품 당상관)에 이르렀다. 《방목》에는 벼슬이 없이 아버지[師敬], 할아버지[尚璿], 증조[時迪], 외조[徐命著] 이름이 보이고, 본관이 수원水原으로 되어 있다. 《청구》와 《만성》의 《수원백씨보》를 보면 백동규는 백인걸白仁傑의 8대손으로 직계 3대조와 외조 가운데 벼슬아치가 없다.

333 이헌위李憲瑋(1791~?) 서울 사람으로 진사를 거쳐 순조 17년 27세로 경과별시에 병과로 급제하여 벼슬이 헌종 대 여러 판서(정2품)를 거쳐 한성판윤(정2품)에 이르렀다. 《방목》에는 벼슬이 없이 아버지[英紀, 생부 章紹], 할아버지[徹祥], 증조[勉之], 외조[趙鎭大], 처부[趙鎭球] 이름이 보이고, 본관이 완산完山으로 되어 있다. 《전주이씨과거급제자총람》을 보면 이헌위는 이건명李健命의 4대손으로 직계 3대조와 외조 가운데 벼슬아치가 없다.

334 김약수金若水(1758~?) 경기도 화성華城 사람으로 진사를 거쳐

순조 17년 60세로 경과별시에 병과로 급제했다. 《방목》에는 벼슬이 없이 아버지[養直], 할아버지[命通], 증조[壽熙], 외조[朴聖耈] 이름이 보이고, 본관이 연안延安으로 되어 있다. 그런데 《청구》와 《만성》의 《연안김씨보》에는 김약수의 가계가 보이지 않는다.

335 이봉주李鳳柱(1771~?) 경기도 포천抱川 사람으로 유학을 거쳐 순조 17년 47세로 경과별시에 병과로 급제하여 벼슬이 사간원 정언 (정6품)에 이르렀다. 《방목》에는 벼슬이 없이 아버지[坙, 생부 燻], 할아버지[道恒], 증조[碩], 외조[趙漢舒] 이름이 보이고, 본관이 전주全州로 되어 있다. 《전주이씨과거급제자총람》을 보면 이봉주는 세조의 후궁 소생인 덕원군德源君의 후손으로 직계 5대조와 외조 가운데 벼슬아치가 없다.

336 김수만金秀萬(1784~?) 충청도 해미海美 사람으로 유학을 거쳐 순조 19년(1819) 36세로 식년시에 갑과로 급제하여 벼슬이 사헌부 집의(종3품)를 거쳐 승지(정3품 당상관)에 이르렀다. 《방목》에는 벼슬이 없이 아버지[元泰, 생부 熙泰], 할아버지[商仁], 증조[德運], 외조[李錫彬] 이름이 보이고, 본관이 경주慶州로 되어 있다. 《청구》와 《만성》의 《경주김씨보》를 보면 직계 7대조와 외조 가운데 벼슬아치가 없다.

337 이민형李敏衡(1786~?) 평안도 정원定原(定州) 사람으로 유학을 거쳐 순조 19년 34세로 식년시에 을과로 급제하여 벼슬이 사헌부 장령(정4품)에 이르렀다. 《방목》에는 벼슬이 없이 아버지[錫禎], 할아버지[胤楷], 증조[元運], 외조[金宗栻] 이름이 보이고, 본관이 전주全州로 되어 있다. 《전주이씨과거급제자총람》을 보면 이민형은 목조穆祖의 아들인 안원대군安原大君의 후손으로 직계 14대조 가운데 벼슬아치는 6대조 한 사람밖에 없다.

338 허무許茂(1778~?) 전라도 남원南原 사람으로 생원을 거쳐 순조
19년 42세로 식년시에 을과로 급제하여 벼슬이 세자시강원 문학(정5
품)에 이르렀다. 《방목》에는 벼슬이 없이 아버지[昇], 할아버지[植],
증조[濂], 외조[安瑠] 이름이 보이고, 본관이 양천陽川으로 되어 있다.
《청구》와 《만성》의 《양천허씨보》를 보면 직계 4대조와 외조 가운데
벼슬아치가 없다.

339 김용익金龍翼(1777~?) 경상도 상주尙州 사람으로 유학을 거쳐
순조 19년 43세로 식년시에 을과로 급제하여 벼슬이 사헌부 지평(정5
품)에 이르렀다. 《방목》에는 벼슬이 없이 아버지[重玉], 할아버지[德
純], 증조[鳳瑞], 외조[邊至] 이름이 보이고, 본관이 상산商山으로 되어
있다. 그런데 《만성》의 《상산김씨보》에는 김용익의 가계가 보이지
않으며, 《청구》의 《상산김씨보》를 보면 직계 9대조와 외조 가운데
실직 벼슬아치가 없다.

340 조언국趙彦國(1793~?) 경상도 영양英陽 사람으로 유학을 거쳐
순조 19년 27세로 식년시에 을과로 급제하여 승문원承文院에 분관分
館되었다가 조덕린趙德麟의 후손이라는 이유로 대간臺諫의 반대에 부
딪혀 취소되었다.[48] 《방목》에는 벼슬이 없이 아버지[星復], 할아버지
[居善], 증조[運道], 외조[權思溥] 이름이 보이고, 본관이 한양漢陽으로
되어 있다. 《청구》와 《만성》의 《한양조씨보》를 보면 직계 11대조
가운데 벼슬아치는 5대조인 조덕린이 유일하다.

341 송태림宋台霖(1782~?) 경상도 상주尙州 사람으로 유학을 거쳐
순조 19년 38세로 식년시에 을과로 급제하여 벼슬이 도정都正(정3품

---

48) 《순조실록》 권22, 순조 19년 10월 29일 무오.

당상관)에 이르렀다. 《방목》에는 벼슬이 없이 아버지[赫心], 할아버지
[思仁], 증조[翼漢], 외조[金光烈] 이름이 보이고, 본관이 여산礪山으로
되어 있다. 그런데 《만성》의 《여산송씨보》에는 송태림의 가계가 보
이지 않고, 《청구》의 《여산송씨보》에는 가계가 보이는데 직계 6대
조와 외조 가운데 벼슬아치가 없다.

342 **전도해**全道海(1779~?) 평안도 순안順安 사람으로 유학을 거쳐
순조 19년 41세로 식년시에 병과로 급제했다. 《방목》에는 벼슬이 없
이 아버지[聖行], 할아버지[致義], 증조[天理], 외조[金運秋] 이름이 보
이고, 본관이 정선旌善으로 되어 있다. 그런데 《청구》와 《만성》의
《정선전씨보》에는 전도해의 가계가 보이지 않는다.

343 **박의주**朴義柱(1791~?) 평안도 정원定原(定州) 사람으로 유학을
거쳐 순조 19년 29세로 식년시에 병과로 급제했다. 《방목》에는 벼슬
이 없이 아버지[思訥], 할아버지[弼華], 증조[昌熙], 외조[李錫積] 이름
이 보이고, 본관이 밀양密陽으로 되어 있다. 그런데 《청구》와 《만성》
의 《밀양박씨보》에는 박의주의 가계가 보이지 않는다.

344 **이병구**李秉龜(1776~?) 충청도 남포藍浦 사람으로 유학을 거쳐
순조 19년 44세로 식년시에 병과로 급제했다. 《방목》에는 벼슬이 없
이 아버지[栢穆], 할아버지[載陽], 증조[期程], 외조[洪鎰] 이름이 보이
고, 본관이 한산韓山으로 되어 있다. 그런데 《청구》와 《만성》의 《한
산이씨보》에는 증조까지의 가계만 보이고, 그 이후의 가계는 보이지
않는다.

345 **이연상**李淵祥(1788~?) 경주慶州 사람으로 유학을 거쳐 순조 19
년 32세로 식년시에 병과로 급제하여 벼슬이 홍문관을 거쳐 헌종 대
대사간(정3품 당상관)과 승지(정3품 당상관)에 이르렀다. 《방목》에는 벼

슬이 없이 아버지[鼎搢], 할아버지[憲一], 증조[實中], 외조[孫克中] 이름이 보이고, 본관이 여주驪州로 되어 있다. 《청구》와 《만성》의 《여주이씨보》를 보면 이연상은 이언적李彦迪의 9대손으로 직계 7대조와 외조 가운데 벼슬아치가 없다.

346 김치일金致一(1757~?) 평양平壤 사람으로 유학을 거쳐 순조 19년 63세로 식년시에 병과로 급제했다. 《방목》에는 벼슬이 도사(종5품)에 이르고 아버지[行廉], 할아버지[來河], 증조[挺秋], 외조[康再興] 이름이 보이며, 본관이 시흥始興으로 되어 있다. 그런데 《청구》와 《만성》에는 《시흥김씨보》 자체가 없다. 시흥은 정조 대 처음 설치한 군현이므로 정조 이전에는 시흥김씨가 존재하지 않았다. 김치일이 조선시대 유일한 문과급제자로서, 그가 벼슬아치가 된 뒤에 이곳을 본관으로 정한 것으로 보인다. 현재 시흥김씨 인구도 알 수 없다.

347 김인화金仁和(1764~?) 평안도 정원定原(定州) 사람으로 유학을 거쳐 순조 19년 56세로 식년시에 병과로 급제했다. 《방목》에는 벼슬이 없이 아버지[東星], 할아버지[命采], 증조[國泂], 외조[洪成裕] 이름이 보이고, 본관이 연안延安으로 되어 있다. 그런데 《청구》와 《만성》의 《연안김씨보》에는 김인화의 가계가 보이지 않는다.

348 노상묵盧尙黙(1769~?) 평안도 정원定原(定州) 사람으로 유학을 거쳐 순조 19년 51세로 식년시에 병과로 급제했다. 《방목》에는 벼슬이 없이 아버지[珪], 할아버지[玄泰], 증조[命佐], 외조[尹德純] 이름이 보이고, 본관이 해주海州로 되어 있다. 그런데 《만성》에는 《해주노씨보》 자체가 없고, 《청구》의 《해주노씨보》에는 할아버지와 증조의 이름은 보이나 아버지와 노상묵의 이름은 보이지 않는다. 해주노씨는 조선시대 문과급제자 17명을 배출했는데, 그 가운데 15명이 정조

대 이후 정주에서 급제했다.

349 조상옥趙相玉(1788~?) 평안도 안북安北(安州) 사람으로 유학을 거쳐 순조 19년 32세로 식년시에 병과로 급제했다. 《방목》에는 벼슬이 없이 아버지[興三], 할아버지[亨璧], 증조[時漢], 외조[張貴彬] 이름이 보이고, 본관이 배천白川으로 되어 있다. 그런데 《청구》와 《만성》의 《배천조씨보》에는 조상옥의 가계가 보이지 않는다.

350 이조운李肇運(1777~?) 경상도 칠곡漆谷 사람으로 유학을 거쳐 순조 19년 43세로 식년시에 병과로 급제하여 벼슬이 사헌부 지평(정5품)에 이르렀다. 《방목》에는 벼슬이 없이 아버지[東說], 할아버지[惇中], 증조[世珖], 외조[權大中] 이름이 보이고, 본관이 광주廣州로 되어 있다. 《청구》와 《만성》의 《광주이씨보》를 보면 직계 3대조와 외조 가운데 벼슬아치가 없다.

351 하석홍河錫洪(1786~1834) 경상도 창녕昌寧 사람으로 유학을 거쳐 순조 19년 34세로 식년시에 병과로 급제하여 벼슬이 성균관 전적(정6품)을 거쳐 예조정랑(정5품)과 사헌부 지평(정5품)에 이르렀으며, 문집 《신암유고愼庵遺稿》를 남겼다. 《방목》에는 벼슬이 없이 아버지[啓海], 할아버지[光潤], 증조[再淸], 외조[車載泰] 이름이 보이고, 본관이 진주晋州로 되어 있다. 그런데 《청구》와 《만성》의 《진주하씨보》에는 하석홍의 가계가 보이지 않는다.

352 김서金瑞(1769~?) 경상도 의성義城 사람으로 유학을 거쳐 순조 19년 51세로 식년시에 병과로 급제했다. 《방목》에는 벼슬이 없이 아버지[鼎臣], 할아버지[光彦], 증조[宇容], 외조[申泰重] 이름이 보이고, 본관이 의성으로 되어 있다. 그런데 《청구》와 《만성》의 《의성김씨보》에는 김서의 가계가 보이지 않는다.

353 **강도**姜櫂(1793~?) 경상도 안동安東 사람으로 유학을 거쳐 순조 19년 27세로 식년시에 병과로 급제했다.《방목》에는 벼슬이 없이 아버지[棗], 할아버지[協一], 증조[再彬], 외조[襄綺] 이름이 보이고, 본관이 진주晉州로 되어 있다. 그런데《청구》와《만성》의《진주강씨보》에는 강도의 가계가 보이지 않는다.

354 **복내상**卜來相(1789~?) 충청도 청양靑陽 사람으로 유학을 거쳐 순조 19년 31세로 식년시에 병과로 급제했다.《방목》에는 벼슬이 없이 아버지[景義], 할아버지[台産], 증조[瑊], 외조[李光國] 이름이 보이고, 본관이 면천沔川으로 되어 있다. 그런데《만성》에는《면천복씨보》자체가 없고,《청구》의《면천복씨보》에는 복내상의 가계가 보이지 않는다. 2000년 현재 면천복씨 인구는 2,297가구 7,471명의 희성으로 조선시대 문과급제자 7명을 배출했다.

355 **이정헌**李廷憲(1790~?) 전라도 태인泰仁 사람으로 유학을 거쳐 순조 19년 30세로 식년시에 병과로 급제하여 벼슬이 철종 대 부사과 (종6품)에 이르렀다.《방목》에는 벼슬이 없이 아버지[敦五], 할아버지 [安福], 증조[怡壽], 외조[崔命觀] 이름이 보이고, 본관이 함평咸平으로 되어 있다. 그런데《청구》와《만성》의《함평이씨보》에는 이정헌의 가계가 보이지 않는다.

356 **김낙준**金洛駿(1749~?) 충청도 홍양洪陽 사람으로 유학을 거쳐 순조 19년 71세로 식년시에 병과로 급제하여 벼슬이 현감(종6품)에 이르렀다.《방목》에는 벼슬이 없이 아버지[行健], 할아버지[得運], 증조[斗八], 외조[李時馨] 이름이 보이고, 본관이 광산光山으로 되어 있다. 그런데《만성》의《광산김씨보》에는 김낙준의 가계가 보이지 않으며,《청구》의《광산김씨보》를 보면 직계 3대조와 외조 가운데 벼

슬아치가 없다.

357 유기풍柳基豐(1796~?) 충청도 청주淸州 사람으로 유학을 거쳐 순조 19년 24세로 식년시에 병과로 급제하여 벼슬이 철종 대 양양부사(종3품)에 이르렀다. 《방목》에는 벼슬이 없이 아버지[興源], 할아버지[應溟], 증조[運擧], 외조[盧健欽] 이름이 보이고, 본관이 문화文化로 되어 있다. 그런데 《청구》와 《만성》의 《문화유씨보》에는 유기풍의 가계가 보이지 않는다.

358 김상직金相稷(1779~?) 경상도 고령高靈 사람으로 유학을 거쳐 순조 19년 41세로 식년시에 병과로 급제하여 벼슬이 헌종 대 홍문관을 거쳐 승지(정3품 당상관)와 부사과(종6품)에 이르렀다. 《방목》에는 벼슬이 없이 아버지[敬喆], 할아버지[壽寬], 증조[世玾], 외조[李克復] 이름이 보이고, 본관이 선산善山(一善)으로 되어 있다. 《청구》와 《만성》의 《일선김씨보》를 보면 김상직은 김종직金宗直의 11대손으로 직계 7대조와 외조 가운데 벼슬아치가 없다.

359 문양정文養正(1777~?) 평안도 정원定原(定州) 사람으로 유학을 거쳐 순조 19년 43세로 식년시에 병과로 급제했다. 《방목》에는 벼슬이 없이 아버지[昌周], 할아버지[得奎], 증조[熙道], 외조[尹洪疇] 이름이 보이고, 본관이 남평南平으로 되어 있다. 그런데 《청구》와 《만성》의 《남평문씨보》에는 문양정의 가계가 보이지 않는다.

360 신대응申大膺(1789~?) 경상도 상주尙州 사람으로 유학을 거쳐 순조 19년 31세로 식년시에 병과로 급제하여 벼슬이 헌종 대 종부시정宗簿寺正(정3품 당하관)에 이르렀다. 《방목》에는 벼슬이 없이 아버지[永訥], 할아버지[以恊], 증조[再達], 외조[趙黙然] 이름이 보이고, 본관이 평산平山으로 되어 있다. 그런데 《만성》의 《평산신씨보》에는 신

대응의 가계가 보이지 않으며,《청구》의《평산신씨보》를 보면 직계
5대조와 외조 가운데 벼슬아치가 없다.

361 조사건趙思健(1780~?) 평안도 순천順川 사람으로 유학을 거쳐
순조 19년 40세로 식년시에 병과로 급제했다.《방목》에는 벼슬이 없
이 아버지[尙儼], 할아버지[再謙], 증조[景厚], 외조[盧命彦] 이름이 보
이고, 본관이 배천白川으로 되어 있다. 그런데《청구》와《만성》의
《배천조씨보》에는 조사건의 가계가 보이지 않는다. 순천의 배천조씨
는 정조 대 이후 문과급제자 3명을 배출했다.

362 이용민李容敏(1756~?) 경상도 영천榮川 사람으로 유학을 거쳐
순조 19년 64세로 식년시에 병과로 급제했다.《방목》에는 벼슬이 없
이 아버지[國標], 할아버지[受鼎], 증조[益蕃], 외조[金亨九] 이름이 보
이고, 본관이 전의全義로 되어 있다. 그런데《청구》와《만성》의《전
의이씨보》에는 이용민의 가계가 보이지 않는다.

363 김인수金麟洙(1794~?) 평안도 정원定原(定州) 사람으로 유학을
거쳐 순조 19년 26세로 식년시에 병과로 급제했다.《방목》에는 벼슬
이 없이 아버지[南楚], 할아버지[萬赫], 증조[繼善], 외조[金宇敬] 이름
이 보이고, 본관이 연안延安으로 되어 있다. 그런데《청구》와《만성》
의《연안김씨보》에는 김인수의 가계가 보이지 않는다. 정원의 연안
김씨는 영조 대 이후 문과급제자 43명을 배출하여 26명을 배출한 배
천조씨白川趙氏, 22명을 배출한 수원백씨水原白氏와 더불어 이 지역의
최고 명문으로 등장했다.

364 김상정金相鼎(1790~?) 평안도 정원定原(定州) 사람으로 유학을
거쳐 순조 19년 30세로 식년시에 병과로 급제했다.《방목》에는 벼슬
이 없이 아버지[溶], 할아버지[國錯], 증조[壽德], 외조[韓培] 이름이 보

이고, 본관이 연안延安으로 되어 있다. 그런데 《청구》와 《만성》의 《연안김씨보》에는 김상정의 가계가 보이지 않는다.

　　365 권종헌權宗憲(1795~?) 경상도 안동安東 사람으로 유학을 거쳐 순조 19년 25세로 식년시에 병과로 급제했다. 《방목》에는 벼슬이 없이 아버지[時達], 할아버지[重伯], 증조[世昉], 외조[石就遠] 이름이 보이고, 본관이 안동으로 되어 있다. 그런데 《청구》와 《만성》의 《안동권씨보》에는 권종헌의 가계가 보이지 않는다.

　　366 이은용李殷容(1802~1821) 서울 사람으로 유학을 거쳐 순조 20년 (1820) 19세로 경과정시에 병과로 급제하여 벼슬이 홍문관 정자(정9품)에 이르렀으나, 20세에 세상을 떠났다. 《방목》에는 벼슬이 없이 아버지[東獻], 할아버지[淵徽], 증조[壽仁], 외조[尹元龜], 처부의 이름이 보이고, 본관이 전주全州로 되어 있다. 《전주이씨과거급제자총람》을 보면 이은용은 양녕대군讓寧大君의 후손으로 직계 5대조와 외조 가운데 벼슬아치가 없다.

　　367 임희긍任希兢(1790~?) 충청도 직산稷山 사람으로 유학을 거쳐 순조 20년 31세로 경과정시에 병과로 급제했다. 《방목》에는 벼슬이 없이 아버지[珩, 생부 珏], 할아버지[守彝], 증조[敬元], 외조[金舜采] 이름이 보이고, 본관이 풍천豊川으로 되어 있다. 《청구》와 《만성》의 《풍천임씨보》를 보면 직계 4대조와 외조 가운데 벼슬아치가 없다.

　　368 안국태安國泰(1765~?) 평안도 가산嘉山 사람으로 유학을 거쳐 순조 20년 56세로 경과정시에 병과로 급제했다. 《방목》에는 벼슬이 없이 아버지[濟民], 할아버지[旭], 증조[擎天], 외조[李尙澤] 이름이 보이고, 본관이 순흥順興으로 되어 있다. 그런데 《청구》와 《만성》의 《순흥안씨보》에는 안국태의 가계가 보이지 않는다. 평안도의 순흥안

씨는 영조 대 이후 문과급제자 40명을 배출하여 평안도 지역의 명문 가운데 하나를 이루었는데, 안주安州에서만 30명이 급제했다.

369 이민실李敏實(1772~?) 경상도 안의安義 사람으로 생원을 거쳐 순조 21년(1821) 50세로 경과정시에 을과로 급제하여 벼슬이 군수(종4품)에 이르렀다. 《방목》에는 벼슬이 없이 아버지[碩五], 할아버지[爾靖], 증조[達漢], 외조[金彛鉉] 이름이 보이고, 본관이 성주星州로 되어 있다. 《청구》와 《만성》의 《성주이씨보》를 보면 직계 4대조와 외조 가운데 벼슬아치가 없다.

370 안효술安孝述(1774~?) 충청도 홍주洪州 사람으로 진사를 거쳐 순조 21년 48세로 경과정시에 병과로 급제하여 벼슬이 통례원 통례(정3품 당하관)를 거쳐 헌종 대 대사간(정3품 당상관)에 이르렀다. 《방목》에는 벼슬이 없이 아버지[昌重], 할아버지[景綽], 증조[廷輔], 외조[李榮錫] 이름이 보이고, 본관이 광주廣州로 되어 있다. 그런데 《청구》의 《광주안씨보》에는 안효술의 가계가 보이지 않으며, 《만성》의 《광주안씨보》를 보면 직계 6대조와 외조 가운데 벼슬아치가 없다.

371 이효순李孝淳(1789~?) 경상도 예안禮安 사람으로 유학을 거쳐 순조 22년(1822) 34세로 식년시에 장원급제하여 벼슬이 홍문관을 거쳐 판의금부사判義禁府事(종1품)에 이르렀다. 《방목》에는 벼슬이 없이 아버지[龜鼎], 할아버지[世習], 증조[守元], 외조[金得行] 이름이 보이고, 본관이 진보眞寶로 되어 있다. 《청구》와 《만성》의 《진보이씨보》를 보면 이효순은 이황李滉 9대손으로 직계 4대조와 외조 가운데 벼슬아치가 없다.

372 전윤담全允淡(1788~?) 평양平壤 사람으로 유학을 거쳐 순조 22년 35세로 식년시에 갑과로 급제했다. 《방목》에는 벼슬이 없이 아버

지[翼邦], 할아버지[五常], 증조[桂植], 외조[崔亨大] 이름이 보이고, 본
관이 전주全州로 되어 있다. 그런데《만성》에는《전주전씨보》자체
가 없고,《청구》의《전주전씨보》에는 전윤담의 가계가 보이지 않는
다. 2000년 현재 전주전씨 인구는 4,985가구 1만 6,434명의 희성으로,
조선시대 문과급제자는 그가 유일하다. 조선 후기에는 역과譯科 2명,
의과醫科 2명, 음양과陰陽科 9명, 율과律科 5명의 급제자를 배출하여
중인가문의 하나를 이루었다.

373 **윤규배**尹奎培(1762~?) 서울 사람으로 생원을 거쳐 순조 22년 61
세로 식년시에 을과로 급제했다.《방목》에는 벼슬이 없이 아버지[憿],
할아버지[光顯], 증조[東晉], 외조[趙彦炯] 이름이 보이고, 본관이 파평
坡平으로 되어 있다. 그런데《만성》의《파평윤씨보》에는 윤규배의 가
계가 보이지 않으며,《청구》의《파평윤씨보》를 보면 직계 6대조와
외조 가운데 벼슬아치가 없다.

374 **신이록**申履祿(1783~?) 충청도 보령保寧 사람으로 유학을 거쳐
순조 22년 40세로 식년시에 을과로 급제하여 벼슬이 사간원 정언(정6
품)에 이르렀다.《방목》에는 벼슬이 없이 아버지[玟權, 생부 樂權], 할
아버지[宗海], 증조[潗], 외조[尹光顯] 이름이 보이고, 본관이 고령高靈
으로 되어 있다. 그런데《만성》의《고령신씨보》에는 신이록의 가계
가 보이지 않으며,《청구》의《고령신씨보》를 보면 직계 4대조와 외
조 가운데 벼슬아치가 없다.

375 **김상면**金相勉(1773~?) 전라도 장흥長興 사람으로 유학을 거쳐
순조 22년 50세로 식년시에 을과로 급제했다.《방목》에는 벼슬이 없
이 아버지[元澤], 할아버지[龍錫], 증조[昌宗], 외조[馬允權] 이름이 보
이고, 본관이 광주光州(光山)로 되어 있다. 그런데《청구》와《만성》

의 《광산김씨보》에는 김상면의 가계가 보이지 않는다.

376 **노시무**盧時懋(1790~?) 평안도 정주定州 사람으로 유학을 거쳐 순조 22년 33세로 식년시에 을과로 급제했다. 《방목》에는 벼슬이 없이 아버지[尙虎], 할아버지[恂], 증조[玄喆], 외조[金就公] 이름이 보이고, 본관이 해주海州로 되어 있다. 그런데 《만성》에는 《해주노씨보》자체가 없고, 《청구》의 《해주노씨보》에는 노시무의 가계가 보이지 않는다. 2000년 현재 해주노씨 인구는 633가구 1,940명의 희성으로 조선시대 문과급제자 17명을 배출했는데, 정주에서만 영조 대 이후 15명이 나왔다.

377 **성호겸**成好謙(1790~?) 강원도 원주原州 사람으로 유학을 거쳐 순조 22년 33세로 식년시에 을과로 급제하여 벼슬이 홍문관 수찬(정6품)을 거쳐 병조참판(종2품)과 부호군(종4품)에 이르렀다. 《방목》에는 벼슬이 없이 아버지[宇鼎], 할아버지[濟漢], 증조[燾], 외조[沈光斗] 이름이 보이고, 본관이 창녕昌寧으로 되어 있다. 《청구》와 《만성》의 《창녕성씨보》를 보면 직계 5대조와 외조 가운데 벼슬아치가 없다.

378 **채동직**蔡東直(1786~?) 충청도 보령保寧 사람으로 유학을 거쳐 순조 22년 37세로 식년시에 을과로 급제하여 벼슬이 사간원 정언(정6품)에 이르렀다. 《방목》에는 벼슬이 없이 아버지[中永], 할아버지[弘亮], 증조[禮恭], 외조[申義權] 이름이 보이고, 본관이 평강平康으로 되어 있다. 《청구》와 《만성》의 《평강채씨보》를 보면 직계 4대조 가운데 벼슬아치가 없다.

379 **김건철**金建喆(1797~?) 평안도 정주定州 사람으로 순조 22년 26세로 식년시에 병과로 급제했다. 《방목》에는 벼슬이 없이 아버지[致駿], 할아버지[再潤], 증조[瑞郁], 외조[卓珩] 이름이 보이고, 본관이 연

안延安으로 되어 있다. 그런데《청구》와《만성》의《연안김씨보》에는 김건철의 가계가 보이지 않는다. 정주의 연안김씨는 영조 대 이후 문과급제자 43명을 배출하여 이 지역의 최고 명문으로 등장했다.

380 조상진曺相振(1779~?) 전라도 순천順天 사람으로 유학을 거쳐 순조 22년 44세로 식년시에 급제했다.《방목》에는 벼슬이 없이 아버지[喜演], 할아버지[昌迪], 증조[善燮], 외조[崔宗吉] 이름이 보이고, 본관이 창녕昌寧으로 되어 있다. 그런데《청구》와《만성》의《창녕조씨보》에는 조상진의 가계가 보이지 않는다.

381 고만구高萬九(1783~?) 전라도 영광靈光 사람으로 유학을 거쳐 순조 22년 40세로 식년시에 병과로 급제했다.《방목》에는 벼슬이 없이 아버지[應啓], 할아버지[可賢], 증조[俊], 외조[丁友極] 이름이 보이고, 본관이 장택長澤(長興)으로 되어 있다. 그런데《청구》와《만성》의《장흥고씨보》에는 고만구의 가계가 보이지 않는다.

382 백만영白萬榮(1760~?) 전라도 장흥長興 사람으로 유학을 거쳐 순조 22년 63세로 식년시에 병과로 급제했다.《방목》에는 벼슬이 없이 아버지[啓采], 할아버지[兌咸], 증조[瑞經], 외조[安重垕] 이름이 보이고, 본관이 수원水原으로 되어 있다. 그런데《청구》의《수원백씨보》에는 백만영의 가계가 보이지 않으며,《만성》의《수원백씨보》에는 가계가 보이는데, 직계 13대조 가운데 벼슬아치는 9대조인 백광훈白光勳이 참봉(종9품)을 지낸 것뿐이다. 백광훈은 16세기에 삼당시인三唐詩人의 한 사람으로 이름을 떨쳤다.

383 이우영李遇榮(1782~?) 황해도 서흥瑞興 사람으로 유학을 거쳐 순조 22년 41세로 식년시에 병과로 급제했다.《방목》에는 벼슬이 없이 아버지[亨逵], 할아버지[光春], 증조[夏成], 외조[文處彬] 이름이 보

이고, 본관이 수안遂安으로 되어 있다. 그런데 《만성》에는 《수안이씨보》 자체가 없고, 《청구》의 《수안이씨보》에는 이우영의 가계가 보이지 않는다. 2000년 현재 수안이씨 인구는 5,539가구 1만 7,677명의 희성으로 조선시대 문과급제자 26명을 배출했는데, 그 가운데 평안도에서 11명, 황해도에서 6명, 함경도에서 1명, 모두 18명이 나왔다.

384 윤맹열尹孟烈(1784~?) 평안도 가산嘉山 사람으로 유학을 거쳐 순조 22년 39세로 식년시에 병과로 급제했다. 《방목》에는 벼슬이 없이 아버지[珀], 할아버지[昌衡], 증조[位], 외조[趙夢奭] 이름이 보이고, 본관이 파평坡平으로 되어 있다. 그런데 《청구》와 《만성》의 《파평윤씨보》에는 윤맹열의 가계가 보이지 않는다.

385 정현박鄭顯璞(1779~?) 평안도 철산鐵山 사람으로 유학을 거쳐 순조 22년 44세로 식년시에 병과로 급제했다. 《방목》에는 벼슬이 없이 아버지[處宗], 할아버지[文濟], 증조[遇弼], 외조[李啓春] 이름이 보이고, 본관이 하동河東으로 되어 있다. 그런데 《청구》와 《만성》의 《하동정씨보》에는 정현박의 가계가 보이지 않는다.

386 윤석우尹錫祐(1786~?) 평안도 성천成川 사람으로 유학을 거쳐 순조 22년 37세로 식년시에 병과로 급제했다. 《방목》에는 벼슬이 없이 아버지[致恒], 할아버지[啓乙], 증조[世淸], 외조[朱南德] 이름이 보이고, 본관이 파평坡平으로 되어 있다. 그런데 《청구》와 《만성》의 《파평윤씨보》에는 윤석우의 가계가 보이지 않는다.

387 이지봉李之鳳(1796~?) 평안도 운산雲山 사람으로 유학을 거쳐 순조 22년 27세로 식년시에 병과로 급제했다. 《방목》에는 벼슬이 없이 아버지[株, 생부 榕], 할아버지[正輝], 증조[濰], 외조[白鳳翰] 이름이 보이고, 본관이 수안遂安으로 되어 있다. 그런데 《만성》에는 《수안이

씨보》자체가 없고, 《청구》의 《수안이씨보》에는 이지봉의 가계가
보이지 않는다.

388 이진묵李鎭黙(1792~?) 전라도 영암靈岩 사람으로 유학을 거쳐
순조 22년 31세로 식년시에 병과로 급제했다. 《방목》에는 벼슬이 없
이 아버지[在益], 할아버지[慶根], 증조[之聸], 외조[柳東壎] 이름이 보
이고, 본관이 경주慶州로 되어 있다. 그런데 《청구》와 《만성》의 《경
주이씨보》에는 이진묵의 가계가 보이지 않는다.

389 김치현金致鉉(1782~?) 평안도 정주定州 사람으로 유학을 거쳐
순조 22년 41세로 식년시에 병과로 급제했다. 《방목》에는 벼슬이 없
이 아버지[大彦], 할아버지[孟瑞], 증조[濟萬], 외조[李胤汲] 이름이 보
이고, 본관이 연안延安으로 되어 있다. 그런데 《청구》와 《만성》의
《연안김씨보》에는 김치현의 가계가 보이지 않는다. 정주의 연안김씨
는 영조 대 이후 문과급제자 43명을 배출하여 이 지역의 신흥 명문이
되었다.

390 김정金鼎(1774~?) 평안도 의주義州 사람으로 유학을 거쳐 순조
22년 49세로 식년시에 병과로 급제했다. 《방목》에는 벼슬이 없이 아
버지[壽彭], 할아버지[承禹], 증조[世傑], 외조[方德堡] 이름이 보이고,
본관이 순천順天으로 되어 있다. 그런데 《청구》와 《만성》의 《순천김
씨보》에는 김정의 가계가 보이지 않는다.

391 장주익張周翼(1782~?) 경상도 청도淸道 사람으로 유학을 거쳐
순조 22년 41세로 식년시에 병과로 급제했다. 《방목》에는 벼슬이 없
이 아버지[昌植], 할아버지[漢臣], 증조[鳳秀], 외조[盧載光] 이름이 보
이고, 본관이 인동仁同으로 되어 있다. 그런데 《청구》와 《만성》의
《인동장씨보》에는 장주익의 가계가 보이지 않는다.

392 이화李鏵(1769~?) 경상도 칠곡漆谷 사람으로 유학을 거쳐 순조 22년 54세로 식년시에 병과로 급제했다.《방목》에는 벼슬이 없이 아버지[正祿], 할아버지[熙朝], 증조[柱漢], 외조[城] 이름이 보이고, 본관이 성주星州로 되어 있다. 그런데《청구》와《만성》의《성주이씨보》에는 이화의 가계가 보이지 않는다.

393 박재호朴在暤(1797~?) 경상도 단성丹城 사람으로 유학을 거쳐 순조 22년 26세로 식년시에 병과로 급제했다.《방목》에는 벼슬이 없이 아버지[周吾], 할아버지[經和], 증조[廷彦], 외조[金德悟] 이름이 보이고, 본관이 밀양密陽으로 되어 있다. 그런데《청구》와《만성》의《밀양박씨보》에는 박재호의 가계가 보이지 않는다.

394 김명주金命珠(1787~?) 평안도 안주安州 사람으로 유학을 거쳐 순조 22년 36세로 식년시에 병과로 급제했다.《방목》에는 벼슬이 없이 아버지[應麟], 할아버지[聖億], 증조[禹勳], 외조[許復] 이름이 보이고, 본관이 수원水原으로 되어 있다. 그런데《만성》에는《수원김씨보》자체가 없고,《청구》의《수원김씨보》에는 김명주의 가계가 보이지 않는다.《세종실록》〈지리지〉를 보면 안주의 김씨는 수원에서 이주해 온 입진성入鎭姓으로 되어 있다. 안주에서 영조 대 처음으로 문과급제자가 2명 배출되었는데, 그 가운데 한 사람인 김응린의 아들이 바로 김명주이다. 2000년 현재 인구는 4,997가구 1만 6,009명의 희성으로 세종 대 1명이 문과에 급제하고, 영조 대 이후 문과급제자 7명을 배출했는데, 이 가운데 6명이 안주 출신으로 확인되고 있다.

395 최종환崔宗煥(1788~?) 평안도 정주定州 사람으로 유학을 거쳐 순조 22년 35세로 식년시에 병과로 급제했다.《방목》에는 벼슬이 없이 아버지[弼實], 할아버지[碩基], 증조[柱見], 외조[李有鳳] 이름이 보

이고, 본관이 나주羅州로 되어 있다. 그런데 《청구》와 《만성》에는 《나주최씨보》 자체가 없다. 2000년 현재 나주최씨 인구는 1,922가구 6,018명의 희성으로 조선시대 문과급제자 2명을 배출했는데, 최종환이 첫 급제자이며, 순조 25년 같은 정주 출신 최치상崔致常이 두 번째로 문과에 급제했다. 《세종실록》〈지리지〉를 보면 최씨는 정주의 입진성入鎭姓으로 조선 초기에 강제 이주한 주민임을 알 수 있는데, 《세종실록》〈지리지〉, 《동국여지승람》, 《여지도서》 어디에도 나주에는 최씨가 없다. 따라서 그가 문과에 급제한 뒤에 나주를 처음으로 본관으로 정한 듯하다.

396 유의정柳宜貞(1794~1861) 경상도 단성丹城 사람으로 유학을 거쳐 순조 22년 29세로 식년시에 병과로 급제하여 벼슬이 홍문관 교리(정5품)에 이르렀다. 문집 《사와집思窩集》을 남겼다. 《방목》에는 벼슬이 없이 아버지[鳳鐸, 생부 中鐸], 할아버지[增壆], 증조[萬和], 외조[李再翰] 이름이 보이고, 본관이 진주晉州로 되어 있다. 《청구》와 《만성》의 《진주유씨보》를 보면 직계 10대조 가운데 벼슬아치는 6대조가 봉사(종8품)를 지낸 것뿐이다.

397 김기승金耆升(1783~?) 강원도 고성高城 사람으로 유학을 거쳐 순조 22년 40세로 식년시에 병과로 급제했다. 《방목》에는 벼슬이 없이 아버지[應休], 할아버지[翼扶], 증조[尚俊], 외조[李民采] 이름이 보이고, 본관이 청주淸州로 되어 있다. 그런데 《청구》의 《청주김씨보》에는 김기승의 가계가 보이지 않으며, 《만성》의 《청주김씨보》를 보면 직계 6대조와 외조 가운데 벼슬아치가 없다. 2000년 현재 청주김씨 인구는 9,161가구 2만 9,198명이며 조선시대 문과급제자 8명을 배출했는데, 대부분 평안도와 함흥咸興 출신이다. 그 밖에 무과급제자

33명을 배출했다.

398 박용천朴龍天(1782~?) 경상도 영천榮川 사람으로 유학을 거쳐 순조 22년 41세로 식년시에 병과로 급제했다. 《방목》에는 벼슬이 없이 아버지〔時集〕, 할아버지〔良儁〕, 증조〔益來〕, 외조〔洪大觀〕 이름이 보이고, 본관이 반남潘南으로 되어 있다. 그런데 《만성》의 《반남박씨보》에는 박용천의 가계가 보이지 않으며, 《청구》의 《반남박씨보》를 보면 직계 4대조와 외조 가운데 벼슬아치가 없다.

399 정상추鄭象樞(1788~?) 경상도 상주尙州 사람으로 유학을 거쳐 순조 22년 35세로 식년시에 병과로 급제했다. 《방목》에는 벼슬이 없이 아버지〔衡魯〕, 할아버지〔膺模〕, 증조〔思源〕, 외조〔黃命休〕 이름이 보이고, 본관이 진주晉州로 되어 있다. 그런데 《만성》의 《진주정씨보》에는 정상추의 가계가 보이지 않으며, 《청구》의 《진주정씨보》를 보면 아버지까지의 가계는 보이나 그의 이름은 보이지 않는다. 다만, 아버지까지의 가계를 보면 7대조 안에 벼슬아치가 없다.

400 정재감鄭在鑑(1782~?) 전라도 고창高敞 사람으로 유학을 거쳐 순조 22년 41세로 식년시에 병과로 급제하여 벼슬이 사간원 정언(정6품)에 이르렀다. 《방목》에는 벼슬이 없이 아버지〔重賢〕, 할아버지〔宅臣〕, 증조〔萬俊〕, 외조〔安堂胤〕 이름이 보이고, 본관이 진주晉州로 되어 있다. 그런데 《청구》와 《만성》의 《진주정씨보》에는 정재감의 가계가 보이지 않는다.

401 임백능任百能(1795~?) 경기도 이천利川 사람으로 유학을 거쳐 순조 22년 28세로 식년시에 병과로 급제하여 벼슬이 홍문관과 사간원 헌납(정5품)을 거쳐 철종 대 대사간(정3품 당상관)과 목사(정3품 당상관)에 이르렀다. 《방목》에는 벼슬이 없이 아버지〔晩常, 생부 智常〕, 할

아버지[若], 증조[尙孝], 외조[李宗翰] 이름이 보이고, 본관이 풍천豊川
으로 되어 있다. 그런데 《만성》의 《풍천임씨보》에는 임백능의 가계
가 보이지 않으며, 《청구》의 《풍천임씨보》를 보면 직계 7대조와 외
조 가운데 벼슬아치가 없다.

402 양일위梁日煒(1781~?) 평안도 영변寧邊 사람으로 유학을 거쳐
순조 22년 42세로 식년시에 병과로 급제했다. 《방목》에는 벼슬이 없
이 아버지[橋], 할아버지[萬洙], 증조[翼漢], 외조[康復夏] 이름이 보이
고, 본관이 제주濟州로 되어 있다. 그런데 《청구》와 《만성》의 《제주
양씨보》에는 양일위의 가계가 보이지 않는다. 《세종실록》〈지리지〉
를 보면 영변의 양씨는 입진성入鎭姓으로 되어 있어 조선 초기에 강
제 이주한 주민임을 알 수 있다.

403 이우백李佑伯(1796~?) 경상도 진주晉州 사람으로 유학을 거쳐
순조 22년 27세로 식년시에 병과로 급제하여 벼슬이 사헌부 지평(정5
품)에 이르렀다. 《방목》에는 벼슬이 없이 아버지[存烈], 할아버지[膺
龍], 증조[瑒], 외조[趙澱] 이름이 보이고, 본관이 성주星州로 되어 있
다. 《청구》와 《만성》의 《성주이씨보》를 보면 직계 7대조 가운데 벼
슬아치는 5대조가 우후虞侯(종3품)를 지낸 것밖에 없다.

404 김영기金永基(1800~?) 경상도 상주尙州 사람으로 유학을 거쳐
순조 22년 23세로 식년시에 병과로 급제하여 벼슬이 철종 대 사간원
헌납(정5품)을 거쳐 대사간(정3품 당상관)과 참판(종2품)에 이르렀다.
《방목》에는 벼슬이 없이 아버지[龍觀], 할아버지[重玉], 증조[德純], 외
조[黃漢淑] 이름이 보이고, 본관이 상산商山으로 되어 있다. 그런데
《만성》의 《상산김씨보》에는 김영기의 가계가 보이지 않으며, 《청
구》의 《상산김씨보》를 보면 직계 10대조 가운데 벼슬아치가 없다.

405 김기헌金驥獻(1797~?) 경상도 영천榮川 사람으로 유학을 거쳐 순조 23년(1823) 4월 27세로 경과정시에 을과로 급제했다.《방목》에는 벼슬이 없이 아버지[斗煥], 할아버지[慶胤], 증조[邦翰], 외조[金致寬] 이름이 보이고, 본관이 함창咸昌으로 되어 있다. 그런데《만성》의 《함창김씨보》에는 김기헌의 가계가 보이지 않으며,《청구》의《함창 김씨보》를 보면 직계 7대조와 외조 가운데 벼슬아치가 없다. 2000년 현재 함창김씨 인구는 8,391가구 2만 6,318명으로 희성에 속하는데, 조선시대 문과급제자 7명을 배출했다.

406 이장서李莊緒(1794~?) 경기도 양주楊州 사람으로 유학을 거쳐 순조 23년 4월 30세로 경과정시에 을과로 급제하여 벼슬이 홍문관을 거쳐 사헌부 집의(종3품)에 이르렀다.《방목》에는 벼슬이 없이 아버지[儒伋], 할아버지[福運], 증조[永孝], 외조[兪漢奮] 이름이 보이고, 본 관이 함평咸平으로 되어 있다.《청구》와《만성》의《함평이씨보》를 보면 직계 3대조와 외조 가운데 벼슬아치가 없다.

407 손병주孫秉周(1781~?) 강원도 원주原州 사람으로 생원을 거쳐 순조 23년 4월 43세로 경과정시에 병과로 급제하여 벼슬이 사헌부 지평(정5품)에 이르렀다.《방목》에는 벼슬이 없이 아버지[鎭和], 할아버지[世澤], 증조[夏心], 외조[南致鴻] 이름이 보이고, 본관이 경주慶州로 되어 있다. 그런데《청구》의《경주손씨보》에는 손병주의 가계가 보이지 않으며,《만성》의《경주손씨보》를 보면 직계 7대조와 외조 가운데 벼슬아치가 없다.

408 이일형李日瀅(1780~?) 경기도 포천抱川 사람으로 유학을 거쳐 순조 23년 4월 44세로 경과정시에 병과로 급제하여 벼슬이 사간원 정언(정6품)에 이르렀다.《방목》에는 벼슬이 없이 아버지[鍾玉], 할아

버지[堯命], 증조[世熙], 외조[睦祖述] 이름이 보이고, 본관이 전주全州
로 되어 있다. 《전주이씨과거급제자총람》을 보면 이일형은 중종의
후궁 소생인 금원군錦原君의 후손으로 직계 3대조와 외조 가운데 벼
슬아치가 없다.

409 권주헌權周憲(1800~?) 경기도 통진通津 사람으로 유학을 거쳐
순조 23년 9월 24세로 경과정시에 병과로 급제하여 벼슬이 사간원
헌납(정5품)에 이르렀다. 《방목》에는 벼슬이 없이 아버지[儵], 할아버
지[華彦], 증조[世聖], 외조[許滓] 이름이 보이고, 본관이 안동安東으로
되어 있다. 《청구》와 《만성》의 《안동권씨보》를 보면 직계 9대조 가
운데 벼슬아치는 5대조가 현감(종6품)을 지낸 것뿐이다.

410 신상흠慎尙欽(1794~?) 제주濟州 사람으로 유학을 거쳐 순조 23
년 9월 30세로 경과정시에 병과로 급제하여 벼슬이 철종 대 통례원
좌통례(정3품 당하관)에 이르렀다. 《방목》에는 벼슬이 없이 아버지[致
煥] 이름만 보이고, 본관이 거창居昌으로 되어 있다. 그런데 《청구》와
《만성》의 《거창신씨보》에는 신상흠의 가계가 보이지 않는다.

411 한긍인韓兢人(1798~?) 서울 사람으로 유학을 거쳐 순조 25년
(1825) 28세로 식년시에 을과로 급제하여 벼슬이 철종과 고종 초 대
사간(정3품 당상관)에 이르렀다. 《방목》에는 벼슬이 없이 아버지[公
善], 할아버지[郁; 都], 증조[命鼎], 외조[李亨祿] 이름이 보이고, 본관이
청주淸州로 되어 있다. 《청구》와 《만성》의 《청주한씨보》를 보면 직
계 5대조와 외조 가운데 벼슬아치가 없다.

412 도인엽都寅曄(1769~?) 경상도 성주星州 사람으로 유학을 거쳐
순조 25년 57세로 식년시에 을과로 급제하여 벼슬이 사헌부 지평(정5
품)에 이르렀다. 《방목》에는 벼슬이 없이 아버지[尙叔], 할아버지[命

殷], 증조〔永臨〕, 외조〔金達鎔〕 이름이 보이고, 본관이 성주로 되어 있다. 그런데 《만성》의 《성주도씨보》에는 도인엽의 가계가 보이지 않으며, 《청구》의 《성주도씨보》를 보면 직계 6대조와 외조 가운데 벼슬아치가 없다.

413 이동운李東韻(1805~?) 평안도 태천泰川 사람으로 유학을 거쳐 순조 25년 21세로 식년시에 병과로 급제했다. 《방목》에는 벼슬이 없이 아버지〔膺復〕, 할아버지〔健學〕, 증조〔宗國〕, 외조〔全再亨〕 이름이 보이고, 본관이 단양丹陽으로 되어 있다. 그런데 《청구》와 《만성》의 《단양이씨보》에는 이동운의 가계가 보이지 않는다. 2000년 현재 단양이씨 인구는 5,122가구 1만 6,213명의 희성으로 조선시대 문과급제자 21명을 배출했는데, 그 가운데 11명이 정조 대 이후 평안도에서 급제했다.

414 조용래趙龍來(1790~?) 경상도 안동安東 사람으로 유학을 거쳐 순조 25년 36세로 식년시에 병과로 급제하여 벼슬이 사헌부 지평(정5품)에 이르렀다. 《방목》에는 벼슬이 없이 아버지〔顯浩〕, 할아버지〔曼〕, 증조〔得陽〕, 외조〔金重鉉〕 이름이 보이고, 본관이 한양漢陽으로 되어 있다. 《청구》와 《만성》의 《한양조씨보》를 보면 직계 10대조 가운데 벼슬아치는 5대조가 문과에 급제한 것뿐이다.

415 이병형李秉瑩(1784~?) 경상도 성주星州 사람으로 유학을 거쳐 순조 25년 42세로 식년시에 병과로 급제하여 벼슬이 사헌부 지평(정5품)에 이르렀다. 《방목》에는 벼슬이 없이 아버지〔益壽〕, 할아버지〔光珏〕, 증조〔德標〕, 외조〔張在田〕 이름이 보이고, 본관이 성주로 되어 있다. 그런데 《청구》와 《만성》의 《성주이씨보》에는 이병형의 가계가 보이지 않는다.

416 권병덕權秉德(1788~?) 경상도 의령宜寧 사람으로 유학을 거쳐 순조 25년 38세로 식년시에 병과로 급제하여 벼슬이 사헌부 지평(정5품)을 거쳐 철종 대 현감(종6품)에 이르렀다. 《방목》에는 벼슬이 없이 아버지[學夏], 할아버지[思直], 증조[稱中], 외조[愼認明] 이름이 보이고, 본관이 안동安東으로 되어 있다. 《청구》와 《만성》의 《안동권씨보》를 보면 직계 7대조와 외조 가운데 벼슬아치가 없다.

417 이배림李培林(1797~?) 함경도 함흥咸興 사람으로 유학을 거쳐 순조 25년 29세로 식년시에 병과로 급제했다. 《방목》에는 벼슬이 없이 아버지[陽琨], 할아버지[宗祿], 증조[大忠], 외조[文尙裕] 이름이 보이고, 본관이 용인龍仁으로 되어 있다. 그런데 《청구》와 《만성》의 《용인이씨보》에는 이배림의 가계가 보이지 않는다. 《세종실록》〈지리지〉를 보면 이씨는 함흥의 입진성入鎭姓으로 되어 있어 조선 초기에 강제 이주한 주민임을 알 수 있다.

418 이병의李秉儀(1790~?) 평안도 개천价川 사람으로 유학을 거쳐 순조 25년 36세로 식년시에 병과로 급제하여 벼슬이 사헌부 장령(정4품)을 거쳐 철종 대 부사과(종6품)에 이르렀다. 《방목》에는 벼슬이 없이 아버지[楷], 할아버지[思勛], 증조[就瑞], 외조[鄭聖鶴] 이름이 보이고, 본관이 광주廣州로 되어 있다. 그런데 《청구》와 《만성》의 《광주이씨보》에는 이병의의 가계가 보이지 않는다. 《세종실록》〈지리지〉를 보면 이씨는 개천의 입진성入鎭姓으로 되어 있다.

419 윤희尹憙(1786~?) 충청도 부여扶餘 사람으로 유학을 거쳐 순조 25년 40세로 식년시에 병과로 급제하여 벼슬이 사간원 정언(정6품)에 이르렀다. 《방목》에는 벼슬이 없이 아버지[箕煥], 할아버지[東瞻], 증조[就協], 외조[尹惜] 이름이 보이고, 본관이 파평坡平으로 되어 있다.

《청구》와《만성》의《파평윤씨보》를 보면 직계 4대조와 외조 가운데 벼슬아치가 없다.

420 김재영金在榮(1790~?) 경기도 수원水原 사람으로 유학을 거쳐 순조 25년 36세로 식년시에 병과로 급제하여 벼슬이 철종 대 부사과 (종6품)에 이르렀다.《방목》에는 벼슬이 없이 아버지[光僻], 할아버지 [大基], 증조[就礎], 외조[洪鎭邦] 이름이 보이고, 본관이 광산光山으로 되어 있다. 그런데《청구》와《만성》의《광산김씨보》에는 김재영의 가계가 보이지 않는다.

421 안윤항安允沆(1798~?) 평안도 안주安州 사람으로 유학을 거쳐 순조 25년 28세로 식년시에 병과로 급제하여 벼슬이 철종 대 통례원 좌통례(정3품 당하관)에 이르렀다.《방목》에는 벼슬이 없이 아버지[命顯], 할아버지[克權], 증조[正泰], 외조[金大彦] 이름이 보이고, 본관이 순흥順興으로 되어 있다. 그런데《만성》의《순흥안씨보》에는 안윤항의 가계가 보이지 않으며,《청구》의《순흥안씨보》에는 아버지까지의 가계는 보이나 그의 이름은 보이지 않는다. 안주의 순흥안씨는 영조 대 이후 문과급제자 30명을 배출하여 이 지방의 명문으로 등장했다.

422 이민우李民愚(1796~?) 충청도 문의文義 사람으로 유학을 거쳐 순조 25년 30세로 식년시에 병과로 급제했다.《방목》에는 벼슬이 없이 아버지[致秀], 할아버지[洙源], 증조[甲輔], 외조[朴師信] 이름이 보이고 본관이 연안延安으로 되어 있다. 그런데《청구》의《연안이씨보》에는 이민우의 가계가 보이지 않으며,《만성》의《연안이씨보》에는 증조까지의 가계는 보이나 그 이후 가계는 보이지 않는다.

423 한철호韓哲浩(1782~?) 전라도 고부古阜 사람으로 유학을 거쳐 순조 25년 44세로 식년시에 병과로 급제했다.《방목》에는 벼슬이 없

이 아버지[光鎭], 할아버지[基孟], 증조[彦朝], 외조[金命徵] 이름이 보이고, 본관이 청주淸州로 되어 있다. 그런데《청구》와《만성》의《청주한씨보》에는 한철호의 가계가 보이지 않는다.

424 김권金權(1805~?) 전라도 영암靈岩 사람으로 유학을 거쳐 순조 25년 21세로 식년시에 병과로 급제했다.《방목》에는 벼슬이 없이 아버지[甲源], 할아버지[偦], 증조[一麟], 외조[孫昌潤] 이름이 보이고, 본관이 광산光山으로 되어 있다. 그런데《만성》의《광산김씨보》에는 김권의 가계가 보이지 않으며,《청구》의《광산김씨보》를 보면 직계 5대조와 외조 가운데 벼슬아치가 없다.

425 박규서朴奎瑞(1795~?) 전라도 남원南原 사람으로 유학을 거쳐 순조 25년 31세로 식년시에 병과로 급제하여 벼슬이 철종 대 사헌부 장령(정4품)을 거쳐 고종 초 부호군(종4품)에 이르렀다.《방목》에는 벼슬이 없이 아버지[震祜], 할아버지[東蘅], 증조[元冑], 외조[盧廷樞] 이름이 보이고, 본관이 죽산竹山으로 되어 있다. 그런데《청구》와《만성》의《죽산박씨보》에는 박규서의 가계가 보이지 않는다.

426 김희유金熙逌(1795~?) 평안도 안주安州 사람으로 유학을 거쳐 순조 25년 31세로 식년시에 병과로 급제하여 벼슬이 철종 대 찰방(종6품)에 이르렀다.《방목》에는 벼슬이 없이 아버지[大龍], 할아버지[起僩], 증조[淸興], 외조[任采成] 이름이 보이고, 본관이 전주全州로 되어 있다. 그런데《청구》와《만성》의《전주김씨보》에는 김희유의 가계가 보이지 않는다. 2000년 현재 전주김씨 인구는 1만 8,126가구에 5만 7,979명으로 조선시대 문과급제자 20명을 배출했는데, 모두가 선조 대 이후 배출되었으며, 그 가운데 14명이 평안도와 함경도 출신이다.《세종실록》〈지리지〉를 보면 김씨는 전주의 속성續姓으로 향리

를 하고 있다고 하며, 안주의 김씨는 입진성入鎭姓으로 되어 있어 조선 초기에 강제 이주한 주민임을 알 수 있다.

427 **유지의**劉志義(1773~?) 평안도 정주定州 사람으로 유학을 거쳐 순조 25년 53세로 식년시에 병과로 급제했다.《방목》에는 벼슬이 없이 아버지〔遇恂, 생부 遇耿〕, 할아버지〔得春〕, 증조〔光夏〕, 외조〔承天祥〕 이름이 보이고, 본관이 강릉江陵으로 되어 있다. 그런데《청구》와《만성》의《강릉유씨보》에는 유지의의 가계가 보이지 않는다.《세종실록》〈지리지〉를 보면 정주의 유씨는 입진성入鎭姓으로 되어 있어 조선 초기에 강제 이주한 주민임을 알 수 있다. 2000년 현재 강릉유씨 인구는 1만 1,772가구 3만 6,336명으로 조선시대 문과급제자 7명을 배출했는데, 모두가 영조 대 이후 급제했으며, 그 가운데 정주에서 정조 대 이후 3명이 나왔다.

428 **김규섭**金奎燮(1806~?) 평안도 영변寧邊 사람으로 유학을 거쳐 순조 25년 20세로 식년시에 병과로 급제하여 벼슬이 철종 대 찰방(종6품)을 거쳐 통례원 좌통례(정3품 당하관)에 이르렀다.《방목》에는 벼슬이 없이 아버지〔來精〕, 할아버지〔漢振〕, 증조〔日瑞〕, 외조〔吳士偶〕 이름이 보이고, 본관이 경주慶州로 되어 있다. 그런데《청구》와《만성》의《경주김씨보》에는 김규섭의 가계가 보이지 않는다.

429 **김현복**金鉉復(1806~?) 평안도 영유永柔 사람으로 유학을 거쳐 순조 25년 20세로 식년시에 병과로 급제했다.《방목》에는 벼슬이 없이 아버지〔濬生〕, 할아버지〔禧夔〕, 증조〔處垕〕, 외조〔鄭宅慶〕 이름이 보이고, 본관이 공주公州로 되어 있다. 그런데《청구》와《만성》의《공주김씨보》에는 김현복의 가계가 보이지 않는다. 2000년 현재 공주김씨 인구는 2,401가구 7,587명으로 희성에 속하는데, 조선시대 문과급

제자 11명을 배출했다. 그 가운데 9명이 평안도 출신으로 확인되고
있다.

430 김굉金鍠(1776~?) 전라도 남원南原으로 유학을 거쳐 순조 25년
50세로 식년시에 병과로 급제하여 벼슬이 사간원 정언(정6품)에 이르
렀다. 《방목》에는 벼슬이 없이 아버지[載成], 할아버지[煐], 증조[禹
圭], 외조[梁延年] 이름이 보이고, 본관이 연안延安으로 되어 있다. 그
런데 《청구》와 《만성》의 《연안김씨보》에는 김굉의 가계가 보이지
않는다.

431 한승열韓升烈(1797~?) 충청도 청주淸州 사람으로 유학을 거쳐
순조 25년 29세로 식년시에 병과로 급제하여 벼슬이 철종 대 사헌부
집의(종3품)를 거쳐 군수(종4품)에 이르렀다. 《방목》에는 벼슬이 없이
아버지[師模], 할아버지[養浩], 증조[鈗], 외조[金履久] 이름이 보이고,
본관이 청주淸州로 되어 있다. 그런데 《청구》와 《만성》의 《청주한씨
보》에는 한승열의 가계가 보이지 않는다.

432 장현철張鉉喆(1792~?) 평안도 안주安州 사람으로 유학을 거쳐
순조 25년 34세로 식년시에 병과로 급제했다. 《방목》에는 벼슬이 없
이 아버지[軫亨], 할아버지[台維], 증조[斗樞], 외조[文大珹] 이름이 보
이고, 본관이 인동仁同으로 되어 있다. 그런데 《청구》와 《만성》의
《인동장씨보》에는 장현철의 가계가 보이지 않는다.

433 신윤록申允祿(1798~?) 충청도 보령保寧 사람으로 유학을 거쳐
순조 25년 28세로 식년시에 병과로 급제하여 벼슬이 사간원 정언(정6
품)에 이르렀다. 《방목》에는 벼슬이 없이 아버지[樂權], 할아버지[伯
淵], 증조[澈], 외조[金彦黙] 이름이 보이고, 본관이 고령高靈으로 되어
있다. 《청구》와 《만성》의 《고령신씨보》를 보면 직계 6대조와 외조

가운데 벼슬아치가 없다.

434 이연구李淵龜(1777~?) 충청도 죽산竹山 사람으로 유학을 거쳐 순조 25년 49세로 식년시에 병과로 급제했다. 《방목》에는 벼슬이 없이 아버지[養和], 할아버지[載郁], 증조[明程], 외조[尹聖運] 이름이 보이고, 본관이 한산韓山으로 되어 있다. 그런데 《청구》의 《한산이씨보》에는 이연구의 가계가 보이지 않으며, 《만성》의 《한산이씨보》를 보면 직계 4대조와 외조 가운데 벼슬아치가 없다.

435 윤극배尹克培(1777~?) 서울 사람으로 진사를 거쳐 순조 25년 49세로 식년시에 병과로 급제하여 벼슬이 좌랑(정6품)에 이르렀다. 《방목》에는 벼슬이 없이 아버지[愼], 할아버지[光魯], 증조[東奎], 외조[鄭彦常] 이름이 보이고, 본관이 파평坡平으로 되어 있다. 그런데 《만성》의 《파평윤씨보》에는 윤극배의 가계가 보이지 않으며, 《청구》의 《파평윤씨보》를 보면 직계 7대조와 외조 가운데 벼슬아치가 없다.

436 최치상崔致常(1790~?) 평안도 정주定州 사람으로 유학을 거쳐 순조 25년 36세로 식년시에 병과로 급제했다. 《방목》에는 벼슬이 없이 아버지[宗五], 할아버지[弼寶], 증조[碩基], 외조[朴亨奎] 이름이 보이고, 본관이 나주羅州로 되어 있다. 그런데 《청구》와 《만성》에는 《나주최씨보》 자체가 없다. 2000년 현재 나주최씨 인구는 1,922가구 6,018명으로 희성에 속한다. 조선시대 문과급제자 2명을 배출했는데, 첫 번째는 순조 22년에 급제한 최종환崔宗煥이고, 두 번째가 최치상으로 모두 정주 출신이다. 《여지도서》에는 나주에 최씨가 없어 뒤에 이곳을 본관으로 정한 듯하다.

437 김학민金學敏(1780~?) 충청도 진천鎭川 사람으로 유학을 거쳐 순조 25년 46세로 식년시에 병과로 급제했다. 《방목》에는 벼슬이 없

이 아버지[啓海], 할아버지[泰鎭], 증조[尙址], 외조[金一元] 이름이 보이고, 본관이 강릉江陵으로 되어 있다. 그런데 《청구》와 《만성》의 《강릉김씨보》에는 김학민의 가계가 보이지 않는다.

438 홍이신洪履信(1800~?) 평안도 용강龍岡 사람으로 유학을 거쳐 순조 25년 26세로 식년시에 병과로 급제했다. 《방목》에는 벼슬이 없이 아버지[希範], 할아버지[禹澄], 증조[慶湜], 외조[金煥] 이름이 보이고, 본관이 남양南陽으로 되어 있다. 그런데 《청구》와 《만성》의 《남양홍씨보》에는 홍이신의 가계가 보이지 않는다.

439 박영朴偀(1788~?) 평양平壤 사람으로 유학을 거쳐 순조 25년 48세로 식년시에 병과로 급제했다. 《방목》에는 벼슬이 없이 아버지[萬興], 할아버지[聖建], 증조[世元], 외조[金光郁] 이름이 보이고, 본관이 밀양密陽으로 되어 있다. 그런데 《청구》와 《만성》의 《밀양박씨보》에는 박영의 가계가 보이지 않는다.

440 이기정李冀楨(1796~?) 평안도 정주定州 사람으로 유학을 거쳐 순조 25년 30세로 식년시에 병과로 급제했다. 《방목》에는 벼슬이 없이 아버지[禮澄], 할아버지[元白], 증조[海俊], 외조[張元奎] 이름이 보이고, 본관이 전주全州로 되어 있다. 《전주이씨과거급제자총람》을 보면 이기정은 파미분류자派未分類者로 되어 있다. 다시 말해 《족보》에 오르지 못한 인물이다.

441 김성金聲(1772~?) 평안도 강동江東 사람으로 유학을 거쳐 순조 26년(1826) 55세로 평안도 별시에 장원급제했다. 《방목》에는 벼슬이 없이 아버지[廷瑞] 이름만 보이고, 본관이 순천順天으로 되어 있다. 그런데 《청구》와 《만성》의 《순천김씨보》에는 김성의 가계가 보이지 않는다.

442 최중식崔重湜(1772~?) 평안도 의주義州 사람으로 유학을 거쳐 순조 26년 55세로 평안도 별시에 을과로 급제하여 벼슬이 병조좌랑 (정6품)에 이르렀다. 《방목》에는 벼슬이 없이 아버지〔尙鍱〕이름만 보이고, 본관이 황주黃州로 되어 있다. 그런데 《청구》와 《만성》에는 《황주최씨보》 자체가 없다. 2000년 현재 황주최씨 인구는 446가구 1,395명의 희성으로 최중식은 조선시대 유일한 문과급제자이다.

443 선우석鮮于鑮(1788~?) 평양平壤 사람으로 유학을 거쳐 순조 26년 39세로 평안도 별시에 병과로 급제하여 벼슬이 사간원 정언(정6품)을 거쳐 군수(종4품)에 이르렀다. 《방목》에는 벼슬이 없이 아버지〔璉〕이름만 보이고, 본관이 태원太原으로 되어 있다. 《청구》의 《태원선우씨보》를 보면 직계 4대조 가운데 벼슬아치가 없고, 《만성》의 《태원선우씨보》를 보면 직계 7대조 가운데 벼슬아치가 없다. 다만 인조 대 평양에 살았던 선우협鮮于浹이 학행으로 명성을 날려 사업司業(정4품)이라는 벼슬을 내린 일이 있는데, 선우석은 선우협과는 직접 연결되는 가계를 갖지는 않았지만 크게 보아 선우씨 족친이기 때문에 특별히 정언과 군수의 관직을 주었던 것이다.

444 김이섭金彛燮(1781~?) 평안도 정주定州 사람으로 유학을 거쳐 순조 26년 46세로 평안도 별시에 병과로 급제했다. 《방목》에는 벼슬이 없이 아버지〔宗鶴〕이름만 보이고, 본관이 연안延安으로 되어 있다. 그런데 《청구》와 《만성》의 《연안김씨보》에는 김이섭의 가계가 보이지 않는다. 정주의 연안김씨는 영조 대 이후 문과급제자 43명을 배출하여 정주 지역의 최고 명문으로 등장했다.

445 강영국姜英國(1790~?) 평안도 창성昌城 사람으로 유학을 거쳐 순조 26년 37세로 평안도 별시에 병과로 급제했다. 《방목》에는 벼슬

이 없이 아버지[四哲] 이름만 보이고, 본관이 진주晉州로 되어 있다. 그런데 《청구》와 《만성》의 《진주강씨보》에는 강영국의 가계가 보이지 않는다. 《세종실록》〈지리지〉와 《동국여지승람》에는 창성에 강씨가 없고, 《여지도서》에만 강씨가 보여 조선 후기에 창성으로 이주한 주민으로 보인다.

446 탁석행卓碩行(1795~?) 평안도 정주定州 사람으로 은유학恩幼學을 거쳐 순조 26년 32세에 평안도 별시에 병과로 급제했다. 《방목》에는 벼슬이 없이 아버지[東春] 이름만 보이고, 본관이 광산光山으로 되어 있다. 그런데 《청구》와 《만성》의 《광산탁씨보》에는 탁석행의 가계가 보이지 않는다. 원래 광산탁씨는 고려 때 중국에서 귀화한 성씨로 그에 앞서 조선시대에 크게 출세한 인물은 태조 대의 탁신卓愼(의정부 참찬)과 태종 대의 탁함卓諴 두 사람뿐이다. 2000년 현재 광산탁씨 인구는 4,891가구 1만 5,691명의 희성으로 조선시대 문과급제자 7명을 배출했는데, 정주에서만 순조 대 이후 5명이 배출되었으며, 곽산郭山에서도 1명이 나왔다. 《세종실록》〈지리지〉와 《동국여지승람》에는 정주에 탁씨가 없고 《여지도서》에 처음으로 정주에 탁씨가 보인다. 따라서 정주의 탁씨는 《여지도서》가 편찬된 이후에 전라도 광산에서 정주 지역으로 이주한 것으로 보인다.

447 허결許結(1787~?) 함경도 길주吉州 사람으로 유학을 거쳐 순조 26년 40세로 함경도 별시에 장원급제했다. 《방목》에는 벼슬이 없이 아버지[桂] 이름만 보이고, 본관이 양천陽川으로 되어 있다. 그런데 《청구》와 《만성》의 《양천허씨보》에는 허결의 가계가 보이지 않는다. 《세종실록》〈지리지〉와 《동국여지승람》에는 길주에 허씨가 보이지 않아 조선 후기 경기도 양천에서 길주로 이주한 것으로 보인다.

448 이학증李學曾(1782~?) 함경도 함흥咸興 사람으로 유학을 거쳐 순조 26년 45세로 함경도 별시에 병과로 급제했다. 《방목》에는 벼슬이 없이 아버지[廷連] 이름만 보이고, 본관이 용인龍仁으로 되어 있다. 그런데 《청구》와 《만성》의 《용인이씨보》에는 이학증의 가계가 보이지 않는다. 《세종실록》〈지리지〉를 보면 이씨는 함흥의 입진성入 鎭姓으로 되어 있어 조선 초기에 강제 이주한 주민으로 보인다.

449 이제송李齊松(1768~?) 함경도 회령會寧 사람으로 사과司果(정6품)를 거쳐 순조 26년 59세로 함경도 별시에 병과로 급제했다. 《방목》에는 벼슬이 없이 아버지[基遠] 이름만 보이고, 본관이 광주廣州로 되어 있다. 그런데 《청구》와 《만성》의 《광주이씨보》에는 이제송의 가계가 보이지 않는다.

450 임원배林原培(1806~?) 경기도 고양高陽 사람으로 유학을 거쳐 순조 27년(1827) 22세로 왕세자(효명세자) 청정을 기념하는 경과정시에 장원급제했다. 《방목》에는 벼슬이 없이 아버지[鼎烈, 생부 箕烈], 할아버지[有相], 증조[世梓], 외조[邊鎭遠] 이름이 보이고, 본관이 부안扶安으로 되어 있다. 그런데 《청구》에는 《부안임씨보》 자체가 없고, 《만성》의 《부안임씨보》에는 임원배의 가계가 보이지 않는다. 《세종실록》〈지리지〉를 보면 임씨는 부안의 속성續姓으로 되어 있어 향리로 보이며, 2000년 현재 인구는 1만 9,597가구 6만 3,589명으로 조선시대 문과급제자 6명을 배출했다.

451 목용석睦用錫(1798~?) 서울 사람으로 유학을 거쳐 순조 27년 30세로 왕세자 청정 기념 경과정시에 을과로 급제하여 벼슬이 승지(정3품 당상관)를 거쳐 병조참지(정3품 당상관)에 이르렀다. 《방목》에는 벼슬이 없이 아버지[仁爲], 할아버지[允中], 증조[祖德], 외조[丁載祿] 이

름이 보이고, 본관이 사천泗川으로 되어 있다. 《청구》와 《만성》의 《사천목씨보》를 보면 직계 3대조와 외조 가운데 벼슬아치가 없다. 《세종실록》〈지리지〉를 보면 목씨는 사천의 토성土姓으로, 2000년 현재 인구는 2,492가구 8,181명의 희성이지만, 조선시대 문과급제자 34명을 배출했다.

452 임수룡任秀龍(1803~?) 경기도 양근陽根 사람으로 유학을 거쳐 순조 27년 25세로 왕세자 청정 기념 경과정시에 병과로 급제하여 벼슬이 철종 대 사헌부 장령(정4품)에 이르렀다. 《방목》에는 벼슬이 없이 아버지[濟華], 할아버지[象鉉], 증조[致澤], 외조[金麟瑞] 이름이 보이고, 본관이 곡성谷城으로 되어 있다. 그런데 《만성》에는 《곡성임씨보》 자체가 없으며, 《청구》의 《곡성임씨보》에는 임수룡의 가계가 보이지 않는다. 2000년 현재 곡성임씨 인구는 1,771가구 5,686명의 희성으로 조선시대 문과급제자 5명을 배출했다.

453 이승헌李承憲(1792~?) 경기도 용인龍仁 사람으로 통덕랑(정5품)을 거쳐 순조 27년 36세로 왕세자 청정 기념 경과정시에 병과로 급제하여 벼슬이 홍문관과 승지(정3품 당상관)를 거쳐 헌종 대 부사과(종6품)에 이르렀다. 《방목》에는 벼슬이 없이 아버지[昌錫], 할아버지[松然], 증조[慶章], 외조[具壽勛] 이름이 보이고, 본관이 청해靑海로 되어 있다. 《청구》와 《만성》의 《청해이씨보》를 보면 이승헌은 여진족 출신으로 귀화하여 개국공신이 된 이지란李之蘭의 후손으로, 직계 4대조와 외조 가운데 벼슬아치가 없고 그 위로는 대부분 무반武班을 역임했다. 2000년 현재 청해이씨 인구는 3,713가구 1만 2,002명의 희성으로 조선시대 문과급제자 8명을 배출했다.

454 조창교趙昌敎(1800~?) 강원도 양양襄陽 사람으로 유학을 거쳐

순조 27년 28세로 왕세자 청정 기념 경과정시에 병과로 급제하여 벼슬이 철종 대 사헌부 장령(정4품)을 거쳐 찰방(종6품)에 이르렀다. 《방목》에는 벼슬이 없이 아버지[榮弼], 할아버지[東相], 증조[希復], 외조[崔信采] 이름이 보이고, 본관이 한양漢陽으로 되어 있다. 《청구》와 《만성》의 《한양조씨보》를 보면 직계 7대조와 외조 가운데 벼슬아치가 없다.

455 김학수金學秀(1794~?) 경기도 이천利川 사람으로 유학을 거쳐 순조 27년 44세로 왕세자 청정 기념 경과정시에 병과로 급제하여 벼슬이 사간원 정언(정6품)에 이르렀다. 《방목》에는 벼슬이 없이 아버지[宇鼎], 할아버지[克昌], 증조[致祥], 외조[李命遠] 이름이 보이고, 본관이 순천順天으로 되어 있다. 그런데 《만성》의 《순천김씨보》에는 김학수의 가계가 보이지 않으며, 《청구》의 《순천김씨보》를 보면 직계 7대조와 외조 가운데 벼슬아치가 없다.

456 박민수朴敏樹(1792~?) 경상도 안동安東 사람으로 유학을 거쳐 순조 27년 36세로 왕세자 청정 기념 경과정시에 병과로 급제했다. 《방목》에는 벼슬이 없이 아버지[慶雲], 할아버지[繼榮], 증조[尙湖], 외조[鄭來慶] 이름이 보이고, 본관이 고령高靈으로 되어 있다. 그런데 《청구》와 《만성》의 《고령박씨보》에는 박민수의 가계가 보이지 않는다.

457 이우채李羽采(1778~?) 경기도 양근楊根 사람으로 유학을 거쳐 순조 27년 50세로 왕세자 청정 기념 경과정시에 병과로 급제하여 벼슬이 사간원 헌납(정5품)에 이르렀다. 《방목》에는 벼슬이 없이 아버지[觀基], 할아버지[翼文], 증조[微和], 외조[李明錫] 이름이 보이고, 본관이 한산韓山으로 되어 있다. 《청구》와 《만성》의 《한산이씨보》를

보면 이우채는 조선 초기 명신 이파李坡의 후손으로 직계 3대조와 외조 가운데 벼슬아치가 없다.

458 신함辛涵(1800~?) 충청도 충주忠州 사람으로 유학을 거쳐 순조 27년 28세로 왕세자 청정 기념 경과정시에 병과로 급제했다. 《방목》에는 벼슬이 없이 아버지[慶運], 할아버지[台璉], 증조[道星], 외조[金汶興] 이름이 보이고, 본관이 영월寧越로 되어 있다. 그런데 《청구》와 《만성》의 《영월신씨보》에는 신함의 가계가 보이지 않는다.

459 강인악姜麟岳(1786~?) 경기도 여주驪州 사람으로 유학을 거쳐 순조 27년 42세로 왕세자 청정 기념 경과정시에 병과로 급제했다. 《방목》에는 벼슬이 없이 아버지[壽渭], 할아버지[義相], 증조[允昌], 외조[金榮連] 이름이 보이고, 본관이 진주晉州로 되어 있다. 그런데 《청구》의 《진주강씨보》에는 강인악의 가계가 보이지 않으며, 《만성》의 《진주강씨보》를 보면 직계 9대조 가운데 벼슬아치는 7대조가 통례원 인의引儀(종6품)를 한 것이 유일하다. 외조도 벼슬아치가 아니다.

460 이서李堉(1786~?) 서울 사람으로 유학을 거쳐 순조 27년 42세로 왕세자 청정 기념 경과정시에 병과로 급제하여 벼슬이 홍문관 교리(정5품)를 거쳐 군수(종4품)에 이르렀다. 《방목》에는 벼슬이 없이 아버지[光漢], 할아버지[實], 증조[濟大], 외조[韓聖曾] 이름이 보이고, 본관이 우봉牛峰으로 되어 있다. 그런데 《청구》의 《우봉이씨보》에는 이서의 가계가 보이지 않으며, 《만성》의 《우봉이씨보》를 보면 직계 8대조 가운데 벼슬아치는 4대조가 직장直長(종7품)을 한 것뿐이다.

461 김규서金奎瑞(1798~?) 충청도 서원西原(淸州) 사람으로 유학을 거쳐 순조 27년 30세로 왕세자 청정 기념 경과정시에 병과로 급제하여 벼슬이 철종 대 승지(정3품 당상관)에 이르렀다. 《방목》에는 벼슬

이 없이 아버지[維城], 할아버지[達玄], 증조[仁老], 외조[申進文] 이름이 보이고, 본관이 의성義城으로 되어 있다. 《청구》와 《만성》의 《의성김씨보》를 보면 직계 4대조와 외조 가운데 벼슬아치가 없다.

462 위적철魏迪喆(1766~?) 함경도 함흥咸興 사람으로 현감(종6품)을 거쳐 순조 27년 62세로 증광별시에 을과로 급제하여 벼슬이 순조 대 사헌부 지평(정5품)에 이르렀다가 파직되었다. 《방목》에는 벼슬이 없이 아버지[光軫], 할아버지[弘祖], 증조[泰來], 외조[韓光濟] 이름이 보이고, 본관이 장흥長興으로 되어 있다. 그런데 《만성》에는 《장흥위씨보》 자체가 없고, 《청구》의 《장흥위씨보》에는 위적철의 가계가 보이지 않는다. 2000년 현재 장흥위씨 인구는 7,711가구 2만 4,654명의 희성으로 조선시대 문과급제자 13명을 배출했는데 모두 선조 대 이후에 나왔으며, 그 가운데 11명이 함흥 출신으로 장흥위씨가 이 지역의 명문으로 등장했다.

463 황회영黃晦瑛(1787~?) 함경도 경성鏡城 사람으로 참봉(종9품)을 거쳐 순조 27년 41세로 증광별시에 을과로 급제하여 벼슬이 철종 대 봉상시정奉常寺正(정3품 당하관)에 이르렀다. 《방목》에는 벼슬이 없이 아버지[相采], 할아버지[澂河], 증조[弼夔], 외조[金鼎三] 이름이 보이고, 본관이 평해平海로 되어 있다. 그런데 《만성》의 《평해황씨보》에는 황회영의 가계가 보이지 않으며, 《청구》의 《평해황씨보》를 보면 직계 8대조 가운데 벼슬아치가 없다.

464 탁운한卓雲翰(1790~?) 평안도 곽산郭山 사람으로 유학을 거쳐 순조 27년 38세로 증광별시에 을과로 급제했다. 《방목》에는 벼슬이 없이 아버지[繼賢], 할아버지[斌], 증조[成宙], 외조[吳命鷟] 이름이 보이고, 본관이 광주光州로 되어 있다. 그런데 《청구》와 《만성》의 《광

주탁씨보》에는 탁운한의 가계가 보이지 않는다.

　465 **김봉오**金鳳梧(1790~?) 평안도 벽동碧潼 사람으로 유학을 거쳐 순조 27년 38세로 증광별시에 을과로 급제했다. 《방목》에는 벼슬이 없이 아버지[有喆], 할아버지[渭彬], 증조[碩恒], 외조[咸致信] 이름이 보이고, 본관이 충주忠州로 되어 있다. 그런데 《만성》에는 《충주김씨보》 자체가 없고, 《청구》의 《충주김씨보》에는 김봉오의 가계가 보이지 않으며 오직 시조인 고려시대 김남길金南吉 한 사람만 기록되어 있다. 2000년 현재 충주김씨 인구는 2,923가구 9,099명으로 조선시대 문과급제자 5명을 배출했는데, 모두 숙종 대 이후에 나왔으며 그 가운데 4명이 평안도, 1명이 함경도 출신이다. 그런데 《세종실록》〈지리지〉, 《동국여지승람》, 《여지도서》 어디에도 충주와 벽동에는 김씨가 없어 충주를 본관으로 정한 것은 숙종 대 이후로 보이며, 벽동으로 이주한 것도 정조 대 이후로 보인다.

　466 **윤치수**尹致秀(개명 致羲, 1797~?) 서울 사람으로 유학을 거쳐 순조 27년 31세로 증광별시에 병과로 급제하여 벼슬이 홍문관과 성균관 대사성(정3품 당상관)을 거쳐 고종 대 판의금부사判義禁府事(종1품)로서 봉조하奉朝賀에 이르렀다. 《방목》에는 벼슬이 없이 아버지[敬烈, 생부 命烈], 할아버지[百東], 증조[得寧], 외조[鄭泰華], 처부[趙鎭宣] 이름이 보이고, 본관이 해평海平으로 되어 있다. 《청구》와 《만성》의 《해평윤씨보》를 보면 윤치수는 선조의 부마인 윤신지尹新之의 후손으로 직계 3대조와 외조 가운데 벼슬아치가 없다.

　467 **이우형**李遇亨(1767~?) 충청도 충주忠州 사람으로 생원을 거쳐 순조 27년 61세로 증광별시에 병과로 급제했다. 《방목》에는 벼슬이 없이 아버지[文龜], 할아버지[邱儉], 증조[行簡], 외조[崔德璋] 이름이

보이고, 본관이 연안延安으로 되어 있다. 그런데《청구》와《만성》의
《연안이씨보》에는 이우형의 가계가 보이지 않는다.

468 김한익金漢益(1787~?) 전라도 남원南原 사람으로 유학을 거쳐
순조 27년 41세로 증광별시에 병과로 급제하여 벼슬이 철종 대 사간
원 대사간(정3품 당상관)에 이르렀다.《방목》에는 벼슬이 없이 아버지
〔復鉉〕, 할아버지〔壽民〕, 증조〔錬章〕, 외조〔梁濟仁〕 이름이 보이고, 본관
이 부안扶安으로 되어 있다. 그런데《청구》와《만성》의《부안김씨
보》에는 김한익의 가계가 보이지 않는다. 2000년 현재 부안김씨 인
구는 1만 7,391가구 5만 6,318명으로, 조선시대 문과급제자 23명, 역
과급제자 4명을 배출했다.

469 이윤성李潤聖(1765~?) 전라도 장성長城 사람으로 유학을 거쳐
순조 27년 63세로 증광별시에 병과로 급제하여 벼슬이 사헌부 장령
(정4품)을 거쳐 현감(종6품)에 이르렀다.《방목》에는 벼슬이 없이 아
버지〔以鍊〕, 할아버지〔馥遠〕, 증조〔仁薰〕, 외조〔金履賢〕 이름이 보이고,
본관이 전주全州로 되어 있다.《전주이씨과거급제자총람》을 보면 이
윤성은 이성계의 아버지 환조桓祖의 서자인 이천우李天祐의 15대손으
로, 직계 9대조 가운데 벼슬아치가 없다.

470 황기원黃起源(1794~?) 경상도 밀양密陽 사람으로 유학을 거쳐
순조 28년(1828) 35세로 왕세자 청정을 기념하는 식년시에 을과로 급
제하여 벼슬이 철종 대 사간원 사간(종3품)에 이르렀다.《방목》에는
벼슬이 없이 아버지〔璀〕, 할아버지〔孝閏〕, 증조〔演〕, 외조〔安仁甲〕 이름
이 보이고, 본관이 장수長水로 되어 있다. 그런데《만성》의《장수황
씨보》에는 황기원의 가계가 보이지 않으며,《청구》의《장수황씨보》
를 보면 직계 4대조와 외조 가운데 벼슬아치가 없다.

471 **송흠정**宋欽鼎(1789~?) 충청도 문의文義 사람으로 유학을 거쳐 순조 28년 40세로 왕세자 청정 기념 식년시에 을과로 급제하여 벼슬이 승정원 주서(정7품)에 이르렀다. 《방목》에는 벼슬이 없이 아버지〔執圭〕, 할아버지〔煥忠〕, 증조〔有相〕, 외조〔兪漢儞〕 이름이 보이고, 본관이 은진恩津으로 되어 있다. 《청구》와 《만성》의 《은진송씨보》를 보면 직계 4대조와 외조 가운데 벼슬아치가 없다.

472 **맹명순**孟明淳(1777~?) 충청도 온양溫陽 사람으로 유학을 거쳐 순조 28년 52세로 왕세자 청정 기념 식년시에 을과로 급제하여 벼슬이 사간원 정언(정6품)에 이르렀다. 《방목》에는 벼슬이 없이 아버지〔鎭一, 또는 欽一〕, 할아버지〔觀遠〕, 증조〔宗大〕, 외조〔韓時佐〕 이름이 보이고, 본관이 신창新昌으로 되어 있다. 《청구》와 《만성》의 《신창맹씨보》를 보면 맹명순은 맹사성孟思誠의 15대손으로 직계 4대조와 외조 가운데 벼슬아치가 없고, 조선시대 문과급제자는 7대조가 유일하다.

473 **조민식**趙民植(1791~?) 경상도 함안咸安 사람으로 유학을 거쳐 순조 28년 38세로 왕세자 청정 기념 식년시에 병과로 급제했다. 《방목》에는 벼슬이 없이 아버지〔漢〕, 할아버지〔城鎭〕, 증조〔元萬〕, 외조〔鄭毅鎭〕 이름이 보이고, 본관이 함안咸安으로 되어 있다. 그런데 《만성》의 《함안조씨보》에는 조민식의 가계가 보이지 않으며, 《청구》의 《함안조씨보》를 보면 직계 8대조와 외조 가운데 벼슬아치가 없다.

474 **이재익**李在翊(1784~?) 경상도 성주星州 사람으로 유학을 거쳐 순조 28년 45세로 왕세자 청정 기념 식년시에 병과로 급제하여 벼슬이 사헌부 장령(정4품)에 이르렀다. 《방목》에는 벼슬이 없이 아버지〔奎文〕, 할아버지〔弼臣〕, 증조〔鼎厚〕, 외조〔李鼎宅〕 이름이 보이고, 본관이 전의全義로 되어 있다. 그런데 《만성》의 《전의이씨보》에는 이재

익의 가계가 보이지 않으며, 《청구》의 《전의이씨보》를 보면 직계 6대조와 외조 가운데 벼슬아치가 없다.

475 노시순盧時珣(1804~?) 평안도 정주定州 사람으로 유학을 거쳐 순조 28년 25세로 왕세자 청정 기념 식년시에 병과로 급제했다. 《방목》에는 벼슬이 없이 아버지〔尙倜〕, 할아버지〔惠達〕, 증조〔聖載〕, 외조〔金興重〕 이름이 보이고, 본관이 해주海州로 되어 있다. 그런데 《청구》와 《만성》의 《해주노씨보》에는 노시순의 가계가 보이지 않는다. 2000년 현재 해주노씨 인구는 633가구 1,940명의 희성으로 조선시대 문과급제자 19명을 배출했는데 모두 현종 대 이후 배출되었으며, 그 가운데 15명이 정조 대 이후 정주에서 배출되었다.

476 김대묵金大默(1802~?) 평안도 정주定州 사람으로 유학을 거쳐 순조 28년 27세로 왕세자 청정 기념 식년시에 병과로 급제했다. 《방목》에는 벼슬이 없이 아버지〔慶浩, 생부 龍浩〕, 할아버지〔允元〕, 증조〔光輝〕, 외조〔洪履濟〕 이름이 보이고, 본관이 상주尙州로 되어 있다. 그런데 《청구》와 《만성》의 《상주김씨보》에는 김대묵의 가계가 보이지 않는다.

477 전영택全榮澤(1776~?) 전라도 영암靈巖 사람으로 유학을 거쳐 순조 28년 53세로 왕세자 청정 기념 식년시에 병과로 급제했다. 《방목》에는 벼슬이 없이 아버지〔益祥〕, 할아버지〔爾一〕, 증조〔聖賚〕, 외조〔曺潤濂〕 이름이 보이고, 본관이 천안天安으로 되어 있다. 그런데 《청구》와 《만성》의 《천안전씨보》에는 전영택의 가계가 보이지 않는다.

478 나태성羅台晟(1764~?) 평안도 숙천肅川 사람으로 유학을 거쳐 순조 28년 65세로 왕세자 청정 기념 식년시에 병과로 급제했다. 《방목》에는 벼슬이 없이 아버지〔德奎〕, 할아버지〔得垕〕, 증조〔汝稷〕, 외조

〔韓得瑞〕 이름이 보이고, 본관이 나주羅州로 되어 있다. 그런데《청구》
와《만성》의《나주나씨보》에는 나태성의 가계가 보이지 않는다. 그
런데《세종실록》〈지리지〉,《동국여지승람》,《여지도서》에는 숙천
에 나씨가 없어 정조 대 이후 이 지역으로 이주한 것으로 보인다.

479 최강진崔岡鎭(1787~?) 경상도 진주晉州 사람으로 유학을 거쳐
순조 28년 42세로 왕세자 청정 기념 식년시에 병과로 급제했다.《방
목》에는 벼슬이 없이 아버지〔極昊〕, 할아버지〔德崙〕, 증조〔致蕃〕, 외조
〔姜壽長〕 이름이 보이고, 본관이 경주慶州로 되어 있다. 그런데《청구》
와《만성》의《경주최씨보》에는 최강진의 가계가 보이지 않는다.

480 최용우崔龍羽(1767~?) 경상도 선산善山 사람으로 통덕랑(정5품)
을 거쳐 순조 28년 62세로 왕세자 청정 기념 식년시에 병과로 급제하
여 벼슬이 사간원 정언(정6품)에 이르렀다.《방목》에는 벼슬이 없이
아버지〔光岳〕, 할아버지〔壽仁〕, 증조〔斗樞〕, 외조〔金履萬〕 이름이 보이고,
본관이 전주全州로 되어 있다.《청구》와《만성》의《전주최씨보》를
보면 직계 5대조 가운데 벼슬아치가 없다.

481 권영수權永壽(1802~?) 충청도 목천木川 사람으로 유학을 거쳐
순조 28년 27세로 왕세자 청정 기념 식년시에 병과로 급제하여 홍문
관 도당록都堂錄에 올랐다.《방목》에는 벼슬이 없이 아버지〔兢憲〕, 할
아버지〔俶〕, 증조〔彰彦〕, 외조〔鄭光履〕 이름이 보이고, 본관이 안동安東
으로 되어 있다.《청구》와《만성》의《안동권씨보》를 보면 직계 5대
조와 외조 가운데 벼슬아치가 없다.

482 나한기羅漢基(1795~?) 충청도 보은報恩 사람으로 유학을 거쳐
순조 28년 34세로 왕세자 청정 기념 식년시에 병과로 급제하여 벼슬
이 헌종 대 찰방(종6품)을 거쳐 사간원 사간(종3품)에 이르렀다.《방

목》에는 벼슬이 없이 아버지[玉鎭], 할아버지[致績], 증조[燧], 외조[李
翼幹] 이름이 보이고, 본관이 안정安定(義城)으로 되어 있다.《청구》와
《만성》의《안정나씨보》를 보면 직계 5대조와 외조 가운데 벼슬아치
가 없다. 2000년 현재 안정나씨 인구는 2,216가구에 7,211명의 희성
으로 조선시대 문과급제자 16명을 배출했다.

　　483 권도의權道毅(1784~?) 황해도 서흥瑞興 사람으로 유학을 거쳐
순조 28년 45세로 왕세자 청정 기념 식년시에 병과로 급제했다.《방
목》에는 벼슬이 없이 아버지[震傑], 할아버지[尙範], 증조[致聖], 외조
[韓鎭奎] 이름이 보이고, 본관이 안동安東으로 되어 있다. 그런데《청
구》와《만성》의《안동권씨보》에는 권도의의 가계가 보이지 않는다.

　　484 신대원申大元(1777~?) 경상도 영해寧海 사람으로 유학을 거쳐
순조 28년 52세로 왕세자 청정 기념 식년시에 병과로 급제하여 벼슬
이 시강원 필선弼善(정4품)에 이르렀다.《방목》에는 벼슬이 없이 아버
지[相鎬], 할아버지[得漢], 증조[邦遠], 외조[金理東] 이름이 보이고, 본
관이 영해로 되어 있다. 그런데《청구》의《영해신씨보》에는 신대원
의 가계가 보이지 않으며,《만성》의《영해신씨보》를 보면 그는 시조
신현申賢(고려 태복야)의 4대손으로 되어 있는데, 직계 3대조 가운데
벼슬아치가 없다. 그러나 그가 시조의 4대손으로 적힌 것은 잘못이
다. 증조 이상의 인물들을 생략한 것으로 보이므로 그는 실제로《족
보》를 모르는 인물이다.

　　485 유양회柳養晦(1770~?) 경상도 안동安東 사람으로 유학을 거쳐
순조 28년 59세로 왕세자 청정 기념 식년시에 병과로 급제했다.《방
목》에는 벼슬이 없이 아버지[寅春], 할아버지[益昌], 증조[尙和], 외조
[朴弼善] 이름이 보이고, 본관이 전주全州로 되어 있다. 그런데《청구》

의 《전주유씨보》에는 유양회의 가계가 보이지 않으며, 《만성》의
《전주유씨보》를 보면 직계 4대조와 외조 가운데 벼슬아치가 없다.

486 손상호孫相昊(1797~?) 경주慶州 사람으로 유학을 거쳐 순조 28
년 32세로 왕세자 청정 기념 식년시에 병과로 급제했다. 《방목》에는
벼슬이 없이 아버지[星案], 할아버지[應說], 증조[鳳喆], 외조[朴憲周]
이름이 보이고, 본관이 경주로 되어 있다. 그런데 《청구》의 《경주손
씨보》에는 손상호의 가계가 보이지 않으며, 《만성》의 《경주손씨보》
를 보면 직계 5대조와 외조 가운데 벼슬아치가 없다.

487 이만규李晚奎(1798~?) 경상도 풍기豊基 사람으로 유학을 거쳐
순조 28년 31세로 왕세자 청정 기념 식년시에 병과로 급제하여 벼슬
이 홍문관 교리(정5품)에 이르렀다. 《방목》에는 벼슬이 없이 아버지
[彙章], 할아버지[馨淳], 증조[龜敬], 외조[高夢麟] 이름이 보이고, 본관
이 진보眞寶로 되어 있다. 《청구》와 《만성》의 《진보이씨보》를 보면
이만규는 이황李滉의 12대손으로 직계 3대조와 외조 가운데 벼슬아
치가 없다.

488 김태현金泰顯(1796~?) 평안도 정주定州 사람으로 유학을 거쳐
순조 28년 33세로 왕세자 청정 기념 식년시에 병과로 급제했다. 《방
목》에는 벼슬이 없이 아버지[時喆], 할아버지[東維], 증조[命脩], 외조
[金孟坤] 이름이 보이고, 본관이 연안延安으로 되어 있다. 그런데 《청
구》와 《만성》의 《연안김씨보》에는 김태현의 가계가 보이지 않는다.
정주의 연안김씨는 영조 대 이후 문과급제자 43명을 배출하여 이 지
방의 최고 명문이 되었다.

489 김현도金鉉燾(1802~?) 평안도 영유永柔 사람으로 유학을 거쳐
순조 28년 27세로 왕세자 청정 기념 식년시에 병과로 급제했다. 《방

목》에는 벼슬이 없이 아버지[好生], 할아버지[禧翊], 증조[處垕], 외조
[金星一] 이름이 보이고, 본관이 공주公州로 되어 있다. 그런데《청구》
의《공주김씨보》에는 조선 초기 인물로 공주김씨 시조가 된 김학기
金學起 한 사람만 기록되어 있고,《만성》의《공주김씨보》에도 김현
도의 가계가 보이지 않는다. 2000년 현재 공주김씨 인구는 2,401가구
7,587명의 희성으로 조선시대 문과급제자 11명을 배출했는데, 그 가
운데 9명은 정조 대 이후 평안도에서 급제했으며 9명 가운데 4명은
정조 대 이후 영유에서 나왔다.

   490 문기정文起珽(1786~?) 평안도 순천順川 사람으로 유학을 거쳐
순조 28년 43세로 왕세자 청정 기념 식년시에 병과로 급제했다.《방
목》에는 벼슬이 없이 아버지[愼華], 할아버지[益呂], 증조[鳳賢], 외조
[金弘偶] 이름이 보이고, 본관이 남평南平으로 되어 있다. 그런데《청
구》와《만성》의《남평문씨보》에는 문기정의 가계가 보이지 않는다.
《세종실록》〈지리지〉,《동국여지승람》에는 순천에 문씨가 보이지
않다가《여지도서》에 비로소 순천에 남평문씨가 보인다. 이를 보아
문씨는 조선 후기에 순천으로 이주한 것으로 보인다.

   491 이유형李維馨(1806~?) 평안도 안주安州 사람으로 유학을 거쳐
순조 28년 23세로 왕세자 청정 기념 식년시에 병과로 급제했다.《방
목》에는 벼슬이 없이 아버지[慶纘], 할아버지[養濟], 증조[世泰], 외조
[李匡漑] 이름이 보이고, 본관이 광주廣州로 되어 있다. 그런데《청구》
와《만성》의《광주이씨보》에는 이유형의 가계가 보이지 않는다.
《세종실록》〈지리지〉,《동국여지승람》에는 안주에 광주이씨가 보이
지 않고, 수안이씨遂安李氏와 철야이씨鐵冶李氏만 보이다가《여지도
서》에 두 이씨가 사라지고 처음으로 광주이씨가 보인다. 따라서 안

주의 광주이씨는 조선 후기에 비로소 안주로 이주했거나 아니면 수안이씨와 철야이씨가 본관을 바꾸었는지도 모른다.

492 조준효趙準孝(1788~?) 경상도 진주晉州 사람으로 유학을 거쳐 순조 28년 41세로 왕세자 청정 기념 식년시에 병과로 급제했다. 《방목》에는 벼슬이 없이 아버지[熙榮], 할아버지[尙愚], 증조[灊], 외조[姜晉明] 이름이 보이고, 본관이 함안咸安으로 되어 있다. 그런데 《청구》와 《만성》의 《함안조씨보》에는 조준효의 가계가 보이지 않는다.

493 안윤중安允中(1805~?) 평안도 안주安州 사람으로 유학을 거쳐 순조 28년 24세로 왕세자 청정 기념 식년시에 병과로 급제했다. 《방목》에는 벼슬이 없이 아버지[命乙], 할아버지[濟權], 증조[正英], 외조[趙慶遠] 이름이 보이고, 본관이 순흥順興으로 되어 있다. 그런데 《청구》와 《만성》의 《순흥안씨보》에는 안윤중의 가계가 보이지 않는다. 안주의 순흥안씨는 영조 대 이후 문과급제자 30명을 배출하여 이 지역의 최고 명문이 되었다.

494 정형모鄭衡模(1762~?) 평안도 영유永柔 사람으로 유학을 거쳐 순조 28년 67세로 왕세자 청정 기념 식년시에 병과로 급제했다. 《방목》에는 벼슬이 없이 아버지[宗中], 할아버지[元奎], 증조[俊興], 외조[李廷郁] 이름이 보이고, 본관이 하동河東으로 되어 있다. 그런데 《청구》와 《만성》의 《하동정씨보》에는 정형모의 가계가 보이지 않는다. 《여지도서》에는 영유에 하동정씨가 보이지 않고 진주정씨晉州鄭氏만 보이는데, 영조 대 이후 비로소 하동정씨가 영유로 이주했거나 아니면 진주정씨가 하동정씨로 본관을 바꾸었는지도 모른다.

495 김용전金龍銓(1806~?) 평안도 개천价川 사람으로 유학을 거쳐 순조 28년 23세로 왕세자 청정 기념 식년시에 병과로 급제했다. 《방

목》에는 벼슬이 없이 아버지[持純], 할아버지[至煥], 증조[相坤], 외조
[申弘基] 이름이 보이고, 본관이 연안延安으로 되어 있다. 그런데《청
구》와《만성》의《연안김씨보》에는 김용전의 가계가 보이지 않는다.
《여지도서》에는 개천에 연안김씨가 보이지 않고 유주김씨儒州金氏만
보여 본관이 의심스럽다.

　　496 길진국吉鎭國(1808~?) 평안도 영변寧邊 사람으로 유학을 거쳐
순조 28년 21세로 왕세자 청정 기념 식년시에 병과로 급제했다.《방
목》에는 벼슬이 없이 아버지[珉], 할아버지[尙麟], 증조[衡], 외조[金斗
光] 이름이 보이고, 본관이 연안延安으로 되어 있다. 그런데《청구》와
《만성》에는《연안길씨보》자체가 없다.《여지도서》에는 영변에 예
안길씨禮安吉氏가 보이는데, 연안은 예안을 잘못 기록한 것으로 보인
다. 하지만 어느 길씨이든지 길진국이 조선시대 유일한 문과급제자
이다.

　　497 김정운金廷雲(1802~?) 경기도 안성安城 사람으로 유학을 거쳐
순조 28년 27세로 왕세자 청정 기념 식년시에 병과로 급제했다.《방
목》에는 벼슬이 없이 아버지[澤周], 할아버지[尙得], 증조[土奎], 외조
[玄鏡穆] 이름이 보이고, 본관이 수원水原으로 되어 있다. 그런데《만
성》에는《수원김씨보》자체가 없고,《청구》의《수원김씨보》에는 김
정운의 가계가 보이지 않는다. 2000년 현재 수원김씨 인구는 4,997가
구 1만 6,009명의 희성으로 조선시대 문과급제자 8명을 배출했는데,
그 가운데 6명이 평안도 안주安州 출신으로 영조 대 이후 급제했다.
그의 본관 안성은 안주의 오기일 가능성도 있다.

　　498 허국許㦳(1812~?) 개성開城 사람으로 유학을 거쳐 순조 29년
(1829) 18세로 경과정시에 을과로 급제하여 벼슬이 고종 대 병조참지

(정3품 당상관)에 이르렀다. 《방목》에는 벼슬이 없이 아버지[鍊], 할아버지[爔], 증조[燧], 외조[朴宣純] 이름이 보이고, 본관이 하양河陽으로 되어 있다. 그런데 《청구》와 《만성》의 《하양허씨보》에는 허국의 가계가 보이지 않는다.

499 윤석규尹錫圭(1782~?) 충청도 괴산槐山 사람으로 생원을 거쳐 순조 29년 48세로 경과정시에 을과로 급제했다. 《방목》에는 벼슬이 없이 아버지[慶恒, 생부 慶升], 할아버지[瑁], 증조[衡殷], 외조[申溁] 이름이 보이고, 본관이 파평坡平으로 되어 있다. 그런데 《청구》와 《만성》의 《파평윤씨보》에는 윤석규의 가계가 보이지 않는다.

500 이기주李基周(1798~?) 충청도 공주公州 사람으로 유학을 거쳐 순조 29년 32세로 경과정시에 병과로 급제하여 벼슬이 철종 대 도당록都堂錄에 들어가고, 고종 대 참판(종2품)에 이르렀다. 《방목》에는 벼슬이 없이 아버지[憲鈺] 이름만 보이고, 본관이 광주廣州로 되어 있다. 그런데 《만성》의 《광주이씨보》에는 이기주의 가계가 보이지 않으며, 《청구》의 《광주이씨보》를 보면 직계 4대조 가운데 벼슬아치가 없다.

501 안정순安正淳(1810~?) 충청도 청산青山 사람으로 유학을 거쳐 순조 29년 20세로 경과정시에 병과로 급제했다. 《방목》에는 벼슬이 없이 아버지[錫祿], 할아버지[處逃], 증조[宗贇], 외조[鄭龍儀] 이름이 보이고, 본관이 순흥順興으로 되어 있다. 그런데 《청구》와 《만성》의 《순흥안씨보》에는 안정순의 가계가 보이지 않는다.

502 최재엽崔在燁(1794~?) 전라도 김제金堤 사람으로 유학을 거쳐 순조 29년 36세로 경과정시에 병과로 급제하여 벼슬이 헌종 대 사헌부 지평(정5품)에 이르렀다. 《방목》에는 벼슬이 없이 아버지[灘一],

할아버지[命德], 증조[昌晉], 외조[黃仁成] 이름이 보이고, 본관이 전주
全州로 되어 있다. 그런데 《청구》와 《만성》의 《전주최씨보》에는 최
재엽의 가계가 보이지 않는다.

503 김양묵金養黙(1805~?) 전라도 부안扶安 사람으로 유학을 거쳐
순조 29년 25세로 경과정시에 병과로 급제했다. 《방목》에는 벼슬이
없이 아버지[應相], 할아버지[命河], 증조[道明], 외조[林命燁] 이름이
보이고, 본관이 부령扶寧(扶安)으로 되어 있다. 그런데 《만성》의 《부
안김씨보》에는 김양묵의 가계가 보이지 않으며, 《청구》의 《부안김
씨보》를 보면 직계 5대조와 외조 가운데 벼슬아치가 없고, 8대조 이
상은 가계가 끊어져 있다.

504 이강준李綱峻(1803~?) 경상도 선산善山 사람으로 유학을 거쳐
순조 29년 27세로 경과정시에 병과로 급제하여 벼슬이 철종 대 홍문
록弘文錄에 들고, 사복정司僕正(정3품 당하관)을 거쳐 고종 초 대사간(정
3품 당상관)에 이르렀다. 《방목》에는 벼슬이 없이 아버지[克問], 할아
버지[文普], 증조[挺儒], 외조[金祿和] 이름이 보이고, 본관이 벽진碧珍
으로 되어 있다. 《청구》와 《만성》의 《벽진이씨보》를 보면 직계 5대
조와 외조 가운데 벼슬아치가 없다.

505 김유金柔(1775~?) 제주濟州 사람으로 유학을 거쳐 순조 29년 55
세로 경과정시에 병과로 급제했다. 《방목》에는 벼슬이 없이 아버지
[相五], 할아버지[亨澤], 증조[胤聲], 외조[金振采] 이름이 보이고, 본관
이 광산光山으로 되어 있다. 그런데 《청구》와 《만성》의 《광산김씨
보》에는 김유의 가계가 보이지 않는다.

506 안윤시安潤蓍(1788~?) 경상도 안동安東 사람으로 생원을 거쳐
순조 29년 42세로 경과정시에 병과로 급제하여 벼슬이 사간원 헌납

(정5품)에 이르렀다. 《방목》에는 벼슬이 없이 아버지[愿], 할아버지
[見龜; 爾宅], 증조[敏修], 외조[權慶度] 이름이 보이고, 본관이 순흥順興
으로 되어 있다. 그런데 《만성》의 《순흥안씨보》에는 안윤시의 가계
가 보이지 않으며, 《청구》의 《순흥안씨보》를 보면 직계 9대조와 외
조 가운데 벼슬아치가 없다.

   507 조적상趙迪相(1778~?) 평양平壤 사람으로 유학을 거쳐 순조 29
년 52세로 경과정시에 병과로 급제했다. 《방목》에는 벼슬이 없이 아
버지[鵬漸], 할아버지[鑑], 증조[鼎璘], 외조[金之煥] 이름이 보이고, 본
관이 배천白川으로 되어 있다. 그런데 《청구》와 《만성》의 《배천조씨
보》에는 조적상의 가계가 보이지 않는다.

   508 백문봉白文鳳(1785~?) 평안도 운산雲山 사람으로 유학을 거쳐
순조 29년 45세로 경과정시에 병과로 급제했다. 《방목》에는 벼슬이
없이 아버지[志興], 할아버지[漢楫], 증조[敬洙], 외조[張大佣] 이름이
보이고, 본관이 수원水原으로 되어 있다. 그런데 《청구》와 《만성》의
《수원백씨보》에는 백문봉의 가계가 보이지 않는다.

   509 유진오兪鎭五(1808~?) 서울 사람으로 유학을 거쳐 순조 29년 22
세로 경과정시에 병과로 급제하여 벼슬이 홍문관을 거쳐 고종 대 예
조판서(정2품)와 판의금부사(종1품)에 이르렀다. 《방목》에는 벼슬이
없이 아버지[致殷, 생부 致養], 할아버지[繼煥], 증조[駿柱], 외조[朴齊賢],
처부[金益根] 이름이 보이고, 본관이 기계杞溪로 되어 있다. 《청구》와
《만성》의 《기계유씨보》를 보면 직계 3대조와 외조 가운데 벼슬아치
가 없다.

   510 유치숭兪致崇(1804~?) 서울 사람으로 진사를 거쳐 순조 29년 26
세로 경과정시에 병과로 급제하여 벼슬이 홍문관을 거쳐 철종 대 대

사간(정3품 당상관), 고종 대 대사헌(종2품)과 형조판서(정2품)에 이르렀다. 《방목》에는 벼슬이 없이 아버지[瑞煥, 생부 日煥], 할아버지[星柱], 증조[漢遇], 외조[丁載運] 이름이 보이고, 본관이 기계杞溪로 되어 있다. 《청구》와 《만성》의 《기계유씨보》를 보면 직계 4대조와 외조 가운데 벼슬아치가 없다.

511 김재전金在田(1785~?) 경기도 수원水原 사람으로 진사를 거쳐 순조 30년(1830) 46세로 왕세손(헌종) 책봉을 기념하는 경과정시에 장원급제하여 벼슬이 홍문관을 거쳐 철종 대 이조참판(종2품)에 이르렀다. 《방목》에는 벼슬이 없이 아버지[箕疇], 할아버지[相正], 증조[瑞澤], 외조[俞彦鍾] 이름이 보이고, 본관이 광산光山으로 되어 있다. 《청구》와 《만성》의 《광산김씨보》를 보면 직계 3대조(《청구》) 또는 4대조(《만성》)와 외조 가운데 벼슬아치가 없다.

512 박호수朴皓壽(1806~?) 경기도 양성陽城 사람으로 유학을 거쳐 순조 31년(1831) 26세로 식년시에 을과로 급제하여 벼슬이 사간원 정언(정6품)을 거쳐 헌종 대 찰방(종6품)에 이르렀다. 《방목》에는 벼슬이 없이 아버지[宗圭], 할아버지[婺源], 증조[師泳], 외조[李廷圭] 이름이 보이고, 본관이 반남潘南으로 되어 있다. 《청구》와 《만성》의 《반남박씨보》를 보면 직계 4대조와 외조 가운데 벼슬아치가 없다.

513 정유영鄭裕榮(1793~?) 경상도 영천永川 사람으로 유학을 거쳐 순조 31년 39세로 식년시에 을과로 급제했다. 《방목》에는 벼슬이 없이 아버지[復休], 할아버지[夏浚], 증조[一鎭], 외조[李宇基] 이름이 보이고, 본관이 영일迎日로 되어 있다. 그런데 《청구》와 《만성》의 《영일정씨보》에는 정유영의 가계가 보이지 않는다.

514 탁종술卓宗述(1790~?) 평안도 정주定州 사람으로 유학을 거쳐

순조 31년 42세로 식년시에 을과로 급제하여 벼슬이 철종 대 사헌부
장령(정4품)을 거쳐 고종 대 한성부 우윤右尹(종2품)에 이르렀다. 《방
목》에는 벼슬이 없이 아버지[榮齊], 할아버지[行祥], 증조[然泰], 외조
[崔德裕] 이름이 보이고, 본관이 광산光山(光州)으로 되어 있다. 그런데
《청구》와 《만성》의 《광주탁씨보》에는 탁종술의 가계가 보이지 않
는다. 광산탁씨는 조선시대 문과급제자 7명을 배출했는데, 그 가운데
정주에서 순조 대 이후 5명이 급제했다.

　　515 서광보徐珖輔(1795~?) 경상도 안동安東 사람으로 생원을 거쳐
순조 31년 37세로 식년시에 병과로 급제하여 벼슬이 사간원 정언(정6
품)에 이르렀다. 《방목》에는 벼슬이 없이 아버지[有洛], 할아버지[遠
修], 증조[命檿], 외조[金正根] 이름이 보이고, 본관이 대구大丘로 되어
있다. 《청구》와 《만성》의 《대구서씨보》를 보면 직계 7대조와 외조
가운데 벼슬아치가 없다.

　　516 임형수林亨洙(1798~?) 평안도 의주義州 사람으로 유학을 거쳐
순조 31년 34세로 식년시에 병과로 급제했다. 《방목》에는 벼슬이 없
이 아버지[之桂], 할아버지[重旭], 증조[德載], 외조[金彩河] 이름이 보
이고, 본관이 나주羅州로 되어 있다. 그런데 《청구》와 《만성》의 《나
주임씨보》에는 임형수의 가계가 보이지 않는다. 《여지도서》에는 의
주에 나주임씨가 보이지 않아 본관이 의심스럽다.

　　517 문숙文璹(1788~?) 함경도 함흥咸興 사람으로 유학을 거쳐 순조
31년 44세로 식년시에 병과로 급제했다. 《방목》에는 벼슬이 없이 아
버지[宗爀], 할아버지[是奎], 증조[在彬], 외조[韓處奎] 이름이 보이고,
본관이 남평南平으로 되어 있다. 그런데 《청구》와 《만성》의 《남평문
씨보》에는 문숙의 가계가 보이지 않는다.

518 김병규金炳奎(1809~?) 서울 사람으로 유학을 거쳐 순조 31년 23세로 식년시에 병과로 급제하여 벼슬이 홍문관을 거쳐 고종 초 대사헌(종2품)에 이르렀다. 《방목》에는 벼슬이 없이 아버지[喬根], 할아버지[厚淳], 증조[履績], 외조[李著明] 이름이 보이고, 본관이 안동安東으로 되어 있다. 《청구》와 《만성》의 《안동김씨보》를 보면 김병규는 조선 중기 문신 김상용金尙容의 8대손으로 직계 4대조 가운데 벼슬아치가 없다.

519 조극승曺克承(1803~1877) 경상도 영천永川 사람으로 유치명柳致明의 문인으로 유학을 거쳐 순조 31년 29세로 식년시에 병과로 급제하여 벼슬이 헌종 대 사헌부 감찰(정6품), 사간원 정언(정6품)을 지내고 철종 대는 벼슬을 버리고 낙향했다가 고종 대 공조참의(정3품 당상관)에 이르렀는데, 위정척사운동을 벌이기도 했다. 《방목》에는 벼슬이 없이 아버지[暻燮], 할아버지[學敬], 증조[命稷], 외조[徐德淳] 이름이 보이고, 본관이 창녕昌寧으로 되어 있다. 그런데 《청구》와 《만성》의 《창녕조씨보》에는 조극승의 가계가 보이지 않는다.

520 성원묵成原黙(1785~1865) 서울 사람으로 유학을 거쳐 순조 31년 47세로 식년시에 병과로 급제하여 벼슬이 홍문록을 거쳐 헌종 대 성균관 대사성(정3품 당상관)을 지내고 고종 대 예조판서(정2품)에 이르렀다. 《방목》에는 벼슬이 없이 아버지[老柱], 할아버지[德游], 증조[光錫], 외조[崔昌傑] 이름이 보이고, 본관이 창녕昌寧으로 되어 있다. 《청구》와 《만성》의 《창녕성씨보》를 보면 성원묵은 성혼成渾의 8대손으로 직계 3대조와 외조 가운데 벼슬아치가 없다.

521 이유수李攸秀(1784~?) 경상도 밀양密陽 사람으로 유학을 거쳐 순조 31년 48세로 식년시에 병과로 급제하여 벼슬이 사간원 정언(정6

품)에 이르렀다.《방목》에는 벼슬이 없이 아버지[輝淵], 할아버지[秬],
증조[洙], 외조[安仁植] 이름이 보이고, 본관이 여주驪州로 되어 있다.
《청구》와《만성》의《여주이씨보》를 보면 이유수는 이행李行의 후손
으로 직계 7대조와 외조 가운데 벼슬아치가 없다.

  522 서면순徐冕淳(1800~?) 경기도 양근楊根 사람으로 유학을 거쳐
순조 31년 32세로 식년시에 병과로 급제하여 벼슬이 성균관 전적(정6
품)에 이르렀다.《방목》에는 벼슬이 없이 아버지[得輔], 할아버지[有
學], 증조[穀修], 외조[金啓瀛] 이름이 보이고, 본관이 대구大丘로 되어
있다.《청구》와《만성》의《대구서씨보》를 보면 직계 3대조와 외조
가운데 벼슬아치가 없다.

  523 이의진李義晋(1794~1872) 경기도 광주廣州 사람으로 유학을 거
쳐 순조 31년 38세로 식년시에 병과로 급제하여 벼슬이 사헌부 집의
(종3품)에 이르렀다.《방목》에는 벼슬이 없이 아버지[演中], 할아버지
[顯明], 증조[彦濟], 외조[李宗峻] 이름이 보이고, 본관이 전주全州로 되
어 있다.《전주이씨과거급제자총람》을 보면 이의진은 광평대군廣平
大君의 후손으로 직계 6대조 가운데 벼슬아치가 없다.

  524 백해운白海運(1804~?) 경상도 영해寧海 사람으로 유학을 거쳐
순조 31년 28세로 식년시에 병과로 급제했다.《방목》에는 벼슬이 없
이 아버지[居暹], 할아버지[兌麟], 증조[思益], 외조[權泰衡] 이름이 보
이고, 본관이 대흥大興으로 되어 있다. 그런데《청구》와《만성》의
《대흥백씨보》에는 백해운의 가계가 보이지 않는다.

  525 오태권吳泰權(1790~?) 충청도 문의文義 사람으로 유학을 거쳐
순조 31년 42세로 식년시에 병과로 급제했다.《방목》에는 벼슬이 없
이 아버지[彦柱], 할아버지[命佑], 증조[遂始], 외조[鄭賢心] 이름이 보

이고, 본관이 해주海州로 되어 있다. 그런데《청구》와《만성》의《해주오씨보》에는 오태권의 가계가 보이지 않는다.

526 백종걸白宗杰(1800~1876) 평안도 정주定州 사람으로 유학을 거쳐 순조 31년 32세로 식년시에 병과로 급제하여 벼슬이 사헌부 지평(정5품)과 군수(종4품)를 거쳐 철종 대 통례원 좌통례(정3품 당하관)에 이르고 고종 대 병조참의(정3품 당상관)에 이르렀다. 그런데《청구》와《만성》의《수원백씨보》에는 백종걸의 가계가 보이지 않는다. 정주의 수원백씨는 영조 대 이후 문과급제자 22명을 배출하여 이 지역의 명문 가운데 하나가 되었다.

527 방계영方啓霙(1789~?) 황해도 황강黃岡(黃州) 사람으로 유학을 거쳐 순조 31년 43세로 식년시에 병과로 급제했다.《방목》에는 벼슬이 없이 아버지[致元], 할아버지[易], 증조[震碩], 외조[姜仲龍] 이름이 보이고, 본관이 온양溫陽으로 되어 있다. 그런데《청구》와《만성》의《온양방씨보》에는 방계영의 가계가 보이지 않는다.

528 권병익權炳益(1794~?) 충청도 영동永同 사람으로 유학을 거쳐 순조 31년 38세로 식년시에 병과로 급제했다.《방목》에는 벼슬이 없이 아버지[達運], 할아버지[重載], 증조[時經], 외조[鄭齊斗] 이름이 보이고, 본관이 안동安東으로 되어 있다. 그런데《청구》와《만성》의《안동권씨보》에는 권병익의 가계가 보이지 않는다.

529 황인순黃麟淳(1797~?) 전라도 남원南原 사람으로 유학을 거쳐 순조 31년 35세로 식년시에 병과로 급제했다.《방목》에는 벼슬이 없이 아버지[鐩], 할아버지[益烈], 증조[戴], 외조[鄭達蓋] 이름이 보이고, 본관이 장수長水로 되어 있다. 그런데《청구》와《만성》의《장수황씨보》에는 황인순의 가계가 보이지 않는다.

530 박경헌朴景憲(1766~?) 평안도 개천价川 사람으로 유학을 거쳐 순조 31년 66세로 식년시에 병과로 급제했다. 《방목》에는 벼슬이 없이 아버지[成奎], 할아버지[長命], 증조[得素], 외조[金廷彬] 이름이 보이고, 본관이 밀양密陽으로 되어 있다. 그런데 《청구》와 《만성》의 《밀양박씨보》에는 박경헌의 가계가 보이지 않는다.

531 이휘규李彙圭(1787~?) 경상도 예안禮安 사람으로 장사랑(종9품)(종9품)을 거쳐 순조 31년 45세로 식년시에 병과로 급제하여 벼슬이 홍문록을 거쳐 철종 대 사헌부 집의(종3품)와 종부시정(정3품 당상관), 승지(정3품 당상관)에 이르렀다. 《방목》에는 벼슬이 없이 아버지[明淳], 할아버지[龜蒙], 증조[世憲], 외조[朴昌周] 이름이 보이고, 본관이 진보眞寶로 되어 있다. 《청구》와 《만성》의 《진보이씨보》를 보면 이휘규는 이황李滉의 10대손으로 직계 3대조와 외조 가운데 벼슬아치가 없다.

532 김낙두金洛斗(1813~?) 강릉江陵 사람으로 유학을 거쳐 순조 31년 19세로 식년시에 병과로 급제했다. 《방목》에는 벼슬이 없이 아버지[弼俊], 할아버지[壽敎], 증조[星瑞], 외조[金重哲] 이름이 보이고, 본관이 강릉江陵으로 되어 있다. 그런데 《청구》와 《만성》의 《강릉김씨보》에는 김낙두의 가계가 보이지 않는다.

533 전재오田裁五(1807~?) 평안도 정주定州 사람으로 유학을 거쳐 순조 31년 25세로 식년시에 병과로 급제했다. 《방목》에는 벼슬이 없이 아버지[良元], 할아버지[道述], 증조[重明], 외조[韓德奉] 이름이 보이고, 본관이 담양潭陽으로 되어 있다. 그런데 《청구》와 《만성》의 《담양전씨보》에는 전재오의 가계가 보이지 않는다.

534 길이원吉履元(1793~?) 평안도 영변寧邊 사람으로 유학을 거쳐

순조 31년 39세로 식년시에 병과로 급제했다. 《방목》에는 벼슬이 없이 아버지[禹正], 할아버지[鎬], 증조[世楨], 외조[金慶德] 이름이 보이고, 본관이 선산善山(海平)으로 되어 있다. 그런데 《청구》와 《만성》의 《해평길씨보》에는 길이원의 가계가 보이지 않는다.

535 백윤학白潤鶴(1800~?) 평안도 정주定州 사람으로 유학을 거쳐 순조 31년 32세로 식년시에 병과로 급제했다. 《방목》에는 벼슬이 없이 아버지[大奉], 할아버지[倫平], 증조[海昌], 외조[張天郁] 이름이 보이고, 본관이 수원水原으로 되어 있다. 그런데 《청구》와 《만성》의 《수원백씨보》에는 백윤학의 가계가 보이지 않는다. 정주의 수원백씨는 영조 대 이후 문과급제자 22명을 배출하여 이 지방의 명문으로 등장했다.

536 홍익섭洪翼燮(1803~?) 서울 사람으로 유학을 거쳐 순조 34년 (1834) 32세로 식년시에 갑과로 급제하여 벼슬이 홍문록을 거쳐 철종 대 대사간(정3품 당상관), 고종 초 경주부윤慶州府尹(종2품)에 이르렀다. 《방목》에는 벼슬이 없이 아버지[秀臣], 할아버지[普淵], 증조[景夏], 외조[李載玉], 처부의 이름이 보이고, 본관이 남양南陽으로 되어 있다. 《청구》와 《만성》의 《남양홍씨보》를 보면 직계 3대조와 외조 가운데 벼슬아치가 없다.

537 이창정李昌廷(1800~1863) 평안도 정주定州 사람으로 유학을 거쳐 순조 34년 35세로 식년시에 을과로 급제하여 벼슬이 철종 대 통례원 우통례(정3품 당하관)를 거쳐 병조참의(정3품 당상관)에 이르렀다. 《방목》에는 벼슬이 없이 아버지[敏恊], 할아버지[錫坤], 증조[胤佐], 외조[白禹煥] 이름이 보이고, 본관이 전주全州로 되어 있다. 《전주이씨과거급제자총람》을 보면 이창정은 목조穆祖의 아들인 안원대군安原大君

이진李珍의 18대손으로 직계 조상 가운데 벼슬아치는 6대조가 공조 참의(정3품 당상관)를 한 것밖에 없다. 문과급제자는 그가 처음이다.

538 김우수金禹銖(1804~?) 경상도 안동安東 사람으로 유학을 거쳐 순조 34년 31세로 식년시에 을과로 급제하여 벼슬이 홍문관 교리(정5품)에 이르렀다.《방목》에는 벼슬이 없이 아버지[在善], 할아버지[熙紹], 증조[斗東], 외조[朴恒慶] 이름이 보이고, 본관이 의성義城으로 되어 있다.《청구》와《만성》의《의성김씨보》를 보면 직계 3대조와 외조 가운데 벼슬아치가 없다.

539 윤석영尹錫泳(1796~?) 경기도 인천仁川 사람으로 진사를 거쳐 순조 34년 39세로 식년시에 병과로 급제하여 벼슬이 정자(정9품)에 이르렀다.《방목》에는 벼슬이 없이 아버지[命亮], 할아버지[僬], 증조[星運], 외조[李益煇] 이름이 보이고, 본관이 파평坡平으로 되어 있다.《청구》와《만성》의《파평윤씨보》를 보면 직계 3대조와 외조 가운데 벼슬아치가 없다.

540 홍인수洪仁秀(1804~?) 경기도 이천利川 사람으로 유학을 거쳐 순조 34년 31세로 식년시에 병과로 급제하여 벼슬이 홍문록을 거쳐 철종 대 사헌부 장령(정4품), 고종 초 북청부사(종3품)와 사간원 대사간(정3품 당상관)에 이르렀다.《방목》에는 벼슬이 없이 아버지[永龍], 할아버지[鉉], 증조[命彦], 외조[李希濂] 이름이 보이고, 본관이 남양南陽으로 되어 있다.《청구》와《만성》의《남양홍씨보》를 보면 직계 4대조와 외조 가운데 벼슬아치가 없다.

541 김재근金在根(1782~?) 서울 사람으로 유학을 거쳐 순조 34년 53세로 식년시에 병과로 급제하여 벼슬이 헌종 대 홍문록을 거쳐 철종 대 종부시정(정3품 당하관)에 이르렀다.《방목》에는 벼슬이 없이 아버

지[啓淳], 할아버지[履坦], 증조[晋行], 외조[李瑒] 이름이 보이고, 본관이 안동安東으로 되어 있다. 《청구》와 《만성》의 《안동김씨보》를 보면 직계 3대조와 외조 가운데 벼슬아치가 없다.

542 정의각鄭義恪(1799~?) 평안도 철산鐵山 사람으로 유학을 거쳐 순조 34년 36세로 식년시에 병과로 급제했다. 《방목》에는 벼슬이 없이 아버지[宅璥], 할아버지[處靖], 증조[鴻振], 외조[張大鳳] 이름이 보이고, 본관이 하동河東으로 되어 있다. 그런데 《청구》와 《만성》의 《하동정씨보》에는 정의각의 가계가 보이지 않는다. 철산의 하동정씨는 영조 대 이후 문과급제자 10명을 배출하여 철산 지방의 명문으로 등장했다.

543 문용중文用中(1809~?) 평안도 정주定州 사람으로 유학을 거쳐 순조 34년 26세로 식년시에 병과로 급제했다. 《방목》에는 벼슬이 없이 아버지[養善], 할아버지[昌周], 증조[得奎], 외조[李永祚] 이름이 보이고, 본관이 남평南平으로 되어 있다. 그런데 《청구》와 《만성》의 《남평문씨보》에는 문용중의 가계가 보이지 않는다. 정주의 남평문씨는 정조 대 이후 문과급제자 8명을 배출했다.

544 김우휴金羽休(1810~?) 전라도 장성長城 사람으로 유학을 거쳐 순조 34년 25세로 식년시에 병과로 급제하여 벼슬이 홍문관 교리(정5품)를 거쳐 헌종 대 사간원 정언(정6품), 고종 초 통례원 우통례(정3품 당하관)와 사간원 사간(종3품)에 이르렀다. 《방목》에는 벼슬이 없이 아버지[邦會], 할아버지[頤祖], 증조[樂賢], 외조[李文遠] 이름이 보이고, 본관이 울산蔚山으로 되어 있다. 그런데 《청구》의 《울산김씨보》에는 증조까지의 가계만 보이고 있어 그 이후의 신원을 알 수 없다. 한편, 《만성》의 《울산김씨보》에는 김우휴의 가계가 보이는데, 할아버지가

순조順祖, 아버지가 방충邦忠으로 되어 있어 혼란을 준다.《만성》을 따르면, 그는 조선 중기 문신 김인후金麟厚의 9대손으로 직계 7대조 가운데 벼슬아치는 증조가 주부(종6품)를 한 것뿐이다.

545 이진엽李晉燁(1808~?) 평안도 정주定州 사람으로 유학을 거쳐 순조 34년 27세로 식년시에 병과로 급제하여 벼슬이 승지(정3품 당상관)에 이르렀다.《방목》에는 벼슬이 없이 아버지[房柱], 할아버지[昌浩], 증조[敏式], 외조[桂馻] 이름이 보이고, 본관이 전주全州로 되어 있다.《전주이씨과거급제자총람》을 보면 이진엽은 목조穆祖의 아들 안원대군安原大君 이진李珍의 19대손으로 벼슬아치는 할아버지가 호조 참판(종2품), 증조가 승지(정3품 당상관)를 한 것으로 되어 있으나 이는 실직이 아닌 듯하다. 왜냐하면 사마시나 문과에 급제한 사실이 없어 그런 직책을 받는 일이 불가능하기 때문이다. 아마도 이진엽 덕으로 증직贈職된 것으로 보인다.

546 김진휴金震休(1807~?) 전라도 광주光州 사람으로 유학을 거쳐 순조 34년 28세로 식년시 병과에 급제하여 벼슬이 철종 대 찰방(종6품)을 거쳐 고종 초 사헌부 장령(정4품)과 사간원 헌납(정5품)에 이르렀다.《방목》에는 벼슬이 없이 아버지[文淵], 할아버지[達鳴], 증조[成輝], 외조[曺秀民] 이름이 보이고, 본관이 광산光山으로 되어 있다. 그런데《청구》와《만성》의《광산김씨보》에는 김진휴의 가계가 보이지 않는다.

547 오상욱吳相昱(1798~?) 전라도 함평咸平 사람으로 유학을 거쳐 순조 34년 37세로 식년시에 병과로 급제하여 벼슬이 철종 대 사헌부 장령(정4품)에 이르렀다.《방목》에는 벼슬이 없이 아버지[惠源], 할아버지[時活], 증조[大勛], 외조[洪壽得] 이름이 보이고, 본관이 나주羅州

로 되어 있다. 그런데 《만성》의 《나주오씨보》에는 증조까지의 가계
만 보이고 할아버지, 아버지, 오상욱의 이름은 보이지 않는다. 《청
구》의 《나주오씨보》에는 그의 가계가 보이는데, 직계 4대조와 외조
가운데 벼슬아치가 없다.

548 전종행全宗行(1788~?) 전라도 영암靈巖 사람으로 유학을 거쳐
순조 34년 47세로 식년시에 병과로 급제했다. 《방목》에는 벼슬이 없
이 아버지[益參], 할아버지[爾儉], 증조[聖述], 외조[鄭明一] 이름이 보
이고, 본관이 천안天安으로 되어 있다. 그런데 《청구》와 《만성》의
《천안전씨보》에는 전종행의 가계가 보이지 않는다.

549 이창조李昌祖(1788~?) 함경도 영흥永興 사람으로 유학을 거쳐
순조 34년 47세로 식년시에 병과로 급제하여 벼슬이 사헌부 장령(정4
품)에 이르렀다. 《방목》에는 벼슬이 없이 아버지[希白], 할아버지[世
芸], 증조[後齡], 외조[張興國] 이름이 보이고, 본관이 전주全州로 되어
있다. 《전주이씨과거급제자총람》을 보면 이창조는 도조度祖의 아들
완창대군完昌大君 이자흥李子興의 12대손으로 직계 9대조와 외조 가운
데 벼슬아치가 없다.

550 이진상李晉祥(1792~?) 경주慶州 사람으로 유학을 거쳐 순조 34
년 43세로 식년시에 병과로 급제하여 벼슬이 홍문록을 거쳐 철종 대
군자감정軍資監正(정3품 당하관)과 승지(정3품 당상관)에 이르렀다. 《방
목》에는 벼슬이 없이 아버지[鼎儉], 할아버지[憲國], 증조[述中], 외조
[金先灝] 이름이 보이고, 본관이 여주驪州로 되어 있다. 《청구》의 《여
주이씨보》를 보면 할아버지 이름이 헌열憲烈로 되어 있어 《방목》과
다른데, 그는 이언적李彦迪의 9대손으로 직계 6대조와 외조 가운데 벼
슬아치가 없다. 한편, 《만성》의 《여주이씨보》를 보면 할아버지는 역

시 헌열로 되어 있고, 직계 7대조 가운데 벼슬아치가 없다.

551 **김진우**金鎭右(1805~?) 경상도 안동安東 사람으로 유학을 거쳐 순조 34년 30세로 식년시에 병과로 급제하여 벼슬이 홍문록을 거쳐 철종 대 영월부사(종3품)를 지내고 승지(정3품 당상관)에 이르렀다. 《방목》에는 벼슬이 없이 아버지[驥壽], 할아버지[琮燦], 증조[柱碩], 외조[李光一] 이름이 보이고, 본관이 의성義城으로 되어 있다. 《청구》와 《만성》의 《의성김씨보》를 보면 김진우는 김성일金誠一의 10대손으로 직계 7대조와 외조 가운데 벼슬아치가 없다.

552 **정하경**鄭廈慶(1773~?) 평안도 철산鐵山 사람으로 유학을 거쳐 순조 34년 62세로 식년시에 병과로 급제했다. 《방목》에는 벼슬이 없이 아버지[麟述], 할아버지[栢], 증조[德履], 외조[張聖奎] 이름이 보이고, 본관이 하동河東으로 되어 있다. 그런데 《청구》와 《만성》의 《하동정씨보》에는 정하경의 가계가 보이지 않는다. 철산의 하동정씨는 영조 대 이후 문과급제자 10명을 배출했다.

553 **김관섭**金觀燮(1808~?) 평안도 정주定州 사람으로 유학을 거쳐 순조 34년 27세로 식년시에 병과로 급제했다. 《방목》에는 벼슬이 없이 아버지[宗懋], 할아버지[泰熙], 증조[南淑], 외조[金文岳] 이름이 보이고, 본관이 연안延安으로 되어 있다. 그런데 《청구》와 《만성》의 《연안김씨보》에는 김관섭의 가계가 보이지 않는다. 정주의 연안김씨는 영조 대 이후 문과급제자 43명을 배출하여 정주 지역의 최고 명문으로 등장했다.

554 **김옥룡**金玉龍(1788~?) 평안도 박천博川 사람으로 유학을 거쳐 순조 34년 47세로 식년시에 병과로 급제했다. 《방목》에는 벼슬이 없이 아버지[宅棋], 할아버지[台圭], 증조[馨宇], 외조[李仁奐] 이름이 보

이고, 본관이 연안延安으로 되어 있다. 그런데 《청구》와 《만성》의
《연안김씨보》에는 김옥룡의 가계가 보이지 않는다. 《여지도서》에는
박천에 연안김씨가 보이지 않고 김해김씨金海金氏만 보여 본관이 의
심스럽다.

555 김치곤金致坤(1801~?) 전라도 순천順天 사람으로 유학을 거쳐
순조 34년 34세로 식년시에 병과로 급제했다. 《방목》에는 벼슬이 없
이 아버지[相靖], 할아버지[俊漢], 증조[珩表], 외조[康履運] 이름이 보
이고, 본관이 순천順天으로 되어 있다. 그런데 《청구》와 《만성》의
《순천김씨보》에는 김치곤의 가계가 보이지 않는다.

556 이정두李廷斗(1808~1887) 춘천春川 사람으로 유학을 거쳐 순조
34년 27세로 식년시에 병과로 급제하여 벼슬이 사간원 정언(정6품)을
거쳐 지의금부사知義禁府事(정2품)에 이르렀다. 《방목》에는 벼슬이 없
이 아버지[寬慶], 할아버지[齊坤], 증조[桂齡], 외조[趙奎泰] 이름이 보
이고, 본관이 전주全州로 되어 있다. 《전주이씨과거급제자총람》을 보
면 이정두는 세종의 후궁 소생인 담양군潭陽君 이거李蕖의 12대손으
로 직계 8대조 가운데 벼슬아치가 없다.

557 홍희조洪熙朝(1805~?) 평양平壤 사람으로 유학을 거쳐 순조 34
년 30세로 식년시에 병과로 급제하여 벼슬이 헌종 대 운산군수(종4
품)에 이르렀다. 《방목》에는 벼슬이 없이 아버지[履彬], 할아버지[瀚],
증조[錫楷], 외조[金鎭五] 이름이 보이고, 본관이 남양南陽으로 되어 있
다. 그런데 《청구》와 《만성》의 《남양홍씨보》에는 홍희조의 가계가
보이지 않는다.

558 권헌팔權憲八(1782~?) 경상도 단성丹城 사람으로 유학을 거쳐
순조 34년 53세로 식년시에 병과로 급제했다. 《방목》에는 벼슬이 없

이 아버지[應樞], 할아버지[鼎漢], 증조[佾], 외조[鄭起東] 이름이 보이고, 본관이 안동安東으로 되어 있다. 그런데 《청구》와 《만성》의 《안동권씨보》에는 권헌팔의 가계가 보이지 않는다.

559 신지정辛志鼎(1800~?) 경상도 영산靈山 사람으로 유학을 거쳐 순조 34년 35세로 식년시에 병과로 급제하여 벼슬이 철종 대 사간원 사간(종3품)에 이르렀다. 《방목》에는 벼슬이 없이 아버지[碩龍], 할아버지[致輔], 증조[光復], 외조[朴鼎臣] 이름이 보이고, 본관이 영산으로 되어 있다. 그런데 《만성》의 《영산신씨보》에는 신지정의 가계가 보이지 않으며, 《청구》의 《영산신씨보》에는 가계가 보이는데, 직계 6대조 가운데 벼슬아치가 없고 그 위로는 6대에 걸쳐 무반직武班職을 이어 왔다.

560 조광준趙光濬(1800~?) 평안도 정주定州 사람으로 유학을 거쳐 순조 34년 35세로 식년시에 병과로 급제하여 벼슬이 철종 대 사헌부 지평(정5품)에 이르렀다. 《방목》에는 벼슬이 없이 아버지[翰祖], 할아버지[永麟], 증조[命臣], 외조[卓命翼] 이름이 보이고, 본관이 배천白川으로 되어 있다. 그런데 《청구》와 《만성》의 《배천조씨보》에는 조광준의 가계가 보이지 않는다. 배천조씨는 조선시대 문과급제자 68명을 배출했는데, 그 가운데 26명이 영조 대 이후 정주에서 나왔다.

561 안영풍安永豊(1808~?) 평안도 안주安州 사람으로 유학을 거쳐 순조 34년 27세로 식년시에 병과로 급제했다. 《방목》에는 벼슬이 없이 아버지[夢孝], 할아버지[應珏], 증조[德芳], 외조[崔彦陟] 이름이 보이고, 본관이 순흥順興으로 되어 있다. 그런데 《청구》와 《만성》의 《순흥안씨보》에는 안영풍의 가계가 보이지 않는다. 안주의 순흥안씨는 영조 대 이후 문과급제자 30명을 배출하여 안주의 명문으로 등장

했다. 《세종실록》〈지리지〉와 《동국여지승람》에는 안주에 순흥안씨가 없으나 《여지도서》에 처음으로 보인다. 이로 보아 조선 후기에 순흥안씨가 안주로 이주한 것을 알 수 있다.

562 신시휘愼始徽(1775~?) 충청도 목천木川 사람으로 유학을 거쳐 순조 34년 60세로 식년시에 병과로 급제했다. 《방목》에는 벼슬이 없이 아버지[儆], 할아버지[後昌], 증조[萬迪], 외조[偰光宇] 이름이 보이고, 본관이 거창居昌으로 되어 있다. 그런데 《청구》와 《만성》의 《거창신씨보》에는 신시휘의 가계가 보이지 않는다.

563 박사휘朴思彙(1773~?) 평안도 정주定州 사람으로 유학을 거쳐 순조 34년 62세로 식년시에 병과로 급제했다. 《방목》에는 벼슬이 없이 아버지[弼賢, 생부 弼彦], 할아버지[昌亨], 증조[聖佑], 외조[李台斗] 이름이 보이고, 본관이 밀양密陽으로 되어 있다. 그런데 《청구》와 《만성》의 《밀양박씨보》에는 박사휘의 가계가 보이지 않는다. 《세종실록》〈지리지〉, 《동국여지승람》에는 정주에 밀양박씨가 없다가 《여지도서》에 처음으로 밀양박씨가 보여 조선 후기에 정주로 이주한 것으로 보인다. 영조 대 이후 문과급제자 6명을 배출했다.

564 김용언金龍彦(1763~?) 평안도 정주定州 사람으로 유학을 거쳐 순조 34년 72세로 식년시에 병과로 급제했다. 《방목》에는 벼슬이 없이 아버지[宗汲], 할아버지[致奎], 증조[南壽], 외조[元一成] 이름이 보이고, 본관이 남양南陽으로 되어 있다. 그런데 《청구》와 《만성》에는 《남양김씨보》 자체가 없다. 2000년 현재 남양김씨 인구는 745가구 2,403명의 희성으로 조선시대 문과급제자 2명을 배출했는데, 숙종 22년 문과에 급제한 김남신金南藎이 첫 급제자이다. 《세종실록》〈지리지〉, 《동국여지승람》, 《여지도서》 어디에도 정주에 남양김씨가 없

고, 남양에는《여지도서》에만 김씨가 보인다. 이로 보아 영조 대 이후에 남양김씨가 정주 지역으로 이주한 것으로 보인다.

565 이정李珽(1800~?) 거주지를 알 수 없다. 유학을 거쳐 순조 34년 35세로 식년시에 병과로 급제했다.《방목》에는 벼슬이 없이 아버지〔衡五, 생부 衡宗〕, 할아버지〔駿復〕, 증조〔有馨〕, 외조〔成樂謙〕 이름이 보이고, 본관이 양성陽城으로 되어 있다.《청구》와《만성》의《양성이씨보》를 보면 직계 8대조 가운데 벼슬아치가 없다.

566 강진태姜鎭泰(1805~?) 충청도 공주公州 사람으로 유학을 거쳐 순조 34년 30세로 식년시에 병과로 급제하여 벼슬이 사간원 정언(정6품)에 이르렀다.《방목》에는 벼슬이 없이 아버지〔時鳳, 생부 時麟〕, 할아버지〔文顯〕, 증조〔馥〕, 외조〔權尙藎〕 이름이 보이고, 본관이 진주晋州로 되어 있다.《청구》와《만성》의《진주강씨보》를 보면 직계 4대조와 외조 가운데 벼슬아치가 없다.

567 한병우韓秉佑(1798~1843) 강릉江陵 사람으로 유학을 거쳐 순조 34년 문과에 급제하여 벼슬이 성균관 전적(정6품)과 승정원 주서(정7품)에 이르렀다.《방목》에는 벼슬이 없이 아버지〔光勳〕, 할아버지〔應台〕, 증조〔森〕, 외조〔金啓哲〕 이름이 보이고, 본관이 청주淸州로 되어 있다. 그런데《청구》와《만성》의《청주한씨보》에는 한병우의 가계가 보이지 않는다.

헌종 대
신분이 낮은 급제자와 벼슬

1) 시험종류별 급제자 비율

헌종(1834~1849) 재위 15년 동안 문과급제자는 모두 455명에 이르는데, 이를 시험종류별로 조사해 보면 다음과 같다.

식년시式年試	5회	205명
경과慶科	11회	217명
별과別科	1회	5명
중시대거 문과重試對擧 文科	2회	17명
알성시謁聖試	1회	3명
함경도 도과道科	1회	8명
합 계		455명

위 표에서 먼저 눈에 띄는 것은 지방 소외 지역을 배려한 도과가 함경도에서만 단 1회 시행되었다는 것이다. 이는 정조나 순조 대와 견주어 평안도에 대한 배려가 없어진 것을 뜻한다. 이런 경향은 철종 대에도 이어져 오직 제주목濟州牧에서만 별시가 시행되었을 뿐이다.

지역통합에 대한 배려가 헌종 대 이후로 크게 후퇴하고 있음을 말해 준다. 그러나 고종 대에는 다시 소외된 지역에서 도과나 별시를 활성화하여 좋은 대조를 보여 준다.

헌종 대 전체 급제자 455명을 회마다 평균을 내면 30.33명으로, 앞 시기인 정조 대 32.37명, 순조 대 30.8명과 비교하여 큰 차이가 없다. 식년시는 5회에 걸쳐 205명의 급제자를 배출하여 전체 급제자의 45퍼센트를 차지했는데, 이는 정조 대 46.7퍼센트, 순조 대 46.2퍼센트와 비교하여 약간 낮아진 수치를 보여 준다. 그러나 그 다음 철종 대에는 35.4퍼센트로 낮아지고 있는데, 이는 왕실의 경사를 자축하는 경과가 철종 대에 그만큼 많아졌다는 뜻이다.

식년시급제자는 회마다 평균 41명인데, 이것도 33명을 선발하는 규정보다는 많아졌지만, 앞 시기와 견주어 보면 큰 차이가 없다.

2) 지역별 급제자 비율

(1) 도별 급제자 인원

헌종 대 문과급제자 455명의 출신 지역과 시험종류별 급제자를 살펴보면 다음과 같다.

지 역	전체 급제자(비율)	식년시급제자(비율)	기타 급제자
서 울	169명(37.14%)	37명(21.89%)	132명
경상도	73명(16.04%)	45명(61.64%)	28명
평안도	68명(14.94%)	59명(86.76%)	9명
충청도	47명(10.32%)	25명(53.19%)	22명

경기도	43명(9.45%)	12명(27.9 %)	31명
전라도	25명(5.49%)	16명(64 %)	9명
함경도	14명(3.07%)	4명(28.57%)	10명
강원도	7명(1.53%)	4명(57.14%)	3명
황해도	4명(0.87%)	1명(25 %)	3명
제주도	없음		
미 상	5명	2명	3명
합 계	455명	205명(45.05%)	250명(54.94%)

여기서 서울 출신 급제자가 169명으로 전체 급제자의 37.14퍼센트를 차지한 것은 정조 대 31.9퍼센트, 순조 대 39퍼센트와 비교하여 정조 대보다는 높아지고, 순조 대와는 거의 비슷하다. 그 다음 철종 대는 39.27퍼센트로 최고점을 보이는데, 이런 추세의 변화는 세도정치기에 서울 출신의 급제율이 가장 높았다는 것을 말해 준다.

서울을 제외하고, 8도 가운데 가장 많은 급제자를 배출한 지역은 경상도로서 73명(16.04퍼센트)에 달한다. 앞 시기와 비교하면 정조 대에는 12.2퍼센트로서 평안도와 경기도에 밀려 4위를 차지하고, 순조 대에는 14.2퍼센트로서 평안도에 밀려 3위를 차지한 것에 비추어 크게 성장한 것이다. 경상도는 다음 철종 대에도 17퍼센트를 차지하여 2위를 지키고 있다가 고종 대에는 10.17퍼센트로 낮아지면서 평안도, 경기도, 충청도에 밀려 5위로 떨어지고 있다. 이런 추세의 변화는 헌종과 철종 대의 세도정치기에 경상도의 급제율이 평안도를 앞지르고, 세도정치 앞뒤 시기에는 평안도에 크게 밀리고 있었다는 것을 말해 준다. 이런 결과의 원인은 헌종과 철종 대에 평안도 지역에 대한 도과를 전혀 실시하지 않는 등 서북 지역을 홀대한 것과도 관련이 있지만, 민란民亂이 빈번했던 경상도 지역에 대한 배려의 결과로도 볼 수 있다.

헌종 대에 급제율 3위를 차지한 것은 평안도로 68명(14.94퍼센트)에 이른다. 정조와 순조 대에는 평안도가 서울 다음으로 많은 급제자를 배출하여 각각 15퍼센트와 15.1퍼센트를 차지하고 있었는데, 헌종 대에는 평안도 출신의 급제비율이 앞 시기와 비슷하지만 순위는 경상도에 밀린 것이다. 평안도는 철종 대에도 3위(13.6퍼센트)로 밀려났다가 고종 대에 이르러 급제율이 15퍼센트대로 높아지면서 다시금 2위로 올라섰던 것이다. 고종 대에 경상도가 5위로 밀려났음은 앞에서 설명한 바와 같다.

평안도 다음으로 급제율 4위를 차지한 것은 충청도로 47명(10.32퍼센트)인데 8도의 인구순으로도 4위다. 5위는 경기도(43명), 6위는 전라도(25명), 7위는 함경도(14명)인데, 함경도 별시에서 8명을 선발한 것을 고려하면 부진한 편이다. 8위는 강원도로 7명이고, 황해도는 4명으로 가장 부진하다. 8도의 인구비율로 본다면 황해도가 강원도보다 인구는 훨씬 더 많지만 급제율은 강원도에 밀리고 있다.

한 가지 특기할 것은 정조 대 10명, 순조 대 8명의 급제자를 배출했던 제주도가 헌종 대에서는 단 한 명도 내지 못했다는 점이다. 다음 철종 대에 제주목 별시를 2회나 실시하여 8명을 선발한 것은 제주도민의 불만을 달래려던 조치로 보인다.

여기서 다시 서울과 경기도 출신 급제자를 합치면 전체 급제자의 46.59퍼센트를 차지하여 거의 절반에 육박하고 있음을 알 수 있다. 이는 정조 대 45.2퍼센트, 순조 대 47.5퍼센트, 철종 대 48.4퍼센트와 견주면 엇비슷한 수치이지만, 고종 대에서는 43.2퍼센트로 낮아지고 있다. 이는 달리 말해 세도정치기에는 서울과 경기도 출신 급제자 비

율이 높아지고, 고종 대에는 그 비율이 상대적으로 낮아지고 있다는
것을 말해 준다.

(2) 평안도 출신 급제자의 군현별 인원과 신흥 성관의 등장

앞에서 설명했듯이 평안도 출신 문과급제자의 인원은 68명이다.
그 인원을 군현별로 살펴보면 다음과 같다.

여기서 정주定州 출신 급제자가 23
명으로 압도적인 1위를 차지한 것은
영조 대 이후로 이어져 온 전통으로,
그 다음 철종과 고종 대에도 그대로
이어진다. 평안도의 수부首府인 평양은
급제자 3명을 배출했는데, 평양의 부
진 또한 영조 대 이후로 계속된 현상
이다. 만약 정주의 약진이 없었다면 평
안도 전체의 급제율은 그토록 높지 않
았을 것이다.

정주	23명
태천	6명
안주	5명
철산, 가산	각 4명
영변, 숙천, 평양	각 3명
개천, 의주, 강서, 강동, 성천	각 2명
용강, 삭주, 은산, 순안, 선천, 창성	각 1명
합 계	68명

평안도 출신 급제자의 성관姓貫을 조사해 보면 문과급제자를 집중
적으로 배출하는 몇 개의 성관이 있다는 사실을 알게 된다. 예를 들
면, 연안김씨延安金氏, 배천조씨白川趙氏, 수원백씨水原白氏, 해주노씨海
州盧氏, 순흥안씨順興安氏, 남양홍씨南陽洪氏, 남평문씨南平文氏, 하동정
씨河東鄭氏, 순천김씨順天金氏, 전주김씨全州金氏, 연안차씨延安車氏, 수
안이씨遂安李氏, 진주김씨晋州金氏, 양주김씨楊州金氏, 온양방씨溫陽方氏,
광산탁씨光山卓氏, 경주김씨慶州金氏, 밀양박씨密陽朴氏, 수원김씨水原金

氏, 양근김씨楊根金氏, 단양이씨丹陽李氏, 공주김씨公州金氏, 충주김씨忠
州金氏 등이 여기에 속한다.

위 성관들 가운데는 전국적으로 명성을 떨치는 성관이 있다. 예를
들면, 연안김씨, 순흥안씨, 남양홍씨, 남평문씨, 하동정씨, 경주김씨,
밀양박씨 등이 그렇다. 그런데 이들 성관은《세종실록》〈지리지〉나,
《동국여지승람》등 조선 전기 지리지에는 보이지 않다가 영조 대 편
찬된《여지도서輿地圖書》에 갑자기 보이기도 하고, 더러는《여지도
서》에도 보이지 않아 진위眞僞가 의심스럽다. 다시 말해 남방의 명문
주민들이 평안도로 이주하여 생긴 성관으로 보기 어렵다는 말이다.
토착 성관들이 갑자기 사라지고 명문 성관들이 갑자기 등장한다는
것은 위보僞譜로 본관을 바꾼 경우도 있을 수 있기 때문이다.

한편,《여지도서》에 보이는 평안도 지역의 성관을 앞 시기인《동
국여지승람》이나《세종실록》〈지리지〉에 실린 성관과 비교해 보면
그 수효가 크게 늘어난 것을 볼 수 있다.《세종실록》〈지리지〉에는
모두 394개 성관이 보이다가,《동국여지승람》에는 416개 성관으로
늘어나고, 다시《여지도서》에는 710개 성관으로 크게 늘어난 것이
다.《여지도서》의 성관이 이렇게 크게 늘어난 것은 영조 대 무렵에
평안도 인구가 크게 늘었다는 것을 뜻한다. 이렇게 새로 늘어난 성관
들은 대부분 인구가 적은 희성들인데, 그래도 그 가운데는 처음으로
1~2명 정도의 문과급제자를 배출한 경우가 많다. 자세한 실례는 뒤
에 다시 설명할 것이다.

전국적으로 볼 때 성관의 증가폭이 가장 큰 것이 평안도로, 결과적
으로 조선 후기에 이르러 8도 가운데 1~2위를 다투는 급제율을 보인
이유가 여기에 있다.

3) 신분이 낮은 급제자의 비율과 유형

헌종 대 문과급제자 455명 가운데 신분이 낮은 급제자는 대략 다음과 같은 네 부류가 있다. ① 본관의 《족보》가 《청구》와 《만성》에 보이지 않는 급제자가 7명이다. ② 《족보》가 있어도 《족보》에 가계가 보이지 않는 급제자가 142명이다. 이 둘을 합치면 149명으로 전체 급제자의 32.74퍼센트를 차지한다. ③ 《족보》에 가계가 보이지만 내외 4대조 또는 그 위로도 여러 대에 걸쳐 벼슬아치가 보이지 않는 급제자가 82명으로 전체 급제자의 18.02퍼센트를 차지한다. ④ 《족보》에 가계가 보이나 벌열閥閱이 아니라 하여 대간臺諫의 서경署經을 거부당한 급제자가 1명이다. 이들을 모두 합치면 232명으로 전체 급제자의 50.98퍼센트를 차지한다. 이 수치를 앞뒤 시기와 비교하면 다음과 같다.

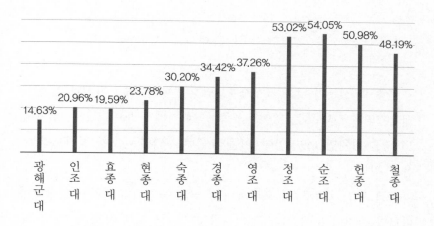

위 표를 보면, 신분이 낮은 자의 급제율이 광해군 대 14퍼센트대에서 시작하여 인조에서 현종 대에는 20퍼센트대를 오르내리다가 숙종

대 이후로는 30퍼센트대를 넘어서고, 다시 정조와 순조 대에는 53~54 퍼센트대를 넘어서고 있는 것을 볼 수 있다. 그 다음 헌종과 철종 대에는 다시 내려가는 추세를 보이다가 고종 대에는 최고 수준인 58퍼센트대로 올라간 상태에서 과거제도가 문을 닫게 된 것이다.

위와 같은 수치의 변화는 문과시험이 하층민을 포용하는 추세가 정조와 순조 대에 가장 높았다가 세도정치가 치성熾盛했던 헌종과 철종 시기에는 다소 둔화되는 모습을 보였고, 고종 대에 이르러 다시금 급상하고 있다는 것을 보여 준다. 하지만 하층민의 급제율이 높아졌다고 해서 그들의 신분이 기대하는 만큼 상승했다고는 말하기 어렵다. 왜냐하면 급제한 뒤에 벼슬을 받지 못한 급제자들의 비율이 매우 높기 때문이다. 이 점에 대해서는 뒤에 다시 설명할 것이다.

4) 《족보》에 오르지 못한 급제자

(1) 《족보》에 오르지 못한 급제자의 지역별 분포

헌종 대 신분이 낮은 급제자 232명 가운데 《족보》 자체가 없는 급제자 7명과 《족보》는 있어도 《족보》에 가계가 보이지 않는 급제자 142명을 합치면 149명인데, 이들의 출신 지역별 분포를 살펴보면 다음과 같다.

표를 보면, 《족보》에 오르지 못한 급제자의 지역 편차가 현저하게 다르다는 것이 눈에 띈다. 경기도가 27.27퍼센트로 가장 적고, 그 다음이 서울로 33.33퍼센트이다. 이를 뒤집어 말하면 서울과 경기도 출신 급제자들의 신분이 상대적으로 좋다는 것을 말해 준다. 반대로

지 역	전체 급제자(비율)	신분이 낮은 급제자(비율)	《족보》가 없는 급제자(비율)
서 울	169명(37.14%)	15명(8.87%)	5명(33.33%)
경상도	73명(16.04%)	60명(82.19%)	26명(43.33%)
평안도	70명(15.38%)	65명(92.85%)	63명(96.92%)
충청도	47명(10.32%)	30명(63.82%)	16명(53.33%)
경기도	43명(9.45%)	22명(51.16%)	6명(27.27%)
전라도	25명(5.49%)	20명(80 %)	16명(80 %)
함경도	14명(3.07%)	13명(92.85%)	11명(84.61%)
강원도	7명(1.53%)	4명(57.14%)	3명(75 %)
황해도	4명(0.88%)	3명(75 %)	3명(100 %)
미 상	3명		
합계(평균)	455명	232명(50.98%)	149명(64.22%)

《족보》에 오르지 못한 급제자의 비율이 가장 높은 지역은 평안도로 96.92퍼센트에 이른다. 평안도 출신으로 신분이 낮은 급제자는 65명 인데, 그 가운데 63명이 《족보》에 가계가 보이지 않는다. 평안도 다 음으로는 함경도가 84.61퍼센트, 그 다음이 전라도로 80퍼센트에 이 른다. 충청도와 경상도는 각각 53.33퍼센트와 43.33퍼센트를 차지하 고 있다.

신분이 낮은 급제자 전원이 《족보》에 오르지 못한 지역은 황해도 이고, 강원도는 75퍼센트가 《족보》에 오르지 못하고 있다.

(2) 《족보》 자체가 없는 급제자

헌종 대 문과에 급제했음에도 《청구》와 《만성》에 《족보》 자체가 보이지 않는 급제자는 모두 7명이다. 이들 가운데 평안도 출신이 3

명, 함경도 출신이 1명, 경상도 출신이 2명, 개성 출신이 1명이다. 이들은 대부분 인구가 적은 희성으로, 조선시대 유일한 문과급제자가 2명, 첫 급제자가 2명이다. 하지만 벼슬을 받은 급제자는 7명 가운데 3명에 지나지 않는다. 7명의 명단을 소개하면 다음과 같다.

최상유崔尙儒 개성開城 사람으로 벼슬이 없으며, 본관이 보령保寧인데 《청구》와 《만성》에는 《보령최씨보》 자체가 없어 신원을 알 수 없다. 2000년 현재 보령최씨 인구는 230가구 713명의 희성으로, 조선시대 문과급제자는 최상유가 유일하다.

임익증林翊曾 함경도 길주吉州 사람으로 벼슬이 없고, 본관이 전주全州인데 《전주임씨보》 자체가 없어 신원을 알 수 없다. 2000년 현재 전주임씨 인구는 1,328가구 4,273명의 희성으로 조선시대 문과급제자 3명을 배출했는데, 임익증이 처음이며 나머지 2명은 평안도 출신이다.

임척林俶 평안도 정주定州 사람으로 벼슬이 없고, 본관이 안의安義(安陰)인데 《안의임씨보》 자체가 없어 신원을 알 수 없다. 2000년 현재 안의임씨 인구는 530가구 1,681명의 희성으로 순조 대 이후 문과급제자 4명을 배출했는데, 임척이 두 번째이며 4명 모두 평안도 출신이다.

이호형李好亨 경상도 진보眞寶 사람으로 벼슬이 없으며, 본관이 월성月城(慶州)인데 《월성이씨보》 자체가 없어 신원을 알 수 없다. 2000년 현재 월성이씨 인구는 1만 4,452가구 4만 7,309명의 희성으로 조선시대 문과급제자는 이호형이 유일하다.

김용기金龍基 경상도 풍기豊基 사람으로 벼슬이 통례원 우통례(정3

품 당하관)에 이르렀는데, 본관이 영천永川이지만《영천김씨보》자체가 없어 신원을 알 수 없다. 2000년 현재 영천김씨 인구는 1,100가구 3,540명의 희성으로 조선시대 문과급제자 2명을 배출하였는데, 김용기가 첫 급제자이다. 조선 후기에 역과譯科 3명, 음양과陰陽科 7명, 율과律科 2명의 급제자를 배출하여 기술직 중인가문이 되었다.

김대현金大鉉 평안도 의주義州 사람으로 벼슬이 고종 대 군수(종4품)에 이르렀는데, 본관이 대구大邱이지만《대구김씨보》자체가 없어 신원을 알 수 없다. 2000년 현재 대구김씨 인구는 1,030가구 2,986명의 희성으로, 정조 대 이후 문과급제자 2명을 배출했다.《세종실록》〈지리지〉를 보면 김씨는 대구의 속성續姓으로 향리를 하던 집안이었으며,《세종실록》〈지리지〉,《동국여지승람》,《여지도서》어디에도 의주에는 대구김씨가 없다. 따라서 영조 대 이후 대구김씨가 의주로 이주했거나, 아니면 본관을 바꾸었는지도 모른다.

김관효金觀孝 평안도 숙천肅川 사람으로 벼슬이 사헌부 장령(정4품)에 올랐는데, 본관이 영천永川이지만《영천김씨보》자체가 없어 신원을 알 수 없다. 앞에 소개한 김용기와 성관이 같다.《세종실록》〈지리지〉,《동국여지승람》,《여지도서》어디에도 숙천에 영천김씨가 없어 영조 대 이후 영천김씨가 숙천으로 이주했거나 아니면 본관을 바꾼 듯하다.

(3)《족보》에 가계가 보이지 않는 급제자

헌종 대 문과급제자로서 자기 성관의《족보》가 있지만, 그《족보》에 가계가 보이지 않는 급제자는 142명이다. 이들 가운데는 자기 성

관에서 유일한 문과급제자가 3명이고, 첫 급제자가 1명이며, 비첩婢
妾의 아들이 1명 있다. 5명의 명단을 소개하면 다음과 같다.

　김정원金政源 함경도 종성鍾城 사람으로 벼슬이 없으며, 본관이 진
천鎭川인데 《진천김씨보》에 가계가 보이지 않는다. 2000년 현재 진
천김씨 인구는 580가구 1,885명의 희성으로 조선시대 문과급제자는
김정원이 유일하다.

　김재두金載斗 서울 사람으로 벼슬이 없으며, 본관이 영산永山(永同)
인데 《영동김씨보》에 김재두의 가계가 보이지 않는다. 2000년 현재
영산김씨 인구는 5,349가구 1만 7,120명의 희성으로 조선시대 문과급
제자는 그가 유일하다.

　백홍수白弘洙 충청도 남포藍浦 사람으로 벼슬이 찰방(종6품)에 이르
렀으며, 본관이 남포인데 《남포백씨보》에 백홍수의 가계가 보이지
않는다. 2000년 현재 남포백씨 인구는 399가구 1,280명의 희성으로
조선시대 문과급제자 2명을 배출했는데, 백홍수가 처음이고 고종 대
백세진白世鎭이 두 번째로 문과에 급제했다.

　박문홍朴文鈜 함경도 안변安邊 사람으로 벼슬이 없고, 본관이 영해寧
海인데 《영해박씨보》에는 박문홍의 가계가 보이지 않는다. 2000년
현재 영해박씨 인구는 7,985가구 2만 5,189명의 희성으로 조선시대
문과급제자는 그가 유일하다. 그 밖에 조선 후기에 역과譯科 41명, 의
과醫科 2명, 음양과陰陽科(천문) 5명, 주학籌學 2명의 급제자를 배출하
여 기술직 중인가문이 되었다.

　조정조趙廷祖 평안도 정주定州 사람으로 벼슬이 찰방(종6품)을 거쳐
고종 대 성균관 관원이 되었는데, 관비官婢의 아들이라는 기록이 《실

록》에 보인다.[49) 본관이 배천白川인데《배천조씨보》에는 가계가 보이지 않는다. 이로 보아 조정조의 어미는 양반의 첩妾일 가능성이 크며, 그렇다면 서출庶出인 셈이다. 그는 벼슬아치가 된 뒤 고종 대 원납전을 횡령한 혐의로 처벌을 받았지만, 신분 때문에 관직을 잃지는 않았다.

(4) A형 급제자의 벼슬

헌종 대 문과급제자로《족보》자체가 없거나,《족보》가 있더라도 《족보》에 가계가 보이지 않는 149명의 급제자들은 어떤 벼슬에 올랐을까? 이들을 편의상 A형 급제자로 부른다. 먼저,《방목》과《실록》에 벼슬이 보이는 급제자는 모두 36명으로 24.16퍼센트를 차지한다. 이 수치는 정조 대의 23.98퍼센트, 순조 대의 17.5퍼센트에 견주어 높은 것이고, 40.76퍼센트의 취직률을 보였던 철종 대와 견주면 부진한 성적이다. 철종 대의 취직률이 높아진 것은 고종 대에 벼슬을 많이 받았기 때문이다.

헌종 대《족보》에 오르지 못한 급제자들이 받은 벼슬을 품계순위로 정리해 보면 다음과 같다.

공조참판參判(종2품)	1명(전라)
공조참의, 이조참의參議(정3품 당상관)	2명(경상, 평안)
병조참지參知(정3품 당상관)	1명(함경)
사간원 대사간大司諫(정3품 당상관)	4명(전라, 서울, 평안, 강원)
통례원 통례通禮(정3품 당하관)	2명(강원, 경상)

---

49)《고종실록》권9, 고종 9년 5월 30일 계축.

감인정監印正(정3품 당하관)	2명(평안 2명)
사헌부 집의執義(종3품)	1명(충청)
사간원 사간司諫(종3품)	2명(충청, 평안)
1~3품	15명
사헌부 장령掌令(정4품)	5명(평안 4명, 경상)
군수郡守(종4품)	1명(평안)
사헌부 지평持平(정5품)	2명(평안 2명)
사간원 헌납獻納(정5품)	1명(평안)
사간원 정언正言(정6품)	4명(경상 3명, 경기)
홍문관弘文館(품계미상)	1명(서울)
찰방察訪(종6품)	4명(충청, 평안 2명, 경상)
현감縣監(종6품)	2명(경상, 충청)
부사과副司果(종6품)	1명(경상)
4~6품	21명
합 계	36명

이 표를 보면 3품 이상 고관에 오른 급제자는 36명 가운데 15명이다. 그러나 정2품 이상의 의정부 정승政丞과 판서직에 오른 급제자는 없고, 실권이 없는 공조참판(종2품)이 가장 높은 벼슬이다. 언관직인 사간원 대사간(정3품 당상관)이 4명, 사간(종3품)이 2명으로 언관직 진출이 가장 많고, 국가의 의전儀典을 집행하는 통례원 통례(정3품 당하관)가 2명, 그리고 종부시에서 《족보》를 편찬하는 일을 담당한 감인정(정3품 당하관)이 2명이다. 이들은 모두 실권을 갖지 못한 한직들이다. 하지만 이 정도의 높은 벼슬에 오른 시기를 알아보면 대부분 고종 대에 이르러서다. 그러니까 세도정치가 이루어지던 헌종 대가 아니라 신분제가 거의 무너진 고종 대에 이르러 가능했다는 것을 주목할 필요가 있다.

다음에 4품에서 6품에 이르는 참상관參上官 벼슬에 오른 급제자는 21명이다. 그런데 여기서도 사간원과 사헌부 등 언관직으로 나간 급제자가 12명으로 가장 많고, 6조 요직을 가진 낭관郎官(5~6품)은 단 한 명도 없다. 모든 벼슬을 통틀어 말하면 언관직에 나간 급제자가 19명으로, 35명의 절반 이상을 차지하고 있다.

위 벼슬아치들의 취직률을 지역별로 살펴보면 다음과 같다.

강원도	3명 가운데 2명(66.66%)
서 울	5명 가운데 2명(40 %)
경상도	26명 가운데 9명(34.61%)
충청도	16명 가운데 4명(25 %)
평안도	63명 가운데 15명(23.8 %)
경기도	6명 가운데 1명(16.66%)
전라도	16명 가운데 2명(12.5 %)
함경도	11명 가운데 1명(9.09%)
황해도	3명 가운데 0명(0 %)
합 계	149명 가운데 36명(평균 취직률 24.16%)

표를 보면 강원도(66.66퍼센트)가 취직률이 가장 높고, 그 뒤를 서울 (40퍼센트), 경상도(34.61퍼센트), 충청도(25퍼센트), 평안도(23.8퍼센트), 경기도(16.66퍼센트)가 따르고 있으며, 전라도(12.5퍼센트), 함경도(9.09 퍼센트)가 그 뒤를 잇고 있다. 황해도는 단 한 명도 벼슬을 받지 못했다. 하지만 63명 가운데 15명만 벼슬을 받은 평안도가 실제로는 가장 저조하다고 말할 수 있다.

5) 내외 4대조 또는 그 윗대 조상 가운데 벼슬아치 없는 급제자

(1) 급제자의 지역별 인원

헌종 대 신분이 낮은 급제자 가운데 내외 4대조 또는 그 위로도 여러 대에 걸쳐 벼슬아치가 없는 급제자는 모두 83명이다. 이들의 출신 지역을 살펴보면 다음과 같다.

지 역	전체 급제자	《족보》가 없는 급제자	내외 4대조에 벼슬이 없는 급제자
서 울	169명	5명(2.95%)	10명(5.91%)
경상도	73명	26명(35.61%)	34명(46.57%)
평안도	70명	63명(90 %)	2명(2.85%)
충청도	47명	16명(34.04%)	14명(29.78%)
경기도	43명	6명(13.95%)	16명(37.2 %)
전라도	25명	16명(64 %)	4명(16 %)
함경도	14명	11명(78.57%)	2명(14.28%)
강원도	7명	3명(42.85%)	1명(14.28%)
황해도	4명	3명(75 %)	‒
제주도	‒	‒	‒
미 상	3명		
합계(평균)	455명	149명(32.74%)	83명(18.24%)

위 표를 보면, 헌종 대 내외 4대조 또는 그 위 여러 대에 걸쳐 벼슬아치가 없는 급제자는 모두 83명으로 전체 급제자 455명 가운데 18.24퍼센트를 차지하고 있다. 이 수치는 《족보》가 없는 급제자의 비율이 32.74퍼센트인 것과 비교하여 절반에도 미치지 못하고 있다.

그런데 18.24퍼센트의 수치를 지역별로 살펴보면 상황이 매우 다

르다. 수치가 높은 순으로 순서를 따져보면 경상도(46.57퍼센트), 경기도(37.2퍼센트), 충청도(29.78퍼센트), 전라도(16퍼센트)이고, 평안도가 2.85퍼센트로 가장 낮은 수치를 보이고 있으며, 서울이 5.91퍼센트로 뒤를 잇고 있다. 함경도와 강원도는 똑같이 14퍼센트대를 보이고 있다.

이런 수치의 차이는 무엇을 뜻하는가? 내외 4대조 가운데 벼슬아치가 없는 급제자는 다시 말하면 몰락양반에 속하는 평민으로 볼 수 있으며, 여기에 경상도를 비롯한 경기, 충청도 출신이 가장 많다는 것을 뜻한다. 이와 달리 평안도는 몰락양반이 가장 적은 대신에 《족보》가 없는 급제자가 90퍼센트를 차지하여 전국에서 가장 신분이 낮다고 볼 수 있으며, 그 뒤를 함경도, 강원도, 전라도가 따르고 있는 것이다. 서울이 5.91퍼센트로 평안도 다음의 낮은 수치를 보이고 있지만, 그 대신 《족보》가 없는 급제자가 2.95퍼센트뿐이라 이 둘을 합치면 8.86퍼센트에 지나지 않는다. 따라서 나머지 91.14퍼센트의 급제자는 상대적으로 좋은 집안 출신이라는 것을 말해 준다.

(2) 급제자의 여러 유형

헌종 대 문과급제자 455명 가운데 《족보》에 가계가 보이지만, 내외 4대조 또는 그 위로도 여러 대에 걸쳐 벼슬아치가 없는 급제자들이 83명에 이른다. 이는 전체 급제자의 18.24퍼센트, 신분이 낮은 급제자의 35.77퍼센트를 차지한다. 이들은 성관 자체가 명문에 속하는 경우가 대부분이지만 인구가 극히 적은 희성의 경우도 있다.

그런데 이 급제자들을 자세히 살펴보면 편차가 심하다. 직계 11대

조 가운데 벼슬아치가 없는 급제자가 5명, 10대조가 2명, 9대조가 1
명, 8대조가 5명, 7대조가 10명, 6대조가 20명, 5대조가 19명, 4대조가
11명, 내외 4대조가 10명이 된다. 11대조나 10대조 가운데 벼슬아치
가 없다면 대략 3백 년 동안 벼슬아치가 나오지 못했다는 것이다. 다
음에 9대조 이상 벼슬아치가 없는 급제자 8명의 명단만을 소개하기
로 한다.

　이담구李潭九 경상도 용궁龍宮 사람으로 본관이 여주驪州인데, 벼슬
이 없다. 《만성》의 《여주이씨보》에는 이담구의 가계가 보이지 않지
만 《청구》의 《여주이씨보》에는 가계가 보이는데, 직계 11대조 가운
데 벼슬아치가 없다.

　양정빈楊廷彬 경상도 밀양密陽 사람으로 본관도 밀양인데 벼슬이 현
감(종6품)에 이르렀다. 《만성》에는 《밀양양씨보》가 없지만, 《청구》
의 《밀양양씨보》에는 양정빈의 가계가 보이는데 직계 15대조 가운
데 벼슬아치는 12대조가 주부主簿(종6품)를 지낸 것밖에 없다. 조선시
대 문과급제자는 그가 유일하다. 2000년 현재 밀양양씨 인구는 1,369
가구 4,477명이다.

　이회영李晦榮 충청도 제천堤川 사람으로 본관이 경주慶州이며, 벼슬
이 사간원 정언(정6품)에 이르렀다. 그런데 《만성》의 《경주이씨보》
에는 이회영의 가계가 보이지 않으며, 《청구》의 《경주이씨보》에는
그의 가계가 보이는데 직계 11대조 가운데 벼슬아치가 없다.

　조영대趙永大 평안도 가산嘉山 사람으로 본관이 배천白川인데, 벼슬
이 없다. 개국공신 조반趙胖의 14대손이지만 10대조 가운데 벼슬아치
가 없고, 《배천조씨보》에도 할아버지까지의 가계만 보인다.

석기곤石基坤 경상도 창녕昌寧 사람으로 벼슬이 사헌부 장령(정4품)에 오르고, 본관이 충주忠州이다. 그런데《만성》의《충주석씨보》에는 석기곤의 가계가 보이지 않고,《청구》의《충주석씨보》를 보면 직계 11대조 가운데 벼슬아치가 없다. 조선시대 문과급제자 3명을 배출했다.

송규호宋奎灝 경상도 상주尙州 사람으로 벼슬이 사간원 사간(종3품)에 이르렀는데, 본관이 여산礪山이다. 그런데《만성》의《여산송씨보》에는 송규호의 가계가 보이지 않으며,《청구》의《여산송씨보》를 보면 직계 11대조 가운데 벼슬아치가 없다. 그러나 대대로 유학을 공부한 집안이다.

이인동李仁東 경상도 풍기豊基 사람으로 벼슬이 사간원 정언(정6품)에 올랐는데, 본관이 전주全州이다.《전주이씨과거급제자총람》을 보면 이인동은 효령대군孝寧大君의 후손으로 직계 10대조 가운데 벼슬아치가 없다.

초병덕楚秉悳 함경도 명천明川 사람으로 벼슬이 대사간大司諫(정3품 당상관)에 이르렀는데, 본관이 성주星州이다. 그런데《만성》에는《성주초씨보》자체가 없으며,《청구》의《성주초씨보》를 보면 초병덕은 명나라 말기 중국에서 귀화한 초해창楚海昌의 9대손으로 그가 유일한 문과급제자이자 벼슬아치다. 2000년 현재 성주초씨 인구는 74가구 281명의 희성이다.

(3) B형 급제자의 벼슬

내외 4대조 또는 그 윗대의 조상 가운데 벼슬아치가 없는 급제자

83명은 어떤 벼슬을 받았을까? 이들을 편의상 B형 급제자로 부른다. 우선, 83명 가운데 벼슬을 받은 급제자는 76명으로 취직률은 91.56퍼센트에 이른다. 앞에서 소개한 《족보》에 가계가 보이지 않는 급제자의 취직률 24.16퍼센트에 견주어 월등히 높은 것을 알 수 있다. 그만큼 우대를 받았다는 증거다. 그러면 이들이 받은 벼슬은 어떤 것인가? 이제 76명이 받은 최고벼슬의 품계순으로 인원을 정리해 보면 다음과 같다.

판서判書(정2품)	3명
참판參判(종2품)	3명
사헌부 대사헌大司憲(종2품)	1명
병조참지兵曹參知(정3품 당상관)	1명
참의參議(정3품 당상관)	4명
사간원 대사간大司諫(정3품 당상관)	6명
승정원 승지承旨(정3품 당상관)	8명
돈녕부 도정都正(정3품 당상관)	1명
장악원정掌樂院正(정3품 당하관)	1명
통례원 통례通禮(정3품 당하관)	5명
사간원 사간司諫(종3품)	2명
사헌부 집의執義(종3품)	3명
1~3품	38명
사헌부 장령掌令(정4품)	5명
군수郡守(종4품)	1명
경연 시독관試讀官(정5품)	1명
사간원 헌납獻納(정5품)	1명
홍문관 교리校理(정5품)	5명
사헌부 지평持平(정5품)	6명
사간원 정언正言(정6품)	11명
찰방察訪(종6품)	4명

현감縣監(종6품)	3명
전사관典祀官(5~6품)	1명
4~6품	38명
합　계	76명

위 표를 보면, 3품 이상 고관에 오른 급제자는 38명으로, 벼슬을 받은 급제자 76명의 절반이 고관에 오른 것을 알 수 있다. 하지만 의정부 정승政丞(정1품)에 오른 급제자가 없는 것이 한계라고 할 수 있다. 그래도 6조 판서(정2품)가 3명, 참판(종2품)이 3명, 참의와 참지(정3품 당상관)가 5명, 대사간(정3품 당상관)이 6명, 승지(정3품 당상관)가 8명에 이르고 있다. 앞서 설명한 《족보》에 오르지 못한 급제자들과 견주어 벼슬의 품계가 높은 것을 알 수 있다. 여기서 눈여겨볼 것은 이들이 판서나 참판 등 고위직에 오른 시기가 대개 고종 대라는 점이다. 고종 대에 신분제도가 무너졌다는 것이 여기서도 증명된다.

4품에서 6품에 이르는 참상관參上官은 모두 38명인데, 그 가운데 홍문관이 5명, 사헌부와 사간원이 23명에 이르러 이른바 청요직淸要職에 주로 나간 것을 알 수 있다. 다만, 요직에 해당하는 6조 낭관(5~6품)은 한 명도 없다. 하지만 《족보》에 오르지 못한 급제자들이 받은 참상관 벼슬 가운데 홍문관이 없는 것과 비교한다면 상당한 차이가 보인다.

6) 헌종 대 신분이 낮은 급제자 명단

헌종 대 신분이 낮은 급제자 232명의 명단을 급제한 시기순으로 소개하면 다음과 같다.

1 구종록具鍾祿(1810~?) 전라도 임피臨陂 사람으로 유학을 거쳐 헌종 원년(1835) 26세로 춘당대 별시에 병과로 급제하여 벼슬이 고종대 통례원 우통례(정3품 당하관)를 거쳐 사간원 대사간(정3품 당상관)에 이르렀다. 《방목》에는 벼슬이 없이 아버지[載夷], 할아버지[燁], 증조[龍權], 외조[李相奎] 이름이 보이고, 본관이 능성綾城으로 되어 있다. 그런데 《청구》와 《만성》의 《능성구씨보》에는 구종록의 가계가 보이지 않는다.

2 홍석규洪錫圭(1798~?) 평안도 정주定州 사람으로 유학을 거쳐 헌종 원년 38세로 증광시에 병과로 급제했다. 《방목》에는 벼슬이 없이 아버지[思範], 할아버지[履輔], 증조[啓澤], 외조[趙永鎭] 이름이 보이고, 본관이 남양南陽으로 되어 있다. 그런데 《청구》와 《만성》의 《남양홍씨보》에는 홍석규의 가계가 보이지 않는다.

3 이정리李正履(1783~?) 서울 사람으로 현감(종6품)을 거쳐 헌종 원년 53세로 증광시에 병과로 급제하여 벼슬이 홍문관 수찬(정6품)을 거쳐 참의(정3품 당상관)에 이르렀다. 《방목》에는 벼슬이 없이 아버지[在誠], 할아버지[輔天], 증조[繼華], 외조[柳整] 이름이 보이고, 본관이 전주全州로 되어 있다. 《전주이씨과거급제자총람》을 보면 이정리는 세종의 후궁 소생인 계양군桂陽君의 후손으로 직계 3대조와 외조 가운데 벼슬아치가 없다.

4 정석린鄭錫麟(1778~?) 경기도 양주楊州 사람으로 유학을 거쳐 헌종 원년 58세로 증광시에 병과로 급제하여 벼슬이 사간원 헌납(정5품)을 거쳐 철종 대 병조참지(정3품 당상관)에 이르렀다. 《방목》에는 벼슬이 없이 아버지[載遠, 생부 載權], 할아버지[悟喆], 증조[命天], 외조[尹龍徵] 이름이 보이고, 본관이 광주光州로 되어 있다. 그런데 《만성》

의 《광주정씨보》에는 정석린의 가계가 보이지 않으며, 《청구》의
《광주정씨보》를 보면 직계 7대조와 외조 가운데 벼슬아치가 없다.

5 **김정원**金政源(1802~?) 함경도 종성鍾城 사람으로 유학을 거쳐 헌
종 원년 34세로 증광시에 병과로 급제했다. 《방목》에는 벼슬이 없이
아버지[錫九], 할아버지[始聲], 증조[澤昌], 외조[崔之大] 이름이 보이고,
본관이 진천鎭川으로 되어 있다. 그런데 《청구》에는 《진천김씨보》
자체가 없고, 《만성》의 《진천김씨보》에는 김정원의 가계가 보이지
않는다. 2000년 현재 진천김씨 인구는 580가구 1,885명의 희성으로,
조선시대 문과급제자는 그가 유일하다. 《세종실록》〈지리지〉, 16세
기 중엽에 편찬된 《동국여지승람》, 영조 대 편찬된 《여지도서》에는
진천에 김씨가 없어, 그가 문과에 급제한 뒤에 진천을 본관으로 정한
것으로 보인다.

6 **권치화**權致和(1798~?) 경상도 안동安東 사람으로 유학을 거쳐 헌
종 원년 38세로 증광시에 병과로 급제했다. 《방목》에는 벼슬이 없이
아버지[必秉], 할아버지[師國], 증조[海運], 외조[柳汲] 이름이 보이고,
본관이 안동으로 되어 있다. 그런데 《청구》와 《만성》의 《안동권씨
보》에는 권치화의 가계가 보이지 않는다.

7 **최상유**崔尙儒(1803~?) 개성開城 사람으로 유학을 거쳐 헌종 원년
33세로 증광시에 병과로 급제했다. 《방목》에는 벼슬이 없이 아버지
[昌益], 할아버지[宗岳], 증조[鳳華], 외조[李吉玉] 이름이 보이고, 본관
이 보령保寧으로 되어 있다. 그런데 《청구》와 《만성》에는 《보령최씨
보》 자체가 없다. 2000년 현재 보령최씨 인구는 230가구 713명의 희
성으로 조선시대 문과급제자는 최상유가 유일하다.

8 **신좌모**申佐模(1799~?) 서울 사람으로 진사를 거쳐 헌종 원년 37세

로 증광시에 병과로 급제하여 벼슬이 고종 대 성균관 대사성(정3품 당상관)과 이조참의(정3품 당상관)에 올랐다. 《방목》에는 벼슬이 없이 아버지[憲祿], 할아버지[持權], 증조[再淸], 외조[金宗厚] 이름이 보이고, 본관이 고령高靈이다. 《청구》와 《만성》의 《고령신씨보》를 보면 직계 4대조와 외조 가운데 벼슬아치가 없다.

9 **박영수**朴永壽(1784~?) 황해도 신계新溪 사람으로 유학을 거쳐 헌종 원년 증광시에 병과로 급제했다. 《방목》에는 벼슬이 없이 아버지[宗祚], 할아버지[文源], 증조[重儉], 외조[李用楫] 이름이 보이고, 본관이 반남潘南으로 되어 있다. 그런데 《청구》와 《만성》의 《반남박씨보》에는 박영수의 가계가 보이지 않는다.

10 **최신**崔信(1789~?) 전라도 강진康津 사람으로 유학을 거쳐 헌종 원년 47세로 증광시에 병과로 급제했다. 《방목》에는 벼슬이 없이 아버지[德], 할아버지[濟斗], 증조[鎭極], 외조[朴碩敏] 이름이 보이고, 본관이 탐진耽津으로 되어 있다. 그런데 《청구》와 《만성》의 《탐진최씨보》에는 최신의 가계가 보이지 않는다.

11 **심동규**沈東奎(1776~?) 강원도 홍천洪川 사람으로 참봉(종9품)을 거쳐 헌종 원년 60세로 증광시에 병과로 급제하여 벼슬이 사간원 정언(정6품)에 이르렀다. 《방목》에는 벼슬이 없이 아버지[涑], 할아버지[純錫], 증조[垸], 외조[蔡膺愈] 이름이 보이고, 본관이 청송靑松으로 되어 있다. 《청구》와 《만성》의 《청송심씨보》를 보면 직계 4대조와 외조 가운데 벼슬아치가 없다.

12 **권찬환**權瓚煥(1782~?) 경주慶州 사람으로 유학을 거쳐 헌종 원년 54세로 증광시에 병과로 급제했다. 《방목》에는 벼슬이 없이 아버지[東鎭], 할아버지[爾復], 증조[錫濟], 외조[鄭夏游] 이름이 보이고, 본관

이 안동安東으로 되어 있다. 그런데 《청구》와 《만성》의 《안동권씨
보》에는 권찬환의 가계가 보이지 않는다.

13 **한치용**韓致容(1795~?) 경기도 양근楊根 사람으로 유학을 거쳐 헌
종 원년 41세로 증광시에 병과로 급제하여 벼슬이 홍문관을 거쳐 형
조참판(종2품)에 이르렀다. 《방목》에는 벼슬이 없이 아버지[載權], 할
아버지[命朝], 증조[德箕], 외조[崔命喆] 이름이 보이고, 본관이 서원西
原(淸州)으로 되어 있다. 《청구》와 《만성》의 《청주한씨보》를 보면
한치용은 조선 전기 문신 한계희韓繼禧의 후손으로 직계 5대조와 외
조 가운데 벼슬아치가 없다.

14 **김재두**金載斗(1794~?) 서울 사람으로 유학을 거쳐 헌종 원년 42
세로 증광시에 병과로 급제했다. 《방목》에는 벼슬이 없이 아버지[宗
河], 할아버지[挺伯], 증조[瑞麟], 외조[蘇萬彦] 이름이 보이고, 본관이
영산永山(永同)으로 되어 있다. 그런데 《청구》와 《만성》의 《영산김
씨보》에는 김재두의 가계가 보이지 않는다. 2000년 현재 영산김씨
인구는 5,349가구 1만 7,120명의 희성으로 조선시대 문과급제자는 그
가 유일하다.

15 **이담구**李潭九(1803~?) 경상도 용궁龍宮 사람으로 유학을 거쳐 헌
종 2년(1836) 34세로 경과정시에 을과로 급제하여 벼슬이 찰방(종6품)
에 이르렀다. 《방목》에는 벼슬이 없이 아버지[尙睦], 할아버지[昌瑾],
증조[輝玉], 외조[李培元] 이름이 보이고, 본관이 여주驪州로 되어 있
다. 그런데 《만성》의 《여주이씨보》에는 이담구의 가계가 보이지 않
으며, 《청구》의 《여주이씨보》를 보면 직계 11대조 가운데 벼슬아치
가 없다.

16 **이계철**李啓哲(1800~?) 경기도 부평富平 사람으로 유학을 거쳐 헌

종 2년 37세로 경과정시에 을과로 급제하여 벼슬이 사헌부 장령(정4품)에 이르렀다. 《방목》에는 벼슬이 없이 아버지[祿奎], 할아버지[敬泰], 증조[宗郁], 외조[金鎬] 이름이 보이고, 본관이 경주慶州로 되어 있다. 《만성》의 《경주이씨보》를 보면 직계 3대조와 외조 가운데 벼슬아치가 없고, 《청구》의 《경주이씨보》를 보면 증조까지의 가계는 보이나 할아버지와 아버지, 이계철의 이름은 보이지 않는다.

17 이희준李羲俊(1798~?) 강릉江陵 사람으로 유학을 거쳐 헌종 2년 39세로 경과정시에 병과로 급제하여 벼슬이 철종 대 통례원 우통례 (정3품 당하관)에 이르렀다. 《방목》에는 벼슬이 없이 아버지[景燁], 할아버지[宗普], 증조[挺馨], 외조[張錫五] 이름이 보이고, 본관이 성주星州로 되어 있다. 그런데 《청구》와 《만성》의 《성주이씨보》에는 이희준의 가계가 보이지 않는다.

18 김희유金羲裕(1801~?) 경상도 의성義城 사람으로 유학을 거쳐 헌종 3년(1837) 36세로 경과정시에 병과로 급제했다. 《방목》에는 벼슬이 없이 아버지[養駒], 할아버지[旌進], 증조[宗著], 외조[金熙敎] 이름이 보이고, 본관이 안동安東으로 되어 있다. 그런데 《청구》와 《만성》의 《안동김씨보》에는 김희유의 가계가 보이지 않는다.

19 마한량馬翰良(1813~?) 개성開城 사람으로 유학을 거쳐 헌종 3년 24세로 경과정시에 병과로 급제했다. 《방목》에는 벼슬이 없이 아버지[聖坤, 생부 聖麟], 할아버지[思璜], 증조[賢表], 외조[申東浩] 이름이 보이고, 본관이 목천木川으로 되어 있다. 그런데 《만성》에는 《목천마씨보》 자체가 없고, 《청구》의 《목천마씨보》를 보면 직계 4대조와 외조 가운데 벼슬아치가 없다. 2000년 현재 목천마씨 인구는 941가구 2,982명의 희성으로, 조선시대 문과급제자 6명을 배출했다.

20 **홍대규**洪大奎(1809~?) 평안도 강동江東 사람으로 유학을 거쳐 헌종 3년 29세로 식년시에 을과로 급제했다. 《방목》에는 벼슬이 없이 아버지[檠], 할아버지[亮祖], 증조[潤屋], 외조[趙尙儉] 이름이 보이고, 본관이 남양南陽으로 되어 있다. 그런데 《청구》와 《만성》의 《남양홍씨보》에는 홍대규의 가계가 보이지 않는다. 《세종실록》〈지리지〉, 《동국여지승람》에는 강동에 남양홍씨가 없으나 《여지도서》에 처음으로 남양홍씨가 보여, 조선 후기에 강동으로 이주한 주민으로 보인다.

21 **백종전**白宗佺(1799~?) 평안도 정주定州 사람으로 헌종 3년 39세로 식년시에 을과로 급제하여 벼슬이 철종 대《선원보략璿源譜略》감인정監印正(정3품 당하관)에 이르렀다. 《방목》에는 벼슬이 없이 아버지 [慶翰], 할아버지[善養], 증조[日永], 외조[趙夢鶴] 이름이 보이고, 본관이 수원水原으로 되어 있다. 그런데 《청구》와 《만성》의 《수원백씨보》에는 백종전의 가계가 보이지 않는다. 정주의 수원백씨는 영조 대 이후 문과급제자 22명을 배출하여 정주 지방의 명문으로 등장했다. 그런데 《세종실록》〈지리지〉와 《동국여지승람》에는 황주백씨黃州白氏만 보이며 《여지도서》에는 황주백씨가 사라지고 수원백씨만 보인다. 아마도 황주백씨가 명성이 높은 수원백씨로 본관을 바꾼 듯하다.

22 **김용환**金容煥(1813~?) 평안도 정주定州 사람으로 유학을 거쳐 헌종 3년 25세로 식년시에 을과로 급제했다. 《방목》에는 벼슬이 없이 아버지[相麗], 할아버지[瀍], 증조[國咸], 외조[鄭國喆] 이름이 보이고, 본관이 연안延安으로 되어 있다. 그런데 《청구》와 《만성》의 《연안김씨보》에는 김용환의 가계가 보이지 않는다. 정주의 연안김씨는 영조

대 이후 문과급제자 43명을 배출하여 정주의 최고 명문으로 등장했다. 하지만《세종실록》〈지리지〉와《동국여지승람》에는 연안김씨가 보이지 않고 신주김씨信州金氏만 보이다가,《여지도서》에 처음으로 신주김씨가 사라지고 연안김씨가 등장한다. 아마 조선 후기에 신주김씨가 명성이 높은 연안김씨로 본관을 바꾸었는지도 모른다.

　23 **김곤**金坤(1784~?) 평안도 개천价川 사람으로 유학을 거쳐 헌종 3년 54세로 식년시에 을과로 급제했다.《방목》에는 벼슬이 없이 아버지[成龜], 할아버지[昌礪], 증조[壽垕], 외조[鄭雲瑞] 이름이 보이고, 본관이 경주慶州로 되어 있다. 그런데《청구》와《만성》의《경주김씨보》에는 김곤의 가계가 보이지 않는다.《세종실록》〈지리지〉와《동국여지승람》에는 개천에 경주김씨가 보이지 않고, 유주김씨儒州金氏, 우봉김씨牛峰金氏, 인주김씨仁州金氏, 전주김씨全州金氏만 보이다가,《여지도서》에는 유주김씨와 경주김씨만 보인다. 아마도 우봉김씨, 인주김씨, 전주김씨 가운데 일부가 경주김씨로 본관을 바꾸었는지도 모른다.

　24 **김봉의**金鳳儀(1766~?) 평안도 정주定州 사람으로 유학을 거쳐 헌종 3년 71세로 식년시에 을과로 급제했다.《방목》에는 벼슬이 없이 아버지[致恆], 할아버지[弼瑞], 증조[佐鼎], 외조[孫興超] 이름이 보이고, 본관이 경주慶州로 되어 있다. 그런데《청구》와《만성》의《경주김씨보》에는 김봉의의 가계가 보이지 않는다. 정주의 경주김씨에 대해서는 앞에서 이미 설명했다.

　25 **박적수**朴商壽(1811~?) 서울 사람으로 유학을 거쳐 헌종 3년 27세로 식년시에 병과로 급제하여 벼슬이 철종 대 홍문관 부수찬(종6품)을 거쳐 승지(정3품 당상관)에 이르렀다.《방목》에는 벼슬이 없이 아

버지[宗璉], 할아버지[禎源], 증조[師說], 외조[洪來燮] 이름이 보이고,
본관이 반남潘南으로 되어 있다. 《청구》와 《만성》의 《반남박씨보》
를 보면 직계 3대조와 외조 가운데 벼슬아치가 없다.

　　26 강장환姜長煥(1806~?) 경상도 상주尙州 사람으로 유학을 거쳐 헌
종 3년 32세로 식년시에 병과로 급제하여 홍문관 교리(정5품)를 거쳐
철종 대 서장관(4~6품)으로 중국에 다녀왔으며, 고종 초 홍문관 시독
관侍讀官(정5품)에 이르렀다. 《방목》에는 벼슬이 없이 아버지[祅], 할
아버지[沈], 증조[咸一], 외조[李光坤] 이름이 보이고, 본관이 진주晉州
로 되어 있다. 《청구》와 《만성》의 《진주강씨보》를 보면 직계 5대조
와 외조 가운데 벼슬아치가 없다. 《만성》에는 아버지가 첨지중추부
사(정3품 당상관)를 한 것으로 되어 있으나 문과를 거치지 않은 인물
이 이런 벼슬을 하기는 어려워 그대로 믿을 수 없다.

　　27 김준金濬(1785~?) 평안도 철산鐵山 사람으로 유학을 거쳐 헌종
3년 53세로 식년시에 병과로 급제했다. 《방목》에는 벼슬이 없이 아
버지[聲鍾], 할아버지[璉], 증조[義傑], 외조[朴榮淑] 이름이 보이고, 본
관이 전주全州로 되어 있다. 그런데 《만성》에는 《전주김씨보》 자체
가 없고, 《청구》의 《전주김씨보》에는 김준의 가계가 보이지 않는다.
전주김씨는 전주의 속성續姓 곧 향리였다가 평안도로 이주한 성씨로
선조 대 이후 문과급제자 21명을 배출했는데, 그 가운데 12명이 평안
도 출신이고 3명이 함경도 출신이다. 그런데 《세종실록》〈지리지〉,
《동국여지승람》, 《여지도서》에는 철산에 전주김씨가 없어 영조 대
이후 이 지역으로 이주한 듯하다.

　　28 김의표金儀表(1809~?) 전라도 능주綾州 사람으로 유학을 거쳐 헌
종 3년 29세로 식년시에 병과로 급제했다. 《방목》에는 벼슬이 없이

아버지[尙基], 할아버지[宗珠], 증조[振龜], 외조[朴愼俊] 이름이 보이고,
본관이 광산光山으로 되어 있다. 그런데《청구》와《만성》의《광산김
씨보》에는 김의표의 가계가 보이지 않는다.

29 백홍수白弘洙(1808~?) 충청도 남포藍浦 사람으로 유학을 거쳐 헌
종 3년 30세로 식년시에 병과로 급제하여 벼슬이 고종 대 찰방(종6
품)에 이르렀다.《방목》에는 벼슬이 없이 아버지[星鎭], 할아버지[東
檿], 증조[師俊], 외조[李擎國] 이름이 보이고, 본관이 남포로 되어 있
다. 그런데《만성》에는《남포백씨보》자체가 없고,《청구》의《남포
백씨보》에는 백홍수의 가계가 보이지 않는다. 현재 남포백씨는 수원
백씨에 통합되어 독자적인《족보》를 가지고 있지 못하다. 조선시대
문과급제자 2명을 배출했는데, 그가 처음이다.

30 김정규金正奎(1810~?) 전라도 함평咸平 사람으로 유학을 거쳐 헌
종 3년 28세로 식년시에 병과로 급제했다.《방목》에는 벼슬이 없이
아버지[在權], 할아버지[尙郁], 증조[成瀗], 외조[尹曦莘] 이름이 보이고,
본관이 광주光州(光山)로 되어 있다. 그런데《청구》와《만성》의《광
산김씨보》에는 김정규의 가계가 보이지 않는다.

31 양정빈楊廷彬(1795~?) 경상도 밀양密陽 사람으로 유학을 거쳐 헌
종 3년 43세로 식년시에 병과로 급제하여 벼슬이 현감(종6품)에 이르
렀다.《방목》에는 벼슬이 없이 아버지[漢一], 할아버지[璿], 증조[有
春], 외조[成禮三] 이름이 보이고, 본관이 밀양으로 되어 있다. 그런데
《만성》에는《밀양양씨보》자체가 없고,《청구》의《밀양양씨보》를
보면 직계 15대조 가운데 벼슬아치는 12대조가 주부(종6품)를 한 것
밖에 없다. 밀양양씨는 고려 말 중국에서 귀화한 양근楊根의 후손으
로 2000년 현재 인구는 1,369가구 4,477명으로 희성에 속하며 조선시

대 문과급제자는 양정빈이 유일하다. 양씨는 밀양의 토성土姓이다.

32 황이명黃履明(1799~?) 경상도 상주尙州 사람으로 유학을 거쳐 헌종 3년 39세로 식년시에 병과로 급제했다. 《방목》에는 벼슬이 없이 아버지[斗老], 할아버지[悌熙], 증조[運重], 외조[金宗玉] 이름이 보이고, 본관이 장수長水로 되어 있다. 그런데 《청구》와 《만성》의 《장수황씨보》에는 황이명의 가계가 보이지 않는다.

33 노진태盧鎭泰(1799~?) 평안도 정주定州 사람으로 유학을 거쳐 헌종 3년 39세로 식년시에 병과로 급제했다. 《방목》에는 벼슬이 없이 아버지[時元], 할아버지[尙壁], 증조[植], 외조[李永祚] 이름이 보이고, 본관이 해주海州로 되어 있다. 그런데 《만성》에는 《해주노씨보》 자체가 없고, 《청구》의 《해주노씨보》에는 노진태의 가계가 보이지 않는다. 노씨는 정주의 입진성入鎭姓으로 조선 초기에 평안도로 강제 이주한 주민으로, 조선시대 문과급제자 17명을 배출했는데 그 가운데 정주에서만 15명이 나와 이 지방의 명문으로 등장했다.

34 황경黃燦(1790~?) 춘천春川 사람으로 유학을 거쳐 헌종 3년 48세로 식년시에 병과로 급제했다. 《방목》에는 벼슬이 없이 아버지[尙杻], 할아버지[命河], 증조[世熙], 외조[李宗逑] 이름이 보이고, 본관이 평해平海로 되어 있다. 그런데 《만성》와 《청구》의 《평해황씨보》에는 황경의 가계가 보이지 않는다.

35 김진호金鎭顥(1763~?) 평안도 가산嘉山 사람으로 유학을 거쳐 헌종 3년 75세로 식년시에 병과로 급제했다. 《방목》에는 벼슬이 없이 아버지[兌成, 생부 兌亨], 할아버지[棋采], 증조[斗萬], 외조[李泰一] 이름이 보이고, 본관이 경주慶州로 되어 있다. 그런데 《청구》와 《만성》의 《경주김씨보》에는 김진호의 가계가 보이지 않는다. 《세종실록》〈지

리지〉,《동국여지승람》,《여지도서》 어디에도 가산에 경주김씨가 없
고, 풍주김씨豊州金氏와 안동김씨安東金氏만 보인다. 영조 대 이후 이
곳으로 이주했거나 아니면 본관을 바꾼 것으로 보인다.

　36 **정광훈**鄭匡勳(1792~?) 경상도 산청山淸 사람으로 유학을 거쳐 헌
종 3년 46세로 식년시에 병과로 급제했다.《방목》에는 벼슬이 없이
아버지[世賢], 할아버지[弘毅], 증조[珤], 외조[權必鍾] 이름이 보이고,
본관이 해주海州로 되어 있다. 그런데《청구》와《만성》의《해주정씨
보》에는 정광훈의 가계가 보이지 않는다.

　37 **노진형**盧鎭衡(1808~?) 평안도 정주定州 사람으로 유학을 거쳐 헌
종 3년 30세로 식년시에 병과로 급제하여 벼슬이 승지(정3품 당상관)
를 거쳐 고종 대 호군護軍(정4품)에 이르고, 고종 24년 80세가 되자 가
자加資되었다.《방목》에는 벼슬이 없이 아버지[時庸], 할아버지[尙正],
증조[偶], 외조[林堰] 이름이 보이고, 본관이 해주海州로 되어 있다. 그
런데《만성》에는《해주노씨보》자체가 없고,《청구》의《해주노씨
보》를 보면 직계 5대조와 외조 가운데 벼슬아치가 없다. 정주의 해주
노씨에 대해서는 앞에서 이미 설명했다.

　38 **김상일**金尙一(1797~?) 평안도 태천泰川 사람으로 유학을 거쳐 헌
종 3년 41세로 식년시에 병과로 급제했다.《방목》에는 벼슬이 없이
아버지[亨輔], 할아버지[明秋], 증조[乃炅], 외조[白時偶] 이름이 보이고,
본관이 의성義城으로 되어 있다. 그런데《청구》와《만성》의《의성김
씨보》에는 김상일의 가계가 보이지 않는다.《세종실록》〈지리지〉,
《동국여지승람》,《여지도서》어디에도 태천에 의성김씨가 없어 영조
대 이후 이 지역으로 이주했거나 아니면 본관을 바꾼 것으로 보인다.

　39 **변형순**邊亨淳(1807~?) 평안도 태천泰川 사람으로 유학을 거쳐 헌

종 3년 31세로 식년시에 병과로 급제했다. 《방목》에는 벼슬이 없이 아버지[碩彦], 할아버지[有夏], 증조[億基], 외조[盧儀] 이름이 보이고, 본관이 원주原州로 되어 있다. 그런데 《청구》와 《만성》의 《원주변씨보》에는 변형순의 가계가 보이지 않는다. 《세종실록》〈지리지〉와 《동국여지승람》에는 태천에 황주변씨黃州邊氏만 보이나 《여지도서》에는 황주변씨가 없어지고 그 대신 원주변씨가 보인다. 아마도 황주변씨가 명성이 높은 원주변씨로 본관을 바꾸었는지도 모른다.

40 하범대河範大(1814~?) 경상도 진주晉州 사람으로 유학을 거쳐 헌종 3년 24세로 식년시에 병과로 급제했다. 《방목》에는 벼슬이 없이 아버지[鈇], 할아버지[禹龍], 증조[德遠], 외조[李璞] 이름이 보이고, 본관이 진주로 되어 있다. 그런데 《청구》와 《만성》의 《진주하씨보》에는 하범대의 가계가 보이지 않는다.

41 권구락權龜洛(1792~?) 경상도 단성丹城 사람으로 유학을 거쳐 헌종 3년 46세로 식년시에 병과로 급제했다. 《방목》에는 벼슬이 없이 아버지[侗], 할아버지[重銖], 증조[德懿], 외조[白師顔] 이름이 보이고, 본관이 안동安東으로 되어 있다. 그런데 《청구》와 《만성》의 《안동권씨보》에는 권구락의 가계가 보이지 않는다.

42 김재관金在瓘(1795~?) 경상도 진주晉州 사람으로 유학을 거쳐 헌종 3년 43세로 식년시에 병과로 급제했다. 《방목》에는 벼슬이 없이 아버지[尙秋], 할아버지[敬文], 증조[龍瑞], 외조[姜就伯] 이름이 보이고, 본관이 김해金海로 되어 있다. 그런데 《청구》와 《만성》의 《김해김씨보》에는 김재관의 가계가 보이지 않는다.

43 안국진安國鎭(1802~?) 평안도 안주安州 사람으로 유학을 거쳐 헌종 3년 36세로 식년시에 병과로 급제했다. 《방목》에는 벼슬이 없이

아버지[允彬], 할아버지[命孝], 증조[世權], 외조[金泓魯] 이름이 보이고,
본관이 순흥順興으로 되어 있다. 그런데《청구》와《만성》의《순흥안
씨보》에는 안국진의 가계가 보이지 않는다. 안주의 순흥안씨는 영조
대 이후 문과급제자 30명을 배출하여 이 지역의 최고 명문으로 등장
했다.《세종실록》〈지리지〉,《동국여지승람》에는 안주에 순흥안씨
가 없다가《여지도서》에 처음으로 순흥안씨가 보여《동국여지승람》
이 편찬된 이후에 이 지역으로 이주한 듯하다.

   44 김규형金圭衡(1805~?) 함경도 홍원洪原 사람으로 유학을 거쳐 헌
종 3년 33세로 식년시에 병과로 급제했다.《방목》에는 벼슬이 없이
아버지[鍾九], 할아버지[呂泰], 증조[益秋], 외조[尹元章] 이름이 보이고,
본관이 경주慶州로 되어 있다. 그런데《청구》와《만성》의《경주김씨
보》에는 김규형의 가계가 보이지 않는다.

   45 이응상李凝祥(1880~?) 경주慶州 사람으로 유학을 거쳐 헌종 3년
58세로 식년시에 병과로 급제하여 벼슬이 철종 대 도당록都堂錄을 거
쳐 참의(정3품 당상관)에 이르렀다.《방목》에는 벼슬이 없이 아버지
[鼎受], 할아버지[憲章], 증조[元中], 외조[朴尙孝] 이름이 보이고, 본관
이 여주驪州로 되어 있다.《청구》와《만성》의《여주이씨보》를 보면
이응상은 이언적李彦迪의 9대손으로 직계 6대조와 외조 가운데 벼슬
아치가 없다.

   46 조광렴趙光濂(1809~?) 평안도 정주定州 사람으로 유학을 거쳐 헌
종 3년 29세로 식년시에 병과로 급제했는데, 고종 대 죄를 짓고 유배
되었다.《방목》에는 벼슬이 없이 아버지[慶祖], 할아버지[永胤], 증조
[夢虎], 외조[邊遇正] 이름이 보이고, 본관이 배천白川으로 되어 있다.
그런데《청구》와《만성》의《배천조씨보》에는 조광렴의 가계가 보

이지 않는다. 정주의 배천조씨는 영조 대 이후 문과급제자 26명을 배출하여 이 지역의 명문으로 등장했다.

47 김석희金錫熙(1804~?) 경상도 창녕昌寧 사람으로 유학을 거쳐 헌종 3년 34세로 식년시에 병과로 급제하여 벼슬이 홍문관 교리(정5품)에 이르렀다. 《방목》에는 벼슬이 없이 아버지[鎭坤], 할아버지[重麗], 증조[國銓], 외조[李東復] 이름이 보이고, 본관이 서흥瑞興으로 되어 있다. 《청구》와 《만성》의 《서흥김씨보》를 보면 김석희는 조선 전기 문신 김굉필金宏弼의 12대손으로 직계 6대조와 외조 가운데 벼슬아치가 없다. 서흥김씨는 영조 대 이후 문과급제자 9명을 배출했다.

48 최두석崔斗錫(1800~?) 경주慶州 사람으로 유학을 거쳐 헌종 3년 38세로 식년시에 병과로 급제하여 벼슬이 사간원 정언(정6품)에 이르렀다. 《방목》에는 벼슬이 없이 아버지[瑋], 할아버지[宗燮], 증조[慶聃], 외조[安璞重] 이름이 보이고, 본관이 경주로 되어 있다. 《청구》와 《만성》의 《경주최씨보》를 보면 직계 6대조와 외조 가운데 벼슬아치가 없다.

49 신면횡申冕鎤(1794~?) 경상도 의성義城 사람으로 유학을 거쳐 헌종 3년 44세로 경과정시에 을과로 급제하여 벼슬이 사헌부 지평(정5품)에 이르렀다. 《방목》에는 벼슬이 없이 아버지[必敎], 할아버지[光憲], 증조[正標], 외조[柳敬源] 이름이 보이고, 본관이 아주鵝洲로 되어 있다. 《청구》와 《만성》의 《아주신씨보》를 보면 직계 6대조와 외조 가운데 벼슬아치가 없다.

50 이회영李晦榮(1788~?) 충청도 제천堤川 사람으로 유학을 거쳐 헌종 4년(1838) 51세로 경과정시에 장원급제하여 벼슬이 헌종 대 사간원 정언(정6품)에 이르렀는데, 죄를 짓고 관직을 삭탈당했다. 《방목》

에는 벼슬이 없이 아버지[集慶], 할아버지[萬源], 증조[錫佐], 외조[李箕文] 이름이 보이고, 본관이 경주慶州로 되어 있다. 그런데 《만성》의 《경주이씨보》에는 이회영의 가계가 보이지 않으며, 《청구》의 《경주이씨보》를 보면 직계 11대조와 외조 가운데 벼슬아치가 없다.

　51 **임낙진**林樂鎭(1809~?) 전라도 전주全州 사람으로 유학을 거쳐 헌종 4년 30세로 경과정시에 을과로 급제했다. 《방목》에는 벼슬이 없이 아버지[馨遠], 할아버지[尙憲], 증조[蕙], 외조[李鍾運] 이름이 보이고, 본관이 나주羅州로 되어 있다. 그런데 《청구》와 《만성》의 《나주임씨보》에는 임낙진의 가계가 보이지 않는다.

　52 **장덕량**張德良(1816~?) 개성開城 사람으로 유학을 거쳐 헌종 4년 23세로 경과정시에 을과로 급제했다. 《방목》에는 벼슬이 없이 아버지[允儉], 할아버지[後湜], 증조[瑞鵬], 외조[李軫文] 이름이 보이고, 본관이 결성結城으로 되어 있다. 그런데 《청구》와 《만성》의 《결성장씨보》에는 장덕량의 가계가 보이지 않는다.

　53 **이병식**李秉植(1811~?) 충청도 괴산槐山 사람으로 유학을 거쳐 헌종 4년 28세로 경과정시에 병과로 급제하여 벼슬이 장악원정掌樂院正(정3품 당하관)에 이르렀다. 《방목》에는 벼슬이 없이 아버지[濬], 할아버지[亨民], 증조[泰賢], 외조[洪允迷] 이름이 보이고, 본관이 전주全州로 되어 있다. 《전주이씨과거급제자총람》을 보면 이병식은 중종의 아들 덕흥대원군德興大院君의 10대손으로 직계 조상 가운데 벼슬아치가 한 사람도 없다.

　54 **탁경수**卓景秀(1808~?) 평안도 정주定州 사람으로 유학을 거쳐 헌종 4년 31세로 경과정시에 병과로 급제했다. 《방목》에는 벼슬이 없이 아버지[思溫], 할아버지[東範], 증조[宗仁], 외조[李愚] 이름이 보이

고, 본관이 광산光山(光州)으로 되어 있다. 그런데 《청구》와 《만성》
의 《광주탁씨보》에는 탁경수의 가계가 보이지 않는다. 광산탁씨는
조선시대 문과급제자 7명을 배출했는데, 그 가운데 순조 대 이후 정
주에서 5명, 곽산郭山에서 1명의 급제자가 나왔다. 《세종실록》〈지리
지〉, 《동국여지승람》에는 정주에 탁씨가 없는데, 《여지도서》에 처음
으로 광산탁씨가 보인다. 《동국여지승람》이 편찬된 이후에 비로소
이 지역으로 이주한 것으로 보인다. 광산탁씨는 고려 때 귀화한 중국
인의 후손이다.

　　55 이명윤李命允(1804~?) 경상도 진주晉州 사람으로 유학을 거쳐 헌
종 4년 35세로 알성문과에 을과로 급제하여 벼슬이 홍문관 교리(정5
품)에 이르렀다. 《방목》에는 벼슬이 없이 아버지[完吉], 할아버지[基
恒], 증조[㣧], 외조[朴世炫] 이름이 보이고, 본관이 전주全州로 되어 있
다. 《전주이씨과거급제자총람》을 보면 이명윤은 정종의 후궁 소생인
덕천군德泉君의 후손으로 직계 7대조와 외조 가운데 벼슬아치가 없다.

　　56 나채규羅采奎(1816~?) 충청도 보은報恩 사람으로 유학을 거쳐 헌
종 4년 23세로 알성문과에 병과로 급제하여 벼슬이 사헌부 장령(정4
품)에 이르렀다. 《방목》에는 벼슬이 없이 아버지[漢黙], 할아버지[成
鎭], 증조[致良], 외조[姜益欽] 이름이 보이고, 본관이 안정安定으로 되
어 있다. 《청구》와 《만성》의 《안정나씨보》를 보면 직계 3대조와 외
조 가운데 벼슬아치가 없다. 안정나씨는 조선시대 문과급제자 16명
을 배출했다.

　　57 오종흡吳鍾翕(1793~?) 함경도 회령會寧 사람으로 참봉(종9품)을
거쳐 헌종 4년 46세로 함경도 도과에 장원급제했다. 《방목》에는 벼
슬이 없이 아버지[秉良] 이름만 보이고, 본관이 해주海州로 되어 있다.

그런데 《청구》와 《만성》의 《해주오씨보》에는 오종흡의 가계가 보이지 않는다.

58 이형태李亨泰(1791~?) 함경도 경성鏡城 사람으로 참봉(종9품)을 거쳐 헌종 4년 48세로 함경도 도과에 병과로 급제했다. 《방목》에는 벼슬이 없이 아버지[愉, 생부 恒] 이름만 보이고, 본관이 공주公州로 되어 있다. 그런데 《청구》와 《만성》의 《공주이씨보》에는 이형태의 가계가 보이지 않는다. 2000년 현재 공주이씨 인구는 1만 764가구 3만 5,148명으로 조선시대 문과급제자 14명을 배출했다.

59 손석규孫錫奎(1810~?) 함경도 영흥永興 사람으로 유학을 거쳐 헌종 4년 29세로 함경도 도과에 병과로 급제했다. 《방목》에는 벼슬이 없이 아버지[德義] 이름만 보이고, 본관이 경주慶州로 되어 있다. 그런데 《청구》와 《만성》의 《경주손씨보》에는 손석규의 가계가 보이지 않는다.

60 남대유南大儒(1798~?) 함경도 종성鍾城 사람으로 유학을 거쳐 헌종 4년 41세로 함경도 도과에 병과로 급제하여 벼슬이 찰방(종6품)에 이르렀다. 《방목》에는 벼슬이 없이 아버지[陽龍] 이름만 보이고, 본관이 의령宜寧으로 되어 있다. 그런데 《청구》와 《만성》의 《의령남씨보》에는 남대유의 가계가 보이지 않는다.

61 임익증林翊曾(1818~?) 함경도 길주吉州 사람으로 유학을 거쳐 헌종 4년 21세로 함경도 도과에 병과로 급제했다. 《방목》에는 벼슬이 없이 아버지[宗七, 생부 宗洛] 이름만 보이고, 본관이 전주全州로 되어 있다. 그런데 《청구》와 《만성》에는 《전주임씨보》 자체가 없어 가계를 알 수 없다. 2000년 현재 전주임씨 인구는 1,328가구 4,273명의 희성으로 조선시대 문과급제자 3명을 배출했는데, 임익증이 첫 급제자

이며 그 뒤 평안도 정주와 안주에서 각각 1명이 배출되었다.

62 한정호韓鼎瑚(1806~?) 함경도 정평定平 사람으로 유학을 거쳐 헌종 4년 33세로 함경도 도과에 병과로 급제하여 벼슬이 철종 대 통례원 좌통례(정3품 당하관)를 거쳐 병조참지(정3품 당상관)에 이르렀다. 《방목》에는 벼슬이 없이 아버지[尙屹] 이름만 보이고, 본관이 청주淸州로 되어 있다. 그런데 《청구》와 《만성》의 《청주한씨보》에는 한정호의 가계가 보이지 않는다. 현행 《청주한씨보》를 보면 조선시대 들어와서 그의 직계 조상 가운데 몇 명이 능참봉陵參奉(종9품)을 했을 뿐이다.

63 김영삼金永三(1784~?) 서울 사람으로 유학을 거쳐 헌종 5년 (1839) 56세로 경과정시에 장원급제했다. 《방목》에는 벼슬이 없이 아버지[思珌], 할아버지[槩大, 또는 櫬大], 증조[鐸衍], 외조[朴崙] 이름이 보이고, 본관이 경주慶州로 되어 있다. 그런데 《청구》와 《만성》의 《경주김씨보》에는 김영삼의 가계가 보이지 않는다.

64 황기한黃起漢(1817~?) 전라도 능주綾州 사람으로 유학을 거쳐 헌종 5년 23세로 경과정시에 을과로 급제했다. 《방목》에는 벼슬이 없이 아버지[有宅], 할아버지[象坤], 증조[宇中], 외조[姜以興] 이름이 보이고, 본관이 장수長水로 되어 있다. 그런데 《청구》와 《만성》의 《장수황씨보》에는 황기한의 가계가 보이지 않는다.

65 정의연丁義衍(개명 若演, 1805~?) 충청도 홍주洪州 사람으로 유학을 거쳐 헌종 5년 35세로 경과정시에 병과로 급제하여 벼슬이 고종 대 사헌부 장령(정4품)에 이르렀다. 《방목》에는 벼슬이 없이 아버지[德煥], 할아버지[仁孝], 증조[志祥], 외조[崔復泰] 이름이 보이고, 본관이 나주羅州로 되어 있다. 그런데 《청구》와 《만성》의 《나주정씨보》에

는 정의연의 가계가 보이지 않는다.

66 이진석李晉錫(1821~?) 충청도 공주公州 사람으로 유학을 거쳐 헌종 5년 19세로 경과정시에 병과로 급제했다. 《방목》에는 벼슬이 없이 아버지[明達], 할아버지[慶賢], 증조[材], 외조[金龍奎] 이름이 보이고, 본관이 청해靑海로 되어 있다. 그런데 《청구》와 《만성》의 《청해이씨보》에는 이진석의 가계가 보이지 않는다. 청해이씨는 여진족으로 귀화하여 개국공신이 된 이지란李之蘭의 후손으로, 2000년 현재 3,713가구 1만 2,002명의 희성이며 조선시대 문과급제자 7명을 배출했다.

67 장인원張仁遠(1809~1871) 경상도 인동仁同 사람으로 유학을 거쳐 헌종 5년 31세로 경과정시에 병과로 급제하여 홍문록弘文錄을 거쳐 벼슬이 철종 대 사간원 대사간(정3품 당상관), 고종 대 이조참판(종2품)에 이르렀다. 《방목》에는 벼슬이 없이 아버지[錫頤], 할아버지[瑋], 증조[胤文], 외조[崔彦璥] 이름이 보이고, 본관이 인동으로 되어 있다. 그런데 《만성》의 《인동장씨보》에는 증조까지의 가계만 보이고 그 뒤는 없으며, 《청구》의 《인동장씨보》를 보면 직계 3대조와 외조 가운데 벼슬아치가 없다. 인동장씨는 조선시대 문과급제자 8명을 배출했다.

68 윤재선尹載善(1805~?) 충청도 대흥大興 사람으로 유학을 거쳐 헌종 5년 35세로 경과정시에 병과로 급제하여 벼슬이 사간원 헌납(정5품)에 이르렀다. 《방목》에는 벼슬이 없이 아버지[致勛], 할아버지[昌烈], 증조[翼東], 외조[申景憲] 이름이 보이고, 본관이 해평海平으로 되어 있다. 《청구》와 《만성》의 《해평윤씨보》를 보면 직계 5대조와 외조 가운데 벼슬아치가 없다.

69 이재립李在立(1798~?) 경주慶州 사람으로 유학을 거쳐 헌종 6년

(1840) 43세로 식년시에 갑과로 급제하여 벼슬이 사간원 정언(정6품)
에 이르렀다. 《방목》에는 벼슬이 없이 아버지[弼祥], 할아버지[鼎祿],
증조[憲柱], 외조[曹相隨] 이름이 보이고, 본관이 여주驪州로 되어 있
다. 《청구》와 《만성》의 《여주이씨보》를 보면 이재립은 이언적李彦迪
의 10대손으로 직계 8대조 가운데 벼슬아치가 없다.

　　70 김준金畯(1793~?) 평안도 가산嘉山 사람으로 유학을 거쳐 헌종
6년 48세로 식년시에 을과로 급제하여 벼슬이 철종 대 《선원보략》
감인정(정3품 당하관)에 이르렀다. 《방목》에는 벼슬이 없이 아버지[錫
泰], 할아버지[健修], 증조[宏集], 외조[安思鼎] 이름이 보이고, 본관이
순천順天으로 되어 있다. 그런데 《청구》와 《만성》의 《순천김씨보》
에는 김준의 가계가 보이지 않는다. 가산의 순천김씨는 영조 대 이후
문과급제자 7명을 배출했다. 《세종실록》〈지리지〉, 《동국여지승람》,
《여지도서》에는 가산에 순천김씨가 없고 풍주김씨豊州金氏와 안동김
씨安東金氏만 보인다. 영조 대 이후에 이 지역으로 이주했거나 본관을
바꾸었는지도 모른다.

　　71 조영대趙永大(1807~?) 평안도 정주定州 사람으로 유학을 거쳐 헌
종 6년 34세로 식년시에 을과로 급제했다. 《방목》에는 벼슬이 없이
아버지[夢瑾], 할아버지[彦哲], 증조[恒來], 외조[玄正黙] 이름이 보이고,
본관이 배천白川으로 되어 있다. 그런데 《만성》의 《배천조씨보》에는
조영대의 가계가 보이지 않으며, 《청구》의 《배천조씨보》에는 할아
버지까지의 가계만 보이고 그 이후는 보이지 않는다. 다만 그는 개국
공신 조반趙胖의 14대손으로, 10대손에 이르기까지 전혀 벼슬이 없
다. 《세종실록》〈지리지〉, 《동국여지승람》, 《여지도서》 어디에도 가
산에 배천조씨가 없고, 오직 평주조씨平州趙氏만 보인다. 평주조씨가

영조 대 이후 명성이 높은 배천조씨로 본관을 바꾼 듯하다.

72 **이동함**李東諴(1800~?) 평안도 태천泰川 사람으로 유학을 거쳐 헌종 6년 41세로 식년시에 을과로 급제했다. 《방목》에는 벼슬이 없이 아버지[陽復], 할아버지[健學], 증조[宗國], 외조[玄命喆] 이름이 보이고, 본관이 단양丹陽으로 되어 있다. 그런데 《청구》와 《만성》의 《단양이씨보》에는 이동함의 가계가 보이지 않는다. 《세종실록》〈지리지〉, 《동국여지승람》, 《여지도서》 어디에도 태천에 단양이씨가 보이지 않아, 영조 대 이후 이 지역으로 이주했거나 본관을 바꾼 것으로 보인다. 단양이씨는 조선시대 문과급제자 21명을 배출했는데, 그 가운데 평안도에서만 정조 대 이후 급제자 11명이 나왔다.

73 **임척**林偁(1807~?) 평안도 정주定州 사람으로 유학을 거쳐 헌종 6년 34세로 식년시에 을과로 급제했다. 《방목》에는 벼슬이 없이 아버지[國養], 할아버지[春], 증조[重夏], 외조[金彭瑞] 이름이 보이고, 본관이 안의安義로 되어 있다. 그런데 《청구》와 《만성》에는 《안의임씨보》 자체가 없다. 2000년 현재 안의임씨 인구는 530가구 1,681명의 희성으로 조선시대 문과급제자 4명을 배출했다. 모두가 순조 대 이후 급제했으며, 정주에서 3명, 평양에서 1명이 나왔다. 《세종실록》〈지리지〉, 《동국여지승람》에는 정주에 안의임씨가 없다가 《여지도서》에 처음으로 안음임씨安陰林氏(안의임씨)가 보여 《동국여지승람》이 편찬된 이후에 이 지역으로 이주한 듯하다.

74 **김대규**金大圭(1815~?) 평안도 선천宣川 사람으로 유학을 거쳐 헌종 6년 26세로 식년시에 을과로 급제했다. 《방목》에는 벼슬이 없이 아버지[輦], 할아버지[時冉], 증조[直千], 외조[朴文綱] 이름이 보이고, 본관이 나주羅州로 되어 있다. 그런데 《청구》와 《만성》의 《나주김씨

보》에는 김대규의 가계가 보이지 않는다. 2000년 현재 나주김씨 인
구는 1만 4,387가구 4만 6,420명의 희성으로, 조선시대 문과급제자 8
명, 역과급제자 9명을 배출했다.《세종실록》〈지리지〉,《동국여지승
람》,《여지도서》어디에도 선천에 나주김씨가 보이지 않아 영조 대
이후 이곳으로 이주했거나 본관을 바꾸었는지도 모른다.

　75 신직모申直模(1804~?) 충청도 흥양興陽 사람으로 유학을 거쳐 헌
종 6년 37세로 식년시에 을과로 급제하여 벼슬이 고종 초 대사간(정3
품 당상관)에 이르렀다.《방목》에는 벼슬이 없이 아버지[晟祿], 할아버
지[萬權], 증조[璟澤], 외조[朴震煥] 이름이 보이고, 본관이 고령高靈으
로 되어 있다. 그런데《만성》의《고령신씨보》에는 신직모의 가계가
보이지 않으며,《청구》의《고령신씨보》를 보면 그는 신숙주申叔舟의
16대손으로 직계 9대조 가운데 벼슬아치는 7대조가 무관직인 선전관
宣傳官을 지낸 것뿐이다.

　76 문동황文東璜(1801~?) 전라도 광주光州 사람으로 유학을 거쳐 헌
종 6년 40세로 식년시에 을과로 급제했다.《방목》에는 벼슬이 없이
아버지[啓大], 할아버지[炯基], 증조[興杓], 외조[金章龍] 이름이 보이고,
본관이 남평南平으로 되어 있다. 그런데《청구》와《만성》의《남평문
씨보》에는 문동황의 가계가 보이지 않는다.

　77 김용정金用鼎(1814~?) 평안도 안주安州 사람으로 유학을 거쳐 헌
종 6년 27세로 식년시에 병과로 급제했다.《방목》에는 벼슬이 없이
아버지[惠倬], 할아버지[世剛], 증조[益泰], 외조[朴成梅] 이름이 보이고,
본관이 전주全州로 되어 있다. 그런데《만성》에는《전주김씨보》자
체가 없고,《청구》의《전주김씨보》에는 김용정의 가계가 보이지 않
는다. 전주김씨는 원래 전주의 향리였다가 조선 초기 평안도에 강제

이주한 주민인데,《세종실록》〈지리지〉,《동국여지승람》,《여지도
서》어디에도 안주에 전주김씨가 없어 영조 대 이후 이 지역으로 이
주한 듯하다. 선조 대 이후 문과급제자 21명을 배출했으며 그 가운데
12명은 영조 대 이후 평안도에서, 3명은 함경도에서 나왔다.

　　78 김연오金璉五(1796~?) 평안도 숙천肅川 사람으로 유학을 거쳐 헌
종 6년 45세로 식년시에 병과로 급제했다.《방목》에는 벼슬이 없이
아버지[永喆], 할아버지[衡祿], 증조[仁權], 외조[鄭以稷] 이름이 보이고,
본관이 광주光州(光山)로 되어 있다. 그런데《청구》와《만성》의《광
산김씨보》에는 김연오의 가계가 보이지 않는다.《세종실록》〈지리
지〉,《동국여지승람》에는 숙천에 광산김씨가 없고 광리김씨光利金氏
가 보이지만《여지도서》에 광리김씨가 사라지고 처음으로 광산김씨
가 보여 광리김씨가 본관을 바꾼 듯하다.

　　79 김병섭金秉燮(1798~?) 평안도 정주定州 사람으로 유학을 거쳐 헌
종 6년 43세로 식년시에 병과로 급제하여 벼슬이 철종 대 사헌부 장
령(정4품)을 거쳐 고종 대 의성현령(종5품)에 이르렀다.《방목》에는
벼슬이 없이 아버지[致重, 생부 致甲], 할아버지[處大], 증조[萬興], 외조
[洪亨瑞] 이름이 보이고, 본관이 연안延安으로 되어 있다. 그런데《청
구》와《만성》의《연안김씨보》에는 김병섭의 가계가 보이지 않는다.
정주의 연안김씨는 영조 대 이후 문과급제자 43명을 배출하여 이 지
역의 최고 명문이 되었다.

　　80 김석모金錫模(1800~?) 경상도 선산善山 사람으로 유학을 거쳐 헌
종 6년 41세로 식년시에 병과로 급제하여 벼슬이 사헌부 집의(종3품)
에 이르렀다.《방목》에는 벼슬이 없이 아버지[塽], 할아버지[勉恒], 증
조[履逸], 외조[朴光久] 이름이 보이고, 본관이 선산善山으로 되어 있

다. 《청구》와 《만성》의 《선산김씨보》를 보면 직계 6대조와 외조 가운데 벼슬아치가 없다.50)

81 김창수金昌秀(1812~?) 서울 사람으로 유학을 거쳐 헌종 6년 29세로 식년시에 병과로 급제하여 벼슬이 고종 22년 공조판서(정2품)에 이르렀다. 《방목》에는 벼슬이 없이 아버지[志淵], 할아버지[鐥], 증조〔載元〕, 외조〔朴時養〕 이름이 보이고, 본관이 연안延安으로 되어 있다. 그런데 《청구》의 《연안김씨보》에는 김창수의 가계가 보이지 않으며, 《만성》의 《연안김씨보》를 보면 직계 5대조와 외조 가운데 벼슬아치가 없다.

82 김문환金文煥(1799~?) 평안도 정주定州 사람으로 유학을 거쳐 헌종 6년 42세로 식년시에 병과로 급제했다. 《방목》에는 벼슬이 없이 아버지[大洙], 할아버지[南柱], 증조[萬赫], 외조[金貴采] 이름이 보이고, 본관이 연안延安으로 되어 있다. 그런데 《청구》와 《만성》의 《연안김씨보》에는 김문환의 가계가 보이지 않는다. 정주의 연안김씨에 대해서는 앞에 이미 설명했다.

83 조예근趙禮根(1796~?) 충청도 금산錦山 사람으로 유학을 거쳐 헌종 6년 45세로 식년시에 병과로 급제했다. 《방목》에는 벼슬이 없이 아버지[集源], 할아버지[銑], 증조[台煜], 외조[金鼎華] 이름이 보이고, 본관이 배천白川으로 되어 있다. 그런데 《청구》와 《만성》의 《배천조씨보》에는 조예근의 가계가 보이지 않는다.

84 허선許銑(1792~?) 평안도 창성昌城 사람으로 유학을 거쳐 헌종

---

50) 《만성》의 《선산김씨보》에는 김석모의 증조 이일履逸이 승지(정3품 당상관)의 벼슬을 한 것으로 되어 있으나, 문과나 사마시를 거치지 않고 승지에 오르는 것은 있을 수 없다. 이와 달리 《청구》의 《선산김씨보》에는 증조의 벼슬이 없는데, 이 기록을 따르기로 한다.

6년 49세로 식년시에 병과로 급제하여 벼슬이 철종 대 사헌부 지평
(정5품)에 이르렀다. 《방목》에는 벼슬이 없이 아버지[澾], 할아버지
[喆], 증조[歸], 외조[李四春] 이름이 보이고, 본관이 김해金海로 되어
있다. 그런데 《청구》와 《만성》의 《김해허씨보》에는 허선의 가계가
보이지 않는다. 《세종실록》 〈지리지〉와 《동국여지승람》에는 창성에
김해허씨가 없다가 《여지도서》에 처음으로 창성에 김해허씨가 보여
《동국여지승람》이 편찬된 이후에 이곳으로 이주한 듯하다.

85 석기곤石基坤(1804~?) 경상도 창녕昌寧 사람으로 유학을 거쳐 헌
종 6년 37세로 식년시에 병과로 급제하여 벼슬이 사헌부 장령(정4품)
에 이르렀다. 《방목》에는 벼슬이 없이 아버지[汝黃], 할아버지[龍佑],
증조[重鶴], 외조[全光鶴] 이름이 보이고, 본관이 충주忠州로 되어 있
다. 그런데 《만성》의 《충주석씨보》에는 석기곤의 가계가 보이지 않
으며, 《청구》의 《충주석씨보》를 보면 직계 11대조 가운데 벼슬아치
가 없다. 2000년 현재 충주석씨 인구는 1만 1,011가구 3만 5,461명으
로, 조선시대 문과급제자 3명을 배출했다.

86 김하진金夏鎭(1793~?) 평안도 철산鐵山 사람으로 유학을 거쳐 헌
종 6년 48세로 식년시에 병과로 급제했다. 《방목》에는 벼슬이 없이
아버지[就一], 할아버지[壽益], 증조[承文], 외조[崔道元] 이름이 보이고,
본관이 순천順天으로 되어 있다. 그런데 《청구》와 《만성》의 《순천김
씨보》에는 김하진의 가계가 보이지 않는다. 《세종실록》 〈지리지〉,
《동국여지승람》, 《여지도서》 어디에도 철산에 순천김씨가 없어 영
조 대 이후 이 지역으로 이주한 듯하다.

87 백문진白文振(1816~?) 평안도 태천泰川 사람으로 유학을 거쳐 헌
종 6년 25세로 식년시에 병과로 급제했다. 《방목》에는 벼슬이 없이

아버지[正漢], 할아버지[志賢], 증조[鴻壽], 외조[徐國徠] 이름이 보이고,
본관이 수원水原으로 되어 있다. 그런데《청구》와《만성》의《수원백
씨보》에는 백문진의 가계가 보이지 않는다. 태천의 수원백씨는 헌종
대 이후로 문과급제자 14명을 배출하여 이 지역의 신흥 명문이 되었
다.《세종실록》〈지리지〉와《동국여지승람》에는 태천에 수원백씨가
없다가《여지도서》에 처음으로 수원백씨가 보여《동국여지승람》이
편찬된 이후에 이 지역으로 이주한 듯하다.

88 이학례李學禮(1822~?) 평안도 철산鐵山 사람으로 유학을 거쳐 헌
종 6년 19세로 식년시에 병과로 급제했다.《방목》에는 벼슬이 없이
아버지[庭睦, 생부 庭樂], 할아버지[仁馥], 증조[鳳鳴], 외조[申大淵] 이름
이 보이고, 본관이 광주廣州로 되어 있다. 그런데《청구》와《만성》의
《광주이씨보》에는 이학례의 가계가 보이지 않는다.《세종실록》〈지
리지〉,《동국여지승람》,《여지도서》어디에도 철산에 광주이씨가 보
이지 않아 영조 대 이후 이 지역으로 이주해 온 것으로 보인다.

89 강절일姜晢一(1803~?) 평안도 영변寧邊 사람으로 유학을 거쳐 헌
종 6년 38세로 식년시에 병과로 급제했다.《방목》에는 벼슬이 없이
아버지[聖希], 할아버지[文載], 증조[太望], 외조[金世華] 이름이 보이고,
본관이 진주晉州로 되어 있다. 그런데《청구》와《만성》의《진주강씨
보》에는 강절일의 가계가 보이지 않는다.《세종실록》〈지리지〉,《동
국여지승람》,《여지도서》어디에도 영변에 진주강씨가 없어 영조 대
이후 이 지역으로 이주해 온 것으로 보인다.

90 유도해柳道海(1806~?) 경상도 안동安東 사람으로 유학을 거쳐 헌
종 6년 35세로 식년시에 병과로 급제했다.《방목》에는 벼슬이 없이
아버지[聲睦], 할아버지[纘祚], 증조[復七], 외조[南正杓] 이름이 보이고,

본관이 풍산豊山으로 되어 있다. 그런데 《청구》와 《만성》의 《풍산유
씨보》에는 유도해의 가계가 보이지 않는다.

  91 **박광립**朴光立(1777~?) 경주慶州 사람으로 유학을 거쳐 헌종 6년
65세로 식년시에 병과로 급제했다. 《방목》에는 벼슬이 없이 아버지
[尙宜], 할아버지[震亨], 증조[文俊], 외조[李廷植] 이름이 보이고, 본관
이 밀양密陽으로 되어 있다. 그런데 《청구》와 《만성》의 《밀양박씨
보》에는 박광립의 가계가 보이지 않는다.

  92 **성석로**成錫魯(1811~?) 경상도 상주尙州 사람으로 유학을 거쳐 헌
종 6년 30세로 식년시에 병과로 급제하여 벼슬이 사헌부 지평(정5품)
을 거쳐 군수(종4품)에 이르렀다. 《방목》에는 벼슬이 없이 아버지[在
學], 할아버지[毅烈], 증조[中柱], 외조[禹顯忠] 이름이 보이고, 본관이
창녕昌寧으로 되어 있다. 《청구》와 《만성》의 《창녕성씨보》를 보면
직계 8대조와 외조 가운데 벼슬아치가 없다.

  93 **손상일**孫相馹(1812~?) 경주慶州 사람으로 유학을 거쳐 헌종 6년
29세로 식년시에 병과로 급제하여 벼슬이 홍문관 교리(정5품)에 이르
렀다. 《방목》에는 벼슬이 없이 아버지[星政], 할아버지[楨九], 증조[斗
杰], 외조[朴鎭崙] 이름이 보이고, 본관이 경주로 되어 있다. 《청구》와
《만성》의 《경주손씨보》를 보면 직계 6대조 가운데 벼슬아치가 없다.

  94 **김달연**金達淵(1809~?) 경상도 안동安東 사람으로 유학을 거쳐 헌
종 6년 32세로 식년시에 병과로 급제하여 벼슬이 사헌부 지평(정5품)
에 이르렀다. 《방목》에는 벼슬이 없이 아버지[鎭洛], 할아버지[泰壽],
증조[龍燦], 외조[金顯奎] 이름이 보이고, 본관이 의성義城으로 되어 있
다. 그런데 《만성》의 《의성김씨보》에는 김달연의 가계가 보이지 않
으며, 《청구》의 《의성김씨보》를 보면 직계 8대조와 외조 가운데 벼

슬아치가 없다.

95 박제연朴齊淵(1807~?) 경상도 영천榮川 사람으로 유학을 거쳐 헌종 6년 34세로 식년시에 병과로 급제하여 벼슬이 고종 5년 통례원 좌통례(정3품 당하관)에 이르렀다. 《방목》에는 벼슬이 없이 아버지[在純], 할아버지[成㔂], 증조[時晋], 외조[權思善] 이름이 보이고, 본관이 반남潘南으로 되어 있다. 그런데 《청구》와 《만성》의 《반남박씨보》에는 박제연의 가계가 보이지 않는다.

96 강면규姜㝠奎(1804~?) 경상도 안동安東 사람으로 유학을 거쳐 헌종 6년 37세로 식년시에 병과로 급제하여 벼슬이 철종 대 홍문관 교리(정5품)를 거쳐 대사간(정3품 당상관)에 이르렀다. 《방목》에는 벼슬이 없이 아버지[必憲], 할아버지[櫻], 증조[㴆], 외조[趙廣燮] 이름이 보이고, 본관이 진주晋州로 되어 있다. 《청구》와 《만성》의 《진주강씨보》를 보면 직계 7대조와 외조 가운데 벼슬아치가 없다.

97 이재한李在瀚(1807~?) 경주慶州 사람으로 유학을 거쳐 헌종 6년 34세로 식년시에 병과로 급제하여 벼슬이 사간원 정언(정6품)에 이르렀다. 《방목》에는 벼슬이 없이 아버지[民祥], 할아버지[鼎涵], 증조[憲洛], 외조[孫煥復] 이름이 보이고, 본관이 여주驪州로 되어 있다. 《청구》와 《만성》의 《여주이씨보》를 보면 이재한은 이언적李彦迪 아우의 후손으로 직계 7대조와 외조 가운데 벼슬아치가 없다.

98 이호형李好亨(1816~?) 경상도 진보眞寶 사람으로 유학을 거쳐 헌종 7년(1841) 26세로 경과정시에 장원급제했다. 《방목》에는 벼슬이 없이 아버지[挺虎, 생부 宜夏], 할아버지[景運], 증조[元燮], 외조[金百鍊] 이름이 보이고, 본관이 월성月城(慶州)으로 되어 있다. 그런데 《청구》와 《만성》에는 《월성이씨보》 자체가 없으며, 《경주이씨보》에도 이

호형의 가계는 보이지 않는다. 2000년 현재 월성이씨 인구는 1만 4,452가구 4만 7,309명으로 알려져 있는데, 조선시대 문과급제자는 그가 유일하다. 그가 장원급제했음에도 벼슬이 보이지 않는 것이 이상하다.

99 권운채權雲彩(1798~?) 경상도 순흥順興 사람으로 유학을 거쳐 헌종 7년 44세로 경과정시에 을과로 급제했다. 《방목》에는 벼슬이 없이 아버지[美孫], 할아버지[世傑], 증조[振奎], 외조[崔光漢] 이름이 보이고, 본관이 안동安東으로 되어 있다. 그런데 《청구》와 《만성》의 《안동권씨보》에는 권운채의 가계가 보이지 않는다.

100 최호문崔虎文(1798~?) 경상도 고령高靈 사람으로 유학을 거쳐 헌종 7년 34세로 경과정시에 병과로 급제하여 벼슬이 철종 대 봉화현감(종6품)에 이르렀다. 《방목》에는 벼슬이 없이 아버지[尙峻, 생부 尙遠], 할아버지[光岳], 증조[擎杓], 외조[李邦郁] 이름이 보이고, 본관이 양천陽川으로 되어 있다. 그런데 《청구》와 《만성》의 《양천최씨보》에는 최호문의 가계가 보이지 않는다. 2000년 현재 양천최씨는 2,205가구 6,914명의 희성으로, 조선시대 문과급제자 10명을 배출했다.

101 김시원金始遠(개명 始熙, 1814~?) 경기도 양지陽智 사람으로 유학을 거쳐 헌종 7년 28세로 경과정시에 병과로 급제하여 벼슬이 고종 초 후릉厚陵 제사의 전사관典祀官에 이르렀다. 《방목》에는 벼슬이 없이 아버지[星萬, 생부 星杓], 할아버지[樂運], 증조[砡], 외조[鄭東近] 이름이 보이고, 본관이 경주慶州로 되어 있다. 그런데 《만성》의 《경주김씨보》에는 증조까지의 가계만 보이고 그 이후는 보이지 않으며, 《청구》의 《경주김씨보》를 보면 직계 5대조와 외조 가운데 벼슬아치가 없다.

102 **서재무**徐在懋(1816~?) 경상도 순흥順興 사람으로 유학을 거쳐 헌종 7년 26세로 경과정시에 병과로 급제하여 벼슬이 철종 대 사헌부 장령(정4품)에 이르렀다. 《방목》에는 벼슬이 없이 아버지[成烈], 할아버지[棘東], 증조[宗胤], 외조[金就運] 이름이 보이고, 본관이 대구大丘로 되어 있다. 그런데 《청구》와 《만성》의 《대구서씨보》에는 서재무의 가계가 보이지 않는다.

103 **김홍기**金弘禥(1823~?) 개성開城 사람으로 유학을 거쳐 헌종 7년 19세로 경과정시에 병과로 급제했다. 《방목》에는 벼슬이 없이 아버지[聲最], 할아버지[履坦], 증조[宗玩], 외조[洪聖演] 이름이 보이고, 본관이 청풍淸風으로 되어 있다. 그런데 《청구》와 《만성》의 《청풍김씨보》에는 김홍기의 가계가 보이지 않는다.

104 **손영로**孫永老(1820~?) 경상도 상주尙州 사람으로 유학을 거쳐 헌종 7년 22세로 경과정시에 병과로 급제하여 벼슬이 철종과 고종 대 사헌부 장령(정4품)과 사간원 헌납(정5품)에 이르렀다. 《방목》에는 벼슬이 없이 아버지[石鍊], 할아버지[鎭斗], 증조[必慶], 외조[成獻魯] 이름이 보이고, 본관이 경주慶州로 되어 있다. 《청구》와 《만성》의 《경주손씨보》를 보면 직계 12대조 가운데 벼슬아치는 7대조가 문과에 급제한 것뿐이다.

105 **나시용**羅時鏞(1814~?) 평안도 용강龍岡 사람으로 유학을 거쳐 헌종 7년 28세로 경과정시에 병과로 급제했다. 《방목》에는 벼슬이 없이 아버지[夏綱], 할아버지[宗濠], 증조[載坤], 외조[金恒大] 이름이 보이고, 본관이 나주羅州로 되어 있다. 그런데 《청구》와 《만성》의 《나주나씨보》에는 나시용의 가계가 보이지 않는다. 《세종실록》〈지리지〉, 《동국여지승람》, 《여지도서》 어디에도 용강에 나주나씨가 보

이지 않아 영조 대 이후 이 지역으로 이주한 듯하다.

　　106 김진하金鎭河(1786~?) 경상도 영천榮川 사람으로 생원을 거쳐 헌종 7년 56세로 경과정시에 병과로 급제하여 벼슬이 병조참의(정3품 당상관)에 이르렀다. 《방목》에는 벼슬이 없이 아버지[基中], 할아버지[龜煥], 증조[世樻], 외조[金龜鍊] 이름이 보이고, 본관이 함창咸昌으로 되어 있다. 《청구》와 《만성》의 《함창김씨보》를 보면 직계 8대조 가운데 벼슬아치가 없다.

　　107 이기동李基東(1809~?) 경상도 순흥順興 사람으로 유학을 거쳐 헌종 7년 33세로 경과정시에 병과로 급제하여 벼슬이 사헌부 장령(정4품)을 거쳐 고종 대 홍문관 수찬(정6품)에 이르렀다. 《방목》에는 벼슬이 없이 아버지[靜浩], 할아버지[勉行], 증조[亮燮], 외조[黃夔漢] 이름이 보이고, 본관이 진보眞寶(眞城)로 되어 있다. 그런데 《만성》의 《진보이씨보》에는 이기동의 가계가 보이지 않으며, 《청구》의 《진성이씨보》를 보면 직계 7대조와 외조 가운데 벼슬아치가 없다.

　　108 윤철구尹哲求(1803~?) 서울 사람으로 유학을 거쳐 헌종 7년 39세로 경과정시에 병과로 급제하여 벼슬이 홍문관 수찬(정6품)을 거쳐 철종 대 봉상시정奉常寺正(정3품 당하관)과 승지(정3품 당상관)에 이르렀다. 《방목》에는 벼슬이 없이 아버지[行善], 할아버지[致商], 증조[興烈], 외조[李漢宗] 이름이 보이고, 본관이 해평海平으로 되어 있다. 《청구》와 《만성》의 《해평윤씨보》를 보면 윤철구는 선조의 부마인 윤신지尹新之의 9대손으로 직계 4대조와 외조 가운데 벼슬아치가 없다.

　　109 유광목柳光睦(1813~?) 경상도 안동安東 사람으로 유학을 거쳐 헌종 9년(1843) 31세로 식년시에 장원급제하여 벼슬이 홍문관 수찬(정6품)과 사헌부 장령(정4품)을 거쳐 고종 초 동부승지(정3품 당상관)

에 이르렀다. 《방목》에는 벼슬이 없이 아버지[周祚], 할아버지[長春], 증조[瀅], 외조[申必敎] 이름이 보이고, 본관이 풍산豊山으로 되어 있다. 《청구》와 《만성》의 《풍산유씨보》를 보면 유광목은 유성룡柳成龍의 9대손으로 직계 6대조와 외조 가운데 벼슬아치가 없다.

110 **이종호**李鍾灝(1798~?) 함경도 안변安邊 사람으로 유학을 거쳐 헌종 9년 46세로 식년시에 을과로 급제했다. 《방목》에는 벼슬이 없이 아버지[宅奎], 할아버지[敏權], 증조[夏烈], 외조[金洛] 이름이 보이고, 본관이 청주淸州로 되어 있다. 그런데 《청구》와 《만성》의 《청주이씨보》에는 이종호의 가계가 보이지 않는다.

111 **유내준**柳來駿(1817~?) 서울 사람으로 유학을 거쳐 헌종 9년 27세로 식년시에 을과로 급제하여 벼슬이 홍문관을 거쳐 고종 대 사간원 대사간(정3품 당상관)에 이르렀다. 《방목》에는 벼슬이 없이 아버지[泰永], 할아버지[仲麟], 증조[聖達], 외조[李在實] 이름이 보이고, 본관이 진주晉州로 되어 있다. 《청구》와 《만성》의 《진주유씨보》를 보면 유내준은 중종 대 명신 유순정柳順汀의 후손으로 직계 3대조와 외조 가운데 벼슬아치가 없다.

112 **윤현기**尹顯岐(1813~?) 서울 사람으로 유학을 거쳐 헌종 9년 31세로 식년시에 을과로 급제하여 벼슬이 홍문관 수찬(정6품)을 거쳐 고종 대 대사간(정3품 당상관)에 이르렀다. 《방목》에는 벼슬이 없이 아버지[晩植], 할아버지[浣], 증조[之鐸], 외조[李復淵] 이름이 보이고, 본관이 파평坡平으로 되어 있다. 그런데 《청구》와 《만성》의 《파평윤씨보》에는 윤현기의 가계가 보이지 않는다.

113 **이시하**李時夏(1812~?) 충청도 영동永同 사람으로 유학을 거쳐 헌종 9년 32세로 식년시에 을과로 급제하여 벼슬이 철종 대 홍문관

교리(정5품)를 거쳐 고종 대 통례원 좌통례(정3품 당하관)에 이르렀다. 《방목》에는 벼슬이 없이 아버지[寅斗], 할아버지[興淵], 증조[義方], 외조[申在秉] 이름이 보이고, 본관이 전주全州로 되어 있다.《전주이씨과거급제자총람》을 보면 이시하는 세종의 아들인 광평대군廣平大君의 후손으로 직계 5대조와 외조 가운데 벼슬아치가 없다.

　114 김용기金龍基(1811~?) 경상도 풍기豊基 사람으로 유학을 거쳐 헌종 9년 33세로 식년시에 병과로 급제하여 벼슬이 철종 대 찰방(종6품)을 거쳐 통례원 우통례(정3품 당하관)에 이르렀다.《방목》에는 벼슬이 없이 아버지[煜], 할아버지[仁楗], 증조[潝], 외조[蔡經東] 이름이 보이고, 본관이 영천永川으로 되어 있다. 그런데《청구》와《만성》에는《영천김씨보》자체가 없다. 2000년 현재 영천김씨 인구는 1,100가구 3,540명의 희성으로 조선시대 문과급제자 2명을 배출했는데, 김용기가 첫 급제자이다. 조선 후기에 역과譯科 3명, 음양과陰陽科 7명, 그리고 율과律科 2명의 급제자를 배출하여 중인가문이 되었다.

　115 이병흠李秉欽(1804~?) 경상도 성주星州 사람으로 유학을 거쳐 헌종 9년 40세로 식년시에 병과로 급제했다.《방목》에는 벼슬이 없이 아버지[再壽], 할아버지[光漢], 증조[德栢], 외조[朴鳳徵] 이름이 보이고, 본관이 성주星州(京山)로 되어 있다. 그런데《청구》와《만성》의《성주이씨보》에는 이병흠의 가계가 보이지 않으며,《청구》의《경산이씨보》에는 할아버지까지의 가계가 보일 뿐 아버지와 이병흠의 이름은 보이지 않는다. 할아버지 위로 5대조 가운데 벼슬아치가 없다.

　116 김병주金秉周(1811~?) 충청도 목천木川 사람으로 유학을 거쳐 헌종 9년 33세로 식년시에 병과로 급제했다.《방목》에는 벼슬이 없이 아버지[學修], 할아버지[啓三], 증조[好鎭], 외조[柳廷宅] 이름이 보

이고, 본관이 강릉江陵으로 되어 있다. 그런데 《청구》와 《만성》의 《강릉김씨보》에는 김병주의 가계가 보이지 않는다.

　117 **박공진**朴公鎭(1806~?) 경상도 진주晉州 사람으로 유학을 거쳐 헌종 9년 38세로 식년시에 병과로 급제하여 벼슬이 철종 대 사간원 정언(정6품)에 이르렀다. 《방목》에는 벼슬이 없이 아버지[基八], 할아버지[能煥], 증조[繼吾], 외조[鄭一采] 이름이 보이고, 본관이 밀양密陽으로 되어 있다. 그런데 《청구》와 《만성》의 《밀양박씨보》에는 박공진의 가계가 보이지 않는다.

　118 **배상규**裵相奎(1811~?) 경상도 순흥順興 사람으로 유학을 거쳐 헌종 9년 33세로 식년시에 병과로 급제하여 벼슬이 철종 대 사간원 정언(정6품)을 거쳐 고종 초 찰방(종6품)에 이르렀다. 《방목》에는 벼슬이 없이 아버지[維宸], 할아버지[行卿], 증조[興慶], 외조[李琥] 이름이 보이고, 본관이 흥해興海로 되어 있다. 그런데 《청구》에는 《흥해배씨보》 자체가 없고, 《만성》의 《흥해배씨보》에는 배상규의 가계가 보이지 않는다.

　119 **김능**金棱(1813~?) 평안도 안주安州 사람으로 유학을 거쳐 헌종 9년 31세로 식년시에 병과로 급제하여 벼슬이 고종 대 사헌부 장령(정4품)에 이르렀다. 《방목》에는 벼슬이 없이 아버지[廷潤], 할아버지[呂珣], 증조[慶麟], 외조[安景偁] 이름이 보이고, 본관이 수원水原으로 되어 있다. 그런데 《청구》와 《만성》의 《수원김씨보》에는 김능의 가계가 보이지 않는다. 2000년 현재 수원김씨 인구는 4,997가구 1만 6,009명의 희성으로 조선시대 문과급제자 8명을 배출했는데, 안주에서만 영조 대 이후 7명이 급제했다.

　120 **이장부**李璋溥(1803~?) 충청도 홍산鴻山 사람으로 유학을 거쳐

헌종 9년 41세로 식년시에 병과로 급제하여 벼슬이 철종 대 찰방(종6
품)에 이르렀다. 《방목》에는 벼슬이 없이 아버지[秉龍], 할아버지[恒
彬], 증조[述靖], 외조[李鳳八] 이름이 보이고, 본관이 한산韓山으로 되
어 있다. 《청구》와 《만성》의 《한산이씨보》를 보면 직계 5대조와 외
조 가운데 벼슬아치가 없다.

121 유태현柳泰鉉(1807~?) 충청도 결성結城 사람으로 유학을 거쳐
헌종 9년 37세로 식년시에 병과로 급제하여 벼슬이 철종 대 낭천현
감(종6품)에 이르렀다. 《방목》에는 벼슬이 없이 아버지[在洛], 할아버
지[億中], 증조[華曾], 외조[林德泰] 이름이 보이고, 본관이 문화文化로
되어 있다. 그런데 《청구》와 《만성》의 《문화유씨보》에는 유태현의
가계가 보이지 않는다.

122 박현해朴賢楷(1821~?) 평안도 삭주朔州 사람으로 유학을 거쳐
헌종 9년 23세로 식년시에 병과로 급제하여 벼슬이 찰방(종6품)에 이
르렀다. 《방목》에는 벼슬이 없이 아버지[龍範], 할아버지[文哲], 증조
[東楫], 외조[李宗瑞] 이름이 보이고, 본관이 밀양密陽으로 되어 있다.
그런데 《청구》와 《만성》의 《밀양박씨보》에는 박현해의 가계가 보
이지 않는다. 《세종실록》〈지리지〉, 《동국여지승람》에는 삭주에 밀
양박씨가 보이지 않으나 《여지도서》에는 보인다. 《동국여지승람》이
편찬된 이후에 이 지역으로 이주한 것으로 보인다.

123 이윤룡李潤龍(1776~1855) 경상도 함안咸安 사람으로 유학을 거
쳐 헌종 9년 68세로 식년시에 병과로 급제하여 벼슬이 사헌부 지평
(정5품)을 거쳐 철종 대 도정都正(정3품 당상관)에 이르렀다. 《방목》에
는 벼슬이 없이 아버지[能節], 할아버지[柱望], 증조[得培], 외조[郭重
新] 이름이 보이고, 본관이 재령載寧으로 되어 있다. 그런데 《만성》의

《재령이씨보》에는 이윤룡의 가계가 보이지 않으며, 《청구》의 《재령
이씨보》를 보면 할아버지 이름이 윤망贇望으로 되어 있어 《방목》과
다르다. 어쨌든 직계 7대조와 외조 가운데 벼슬아치가 없다.

124 **강봉환**姜鳳煥(1819~?) 경기도 교하交河 사람으로 유학을 거쳐
헌종 9년 25세로 식년시에 병과로 급제했다. 《방목》에는 벼슬이 없
이 아버지[會達], 할아버지[世成], 증조[文善], 외조[權相泰] 이름이 보
이고, 본관이 진주晉州로 되어 있다. 《만성》의 《진주강씨보》를 보면
직계 5대조와 외조 가운데 벼슬아치가 없으며, 《청구》의 《진주강씨
보》에는 6대조 이상의 가계만 보이고 그 이후는 보이지 않는다. 이를
따르면 직계 6대조 가운데 벼슬아치가 없다.

125 **심후선**沈厚善(1824~?) 경기도 수원水原 사람으로 유학을 거쳐
헌종 9년 20세로 식년시에 병과로 급제하여 벼슬이 사간원 정언(정6
품)에 이르렀다. 《방목》에는 벼슬이 없이 아버지[奎膺], 할아버지[晉
恭], 증조[鍾河], 외조[睦魯中] 이름이 보이고, 본관이 청송靑松으로 되
어 있다. 그런데 《청구》의 《청송심씨보》에는 심후선의 가계가 보이
지 않으며, 《만성》의 《청송심씨보》를 보면 직계 7대조와 외조 가운
데 벼슬아치가 없다.

126 **송규호**宋奎灝(1820~?) 경상도 상주尙州 사람으로 유학을 거쳐
헌종 9년 24세로 식년시에 병과로 급제하여 벼슬이 고종 대 사헌부
장령(정4품)을 거쳐 사간원 사간(종3품)에 이르렀는데, 과거의 폐단을
지적한 상소를 올린 죄로 고종 11년에 유배되었다. 《방목》에는 벼슬
이 없이 아버지[啓升], 할아버지[好心], 증조[瑒], 외조[田先啓] 이름이
보이고, 본관이 여산礪山으로 되어 있다. 그런데 《만성》의 《여산송씨
보》에는 송규호의 가계가 보이지 않으며, 《청구》의 《여산송씨보》를

보면 직계 11대조와 외조 가운데 벼슬아치가 없다. 그러나 대대로 유
학을 공부한 집안이다.

127 **남이륜**南履輪(개명 啓輪. 1819~?) 경기도 파주坡州 사람으로 유학
을 거쳐 헌종 9년 25세로 식년시에 병과로 급제하여 벼슬이 철종 대
홍문관과 통례원 우통례(정3품 당하관)를 거쳐 고종 초 부호군副護軍
(종4품)에 이르렀다. 《방목》에는 벼슬이 없이 아버지[卿老], 할아버지
[泰善], 증조[翼明], 외조[洪達祚] 이름이 보이고, 본관이 의령宜寧으로
되어 있다. 그런데 《만성》의 《의령남씨보》에는 남이륜의 가계가 보
이지 않으며, 《청구》의 《의령남씨보》를 보면 직계 4대조와 외조 가
운데 벼슬아치가 없다.

128 **송흠익**宋欽翼(1791~?) 충청도 청주淸州 사람으로 유학을 거쳐
헌종 9년 53세로 식년시에 병과로 급제하여 벼슬이 철종 대 홍문관
원을 지냈다. 《방목》에는 벼슬이 없이 아버지[徹圭], 할아버지[輝普],
증조[周相], 외조[金履禎] 이름이 보이고, 본관이 은진恩津으로 되어 있
다. 《청구》와 《만성》의 《은진송씨보》를 보면 직계 4대조와 외조 가
운데 벼슬아치가 없다.

129 **조형승**曺瑩承(1805~?) 전라도 화순和順 사람으로 유학을 거쳐
헌종 9년 39세로 식년시에 병과로 급제했다. 《방목》에는 벼슬이 없
이 아버지[錫五], 할아버지[聲振], 증조[允哲], 외조[尹周鉉] 이름이 보
이고, 본관이 창녕昌寧으로 되어 있다. 그런데 《청구》와 《만성》의
《창녕조씨보》에는 조형승의 가계가 보이지 않는다.

130 **김대현**金大鉉(1815~?) 평안도 의주義州 사람으로 유학을 거쳐
헌종 9년 29세로 식년시에 병과로 급제하여 벼슬이 고종 초 임천군
수(종4품)에 이르렀다. 《방목》에는 벼슬이 없이 아버지[膺漢], 할아버

지[必문], 증조[麗器], 외조[林之桂] 이름이 보이고, 본관이 대구大邱로
되어 있다. 그런데 《청구》와 《만성》에는 《대구김씨보》 자체가 없다.
2000년 현재 대구김씨 인구는 1,030가구 2,986명의 희성으로 조선시
대 문과급제자 3명을 배출했는데, 정조 대 이후 의주에서 2명이 나왔
다. 그런데 《세종실록》〈지리지〉, 《동국여지승람》, 《여지도서》 어디
에도 의주에는 대구김씨가 없어, 아마도 영조 대 이후에 이 지역으로
이주한 것으로 보인다.

131 구상은具相殷(1786~?) 충청도 보령保寧 사람으로 생원을 거쳐
헌종 9년 58세로 식년시에 병과로 급제하여 벼슬이 사간원 정언(정6
품)에 이르렀다. 《방목》에는 벼슬이 없이 아버지[翼命], 할아버지[錫
坤], 증조[萬元], 외조[宋百孫] 이름이 보이고, 본관이 능성綾城으로 되
어 있다. 그런데 《청구》의 《능성구씨보》에는 구상은의 가계가 보이
지 않으며, 《만성》의 《능성구씨보》를 보면 직계 4대조와 외조 가운
데 벼슬아치가 없다.

132 신국휴申國休(1803~?) 충청도 청주淸州 사람으로 유학을 거쳐
헌종 9년 41세로 식년시에 병과로 급제했다. 《방목》에는 벼슬이 없
이 아버지[命求, 생부 商求], 할아버지[益模], 증조[亨祿], 외조[沈履錫] 이
름이 보이고, 본관이 고령高靈으로 되어 있다. 《청구》와 《만성》의
《고령신씨보》를 보면 직계 5대조와 외조 가운데 벼슬아치가 없다.

133 한용덕韓容悳(1815~?) 경기도 양근楊根 사람으로 유학을 거쳐
헌종 9년 29세로 식년시에 병과로 급제하여 벼슬이 사헌부 집의(종3
품)에 이르렀다. 《방목》에는 벼슬이 없이 아버지[耆東], 할아버지[泰
亨], 증조[永邃], 외조[閔衡秀] 이름이 보이고, 본관이 청주淸州로 되어
있다. 《청구》와 《만성》의 《청주한씨보》를 보면 직계 3대조와 외조

가운데 벼슬아치가 없다.

134 이용익李容翼(1807~?) 충청도 충주忠州 사람으로 유학을 거쳐 헌종 9년 37세로 식년시에 병과로 급제하여 벼슬이 철종 대 군수(종4품), 고종 초 사헌부 집의(종3품)에 이르렀다. 《방목》에는 벼슬이 없이 아버지[克愚], 할아버지[得秀], 증조[宗源], 외조[金鎭一] 이름이 보이고, 본관이 연안延安으로 되어 있다. 그런데 《청구》와 《만성》의 《연안이씨보》에는 이용익의 가계가 보이지 않는다.

135 김관효金觀孝(1817~?) 평안도 숙천肅川 사람으로 유학을 거쳐 헌종 9년 27세로 식년시에 병과로 급제하여 벼슬이 고종 초 사헌부 장령(정4품)에 이르렀다. 《방목》에는 벼슬이 없이 아버지[景祿], 할아버지[器海], 증조[錫魯], 외조[金學權] 이름이 보이고, 본관이 영천永川으로 되어 있다. 그런데 《청구》와 《만성》에는 《영천김씨보》 자체가 없어 신원을 알 수 없다. 2000년 현재 영천김씨 인구는 1,100가구 3,540명의 희성으로 헌종 대 이후 문과급제자 2명을 배출하고, 그 밖에 역과譯科 3명, 음양과陰陽科 7명, 율과律科 2명의 급제자를 배출하여 중인가문을 형성했다. 《세종실록》〈지리지〉, 《동국여지승람》, 《여지도서》 어디에도 숙천에 영천김씨가 없어 영조 대 이후 이 지역으로 이주한 듯하다.

136 신학전申學典(1816~?) 평안도 숙천肅川 사람으로 유학을 거쳐 헌종 9년 28세로 식년시에 병과로 급제했다. 《방목》에는 벼슬이 없이 아버지[處奎], 할아버지[俊權], 증조[亨宇], 외조[羅台信] 이름이 보이고, 본관이 평산平山으로 되어 있다. 그런데 《청구》와 《만성》의 《평산신씨보》에는 신학전의 가계가 보이지 않는다. 《동국여지승람》에는 숙천에 공주신씨公州申氏만 보이고 평산신씨는 없는데, 《여지도

서》에는 평산신씨가 보여 조선 후기에 이 지역으로 이주했거나 본관
을 바꾼 것으로 보인다.

137 **백용주**白龍周(1810~?) 평안도 태천泰川 사람으로 유학을 거쳐
헌종 9년 34세로 식년시에 병과로 급제했다. 《방목》에는 벼슬이 없
이 아버지〔宗權〕, 할아버지〔大治〕, 증조〔采怕〕, 외조〔車載良〕 이름이 보이
고, 본관이 선산善山으로 되어 있다. 그런데 《만성》에는 《선산백씨
보》 자체가 없고, 《청구》의 《선산백씨보》를 보면 경종 3년 문과에
급제한 백태운白泰運 한 사람만 기록되어 있다. 선산백씨는 현재 《수
원백씨보》에 통합되어 있다. 《세종실록》〈지리지〉, 《동국여지승람》
에는 태천에 선산백씨가 보이지 않다가 《여지도서》에 선산백씨가 보
여 《동국여지승람》이 편찬된 이후 이 지역으로 이주한 것 같다.

138 **강재황**姜載璜(1816~?) 평안도 철산鐵山 사람으로 유학을 거쳐
헌종 9년 28세로 식년시에 병과로 급제했다. 《방목》에는 벼슬이 없
이 아버지〔顯文〕, 할아버지〔喆興〕, 증조〔貴東〕, 외조〔文命洙〕 이름이 보
이고, 본관이 진주晋州로 되어 있다. 그런데 《청구》와 《만성》의 《진
주강씨보》에는 강재황의 가계가 보이지 않는다. 《세종실록》〈지리
지〉, 《동국여지승람》, 《여지도서》 어디에도 철산에 진주강씨가 보이
지 않아 영조 대 이후 이 지역으로 이주한 것 같다.

139 **최치권**崔致權(1801~?) 평안도 정주定州 사람으로 유학을 거쳐
헌종 9년 43세로 식년시에 병과로 급제했다. 《방목》에는 벼슬이 없
이 아버지〔夢瑞〕, 할아버지〔日鳳〕, 증조〔恒뿔〕, 외조〔嚴厚能〕 이름이 보
이고, 본관이 해주海州로 되어 있다. 그런데 《청구》와 《만성》의 《해
주최씨보》에는 최치권의 가계가 보이지 않는다. 《세종실록》〈지리
지〉, 《동국여지승람》, 《여지도서》에는 정주에 춘주최씨春州崔氏만 보

이고 해주최씨는 없다. 따라서 영조 대 이후에 해주최씨가 이 지역으로 이주했거나 아니면 춘주최씨가 명성이 높은 해주최씨로 본관을 바꾼 것 같다.

140 이광수李光洙(1802~?) 충청도 충주忠州 사람으로 생원을 거쳐 헌종 9년 42세로 식년시에 병과로 급제했다. 《방목》에는 벼슬이 없이 아버지[承祜], 할아버지[命峻], 증조[克春], 외조[崔迪] 이름이 보이고, 본관이 성주星州(또는 碧珍)로 되어 있다. 그런데 《청구》와 《만성》의 《성주이씨보》에는 이광수의 가계가 보이지 않으며, 《만성》의 《벽진이씨보》에도 가계가 보이지 않는다. 《청구》의 《벽진이씨보》에는 그의 가계가 보이는데, 인조 대 지중추부사(정2품)를 지낸 이경李堈의 8대손으로, 직계 3대조 가운데 할아버지가 현감(종6품)을 지낸 것으로 되어 있으나 확인이 어렵다.

141 남명익南溟翼(1795~?) 서울 사람으로 유학을 거쳐 헌종 9년 49세로 식년시에 병과로 급제했다. 《방목》에는 벼슬이 없이 아버지[擎宇], 할아버지[相壽], 증조[雲興], 외조[權昌鐥] 이름이 보이고, 본관이 의령宜寧(또는 英陽51))으로 되어 있다. 그런데 《청구》와 《만성》의 《의령남씨보》와 《영양남씨보》 어디에도 남명익의 가계가 보이지 않는다.

142 길진오吉鎭五(1798~?) 거주지를 알 수 없다. 유학을 거쳐 헌종 9년 46세로 식년시에 병과로 급제했다. 《방목》에는 벼슬이 없이 아버지[㺾], 할아버지[尙中], 증조[衍], 외조[安道權] 이름이 보이나 본관이 없다. 《청구》와 《만성》의 어느 길씨보에도 길진오의 가계가 보이

---

51) 국립중앙도서관 소장 《국조방목》에는 남명익의 본관이 영양英陽으로 되어 있다.

지 않는다. 그러나 순조 대 문과에 급제한 길진국吉鎭國의 항렬이 길
진오와 같은데, 길진국의 본관은 해평海平이고 거주지는 평안도 영변
寧邊이다. 또 순조 대 급제한 길이원吉履元의 거주지도 영변이다. 따라
서 길진오의 본관은 해평이고 거주지는 영변인 것을 알 수 있다. 해
평길씨는 조선시대 문과급제자 7명을 배출했는데, 순조 대 이후 급제
한 3명은 모두 영변 출신이다.

143 현기준玄基濬(1811~?) 거주지와 본관이 기록되어 있지 않은데
유학을 거쳐 헌종 9년 33세로 식년시에 병과로 급제하여 벼슬이 사
헌부 장령(정4품)에 이르렀다. 《방목》에는 벼슬이 없이 아버지[心黙],
할아버지[大溢], 증조[圖華], 외조[咸屹權] 이름이 보일 뿐이다. 그런데
《문음진신보門蔭縉紳譜》를 보면 현기준의 본관이 연주延州이고 거주
지가 평안도 영변寧邊으로 되어 있다. 하지만 《청구》와 《만성》의
《연주현씨보》에는 그의 가계가 보이지 않는다.

144 유진한柳進翰(1798~?) 경상도 안동安東 사람으로 진사를 거쳐
헌종 10년(1844) 47세로 증광별시에 장원급제하여 벼슬이 철종 대 홍
문관 수찬(정6품)을 거쳐 승지(정3품 당상관)에 이르렀다. 《방목》에는
벼슬이 없이 아버지[星祚, 생부 相祚], 할아버지[熙春], 증조[霮], 외조[權
錫光] 이름이 보이고, 본관이 풍산豊山으로 되어 있다. 《청구》와 《만
성》의 《풍산유씨보》를 보면 유진한은 유성룡柳成龍의 9대손으로 직
계 4대조와 외조 가운데 벼슬아치가 없다.

145 이승택李承澤(1815~?) 경기도 포천抱川 사람으로 유학을 거쳐
헌종 10년 30세로 증광별시에 병과로 급제하여 벼슬이 철종 대 사헌
부 집의(종3품)에 이르렀다. 고종 초 홍문록에 올리려다 사헌부의 반
대로 좌절되었는데,[52] 벌열閥閱이 아니라는 이유였다. 《방목》에는

벼슬이 없이 아버지[燿, 생부 爔], 할아버지[廷柱], 증조[熏], 외조[兪道
煥] 이름이 보이고, 본관이 전주全州로 되어 있다. 《전주이씨과거급제
자총람》을 보면 이승택은 세조의 후궁 소생인 덕원군德源君의 12세손
으로, 양부養父의 가계는 적지 않고 생부生父의 가계만 적고 있다. 왕
손임에도 벌열이 아니라는 것은 서출임을 암시하나 확실치 않다.

146 금시술琴詩述(1783~?) 경상도 예안禮安 사람으로 유학을 거쳐
헌종 10년 62세로 증광별시에 병과로 급제하여 벼슬이 사헌부 지평
(정5품)에 이르렀다. 《방목》에는 벼슬이 없이 아버지[汝玉], 할아버지
[疇錫], 증조[瀅], 외조[金弘命] 이름이 보이고, 본관이 봉화奉化로 되어
있다. 《청구》와 《만성》의 《봉화금씨보》를 보면 직계 6대조와 외조
가운데 벼슬아치가 없다.

147 현필제玄弼濟(1814~?) 평안도 정주定州 사람으로 유학을 거쳐
헌종 10년 31세로 증광별시에 병과로 급제하여 벼슬이 사간원 정언
(정6품)을 거쳐 고종 대 사간(종3품)에 이르렀다. 《방목》에는 벼슬이
없이 아버지[仁珀], 할아버지[鶴裕], 증조[鳳佑], 외조[金初直] 이름이
보이고, 본관이 연주延州(延安)로 되어 있다. 그런데 《청구》와 《만
성》의 《연주현씨보》에는 현필제의 가계가 보이지 않는다. 《세종실
록》〈지리지〉, 《동국여지승람》, 《여지도서》 어디에도 정주에 연주
현씨가 없고 성주현씨星州玄氏만 보여 영조 대 이후 정주로 이주한 듯
하다. 연주현씨는 정조 대 이후 문과급제자 7명을 배출했는데, 6명이
평안도, 1명이 함경도 출신이다.

148 이연경李演經(1791~?) 경기도 파주坡州 사람으로 유학을 거쳐

---

52) 《고종실록》 권3, 고종 3년 6월 11일 무술.

헌종 10년 54세로 증광별시에 병과로 급제하여 벼슬이 현감(종6품)에
이르렀다.《방목》에는 벼슬이 없이 아버지[衡尹], 할아버지[孝實], 증
조[鳴周], 외조[曺克振] 이름이 보이고, 본관이 전주全州로 되어 있다.
《전주이씨과거급제자총람》을 보면 이연경은 정종의 후궁 소생인 덕
천군德泉君의 후손으로 직계 10대조 가운데 벼슬아치는 7대조가 문과
에 급제한 것뿐이다.

149 박문흠朴文鈫(1795~?) 함경도 안변安邊 사람으로 참봉(종9품)을
거쳐 헌종 10년 50세로 증광별시에 병과로 급제했다.《방목》에는 벼
슬이 없이 아버지[命璧], 할아버지[師爕], 증조[萬株], 외조[韓洙] 이름
이 보이고, 본관이 영해寧海로 되어 있다. 그런데《청구》에는《영해
박씨보》자체가 없고,《만성》의《영해박씨보》에는 박문흠의 가계가
보이지 않는다. 2000년 현재 영해박씨 인구는 7,985가구 2만 5,189명
으로, 조선시대 문과급제자는 그가 유일하다. 조선 후기에 역과譯科
41명, 의과醫科 2명, 음양과陰陽科 5명, 율과律科 1명, 산학算學 2명의
급제자를 배출하여 전형적인 중인가문이 되었다.

150 정창협丁昌夾(1798~?) 전라도 남원南原 사람으로 유학을 거쳐
헌종 11년(1845) 48세로 경과정시에 장원급제하여 벼슬이 철종 대 홍
문관을 거쳐 고종 초 대사간(정3품 당상관)에 이르렀다.《방목》에는
벼슬이 없이 아버지[達麟], 할아버지[基爀], 증조[壎], 외조[李泰錫] 이
름이 보이고, 본관이 창원昌原으로 되어 있다.《청구》와《만성》의
《창원정씨보》를 보면 직계 7대조와 외조 가운데 벼슬아치가 없다.
2000년 현재 창원정씨 인구는 2,596가구 8,512명의 희성으로 조선시
대 문과급제자 5명을 배출했다.

151 유병연柳秉淵(1810~?) 황해도 신천信川 사람으로 유학을 거쳐

헌종 11년 36세로 경과정시에 병과로 급제했다. 《방목》에는 벼슬이
없이 아버지[萬輝], 할아버지[舜鳴], 증조[希謨], 외조[姜宗鍊] 이름이
보이고, 본관이 진주晉州로 되어 있다. 그런데 《청구》와 《만성》의
《진주유씨보》에는 유병연의 가계가 보이지 않는다.

152 **송겸수**宋謙洙(1802~?) 충청도 문의文義 사람으로 유학을 거쳐
헌종 11년 44세로 경과정시에 병과로 급제하여 벼슬이 홍문관을 거
쳐 고종 초 대사간(정3품 당상관)과 참판(종2품)에 이르렀다. 《방목》에
는 벼슬이 없이 아버지[欽時], 할아버지[憲圭], 증조[煥復], 외조[李憲
明] 이름이 보이고, 본관이 은진恩津으로 되어 있다. 《청구》와 《만
성》의 《은진송씨보》를 보면 직계 4대조와 외조 가운데 벼슬아치가
없다.

153 **장용규**張龍逵(개명 錫龍, 1823~?) 경상도 인동仁同 사람으로 유학
을 거쳐 헌종 12년(1846) 24세로 춘당대 정시에 장원급제하여 벼슬이
홍문관을 거쳐 고종 대 대사간(정3품 당상관)과 판서(정2품)에 이르렀
다. 《방목》에는 벼슬이 없이 아버지[學穗, 생부 學樞], 할아버지[胤卓],
증조[壽耳], 외조[姜百濟], 처부[許溎] 이름이 보이고, 본관이 인동으로
되어 있다. 그런데 《만성》의 《인동장씨보》에는 장용규의 가계가 보
이지 않으며, 《청구》의 《인동장씨보》를 보면 직계 3대조는 모두 그
로 말미암아 죽은 뒤에 증직贈職을 받았을 뿐으로 직계 5대조와 외조,
처부 가운데 벼슬아치가 없다. 벼슬이 판서에 이르렀는데도 《만성》
에 이름이 오르지 않은 것은 이상하다.

154 **박영제**朴榮濟(1816~?) 평안도 강서江西 사람으로 유학을 거쳐
헌종 12년 31세로 춘당대 정시에 병과로 급제했다. 《방목》에는 벼슬
이 없이 아버지[就日], 할아버지[文顯], 증조[大熏], 외조[楊就恒] 이름

이 보이고, 본관이 밀양密陽으로 되어 있다. 그런데 《청구》와 《만성》
의 《밀양박씨보》에는 박영제의 가계가 보이지 않는다. 《세종실록》
〈지리지〉, 《동국여지승람》, 《여지도서》에는 강서에 밀양박씨가 없
고 해주박씨海州朴氏만 보인다. 아마 《여지도서》가 편찬된 이후 해주
박씨가 명성이 높은 밀양박씨로 본관을 바꾼 듯하다.

155 한정모韓鼎謨 충청도 진천鎭川 사람으로 유학을 거쳐 헌종 12년
춘당대 정시에 병과로 급제했다. 《방목》에는 출생연도와 본관이 없
으며 아버지[師元], 할아버지[相天], 증조[爓], 외조[尹東漸], 처부[金濟]
이름이 보일 뿐이다. 조선 후기에 한씨는 모두 청주한씨로 통합되었
는데, 《청구》와 《만성》의 《청주한씨보》에는 한정모의 가계가 보이
지 않는다.

156 김직연金直淵(1811~?) 경기도 광주廣州 사람으로 유학을 거쳐
헌종 12년 36세로 춘당대 정시에 병과로 급제하여 벼슬이 철종 대
사헌부 장령(정4품)과 홍문관 부수찬(종6품)을 거쳐 승지(정3품 당상관)
에 이르렀다. 《방목》에는 벼슬이 없이 아버지[鍾岳], 할아버지[致烈],
증조[濟魯], 외조[元正魯], 처부[曺舜明] 이름이 보이고, 본관이 청풍淸
風으로 되어 있다. 《청구》와 《만성》의 《청풍김씨보》를 보면 직계 5
대조와 외조 가운데 벼슬아치가 없다.

157 조명구趙名龜(1827~?) 경기도 김포金浦 사람으로 유학을 거쳐
헌종 12년 20세로 춘당대 정시에 병과로 급제하여 벼슬이 철종 대
찰방(종6품)과 사간원 정언(정6품)에 이르렀다. 《방목》에는 벼슬이 없
이 아버지[有述], 할아버지[奎亨], 증조[景弘], 외조[李嘉億] 이름이 보
이고, 본관이 배천白川으로 되어 있다. 그런데 《청구》와 《만성》의
《배천조씨보》에는 조명구의 가계가 보이지 않는다.

158 선우업鮮于澲(1821~?) 평양平壤 사람으로 헌종 12년 26세로 식년시에 갑과로 급제하여 벼슬이 철종 대 승지(정3품 당상관)를 거쳐 고종 대 정주목사(정3품 당상관)와 대사간(정3품 당상관)에 이르렀다. 《방목》에는 벼슬이 없이 아버지[璵], 할아버지[城], 증조[杅], 외조[金建孝] 이름이 보이고, 본관이 태원太原으로 되어 있다. 그런데 《청구》와 《만성》의 《태원선우씨보》에는 선우업의 가계가 보이지 않는다. 2000년 현재 태원선우씨 인구는 1,103가구 3,560명의 희성으로 순조 대 이후 문과급제자 4명을 배출했는데, 모두가 평안도 출신이다.

159 홍경섭洪敬燮(1815~?) 전라도 무안務安 사람으로 유학을 거쳐 헌종 12년 32세로 식년시에 을과로 급제했다. 《방목》에는 벼슬이 없이 아버지[秉一], 할아버지[泰瑞], 증조[啓文], 외조[丁煥東] 이름이 보이고, 본관이 남양南陽으로 되어 있다. 그런데 《청구》와 《만성》의 《남양홍씨보》에는 홍경섭의 가계가 보이지 않는다.

160 맹도식孟道植(1806~?) 충청도 온양溫陽 사람으로 유학을 거쳐 헌종 12년 41세로 식년시에 을과로 급제했다. 《방목》에는 벼슬이 없이 아버지[永祿], 할아버지[欽貞], 증조[淳遠], 외조[卞禹鎭] 이름이 보이고, 본관이 신창新昌으로 되어 있다. 그런데 《만성》의 《신창맹씨보》에는 맹도식의 가계가 보이지 않으며, 《청구》의 《신창맹씨보》를 보면 그는 맹사성孟思誠의 17대손으로 아버지 이름은 같으나 할아버지가 노순魯淳, 증조가 흠정欽貞, 고조가 순원淳遠으로 되어 있어 《방목》과 다르다. 어느 것이 맞는지는 모르겠으나, 《족보》를 따르면 직계 6대조 가운데 벼슬아치가 없다.

161 김용익金龍翼(1813~?) 평안도 순안順安 사람으로 유학을 거쳐 헌종 12년 34세로 식년시에 을과로 급제했다. 《방목》에는 벼슬이 없

이 아버지[養履], 할아버지[宗義], 증조[致坤], 외조[吳處運] 이름이 보이고, 본관이 당악唐岳으로 되어 있다. 그런데 《청구》와 《만성》의 《당악김씨보》에는 김용익의 가계가 보이지 않고, 인조 대 문과에 급제하여 벼슬이 현감(종6품)에 이른 김여욱金汝旭만 기록되어 있다. 2000년 현재 당악김씨 인구는 765가구 2,455명의 희성으로 조선시대 문과급제자 4명을 배출했는데, 첫 급제자는 인조 대, 나머지 3명은 정조 대 이후에 급제하였으며 순안에서 2명, 강동江東에서 1명이 나왔다. 《세종실록》〈지리지〉와 《동국여지승람》을 보면 순안의 당악김씨는 입진성入鎭姓으로 되어 있어 조선 초기에 이주한 주민이다.

162 권석權錫(1817~?) 충청도 목천木川 사람으로 유학을 거쳐 헌종 12년 30세로 식년시에 을과로 급제했다. 《방목》에는 벼슬이 없이 아버지[績], 할아버지[扃], 증조[國琛], 외조[柳埰] 이름이 보이고, 본관이 안동安東으로 되어 있다. 그런데 《청구》와 《만성》의 《안동권씨보》에는 권석의 가계가 보이지 않는다.

163 맹노술孟魯述(1810~?) 충청도 온양溫陽 사람으로 유학을 거쳐 헌종 12년 37세로 식년시에 을과로 급제하여 벼슬이 철종 대 찰방(종6품)에 이르렀다. 《방목》에는 벼슬이 없이 아버지[直淳], 할아버지[欽教], 증조[躡遠], 외조[李尚台] 이름이 보이고, 본관이 신창新昌으로 되어 있다. 《청구》와 《만성》의 《신창맹씨보》를 보면 맹노술은 맹사성孟思誠의 16대손으로 직계 4대조와 외조 가운데 벼슬아치가 없다.

164 백종규白宗逵(1819~?) 평안도 강동江東 사람으로 유학을 거쳐 헌종 12년 28세로 식년시에 병과로 급제했다. 《방목》에는 벼슬이 없이 아버지[善宅], 할아버지[珩一], 증조[正彬], 외조[金尚坤] 이름이 보이고, 본관이 수원水原으로 되어 있다. 그런데 《청구》와 《만성》의

《수원백씨보》에는 백종규의 가계가 보이지 않는다. 《세종실록》〈지리지〉, 《동국여지승람》, 《여지도서》 어디에도 강동에 수원백씨가 없고, 《여지도서》에는 진안백씨鎭安白氏만 보인다. 《여지도서》가 편찬된 이후에 이곳으로 이주했거나, 아니면 진안백씨가 명성이 높은 수원백씨로 본관을 바꾼 것인지도 모른다.

165 임인수林仁洙(1809~?) 전라도 나주羅州 사람으로 유학을 거쳐 헌종 12년 38세로 식년시에 병과로 급제하여 벼슬이 사헌부 지평(정5품)에 이르렀다. 《방목》에는 벼슬이 없이 아버지[時鎭], 할아버지[晦遠], 증조[宅憲], 외조[任邦興] 이름이 보이고, 본관이 나주로 되어 있다. 그런데 《청구》의 《나주나씨보》에는 임인수의 가계가 보이지 않으며, 《만성》의 《나주나씨보》를 보면 그는 조선 중기 문인 임제林悌의 9대손으로 직계 9대조와 외조 가운데 벼슬아치는 7대조가 무과에 급제한 것뿐이다.

166 백시은白時殷(1808~?) 평안도 정주定州 사람으로 유학을 거쳐 헌종 12년 39세로 식년시에 병과로 급제했다. 《방목》에는 벼슬이 없이 아버지[宗甲], 할아버지[思溙], 증조[台耈], 외조[安尙麟] 이름이 보이고, 본관이 수원水原으로 되어 있다. 그런데 《청구》와 《만성》의 《수원백씨보》에는 백시은의 가계가 보이지 않는다. 정주의 수원백씨는 영조 대 이후 문과급제자 22명을 배출하여 이 지역의 명문으로 등장했다. 《세종실록》〈지리지〉와 《동국여지승람》에는 정주에 수원백씨가 없고 황주백씨黃州白氏만이 있었는데, 《여지도서》에는 황주백씨가 사라지고 그 대신 수원백씨가 등장한다. 《동국여지승람》이 편찬된 이후 수원백씨가 정주로 이주한 것인지, 아니면 황주백씨가 명성이 높은 수원백씨로 본관을 바꾼 것인지 알 수 없다.

167 송돈宋燉(1777~?) 전라도 담양潭陽 사람으로 유학을 거쳐 헌종 12년 70세로 식년시에 병과로 급제했다. 《방목》에는 벼슬이 없이 아버지[文楫], 할아버지[義老], 증조[之灝], 외조[文必麟] 이름이 보이고, 본관이 신평新平으로 되어 있다. 그런데 《청구》와 《만성》의 《신평송씨보》에는 송돈의 가계가 보이지 않는다.

168 이혁준李赫準(1820~?) 경기도 이천利川 사람으로 유학을 거쳐 헌종 12년 27세로 식년시에 병과로 급제하여 벼슬이 철종 대 사헌부 지평(정5품)과 사간원 헌납(정5품)을 거쳐 고종 대 통례원 우통례(정3품 당하관)에 이르렀다. 《방목》에는 벼슬이 없이 아버지[憲彬], 할아버지[永嗣], 증조[朝羽], 외조[嚴思禹] 이름이 보이고, 본관이 전의全義로 되어 있다. 《청구》와 《만성》의 《전의이씨보》를 보면 직계 5대조와 외조 가운데 벼슬아치가 없다.

169 이정후李庭垕(1819~?) 평안도 개천价川 사람으로 유학을 거쳐 헌종 12년 28세로 식년시에 병과로 급제했다. 《방목》에는 벼슬이 없이 아버지[秉俊], 할아버지[晳], 증조[信喆], 외조[楊就範] 이름이 보이고, 본관이 광주廣州로 되어 있다. 그런데 《청구》와 《만성》의 《광주이씨보》에는 이정후의 가계가 보이지 않는다. 《세종실록》〈지리지〉와 《동국여지승람》에는 개천에 광주이씨가 없고 해양이씨海陽李氏만 보이다가, 《여지도서》에는 해양이씨가 사라지고 광주이씨가 등장한다. 해양이씨가 명성이 높은 광주이씨로 본관을 바꾼 듯하다.

170 조정조趙廷祖(1809~?) 평안도 정주定州 사람으로 유학을 거쳐 헌종 12년 38세로 식년시에 병과로 급제하여 벼슬이 찰방(종6품)을 거쳐 고종 대 성균관의 어느 자리에 이르렀다. 《방목》에는 벼슬이 없이 아버지[永珉], 할아버지[夢濂], 증조[慶一], 외조[承憲祚] 이름이 보

이고, 본관이 배천白川으로 되어 있다. 그런데 《만성》의 《배천조씨보》에는 조정조의 가계가 보이지 않으며, 《청구》의 《배천조씨보》에는 할아버지(좌랑)와 증조(참봉)까지의 가계는 보이나 아버지와 조정조의 이름은 보이지 않는다. 《실록》에는 지평 윤기주尹基周가 올린 상소에서 조정조가 관비官婢의 아들이라고 되어 있다.53) 《실록》의 기록이 사실이라면 그는 남의 《족보》를 빌려서 과거에 급제했거나 아니면 조상 가운데 누군가가 관비와 사통하여 낳은 아들인지도 모른다.

171 이규백李圭白(1819~?) 전라도 부안扶安 사람으로 유학을 거쳐 헌종 12년 28세로 식년시에 병과로 급제했다. 《방목》에는 벼슬이 없이 아버지[栽榮], 할아버지[集弘], 증조[馨源], 외조[林相夏] 이름이 보이고, 본관이 경주慶州로 되어 있다. 그런데 《청구》와 《만성》의 《경주이씨보》에는 이규백의 가계가 보이지 않는다.

172 이기李基(1796~?) 황해도 수안遂安 사람으로 유학을 거쳐 헌종 12년 51세로 식년시에 병과로 급제했다. 《방목》에는 벼슬이 없이 아버지[晩馨], 할아버지[光五], 증조[道貫], 외조[明聖河] 이름이 보이고, 본관이 수안으로 되어 있다. 그런데 《청구》와 《만성》의 《수안이씨보》에는 이기의 가계가 보이지 않는다. 2000년 현재 수안이씨 인구는 5,539가구 1만 7,577명의 희성으로 조선시대 문과급제자 26명을 배출했는데, 그 가운데 평안도 출신이 11명, 황해도 출신이 6명, 함경도 출신이 1명이다. 이것으로 보아 급제자들은 대부분 북방 출신으로 조선 후기에 급제한 것을 알 수 있다.

---

53) 《고종실록》 권9, 고종 9년 5월 30일 계축.

173 **이순선**李舜善(1807~?) 경상도 청도淸道 사람으로 유학을 거쳐 헌종 12년 40세로 식년시에 병과로 급제하여 벼슬이 사간원 정언(정6품)에 이르렀다.《방목》에는 벼슬이 없이 아버지[周甫], 할아버지[煜], 증조[檄], 외조[鄭夏振] 이름이 보이고, 본관이 고성固城으로 되어 있다. 그런데《만성》의《고성이씨보》에는 이순선의 가계가 보이지 않으며,《청구》의《고성이씨보》를 보면 그는 고려 말 조선 초 문신 이원李原의 후손으로 직계 3대조와 외조 가운데 벼슬아치가 없다.

174 **이명로**李明老(1801~?) 충청도 청주淸州 사람으로 유학을 거쳐 헌종 12년 46세로 식년시에 병과로 급제했다.《방목》에는 벼슬이 없이 아버지[箕溥], 할아버지[源福], 증조[陽載], 외조[申樂淵] 이름이 보이고, 본관이 한산韓山으로 되어 있다. 그런데《청구》와《만성》의《한산이씨보》에는 이명로의 가계가 보이지 않는다.

175 **윤성진**尹聖鎭(1810~?) 전라도 함평咸平 사람으로 유학을 거쳐 헌종 12년 37세로 식년시에 병과로 급제했다.《방목》에는 벼슬이 없이 아버지[弼儆], 할아버지[光日], 증조[應昊], 외조[李彦國] 이름이 보이고, 본관이 파평坡平으로 되어 있다. 그런데《청구》와《만성》의《파평윤씨보》에는 윤성진의 가계가 보이지 않는다.

176 **한계심**韓啓心(1793~?) 함경도 함흥咸興 사람으로 유학을 거쳐 헌종 12년 54세로 식년시에 병과로 급제하여 벼슬이 찰방(종6품)에 이르렀다.《방목》에는 벼슬이 없이 아버지[永壽], 할아버지[師權], 증조[正源], 외조[師顔] 이름이 보이고, 본관이 청주淸州로 되어 있다. 그런데《청구》와《만성》의《청주한씨보》에는 한계심의 가계가 보이지 않는다. 한편, 현행《청주한씨보》를 보면 그의 직계 5대조 가운데 벼슬아치가 없고 그 위로는 몇 명이 능참봉陵參奉(종9품)을 지낸 것으

로 되어 있다. 조선시대 함흥의 청주한씨는 13명이 넘는 문과급제자
를 배출하여 이 지역의 명문으로 등장했다.

177 김경유金景游(1814~?) 평양平壤 사람으로 유학을 거쳐 헌종 12
년 33세로 식년시에 병과로 급제했다. 《방목》에는 벼슬이 없이 아버
지[性儉], 할아버지[時得], 증조[涷], 외조[朴梓臣] 이름이 보이고, 본관
이 충주忠州로 되어 있다. 그런데 《만성》에는 《충주김씨보》 자체가
없으며, 《청구》의 《충주김씨보》에는 오직 고려 때 인물로 시조가 된
김남길金南吉 한 사람만 기록하고 있을 뿐이다. 2000년 현재 충주김
씨 인구는 2,923가구 9,099명의 희성으로, 조선시대 문과급제자 5명
을 배출했다. 이들은 모두 숙종 대 이후에 급제하였으며, 5명 가운데
1명은 함경도 출신이고 나머지 4명은 평안도 출신이다. 《세종실록》
〈지리지〉, 《동국여지승람》, 《여지도서》 어디에도 평양에는 충주김
씨가 보이지 않는다. 따라서 《여지도서》가 편찬된 이후 충주김씨가
평양으로 이주한 것으로 보인다.

178 임한수林翰洙(1817~?) 서울 사람으로 유학을 거쳐 헌종 12년 30
세로 식년시에 병과로 급제하여 벼슬이 사헌부 지평(정5품)과 홍문관
을 거쳐 고종 대 목사(정3품 당상관)와 공조판서(정2품)에 이르렀다.
《방목》에는 벼슬이 없이 아버지[箕鎭], 할아버지[浚喆], 증조[孟浩], 외
조[李宗幹] 이름이 보이고, 본관이 나주羅州로 되어 있다. 《청구》와
《만성》의 《나주임씨보》를 보면 직계 3대조와 외조 가운데 벼슬아치
가 없다.

179 김종환金宗瓛(1814~?) 전라도 영암靈巖 사람으로 유학을 거쳐
헌종 12년 33세로 식년시에 병과로 급제했다. 《방목》에는 벼슬이 없
이 아버지[璉澤], 할아버지[致珏], 증조[德聖], 외조[尹光復] 이름이 보

이고, 본관이 밀양密陽으로 되어 있다. 그런데 《만성》에는 《밀양김씨보》 자체가 없고, 《청구》의 《밀양김씨보》에는 김종환의 가계가 보이지 않는다. 2000년 현재 밀양김씨 인구는 3,009가구 9,951명의 희성으로 조선시대 문과급제자 4명을 배출했는데, 모두 영조 대 이후에 나왔다. 밀양김씨는 밀양의 토성土姓에도 있고 향리를 하고 있는 속성續姓에도 보이는데, 어느 밀양김씨가 되었는지는 알 수 없다.

180 **문기욱**文基郁(1819~?) 평안도 안주安州 사람으로 유학을 거쳐 헌종 12년 28세로 식년시에 병과로 급제했다. 《방목》에는 벼슬이 없이 아버지[炯涉], 할아버지[天岳], 증조[成秋], 외조[方大坤] 이름이 보이고, 본관이 남평南平으로 되어 있다. 그런데 《청구》와 《만성》의 《남평문씨보》에는 문기욱의 가계가 보이지 않는다. 《세종실록》〈지리지〉, 《동국여지승람》에는 안주에 전주문씨全州文氏와 장연문씨長淵文氏만 보이고 《여지도서》에는 오직 개령문씨開寧文氏만 보일 뿐 남평문씨가 없다. 따라서 《여지도서》가 편찬된 이후 전주문씨, 장연문씨, 개령문씨 등이 명성이 높은 남평문씨로 본관을 바꾸었거나 아니면 남평문씨가 이 지역으로 이주한 것으로 보이는데, 어느 것이 맞는지 알 수 없다.

181 **조숭조**趙崇祖(1819~?) 평안도 영변寧邊 사람으로 유학을 거쳐 헌종 12년 28세로 식년시에 병과로 급제했다. 《방목》에는 벼슬이 없이 아버지[永淳], 할아버지[夢轍], 증조[文璞], 외조[白禮興] 이름이 보이고, 본관이 배천白川으로 되어 있다. 그런데 《청구》와 《만성》의 《배천조씨보》에는 조숭조의 가계가 보이지 않는다.

182 **정지선**鄭止善(1789~?) 경상도 진주晉州 사람으로 유학을 거쳐 헌종 12년 58세로 식년시에 병과로 급제했다. 《방목》에는 벼슬이 없

이 아버지[銘毅], 할아버지[燻], 증조[相點], 외조[權壽楷] 이름이 보이고, 본관이 해주海州로 되어 있다. 그런데 《청구》의 《해주정씨보》에는 정지선의 가계가 보이지 않으며, 《만성》의 《해주정씨보》를 보면 그는 조선 중기 문신 정문부鄭文孚의 7대손으로 직계 6대조와 외조 가운데 벼슬아치가 없다.

183 김석린金錫麟(1816~?) 평안도 영변寧邊 사람으로 유학을 거쳐 헌종 12년 31세로 식년시에 병과로 급제했다. 《방목》에는 벼슬이 없이 아버지[鎭普], 할아버지[璘], 증조[龍九], 외조[全膺觀] 이름이 보이고, 본관이 김해金海로 되어 있다. 그런데 《청구》와 《만성》의 《김해김씨보》에는 김석린의 가계가 보이지 않는다. 《세종실록》〈지리지〉와 《동국여지승람》에는 영변에 김포김씨金浦金氏와 경주김씨慶州金氏만 보이다가, 《여지도서》에는 김포김씨가 사라지고 그 대신 김해김씨가 보인다. 그렇다면 김포김씨가 명성이 높은 김해김씨로 본관을 바꿨을 가능성도 있다.

184 안염진安念鎭(1827~?) 평안도 안주安州 사람으로 유학을 거쳐 헌종 12년 20세로 식년시에 병과로 급제하여 벼슬이 고종 대 공조참의(정3품 당상관)에 이르렀다. 《방목》에는 벼슬이 없이 아버지[允沆], 할아버지[命顯], 증조[克權], 외조[金熊顯] 이름이 보이고, 본관이 순흥順興으로 되어 있다. 그런데 《청구》와 《만성》의 《순흥안씨보》에는 안염진의 가계가 보이지 않는다. 안주의 순흥안씨는 영조 대 이후 문과급제자 30명을 배출하여 이 지역의 명문으로 등장했다. 《세종실록》〈지리지〉와 《동국여지승람》에는 안주에 순흥안씨가 보이지 않다가 《여지도서》에 처음으로 순흥안씨가 보인다. 그렇다면 《동국여지승람》이 편찬된 이후인 조선 후기에 순흥안씨가 안주로 이주한 것

으로 보인다.

185 김인섭金麟燮(1827~?) 경상도 단성丹城 사람으로 유학을 거쳐 헌종 12년 20세로 식년시에 병과로 급제하여 철종 대 사간원 정언(정6품)에 이르렀는데, 철종 13년 민란民亂에 참여하여 읍론邑論을 주장한 죄로 체포되기도 했다.54) 《방목》에는 벼슬이 없이 아버지[樞], 할아버지[文漢], 증조[光鉉], 외조[朴在赫] 이름이 보이고, 본관이 상주尙州로 되어 있다. 그런데 《청구》와 《만성》의 《상주김씨보》에는 김인섭의 가계가 보이지 않는다.

186 권교준權敎準(1803~?) 경상도 안동安東 사람으로 유학을 거쳐 헌종 12년 44세로 식년시에 병과로 급제했다. 《방목》에는 벼슬이 없이 아버지[若奎], 할아버지[師稷], 증조[命申], 외조[朴廷燁] 이름이 보이고, 본관이 안동으로 되어 있다. 그런데 《청구》와 《만성》의 《안동권씨보》에는 권교준의 가계가 보이지 않는다.

187 정창휴鄭昌休(1808~?) 경상도 예천醴泉 사람으로 유학을 거쳐 헌종 12년 39세로 식년시에 병과로 급제하여 벼슬이 철종 대 찰방(종6품)에 이르렀다. 《방목》에는 벼슬이 없이 아버지[光近], 할아버지[必義], 증조[株], 외조[柳起華] 이름이 보이고, 본관이 청주淸州로 되어 있다. 그런데 《청구》와 《만성》의 《청주정씨보》에는 정창휴의 가계가 보이지 않는다.

188 이희채李熙采(1804~?) 충청도 흥양興陽 사람으로 유학을 거쳐 헌종 13년(1847) 44세로 경과정시에 을과로 급제했다. 《방목》에는 벼슬이 없이 아버지[錫元], 할아버지[民基], 증조[陽賢], 외조[鄭運弼] 이

---

54) 《철종실록》 권14, 철종 13년 6월 2일 계축.

름이 보이고, 본관이 양성陽城으로 되어 있다. 그런데 《청구》와 《만
성》의 《양성이씨보》에는 이희채의 가계가 보이지 않는다.

　　189 임병묵林昺黙(1823~?) 전라도 나주羅州 사람으로 유학을 거쳐
헌종 13년 25세로 경과정시에 병과로 급제했는데, 철종 14년 죄를 짓
고 유배당했다. 《방목》에는 벼슬이 없이 아버지[濟相], 할아버지[容
洙], 증조[慶鎭], 외조[李致圭] 이름이 보이고, 본관이 나주로 되어 있
다. 그런데 《만성》의 《나주임씨보》에는 임병묵의 가계가 보이지 않
으며, 《청구》의 《나주임씨보》에는 증조까지의 가계만 보이고 그 이
후의 가계는 보이지 않는다.

　　190 권세호權世祜(1804~?) 서울 사람으로 진사를 거쳐 헌종 13년 44
세로 경과정시에 병과로 급제하여 벼슬이 홍문관원에 이르렀다. 《방
목》에는 벼슬이 없이 아버지[禩, 생부 統], 할아버지[壽仁], 증조[宰],
외조[柳元春] 이름이 보이고, 본관이 안동安東으로 되어 있다. 그런데
《청구》와 《만성》의 《안동권씨보》에는 권세호의 가계가 보이지 않
는다.

　　191 서대순徐大淳(1795~?) 서울 사람으로 유학을 거쳐 헌종 13년 53
세로 경과정시에 병과로 급제하여 벼슬이 사간원 정언(정6품)에 이르
렀다. 《방목》에는 벼슬이 없이 아버지[明輔], 할아버지[有選], 증조[積
修], 외조[南宮馥] 이름이 보이고, 본관이 대구大邱로 되어 있다. 《청
구》와 《만성》의 《대구서씨보》를 보면 직계 5대조와 외조 가운데 벼
슬아치가 없다.

　　192 공헌동孔獻東(1797~?) 경기도 용인龍仁 사람으로 유학을 거쳐
헌종 13년 51세로 경과정시에 병과로 급제하여 벼슬이 철종 대 비인
현감(종6품)에 이르렀다. 《방목》에는 벼슬이 없이 아버지[夏鼎], 할아

버지[冣仁], 증조[承魯], 외조[沈齊永] 이름이 보이고, 본관이 곡부曲阜로 되어 있다. 그런데 《만성》과 《청구》의 《곡부공씨보》에는 공헌동의 가계가 보이지 않는다. 오히려 《청구》의 《창원공씨보昌原孔氏譜》에 그의 가계가 보이는데, 그는 중종 대 명신인 공서린孔瑞麟의 10대손으로 직계 9대조 가운데 벼슬아치는 6대조와 9대조가 참봉(종9품)을 한 것뿐이다.

193 김현구金顯龜(1803~?) 경기도 여주驪州 사람으로 유학을 거쳐 헌종 13년 45세로 경과정시에 병과로 급제하여 벼슬이 철종 대 사간원 사간(종3품)에 이르렀다. 《방목》에는 벼슬이 없이 아버지[光植], 할아버지[勉基], 증조[文煥], 외조[申光禎] 이름이 보이고, 본관이 김해金海로 되어 있다. 《청구》와 《만성》의 《김해김씨보》를 보면 직계 7대조 가운데 벼슬아치는 4대조가 참봉(종9품)을 지낸 것뿐이다.

194 선문주宣聞周(1790~?) 충청도 여산礪山 사람으로 진사를 거쳐 헌종 13년 58세로 경과정시에 병과로 급제했다. 《방목》에는 벼슬이 없이 아버지[德運], 할아버지[必龜], 증조[永勳], 외조[田時顯] 이름이 보이고, 본관이 보성寶城으로 되어 있다. 그런데 《만성》의 《보성선씨보》에는 선문주의 가계가 보이지 않으며, 《청구》의 《보성선씨보》에는 오직 시조 선윤지宣允祉의 이름만 보일 뿐 그의 가계가 보이지 않는다. 2000년 현재 보성선씨 인구는 1만 821가구 3만 4,842명으로 희성에 속하며, 고려 말기에 명나라에서 귀화한 선윤지를 시조로 받들고 있는데, 조선시대 문과급제자 7명을 배출했다.

195 이표李杓(1811~?) 경기도 교하交河 사람으로 유학을 거쳐 헌종 13년 37세로 경과정시에 병과로 급제하여 벼슬이 찰방(종6품)에 이르렀다. 《방목》에는 벼슬이 없이 아버지[文浩], 할아버지[鎰], 증조[鳳

老], 외조[兪漢星] 이름이 보이고, 본관이 경주慶州로 되어 있다. 《만성》의 《경주이씨보》를 보면 직계 11대조 가운데 벼슬아치는 8대조가 참봉(종9품)을 한 것뿐이고, 《청구》의 《경주이씨보》를 보면 직계 12대조 가운데 8대조가 참봉(종9품)을 한 것뿐이다.

196 **박문현**朴文鉉(1798~?) 경상도 대구大邱 사람으로 유학을 거쳐 헌종 14년(1848) 51세로 증광별시에 병과로 급제하여 벼슬이 사간원 정언(정6품), 홍문관, 부사(종3품)를 거쳐 고종 대 이조참의(정3품 당상관)에 이르렀다. 《방목》에는 벼슬이 없이 아버지[基寧], 할아버지[光昊], 증조[聖俊], 외조[尹致禎] 이름이 보이고, 본관이 순천順天으로 되어 있다. 그런데 《청구》와 《만성》의 《순천박씨보》에는 박문현의 가계가 보이지 않는다.

197 **강난형**姜蘭馨(1813~?) 서울 사람으로 참봉(종9품)을 거쳐 헌종 14년 36세로 증광별시에 병과로 급제하여 벼슬이 홍문관을 거쳐 고종 대 대사간(정3품 당상관), 대사헌(종2품), 관찰사(종2품)에 이르렀다. 《방목》에는 벼슬이 없이 아버지[魯永], 할아버지[嶽欽], 증조[世選], 외조[李觀會] 이름이 보이고, 본관이 진주晋州로 되어 있다. 《청구》와 《만성》의 《진주강씨보》를 보면 직계 5대조 가운데 벼슬아치가 없다.

198 **조재형**趙在衡(개명 以基, 1805~?) 평안도 의주義州 사람으로 유학을 거쳐 헌종 14년 44세로 증광별시에 병과로 급제하여 벼슬이 철종 대 사헌부 지평(정5품)에 이르렀다. 《방목》에는 벼슬이 없이 아버지[學說], 할아버지[得廉], 증조[相彬], 외조[文翊行] 이름이 보이고, 본관이 임천林川으로 되어 있다. 그런데 《청구》와 《만성》의 《임천조씨보》에는 가계가 보이지 않는다. 《세종실록》〈지리지〉, 《동국여지승람》, 《여지도서》 어디에도 의주에 임천조씨가 보이지 않고 충주조씨

忠州趙氏만 보인다. 임천조씨가 명성이 높은 충주조씨로 본관을 바꾼 듯하다.

199 최경조崔擎祖(1796~?) 함경도 무산茂山 사람으로 현감(종6품)을 거쳐 헌종 14년 53세로 증광별시에 병과로 급제했다. 《방목》에는 벼슬이 없이 아버지[壽一], 할아버지[泰鳳], 증조[錫禧], 외조[吳泰極] 이름이 보이고, 본관이 해주海州로 되어 있다. 그런데 《청구》와 《만성》의 《해주최씨보》에는 최경조의 가계가 보이지 않는다.

200 이인동李仁東(1807~?) 경상도 풍기豊基 사람으로 유학을 거쳐 헌종 14년 42세로 경과정시에 장원급제하여 벼슬이 사간원 정언(정6품)에 이르렀다. 《방목》에는 벼슬이 없이 아버지[尙白], 할아버지[廷泰], 증조[弘義], 외조[金灌] 이름이 보이고, 본관이 전주全州로 되어 있다. 《전주이씨과거급제자총람》을 보면 이인동은 태종의 아들 효령대군孝寧大君의 후손으로 직계 10대조 안에 벼슬아치가 없다.

201 배헌장裵憲璋(1824~?) 경상도 양산梁山 사람으로 유학을 거쳐 헌종 14년 25세로 경과정시에 병과로 급제했다. 《방목》에는 벼슬이 없이 아버지[晃燮], 할아버지[相赫], 증조[東晋], 외조[李國彪] 이름이 보이고, 본관이 성주星州로 되어 있다. 그런데 《청구》와 《만성》의 《성주배씨보》에는 배헌장의 가계가 보이지 않는다.

202 이양신李亮信(1801~?) 강원도 원주原州 사람으로 유학을 거쳐 헌종 15년(1849) 49세로 식년시에 장원급제하여 벼슬이 철종 대 현감(종6품)을 거쳐 고종 대 홍문관 부수찬(종6품)과 사간원 대사간(정3품 당상관)에 이르렀다. 《방목》에는 벼슬이 없이 아버지[魯淵], 할아버지[吉模], 증조[浚], 외조[陽鍾烈] 이름이 보이고, 본관이 덕수德水로 되어 있다. 그런데 《청구》의 《덕수이씨보》에는 이양신의 가계가 보이지

않으며, 《만성》의 《덕수이씨보》에는 할아버지까지의 가계만 보이고
그 뒤는 보이지 않는다.

　203 **고시홍**高時鴻(1803~?) 전라도 창평昌平 사람으로 유학을 거쳐
헌종 15년 47세로 식년시에 갑과로 급제하여 벼슬이 홍문관을 거쳐
고종 대 사간원 대사간(정3품 당상관)과 승지(정3품 당상관)에 이르렀
다. 《방목》에는 벼슬이 없이 아버지[進說], 할아버지[萬彦], 증조[應
直], 외조[朴崇質] 이름이 보이고, 본관이 장택長澤(長興)으로 되어 있
다. 그런데 《청구》의 《장흥고씨보》에는 고시홍의 가계가 보이지 않
으며, 《만성》의 《장흥고씨보》를 보면 직계 4대조와 외조 가운데 벼
슬아치가 없다.

　204 **황인하**黃仁夏(1811~?) 경상도 풍기豊基 사람으로 유학을 거쳐
헌종 15년 39세로 식년시에 을과로 급제하여 벼슬이 고종 대 홍문관
부교리(종5품)를 거쳐 승지(정3품 당상관)에 이르렀다. 《방목》에는 벼
슬이 없이 아버지[中愼], 할아버지[耆漢], 증조[浩大], 외조[丁載耉] 이
름이 보이고, 본관이 창원昌原으로 되어 있다. 《청구》와 《만성》의
《창원황씨보》를 보면 직계 7대조와 외조 가운데 벼슬아치가 없다.

　205 **김현철**金顯喆(1810~?) 평안도 정주定州 사람으로 유학을 거쳐
헌종 15년 40세로 식년시에 을과로 급제했다. 《방목》에는 벼슬이 없
이 아버지[致龍], 할아버지[載源], 증조[瑞郁], 외조[白思閔] 이름이 보
이고, 본관이 연안延安으로 되어 있다. 그런데 《청구》와 《만성》의
《연안김씨보》에는 김현철의 가계가 보이지 않는다. 정주의 연안김씨
는 영조 대 이후 문과급제자 43명을 배출하여 정주의 최고 명문으로
등장했다. 《동국여지승람》에는 정주에 연안김씨가 보이지 않고 그
대신 신주김씨信州金氏와 용강김씨龍岡金氏만 보이다가 《여지도서》에

는 신주김씨와 용강김씨가 사라지고 연안김씨가 등장한다. 신주김씨
와 용강김씨가 명성이 높은 연안김씨로 본관을 바꾼 것일 수도 있고,
신주김씨와 용강김씨가 다른 곳으로 이주하고 연안김씨가 새로 이주
해 온 것일 수도 있는데, 어느 것이 진실인지 알 수 없다.

　206 김정헌金鼎巚(1817~?) 평안도 은산殷山 사람으로 유학을 거쳐
헌종 15년 33세로 식년시에 을과로 급제했다.《방목》에는 벼슬이 없
이 아버지〔熙迪〕, 할아버지〔大龍〕, 증조〔起儞〕, 외조〔申浩鎭〕 이름이 보
이고, 본관이 전주全州로 되어 있다. 그런데《만성》에는《전주김씨
보》자체가 없으며,《청구》의《전주김씨보》에는 김정헌의 가계가
보이지 않는다.《세종실록》〈지리지〉,《동국여지승람》,《여지도서》
어디에도 은산에 전주김씨가 보이지 않아 영조 대 이후 이 지역으로
이주한 것 같다. 전주김씨는 선조 대 이후 비로소 문과급제자를 배출
하기 시작하여 모두 21명이 급제했는데, 평안도에서만 영조 대 이후
15명이 나왔다.

　207 이휘병李彙秉(1819~?) 경상도 예안禮安 사람으로 유학을 거쳐
헌종 15년 31세로 식년시에 을과로 급제하여 벼슬이 고종 대 홍문관
수찬(정6품)을 거쳐 통례원 좌통례(정3품 당하관)에 이르렀다.《방목》
에는 벼슬이 없이 아버지〔仲淳〕, 할아버지〔龜天〕, 증조〔世學〕, 외조〔申致
道〕 이름이 보이고, 본관이 진보眞寶로 되어 있다.《청구》와《만성》
의《진보이씨보》를 보면 이휘병은 이황李滉의 10대손으로 직계 5대
조와 외조 가운데 벼슬아치가 없다.

　208 장응표張膺杓(개명 時杓, 1819~?) 경상도 인동仁同 사람으로 유학
을 거쳐 헌종 15년 31세로 식년시에 병과로 급제하여 벼슬이 철종
대 사간원 정언(정6품)에 이르렀다. 그러다 철종 13년 일어난 민란民

亂에 수괴首魁로 참여하여 구속되었다가 풀려나 고종 대 홍문관 부수찬(종6품)을 거쳐 사헌부 집의(종3품)를 지냈다. 《방목》에는 벼슬이 없이 아버지[濱], 할아버지[鳳祥], 증조[趾馨], 외조[李觀運] 이름이 보이고, 본관이 인동으로 되어 있다. 그런데 《만성》의 《인동장씨보》에는 증조까지의 가계만 보이고 그 뒤는 보이지 않으며, 《청구》의 《인동장씨보》를 보면 장응표는 장현광張顯光의 8대손으로 직계 5대조와 외조 가운데 벼슬아치가 없는데, 할아버지의 이름이 주籌로 되어 있어 《방목》과 다르다. 《족보》의 내용이 이렇게 혼란스러운 것은 그의 출생에 어떤 문제점이 있는 듯하다.

209 신영권申永權(1815~?) 충청도 공주公州 사람으로 유학을 거쳐 헌종 15년 35세로 식년시에 병과로 급제했다. 《방목》에는 벼슬이 없이 아버지[泰昇], 할아버지[胤祚], 증조[聖海], 외조[林光弼] 이름이 보이고, 본관이 평산平山으로 되어 있다. 그런데 《청구》와 《만성》의 《평산신씨보》에는 신영권의 가계가 보이지 않는다.

210 박정현朴定鉉(1819~?) 경상도 단성丹城 사람으로 유학을 거쳐 헌종 15년 31세로 식년시에 병과로 급제하여 벼슬이 고종 대 홍문관 부수찬(종6품)을 거쳐 통례원 좌통례(정3품 당하관)에 이르렀다. 《방목》에는 벼슬이 없이 아버지[奎書], 할아버지[民濟], 증조[文五], 외조[李敏運] 이름이 보이고, 본관이 순천順天으로 되어 있다. 그런데 《만성》의 《순천박씨보》에는 박정현의 가계가 보이지 않으며, 《청구》의 《순천박씨보》를 보면 직계 5대조와 외조 가운데 벼슬아치가 없다.

211 김기주金基周(1820~?) 평안도 정주定州 사람으로 유학을 거쳐 헌종 15년 20세로 식년시에 병과로 급제했다. 《방목》에는 벼슬이 없이 아버지[光益], 할아버지[大城], 증조[億龍], 외조[梁三重] 이름이 보

이고, 본관이 연안延安으로 되어 있다. 그런데 《청구》와 《만성》의
《연안김씨보》에는 김기주의 가계가 보이지 않는다. 정주의 연안김씨
는 영조 대 이후 문과급제자 43명을 배출하여 이 지방의 최고 명문으
로 등장했다. 하지만 실제로 벼슬을 받은 이는 10명에 지나지 않으며
그들이 받은 벼슬은 군수(종4품), 사헌부 장령(정4품), 사간원 헌납(정5
품), 성균관 전적(정6품), 좌랑(정6품) 등 낮은 관직이다. 《세종실록》
〈지리지〉와 《동국여지승람》에는 정주에 연안김씨가 없고 신천김씨
信川金氏와 용강김씨龍岡金氏만 보이다가, 《여지도서》에는 신천김씨와
용강김씨가 사라지고 대신 연안김씨가 등장하여 의문스럽다. 아마도
신천김씨와 용강김씨가 명성이 높은 연안김씨로 본관을 바꾸었는지
도 모른다.

212 곽태로郭泰魯(1803~?) 대구大邱 사람으로 유학을 거쳐 헌종 15
년 47세로 식년시에 병과로 급제했다. 《방목》에는 벼슬이 없이 아버
지[柱華], 할아버지[貞澤], 증조[璘], 외조[趙弘慶] 이름이 보이고, 본관
이 현풍玄風으로 되어 있다. 그런데 《청구》와 《만성》의 《현풍곽씨
보》에는 곽태로의 가계가 보이지 않는다.

213 한진계韓鎭榮(1814~?) 경기도 용인龍仁 사람으로 유학을 거쳐
헌종 15년 36세로 식년시에 병과로 급제하여 벼슬이 고종 대 홍문관
교리(정5품)를 거쳐 승지(정3품 당상관)에 이르렀다. 《방목》에는 벼슬
이 없이 아버지[致駿], 할아버지[光岳], 증조[世寧], 외조[朴東善] 이름
이 보이고, 본관이 청주淸州로 되어 있다. 《청구》와 《만성》의 《청주
한씨보》를 보면 한진계는 조선 중기 문신 한백겸韓百謙의 8대손으로
직계 6대조 가운데 벼슬아치는 5대조가 음직蔭職을 가진 것뿐이다.

214 박의한朴儀漢(1798~?) 충청도 대흥大興 사람으로 유학을 거쳐

헌종 15년 52세로 식년시에 병과로 급제했다. 《방목》에는 벼슬이 없
이 아버지[鑄], 할아버지[聖黙], 증조[岉], 외조[金思復] 이름이 보이고,
본관이 울산蔚山으로 되어 있다. 그런데 《청구》와 《만성》의 《울산박
씨보》에는 박의한의 가계가 보이지 않는다.

   215 임문수林文洙(1802~?) 전라도 남원南原 사람으로 유학을 거쳐
헌종 15년 48세로 식년시에 병과로 급제하여 벼슬이 철종 대 사헌부
지평(정5품)에 이르렀다. 《방목》에는 벼슬이 없이 아버지[馥; 馥鎭55)],
할아버지[馨遠], 증조[德華], 외조[李宗彩] 이름이 보이고, 본관이 나주
羅州로 되어 있다. 그런데 《만성》의 《나주임씨보》에는 임문수의 가
계가 보이지 않으며, 《청구》의 《나주임씨보》를 보면 그는 임제林悌
아우의 8대손으로 직계 8대조와 외조 가운데 벼슬아치가 없다.

   216 권종록權鍾祿(1816~?) 충청도 보은報恩 사람으로 유학을 거쳐
헌종 15년 34세로 식년시에 병과로 급제하여 벼슬이 고종 대 사헌부
집의(종3품)와 사간원 사간(종3품)에 이르렀다. 《방목》에는 벼슬이 없
이 아버지[基], 할아버지[萬國], 증조[世經], 외조[吳執常] 이름이 보이
고, 본관이 안동安東으로 되어 있다. 그런데 《청구》와 《만성》의 《안
동권씨보》에는 증조까지의 가계는 보이나 그 이후의 가계는 보이지
않는다.

   217 윤치종尹致琮(1810~?) 평안도 성천成川 사람으로 유학을 거쳐
헌종 15년 40세로 식년시에 병과로 급제했다. 《방목》에는 벼슬이 없
이 아버지[權], 할아버지[學賢], 증조[鎭], 외조[羅鎭有] 이름이 보이고,
본관이 파평坡平으로 되어 있다. 그런데 《청구》와 《만성》의 《파평윤

---

55) 《청구》의 《나주임씨보》에는 아버지 이름이 복진으로 되어 있다.

씨보》에는 윤치종의 가계가 보이지 않는다. 《세종실록》〈지리지〉, 《동국여지승람》, 《여지도서》 어디에도 성천에 파평윤씨가 없어 영조 대 이후에 이곳으로 이주한 것으로 보인다.

218 윤병선尹秉鏇(1827~?) 전라도 남원南原 사람으로 유학을 거쳐 헌종 15년 23세로 식년시에 병과로 급제했다. 《방목》에는 벼슬이 없이 아버지[泰五], 할아버지[益鉉], 증조[致鼎], 외조[盧墅] 이름이 보이고, 본관이 남원으로 되어 있다. 그런데 《청구》와 《만성》의 《남원윤씨보》에는 윤병선의 가계가 보이지 않는다.

219 김영묵金瑛黙(1826~?) 평안도 정주定州 사람으로 유학을 거쳐 헌종 15년 24세로 식년시에 병과로 급제하여 벼슬이 고종 대 사간원 헌납(정5품)에 이르렀다. 《방목》에는 벼슬이 없이 아버지[耆喆], 할아버지[致龜], 증조[再郁], 외조[白啓顯] 이름이 보이고, 본관이 연안延安으로 되어 있다. 그런데 《청구》와 《만성》의 《연안김씨보》에는 김영묵의 가계가 보이지 않는다. 정주의 연안김씨에 대해서는 앞에 이미 설명했다.

220 탁장호卓章昊(1821~?) 평안도 정주定州 사람으로 유학을 거쳐 헌종 15년 29세로 식년시에 병과로 급제했다. 《방목》에는 벼슬이 없이 아버지[益秀], 할아버지[亨采], 증조[東軾], 외조[白慶修] 이름이 보이고, 본관이 광산光山(光州)으로 되어 있다. 그런데 《청구》와 《만성》의 《광주탁씨보》에는 탁장호의 가계가 보이지 않는다. 광산탁씨는 조선시대 문과급제자 7명을 배출했는데, 그 가운데 정주에서 순조 대 이후 5명이 급제했다. 《세종실록》〈지리지〉와 《동국여지승람》에는 정주에 광산탁씨가 없다가 《여지도서》에 처음으로 광산탁씨가 보여 조선 후기에 이 지역으로 이주한 것 같다.

221 **박치규**朴致奎(1784~?) 평안도 태천泰川 사람으로 유학을 거쳐 헌종 15년 66세로 식년시에 병과로 급제했다. 《방목》에는 벼슬이 없이 아버지[尙一], 할아버지[重采], 증조[處伯], 외조[金就礪] 이름이 보이고, 본관이 밀양密陽으로 되어 있다. 그런데 《청구》와 《만성》의 《밀양박씨보》에는 박치규의 가계가 보이지 않는다. 《세종실록》〈지리지〉와 《동국여지승람》에는 태천에 밀양박씨가 없다가 《여지도서》에 처음으로 밀양박씨가 보여 《동국여지승람》이 편찬된 이후 이 지역으로 이주한 것 같다.

222 **이상준**李翔峻(1808~?) 경상도 성주星州 사람으로 유학을 거쳐 헌종 15년 42세로 식년시에 병과로 급제하여 벼슬이 홍문관 교리(정5품)에 이르렀다. 《방목》에는 벼슬이 없이 아버지[克識], 할아버지[民普], 증조[挺徹], 외조[崔河大] 이름이 보이고, 본관이 벽진碧珍으로 되어 있다. 《청구》와 《만성》의 《벽진이씨보》를 보면 직계 5대조와 외조 가운데 벼슬아치가 없다.

223 **임응모**任膺模(1784~?) 평안도 강서江西 사람으로 유학을 거쳐 헌종 15년 66세로 식년시에 병과로 급제했다. 《방목》에는 벼슬이 없이 아버지[泰濂, 생부 泰洛], 할아버지[鍾祿], 증조[致聖], 외조[洪元植] 이름이 보이고, 본관이 풍천豊川으로 되어 있다. 그런데 《청구》와 《만성》의 《풍천임씨보》에는 임응모의 가계가 보이지 않는다. 《세종실록》〈지리지〉, 《동국여지승람》, 《여지도서》 어디에도 강서에 풍천임씨가 없어 영조 대 이후 이 지역으로 이주한 듯하다.

224 **김현**金晛(개명 晥, 1814~?) 평안도 가산嘉山 사람으로 유학을 거쳐 헌종 15년 36세로 식년시에 병과로 급제했다. 《방목》에는 벼슬이 없이 아버지[錫履], 할아버지[健修], 증조[宏集], 외조[李碩晋] 이름이

보이고, 본관이 순천順天으로 되어 있다. 그런데 《청구》와 《만성》의 《순천김씨보》에는 김현의 가계가 보이지 않는다. 형 김준金晙이 헌종 6년 문과에 급제했음은 앞에서 소개했다. 《세종실록》〈지리지〉, 《동국여지승람》, 《여지도서》 어디에도 가산에 순천김씨가 없어 영조 대 이후 이 지역으로 이주한 듯하다.

　　225 오경리吳慶履(1813~1893) 전라도 영암靈巖 사람으로 유학을 거쳐 헌종 15년 37세로 식년시에 병과로 급제하여 벼슬이 고종 대 사간원 사간(종3품)과 공조참판(종2품)에 이르렀다. 임오군란 당시 여러 개혁상소를 올려 이름을 떨치기도 했으며, 문집 《소포유고素圃遺稿》가 있다. 《방목》에는 벼슬이 없이 아버지[在翼], 할아버지[珹喆], 증조[時佑], 외조[朴挺采] 이름이 보이고, 본관이 해주海州로 되어 있다. 그런데 《청구》와 《만성》의 《해주오씨보》에는 오경리의 가계가 보이지 않는다.

　　226 초병덕楚秉悳(1825~?) 함경도 명천明川 사람으로 유학을 거쳐 헌종 15년 25세로 식년시에 병과로 급제하여 벼슬이 고종 11년 사간원 대사간(정3품 당상관)에 이르렀다. 《방목》에는 벼슬이 없이 아버지[徵明], 할아버지[珏], 증조[載壤], 외조[太碩宗] 이름이 보이고, 본관이 성주星州로 되어 있다. 그런데 《만성》에는 《성주초씨보》 자체가 없으며, 《청구》의 《성주초씨보》를 보면 초병덕은 명나라 말기 중국에서 귀화한 초해창楚海昌의 9대손으로 벼슬아치는 할아버지가 현감(종6품)을 지낸 것뿐인데 아마도 증직으로 보인다. 조선시대 문과급제자는 초병덕이 유일하다. 2000년 현재 성주초씨 인구는 74가구 281명의 희성이다.

　　227 김덕흥金德興(1818~?) 평양平壤 사람으로 유학을 거쳐 헌종 15

년 32세로 식년시에 병과로 급제했다. 《방목》에는 벼슬이 없이 아버지[膺迹], 할아버지[致沂], 증조[鎭泰], 외조[朴懋] 이름이 보이고, 본관이 연안延安으로 되어 있다. 그런데 《청구》와 《만성》의 《연안김씨보》에는 김덕홍의 가계가 보이지 않는다. 평양의 연안김씨는 헌종대 이후 문과급제자 4명을 배출했다.

228 윤돈尹璊(1815~?) 평안도 성천成川 사람으로 유학을 거쳐 헌종 15년 35세로 경과정시에 장원급제했다. 《방목》에는 벼슬이 없이 아버지[衡鎭], 할아버지[弼明], 증조[致魯], 외조[李樂曾] 이름이 보이고, 본관이 파평坡平으로 되어 있다. 그런데 《청구》와 《만성》의 《파평윤씨보》에는 윤돈의 가계가 보이지 않는다. 《세종실록》〈지리지〉, 《동국여지승람》, 《여지도서》 어디에도 성천에 파평윤씨가 없어 영조 대 이후 이 지역으로 이주한 듯하다.

229 최복래崔復來(1816~?) 경기도 수원水原 사람으로 진사를 거쳐 헌종 15년 34세로 경과정시에 을과로 급제했다. 《방목》에는 벼슬이 없이 아버지[憲昇], 할아버지[重協], 증조[景哲], 외조[安思黙] 이름이 보이고, 본관이 전주全州로 되어 있다. 그런데 《청구》와 《만성》의 《전주최씨보》에는 최복래의 가계가 보이지 않는다.

230 신극휴申克休(1831~?) 충청도 문의文義 사람으로 유학을 거쳐 헌종 15년 19세로 경과정시에 병과로 급제하여 벼슬이 고종 대 사헌부 지평(정5품)을 거쳐 홍문관 교리(정5품)에 이르렀고, 1902년에는 종2품으로 가자加資되었다. 《방목》에는 벼슬이 없이 아버지[處求], 할아버지[彦模], 증조[斗祿], 외조[安廷鉉] 이름이 보이고, 본관이 고령高靈으로 되어 있다. 《청구》와 《만성》의 《고령신씨보》를 보면 신극휴는 신숙주申叔舟의 16대손으로 직계 6대조와 외조 가운데 벼슬아치가

없다.

231 **배상현**裵象鉉(1814~?) 경상도 예천醴泉 사람으로 진사를 거쳐 헌종 15년 36세로 경과정시에 병과로 급제하여 벼슬이 고종 원년 부사과(종6품)에 이르렀다. 임금에게 《귀감기명도龜鑑祈命圖》를 바쳐 칭송받았는데, 이는 《서경書經》의 내용을 압축하여 그림으로 만든 것이다.56) 《방목》에는 벼슬이 없이 아버지〔疊〕, 할아버지〔重仁〕, 증조〔泰運〕, 외조〔鄭德彬〕 이름이 보이고, 본관이 흥해興海로 되어 있다. 그런데 《청구》에는 《흥해배씨보》 자체가 없고, 《만성》의 《흥해배씨보》에는 배상현의 가계가 보이지 않는다. 2000년 현재 흥해배씨 인구는 9,130가구 2만 9,210명으로 조선시대 문과급제자 13명을 배출했다.

232 **임규백**任奎白(1818~?) 서울 사람으로 유학을 거쳐 헌종 15년 32세로 경과정시에 병과로 급제했다. 《방목》에는 벼슬이 없이 아버지〔時安〕, 할아버지〔敬夏〕, 증조〔儼〕, 외조〔崔善養〕 이름이 보이고, 본관이 풍천豊川으로 되어 있다. 그런데 《만성》의 《풍천임씨보》에는 임규백의 가계가 보이지 않으며, 《청구》의 《풍천임씨보》를 보면 직계 6대조와 외조 가운데 벼슬아치가 없다.

---

56) 《고종실록》 권1, 고종 원년 7월 16일 갑인.

1) 철종 대 서얼 통청운동: 〈신해허통〉

서얼庶孼의 청요직淸要職 벼슬길을 터주는 이른바 통청通淸이 정조
와 순조 대에 이루어졌음은 앞에서 이미 설명했다. 하지만 이때 이루
어진 통청은 제한적인 성격을 벗어나지 못하고 있었다. 그래서 순조
다음의 헌종 대에도 완전한 통청을 바라는 서얼의 상소가 계속 올라
왔다. 헌종 14년(1848)에 서울과 지방의 서얼유생 8천 명이 연명하여
유생 이진택李鎭宅을 대표로 하여 상소를 올린 것이다.57) 헌종은 이
에 대해 묘당에서 좋은 방법을 마련하겠다고 비답을 내렸다. 그러나
그 뒤 어떤 조처가 내려졌는지는 기록이 없어서 알 수 없다. 헌종이
다음 해 세상을 떠나 일이 유야무야된 것이다.

헌종 다음 철종(1849~1863) 2년(1851) 3월에 또다시 서얼층의 집단

---

57)《헌종실록》권15, 헌종 14년 11월 8일 무인.

상소가 올라왔다. 최제경崔濟京을 비롯한 경기, 충청, 경상도 서얼 1천
2백 명이 인릉仁陵(순조의 능)에 다녀오던 임금 앞에 엎드려 상소를 올
린 것이다.58) 그 내용은 앞서 소개한 서얼들의 상소와 큰 차이가 없
이 거의 같다. 철종과 수렴청정하던 대왕대비(순조비 김씨)는 곧 묘당
의 의견을 수합收合했는데, 영의정 권돈인權敦仁이 완전 허통을 찬성
하고 나섰다. 이에 철종은 "서류庶類를 소통시켜 모든 사환仕宦(벼슬자
리)에 각별히 등용하라"는 명을 내렸다.59) 여기서 "모든 사환에 등용
하라"는 말은 모든 청요직을 허용한다는 뜻으로 매우 중대한 조치라
할 수 있다.

   그런데 실제로 서얼들이 가장 바라는 것은 서얼 출신 문과급제자
가 승문원承文院(槐院)에 분관分館되고, 서얼 출신 무과급제자들도 선
전청宣傳廳에 첫 벼슬로 등용되는 것이었다. 외교문서를 다루는 승문
원은 집안이 가장 좋은 자제들이 첫 벼슬로 나가는 자리였으며, 임금
을 옆에서 호위하는 선전청도 무과급제자들이 나가는 가장 좋은 벼
슬로 여겨졌는데, 바로 이 두 자리에 서얼 출신 급제자들도 보내 달
라는 요구였다. 당시의 관행은 집안이 좋은 자제들만 이런 자리에 보
내고, 서북인들이나 중인들이나 서얼층은 문과에 급제했을 경우 한
직인 성균관成均館이나 교서관校書館으로 보내고, 무과에 급제하면 성
문을 지키는 수문청守門廳으로 보내는 것이었다. 이런 차별을 시정해
달라는 것이다.

   그런데 서얼의 요구가 실현되지 않자 철종 4년(1853) 8월에 정부는

---

58) 《규사》에는 상소를 올린 해가 '당저 원년 신해'라고 되어 있는데, 신해년은 철종 2년이다.
    따라서 《규사》의 기록은 착오이다.
59) 《철종실록》 권3, 철종 2년 4월 15일 신미.

다시 이 문제를 논의했다. 이때 영의정이자 안동김씨의 중심인물인 김좌근金左根이 강력한 의지를 보여 우선 서얼 출신 무관을 선전청으로 보내는 것이 이루어졌다.[60] 그리하여 이해 12월에 홍태규洪泰圭를 비롯한 10명이 선전청에 추천되었고, 서얼 10명을 선전청에 추천하는 것이 정식定式으로 자리 잡았다.[61]

이어 철종 5년(1854) 1월에는 서얼 홍길모洪吉謨, 이협구李叶求, 강이오姜彝五 등이 절도사節度使와 방어사防禦使로 제수되기도 했으며, 철종 10년(1859)에는 서얼허통을 주장한 율곡 이이를 기리기 위해 대구에 율곡서원을 세우고, 이어 달서達西에 강사講舍를 짓고 율곡의 향약鄕約을 실현하기도 했다.[62] 그리고 이해 대구 유생들이 서얼관련 자료를 모아 책자로 엮은 것이 지금 전하는 《규사葵史》(2권 2책)이다.

2) 철종 2년(1861) 중인층의 통청운동

철종 대에 서얼층에 대한 통청이 완전히 이루어지자 가장 크게 자극을 받은 것은 기술직 중인들이었다. 중인층이 형성된 것은 인조 대 무렵인 17세기 초라는 것이 중인층 스스로의 주장이다. 실제로 《실록》 등 기록을 보더라도 임진왜란 이전의 조선 전기에는 중인이라는 용어 자체가 보이지 않는다. 양반문벌이 등장하는 17세기 이후에 양반과 평민 사이의 중간계층으로 중인이 처음 등장한다.[63] 이 무렵에는 문과급제자의 신분도 양반 출신이 절대다수를 차지했다는 사실도

---

60) 《철종실록》 권5, 철종 4년 8월 25일 정유.
61) 《규사》 권2.
62) 위의 책. 다만 연대를 '철종 9년 己未'라고 쓴 것은 '철종 10년 己未'의 잘못이다.
63) 한영우, 〈조선시대 중인의 신분, 계급적 성격〉, 《조선시대 신분사연구》(집문당, 1997) 참고.

밝힌 바 있다.

조선 후기 중인은 크게 세 부류가 있었다. 하나는 의관醫官, 역관譯官, 음양관陰陽官, 율관律官, 주학籌學(算學) 등 고급 기술직을 세습하던 중인이다. 이 밖에 조선 말기에는 중인의 범주에 들지 못하던 도화서의 화원畵員과 문서를 정서正書하던 사자청寫字廳의 하급관원도 중인에 합류했다. 이런 부류의 중인은 서울에 가장 많고, 사신왕래가 빈번하여 역관이 필요했던 변경 지역에서 주로 살았다.

또 하나는 서얼庶孽이다. 서얼은 원래 문과응시가 금지되고 잡과雜科나 무과武科 응시만 허용되어 기술직이나 무관으로 나가는 경우가 많았기 때문에 결과적으로 기술직 중인과 동류로 취급되었다. 그래서 중인과 서얼을 합쳐서 '중서中庶'로 부르기도 하고, 또는 서얼을 아예 중인에 포함시켜 '중인'으로 부르기도 했다.

세 번째는 지방에서 유력자로 행세하던 교생校生, 이교吏校, 향리鄕吏, 서리胥吏, 또는 향청鄕廳에 근무하는 좌수座首, 별감別監, 약정約正, 권농勸農 등 향족鄕族을 가리키기도 했다. 이들은 평민층에서 성장해 올라온 계층으로서 스스로 중인이라 불렀다.

그런데, 위 세 부류의 중인 가운데 세 번째 부류는 문과응시가 가능하고 신분적 차별을 받지 않았기 때문에 크게 사회문제가 되지 않았다. 그리고 서얼층도 앞에서 설명한 것처럼 통청이 철종 초에 이루어졌으므로 더 이상 신분해방운동은 일어나지 않게 되었다. 이제 남은 것은 기술직 중인층의 통청이 이루어지는 것뿐이었다.

기술직 중인은 잡과를 거쳐 벼슬길에 나갈 경우 당상관堂上官에 오를 수 없도록 한품限品의 제약을 받았지만, 법적으로는 문과응시가 가능했다. 하지만 문과에 급제하더라도 청요직을 주지 않는 것이 이들의 불만을 샀다. 앞에서 설명한 것처럼, 문과에 급제하면 승문원 벼슬을 주지 않고 교서관이나 성균관의 벼슬을 주었으며, 무과에 급제하면 선전청으로 보내지 않고 수문청으로 보내는 것이 관례가 되어 있었다. 바로 이것을 타파해 달라는 것이 기술직 중인의 염원이었다. 하지만 그들의 불만을 드러내는 집단적인 운동은 일어나지 않았다. 그 이유는 인구비율이 서얼보다 작아 세력화가 어려웠을 뿐 아니라, 중인 스스로 기술직을 가업으로 세습하는 것에 안주하는 경향이 있었기 때문이었다.

기술직 중인의 집단적 청원운동이 처음으로 계획된 것은 철종 2년 (1861) 4월이었다. 이 무렵 서얼층의 청요직 진출이 활발하게 진행되는 데 자극을 받은 것이다. 서얼층은 혈통의 하자가 있음에도 청요직의 길이 열리고 있는데, 자신들은 혈통에 아무런 하자가 없음에도 차별대우를 받고 있어 억울하다는 것이었다.

철종 2년에 계획된 기술직 중인의 통청운동은 서울에 사는 중인들이 연합하여 이루어진 것인데, 계획으로만 끝나고 실천에 옮기지는 못했다. 그렇지만 이때 만들어진 계획서 자료가 남아 있어 당시 기술직 중인의 실태와 그들의 정서를 이해하는 데 큰 도움을 주고 있다. 이에 관한 자료가 지금 하버드대학 옌칭도서관에 소장되어 있는 《상원과방象院科榜》 안에 수록되어 있다. 이 책은 역과급제자 명단을 수록한 책인데, 책 앞머리에 통청운동 자료를 실어 놓았다.[64]

이 운동은 철종 2년 윤8월 18일에 임금이 경릉景陵(헌종릉)에 행차하는 것을 기회로 삼아 임금에게 상소문을 전달할 예정으로 이해 4

---

64) 필자는 이 자료를 이용하여 〈조선시대 중인의 신분, 계급적 성격〉, 《조선시대 신분사연구》 (집문당, 1997)를 발표한 바 있다.

월부터 1,870여 명의 중인들이 모여 뜻을 모으면서 준비했으나 무슨
이유인지 불발로 그치고 말았다. 여기에 수록된 자료를 차례로 소개
하면 다음과 같다.

(1) 철종 2년 4월 25일 통례원에서 발송한 통문;
辛亥四月二十五日通禮院發通

이 자료는 철종 2년 4월 25일에 통례원通禮院 소속의 방효선方孝善
등 45명이 작성한 통문通文으로, 이달 29일에 모든 중인들이 서울 마
동麻洞의 석사碩士 홍현보洪顯普 집에 모여 중인 통청을 위한 상소문
을 작성하자는 내용이다. 여기서 국가의식을 집행하는 통례원의 관
원이 참여하고 있는 것은 뜻밖이다. 이들은 일반적으로 중인으로 여
겨지지 않았음에도 중인으로 자처하고 있음을 볼 수 있다.

이해 3월에 국가에서 서얼에 대한 통청을 허용한 것이 자극제가
되어 중인들도 통청운동을 벌이게 되었다는 사실이 이 문서 첫머리
에 보인다. 다시 말해, 서얼이 문과에 급제했을 경우 승문원(괴원) 분
관을 허용하고, 무관에 급제했을 경우 선전관에 임명하는 것을 허용
한 것이다. 이를 보통 '문괴무선文槐武宣'이라고 부른다. 이렇게 서얼
에게는 통청을 허용하고 중인에게는 그런 혜택을 내리지 않으니 중
인도 통청운동을 벌일 필요가 있다는 내용이다.

그리고 이 문서의 맨 마지막에는 4월 30일자로 검루관檢漏官(광상감
소속) 최수민崔壽敏을 비롯하여 17명이 열서列書했는데, 그 내용에는
4월 29일의 모임에 검루관들이 초청되지 못한 것에 대한 불만을 토
로하고 함께 참여하겠다는 뜻이 들어 있다.

(2) 철종 2년 5월 2일 도화서 모임의 대표자 명단 :
　　　辛亥五月初二日圖畫署一會時各處有司

이 문서는 철종 2년 5월 2일 도화서 집회에 참여한 11개 관청 47명
의 대표자 명단이다.65) 곧 통례원通禮院, 관상감觀象監, 사역원司譯院,
전의감典醫監, 혜민서惠民署, 율학律學, 산학算學, 도화서圖畫署에서 각
각 4명씩 대표를 뽑고, 내의원內醫院, 사자청寫字廳, 검루청檢漏廳에서
각각 2명의 대표가 참여했으며, 이 모임에서 1명의 도유사都有司와 10
명의 별유사別有司가 선출되었다. 그러니까 여기에 모인 중인들은 국
가의식을 집행하던 통례원 관원, 의관醫官, 역관譯官, 음양관陰陽官, 율
관律官, 산관算官, 그리고 사자청 소속의 관원임을 알 수 있다.

한 가지 흥미로운 것은 당시 비연시사斐然詩社를 결성하여 활발한
문학 활동을 벌이던 율관 출신의 장지완張之琬이 별유사의 한 사람으
로 참여하고 있는 점이다.

---

65) 1851년 5월 2일에 선발된 유사有司의 명단은 다음과 같다.
　　통례원: 박종원朴鍾元, 오지덕吳志德, 현광식玄光寔, 김병호金秉浩
　　관상감: 이응설李應卨, 지택홍池宅鴻, 김석희金錫熙, 변승연卞承淵
　　사역원: 이상진李尚晉, 이항기李恒基, 김재건金載健, 이신상李愼相
　　전의감: 이덕모李德模, 홍현보洪顯普, 방윤중方允中, 이능기李能基
　　혜민서: 남기형南基亨, 이풍기李豊基, 방원용方遠鏞, 이경인李敬仁
　　율　학: 장지완張之琬, 방언성方彦城, 한응윤韓應潤, 정일선鄭一善
　　주　학(산학): 최석룡崔錫龍, 이기혁李基爀, 이형태李亨泰, 홍정석洪鼎錫
　　도화서: 이정주李鼎周, 이응모李膺模, 변성연卞聖淵, 최효달崔孝達
　　내의원: 조의형趙宜亨, 이재원李在瑗
　　사자청: 김계술金繼述, 유진우劉晉祐
　　검루청: 유성우劉成祐, 문영환文英煥
　　도유사: 방우도禹度
　　별유사: 김저인金著仁, 현일玄鎰, 변형식卞亨植, 김헌조金憲祖, 김학례金學禮, 염치학廉致學,
　　　　장지완張之琬, 방윤중方允中, 함영술咸永述, 변응기邊應箕

(3) 철종 2년 5월 초4일 지중추부사 김상순 집에서의 모임;
五月初四日金知事相淳第一會時

이 문서는 같은 해 5월 4일 지사知事(지중추부사; 정2품) 김상순金相淳 집에서 다시 모임을 열고 새로 선출한 도유사 1명과 제술유사製述有司 14명의 명단이다.[66] 먼젓번 5월 2일의 모임이 발기인대회와 비슷한 모임이었다면, 5월 4일의 모임은 구체적으로 상소문을 작성하려는 실무자 모임이라고 할 수 있다. 새로 뽑힌 도유사(총 책임자)는 전의감 소속의 의관인 방윤중方允中이고, 상소문 작성을 맡은 제술유사 가운데는 당시 중인 시인詩人으로 이름을 떨치고 비연시사斐然詩社를 설립한 율관 장지완張之琬, 현일玄鎰, 역관 정지윤鄭芝潤(일명 鄭壽銅)의 이름이 보인다.

(4) 철종 2년 7월 13일 지사 진응환 집에서의 모임;
七月十三日秦知事膺煥第一會時

이 문서는 철종 2년 7월 13일에 지사知事 진응환秦膺煥의 집에 모여 도유사와 서사유사書寫有司를 각각 1명씩 새로 뽑았으며, 그동안 모금한 기부금이 각 관청별로 명기되어 있다. 도유사는 최필문崔必聞으로 바뀌고, 서사유사는 조영경趙永經이 뽑혔다. 서사유사는 상소문을 정

---

66) 1851년 5월 4일에 선발된 임원은 다음과 같다.
　　도유사개망都有司改望: 방윤중方允中
　　제술유사천製述有司薦: 방우도方禹度, 김저인金著仁, 최필문崔必聞, 윤득준尹得浚, 이종건李宗健, 함영술咸永述, 박이선朴以善, 김학례金學禮, 현일玄鎰, 장지완張之琬, 정지윤鄭芝潤, 안동승安東昇, 홍현보洪顯普, 이긍수李兢修

서淨書하는 임무를 맡았다.

통례원을 비롯한 11개 중인관청에서 1,870명이 넘는 중인들이 모금에 참여하여 모두 230냥을 모은 것으로 나타난다. 이를 상세히 소개하면 다음과 같다.

여기서 가장 많은 인원이 참여한 것은 435명이 참여한 사역원의 역관과 678명 이상이 참여한 의관이다. 모금액도 이들이 낸 것이 가장 많다. 내의원 의관의 참여자 수는 밝혀져 있지 않으나, 상소문에 연명連名한 인원이 모두 1,872명인 것을 고려하면 내의원 의관은 202명 정도가 아닌가 추측된다. 230냥의 자금

홍로(통례원)	105명	10냥
역원(사역원)	435명	40냥
혜서(혜민서)	266명	20냥
율학	85명	20냥
도서(도화서)	79명	20냥
누국(검루청)	15명	10냥
운감(관상감)	246명	20냥
의감(전의감)	210명	20냥
약원(내의원)	202명?	30냥
주학(산　학)	176명	20냥
사청(사자청)	53명	20냥

은 상소운동에 필요한 경비를 조달하고자 모금한 것이지만, 실제로는 다른 중인 독지가들이 비용을 추가로 부담한 것으로 보인다. 다음 자료가 그런 사정을 말해 준다.

(5) 철종 2년 윤8월 18일 경릉행행 때 올릴 상소문 초안;
辛亥潤八月十八日景陵幸行時上言草

이 자료는 유학幼學 김윤수金允洙 등 1,872명의 열서로 작성된 상소문 초안이다. 날짜는 철종 2년 윤8월 18일 철종이 헌종의 왕릉인 경릉景陵에 행차하는 날로 되어 있다. 상소문을 올리고자 4월부터 4개

월 동안 준비를 해 온 것임을 알 수 있다.

이 자료는 서울의 기술직 중인들이 무엇 때문에 불만을 품고 임금에게 상소문을 올리려고 했는지를 잘 보여 준다. 불만의 핵심은, 중인들이 법적으로 차별받지 않는 신분임에도 인조 대 이후로 직업이 세습되면서 중인이라는 칭호를 얻게 되었으며, 사족士族과 다른 차별을 받게 되었다는 것이다. 앞에서도 잠시 소개한 바 있지만, 기술관을 중외의 현관顯官(正職)으로 제수하지 않는 것과, 문과에 급제했을 경우 승문원에 분관하지 않고 책을 제작하는 교서관에 분관하는 것은 부당하다는 것, 그리고 무과에 급제했을 경우 임금 옆에서 호위하는 선전관에 제수하지 않고 성문을 지키는 수문장에 제수하는 것이 부당하다는 것이다.

또 이 상소문에는 중인 소두疏頭 김윤수가 스스로 유학幼學이라고 부르고 있음도 눈길을 끈다. 여기서 조선 후기에는 유학이 모두 양반을 가리키는 것은 아님이 분명해진다.

(6) 《여송》

《상원과방》에는 위에 소개한 상소운동 자료 말고도 《여송輿誦》이라는 자료가 실려 있다. 《여송》은 순조 23년(1823)에 편찬된 《행하술杏下述》에도 들어 있는 자료로 철종 2년의 상소운동과 직접 관련되는 자료는 아니다. 《행하술》은 순조 23년에 서얼의 통청운동이 일어나자 성균관 유생들이 반대운동을 벌이면서 그 참고자료로 만든 것이다. 이 책에는 적서嫡庶의 규범, 법전에 보이는 서얼관계 규정, 서얼허통을 둘러싼 순조 23년의 조정의 논의들, 그리고 작자를 모르는 《여송》곧 여론을 수록하였다. 그런데《상원과방》에 이런 서얼관련 자료들을 실은 것은 중인의 통청운동에도 참고가 된다고 생각하여 함께 전재轉載한 것으로 보인다.

끝에는 서주산인西洲散人이라는 익명으로《여송》을 소개한 자신의 의견을 개진하고 있어 눈길을 끈다. 이를 보면《여송》은 작자를 알 수 없는 글인데, 순조 계미연간(순조 23)에 세상에 널리 퍼져 보는 이들이 지당한 말이라고 칭송했다는 것이다.

《여송》은 기술직 중인과 서얼을 다 같이 동정하는 관점에서 쓰인 것이지만, 기술직 중인이 서얼과 같은 부류로 불리고 있는 데 대한 불만이 나타나 있다. 두 부류는 기술직 관청에서 함께 근무하는 까닭에 동류同類로 취급되고 있지만, 양자는 뿌리가 다른 '동청이색同廳異色'이라는 것이다.

또 지방의 교생들이 스스로 중인이라고 부르고 있는데, 사실 교생은 하인下人에 지나지 않는다고 거리를 두고 있다. 그런데도 교생들은 오히려 벼슬길에는 아무런 장애가 없어서 문과에 급제하면 성균관에도 가고, 사헌부의 장령掌令도 되고, 승정원의 주서注書도 되는 등 출세에 아무런 장애가 없는 것과 달리, 교생보다 신분이 높은 기술직 중인은 장애를 받고 있는 것이 부당하다는 것이다.

끝으로 서주산인이 쓴 후문後文에서도《여송》과 비슷한 불만을 토로하고 있다. 혈통에서 볼 때 기술직 중인은 완전무결한 데 견주어 서얼은 혈통상 하자가 있다는 것이다. 그래서 그는 "중인은 완전하고, 서얼은 흠이 있다[中完而庶釁]"고 하면서, 이렇게 혈통에 흠이 있는 서얼이 통청되었음에도 중인이 통청되지 않고 있는 것은 부당하다고 주장했다.

다음에 《여송》과 서주산인의 글에서는 다 같이 기술관이나 서얼로서 고관대작의 벼슬에 오른 명사들의 예를 들면서 국초에는 본래 신분차별이 심하지 않았다고 주장하고 있다.

(7) 이름 모르는 어느 중인의 편지; 失名氏書

이 자료는 철종 2년 5월 최필문과 장지완의 집에, 그리고 그 다음날 이정주의 집에 보낸 작자 불명의 편지다.

통청을 위한 상소운동을 벌인다는 소문을 들은 어떤 중인이 상소문 작성을 책임진 위 세 사람에게 거사계획을 격려하고 충고하는 뜻에서 써 보낸 것이다. 이 편지에는 중인차별이 3백 년 동안 계속되었다는 것, 지난번 순조 23년의 서얼허통 때도 중인 사이에 소청운동이 있었으나 실패했다는 것, 이번에 또다시 실패하지 않도록 적극적이면서도 신중하게 처리하라는 내용이 담겨 있다. 특히 '문괴무선文槐武宣'의 목표를 추구하되 '선복합 후상언先伏閣 後上言'의 절차를 밟으라는 것, 필요한 경비는 부유한 사람의 헌금을 받으라는 것, 노성하고 경륜이 있는 지도자를 책임자로 뽑으라는 것, 복합伏閣할 때에는 의관衣冠을 단정하게 갖추라는 것, 중인 자제들이 노름이나 주색을 멀리하고 경사經史의 학문에 힘써야 통청문제가 스스로 해결될 수 있다는 것을 강조한 것이 흥미롭다. 다시 말해 중인의 차별은 중인 자신에게도 경사를 소홀히 한 책임이 있다는 뜻이다.

(8) 철종 2년의 모의 상소문 초안; 辛亥擬疏草

이 글은 모의 상소문이다. 누가 지은 것인지는 알 수 없다. 여기서
는 중인의 유래와 차별대우의 실상, 그리고 요구사항을 소상하게 적
고 있어서 중인의 역사를 이해하는 데 큰 도움을 준다. 이 글에서는
먼저 중인차별이 국초에는 없던 일로서 누구나 그 재주에 따라 관원
으로 임용되었으나 중고中古 이래로 세습경향이 커지면서 마침내 인
조 대 이후로 중인이라는 호칭이 생겼다고 한다.

또 중인의 족보를 보더라도 10세世 이상은 청현직淸顯職에 오른 이
가 많아 본래는 사족士族이었다고 주장한다. 정조 대 차별대우를 철
폐하라는 교지가 있었지만 지켜지지 않았기에 문과에 급제하면 규장
각의 외관外館 곧 교서관에 임명되고, 무과에 급제하면 수부守府 곧
수문청에 임명되어 청요직에 들어가지 못했다고 한다.

중인들이 바라는 것은 '문괴무선文槐武宣'이다. 문과급제자는 괴원
槐院 곧 외교문서를 담당하는 승문원에, 무과에 급제하면 임금 곁을
호위하는 선전관에 임명해 달라는 것이다. 이 밖에 과거에 급제하지
못한 기술관은 사송詞訟의 직책 곧 수령守令에 임명해 줄 것을 요구하
고 있다.

(9) 잡고雜攷

이 글은 중인들이 조선 후기에 일으킨 반란음모사건을 적은 것으
로, 40~50명의 인사들이 경기도 화현華峴에 모여 모의를 꾀했으나
실패로 끝났다는 것이다. 이는 숙종 20년(1694)에 남인들이 장희빈의

오라비인 장희재張希載와 연결하여 폐비 민씨(인현왕후)를 복위하는
데 반대하여 일으킨 사건을 말한다. 이 사건으로 남인은 숙청당하고
노론이 집권하는 세상이 되었다. 장희빈과 장희재가 역관집안이기
때문에 당시 역관을 비롯한 중인들이 이 사건에 가담한 것이다.

이 반란에 참여한 인물은 왜란 때 의병장으로서 일본에 끌려갔다
가 돌아온 강항姜沆의 제자들을 비롯하여 역관 안연옥安連玉, 이덕개
李德漑, 윤원尹元, 조시건趙時健, 의관 박익수朴益秀, 이천룡李泉龍, 변희
완卞希完, 무인武人 조효신趙孝信, 이경무李景茂, 김충서金忠恕, 조관趙琯,
그리고 천문관 이진명李震明 등이다.

지금까지 조선 후기 서얼과 중인들이 자신들의 통청을 위해 벌인
신분해방운동에 관한 자료를 소개했다. 서얼층의 통청은 조선 후기
에 단계적으로 이루어지다가 철종 초에 매듭을 지었지만, 기술관 중
인의 통청은 매듭을 짓지 못한 채로 끝나고 말았다. 하지만 법제적으
로 본다면 기술관 중인은 잡과를 통해서 벼슬길에 나아갔을 때에는
한품의 제약이 있었지만, 그 반면 문과응시가 법적으로 가능하여 서
얼과는 다른 대접을 받았다. 문제는 문과와 무과에 급제한 뒤에 관습
적으로 양반문벌이 나아가는 엘리트 관청인 승문원과 선전청에 나아
가지 못하고, 품격이 떨어지는 교서관과 수문청에 분관되는 것에 대
한 불만이 있었다는 점이었다. 승문원과 선전청으로 분관되면 그 다
음에도 청요직으로 나아가는 길이 순탄하게 열리지만, 교서관이나
수문청으로 분관되면 그와 같은 엘리트 코스로 승진하기가 어렵기
때문이었다.

그러면 기술관 중인은 실제로 어느 정도로 문과에 급제하여 어떤

벼슬을 받았을까? 이 문제는 별도로 따져보아야 할 일이다.

3) 시험종류별 급제자 인원

철종 재위 14년 동안 선발된 문과급제자는 모두 471명으로, 이를 시험종류별로 정리하면 다음과 같다.

식년시式年試	4회	167명
증광시增廣試	2회	80명
경과慶科	14회	197명
알성시謁聖試	1회	3명
기로정시耆老庭試	1회	6명
중시대거 별시重試對擧 別試	1회	10명
제주목 별시濟州牧 別試	2회	8명
합 계		471명

여기서 주목되는 것은 식년시급제자가 167명으로 전체 급제자의 35.45퍼센트에 그친다는 점이다. 앞 시기 정조 대 46.77퍼센트, 순조 대 46.23퍼센트, 헌종 대 45퍼센트와 견주어 봐도 가장 비중이 낮아졌다. 그러나 식년시와 성격이 비슷한 증광시로 선발한 인원 80명을 합치면 247명으로, 전체 급제자의 52.44퍼센트에 이른다.

식년시급제자의 비율이 35.45퍼센트로 낮아진 이유는 매회 평균 인원을 적게 선발한 데 있다. 앞 시기 영조 대 45명, 정조 대 45.4명, 순조 대 40.4명, 헌종 대 41명에 견주어 철종 대에는 매회 평균 41.75명을 선발했다. 다시 말해 영조와 정조 대에 매회 평균 45명 수준이었던 것이 19세기에 들어와서는 40~41명으로 줄어든 것이다. 그만큼 식년시가 아닌 다른 시험 급제자를 갈수록 많이 선발했다는 뜻이다.

식년시는 7배수를 선발하는 초시급제자의 정원을 8도의 인구비율로 안배하기 때문에 지방 인재들에게 유리하다. 그래서 급제자의 신분이 다른 시험에 견주어 상대적으로 낮은 것이 특징이다. 경과나 별시 등은 급제자의 정원을 인구비율로 강제 배분하지 않고, 또 불시에 시행하기 때문에 서울이나 가까운 기호지방에 사는 양반들에게 유리한 시험이다. 이런 점을 고려할 때 세도정치기에는 과거시험이 지방인재들보다는 서울의 문벌 양반들에게 유리하게 시행되었다고 볼 수있다.

철종 대 과거제도에서 또 하나 특징적인 것은 지방 인재들을 선발하는 별시나 도과가 오직 제주목濟州牧에만 국한되었다는 점이다. 이를 앞 시기와 비교하면 다음과 같다.

영조 대	함경도 별시 4회 개성부 별시 1회	온양 별시 1회 강화도 별시 2회	평안도 별시 3회
정조 대	수원 별시 관동빈흥(강원도) 관서빈흥(평안도)	풍폐빈흥(함흥) 남한 별시(광주) 탐라빈흥(제주)	우화관 별시(수원) 교남빈흥(경상도) 관북빈흥(함경도)
순조 대	평안도 별시 2회	함경도 별시 2회	
헌종 대	함경도 도과 1회		
철종 대	제주목 별시 2회		

위의 표를 보면 영조에서 순조 대까지는 평안도와 함경도 등 소외된 지역의 인재를 위한 시험이 자주 시행되었으나, 헌종에는 함경도에만 도과가 시행되었을 뿐이고, 철종 대에는 제주목에서만 시행되었다는 사실을 알 수 있다. 이는 헌종과 철종 대에 걸쳐 소외된 변방지역에 대한 배려가 크게 약화되었음을 말해 준다. 그렇지만, 철종

대에 제주도에서 두 차례에 걸쳐 별시를 거행하여 급제자 8명을 선
발한 것은 철종 13년의 임술민란壬戌民亂을 전후하여 제주도민의 민
심을 달래기 위한 조치로 보인다.

다음에 철종 대 급제자 471명을 연평균으로 나누어 보면 33.6명이
된다. 이는 영조 대 40.4명과 비교하면 매우 적고, 정조 대 32.37명,
순조 대 30.8명, 헌종 대 30.33명과 비교하면 엇비슷하다. 그러나 그
다음 고종 대 56.7명으로 늘어난 것과는 큰 대조를 보인다.

4) 지역별 급제자 분포

철종 대 문과급제자 471명의 지역별 분포는 어떠한가? 각 도별 전
체 급제자 인원과 식년시와 기타 시험 급제자의 인원을 정리해 보면
다음과 같다.

지 역	총 급제자(비율)	식년시급제자(비율)	기타 급제자(비율)
서 울	185명(39.27%)	26명(14.05%)	159명(85.9 %)
경상도	80명(16.98%)	38명(47.5 %)	42명(52.5 %)
평안도	64명(13.58%)	50명(78.12%)	14명(21.87%)
경기도	43명(9.12%)	13명(30.23%)	30명(81.4 %)
충청도	32명(6.79%)	14명(43.75%)	18명(56.25%)
전라도	30명(6.36%)	24명(80 %)	6명(41.9 %)
함경도	13명(2.76%)	1명(0.76%)	12명(92.3 %)
제주도	9명(1.91%)	0명	9명(100 %)
황해도	7명(1.48%)	4명(57.14%)	3명(42.85%)
강원도	4명(0.84%)	1명(25 %)	3명(75 %)
미 상	4명		4명
합계(평균)	471명	171명(36.3 %)	300명(63.69%)

표를 보면, 가장 많은 급제자를 배출한 지역은 185명을 배출한 서울로 전체 급제자의 39.27퍼센트를 차지하고 있다. 이는 앞 시기인 정조 대 31.9퍼센트에 견주어 크게 증가한 수치이며, 순조 대 38.9퍼센트, 헌종 대 36.2퍼센트와 비교해도 더 높은 수치다. 그러다 고종 대에는 다시 32.6퍼센트로 내려가고 있는데, 이런 변화는 세도정치가 극성했던 철종 대에 벼슬아치의 서울 집중도가 가장 높았다는 것을 말해 준다.

서울 다음으로 급제자를 많이 낸 곳은 80명을 배출한 경상도로 전체 급제자의 16.98퍼센트에 이른다. 이를 앞 시기와 견주면, 정조 대에는 평안도가 2위(15퍼센트), 경기도가 3위(13.2퍼센트), 경상도가 4위(12.2퍼센트)였고, 순조 대에도 평안도가 2위(15.1퍼센트), 경상도가 3위(14.2퍼센트), 충청도가 4위(10.2퍼센트)를 차지했다. 그러다가 헌종 대에 이르러 경상도가 2위(16퍼센트)를 차지하고 평안도가 3위로 밀려났는데, 그 다음 철종 대에도 경상도가 2위, 평안도가 3위였다. 그런데 고종 대에는 평안도가 다시 2위(16.7퍼센트)로 올라오고, 경상도는 5위(10.17퍼센트)로 밀려났다.

이런 순위의 변화는 평안도에 대한 정책의 차이를 보여 준다. 다시 말해 정조와 순조, 고종 대에는 평안도에 대한 포용정책이 강화된 것과 달리, 세도정치가 극성했던 헌종과 철종 대에는 평안도에 대한 배려가 약화되었다는 뜻이다. 특히 평안도 도과가 없어진 것이 큰 영향을 주었다.

평안도 출신 급제자 64명을 군현별로 알아보는 것도 의미 있는 일이다. 군현별로 평안도 출신 급제자 인원을 알아보면 다음과 같다.

여기서 정주定州가 가장 많은 15명의 급제자를 배출하여 전체 평안도 출신 급제자의 23.43퍼센트를 차지하고 있는데, 이를 앞 시기와 비교하면 매우 부진한 성적이다. 왜냐하면 정조 대는 평안도 전체 급제자의 39.5퍼센트, 순조 대에는 34.6퍼센트, 헌종 대는 35.2퍼센트를 정주에서 차지하고 있었기

정주	15명
안주	9명
평양	6명
가산	5명
숙천, 성천	각 4명
영유, 영변, 태천	각 3명
중화, 박천, 개천	각 2명
은산, 벽동, 곽산, 상원, 구성, 삭주	각 1명

때문이다. 고종 대에 이르러서도 정주 지방의 급제율은 19.7퍼센트를 차지하여 철종 대에 미치지 못하고 있다. 정주 지방 출신 급제자의 비율이 시대가 내려갈수록 떨어지는 이유는 안주, 평양, 태천 등 인근 지역 출신 급제자들의 급제율이 상대적으로 높아진 데 원인이 있다. 평안도와 경상도를 뺀 나머지 지방 출신 급제자는 앞 시기와 비교하여 큰 변동이 없다.

다음에 각 지방 출신 급제자들이 어떤 종류의 시험에 급제했는가를 알아보면 지역적 편차가 매우 큰 것을 발견하게 된다. 가장 편차가 심한 지역은 서울과 평안도이다. 서울 출신 급제자는 14퍼센트만이 식년시에 급제하고, 급제자의 85.9퍼센트가 경과와 증광시 등에 급제하고 있다. 경기도 지역 출신 급제자도 서울과 비슷하다. 이와 달리 평안도 출신 급제자는 76.9퍼센트가 식년시에 급제하고, 23퍼센트가 기타 시험에 급제한 것이다. 이런 사정은 함경도도 마찬가지다.

평안도를 제외한 경상, 충청, 전라도 지역 출신 급제자들은 대략 반반의 비율로 식년시와 기타 시험에 급제하고 있음을 볼 수 있다. 이런 현상은 식년시의 경우 초시급제자 인원(최종 합격자의 7배수)을 8

도의 인구비율로 강제 배분한 결과인 것과 달리 경과나 증광시는 그런 제약을 받지 않은 것과도 관련이 있다.

5) 신분이 낮은 급제자의 비율과 유형

철종 대 문과급제자 471명 가운데 신분이 낮은 것으로 파악되는 급제자는 모두 227명으로 그 비율은 48.19퍼센트에 이른다. 이 수치를 앞뒤 시기와 비교하면 다음과 같다.

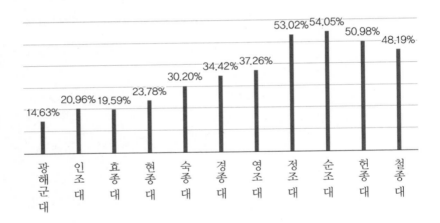

위 표를 다시 정리하면, 신분이 낮은 급제자의 비율이 광해군 대 14퍼센트대로 최하점을 보였다가 숙종 대 이후 30퍼센트대로 올라가고, 다시 정조와 순조 대 53~54퍼센트대로 정점에 올라섰다가 세도정치가 극성했던 헌종과 철종 대에는 각각 50퍼센트대와 48퍼센트대로 후퇴하고 있는 것을 볼 수 있다. 이러한 수치의 변화는 탕평정치를 표방하면서 지방민과 하층민을 포용하던 시기와 서울 양반 중심

으로 정치가 운영되던 세도정치기의 인재등용 사이의 차이점을 보여
준다.

그런데 철종 대 신분이 낮은 급제자 227명을 자세히 살펴보면 그
가운데 여러 유형이 발견된다. ①《족보》자체가《청구》와《만성》
에 보이지 않는 급제자가 4명, ②《족보》는 있으나《족보》에 가계가
보이지 않는 급제자가 153명, ③《족보》에 가계가 보이나 내외 4대
조 또는 그 윗대에도 여러 대에 걸쳐 벼슬아치가 보이지 않는 급제자
가 69명, ④《족보》에 본인만 기록되어 있는 급제자가 1명이다.

6) 《족보》에 오르지 못한 급제자의 비율과 지역분포

(1) 《족보》에 오르지 못한 급제자의 비율

철종 대 471명의 급제자를《청구》와《만성》에서 조사한 결과《족
보》자체가 없는 급제자는 4명으로, 그 가운데 3명은 평안도 출신이
다. 다음에《족보》가 있지만《족보》에 가계가 보이지 않는 급제자
153명을 합치면 157명으로, 전체 급제자의 33.33퍼센트, 신분이 낮은
급제자 227명의 69.16퍼센트를 차지한다. 이 수치를 앞 시기와 비교
하면 다음과 같다.

왕 대	전체 급제자 대비	신분이 낮은 급제자 대비
정조 대	31.14%	58.73%
순조 대	31.64%	58.55%
헌종 대	32.74%	64.22%
철종 대	33.33%	69.16%

표를 보면 철종 대《족보》에 가계가 보이지 않는 급제자들이 전체 급제자와 신분이 낮은 급제자에서 차지하는 비율이 정조와 순조 대에는 각각 31퍼센트대와 58퍼센트대를 기록하여 비슷한 수치를 보이다가 헌종 대에는 32퍼센트대와 64퍼센트대로 높아지고, 다시 철종 대에는 33퍼센트대와 69퍼센트대로 더 올라간 것을 볼 수 있다.

이런 수치의 변화는 시대가 내려갈수록 신분제도의 붕괴가 계속되면서 최하층민의 급제율이 높아지고 있다는 것을 말해 준다. 하지만, 앞에서 설명한 것처럼, 신분이 낮은 급제자의 급제율은 오히려 시대가 내려갈수록 낮아지고 있다는 것을 고려할 필요가 있다. 이런 현상은 내외 4대조 또는 그 위로 여러 대 조상 가운데 벼슬아치가 없는 급제자의 비율이 시대가 내려갈수록 급속도로 줄어들고 있는 데서 나타난 결과이다. 이 수치의 구체적인 내용은 뒤에 다시 설명할 예정이다.

(2)《족보》에 오르지 못한 급제자의 지역분포

철종 대 문과급제자 가운데《족보》자체가 없거나《족보》에 가계가 보이지 않는 급제자 157명의 지역별 분포를 보면 다음과 같다.

지 역	전체 급제자	신분이 낮은 급제자	《족보》에 오르지 못한 급제자
서 울	185명(39.27%)	18명(9.72%)	8명(4.32%)
경상도	79명(16.72%)	43명(54.43%)	23명(29.11%)
평안도	66명(14.01%)	60명(90.9 %)	58명(87.87%)
경기도	43명(9.12%)	25명(58.13%)	10명(23.25%)
충청도	31명(6.58%)	17명(54.83%)	4명(12.9 %)

전라도	30명(6.36%)	28명(93.33%)	22명(73.33%)
함경도	13명(2.76%)	12명(92.3 %)	12명(92.3 %)
제주도	9명(1.91%)	9명(100 %)	9명(100 %)
황해도	7명(1.48%)	7명(100 %)	6명(85.71%)
강원도	4명(0.84%)	3명(75 %)	2명(50 %)
미 상	5명	5명	3명
합 계	471명	227명(48.19%)	157명(33.33%, 66.02%)

위 표를 보면,《족보》에 가계가 보이지 않는 급제자는 모두 157명으로 전체 급제자의 33.33퍼센트, 신분이 낮은 급제자의 66.02퍼센트를 차지한다. 그런데 지역별로 보면 그 수치가 매우 다르다. 비율이 가장 높은 지역은 제주도로 1백 퍼센트를 차지하고, 그 다음에는 함경도가 92.3퍼센트로 2위, 평안도가 87.87퍼센트로 3위, 황해도가 85.71퍼센트로 4위, 전라도가 73.33퍼센트로 5위를 차지하고 있으며, 서울이 4.32퍼센트로 가장 낮다. 이 수치를 바꿔 말하면, 서울 출신 급제자의 신분이 가장 높고 제주도, 함경도, 평안도, 황해도 출신 급제자가 가장 신분이 낮다는 것을 말해 준다. 그리고 하삼도 가운데서는 전라도(73.33퍼센트)가 충청도(12.9퍼센트)와 경상도(30.37퍼센트)에 견주어 상대적으로 신분이 낮은 급제자들이 많다는 것을 보여 준다. 하지만 이런 비율을 떠나서 급제자의 인원을 고려하면 66명의 급제자 가운데 58명이《족보》에 오르지 못한 평안도 출신 급제자가 가장 신분이 낮다고 말할 수 있다.

《족보》 자체가 없거나《족보》에 가계가 보이지 않는다는 것은 조상 가운데 벼슬아치가 없는 평민이거나, 인구가 희박한 희성이거나, 노비로서 양인이 되었거나, 아니면 서출일 가능성이 매우 높다.

(3)《족보》자체가 없는 급제자 명단

철종 대 471명의 문과급제자 가운데《청구》와《만성》에《족보》
자체가 보이지 않는 급제자는 모두 4명인데, 그 가운데 3명은 평안
도, 나머지 1명은 경상도 출신이다. 이들은 인구가 극히 적은 희성으
로 그 가운데 2명은 조선시대 유일한 문과급제자이다. 이들 4명의 명
단을 소개하면 다음과 같다.

김국현金國顯 평안도 개천价川 사람으로 철종 9년 급제하여 고종 대
사간원 사간(종3품)에 올랐다. 본관이 양주楊州이지만《청구》와《만
성》에는《양주김씨보》자체가 없다. 2000년 현재 양주김씨는 1,109
가구 3,510명의 희성으로 광해군 대 이후 문과급제자 8명을 배출했
다. 그 가운데 개천 지방에서 영조 대 이후 5명이 급제하여 개천김씨
로도 불린다.

김내현金來顯 평안도 개천价川 사람으로 철종 9년 급제했지만 벼슬
이 없고, 본관이 양주楊州이다. 위에 소개한 김국현과 마찬가지로《족
보》가 없는 인물이다.

천일성千馹成 경상도 청도淸道 사람으로 철종 12년 급제하여 고종
대 벼슬이 목사(정3품 당상관)에 이르렀다. 본관이 안동安東으로 되어
있지만《청구》와《만성》에는《안동천씨보》자체가 없으며, 천일성
이 안동천씨 가문에서 유일한 문과급제자이다. 2000년 현재 안동천
씨 인구는 263가구 851명이다. 고종 29년 문과에 급제한 천광록千光
祿은 관향이 영양潁陽인데 그 또한 이 집안에서 유일한 문과급제자이
다. 원래 천씨는 왜란 때 귀화한 명나라 장수 천만리千萬里의 후손으

로서 인구가 적은 희성에 속하는데, 그럼에도 문과급제자 2명이 배출되었으므로 천씨를 천민으로 보는 것은 사실에 맞지 않는다.

김진모金鎭模 평안도 영변寧邊 사람으로 철종 12년 급제하여 벼슬이 사간원 정언(정6품)에 이르렀다. 본관이 정산定山으로 되어 있으나 《청구》와 《만성》에는 《정산김씨보》 자체가 없다. 2000년 현재 정산김씨 인구는 219가구 673명의 극희성으로 조선시대 문과급제자는 김진모가 유일하다. 《세종실록》〈지리지〉, 《동국여지승람》, 《여지도서》 어디에도 정산과 영변에 정산김씨가 보이지 않아 그가 급제한 뒤에 정산을 본관으로 정한 듯하다.

(4) 서자, 문벌이 한미한 급제자

철종 대 《족보》 자체가 없거나 《족보》는 있으나 《족보》에 가계가 보이지 않는 157명의 급제자 가운데는 서출로 보이는 급제자가 2명, 집안이 매우 한미한 것으로 알려진 인물이 2명, 향리의 후손으로 알려진 인물이 1명 있다. 이들 6명의 명단을 소개하면 다음과 같다.

김기룡金基龍 서울 사람으로 철종 13년 급제하여 벼슬이 사간원 정언(정6품)과 홍문관 수찬(정6품)을 거쳐 대한제국 때 형사국장刑事局長 (정3품)에까지 오른 인물인데, 본관이 명문인 청풍김씨淸風金氏다. 그런데 김기룡은 고종 14년 자신을 포함한 서얼의 억울함을 호소하면서 《경국대전》, 《대전통편》 그리고 《대전회통》에 실린 서얼금고에 관한 법률을 하나하나 고쳐 나갈 것을 요청하고 나섰다.[67] 《청풍김씨보》에는 김기룡의 가계가 보이지 않는다.

김붕래金朋來 평안도 영유永柔 사람으로 철종 3년 식년시에 급제하여 처음에 승문원承文院에 분관分館되었다가 서자庶子라 하여 성균관으로 강등되었는데, 고종 11년에 억울하다는 본인의 소청疏請이 받아들여져 다시 승문원으로 분관된 일이 있었다.[68] 본관은 풍천豊川인데, 《풍천김씨보》에는 김붕래의 가계가 보이지 않는다. 2000년 현재 풍천김씨 인구는 733가구 2,292명의 희성으로 경종 대 이후 문과급제자 7명을 배출했는데 그 가운데 5명이 영유 출신으로 확인되고 있다.

홍찬섭洪贊燮 경기도 적성積城 사람으로 철종 12년 급제하여 벼슬이 찰방(종6품)을 거쳐 사헌부 지평(정5품)에 올랐는데, 고종 11년에 서얼허통을 요청하는 상소를 올린 일이 있어 홍찬섭이 서출임을 확인할 수 있다.[69] 본관은 남양南陽인데 《남양홍씨보》에 가계가 보이지 않는다.

이응려李應呂 함경도 안변安邊 사람으로 철종 5년 장원급제했는데, 본관이 전주全州이다. 《전주이씨과거급제자총람》을 보면 이응려는 파미분류자派未分類者로 되어 있다. 그러니까 파派를 모르는 인물이라는 뜻인데 이는 곧 그가 평민이거나 서출임을 말한다.

이종학李從鶴 서울 사람으로 철종 3년 식년시에 급제하여 벼슬이 홍문관 부수찬副修撰(종6품)에 올랐는데, 본관이 명문인 전의이씨全義李氏다. 그런데 고종 3년 부수찬에 임명되자 사헌부에서는 이종학이 문벌이 나쁘다는 이유로 반대하고 나서 취소된 일이 있었다.[70] 전의이씨가 명문임에도 문벌이 나쁘다는 말은 그의 신분에 문제가 있음을 암시한다.

진명복晉命復 전라도 남원南原 사람으로 철종 11년 급제했다. 본관이 남원으로 되어 있으나 《남원진씨보》에 가계가 보이지 않는다. 그런데 《세종실록》〈지리지〉에는 진씨가 남원의 토성土姓이면서 동시에 인리성人吏姓으로 되어 있어 남원 지방의 향리가문임을 알 수 있다. 2000년 현재 남원진씨 인구는 1,612가구 5,084명의 희성으로 진명복이 유일한 문과급제자이다.

(5) 3품 이상 고관에 오른 급제자

《족보》 자체가 없거나 《족보》가 있어도 가계가 보이지 않는 인물 157명 가운데 3품 이상 고관에 오른 인물이 23명으로 14.64퍼센트를 차지하고 있다. 그런데 이들은 모두 철종 대에 이런 벼슬을 받은 것이 아니라 신분제도가 무너진 고종 대에 들어서 3품 이상 벼슬을 받았다는 것이 눈길을 끈다. 23명의 명단을 소개하면 다음과 같다.

최학승崔鶴昇 경상도 청도淸道 사람으로 철종 2년 급제하여 벼슬이 고종 대 승지(정3품 당상관)에 올랐다. 본관이 경주慶州인데 《경주김씨보》에는 최학승의 가계가 보이지 않는다.

안시협安時協 평안도 안주安州 사람으로 철종 2년 급제하여 벼슬이 고종 대 도정都正(정3품 당상관)에 올랐다. 본관이 순흥順興이나 《순흥안씨보》에는 안시협의 가계가 보이지 않는다. 순흥안씨는 영조 대 이후로 안주 지방에서 문과급제자 30명을 배출하여 이 지역의 토족土族으로 불리고 있었다.[71] 18세기 중엽 이후로 급성장한 안주 지방의 신흥 명문이다.

홍일형洪一衡 춘천春川 사람으로 철종 2년 급제하여 벼슬이 고종 대 참의교섭통상사무參議交涉通商事務와 부사(종3품)에 올랐다. 본관이 남양南陽이지만 《남양홍씨보》에 가계가 보이지 않는다.

조경순趙璟淳 전라도 김제金堤 사람으로 철종 3년 급제하여 벼슬이 고종 대 사간원 대사간(정3품 당상관)에 올랐다. 본관이 양주楊州이지만 《양주조씨보》에 가계가 보이지 않는다.

조광순趙光淳 평안도 정주定州 사람으로 철종 3년 급제하여 벼슬이 고종 대 사간원 대사간(정3품 당상관)에 이르렀다. 본관이 배천白川인데 《배천조씨보》에는 가계가 보이지 않는다. 그렇지만, 직계 5대조는 벼슬아치였다.

성하경成夏慶 경기도 수원水原 사람으로 철종 6년 급제하여 벼슬이 고종 대 사간원 대사간(정3품 당상관)에 올랐다. 본관이 창녕昌寧이지만 《창녕성씨보》에 가계가 보이지 않는다.

이종률李鍾律 경기도 고양高陽 사람으로 철종 6년 급제하여 벼슬이 대한제국기에 장례원 소경掌禮院 少卿(종2품)에 이르렀다. 본관이 성주星州이지만 《성주이씨보》에 가계가 보이지 않는다.

김병륙金炳陸 서울 사람으로 철종 8년 급제하여 벼슬이 고종 대 부사(종3품)를 거쳐 이조참판(종2품)에 이르렀다. 본관이 안동安東이지만 《안동김씨보》에는 아버지까지의 가계만 보이고 김병륙의 이름은 누락되어 있다. 안동김씨의 중심인물인 김조순金祖淳의 손자임에도 《족보》에 보이지 않는 것이 이상하다.

---

71) 《고종실록》 권14, 고종 14년 10월 25일 병오.

조희일趙熙— 경기도 수원水原 사람으로 철종 9년 급제하여 벼슬이 사헌부 대사헌(종2품)을 거쳐 고종 대 궁내부 특진관(2품)에 이르렀다. 본관이 풍양豊壤인데《풍양조씨보》에 할아버지까지의 가계는 보이나 아버지와 조희일의 이름은 누락되어 있다.

김국현金國顯 평안도 개천价川 사람으로 철종 9년 급제하여 벼슬이 고종 대 사간원 사간(종3품)에 이르렀다. 본관이 양주楊州이지만《양주김씨보》에 가계가 보이지 않는다. 양주김씨에 대해서는 앞에서 이미 설명했다.

정종학鄭鍾學 전라도 함평咸平 사람으로 철종 9년 급제하여 벼슬이 고종 대 사간원 사간(종3품)에 이르렀다. 본관이 진주晉州인데《진주정씨보》에는 가계가 보이지 않는다.

한준희韓俊熙 함경도 함흥咸興 사람으로 철종 10년 급제하여 벼슬이 고종 대 호조참의(정3품 당상관)에 이르렀다. 본관이 청주淸州인데《청주한씨보》에는 가계가 보이지 않는다.

민희식閔羲軾 거주지를 알 수 없다. 철종 11년 급제하여 벼슬이 고종 대 통례원 우통례(정3품 당하관)에 이르렀다. 본관이 여흥驪興인데《여흥민씨보》에는 증조까지의 가계만 보이고 그 뒤는 보이지 않는다.

천일성千馹成 경상도 청도淸道 사람으로 철종 12년 급제하여 벼슬이 고종 대 목사(정3품 당상관)에 이르렀다. 본관이 안동安東인데《안동천씨보》자체가 없다. 안동천씨에 대해서는 앞에서 이미 설명했다.

곽기락郭基洛 황해도 은율殷栗 사람으로 철종 12년 문과에 급제하여 고종 대 벼슬이 병조참의(정3품 당상관)에 이르렀다. 위정척사운동을 반대하고 동도서기東道西器에 입각한 개화정책을 주창한 인물로 유명하다. 본관은 현풍玄風인데《현풍곽씨보》에는 곽기락의 가계가 보이지 않는다.

백의행白義行 평안도 정주定州 사람으로 철종 12년 급제하여 벼슬이 고종 대 사헌부 집의(종3품)에 이르렀다. 본관이 수원水原인데 《수원백씨보》에 가계가 보이지 않는다.

박창수朴昌壽 전라도 나주羅州 사람으로 철종 12년 급제하여 벼슬이 고종 대 통례원 우통례(정3품 당하관)에 이르렀다. 본관이 반남潘南인데 《반남박씨보》에는 증조까지의 가계만 보이고 그 뒤는 보이지 않는다.

장호근張皓根 경상도 상주尙州 사람으로 철종 12년 급제하여 벼슬이 고종 대 통례원 좌통례(정3품 당하관)와 사간원 사간(종3품)에 이르렀다. 본관이 덕수德水인데 《덕수장씨보》에는 가계가 보이지 않는다.

장태수張泰秀 전라도 금구金溝 사람으로 철종 12년 급제하여 벼슬이 고종 대 대사간(정3품 당상관)과 시종원 부경侍從院 副卿(종2품)에 이르렀는데, 한일병합에 분개하여 순국했다. 본관이 인동仁同인데 《인동장씨보》에는 가계가 보이지 않는다.

박기종朴淇鍾 전라도 무안務安 사람으로 철종 12년 급제하여 벼슬이 고종 대 사간원 사간(종3품)에 이르렀다. 본관이 무안인데 《무안박씨보》에 가계가 보이지 않는다.

신재관愼在寬 경상도 안의安義 사람으로 철종 12년 급제하여 벼슬이 고종 대 사간원 사간(종3품)에 이르렀다. 본관이 거창居昌인데 《거창신씨보》에 가계가 보이지 않는다.

김동식金東軾 경상도 금산金山 사람으로 철종 13년 급제하여 벼슬이 고종 대 봉상시정奉常寺正(정3품 당하관)에 이르렀다. 본관이 청풍淸風인데 《청풍김씨보》에 가계가 보이지 않는다.

한성근韓聖根 경상도 안동安東 사람으로 철종 14년 급제하여 고종 대 궁내부 특진관(2품)과 중추원 의관議官의 높은 자리에 올랐다. 본관이 청주淸州나 《청주한씨보》에는 한성근의 가계가 보이지 않는다. 병인양요 때 큰 전공을 세운 인물로 유명하다.

(6) A형 급제자의 벼슬

그러면 《족보》 자체가 없거나 《족보》에 가계가 보이지 않는 급제자 157명 전체의 벼슬은 어떠했는가? 이들을 편의상 A형 급제자로 부른다. 우선 《방목》과 《실록》에 벼슬이 보이는 급제자는 모두 64명으로, 취직률은 40.76퍼센트이다. 그러면 64명이 받은 벼슬은 구체적으로 어떠한가? 최고품계순으로 인원을 정리해 보면 다음과 같다.

참판參判(종2품)	1명(서울)
궁내부 특진관特進官(2품)	1명(경상)
장례원소경掌禮院少卿(종2품)	1명(경기)
시종원부경侍從院副卿(종2품)	1명(전라)
대사헌大司憲(종2품)	1명(경기)
승지承旨(정3품 당상관)	1명(경상)
참의參議(정3품 당상관)	2명(함흥, 황해)
사간원 대사간大司諫(정3품 당상관)	3명(전라, 평안, 경상)
도정都正(정3품 당상관)	1명(평안)
목사牧使(정3품 당상관)	1명(경상)
통례원 통례通禮(정3품 당하관)	3명(전라, 경상, 미상)
봉상시정奉常寺正(정3품 당하관)	1명(경상)
사간원 사간司諫(종3품)	4명(전라 2명, 평안, 경상)
부사府使(종3품)	1명(강원)

사헌부 집의執義(종3품)	1명(평안)
1~3품	23명
사헌부 장령掌令(정4품)	7명(평안 6명, 전라)
홍문관 교리校理(정5품)	1명(서울)
사헌부 지평持平(정5품)	10명(경기 3명, 제주 3명, 평안 2명, 경상, 미상)
사간원 헌납獻納(정5품)	1명(경기)
성균관 직강直講(정5품)	1명(전라)
도사都事(종5품)	1명(경상)
사간원 정언正言(정6품)	7명(평안 6명, 경기)
홍문관 수찬修撰(정6품)	2명(함흥, 황해)
좌랑佐郎(정6품)	1명(경상)
홍문관 부수찬副修撰(종6품)	1명(서울)
찰방察訪(종6품)	5명(평안 3명, 함흥, 경기)
부사과副司果(종6품)	1명(평안)
홍문록弘文錄	2명(경상, 전라)
승문원承文院	1명(평안)
4~6품	41명
합 계	64명

위 표를 보면 벼슬을 받은 64명 가운데 3품 이상 고관에 오른 사람이 23명으로 대부분 고종 대 벼슬을 받았으며, 그 가운데 2품 이상에 오른 사람은 5명에 이른다. 그러나 의정부 정승과 판서는 없고, 지역별로는 평안도 출신이 없다. 3품에 오른 인물은 18명으로 그 가운데 평안도 출신은 4명에 지나지 않는데, 당상관이 2명이다. 직종별로 본다면 사간원 대사간(정3품 당상관)과 사간(종3품)에 각 1명, 사헌부 집의(종3품)와 도정(정3품 당상관)에 각 1명이다. 그러니까 평안도 출신 급제자가 가장 높이 오르는 벼슬은 언관직인 것을 알 수 있다.

이런 사정은 4품에서 6품의 참상관參上官의 경우도 비슷하다. 참상관에 오른 급제자는 41명으로, 그 가운데 사헌부에 17명, 사간원에 8명, 그리고 홍문관(홍문록 포함)에 오른 사람도 6명에 이르러, 모두 합치면 31명이다. 말하자면 대부분 청요직을 받았다. 《족보》에 오르지 못한 급제자들이 청요직에 오른 사실은 이제까지 볼 수 없는 일로, 비록 이들이 철종 대에 급제했음에도 실제로 청요직을 받은 것은 신분제도가 무너진 고종 대라는 사실과 관련이 있다.

참상관의 출신 지역을 보면 평안도 출신이 19명으로 가장 많고, 경기도 6명, 경상도 4명, 전라도와 제주도가 각 3명, 함경도와 서울이 각 2명, 황해도가 1명, 거주지 미상이 1명이다. 특히 평안도 출신 19명 가운데, 사헌부 장령(정4품)과 지평(정5품)이 8명, 사간원 정언(정6품)이 6명, 찰방(종6품)이 3명에 이르러, 이를 합치면 17명이다. 여기서 평안도 출신 급제자들은 대부분 언관직에 나가고 있었음을 알 수 있다.

7) 내외 4대조 또는 그 위 여러 대 조상 가운데 벼슬이 없는 급제자

(1) 급제자의 지역별 인원

철종 대 신분이 낮은 급제자 227명 가운데 내외 4대조 또는 그 위로도 여러 대에 걸쳐 벼슬아치가 없는 급제자는 69명인데, 지역별로 그 인원을 알아보면 다음과 같다.

경상도	20명
경기도	14명

충청도	12명
서 울	11명
전라도	6명
평안도	2명
강원도	1명
황해도	1명
함경도	–
제주도	–
미 상	2명
합 계	69명

(2) 급제자의 비율과 여러 부류

철종 대 급제자 471명 가운데, 《족보》에 가계가 보이지만 내외 4 대조나 또는 그 위의 여러 대에 걸쳐 벼슬아치가 없는 급제자는 모두 69명이고, 여기에 아버지 윗대의 가계가 단절된 급제자 1명을 합치면 70명으로, 전체 급제자의 14.86퍼센트, 신분이 낮은 급제자의 30.83퍼센트를 차지한다. 《족보》에 오르지 못한 급제자의 비율이 33.33퍼센트와 66.02퍼센트를 차지한 것과 견주어 비중이 절반 아래로 낮아진 것을 알 수 있다. 이 수치를 앞 시기와 견주면 다음과 같다.

왕 대	《족보》에 오르지 못한 급제자		내외 4대조 안에 벼슬이 없는 급제자	
	전체 급제자 대비	신분이 낮은 급제자 대비	전체 급제자 대비	신분이 낮은 급제자 대비
정조 대	31.14%	58.73%	21.87%	41.26%
순조 대	31.64%	58.55%	22.21%	41.09%
헌종 대	32.74%	64.22%	18.24%	35.77%
철종 대	33.33%	66.02%	14.86%	30.83%

　표를 보면, 《족보》에 오르지 못한 급제자의 비율은 시대가 내려갈수록 늘어나는 것과 달리 4대조 또는 그 위의 여러 대에 걸쳐 벼슬아치가 없는 급제자의 비율은 시대가 내려갈수록 줄어드는 추세를 발견할 수 있다. 다만, 《족보》에 오르지 못한 급제자의 비율이 내외 4대조 가운데 벼슬아치가 없는 급제자의 비율보다는 언제나 높다는 것을 알 수 있다. 하지만, 정조 대는 약 6대 4의 비율을 보이다가 철종 대는 약 7대 3의 비율로 바뀌었다. 이런 변화는 《족보》에 오르지 못한 최하층민의 급제율이 시대가 내려갈수록 올라가고 있다는 것을 말해 준다.

　내외 4대조 또는 그 위의 여러 대 조상 가운데 벼슬아치가 없는 급제자도 더 자세히 살펴보면 여러 등급이 있다. 직계 조상 가운데 벼슬아치가 없는 조상이 14대까지 올라가는 급제자가 1명이고, 9대조가 3명, 8대조가 5명, 7대조가 5명, 6대조가 13명, 5대조가 14명, 4대조가 20명, 내외 4대조가 7명, 본인 윗대의 가계가 완전히 끊어진 급제자가 1명이다. 그리고 증조가 벼슬아치임에도 벌열閥閱이 아니라고 비판받은 자가 1명이다. 이들 70명 가운데는 서자로 확인된 인물 1명, 《족보》에 본인의 이름만 보이는 인물 1명이 포함되어 있다.

(가) 서자 또는 《족보》에 본인만 보이는 급제자

　철종 대 문과급제자 가운데 《족보》에 가계가 보이지만 서자로 확인된 인물이 1명, 《족보》에 본인의 이름만 보이는 인물이 1명이다. 이들 2명의 명단은 다음과 같다.

　김기룡金基龍 서울 사람으로 본관이 청풍淸風이다. 철종 13년 문과에 급제하여 벼슬이 1897년에 법부法部 형사국장刑事局長(정3품)에 올랐는데, 고종 14년 자신을 포함한 서얼들에 대한 차별대우를 철폐할 것을 요청하는 상소를 올리기도 했다.《청구》의《청풍김씨보》에 김기룡의 가계가 보이는데, 직계 4대조와 외조 가운데 벼슬아치가 없다. 그가 뒷날 형사국장에 오른 것은 실제로 서얼차대를 받지 않았음을 보여 준다.

박종선朴鍾善 평안도 상원祥原 사람으로 본관이 강진康津이다. 철종 9년 급제하여 벼슬이 1903년에 중추원 의관議官에 이르렀다.《만성》에는《강진박씨보》자체가 없고,《청구》의《강진박씨보》에는 조상의 가계가 끊어진 형태로 본인만 기록되어 있다. 2000년 현재 강진박씨 인구는 644가구 2,022명의 희성으로 영조 대 문과에 급제한 박홍수朴鴻壽를 시조로 삼고 있다. 그런데 박홍수는《방목》에 본관이 당진唐津으로 되어 있어 혼란스럽다. 만약 박홍수의 본관을 강진으로 본다면 조선시대 문과급제자는 5명이고 박종선이 두 번째인데, 그 뒤로 평안도 상원에서 2명이 급제하고 황해도 수안遂安에서도 급제자가 1명 배출되었다.《여지도서》에는 상원에 강진박씨가 없고 통구박씨通溝朴氏만 보이는데, 혹시 통구박씨가 강진박씨로 본관을 바꾸었는지도 모른다.

(나) 9대조 이상 벼슬아치 없는 급제자와 벌열이 아닌 급제자

철종 대 신분이 낮은 급제자로《족보》에 가계가 보이지만, 9대조 이상 가운데 벼슬아치가 없는 급제자가 4명이다. 그 가운데 벌열이 아니라고 비판받은 자가 2명이고, 증조가 벼슬아치임에도 벌열이 아니라고 비판받은 급제자가 1명이다. 이들 5명의 명단을 소개하면 다음과 같다. 이들 가운데 전주이씨全州李氏가 3명이고, 3품 이상에 오른 인물이 3명이다.

이석주李錫宙 경상도 안동安東 사람으로 본관이 전주全州이다. 철종 원년 급제하여 벼슬이 고종 대 종정원경宗正院卿(정2품)에 올랐는데, 처음에는 홍문록弘文錄에 올랐다가 사헌부에서 벌열이 아니라는 이유로 반대하여 취소된 일이 있었다.72) 《전주이씨과거급제자총람》을 보면 이석주는 태종의 후궁 소생인 온녕군溫寧君의 14대손으로 처음으로 벼슬을 받은 인물이다.

이붕순李鵬純 경기도 과천果川 사람으로 본관이 전주全州이다. 철종 8년 문과에 급제하여 벼슬이 승문원 정자(정9품)를 거쳐 경기도 도사(종5품)에 이르렀는데, 이보다 앞서 고종 3년 홍문록에 올랐다가 벌열이 아니라는 신하들의 반대로 취소된 일이 있었다.73) 《전주이씨과거급제자총람》을 보면 이붕순은 태조의 아들 익안대군益安大君 이방의李芳毅의 18대손으로 직계 9대조 가운데 벼슬아치가 없다.

송기호宋驥浩 전라도 고부古阜 사람으로 본관이 여산礪山이다. 철종 3년 문과에 급제하여 벼슬이 사간원 정언(정6품)에 이르렀는데, 《청구》의 《여산송씨보》를 보면 직계 9대조 가운데 벼슬아치가 없다.

남헌진南憲珍 충청도 전의全義 사람으로 본관이 의령宜寧이다. 철종 12년 문과에 급제하여 벼슬이 고종 대 사간원 사간(종3품)에 이르렀는데, 《청구》의 《의령남씨보》에는 남헌진의 가계가 보이지 않으며, 《만성》의 《의령남씨보》를 보면 그는 개국공신 남은南誾의 후손으로 직계 9대조 가운데 벼슬아치가 없다.

이수증李守曾 충청도 목천木川 사람으로 본관이 전주全州이다. 철종

---

72) 《고종실록》 권3, 고종 3년 6월 11일 무술.
73) 위와 같음.

484 과거, 출세의 사다리 3

6년 급제하여 벼슬이 고종 대 이조참판(종2품)에까지 올랐으나, 고종 초에는 홍문록에 올랐다가 신하들이 벌열이 아니라는 이유로 반대하여 취소된 일도 있었다.[74] 《전주이씨과거급제자총람》을 보면 이수 증은 세종의 후궁 소생 담양군潭陽君의 13대손으로 벼슬아치는 증조가 문과에 급제하여 병조좌랑(정6품)을 지낸 것이 전부이다.

(3) B형 급제자의 벼슬

내외 4대조 또는 그 윗대의 조상 가운데 여러 대에 걸쳐 벼슬아치가 없는 급제자 70명이 받은 벼슬은 무엇이었을까? 이들을 편의상 B형 급제자로 부른다. 먼저, 이들 70명 가운데 벼슬을 받지 못한 급제자는 4명이고, 66명이 벼슬을 받아 취직률은 94.28퍼센트에 이른다. 앞에 소개한 《족보》에 오르지 못한 급제자의 취직률이 40.76퍼센트인 것과 비교하여 두 배 이상 차이가 남을 알 수 있다.

다음에 66명이 받은 벼슬의 최고품계순으로 인원을 정리해 보면 다음과 같다.

궁내부 특진관特進官(2품)	1명
종정원경宗正院卿(정2품)	1명
장례원경掌禮院卿(정2품)	1명
참판參判(종2품)	6명
홍문관 제학提學(종2품)	1명
참의參議(정3품 당상관)	4명
사간원 대사간大司諫(정3품 당상관)	6명
성균관 대사성大司成(정3품 당상관)	1명

---

74) 《고종실록》 권3, 고종 3년 6월 11일 무술.

승지承旨(정3품 당상관)	4명
도정都正(정3품 당상관)	1명
통정대부(정3품 당상관)	1명
형사국장刑事局長(정3품)	1명
통례원 통례通禮(정3품 당하관)	5명
사간원 사간司諫(종3품)	4명
부사府使(종3품)	1명
1~3품	38명
사헌부 장령掌令(정4품)	5명
사헌부 지평持平(정5품)	1명
홍문관 교리校理(정5품)	5명
도사都事(종5품)	1명
홍문관 수찬修撰(정6품)	1명
사간원 정언正言(정6품)	12명
현감縣監(종6품)	1명
4~6품	26명
승정원 주서注書(정7품)	1명
승문원 정자正字(정9품)	1명
7~9품	2명
합 계	66명

위 표를 다시 정리하면, 벼슬을 받은 66명 가운데 3품 이상 고관에
오른 급제자가 38명에 이르러 절반 이상을 차지하고 있으며, 4품 이
하 벼슬을 받은 급제자는 28명이다. 앞에서 소개한 《족보》에 오르지
못한 급제자들에 견주어 높은 벼슬을 받았음을 알 수 있다. 3품 이상
고관 가운데는 2품에 오른 인물이 10명이고, 정3품 당상관 이상에 오
른 인물이 20명이다.

여기서 1품직에 해당하는 의정부 재상宰相이 배출되지 못했다는

것과 정2품직 가운데 판서가 한 명도 없다는 것이 한계로 지적될 수 있다. 그러나 참판이 6명, 참의가 4명, 사간원 대사간이 6명에 이른 것은 눈여겨볼 만하다.

4품에서 6품에 이르는 참상관參上官은 모두 26명인데, 그 가운데 청요직인 홍문관의 교리와 수찬이 6명, 사헌부 장령이 5명, 사간원 정언이 12명, 모두 23명에 이른다는 것도 전대에 볼 수 없는 일이다. 지방관은 단 2명에 지나지 않는다.

그런데 철종 대 신분이 낮은 급제자의 벼슬이 전대에 견주어 크게 올라간 것은 세도정치기인 철종 대에 받은 벼슬이 아니라 대부분 신분제도가 무너진 고종 대 받은 벼슬이라는 점을 유념할 필요가 있다.

8) 신분이 낮은 급제자의 취직률

철종 대 신분이 낮은 급제자는 모두 227명이다. 그 가운데 《족보》에 가계가 보이지 않는 급제자는 157명이고, 《족보》에 가계가 보이지만 내외 4대조 또는 그 위로도 여러 대에 걸쳐 벼슬아치가 보이지 않는 급제자는 70명임을 앞에서 이미 설명했다.

그러면 이들 두 부류의 취직률은 얼마나 되는가? 첫 번째 부류에 속하는 157명 가운데 벼슬을 받은 급제자는 64명으로 취직률은 40.76퍼센트였음을 앞에서 설명했다. 그리고 두 번째 부류에 속하는 70명 가운데 벼슬을 받은 급제자는 66명으로 취직률이 94.28퍼센트라는 것도 알아보았다. 이 두 부류를 합친 취직률은 57.26퍼센트에 이른다. 이를 앞 시기와 견주어 보면 다음과 같다.

왕대	취직률	신분이 낮은 급제자 비율	매년 평균 급제자 수
광해군 대	96.96%	14.63%	30 명
인조 대	91.71%	20.96%	27.74명
효종 대	87.5 %	19.59%	24.5 명
현종 대	96.77%	23.78%	26.2 명
숙종 대	96.51%	30.2 %	31 명
경종 대	88.88%	34.42%	45.75명
영조 대	66.49%	37.26%	40.98명
정조 대	51.21%	53.02%	32.37명
순조 대	46.2 %	54.05%	30.8 명
헌종 대	48.27%	50.98%	30.33명
철종 대	57.26%	48.19%	33.6 명

표를 보면 광해군 대 96.96퍼센트를 보였던 취직률이 시대가 내려
갈수록 낮아지고 있는 현상을 볼 수 있다. 특히 탕평정책을 추진하면
서 하층민을 적극적으로 포용했던 영조 대 66.49퍼센트로 취직률이
급속히 낮아지기 시작하여 정조 대에는 51퍼센트대로 더 낮아지고,
순조 대는 46퍼센트대, 헌종 대에는 48퍼센트대로 낮은 수치를 보이
고 있다. 그 다음 세도정치가 극성했던 철종 대는 오히려 취직률이
다소 높아져 57퍼센트대로 올라간 것을 볼 수 있다.

이러한 수치의 변화는 무엇을 뜻하는가? 먼저, 철종 대의 취직률
이 57퍼센트대로 높아진 것은 철종 대 급제자들이 고종 대에 이르러
벼슬을 받은 사례가 많은 것과 관계가 있다. 고종 대에 관직제도가
근대화하면서 벼슬자리가 늘어났고, 또 신분제도가 무너져 하층민의
출세에 거의 영향을 주지 않았기 때문이다.

다음에 탕평정책을 추진하던 영조와 정조 대, 그리고 순조 대에 취
직률이 낮아진 것은 두 가지 요인이 있다. 하나는 하층민의 급제율이

높았던 사정과 관련이 있다. 광해군에서 현종 대에 20퍼센트대를 오르내리던 하층민의 급제율이 숙종 대 30퍼센트로 올라가고, 그 다음 영조 대에는 37퍼센트대로 더 올라갔는데, 그 다음 정조 대에는 53퍼센트대, 순조 대에는 54퍼센트대로 급상승했다. 이렇게 하층민의 급제율이 높아지면서 이들을 받아들일 관직이 모자라 취직률이 상대적으로 떨어지게 된 것이다.

다음 매년 평균 급제자의 인원을 살펴보면 광해군에서 숙종 대까지는 30명을 오르내리는 수치를 보이다가 경종 대 이후로 급상승하여 경종 대 45.75명, 영조 대 40.98명이었다. 더욱이 재위기간이 52년이나 되었던 영조 대에 해마다 평균 40.98명을 선발한 것은 엄청난 공급과잉을 불러왔다. 그래서 그 다음 정조 대 이후로는 급제자의 인원을 줄여서 32.37명으로 내려가고, 그 다음 순조 대 이후로는 급제자를 더 적게 뽑았다. 하지만, 이렇게 급제자 수를 줄였어도 하층민의 급제율이 50퍼센트대를 넘어서고 있기 때문에 영조 대 이후로 취직률이 계속 하향세를 보이게 되었다.

9) 평안도의 신흥 가문 등장

철종 대 문과급제자 가운데 평안도, 함경도, 강원도, 황해도 등 북방 지역 출신의 대부분이 《족보》가 없다는 것은 앞에서 설명하였다. 특히 급제자 66명을 배출한 평안도의 경우를 보면 비록 《족보》는 없더라도 조선 후기에 문과급제자가 빠르게 늘어나면서 신新명문으로 등장한 가문이 적지 않다. 여기 14개 성관의 예를 들어보겠다. 다만 급제자의 거주지가 밝혀진 영조 대 이후로만 통계가 가능하다.

순흥안씨順興安氏 특히 평안도 안주安州에서 명문으로 등장했는데, 숙종 대 이후로 고종 대까지 문과급제자 28명을 배출하여 그 지방에서는 토족土族으로 불렀다. 하지만 이들은 문과에 급제한 뒤에도 절반 정도는 벼슬을 받지 못했으며, 받은 벼슬도 대부분 4품 이하 낮은 벼슬에 머물렀다. 그래서 사족土族의 대접을 받지 못하고 토족이라고만 부르게 된 것이다. 평안도 전체를 본다면 숙종 대 이후 문과급제자 40명을 배출했는데, 조선시대 전체 급제자 123명 가운데 32.52퍼센트 이상이 평안도에서 배출된 것은 눈여겨볼 만한 일이다.

배천조씨白川趙氏 특히 평안도 정주定州에서 두각을 나타냈는데, 거주지가 밝혀진 영조 대 이후로 고종 대까지 문과급제자 26명을 배출하여 이 지방의 신흥 명문으로 등장했다. 평안도 전체로 보면 38명이 배출되었는데, 이는 조선시대 전체 급제자 68명 가운데 55.88퍼센트 이상이 평안도에서 배출된 셈이다. 하지만 평안도 출신 급제자들은 절반 정도가 벼슬을 받지 못했을 뿐 아니라 이들이 받은 벼슬도 대부분 사헌부나 성균관, 6조 낭관 또는 지방 수령 등 4품 이하 낮은 벼슬에 머물러 사족으로 대접받지 못했다. 이들이 받은 최고 벼슬은 2명이 윤尹(종2품)에 오른 것이다.

수원백씨水原白氏 영조 대 이후로 고종 대까지 평안도에서만 문과급제자 41명을 배출하여 조선시대 문과급제자 63명 가운데 65퍼센트 이상을 차지했다. 그런데 정주定州에서 22명, 태천泰川에서 14명의 급제자가 나와 두 지역의 명문으로 등장했다. 그러나 평안도 출신 급제자들은 절반 이상이 벼슬을 받지 못하고, 받더라도 대부분 4품 이하 낮은 관직에 머물러 사족으로 대접받지 못했다. 그들이 받은 최고 벼슬은 병조참의(정3품 당상관)가 1명, 감인정監印正(정3품 당하관)이 1명,

사헌부 집의(종3품)가 1명 등이다.

연안김씨延安金氏 숙종 대 이후로 평안도에서만 54명이 문과에 급제하여 조선시대 전체 급제자 163명 가운데 33.12퍼센트 이상을 차지하고 있다. 정주定州에서만 영조 대 이후로 문과급제자 43명을 배출하여 정주에서 가장 큰 명문으로 등장했다. 그러나 평안도 출신으로 벼슬을 받은 급제자는 절반도 되지 않으며, 그것도 사헌부의 장령(정4품)이나 지평(정5품), 성균관 학정(정8품), 또는 수령 등 대부분 4품 이하 낮은 벼슬에 지나지 않는다. 가장 높은 벼슬은 1명이 이조참판(종2품)에 오른 것이다.

해주노씨海州盧氏 영조 대 이후로 평안도 정주定州에서만 15명이 급제했는데 조선시대 전체 급제자 17명 가운데 88.23퍼센트를 차지한다. 벼슬아치는 승지(정3품 당상관) 2명, 좌랑(정6품) 3명, 호군(정4품) 1명, 성균관 전적(정6품) 1명이다.

전주김씨全州金氏 조선시대 전체 급제자 21명 가운데 15명 이상이 영조 대 이후 평안도에서 배출되고, 3명 이상이 함경도에서 배출되었다. 벼슬을 받은 인물은 부사(종3품) 1명, 성균관 전적(정6품) 1명, 찰방(종6품) 1명, 원외랑員外郞(정6품) 1명이다.

연안차씨延安車氏 조선시대 문과급제자 28명을 배출했는데, 그 가운데 평안도에서 15명 이상이 급제했으며, 숙천肅川 출신이 6명으로 가장 많다. 벼슬을 받은 인물은 4명이 있는데, 예문관의 한림翰林(7~9품), 사간원 정언(정6품), 의정부 검상檢詳(정5품), 사헌부 장령(정4품) 등 모두가 4품 이하 벼슬이다.

수안이씨遂安李氏 조선시대 문과급제자 26명을 배출했는데, 그 가운데 11명이 평안도, 6명이 황해도에서 급제했다. 벼슬아치는 세종 대 이조참의(정3품 당상관)가 나오고, 조선 후기에는 현령(종5품) 1명, 사헌부 장령(정4품) 1명, 정랑(정5품) 2명, 군수(종4품) 1명, 오위장(종2품) 1명, 현감(종6품) 2명 등이다.

온양방씨溫陽方氏 조선시대 문과급제자 9명을 배출했는데, 그 가운데 평안도에서만 7명, 정주定州에서 6명이 급제했다. 그러나 벼슬을 받은 급제자는 1명으로 고종 대 찰방(종6품)을 지냈다.

진주김씨晉州金氏 조선시대 문과급제자 10명을 배출했는데, 그 가운데 평안도에서 7명 이상이 급제했다. 벼슬아치는 찰방(종6품) 2명, 성균관 전적(정6품) 1명, 좌랑(정6품) 1명이다.

수원김씨水原金氏 조선시대 문과급제자 9명을 배출했는데, 그 가운데 영조 대 이후 안주安州에서만 7명이 급제했다. 벼슬을 받은 이는 3명으로 사헌부 장령(정4품)이 1명, 찰방(종6품)이 2명이다.

양주김씨楊州金氏 광해군 대 이후 문과급제자 8명을 배출했는데, 그 가운데 5명이 영조 대 이후 평안도 개천价川에서 나왔다. 벼슬아치는 고종 대 사간원 사간(종3품)에 오른 것이 전부다.

광산탁씨光山卓氏 조선시대 문과급제자 7명을 배출했는데, 순조 대 이후 평안도 정주定州에서 5명, 곽산郭山에서 1명이 배출되었다. 벼슬아치는 1명으로 사헌부 장령(정4품)에 이르렀다.

풍천김씨豊川金氏 경종 대 이후 문과급제자 7명을 배출했는데, 그 가운데 평안도 영유永柔에서만 영조 대 이후 문과급제자 5명이 급제했다. 벼슬아치는 군수(종4품)와 성균관 전적(정6품)이 나왔다.

연일승씨延日承氏 숙종 대 이후 문과급제자 8명을 배출했는데, 모두 평안도 정주定州에서 급제했다. 벼슬아치는 승정원 주서(정7품) 1명, 찰방(종6품) 1명이다.

　　장연노씨長淵盧氏 광해군 대 이후 문과급제자 7명을 배출했는데, 평양에서만 5명 이상이 나왔다.

　　단양이씨丹陽李氏 조선시대 문과급제자 21명을 배출했는데, 그 가운데 정조 대 이후 11명이 평안도에서 나왔다.

　　남평문씨南平文氏 조선시대 문과급제자 38명을 배출했는데, 그 가운데 평안도에서 11명, 정주定州에서 8명이 급제했다.

　　연주현씨延州玄氏 정조 대 이후 문과급제자 7명을 배출했는데, 그 가운데 6명이 평안도, 1명이 함경도 출신이다.

　　이 밖에 급제자 인원은 소수이지만 주로 평안도에서만 급제자가 배출된 성씨로 수안계씨遂安桂氏(3명, 모두 선천 출신), 공주김씨公州金氏(11명), 충주김씨忠州金氏(5명, 1명은 함경도), 당악김씨唐岳金氏(4명), 태원선우씨太原鮮于氏(4명) 등이 있다. 한편, 함경도 지역에서는 장흥위씨長興魏氏, 전주주씨全州朱氏, 청주한씨淸州韓氏가 대표적인 신흥 명문으로 등장했다.

10) 철종 대 신분이 낮은 급제자 명단

　　철종 대 신분이 낮은 급제자 227명의 명단을 급제한 시기순으로 소개하면 다음과 같다.

　　1 박사겸朴思謙(1800~?) 함경도 명천明川 사람으로 유학을 거쳐 철종 원년(1850) 51세로 증광별시에 병과로 급제했다.《방목》에는 벼슬이 없이 아버지[廷台], 할아버지[成就], 증조[俊傑], 외조[崔繼成] 이름

이 보이고, 본관이 밀양密陽으로 되어 있다. 그런데《청구》와《만성》
의《밀양박씨보》에는 박사겸의 가계가 보이지 않는다.

　2 **박난수**朴蘭壽(1817~?) 서울 사람으로 유학을 거쳐 철종 원년 34세
로 증광별시에 병과로 급제하여 벼슬이 홍문관을 거쳐 고종 대 사간
원 대사간(정3품 당상관)과 풍덕부사(종3품)에 이르렀다.《방목》에는
벼슬이 없이 아버지[宗準], 할아버지[南源], 증조[師應], 외조[尹行五]
이름이 보이고, 본관이 반남潘南으로 되어 있다.《만성》의《반남박씨
보》를 보면 박난수는 박세당朴世堂의 후손으로 직계 4대조 가운데 할
아버지만 악정樂正으로 되어 있지만 악정이라는 벼슬은 없다. 한편,
《청구》의《반남박씨보》를 보면 할아버지의 벼슬이 없을 뿐 아니라
아버지와 그의 이름이 보이지 않는다.

　3 **김경흡**金慶洽(1827~?) 서울 사람으로 철종 원년 24세로 증광별시
에 병과로 급제하여 벼슬이 고종 대 사간원 정언(정6품)을 거쳐 연원
찰방(종6품)에 이르렀다.《방목》에는 벼슬이 없이 아버지[相鉉], 할아
버지[重三], 증조[台興], 외조[柳熺] 이름이 보이고, 본관이 의성義城으
로 되어 있다.《만성》의《의성김씨보》를 보면 김경흡은 김안국金安
國의 10대손으로 직계 8대조 가운데 벼슬아치가 없다. 한편,《청구》
의《의성김씨보》에는 6대조까지의 가계만 보이고 그 아래의 가계는
보이지 않는다.

　4 **김이규**金履奎(1814~?) 평안도 중화中和 사람으로 진사를 거쳐 철
종 원년 37세로 증광별시에 병과로 급제했다.《방목》에는 벼슬이 없
이 아버지[仁達], 할아버지[明泓], 증조[洞瀯], 외조[吳德徽] 이름이 보
이고, 본관이 김해金海로 되어 있다. 그런데《청구》와《만성》의《김
해김씨보》에는 김이규의 가계가 보이지 않는다.《세종실록》〈지리

지〉,《동국여지승람》, 영조 대 편찬된《여지도서》어디에도 중화에
는 면천김씨沔川金氏만 보이고 김해김씨가 보이지 않는다. 아마도 면
천김씨가 명성이 높은 김해김씨로 본관을 바꿨는지도 모른다.

5 권한성權翰成(1811~1879) 경상도 안동安東 사람으로 생원을 거쳐
철종 원년 40세로 증광별시에 병과로 급제하여 벼슬이 성균관 전적
(정6품), 사헌부 지평(정5품)을 거쳐 고종 대 찰방(종6품)에 이르렀다
가 대원군이 서원을 철폐하자 은퇴했다. 뒤에 문집《긍파재문집肯播
齋文集》을 남겼다.《방목》에는 벼슬이 없이 아버지[正鍊], 할아버지
[爾禧], 증조[攀], 외조[柳若春] 이름이 보이고, 본관이 안동으로 되어
있다. 그런데《청구》와《만성》의《안동권씨보》에는 권한성의 가계
가 보이지 않는다.

6 안치묵安致黙(1826~?) 경상도 순흥順興 사람으로 유학을 거쳐 철
종 원년 25세로 증광별시에 병과로 급제하여 벼슬이 고종 초 사헌부
지평(정5품)과 사간원 정언(정6품)에 이르렀다.《방목》에는 벼슬이 없
이 아버지[廷震], 할아버지[應成], 증조[象元], 외조[黃綺漢] 이름이 보
이고, 본관이 순흥으로 되어 있다. 그런데《만성》의《순흥안씨보》에
는 안치묵의 가계가 보이지 않으며,《청구》의《순흥안씨보》를 보면
개국공신 안경공安景恭의 후손으로 직계 13대조 가운데 벼슬아치는 9
대와 10대가 각각 판관(종5품)과 부장部將(종6품)을 한 것뿐이다.

7 이경일李擎日(1826~?) 경상도 경주慶州 사람으로 유학을 거쳐 철
종 원년 25세로 증광별시에 병과로 급제했다.《방목》에는 벼슬이 없
이 아버지[作雨], 할아버지[趾慶], 증조[虎臣], 외조[權周煥] 이름이 보
이고, 본관이 경주로 되어 있다. 그런데《청구》와《만성》의《경주이
씨보》에는 이경일의 가계가 보이지 않는다.

8 **이석주**李錫宙(1827~?) 경상도 안동安東 사람으로 유학을 거쳐 철종 원년 24세로 증광별시에 병과로 급제하여 벼슬이 고종 대 종정원경宗正院卿(정3품 당하관)에 이르렀는데, 이보다 앞서 홍문록弘文錄에 올랐다가 신하들의 반대로 취소되었다. 《방목》에는 벼슬이 없이 아버지[致斗], 할아버지[憲黙], 증조[樸], 외조[李用正] 이름이 보이고, 본관이 전주全州로 되어 있다. 《전주이씨과거급제자총람》을 보면 이석주는 태종의 후궁 소생 온녕군溫寧君의 14대손으로 처음으로 벼슬길에 오른 인물이다. 고종이 그를 홍문록에 올린 것에 대해 신하들이 반대한 것은 그의 신분에 심각한 문제가 있음을 암시한다.

9 **정현덕**鄭顯德(1810~1883) 강원도 횡성橫城 사람으로 유학을 거쳐 철종 원년 41세로 증광별시에 병과로 급제하여 고종 대 대원군의 심복으로서 벼슬이 홍문록을 거쳐 동래부사(종3품)와 참판(종2품)에 이르렀는데, 임오군란 때 대원군에 협력한 죄로 유배되어 사사되었다. 《방목》에는 벼슬이 없이 아버지[景和], 할아버지[鴻國], 증조[之會], 외조[權聚奎] 이름이 보이고, 본관이 초계草溪로 되어 있다. 그런데 《만성》의 《초계정씨보》에는 정현덕의 가계가 보이지 않으며, 《청구》의 《초계정씨보》를 보면 직계 5대조와 외조 가운데 벼슬아치가 없다.

10 **최학승**崔鶴昇(1817~1978) 경상도 청도淸道 사람으로 유학을 거쳐 철종 2년(1851) 3월 35세로 경과정시에 을과로 급제하여 벼슬이 성균관 전적(정6품), 사헌부 지평(정5품)을 거쳐 고종 대 승지(정3품 당상관)에 이르렀는데, 사직하고 귀향했다. 군수를 지낼 때 선정을 베풀었다 하며, 문집 《화강일고華岡逸稿》가 전한다. 《방목》에는 벼슬이 없이 아버지[潤坤], 할아버지[昌文], 증조[格天], 외조[盧周學] 이름이 보이고, 본관이 경주慶州로 되어 있다. 그런데 《청구》와 《만성》의 《경주최씨

보》에는 최학승의 가계가 보이지 않는다.

11 한영조韓永祖(1808~?) 충청도 서산瑞山 사람으로 유학을 거쳐 철종 2년 3월 44세로 경과정시에 병과로 급제하여 벼슬이 고종 대 사간원 정언(정6품)을 거쳐 원납전願納錢을 낸 공으로 공조참의(정3품 당상관)에 이르렀다. 《방목》에는 벼슬이 없이 아버지[錫耆], 할아버지[德樹], 증조[宗海], 외조[李世璞] 이름이 보이고, 본관이 청주淸州로 되어 있다. 그런데 《만성》의 《청주한씨보》에는 한영조의 가계가 보이지 않으며, 《청구》의 《청주한씨보》를 보면 그는 광해군 대 정승 한효순韓孝純의 8대손으로 직계 4대조와 외조 가운데 벼슬아치가 없다.

12 이형회李亨會(1807~?) 경기도 여주驪州 사람으로 유학을 거쳐 철종 2년 3월 45세로 경과정시에 병과로 급제하여 벼슬이 철종 대 사간원 정언(정6품)에 이르렀다. 《방목》에는 벼슬이 없이 아버지[基厚], 할아버지[宇福], 증조[曁], 외조[朴蓋源] 이름이 보이고, 본관이 광주廣州로 되어 있다. 그런데 《만성》의 《광주이씨보》에는 이형회의 가계가 보이지 않으며, 《청구》의 《광주이씨보》를 보면 직계 3대조와 외조 가운데 벼슬아치가 없다.

13 안재린安在麟(1820~?) 황해도 배천白川 사람으로 유학을 거쳐 철종 2년 10월 17일 32세로 정시문과에서 장원급제하여 벼슬이 고종 대 홍문관 수찬(정6품)에 이르렀다. 《방목》에는 벼슬이 없이 아버지[國憲], 할아버지[鼎柱], 증조[霮], 외조[申昱] 이름이 보이고, 본관이 순흥順興으로 되어 있다. 그런데 《청구》와 《만성》의 《순흥안씨보》에는 안재린의 가계가 보이지 않는다.

14 유도휘柳道彙(1826~?) 경상도 안동安東 사람으로 유학을 거쳐 철종 2년 10월 17일 26세로 정시문과에 을과로 급제하여 벼슬이 홍문

록을 거쳐 고종 26년에 사간원 대사간(정3품 당상관)에 이르렀다.《방목》에는 벼슬이 없이 아버지[義睦], 할아버지[應祚], 증조[大春], 외조[李得秀] 이름이 보이고, 본관이 풍산豊山으로 되어 있다.《만성》과 《청구》의《풍산유씨보》를 보면 유도휘는 유성룡柳成龍의 10대손으로 직계 7대조와 외조 가운데 벼슬아치가 없다.

　15 **최홍주**崔弘周(1819~?) 충청도 음성陰城 사람으로 유학을 거쳐 철종 2년 10월 17일 33세로 정시문과에 병과로 급제하여 벼슬이 철종 대 사헌부 장령(정4품)에 이르렀다.《방목》에는 벼슬이 없이 아버지[守謙, 생부 守鼎], 할아버지[昌孝], 증조[錫仁], 외조[吳寅煥] 이름이 보이고, 본관이 전주全州로 되어 있다. 그런데《만성》의《전주최씨보》에는 최홍주의 가계가 보이지 않으며,《청구》의《전주최씨보》를 보면 직계 6대조와 외조 가운데 벼슬아치가 없다.

　16 **김병원**金炳垣(1805~?) 함경도 명천明川 사람으로 유학을 거쳐 철종 2년 10월 17일 47세로 정시문과에 병과로 급제했다.《방목》에는 벼슬이 없이 아버지[時虎], 할아버지[岱宗], 증조[光翼], 외조[徐允祚] 이름이 보이고, 본관이 충주忠州로 되어 있다. 그런데《만성》에는 《충주김씨보》자체가 없고,《청구》의《충주김씨보》에는 시조 김남길金南吉 한 사람만 기록되어 있을 뿐 김병원의 가계는 보이지 않는다. 충주김씨는 숙종 대 이후로 문과급제자 5명을 배출했는데, 1명이 명천 출신이고 나머지 4명은 평안도 출신이다.

　17 **조석만**曺錫萬(1828~?) 경상도 선산善山 사람으로 유학을 거쳐 철종 2년 10월 17일 24세로 정시문과에 병과로 급제하여 벼슬이 고종 대 사헌부 장령(정4품)을 거쳐 사간원 사간(종3품)에 이르렀다.《방목》에는 벼슬이 없이 아버지[望道], 할아버지[明立], 증조[善稷], 외조

[柳麟祚] 이름이 보이고, 본관이 창녕昌寧으로 되어 있다. 《청구》와 《만성》의 《창녕조씨보》를 보면 직계 4대조와 외조 가운데 벼슬아치가 없다.

18 민주현閔胄顯(1808~1882) 전라도 동복同福 사람으로 유학을 거쳐 철종 2년 10월 17일 44세로 정시문과에 병과로 급제하여 벼슬이 고종 7년에 한성부 우윤右尹(종2품)을 거쳐 병조참판(종2품)에 이르렀으며, 문집 《사애집沙厓集》을 남겼다. 《방목》에는 벼슬이 없이 아버지[百熺], 할아버지[相東], 증조[濟益], 외조[金邦燁] 이름이 보이고, 본관이 여흥驪興으로 되어 있다. 그런데 《만성》의 《여흥민씨보》에는 민주현의 가계가 보이지 않으며, 《청구》의 《여흥민씨보》를 보면 직계 6대조와 외조 가운데 벼슬아치가 없다.

19 안시협安時協(1811~?) 평안도 안주安州 사람으로 유학을 거쳐 철종 2년 10월 17일 41세로 정시문과에 급제하여 벼슬이 철종 대 제원 찰방(종6품)을 거쳐 고종 대 교서관 판교(정3품 당하관)와 돈녕부 도정 (정3품 당하관)에 이르렀다. 찰방으로 있을 때 재물을 횡령하여 유배당했으며, 그 뒤에도 향곡에서 무단을 일삼아 사판仕版에서 삭제되었다.[75] 《방목》에는 벼슬이 없이 아버지[春謙], 할아버지[正甲], 증조[得一], 외조[金文德] 이름이 보이고, 본관이 순흥順興으로 되어 있다. 그런데 《청구》와 《만성》의 《순흥안씨보》에는 안시협의 가계가 보이지 않는다. 《실록》에는 그가 안주의 토족土族이라고 한다.[76] 안주 지방의 순흥안씨는 숙종 대 이후로 문과급제자 26명을 배출하여 신흥

---

75) 《고종실록》 권11, 고종 11년 5월 30일 신미; 권14, 고종 14년 10월 25일 병오; 권14, 고종 14년 10월 28일 기유; 권20, 고종 20년 4월 5일 을묘.
76) 《고종실록》 권14, 고종 14년 10월 25일 병오.

명문이 되었다. 토족이라는 칭호가 그래서 생겨난 것이다.77)

　20 곽치섭郭致燮(1810~?) 충청도 목천木川 사람으로 유학을 거쳐 철종 2년 10월 19일 42세로 춘당대 문과에 장원급제하여 벼슬이 홍문록을 거쳐 고종 대 동부승지(정3품 당상관)에 이르렀다.《방목》에는 벼슬이 없이 아버지[容黙], 할아버지[林翰], 증조[夏濟], 외조[李濂奎] 이름이 보이고, 본관이 청주淸州로 되어 있다. 그런데 《청구》의 《청주곽씨보》에는 곽치섭의 가계가 보이지 않으며, 《만성》의 《청주곽씨보》를 보면 직계 5대조에 벼슬아치가 없을 뿐 아니라 6대조의 부인 이름이 모두 누락되어 있다. 신분이 의심스럽다.

　21 진병섭陳秉燮(1834~?) 함경도 함흥咸興 사람으로 유학을 거쳐 철종 2년 10월 19일 18세로 춘당대 문과에 을과로 급제하여 벼슬이 고종 대 대동찰방(종6품)에 이르렀다.《방목》에는 벼슬이 없이 아버지[秀嵩], 할아버지[弼浩], 증조[瓛], 외조[李景訥] 이름이 보이고, 본관이 여양驪陽으로 되어 있다. 그런데 《청구》와 《만성》의 《여양진씨보》에는 진병섭의 가계가 보이지 않는다.

　22 홍일형洪一衡(개명 時衡, 1828~?) 춘천春川 사람으로 유학을 거쳐 철종 2년 10월 19일 24세로 춘당대 문과에 병과로 급제하여 벼슬이

---

77) 안주 지방 순흥안씨 문과급제자 26명의 명단은 다음과 같다.
　숙종 대　안건지安健之(사정), 안성진安晟(장령), 안세갑安世甲(사예) 등 3명
　영조 대　안정인安正仁(군수), 안도겸安道謙(정랑), 안정택安正宅(정랑), 안이권安以權(학유), 안중권安中權(찰방), 안임권安任權(판관) 등 6명
　정조 대　안매권安邁權(장령), 안제원安濟元(도사), 안경심安經心(능령), 안유安裕 등 4명.
　순조 대　안윤승安允昇(장령), 안형진安亨鎭, 안윤경安允璟, 안윤항安允沆, 안윤중安允中, 안영풍安永豊 등 6명
　헌종 대　안국진安國鎭, 안염진安念鎭(공조참의) 등 2명.
　철종 대　안시협安時協, 안윤정安允錠, 안익풍安翊豊 등 3명
　고종 대　안염신安念信, 안형진安衡鎭(주서) 등 2명

고종 대 사간원 헌납(정5품)과 교리(정5품)를 거쳐 참의교섭통상사무
參議交涉通商事務와 부사(종3품)에 이르렀다가 탐오한 죄로 유배당했
다.《방목》에는 벼슬이 없이 아버지[宗弼, 생부 寅弼], 할아버지[修簡],
증조[哲], 외조[李光翼] 이름이 보이고, 본관이 남양南陽으로 되어 있
다. 그런데 《청구》와 《만성》의 《남양홍씨보》에는 홍일형의 가계가
보이지 않는다.

　　23 **장석준**張錫駿(1813~?) 경상도 인동仁同 사람으로 유학을 거쳐 철
종 3년(1852) 40세로 식년시에 을과로 급제하여 벼슬이 홍문관을 거
쳐 고종 대 승지(정3품 당상관)에 이르렀다.《방목》에는 벼슬이 없이
아버지[好樞], 할아버지[胤矩], 증조[壽衡], 외조[李東馪] 이름이 보이고,
본관이 인동으로 되어 있다. 그런데 《만성》의 《인동장씨보》에는 장
석준의 가계가 보이지 않으며,《청구》의 《인동장씨보》를 보면 그는
조선 후기 학자 장현광張顯光의 9대손으로 직계 5대조와 외조 가운데
벼슬아치가 없다.

　　24 **권현**權炫(1807~?) 경기도 이천利川 사람으로 유학을 거쳐 철종
3년 46세로 식년시에 을과로 급제했다.《방목》에는 벼슬이 없이 아
버지[宅東], 할아버지[弘元], 증조[大協], 외조[韓昌鳳] 이름이 보이고,
본관이 안동安東으로 되어 있다. 그런데 《청구》와 《만성》의 《안동권
씨보》에는 권현의 가계가 보이지 않는다.

　　25 **신태관**申泰觀(1826~?) 충청도 단양丹陽 사람으로 유학을 거쳐 철
종 3년 27세로 식년시에 을과로 급제하여 벼슬이 홍문관을 거쳐 고
종 대 대사간(정3품 당상관)과 통례원 좌통례(정3품 당하관)에 이르렀
다.《방목》에는 벼슬이 없이 아버지[錫基], 할아버지[在喆], 증조[光
翕], 외조[鄭耋] 이름이 보이고, 본관이 평산平山으로 되어 있다. 그런

데 《청구》와 《만성》의 《평산신씨보》를 보면 직계 8대조와 외조 가운데 벼슬아치가 없다.

　26 **박상엽**朴尙燁(1820~?) 평안도 정주定州 사람으로 유학을 거쳐 철종 3년 33세로 식년시에 병과로 급제했다. 《방목》에는 벼슬이 없이 아버지[致元], 할아버지[世春], 증조[泰貴], 외조[李瑢] 이름이 보이고, 본관이 밀양密陽으로 되어 있다. 그런데 《청구》와 《만성》의 《밀양박씨보》에는 박상엽의 가계가 보이지 않는다. 《세종실록》〈지리지〉와 《동국여지승람》에는 정주에 밀양박씨가 없다가 《여지도서》에 처음으로 밀양박씨가 보인다. 아마도 《여지도서》가 편찬되기 직전에 정주로 이주한 듯하다. 정주의 밀양박씨는 영조 대 이후 문과급제자 6명을 배출했다.

　27 **강기**姜鐄(1824~?) 경상도 안동安東 사람으로 유학을 거쳐 철종 3년 29세로 식년시에 병과로 급제하여 벼슬이 고종 대 홍문관 수찬(정6품)에 이르렀다. 《방목》에는 벼슬이 없이 아버지[命奎], 할아버지[必敬], 증조[櫓], 외조[金羲壽], 처부[李晚永] 이름이 보이고, 본관이 진주晋州로 되어 있다. 《청구》와 《만성》의 《진주강씨보》를 보면 직계 8대조 가운데 벼슬아치가 없다.

　28 **장인택**張仁澤(1826~?) 전라도 함평咸平 사람으로 유학을 거쳐 철종 3년 27세로 식년시에 병과로 급제했다. 《방목》에는 벼슬이 없이 아버지[鳳奎], 할아버지[天極], 증조[弼俊], 외조[金至得] 이름이 보이고, 본관이 흥덕興德으로 되어 있다. 그런데 《청구》와 《만성》의 《흥덕장씨보》에는 장인택의 가계가 보이지 않는다.

　29 **송기호**宋麒浩(1828~?) 전라도 고부古阜 사람으로 유학을 거쳐 철종 3년 25세로 식년시에 병과로 급제하여 벼슬이 사간원 정언(정6품)

에 이르렀다. 《방목》에는 벼슬이 없이 아버지[鍾列], 할아버지[臣玉], 증조[持鉉], 외조[高時贊] 이름이 보이고, 본관이 여산礪山으로 되어 있다. 그런데 《만성》의 《여산송씨보》에는 송기호의 가계가 보이지 않으며, 《청구》의 《여산송씨보》를 보면 직계 9대조 가운데 벼슬아치가 없다.

  30 조경승曺璟承(1828~?) 전라도 광주光州 사람으로 유학을 거쳐 철종 3년 25세로 식년시에 병과로 급제했다. 《방목》에는 벼슬이 없이 아버지[錫休] 이름만 보이고, 본관이 창녕昌寧으로 되어 있다. 그런데 《청구》와 《만성》의 《창녕조씨보》에는 조경승의 가계가 보이지 않는다.

  31 김지무金持懋(1818~?) 평안도 정주定州 사람으로 유학을 거쳐 철종 3년 35세로 식년시에 병과로 급제했다. 《방목》에는 벼슬이 없이 아버지[祥彦], 할아버지[樂曾], 증조[養經], 외조[李錫民] 이름이 보이고, 본관이 연안延安으로 되어 있다. 그런데 《청구》와 《만성》의 《연안김씨보》에는 김지무의 가계가 보이지 않는다. 정주 지방의 연안김씨는 영조 대 이후 문과급제자 43명을 배출하여 신흥 과거 명문으로 등장했다. 《세종실록》〈지리지〉와 《동국여지승람》에는 정주에 신주김씨信州金氏만 보이다가 《여지도서》에는 신주김씨가 사라지고 연안김씨가 등장하고 있어 신주김씨가 본관을 명성이 높은 연안김씨로 바꾼 듯하다.

  32 황기홍黃起鴻(1825~?) 평양平壤 사람으로 유학을 거쳐 철종 3년 28세로 식년시에 병과로 급제했다. 《방목》에는 벼슬이 없이 아버지[喜祖], 할아버지[敏承], 증조[宰柔], 외조[金致和] 이름이 보이고, 본관이 제안齊安(黃州)으로 되어 있다. 그런데 《만성》의 《제안황씨보》에

는 황기홍의 가계가 보이지 않으며, 《청구》의 《제주(제안)황씨보》를 보면78) 직계 3대조와 외조 가운데 벼슬아치가 없다. 2000년 현재 제안황씨 인구는 870가구 2,752명의 희성으로, 조선시대 문과급제자 3명을 배출했다.

33 이응모李膺模(1812~?) 경상도 칠곡漆谷 사람으로 유학을 거쳐 철종 3년 41세로 식년시에 병과로 급제했다. 《방목》에는 벼슬이 없이 아버지[源永], 할아버지[鎬], 증조[忠祿], 외조[金漢權] 이름이 보이고, 본관이 성주星州로 되어 있다. 그런데 《청구》와 《만성》의 《성주이씨보》에는 이응모의 가계가 보이지 않는다.

34 손호익孫昊翼(1827~?) 경상도 밀양密陽 사람으로 유학을 거쳐 철종 3년 26세로 식년시에 병과로 급제했다. 《방목》에는 벼슬이 없이 아버지[鍾應], 할아버지[澄九], 증조[龍駿], 외조[禹福仁] 이름이 보이고, 본관이 경주慶州로 되어 있다. 그런데 《청구》와 《만성》의 《경주손씨보》에는 손호익의 가계가 보이지 않는다.

35 조경순趙璟淳(1813~?) 전라도 김제金堤 사람으로 유학을 거쳐 철종 3년 40세로 식년시에 병과로 급제하여 벼슬이 고종 26년 대사간(정3품 당상관)에 이르렀다. 《방목》에는 벼슬이 없이 아버지[命鐸], 할아버지[敏喆], 증조[裕德], 외조[盧廷悌] 이름이 보이고, 본관이 양주楊州로 되어 있다. 그런데 《청구》와 《만성》의 《양주조씨보》에는 조경순의 가계가 보이지 않는다.

36 조광진趙光眞(1825~?) 평안도 정주定州 사람으로 유학을 거쳐 철종 3년 28세로 식년시에 병과로 급제했다. 《방목》에는 벼슬이 없이

---

78) 《청구》에는 《황주황씨보》를 《제주황씨보濟州黃氏譜》로 기록하고 있는데 이는 잘못이다.

아버지[鎭祖], 할아버지[永邃], 증조[夢鷗], 외조[金台慶] 이름이 보이고, 본관이 배천白川으로 되어 있다. 그런데《만성》의《배천조씨보》에는 조광진의 가계가 보이지 않으며,《청구》의《배천조씨보》를 보면 증조까지의 가계만 보이고 그 뒤는 기록이 없다. 증조까지의 가계를 보면, 조몽언의 직계 12대조 가운데 벼슬아치는 조몽언의 증조가 문과에 급제한 것뿐이다. 정주 지방의 배천조씨는 숙종 대 이후로 문과급제자 26명을 배출하여 이 지역의 신흥 명문으로 등장했다.79)

37 권인성權仁成(1827~?) 경상도 단성丹城 사람으로 유학을 거쳐 철종 3년 26세로 식년시에 병과로 급제하여 벼슬이 고종 대 홍문관 수찬(정6품)을 거쳐 통례원 좌통례(정3품 당하관)에 이르렀다.《방목》에는 벼슬이 없이 아버지[政益, 생부 正馥], 할아버지[藎], 증조[必彦], 외조[郭墊] 이름이 보이고, 본관이 안동安東으로 되어 있다.《청구》와《만성》의《안동권씨보》를 보면 직계 7대조와 외조 가운데 벼슬아치가 없다.

38 오상현吳尙鉉(1822~?) 충청도 청안淸安 사람으로 유학을 거쳐 철종 3년 31세로 식년시에 병과로 급제하여 벼슬이 고종 대 통례원 우통례(정3품 당하관)를 거쳐 사간원 사간(종3품)에 이르렀다.《방목》에

---

79) 숙종 대 이후 정주의 배천조씨가 배출한 문과급제자 명단은 다음과 같다.
　　숙종 대　조수달趙壽達(현감), 조창래趙昌來(좌윤) 등 2명
　　영조 대　조경택趙慶澤(정랑), 조경보趙慶輔, 조몽린趙夢麟(장령), 조몽렴趙夢濂(좌랑), 조경원趙慶遠, 조인철趙彦哲(직강) 등 6명
　　정조 대　조몽언趙夢鷗, 조몽경趙夢璟 등 2명
　　순조 대　조영존趙永存, 조영걸趙永傑(지평), 조광준趙光濬(지평) 등 3명
　　헌종 대　조광렴趙光濂, 조정조趙珽祖(찰방) 등 2명
　　철종 대　조광진趙光眞, 조광순趙光淳(대사간), 조광용趙光容 등 3명
　　고종 대　조원조趙愿祖(지평), 조규석趙圭錫, 조광우趙光祐(지평), 조광한趙光漢, 조창균趙昌均, 조광함趙光涵 등 6명

는 벼슬이 없이 아버지[在基], 할아버지[謙煥], 증조[光世], 외조[金學修] 이름이 보이고, 본관이 보성寶城으로 되어 있다.《청구》와《만성》의《보성오씨보》를 보면 직계 7대조와 외조 가운데 벼슬아치가 없다.

39 김우연金友淵(1797~?) 충청도 청주淸州 사람으로 유학을 거쳐 철종 3년 56세로 식년시에 병과로 급제했다.《방목》에는 벼슬이 없이 아버지[鍾集], 할아버지[致洪], 증조[徽魯], 외조[卞敬鎭] 이름이 보이고, 본관이 청풍淸風으로 되어 있다. 그런데《청구》와《만성》의《청풍김씨보》에는 김우연의 가계가 보이지 않는다.

40 나채오羅采五(1802~?) 충청도 청주淸州 사람으로 유학을 거쳐 철종 3년 51세로 식년시에 병과로 급제하여 벼슬이 돈녕부 도정都正(정3품 당하관)에 이르렀다.《방목》에는 벼슬이 없이 아버지[漢皐], 할아버지[一鎭], 증조[致學], 외조[李世賢] 이름이 보이고, 본관이 안정安定으로 되어 있다. 그런데《청구》와《만성》의《안정나씨보》를 보면 직계 6대조와 외조 가운데 벼슬아치가 없다.

41 김재환金載瓛(1814~?) 평안도 은산殷山 사람으로 유학을 거쳐 철종 3년 39세로 식년시에 병과로 급제했다.《방목》에는 벼슬이 없이 아버지[正采], 할아버지[世恭], 증조[尙胄], 외조[李宗信] 이름이 보이고, 본관이 전주全州로 되어 있다. 그런데《만성》에는《전주김씨보》자체가 없고,《청구》의《전주김씨보》에는 김재환의 가계가 보이지 않는다. 전주김씨는 본래 전주 지방의 향리였다가 조선 초기에 평안도로 강제 이주한 성씨로 조선시대 문과급제자 21명을 배출했는데, 그 가운데 평안도와 함경도에서만 영조 대 이후 15명이 급제하여 신흥명문으로 등장했으며, 은산에서는 3명을 배출했다.[80]

42 권섭權燮(1821~?) 충청도 전의全義 사람으로 유학을 거쳐 철종 3년 32세로 식년시에 병과로 급제했다. 《방목》에는 벼슬이 없이 아버지[繎], 할아버지[復], 증조[國鼎], 외조[金應淵] 이름이 보이고, 본관이 안동安東으로 되어 있다. 그런데 《청구》와 《만성》의 《안동권씨보》에는 권섭의 가계가 보이지 않는다.

43 이윤민李允敏(1809~?) 충청도 임천林川 사람으로 유학을 거쳐 철종 3년 44세로 식년시에 병과로 급제했다. 《방목》에는 벼슬이 없이 아버지[春曄], 할아버지[鳳瑞], 증조[錫祚], 외조[李埔] 이름이 보이고, 본관이 전의全義로 되어 있다. 그런데 《청구》와 《만성》의 《전의이씨보》에는 이윤민의 가계가 보이지 않는다.

44 조광순趙光淳(1821~?) 평안도 정주定州 사람으로 유학을 거쳐 철종 3년 32세로 식년시에 병과로 급제하여 벼슬이 고종 대 대사간(정3품 당상관)과 승지(정3품 당상관)에 이르렀는데, 원납전을 횡령하는 등의 죄를 짓고 고종 11년 절도에 유배되었다. 《방목》에는 벼슬이 없이 아버지[聯祖], 할아버지[永佖], 증조[夢玉], 외조[康進] 이름이 보이고, 본관이 배천白川으로 되어 있다. 그런데 《청구》와 《만성》의 《배천조씨보》에는 조광순의 가계가 보이지 않는다. 그렇지만 순조 4년 문과에 급제한 조영걸趙永傑의 아버지가 조몽옥趙夢玉이고, 증조부가

---

80) 영조 대 이후 평안도 지역과 함경도 지역의 전주김씨 문과급제자 15명의 명단은 다음과 같다. (괄호 안은 출신 지역)
　　영조 대　김익후金益厚(은산), 김홍철金泓哲(의주) 등 2명
　　정조 대　김상려金尙礪(안주), 김몽니金夢柅(명천) 등 2명
　　순조 대　김국헌金國憲(박천), 김희유金熙迪(안주) 등 2명
　　헌종 대　김준金濬(철산), 김용정金用鼎(안주), 김정헌金鼎獻(은산) 등 3명
　　철종 대　김재환金載繯(은산), 김경金瓊(안변) 등 2명
　　고종 대　김학린金學璘(순안), 김약린金若麟(명천), 김명준金明濬(삼등), 김석태金錫泰(중화) 등 4명

조창래趙昌來임이 《방목》에서 보이므로 조광순은 바로 조창래의 5대
손이요, 개국공신 조반趙胖의 16대손인 것을 알 수 있다. 다만, 조반
이후로 조광순에 이르기까지 벼슬아치는 5대조인 조창래 한 사람뿐
이다. 정주 지방의 배천조씨는 숙종 대 이후로 문과급제자 26명을 배
출하여 이 지방의 신흥 과거 명문으로 등장했다.81)

45 김붕래金朋來(1813~?) 평안도 영유永柔 사람으로 유학을 거쳐 철
종 3년 40세로 식년시에 병과로 급제하여 처음에는 승문원承文院에
분관되었다가 서자라 하여 성균관으로 강등되었는데, 고종 11년에
의정부의 소청에 따라 다시 승문원으로 분관되었다.82) 《방목》에는
벼슬이 없이 아버지[洌], 할아버지[命瀍], 증조[龍震], 외조[崔泰元] 이
름이 보이고, 본관이 풍천豊川으로 되어 있다. 그런데 《만성》에는
《풍천김씨보》 자체가 없고, 《청구》의 《풍천김씨보》에는 김붕래의
가계가 보이지 않는다. 2000년 현재 풍천김씨 인구는 733가구 2,292
명의 희성으로, 조선시대 문과급제자 7명을 배출했다. 이들 가운데 5
명은 영조 대 이후 평안도 영유에서 배출되었다.83)

46 윤치익尹致翼(1807~?) 평안도 성천成川 사람으로 유학을 거쳐 철
종 3년 46세로 식년시에 병과로 급제하여 벼슬이 고종 원년 사간원
정언(정6품)에 이르렀다. 《방목》에는 벼슬이 없이 아버지[權], 할아버
지[學賢], 증조[鎭], 외조[羅鎭有] 이름이 보이고, 본관이 파평坡平으로
되어 있다. 그런데 《청구》와 《만성》의 《파평윤씨보》에는 윤치익의

---

81) 주 80) 참고.
82) 《고종실록》 권11, 고종 11년 3월 1일 계묘.
83) 정조 대 이후 영유 지방 풍천김씨가 배출한 문과급제자는 다음과 같다.
　　정조 18년 김철수金喆修
　　철종 3년 김명래金朋來, 9년 김옥래金玉來
　　고종 16년 김형익金烔翼(김옥래의 아들), 김형익金烔益

가계가 보이지 않는다. 《세종실록》〈지리지〉, 《동국여지승람》, 《여지도서》 어디에도 성천에는 파평윤씨가 없다. 따라서 《여지도서》가 편찬된 이후 이 지역으로 이주했거나 본관을 바꾼 것으로 보인다.

47 김석남金奭南(1817~?) 평안도 영유永柔 사람으로 유학을 거쳐 철종 3년 36세로 식년시에 병과로 급제했다. 《방목》에는 벼슬이 없이 아버지[誨魯], 할아버지[光涉], 증조[弘偶], 외조[郭楦] 이름이 보이고, 본관이 공주公州로 되어 있다. 그런데 《청구》와 《만성》의 《공주김씨보》에는 김석남의 가계가 보이지 않는다. 2000년 현재 공주김씨 인구는 2,401가구 7,587명의 희성으로, 조선시대 문과급제자 11명을 배출했다. 그 가운데 9명은 평안도에서 배출되었는데, 각각 영유에서 4명, 곽산郭山에서 2명, 평양平壤에서 2명, 정주定州에서 1명이다. 평안도의 공주김씨는 조선 후기에 평안도의 신흥 명문으로 등장하고 있음을 알 수 있다.

48 이종학李從鶴(1816~?) 서울 사람으로 유학을 거쳐 철종 3년 37세로 식년시에 병과로 급제하여 벼슬이 고종 2년 홍문관 부수찬(종6품)에 낙점되었는데, 사헌부가 이종학의 문벌과 학문이 홍문관의 직임에 합당치 않다는 이유로 반대하자 임금이 부수찬 임명을 취소했다.[84] 《방목》에는 벼슬이 없이 아버지[貞友, 생부 會友], 할아버지[章孺], 증조[觀洙], 외조[李得儉] 이름이 보이고, 본관이 전의全義로 되어 있다. 그런데 《청구》와 《만성》의 《전의이씨보》에는 그의 가계가 보이지 않는다. 사헌부가 문벌이 나쁘다고 한 것은 신분에 문제가 있음을 뜻한다.

---

84) 《고종실록》 권3, 고종 3년 6월 1일 무자.

49 윤구영尹龜永(1823~?) 경기도 교하交河 사람으로 유학을 거쳐 철종 3년 30세로 식년시에 병과로 급제하여 벼슬이 고종 7년 사간원 대사간(정3품 당상관)에 이르렀다.《방목》에는 벼슬이 없이 아버지〔善慶〕, 할아버지〔羽陪〕, 증조〔昌烈〕, 외조〔柳春東〕 이름이 보이고, 본관이 파평坡平으로 되어 있다.《청구》와《만성》의《파평윤씨보》를 보면 윤구영은 중종비 문정왕후의 아버지인 윤지임尹之任의 14대손으로 직계 8대조 가운데 벼슬아치는 5대조가 참봉(종9품)을 지낸 것뿐이다.

50 김준金準(1825~?) 경상도 고령高靈 사람으로 유학을 거쳐 철종 3년 28세로 경과정시에 장원급제하여 벼슬이 사간원 정언(정6품)에 이르렀다.《방목》에는 벼슬이 없이 아버지〔鏞振, 생부 斗振〕, 할아버지〔相度〕, 증조〔敬中〕, 외조〔鄭琬〕 이름이 보이고, 본관이 선산善山으로 되어 있다.《청구》와《만성》의《선산김씨보》를 보면 김준은 김종직金宗直의 13대손으로 직계 5대조와 외조 가운데 벼슬아치가 없다.

51 한석권韓錫權(1816~?) 전라도 전주全州 사람으로 유학을 거쳐 철종 3년 37세로 경과정시에 을과로 급제했다.《방목》에는 벼슬이 없이 아버지〔榮九〕, 할아버지〔相宅〕, 증조〔國德〕, 외조〔林謹成〕 이름이 보이고, 본관이 청주淸州로 되어 있다. 그런데《청구》와《만성》의《청주한씨보》에는 한석권의 가계가 보이지 않는다.

52 신준호申濬皥(1820~?) 함경도 길주吉州 사람으로 유학을 거쳐 철종 3년 33세로 경과정시에 병과로 급제했다.《방목》에는 벼슬이 없이 아버지〔錫斗〕, 할아버지〔基慶〕, 증조〔大衡〕, 외조〔李鳴福〕 이름이 보이고, 본관이 평산平山으로 되어 있다. 그런데《청구》와《만성》의《평산신씨보》에는 신준호의 가계가 보이지 않는다.

53 박내붕朴來鵬(1818~?) 경상도 인동仁同 사람으로 철종 3년 35세

로 경과정시에 병과로 급제했다. 《방목》에는 벼슬이 없이 아버지[文奎] 이름만 보이고, 본관이 밀양密陽으로 되어 있다. 그런데 《청구》와 《만성》의 《밀양박씨보》에는 박내붕의 가계가 보이지 않는다.

54 강이호姜履浩(1823~?) 함경도 홍원洪原(함흥의 속현) 사람으로 유학을 거쳐 철종 4년(1853) 31세로 경과정시에 을과로 급제했다. 《방목》에는 벼슬이 없이 아버지[鎭宅], 할아버지[聖瑀], 증조[兼齊], 외조[陳一劍] 이름이 보이고, 본관이 진주晉州로 되어 있다. 그런데 《청구》와 《만성》의 《진주강씨보》에는 강이호의 가계가 보이지 않는다.

55 윤상열尹相說(1806~?) 서울 사람으로 생원을 거쳐 철종 4년 48세로 경과정시에 병과로 급제하여 벼슬이 홍문관을 거쳐 고종 대 승지(정3품 당상관)에 이르렀는데, 성품이 깨끗하고 효행이 두터워 죽은 뒤에 표창을 받았다. 《방목》에는 벼슬이 없이 아버지[滋榮, 생부 滋聖], 할아버지[華鎭], 증조[晩基], 외조[沈鉁] 이름이 보이고, 본관이 파평坡平으로 되어 있다. 《청구》와 《만성》의 《파평윤씨보》를 보면 직계 3대조와 외조 가운데 벼슬아치가 없다.

56 강세규姜世奎(1809~?) 경상도 안동安東 사람으로 유학을 거쳐 철종 4년 45세로 경과정시에 병과로 급제하여 벼슬이 홍문관을 거쳐 사간원 정언(정6품)에 이르렀다. 《방목》에는 벼슬이 없이 아버지[必臣], 할아버지[楹], 증조[淮], 외조[安爾龍] 이름이 보이고, 본관이 진주晉州로 되어 있다. 《청구》와 《만성》의 《진주강씨보》를 보면 직계 6대조와 외조 가운데 벼슬아치가 없다.

57 김수간金壽侃(1813~?) 평안도 가산嘉山 사람으로 유학을 거쳐 철종 4년 41세로 경과정시에 병과로 급제하여 벼슬이 철종 대 사헌부 장령(정4품)에 이르렀다. 《방목》에는 벼슬이 없이 아버지[疇], 할아버

지[錫泰], 증조[健修], 외조[金命億] 이름이 보이고, 본관이 순천順天으로 되어 있다. 그런데 《청구》와 《만성》의 《순천김씨보》에는 김수간의 가계가 보이지 않는다. 순천김씨는 영조 대 이후 가산에서 7명이 급제하여 이 지역의 신흥 명문으로 등장했다. 특히 그의 친삼촌인 김준金畯이 헌종 6년 문과에 급제하고, 5촌 숙부 김현金睍이 헌종 15년 문과에 급제했다. 평안도 전체로는 순조 대 이후 문과급제자 9명이 배출되었다.

58 이응려李應呂(1800~?) 함경도 안변安邊 사람으로 유학을 거쳐 철종 5년(1854) 55세로 경과정시에 장원급제했다. 《방목》에는 벼슬이 없이 아버지[俊華], 할아버지[光仁], 증조[東陳], 외조[李春彬] 이름이 보이고, 본관이 전주全州로 되어 있다. 《전주이씨과거급제자총람》을 보면 이응려는 파미분류자派未分類者로 되어 있다. 그러니까 《족보》에 오르지 못한 인물이라는 뜻이다. 평민 출신이거나 서출인 듯하다.

59 유용강柳龍鋼(1817~?) 평안도 안주安州 사람으로 유학을 거쳐 철종 5년 38세로 경과정시에 을과로 급제했다. 《방목》에는 벼슬이 없이 아버지[基厚], 할아버지[天彩], 증조[至永], 외조[咸廷胤] 이름이 보이고, 본관이 진주晉州로 되어 있다. 그런데 《청구》와 《만성》의 《진주유씨보》에는 유용강의 가계가 보이지 않는다. 《세종실록》〈지리지〉, 《동국여지승람》, 《여지도서》 어디에도 안주에는 진주유씨가 없다. 따라서 안주의 진주유씨는 《여지도서》가 편찬된 이후에 이 지역으로 이주했거나 본관을 바꾸었는지도 모른다.

60 조용하趙用夏(1826~?) 경기도 과천果川 사람으로 유학을 거쳐 철종 5년 29세로 경과정시에 을과로 급제하여 벼슬이 홍문관을 거쳐 이조참의(정3품 당상관)에 이르렀다. 《방목》에는 벼슬이 없이 아버지

〔秉哲〕, 할아버지〔胤永〕, 증조〔鎭周〕, 외조〔沈鑅〕 이름이 보이고, 본관이 풍양豊壤으로 되어 있다. 《청구》와 《만성》의 《풍양조씨보》를 보면 직계 4대조와 외조 가운데 벼슬아치가 없다.

61 황신묵黃愼黙(1828~?) 전라도 남원南原 사람으로 유학을 거쳐 철종 5년 27세로 경과정시에 병과로 급제하여 벼슬이 고종 초 사간원 정언(정6품)에 이르렀다. 《방목》에는 벼슬이 없이 아버지〔楷〕, 할아버지〔再洙〕, 증조〔鍵〕, 외조〔韓濯〕 이름이 보이고, 본관이 장수長水로 되어 있다. 그런데 《청구》와 《만성》의 《장수황씨보》에는 황신묵의 가계가 보이지 않는다.

62 송희명宋希明(1823~?) 거주지를 알 수 없다. 유학을 거쳐 철종 5년 32세로 경과정시에 병과로 급제하여 벼슬이 고종 초 사헌부 지평 (정5품)에 이르렀다. 《방목》에는 벼슬이 없이 아버지〔義憲〕, 할아버지 〔世甲〕, 증조〔斗吉〕, 외조〔高成喆〕 이름이 보이고, 본관이 연안延安으로 되어 있다. 그런데 《청구》와 《만성》의 《연안송씨보》에는 송희명의 가계가 보이지 않는다. 2000년 현재 연안송씨 인구는 3,886가구 1만 2,149명의 희성으로 조선시대 문과급제자 3명을 배출했다.

63 남궁갑南宮鉀(1820~?) 강화江華 사람으로 유학을 거쳐 철종 5년 35세로 경과정시에 병과로 급제하여 벼슬이 고종 대 사헌부 장령(정4품)에 이르렀다. 《방목》에는 벼슬이 없이 아버지〔�〕, 할아버지〔想〕, 증조〔贊〕, 외조〔尹健〕 이름이 보이고, 본관이 함열咸悅로 되어 있다. 그런데 《청구》의 《함열남궁씨보》에는 남궁갑의 가계가 보이지 않으며, 《만성》의 《함열남궁씨보》를 보면 직계 6대조와 외조 가운데 벼슬아치가 없다.

64 안교희安敎喜(1824~?) 평안도 벽동碧潼 사람으로 유학을 거쳐 철

종 5년 31세로 경과정시에 병과로 급제했다. 《방목》에는 벼슬이 없이 아버지[瑨仁], 할아버지[士權], 증조[宗赫], 외조[李仁哲] 이름이 보이고, 본관이 순흥順興으로 되어 있다. 그런데 《청구》와 《만성》의 《순흥안씨보》에는 안교희의 가계가 보이지 않는다. 《세종실록》〈지리지〉, 《동국여지승람》, 《여지도서》에는 벽동에 순흥안씨가 보이지 않아, 《여지도서》가 편찬된 이후에 이 지역으로 이주했거나 본관을 바꾸었는지도 모른다.

65 이기호李基鎬(1799~?) 거주지를 알 수 없다. 생원을 거쳐 철종 5년 56세로 경과정시에 병과로 급제하여 벼슬이 고종 대 홍문관 교리(정5품)를 거쳐 통례원 좌통례(정3품 당하관)에 이르렀다. 《방목》에는 벼슬이 없이 아버지[夷顯], 할아버지[命洞], 증조[尙德], 외조[睦祖儀] 이름이 보이고, 본관이 광주廣州로 되어 있다. 그런데 《만성》의 《광주이씨보》에는 이기호의 가계가 보이지 않고, 《청구》의 《광주이씨보》를 보면 아버지[禹顯], 할아버지[命海], 증조[敏德]의 이름이 《방목》과 달라 혼란스럽다. 다만, 《족보》를 따르면 직계 6대조 안에 벼슬아치가 없다. 《방목》에 거주지가 없고, 조상의 가계가 《족보》와 서로 달리 나오는 것으로 보아 신분에 문제가 있는 듯하다.

66 박만주朴萬周(1826~?) 함경도 길주吉州 사람으로 유학을 거쳐 철종 5년 29세로 경과정시에 병과로 급제했다. 《방목》에는 벼슬이 없이 아버지[弘實], 할아버지[逢春], 증조[寅協], 외조[崔世福] 이름이 보이고, 본관이 밀양密陽으로 되어 있다. 그런데 《청구》와 《만성》의 《밀양박씨보》에는 박만주의 가계가 보이지 않는다.

67 박승원朴升源(1779~?) 서울 사람으로 유학을 거쳐 철종 5년 76세로 기로정시耆老廷試에 을과로 급제하여 벼슬이 병조참판(종2품)에 이

르렀다. 《방목》에는 벼슬이 없이 아버지[師永], 할아버지[皖], 증조[鴻登], 외조[吳載博] 이름이 보이고, 본관이 반남潘南으로 되어 있다. 《청구》와 《만성》의 《반남박씨보》를 보면 직계 4대조와 외조 가운데 벼슬아치가 없다.

68 허준許雋(1781~?) 경기도 연천漣川 사람으로 현감(종6품)을 거쳐 철종 5년 74세로 기로정시에 병과로 급제하여 벼슬이 철종 대 사간원 대사간(정3품 당상관)에 이르렀다. 《방목》에는 아버지[倬], 할아버지[砥], 증조[槙], 외조[黃會彦] 이름이 보이고, 본관이 양천陽川으로 되어 있다. 《청구》와 《만성》의 《양천허씨보》를 보면 허준은 허목許穆의 7대손으로 직계 4대조와 외조 가운데 벼슬아치가 없다.

69 김명악金命岳(1821~?) 제주濟州 사람으로 유학을 거쳐 철종 5년 34세로 제주목 별시에 갑과로 급제했다. 《방목》에는 벼슬이 없이 아버지[宗元] 이름만 보이고, 본관이 김해金海로 되어 있다. 그런데 《청구》와 《만성》의 《김해김씨보》에는 김명악의 가계가 보이지 않는다.

70 오승현吳承鉉(1807~?) 제주濟州 사람으로 유학을 거쳐 철종 5년 48세로 제주목 별시에 을과로 급제했다. 《방목》에는 벼슬이 없이 아버지[暎奎] 이름만 보이고, 본관이 군위軍威로 되어 있다. 그런데 《청구》와 《만성》의 《군위오씨보》에는 오승현의 가계가 보이지 않는다. 군위오씨는 인조 대 이후 문과급제자 3명을 배출했다.

71 박수룡朴秀龍(1829~?) 제주濟州 사람으로 유학을 거쳐 철종 5년 26세로 제주목 별시에 병과로 급제했다. 《방목》에는 벼슬이 없이 아버지[師範] 이름만 보이고, 본관이 밀양密陽으로 되어 있다. 그런데 《청구》와 《만성》의 《밀양박씨보》에는 박수룡의 가계가 보이지 않는다.

72 서우순徐友淳(1800~?) 경기도 양주楊州 사람으로 유학을 거쳐 철종 6년(1855) 55세로 경과정시에 갑과로 급제하여 벼슬이 철종 대 홍문관을 거쳐 사간원 대사간(정3품 당상관)에 이르렀다.《방목》에는 벼슬이 없이 아버지[明輔], 할아버지[有選], 증조[積修], 외조[南宮馥] 이름이 보이고, 본관이 대구大丘로 되어 있다.《청구》와《만성》의《대구서씨보》를 보면 직계 5대조와 외조 가운데 벼슬아치가 없다.

73 이정조李鼎祚(1801~?) 황해도 평산平山 사람으로 유학을 거쳐 철종 6년 55세로 경과정시에 을과로 급제했다.《방목》에는 벼슬이 없이 아버지[文襌], 할아버지[陽夢], 증조[成夏], 외조[李正運] 이름이 보이고, 본관이 성주星州로 되어 있다. 그런데《청구》와《만성》의《성주이씨보》에는 이정조의 가계가 보이지 않는다.

74 성하경成夏慶(1823~?) 경기도 수원水原 사람으로 유학을 거쳐 철종 6년 33세로 경과정시에 병과로 급제하여 벼슬이 고종 대 사간원 대사간(정3품 당상관)에 이르렀다.《방목》에는 벼슬이 없이 아버지[龍淵], 할아버지[鎭翼], 증조[樹], 외조[洪潤哲] 이름이 보이고, 본관이 창녕昌寧으로 되어 있다. 그런데《청구》와《만성》의《창녕성씨보》에는 성하경의 가계가 보이지 않는다.

75 최익현崔益鉉(1823~1906) 경기도 포천抱川 사람으로 이항로李恒老 문하에서 공부한 뒤 유학을 거쳐 철종 6년 33세로 경과정시에 병과로 급제하여 벼슬이 사헌부 장령(정4품)을 거쳐 의정부 참찬參贊(정2품)과 궁내부 특진관特進官(2품)에 이르렀다. 위정척사운동을 주도하고, 을사늑약을 반대하여 의병운동을 일으키다가 1906년에 대마도에서 순국했다.《방목》에는 벼슬이 없이 아버지[岱], 할아버지[克敬], 증조[光肇], 외조[李啓晋] 이름이 보이고, 본관이 경주慶州로 되어 있다.

《만성》의《경주최씨보》를 보면 직계 3대조와 외조 가운데 벼슬아치가 없다. 한편,《청구》의《경주최씨보》를 보면 7대조인 응허應虛까지의 가계는 보이나 그 아래 가계는 최익현과 전혀 관계 없는 가계로 이어지고 있어 이상하다.[85]

76 이종률李鍾律(1830~?) 경기도 고양高陽 사람으로 유학을 거쳐 철종 6년 26세로 경과정시에 병과로 급제하여 벼슬이 고종 초 홍문관 교리(정5품)에 임명되었으나 홍문관의 반대로 삭제되었으며, 대한제국기에는 장례원 소경掌禮院 少卿(종2품)에 이르렀다.《방목》에는 벼슬이 없이 아버지[教尙], 할아버지[元容], 증조[箕述], 외조[李榔] 이름이 보이고, 본관이 성주星州로 되어 있다. 그런데《청구》와《만성》의《성주이씨보》에는 이종률의 가계가 보이지 않는다.

77 안익희安益熙(1798~?) 서울 사람으로 생원을 거쳐 철종 6년 58세로 경과정시에 병과로 급제했다.《방목》에는 벼슬이 없이 아버지[柱完], 할아버지[淇], 증조[大鎭], 외조[曺允喆] 이름이 보이고, 본관이 순흥順興으로 되어 있다. 그런데《청구》와《만성》의《순흥안씨보》에는 안익희의 가계가 보이지 않는다.

78 김종흡金宗洽(1820~?) 평안도 가산嘉山 사람으로 유학을 거쳐 철종 6년 36세로 경과정시에 병과로 급제했다.《방목》에는 벼슬이 없이 아버지[錫亨], 할아버지[躍麗], 증조[德昌], 외조[金明憲] 이름이 보이고, 본관이 안동安東으로 되어 있다. 그런데《청구》와《만성》의

---

85) 《만성》의《경주최씨보》에는 응허應虛(판서)-경한慶漢(직장)-인석寅錫(도사)-유태裕泰(군수)-성묵成黙(사정)-광조光祚-극경克敬-대岱(동중)-익현益鉉으로 되어 있는데, 아버지가 받은 동지중추부사는 실직이 아닌 것으로 보인다. 이와 달리《청구》의《경주최씨보》를 보면 응허-난선蘭善(주부)-의룡義龍-지강之岡-한식漢寔-태환泰煥(첨중)-효분孝益으로 되어 있다.

《안동김씨보》에는 김종흡의 가계가 보이지 않는다.

　79 백규수白奎洙(1827~?) 전라도 영광靈光 사람으로 유학을 거쳐 철종 6년 29세로 식년시에 갑과로 급제하여 벼슬이 고종 대 홍문관 교리(정5품)를 거쳐 사간원 사간(종3품)에 이르렀다. 《방목》에는 벼슬이 없이 아버지[履鎭], 할아버지[東喆], 증조[師性], 외조[金龍煥] 이름이 보이고, 본관이 수원水原으로 되어 있다. 그런데 《청구》의 《수원백씨보》에는 백규수의 가계가 보이지 않으며, 《만성》의 《수원백씨보》를 보면 직계 5대조와 외조 가운데 벼슬아치가 없다.

　80 이규형李奎亨(1817~?) 황해도 송화松禾 사람으로 유학을 거쳐 철종 6년 39세로 식년시에 갑과로 급제하여 벼슬이 현감(종6품)에 이르렀다. 《방목》에는 벼슬이 없이 아버지[養源], 할아버지[鋐], 증조[重坤], 외조[金天黙] 이름이 보이고, 본관이 전주全州로 되어 있다. 《전주이씨과거급제자총람》을 보면 이규형은 양녕대군讓寧大君의 후손으로 직계 7대조 가운데 벼슬아치가 없다.

　81 이수증李守曾(별명 雲逵, 1808~?) 충청도 목천木川 사람으로 서얼 출신 실학자 이서구李書九의 문인이었다. 유학을 거쳐 철종 6년 48세로 식년시에 을과로 급제하여 고종 3년 홍문록弘文錄에 들어갔으나, 사헌부에서는 이수증이 왕족의 후손이지만 벌열閥閱 집안과 같을 수 없다는 이유로 반대하여 이름을 삭제하는 사건이 일어났다.[86] 그는 대원군과 가까웠는데, 아마도 대원군이 그를 홍문록에 넣은 것으로 보인다. 뒤에 참판(종2품) 벼슬에 올랐으나 벼슬을 버리고 논산論山으로 은거하여 최제우崔濟愚, 김광화金光華, 김항金恒 등을 가르쳤다고

---

86) 《고종실록》 권3, 고종 3년 6월 11일 무술.

한다. 이들은 뒤에 각각 동학東學, 남학南學, 그리고 《정역正易》을 만들어 반체제적인 종교를 창시했다. 《방목》에는 벼슬이 없이 아버지[柱鎭], 할아버지[廷克], 증조[復慶], 외조[柳成鎬] 이름이 보이고, 본관이 전주全州로 되어 있다. 《전주이씨과거급제자총람》을 보면 그는 세종의 후궁 소생인 담양군潭陽君의 13대손으로 증조가 문과에 급제한 것으로 되어 있다. 따라서 그의 집안에는 하자가 없어 보이지만, 앞에 소개한 것처럼 홍문록에 들어갔다가 삭제된 것을 보면 신분에 큰 문제가 있는 듯하다.

82 백봉삼白鳳三(1830~?) 평안도 태천泰川 사람으로 유학을 거쳐 철종 6년 26세로 식년시에 을과로 급제했다. 《방목》에는 벼슬이 없이 아버지[龍夏], 할아버지[仁權], 증조[大治], 외조[李德林] 이름이 보이고, 본관이 수원水原으로 되어 있다. 그런데 《청구》와 《만성》의 《수원백씨보》에는 백봉삼의 가계가 보이지 않는다. 태천의 수원백씨는 순조대 이후 문과급제자 14명을 배출하여 이 지방의 신흥 명문으로 등장했다. 《세종실록》〈지리지〉, 《동국여지승람》에는 태천에 수원백씨가 없다가 《여지도서》에 처음으로 수원백씨가 등장한다.

83 김수인金壽仁(1821~?) 평안도 가산嘉山 사람으로 유학을 거쳐 철종 6년 35세로 식년시에 을과로 급제하여 벼슬이 철종 대 사헌부 지평(정5품)에 이르렀다. 《방목》에는 벼슬이 없이 아버지[畊], 할아버지[錫泰], 증조[健修], 외조[曹秀伯] 이름이 보이고, 본관이 순천順天으로 되어 있다. 그런데 《청구》와 《만성》의 《순천김씨보》에는 김수인의 가계가 보이지 않는다. 가산의 순천김씨는 영조 대 이후 문과급제자 7명을 배출했다. 《세종실록》〈지리지〉, 《동국여지승람》, 《여지도서》 어디에도 가산에 순천김씨가 보이지 않고, 풍천김씨豊川金氏와

안동김씨安東金氏만 보인다. 따라서 《여지도서》가 편찬된 이후에 순천김씨가 가산으로 이주했거나, 풍천김씨가 명성이 높은 순천김씨로 본관을 바꾸었는지도 모른다.

84 이병학李秉鶴(1837~?) 평안도 영변寧邊 사람으로 유학을 거쳐 철종 6년 19세로 식년시에 을과로 급제했다. 《방목》에는 벼슬이 없이 아버지[巨濟, 생부 能濟], 할아버지[敏栽], 증조[德坤], 외조[吉士玉] 이름이 보이고, 본관이 거창居昌으로 되어 있다. 그런데 《만성》에는 《거창이씨보》 자체가 없고, 《청구》의 《거창이씨보》에는 영조 대 평안도 영변 사람으로 문과에 급제하여 시조가 된 이성곤李性坤 한 사람만 기록되어 있을 뿐 이병학의 가계는 보이지 않는다. 그런데 시조 이성곤과 이병학의 증조부 이덕곤의 돌림자가 같은 것으로 보아 두 사람이 형제 사이로 보인다. 2000년 현재 거창이씨 인구는 578가구 1,855명의 희성으로 조선시대 문과급제자는 시조 이성곤과 이병학뿐이다. 《세종실록》〈지리지〉, 《동국여지승람》, 《여지도서》를 보면 거창과 영변 어디에도 거창이씨가 없다. 따라서 《여지도서》가 편찬된 이후 새로 만든 성관으로 보인다.

85 오인태吳仁泰(1834~?) 평안도 안주安州 사람으로 유학을 거쳐 철종 6년 22세로 식년시에 을과로 급제했다. 《방목》에는 벼슬이 없이 아버지[命寬], 할아버지[允邦], 증조[益蕃], 외조[徐允剛] 이름이 보이고, 본관이 해주海州로 되어 있다. 그런데 《청구》와 《만성》의 《해주오씨보》에는 오인태의 가계가 보이지 않는다.

86 홍헌술洪憲述(1814~?) 평안도 안주安州 사람으로 유학을 거쳐 철종 6년 42세로 식년시에 을과로 급제했다. 《방목》에는 벼슬이 없이 아버지[大有], 할아버지[禹正], 증조[益恕], 외조[廉時恒] 이름이 보이고,

본관이 남양南陽으로 되어 있다. 그런데《청구》와《만성》의《남양홍
씨보》에는 홍헌술의 가계가 보이지 않는다.《세종실록》〈지리지〉,
《동국여지승람》,《여지도서》어디에도 안주에 남양홍씨가 없어,
《여지도서》가 편찬된 이후 이 지역으로 이주한 듯하다.

　　87 김진호金晉浩(1788~?) 강원도 강릉江陵 사람으로 유학을 거쳐 철
종 6년 68세로 식년시에 을과로 급제했다.《방목》에는 벼슬이 없이
아버지[聲鉀], 할아버지[秉圭], 증조[以剛], 외조[權啓鎭] 이름이 보이고,
본관이 강릉으로 되어 있다. 그런데《청구》와《만성》의《강릉김씨
보》에는 김진호의 가계가 보이지 않는다.

　　88 이휘림李彙林(1829~?) 경상도 예안禮安 사람으로 유학을 거쳐 철
종 6년 27세로 식년시에 병과로 급제하여 벼슬이 교리(정5품)에 이르
렀다.《방목》에는 벼슬이 없이 아버지[長淳], 할아버지[龜福], 증조[世
鳴], 외조[金鍵秀] 이름이 보이고, 본관이 진보眞寶(眞城)로 되어 있다.
《청구》와《만성》의《진보이씨보》를 보면 이휘림은 이황李滉의 후손
으로 직계 3대조와 외조 가운데 벼슬아치가 없다.

　　89 이승덕李承德(1802~?) 경상도 밀양密陽 사람으로 유학을 거쳐 철
종 6년 54세로 식년시에 병과로 급제했다.《방목》에는 벼슬이 없이
아버지[鳳峻], 할아버지[克喆], 증조[相普], 외조[申國明] 이름이 보이고,
본관이 성주星州(碧珍)로 되어 있다. 그런데《청구》와《만성》의《성
주이씨보》에는 이승덕의 가계가 보이지 않는다. 한편,《만성》의《벽
진이씨보》에는 그의 가계가 보이지 않으며,《청구》의《벽진이씨보》
를 보면 직계 7대조 가운데 벼슬아치가 없다.

　　90 안명석安命奭(1803~?) 전라도 보성寶城 사람으로 유학을 거쳐 철
종 6년 53세로 식년시에 병과로 급제했다.《방목》에는 벼슬이 없이

아버지[壽彦], 할아버지[昌燁], 증조[世楫], 외조[鄭檢] 이름이 보이고, 본관이 죽산竹山으로 되어 있다. 그런데《만성》의《죽산안씨보》에는 안명석의 가계가 보이지 않으며,《청구》의《죽산안씨보》를 보면 직계 6대조와 외조 가운데 벼슬아치가 없다.

91 **남종일**南鍾馹(1826~?) 전라도 장흥長興 사람으로 유학을 거쳐 철종 6년 30세로 식년시에 병과로 급제했다.《방목》에는 벼슬이 없이 아버지[基容], 할아버지[奎], 증조[聖麟], 외조[韓敬履] 이름이 보이고, 본관이 의령宜寧으로 되어 있다. 그런데《청구》의《의령남씨보》에는 남종일의 가계가 보이지 않으며,《만성》의《의령남씨보》에는 할아버지까지의 가계만 보이고 그 아래는 보이지 않는다. 다만, 할아버지까지의 가계를 보면 5대조 가운데 벼슬아치가 없어, 남종일까지의 가계를 따지면 7대조 안에 벼슬아치가 없는 셈이다.

92 **조문하**趙文夏(1835~?) 경기도 양주楊州 사람으로 유학을 거쳐 철종 6년 21세로 식년시에 병과로 급제하여 벼슬이 고종 대 홍문관 부교리(종5품)를 거쳐 통례원 좌통례(정3품 당하관)에 이르렀다.《방목》에는 벼슬이 없이 아버지[秉直], 할아버지[翊永], 증조[鎭宰], 외조[羅應河] 이름이 보이고, 본관이 풍양豊壤으로 되어 있다.《청구》와《만성》의《풍양조씨보》를 보면 직계 4대조와 외조 가운데 벼슬아치가 없다.

93 **송택훈**宋宅薰(1837~?) 평안도 안주安州 사람으로 유학을 거쳐 철종 6년 19세로 식년시에 병과로 급제했다.《방목》에는 벼슬이 없이 아버지[植彦], 할아버지[國濂], 증조[重章], 외조[盧敏亭] 이름이 보이고, 본관이 여산礪山으로 되어 있다. 그런데《청구》와《만성》의《여산송씨보》에는 송택훈의 가계가 보이지 않는다.《세종실록》〈지리지〉와

《동국여지승람》에는 안주에 용성송씨龍城宋氏밖에 없다가 《여지도
서》에는 용성송씨마저 보이지 않는다. 그렇다면 《여지도서》가 편찬
된 뒤에 여산송씨가 이곳으로 이주했거나 아니면 용성송씨가 명성이
높은 여산송씨로 본관을 바꾸었는지도 모른다.

94 안윤정安允錠(1807~?) 평안도 안주安州 사람으로 유학을 거쳐 철
종 6년 49세로 식년시에 병과로 급제했다. 《방목》에는 벼슬이 없이
아버지[命常], 할아버지[就權], 증조[正徵], 외조[林天養] 이름이 보이고,
본관이 순흥順興으로 되어 있다. 그런데 《청구》와 《만성》의 《순흥안
씨보》에는 안윤정의 가계가 보이지 않는다. 안주 지역의 순흥안씨는
영조 대 이후로 문과급제자 26명을 배출하여 이 지역의 토족土族으로
불리게 되었다.[87] 안주의 순흥안씨는 《여지도서》에 처음으로 등장
하여 영조 대 무렵에 이 지역으로 이주한 듯하다.

95 박익양朴益陽(1828~?) 평안도 박천博川 사람으로 유학을 거쳐 철
종 6년 28세로 식년시에 병과로 급제했다. 《방목》에는 벼슬이 없이
아버지[齊喆], 할아버지[耆壽], 증조[宗鶴], 외조[金大格] 이름이 보이고,
본관이 반남潘南으로 되어 있다. 그런데 《청구》의 《반남박씨보》에는
박익양의 가계가 보이지 않으며, 《만성》의 《반남박씨보》를 보면 증
조까지의 가계는 보이나 그 뒤로는 가계가 끊어졌다. 다만, 증조 윗
대의 가계를 보면 직계 3대조 가운데 벼슬아치가 없다. 따라서 그의
6대조 가운데 벼슬아치가 없는 셈이다. 박천의 반남박씨는 《세종실
록》〈지리지〉, 《동국여지승람》, 《여지도서》 어디에도 보이지 않는
다. 아마도 《여지도서》가 편찬된 이후에 이 지역으로 이주했거나 본

---

87) 주 77) 참고.

관을 바꾼 듯하다.

96 이진경李震璟(1828~?) 평안도 곽산郭山 사람으로 유학을 거쳐 철종 6년 28세로 식년시에 병과로 급제했다.《방목》에는 벼슬이 없이 아버지[秀甲], 할아버지[宗茂], 증조[彦紀], 외조[金胤宗] 이름이 보이고, 본관이 경주慶州로 되어 있다. 그런데《청구》와《만성》의《경주이씨보》에는 이진경의 가계가 보이지 않는다. 곽산의 경주이씨는 오직《여지도서》에만 보이고,《세종실록》〈지리지〉나《동국여지승람》에는 보이지 않는다. 아마도 영조 대나 그 직전에 이 지역으로 이주한 듯하다.

97 송병관宋秉觀(1812~?) 충청도 문의文義 사람으로 유학을 거쳐 철종 6년 44세로 식년시에 병과로 급제하여 벼슬이 고종 대 홍문관 교리(정5품)에 이르렀다.《방목》에는 벼슬이 없이 아버지[志洙], 할아버지[欽時], 증조[憲圭], 외조[李奎復] 이름이 보이고, 본관이 은진恩津으로 되어 있다.《청구》와《만성》의《은진송씨보》를 보면 직계 5대조와 외조 가운데 벼슬아치가 없다.

98 김긍환金肯煥(1830~?) 평안도 정주定州 사람으로 유학을 거쳐 철종 6년 26세로 식년시에 병과로 급제했다.《방목》에는 벼슬이 없이 아버지[啓周], 할아버지[極斗], 증조[益輔], 외조[趙玉明] 이름이 보이고, 본관이 연안延安으로 되어 있다. 그런데《청구》와《만성》의《연안김씨보》에는 김긍환의 가계가 보이지 않는다. 정주의 연안김씨는 영조 대 이후로 문과급제자 43명을 배출하여 이 지방의 최고 명문으로 등장했다. 하지만《세종실록》〈지리지〉와《동국여지승람》에는 정주에 신주김씨信州金氏(신천김씨)만 보이고 연안김씨는 보이지 않다가《여지도서》에는 신주김씨가 사라지고 연안김씨가 등장한다. 혹시 정주

의 신주김씨가 연안김씨로 본관을 바꾸었는지도 모른다.

　99 **김병철**金秉喆(1813~?) 평안도 정주定州 사람으로 유학을 거쳐 철종 6년 43세로 식년시에 병과로 급제했다. 《방목》에는 벼슬이 없이 아버지[致範], 할아버지[再麗], 증조[瑞溫], 외조[白相鶴] 이름이 보이고, 본관이 연안延安으로 되어 있다. 그런데 《청구》와 《만성》의 《연안김씨보》에는 김병철의 가계가 보이지 않는다. 정주의 연안김씨에 대해서는 앞에서 설명했다.

　100 **윤자화**尹滋華(1825~?) 전라도 함평咸平 사람으로 유학을 거쳐 철종 6년 31세로 식년시에 병과로 급제했다. 《방목》에는 벼슬이 없이 아버지[璣鎭], 할아버지[丁圭], 증조[五莘], 외조[李宗夏] 이름이 보이고, 본관이 파평坡平으로 되어 있다. 그런데 《청구》와 《만성》의 《파평윤씨보》에는 윤자화의 가계가 보이지 않는다.

　101 **고시면**高時勉(1822~?) 전라도 영광靈光 사람으로 유학을 거쳐 철종 6년 34세로 식년시에 병과로 급제하여 벼슬이 고종 대 사간원 정언(정6품)과 사헌부 장령(정4품)을 거쳐 고종 23년 홍문관 교리(정5품)에 이르렀다. 《방목》에는 벼슬이 없이 아버지[望謙], 할아버지[萬老], 증조[應鵬], 외조[李儒簡] 이름이 보이고, 본관이 장택長澤(長興)으로 되어 있다. 그런데 《청구》와 《만성》의 《장흥고씨보》에는 고시면의 가계가 보이지 않는다.

　102 **강경규**姜景奎(1827~?) 경상도 안동安東 사람으로 유학을 거쳐 철종 6년 29세로 식년시에 병과로 급제하여 벼슬이 철종 대 사헌부 지평(정5품)을 거쳐 고종 초 홍문관 교리(정5품)에 이르렀다. 《방목》에는 벼슬이 없이 아버지[必敎], 할아버지[㮹], 증조[漢], 외조[金始琢] 이름이 보이고, 본관이 진주晉州로 되어 있다. 《청구》와 《만성》의

《진주강씨보》를 보면 직계 5대조와 외조 가운데 벼슬아치가 없다.

103 김지유金之有(1808~?) 함경도 함흥咸興 사람으로 유학을 거쳐 철종 6년 48세로 식년시에 병과로 급제하여 벼슬이 고종 초 사간원 정언(정6품)에 이르렀다. 《방목》에는 벼슬이 없이 아버지[弘集], 할아버지[宗伯], 증조[尙泰], 외조[劉起養] 이름이 보이고, 본관이 경주慶州로 되어 있다. 그런데 《청구》와 《만성》의 《경주김씨보》에는 김지유의 가계가 보이지 않는다.

104 최국진崔國鎭(1830~?) 평안도 영변寧邊 사람으로 유학을 거쳐 철종 6년 26세로 식년시에 병과로 급제했다. 《방목》에는 벼슬이 없이 아버지[廷秀], 할아버지[文擧], 증조[元恒], 외조[李心培] 이름이 보이고, 본관이 화순和順으로 되어 있다. 그런데 《청구》와 《만성》의 《화순최씨보》에는 최국진의 가계가 보이지 않는다. 그러나 《세종실록》〈지리지〉, 《동국여지승람》, 《여지도서》에는 영변에 경주최씨慶州崔氏만 보이고 화순최씨는 없다.

105 조은승曺殷承(1820~?) 서울 사람으로 유학을 거쳐 철종 7년 (1856) 37세로 별시에 병과로 급제하여 벼슬이 홍문관을 거쳐 고종 20년 이조참판(종2품)에 이르렀다. 《방목》에는 벼슬이 없이 아버지 [錫愚, 생부 錫魯], 할아버지[善振], 증조[允翊], 외조[李義裕] 이름이 보이고, 본관이 창녕昌寧으로 되어 있다. 《청구》와 《만성》의 《창녕조씨보》를 보면 직계 4대조와 외조 가운데 벼슬아치가 없다.

106 유만원兪晩源(1824~?) 거주지를 알 수 없다. 유학을 거쳐 철종 8년(1857) 34세로 경과정시에 갑과로 급제하여 벼슬이 홍문관을 거쳐 고종 대 이조참판(종2품)과 사헌부 대사헌(종2품)에 이르렀다. 《방목》에는 벼슬이 없이 아버지[鉉謙], 할아버지[墰], 증조[敬中], 외조[洪秉

五] 이름이 보이고, 본관이 창원昌原으로 되어 있다. 그런데 《청구》의
《창원유씨보》에는 유만원의 가계가 보이지 않으며, 《만성》의 《창원
유씨보》를 보면 직계 4대조와 외조 가운데 벼슬아치가 없다. 2000년
현재 창원유씨 인구는 514가구 1,679명의 희성으로 조선시대 문과급
제자 17명을 배출했다.

107 이상우李象祐(1824~?) 충청도 청풍淸風 사람으로 생원을 거쳐
철종 8년 34세로 경과정시에 을과로 급제하여 벼슬이 승정원 주서(정
7품)를 거쳐 승문원 부정자副正字(종9품)에 이르렀다. 《방목》에는 벼
슬이 없이 아버지[廈遠], 할아버지[勉良], 증조[寅亨], 외조[金學膺] 이
름이 보이고, 본관이 전주全州로 되어 있다. 《전주이씨과거급제자총
람》을 보면 이상우는 정종의 후궁 소생 덕천군德泉君의 15대손으로
직계 8대조와 외조 가운데 벼슬아치가 없다.

108 김병륙金炳陸(1830~?) 서울 사람으로 생원을 거쳐 철종 8년 28
세로 경과정시에 을과로 급제하여 벼슬이 고종 대 춘천부사(종3품)와
이조참판(종2품)에 이르렀다. 《방목》에는 벼슬이 없이 아버지[元根],
할아버지[祖淳], 증조[履中], 외조[徐永祖] 이름이 보이고, 본관이 안동
安東으로 되어 있다. 그런데 《청구》와 《만성》의 《안동김씨보》에는
아버지까지의 가계는 보이나 김병륙의 이름은 보이지 않는다. 세도
가의 중심인물인 김조순의 손자가 《족보》에 보이지 않는 것은 이상
하다. 신분에 어떤 문제가 있는 듯하다.

109 채장헌蔡章獻(1819~?) 경상도 상주尙州 사람으로 유학을 거쳐
철종 8년 39세로 경과정시에 병과로 급제하여 벼슬이 정자(정9품)에
이르렀다. 《방목》에는 벼슬이 없이 아버지[嶷東], 할아버지[蓍朝], 증
조[瀋], 외조[金國燦] 이름이 보이고, 본관이 인천仁川으로 되어 있다.

그런데 《만성》의 《인천채씨보》에는 채장헌의 가계가 보이지 않으며, 《청구》의 《인천채씨보》를 보면 직계 5대조와 외조 가운데 벼슬아치가 없다.

110 **홍희린**洪羲麟(1823~?) 경기도 광주廣州 사람으로 유학을 거쳐 철종 8년 35세로 경과정시에 병과로 급제하여 벼슬이 사간원 정언(정6품)을 거쳐 고종 18년 사간원 헌납(정5품)에 이르렀다. 《방목》에는 벼슬이 없이 아버지[羲浩], 할아버지[日輔], 증조[重完], 외조[鄭鑅] 이름이 보이고, 본관이 풍산豊山으로 되어 있다. 그런데 《청구》와 《만성》의 《풍산홍씨보》에는 홍희린의 가계가 보이지 않는다.

111 **은성호**殷成浩(1829~?) 경상도 군위軍威 사람으로 유학을 거쳐 철종 8년 29세로 경과정시에 병과로 급제하여 벼슬이 사간원 정언(정6품)에 이르렀다. 《방목》에는 벼슬이 없이 아버지[致權], 할아버지[以尹], 증조[道夏], 외조[張晙] 이름이 보이고, 본관이 고양高陽(幸州)으로 되어 있다. 《청구》의 《행주은씨보》를 보면 직계 6대조와 외조 가운데 벼슬아치가 없다.[88] 은씨는 당나라에서 귀화한 중국인의 후손이다. 2000년 현재 행주은씨 인구는 3,851가구 1만 2,241명의 희성으로 조선시대 문과급제자 3명을 배출했다.

112 **이현초**李賢初(1814~?) 평안도 성천成川 사람으로 유학을 거쳐 철종 8년 44세로 경과정시에 병과로 급제했다. 《방목》에는 벼슬이 없이 아버지[秉喆], 할아버지[台慶], 증조[德連], 외조[朴峻] 이름이 보이고, 본관이 수안遂安으로 되어 있다. 그런데 《청구》의 《수안이씨보》에는 이현초의 가계가 보이지 않는다. 2000년 현재 수안이씨 인

---

88) 《행주은씨보》를 보면 은성호의 2대, 3대, 4대조가 모두 증직贈職을 받은 것으로 되어 있는데, 후손 가운데 증직을 받을 만한 벼슬아치가 없어 그대로 믿기 어렵다.

구는 5,539가구 1만 7,677명으로 희성으로 조선시대 문과급제자 26명을 배출했는데, 그 가운데 11명은 평안도에서 배출되었다.

113 이붕순李鵬純(1835~?) 경기도 과천果川 사람으로 유학을 거쳐 철종 8년 23세로 경과정시에 병과로 급제하여 벼슬이 승문원 정자(정9품)를 거쳐 경기도사(종5품)에 이르렀다. 고종 3년 이붕순은 홍문록에 들어갔으나, 왕족의 후손이지만 벌열의 집안이 아니라는 이유로 사헌부에서 반대하여 취소되었다.[89] 《방목》에는 벼슬이 없이 아버지[亮濟], 할아버지[鎔], 증조[昆圭], 외조[尹行誠] 이름이 보이고, 본관이 전주全州로 되어 있다. 《전주이씨과거급제자총람》을 보면 그는 태조의 아들 익안대군益安大君 이방의李芳毅의 18대손으로 직계 9대조 가운데 벼슬아치가 없을 뿐 아니라, 집안이 벌열이 아니라는 사헌부의 주장을 따르면 아마도 신분에 또 다른 문제가 있는 듯하다.

114 주인강朱寅降(1816~?) 평안도 삭주朔州 사람으로 진사를 거쳐 철종 8년 42세로 경과정시에 병과로 급제했다. 《방목》에는 벼슬이 없이 아버지[南極], 할아버지[宗麗], 증조[德午], 외조[許敬舜] 이름이 보이고, 본관이 능성綾城으로 되어 있다. 그런데 《청구》와 《만성》의 《능성주씨보》에는 주인강의 가계가 보이지 않는다. 2000년 현재 능성주씨 인구는 977가구 3,300명의 희성으로 조선시대 문과급제자 3명을 배출했는데, 모두 숙종 대 이후에 배출되었으며 평안도 출신이다. 《여지도서》에는 나주주씨羅州朱氏만 보이고 능성주씨는 없다. 혹시 나주주씨가 명성이 높은 능성주씨로 본관을 바꾸었는지도 모른다. 나주주씨는 조선시대 문과급제자를 배출하지 못했다.

---

89) 《고종실록》 권3, 고종 3년 6월 11일 무술.

115 **공유동**孔有東(1814~?) 경기도 용인龍仁 사람으로 유학을 거쳐 철종 8년 44세로 경과정시에 병과로 급제했다.《방목》에는 벼슬이 없이 아버지[煥鼎], 할아버지[寂仁], 증조[承魯], 외조[李杓] 이름이 보이고, 본관이 곡부曲阜로 되어 있다. 그런데《청구》와《만성》의《곡부공씨보》에는 공유동의 가계가 보이지 않으며,《청구》의《창원공씨보昌原孔氏譜》에 그의 가계가 보이는데 직계 5대조 가운데 벼슬아치가 없다. 창원공씨와 곡부공씨는 모두 공자孔子의 후손으로 원나라 때 귀화하여 본관이 둘로 나뉘었다. 2000년 현재 창원공씨 인구는 353가구 1,043명의 희성으로 문과급제자는 그가 유일한 듯하다. 한편, 곡부공씨 인구는 2만 2,758가구 7만 3,093명으로 조선시대 문과급제자 6명을 배출했다.

116 **김병수**金秉洙(1819~?) 함경도 회령會寧 사람으로 유학을 거쳐 철종 9년(1858) 4월 40세로 경과정시에 장원급제했다.《방목》에는 벼슬이 없이 아버지[銀大], 할아버지[必光], 증조[興鏡], 외조[朴宗謙] 이름이 보이고, 본관이 삼척三陟으로 되어 있다. 그런데《청구》와《만성》의《삼척김씨보》에는 김병수의 가계가 보이지 않는다. 2000년 현재 삼척김씨 인구는 2만 5,442가구 7만 9,985명으로 조선시대 문과文科 8명, 역과譯科 23명, 의과醫科 19명, 음양과陰陽科 4명, 율과律科 13명, 주학籌學 1명의 급제자를 배출하여 기술직 중인가문이 되었다.

117 **서학문**徐鶴聞(1823~?) 전라도 전주全州 사람으로 진사를 거쳐 철종 9년 4월 36세로 경과정시에 을과로 급제했다.《방목》에는 벼슬이 없이 아버지[命錫], 할아버지[重烈], 증조[大一], 외조[金文教] 이름이 보이고, 본관이 이천利川으로 되어 있다. 그런데《청구》와《만성》의《이천서씨보》에는 서학문의 가계가 보이지 않는다.

118 **조동식**趙東植(1828~?) 평양平壤 사람으로 유학을 거쳐 철종 9년 4월 31세로 경과정시에 을과로 급제했다. 《방목》에는 벼슬이 없이 아버지〔命德, 생부 命哲〕, 할아버지〔濟仁〕, 증조〔鎭垕〕, 외조〔金鼎燮〕 이름이 보이고, 본관이 배천白川으로 되어 있다. 그런데 《청구》와 《만성》의 《배천조씨보》에는 가계가 보이지 않는다. 《세종실록》〈지리지〉와 《동국여지승람》에는 평양에 배천조씨가 없다가 《여지도서》에 처음으로 배천조씨가 보인다. 따라서 영조 대 무렵에 평양으로 이주했거나 새로 본관을 정한 듯하다.

119 **정해륜**鄭海崙(1826~?) 충청도 충주忠州 사람으로 봉사(종8품)를 거쳐 철종 9년 4월 33세로 경과정시에 병과로 급제하여 벼슬이 홍문관과 사간원 대사간(정3품 당상관), 성균관 대사성(정3품 당상관), 이조참판(종2품), 1898년에 장례원경(정2품)을 거쳐 1902년에 궁내부 특진관(칙임관)에 이르렀다. 《방목》에는 벼슬이 없이 아버지〔溂〕, 할아버지〔在純〕, 증조〔進煥〕, 외조〔李憲圭〕 이름이 보이고, 본관이 영일迎日로 되어 있다. 《청구》와 《만성》의 《영일정씨보》를 보면 정해륜은 영의정 정호鄭澔의 6대손으로 직계 3대조와 외조 가운데 벼슬아치가 없다.

120 **이만용**李晩用(1792~?) 서울 사람으로 봉사(종8품)를 거쳐 철종 9년 4월 67세로 경과정시에 병과로 급제하여 벼슬이 철종 대 통례원 좌통례(정3품 당하관)를 거쳐 병조참의(정3품 당상관)에 이르렀다. 《방목》에는 벼슬이 없이 아버지〔明五〕, 할아버지〔鳳煥〕, 증조〔廷彦〕, 외조〔尹昌垕〕 이름이 보이고, 본관이 전주全州로 되어 있다. 《전주이씨과거급제자총람》을 보면 이만용은 정종의 후궁 소생 선성군宣城君의 12대손으로 직계 4대조 가운데 벼슬아치가 없다.

121 **신명화**申命和(1835~?) 경기도 양주楊州 사람으로 유학을 거쳐

철종 9년 4월 24세로 경과정시에 병과로 급제하여 벼슬이 홍문관을 거쳐 형조참의(정3품 당상관)에 이르렀다. 《방목》에는 벼슬이 없이 아버지[瓚], 할아버지[大元], 증조[賦], 외조[李泰岳] 이름이 보이고, 본관이 평산平山으로 되어 있다. 《청구》와 《만성》의 《평산신씨보》를 보면 직계 4대조와 외조 가운데 벼슬아치가 없다.

122 이상수李尙壽(1806~?) 전라도 남원南原 사람으로 유학을 거쳐 철종 9년 4월 53세로 경과정시에 병과로 급제하여 벼슬이 철종 대 도당록都堂錄에 올랐다. 《방목》에는 벼슬이 없이 아버지[命天], 할아버지[直源], 증조[徽晩], 외조[李震再] 이름이 보이고, 본관이 광주廣州로 되어 있다. 그런데 《청구》와 《만성》의 《광주이씨보》에는 이상수의 가계가 보이지 않는다.

123 이조신李肇信(1828~?) 경기도 적성積城 사람으로 유학을 거쳐 철종 9년 9월 31세로 경과정시에 장원급제하여 벼슬이 고종 대 사헌부 장령(정4품)과 사간원 정언(정6품)에 이르렀다. 《방목》에는 벼슬이 없이 아버지[晙], 할아버지[行彬], 증조[涑], 외조[任泰運] 이름이 보이고, 본관이 덕수德水로 되어 있다. 《청구》와 《만성》의 《덕수이씨보》를 보면 직계 6대조와 외조 가운데 벼슬아치가 없다.

124 차응태車膺泰(1830~?) 평안도 숙천肅川 사람으로 유학을 거쳐 철종 9년 29세로 식년시에 을과로 급제했다. 《방목》에는 벼슬이 없이 아버지[永鎭], 할아버지[尙顯], 증조[正達], 외조[李秉秀] 이름이 보이고, 본관이 연안延安으로 되어 있다. 그런데 《청구》와 《만성》의 《연안차씨보》에는 차응태의 가계가 보이지 않는다. 평안도의 연안차씨는 영조 대 이후로 문과급제자 15명을 배출했는데, 숙천에서 가장 많은 6명이 나왔다. 《여지도서》에는 숙천에 연안차씨가 없고 용성차

씨龍城車氏만 보인다. 그렇다면 용성차씨가 명성이 높은 연안차씨로
본관을 바꾸었을 가능성도 있다.

125 **조희일**趙熙一(1838~?) 경기도 수원水原 사람으로 유학을 거쳐
철종 9년 21세로 식년시에 을과로 급제하여 벼슬이 사헌부 대사헌(종
2품)을 거쳐 대한제국 때 궁내부 특진관(칙임관)에 이르렀다. 《방목》
에는 벼슬이 없이 아버지[奎年], 할아버지[萬元], 증조[象存], 외조[尹鼎
烈] 이름이 보이고, 본관이 풍양豊壤으로 되어 있다. 그런데 《청구》의
《풍양조씨보》를 보면 할아버지까지의 가계는 보이나 아버지와 조희
일의 이름이 보이지 않으며, 《만성》의 《풍양조씨보》에는 그의 가계
가 보이지 않는다.

126 **김한정**金漢鼎(1814~?) 전라도 남원南原 사람으로 유학을 거쳐
철종 9년 45세로 식년시에 을과로 급제했다. 《방목》에는 벼슬이 없
이 아버지[九鑑], 할아버지[玉蘊], 증조[啓烔], 외조[許髦] 이름이 보이
고, 본관이 부안扶安으로 되어 있다. 그런데 《청구》와 《만성》의 《부
안김씨보》에는 김한정의 가계가 보이지 않는다.

127 **이민수**李敏銖(1805~?) 평안도 안주安州 사람으로 유학을 거쳐
철종 9년 54세로 식년시에 병과로 급제하여 벼슬이 사헌부 지평(정5
품)에 이르렀다. 《방목》에는 벼슬이 없이 아버지[膺直], 할아버지[亨
瀗], 증조[宗憲], 외조[白昇煥] 이름이 보이고, 본관이 광주廣州로 되어
있다. 그런데 《청구》와 《만성》의 《광주이씨보》에는 이민수의 가계
가 보이지 않는다. 《동국여지승람》에는 안주에 철야이씨鐵冶李氏와
수안이씨遂安李氏만 보이지만, 《여지도서》에는 두 성씨가 모두 없어
지고 광주이씨가 처음으로 등장한다. 그렇다면 철야이씨나 수안이씨
가 명성이 높은 광주이씨로 본관을 바꾸었을 가능성도 있다.

128 **김위균**金渭均(1830~?) 경상도 봉화奉化 사람으로 유학을 거쳐 철종 9년 29세로 식년시에 병과로 급제했다. 《방목》에는 벼슬이 없이 아버지[炳赫], 할아버지[晦根], 증조[聖淳], 외조[權若會] 이름이 보이고, 본관이 안동安東으로 되어 있다. 그런데 《청구》와 《만성》의 《안동김씨보》에는 김위균의 가계가 보이지 않는다.

129 **조광용**趙光容(1821~?) 평안도 정주定州 사람으로 유학을 거쳐 철종 9년 38세로 식년시에 병과로 급제했다. 《방목》에는 벼슬이 없이 아버지[尙祖], 할아버지[永信], 증조[夢瑀], 외조[金初燮] 이름이 보이고, 본관이 배천白川으로 되어 있다. 그런데 《청구》와 《만성》의 《배천조씨보》에는 조광용의 가계가 보이지 않는다. 정주 지방의 배천조씨는 영조 대 이후로 문과급제자 26명을 배출하여 이 지역 명문으로 등장했다.

130 **김희철**金喜喆(1830~?) 평안도 정주定州 사람으로 유학을 거쳐 철종 9년 29세로 식년시에 병과로 급제했다. 《방목》에는 벼슬이 없이 아버지[致淵], 할아버지[再泰], 증조[瑞郁], 외조[康致昇] 이름이 보이고, 본관이 연안延安으로 되어 있다. 그런데 《청구》와 《만성》의 《연안김씨보》에는 김희철의 가계가 보이지 않는다. 정주의 연안김씨는 영조 대 이후로 문과급제자 43명을 배출하여 정주의 최고 명문으로 등장했다. 그러나 《세종실록》〈지리지〉, 《동국여지승람》에는 정주에 연안김씨가 없고 신주김씨信州金氏(신천김씨)만 보이다가 《여지도서》에는 신주김씨가 사라지고 연안김씨가 새롭게 보인다. 아마도 신주김씨가 명성이 높은 연안김씨로 본관을 바꾼 듯하다.

131 **백오진**白五珎(1827~?) 평안도 태천泰川 사람으로 유학을 거쳐 철종 9년 32세로 식년시에 병과로 급제했다. 《방목》에는 벼슬이 없

이 아버지[永煥], 할아버지[熙龍], 증조[彩旭], 외조[金德瑞] 이름이 보이고, 본관이 수원水原으로 되어 있다. 그런데 《청구》와 《만성》의 《수원백씨보》에는 백오진의 가계가 보이지 않는다. 태천의 수원백씨는 순조 대 이후로 문과급제자 14명을 배출하여 이 지역 명문으로 등장했다. 《세종실록》〈지리지〉와 《동국여지승람》에는 태천에 수원백씨가 없다가 《여지도서》에 처음으로 수원백씨가 등장한다. 따라서 영조 대 무렵에 태천으로 이주한 것으로 보인다.

132 **강민적**康民迪(1788~?) 평안도 숙천肅川 사람으로 유학을 거쳐 철종 9년 71세로 식년시에 병과로 급제했다. 《방목》에는 벼슬이 없이 아버지[琪燦], 할아버지[尙胤], 증조[千益], 외조[金振德] 이름이 보이고, 본관이 곡산谷山으로 되어 있다. 그런데 《청구》에는 《곡산강씨보》 자체가 없으며, 《만성》의 《곡산강씨보》에는 강민적의 가계가 보이지 않는다. 《여지도서》에는 숙천에 진주강씨晉州康氏만 보이고 곡산강씨는 없다. 아마도 진주강씨가 명성이 더 높은 곡산강씨로 본관을 바꾼 것으로 보인다. 2000년 현재 곡산강씨 인구는 4,877가구 1만 5,626명으로 조선시대 문과급제자 4명을 배출했다.

133 **정창동**鄭昌東(1807~?) 경상도 예천醴泉 사람으로 유학을 거쳐 철종 9년 52세로 식년시에 병과로 급제하여 벼슬이 고종 대 사간원 정언(정6품)에 이르렀다. 《방목》에는 벼슬이 없이 아버지[光濟], 할아버지[必興], 증조[欓], 외조[金應燦] 이름이 보이고, 본관이 청주淸州로 되어 있다. 그런데 《청구》와 《만성》의 《청주정씨보》에는 정창동의 가계가 보이지 않는다.

134 **김진형**金鎭亨(1825~?) 평안도 박천博川 사람으로 유학을 거쳐 철종 9년 34세로 식년시에 병과로 급제했다. 《방목》에는 벼슬이 없

이 아버지[得模, 생부 仁模], 할아버지[允黙], 증조[麗海], 외조[金致修] 이름이 보이고, 본관이 김해金海로 되어 있다. 그런데《청구》와《만성》의《김해김씨보》에는 김진형의 가계가 보이지 않는다.《세종실록》〈지리지〉와《동국여지승람》에는 박천에 남해김씨南海金氏, 김포김씨金浦金氏, 두원김씨荳原金氏 등 세 김씨만 보이다가《여지도서》에는 세 김씨가 모두 사라지고 김해김씨만 보인다. 아마도 세 김씨가 명성이 높은 김해김씨로 본관을 바꾸었는지도 모른다.

135 나석희羅錫熙(1817~?) 평안도 안주安州 사람으로 유학을 거쳐 철종 9년 42세로 식년시에 병과로 급제했다.《방목》에는 벼슬이 없이 아버지[致濟], 할아버지[玹], 증조[德裕], 외조[尹應偶] 이름이 보이고, 본관이 나주羅州로 되어 있다. 그런데《청구》와《만성》의《나주나씨보》에는 나석희의 가계가 보이지 않는다.《세종실록》〈지리지〉,《동국여지승람》,《여지도서》 어디에도 안주에 나주나씨가 없는데, 아마도 영조 대 이후 이 지역으로 이주했거나 새로운 본관을 정했는지도 모른다.

136 박영모朴英模(1806~?) 전라도 구례求禮 사람으로 유학을 거쳐 철종 9년 53세로 식년시에 병과로 급제했다.《방목》에는 벼슬이 없이 아버지[履瓘], 할아버지[成郁], 증조[時興], 외조[柳志樹] 이름이 보이고, 본관이 밀양密陽으로 되어 있다. 그런데《청구》와《만성》의《밀양박씨보》에는 박영모의 가계가 보이지 않는다.

137 이재원李在原(1800~?) 경주慶州 사람으로 유학을 거쳐 철종 9년 59세로 식년시에 병과로 급제했다.《방목》에는 벼슬이 없이 아버지[啓祥], 할아버지[鼎鉉], 증조[憲晦], 외조[鄭世鐄] 이름이 보이고, 본관이 여주驪州로 되어 있다. 그런데《청구》의《여주이씨보》를 보면 아

버지까지의 가계는 보이나 이재원의 이름은 보이지 않으며, 《만성》
의 《여주이씨보》를 보면 이언적李彦迪의 10대손으로 직계 6대조와
외조 가운데 벼슬아치가 없다.

138 김옥래金玉來(1822~?) 평안도 영유永柔 사람으로 유학을 거쳐
철종 9년 37세로 식년시에 병과로 급제하여 벼슬이 고종 대 사헌부
지평(정5품)을 거쳐 장령(정4품)에 이르렀다. 《방목》에는 벼슬이 없이
아버지[淳], 할아버지[命一], 증조[龍洙], 외조[安思鼎] 이름이 보이고,
본관이 풍천豊川으로 되어 있다. 그런데 《만성》에는 《풍천김씨보》
자체가 없고, 《청구》의 《풍천김씨보》에는 김옥래의 가계가 보이지
않는다. 풍천김씨는 조선시대 문과급제자 7명을 배출했는데, 그 가운
데 5명은 정조 대 이후 영유에서 급제했다. 경종과 영조 대 배출된
급제자 2명도 영유 사람으로 보인다. 그래서 풍천김씨를 영유김씨로
도 부른다. 2000년 현재 풍천김씨 인구는 733가구 2,292명으로 희성
에 속한다.

139 이유신李有臣(1824~?) 경상도 진주晋州 사람으로 유학을 거쳐
철종 9년 35세로 식년시에 병과로 급제하여 벼슬이 고종 대 부사과
(종6품)에 이르렀는데, 임금에게 지금의 과거제도가 이利와 세勢에 좌
우된다고 비판하는 상소를 올린 죄로 고종 11년에 유배당했다.[90]
《방목》에는 벼슬이 없이 아버지[仁黙], 할아버지[基慶], 증조[再甲], 외
조[柳汶龍] 이름이 보이고, 본관이 재령載寧으로 되어 있다. 그런데
《청구》와 《만성》의 《재령이씨보》에는 이유신의 가계가 보이지 않
는다.

---

90) 《고종실록》 권11, 고종 11년 5월 9일 경술.

140 정훈석鄭勛錫(1839~?) 경상도 성주星州 사람으로 유학을 거쳐 철종 9년 20세로 식년시에 병과로 급제했다.《방목》에는 벼슬이 없이 아버지[瑗], 할아버지[�], 증조[東潤], 외조[尹鍾大] 이름이 보이고, 본관이 청주淸州로 되어 있다. 그런데《청구》와《만성》의《청주정씨보》에는 정훈석의 가계가 보이지 않는다.

141 김희국金熙國(1824~?) 경상도 현풍玄風 사람으로 유학을 거쳐 철종 9년 35세로 식년시에 병과로 급제하여 벼슬이 고종 대 사간원 정언(정6품)을 거쳐 홍문관 교리(정5품)에 이르렀다.《방목》에는 벼슬이 없이 아버지[駿東], 할아버지[奎燮], 증조[慶運], 외조[朴慶五] 이름이 보이고, 본관이 서흥瑞興으로 되어 있다.《청구》와《만성》의《서흥김씨보》를 보면 김희국은 김굉필金宏弼의 후손으로 직계 3대조와 외조 가운데 벼슬아치가 없다.

142 방종한方宗翰(1817~?) 평안도 정주定州 사람으로 유학을 거쳐 철종 9년 42세로 식년시에 병과로 급제했다.《방목》에는 벼슬이 없이 아버지[啓璜], 할아버지[孝擧], 증조[澤], 외조[李錫土] 이름이 보이고, 본관이 온양溫陽으로 되어 있다. 그런데《청구》와《만성》의《온양방씨보》에는 방종한의 가계가 보이지 않는다. 온양방씨는 조선시대 문과급제자 9명을 배출했는데, 그 가운데 6명이 영조 대 이후 정주에서 나왔다.91) 한편, 역과譯科 49명, 의과醫科 36명, 음양과陰陽科

---

91) 온양방씨 문과급제자는 다음과 같다.
　　숙종 25년 방즙方濈
　　영조 32년 방우곤方禹坤(정주), 44년 방태곤方泰坤(정주)
　　정조 16년 방역方易(정주)
　　순조 31년 방계운方啓�(황강)
　　철종 9년 방종한方宗翰(정주)
　　고종 2년 방효린方孝隣(정주), 16년 방하진方夏鎭(정주)

3명, 율과律科 4명, 주학籌學 3명의 급제자를 배출하여 중인가문의 하나가 되었다.

143 이유로李有魯(1831~?) 경상도 안동安東 사람으로 유학을 거쳐 철종 9년 28세로 식년시에 병과로 급제하여 벼슬이 사간원 정언(정6품)에 이르렀다. 《방목》에는 벼슬이 없이 아버지[健相], 할아버지[漢雲], 증조[鎭世], 외조[柳少文] 이름이 보이고, 본관이 진보眞寶로 되어 있다. 《청구》와 《만성》의 《진보이씨보》를 보면 직계 4대조와 외조 가운데 벼슬아치가 없다.

144 김국현金國顯(1821~?) 평안도 개천价川 사람으로 유학을 거쳐 철종 9년 38세로 식년시에 병과로 급제하여 벼슬이 고종 대 사간원 사간(종3품)에 이르렀는데, 토색질을 일삼다가 고종 29년에 유배당했다.92) 《방목》에는 벼슬이 없이 아버지[時大], 할아버지[命沃], 증조[聖九], 외조[安沁] 이름이 보이고, 본관이 양주楊州로 되어 있다. 그런데 《청구》와 《만성》에는 《양주김씨보》 자체가 없다. 2000년 현재 양주 김씨 인구는 1,109가구 3,510명의 희성으로, 광해군 대 이후 문과급제자 8명을 배출했는데, 그 가운데 5명이 영조 대 이후 개천에서 급제하였다. 그래서 양주김씨 개천파价川派가 따로 있다.

145 김내현金來顯(1810~?) 평안도 개천价川 사람으로 유학을 거쳐 철종 9년 49세로 식년시에 병과로 급제했다. 《방목》에는 벼슬이 없이 아버지[宗河], 할아버지[履喆], 증조[處泓], 외조[白士興] 이름이 보이고, 본관이 양주楊州로 되어 있다. 그런데 위에 소개한 김국현과 마찬가지로 《양주김씨보》에 가계가 보이지 않는다.

---

92) 《고종실록》 권29, 고종 29년 5월 8일 을축.

146 정종학鄭鍾學(1819~?) 전라도 함평咸平 사람으로 유학을 거쳐 철종 9년 40세로 식년시에 병과로 급제하여 벼슬이 고종 초 사간원 정언(정6품)과 찰방(종6품)을 거쳐 고종 13년 사간원 사간(종3품)에 이르렀다. 《방목》에는 벼슬이 없이 아버지[驥奎], 할아버지[沃], 증조[得彭], 외조[鄭邃愼] 이름이 보이고, 본관이 진주晋州로 되어 있다. 그런데 《청구》와 《만성》의 《진주정씨보》에는 정종학의 가계가 보이지 않는다.

147 정해용鄭海瑢(1829~?) 전라도 흥덕興德 사람으로 유학을 거쳐 철종 9년 30세로 식년시에 병과로 급제하여 벼슬이 고종 대 사헌부 장령(정4품)에 이르렀는데, 고종 18년 만인소萬人疏 소두疏頭 이만손李萬孫을 탄핵하는 상소를 올리기도 했다. 《방목》에는 벼슬이 없이 아버지[允達], 할아버지[翼良], 증조[壽國], 외조[李得坤] 이름이 보이고, 본관이 영일迎日로 되어 있다. 《청구》와 《만성》의 《영일정씨보》를 보면 직계 4대조와 외조 가운데 벼슬아치가 없다.

148 윤종헌尹鍾憲(1810~?) 경상도 창녕昌寧 사람으로 유학을 거쳐 철종 9년 49세로 식년시에 병과로 급제하여 벼슬이 사간원 정언(정6품)에 이르렀다. 《방목》에는 벼슬이 없이 아버지[致任, 생부 致儼], 할아버지[時燦], 증조[相恒], 외조[李基運] 이름이 보이고, 본관이 파평坡平으로 되어 있다. 그런데 《청구》의 《파평윤씨보》에는 윤종헌의 가계가 보이지 않으며, 《만성》의 《파평윤씨보》를 보면 직계 4대조와 외조 가운데 벼슬아치가 없다.

149 박종선朴鍾善(1831~?) 평안도 상원祥原 사람으로 유학을 거쳐 철종 9년 28세로 식년시에 병과로 급제하여 벼슬이 고종 대 부사과(종6품)를 거쳐 1903년 중추원 의관議官에 이르렀다. 《방목》에는 벼

슬이 없이 아버지[養淳], 할아버지[鳳璘], 증조[亨道], 외조[盧敬室] 이름이 보이고, 본관이 당진唐津으로 되어 있으나 이는 강진康津의 오기로 보인다. 그런데 《만성》에는 《강진박씨보》 자체가 없고, 《청구》의 《강진박씨보》에는 조상의 가계가 끊어진 형태로 박종선 한 사람만 기록하고 있어 가계를 알 수 없다. 2000년 현재 강진박씨 인구는 644가구 2,022명의 희성으로 조선시대 문과급제자 5명을 배출했는데, 그가 두 번째 급제자이다. 고종 대 3명이 더 급제하였는데, 상원에서만 3명이 나왔다. 《여지도서》에는 상원에 강진박씨가 없고, 통구박씨通溝朴氏만 보인다. 따라서 통구박씨가 명성이 높은 강진박씨로 본관을 바꾸었거나 아니면 강진박씨가 영조 대 이후 상원으로 이주한 것으로 보인다. 현재 강진박씨는 영조 대 문과에 급제한 박홍수朴鴻壽를 시조로 삼고 있다.

150 조철증趙喆增(1827~?) 서울 사람으로 진사를 거쳐 철종 10년 (1859) 33세로 증광시에 병과로 급제하여 벼슬이 사간원 정언(정6품)에 이르렀는데, 고종 5년 천주교를 믿어 사학죄인邪學罪人으로 체포되어 삭탈관직당했다. 《방목》에는 벼슬이 없이 아버지[能夏], 할아버지[秉謙], 증조[基永], 외조[李世岳] 이름이 보이고, 본관이 풍양豊壤으로 되어 있다. 그런데 《청구》와 《만성》의 《풍양조씨보》에는 조철증의 가계가 보이지 않는다.

151 백인행白仁行(1837~?) 평안도 정주定州 사람으로 유학을 거쳐 철종 10년 23세로 증광시에 병과로 급제하여 벼슬이 고종 5년 사헌부 장령(정4품)에 이르렀다. 《방목》에는 벼슬이 없이 아버지[時述], 할아버지[宗倫], 증조[慶翰], 외조[洪朝煥] 이름이 보이고, 본관이 수원水原으로 되어 있다. 그런데 《청구》와 《만성》의 《수원백씨보》에는

백인행의 가계가 보이지 않는다. 정주의 수원백씨는 영조 대 이후로 문과급제자 22명을 배출하여 43명을 배출한 연안김씨延安金氏, 26명을 배출한 배천조씨白川趙氏와 더불어 이 지역의 신흥 명문으로 등장했다.

152 한준희韓俊熙(1814~?) 함경도 함흥咸興 사람으로 유학을 거쳐 철종 10년 46세로 증광시에 병과로 급제하여 벼슬이 고종 대 사간원 정언(정6품)을 거쳐 호조참의(정3품 당상관)에 이르렀다. 《방목》에는 벼슬이 없이 아버지〔若杞〕, 할아버지〔樂洙〕, 증조〔錫臨〕, 외조〔李牧榮〕 이름이 보이고, 본관이 청주淸州로 되어 있다. 그런데 《청구》와 《만성》의 《청주한씨보》에는 한준희의 가계가 보이지 않는다. 함흥의 청주한씨는 숙종 대 이후 문과급제자 12명을 배출하여 14명을 배출한 전주주씨全州朱氏, 11명을 배출한 장흥위씨長興魏氏와 더불어 이 지역의 명문으로 등장했다.

153 홍영조洪永祚(1820~?) 경상도 선산善山 사람으로 유학을 거쳐 철종 10년 40세로 증광시에 병과로 급제했다. 《방목》에는 벼슬이 없이 아버지〔在學〕, 할아버지〔天休〕, 증조〔起疇〕, 외조〔金燉〕 이름이 보이고, 본관이 남양南陽으로 되어 있다. 《청구》와 《만성》의 《남양홍씨보》를 보면 직계 7대조와 외조 가운데 벼슬아치가 없다.

154 이도남李道南(1811~?) 제주濟州 사람으로 유학을 거쳐 철종 10년 49세로 증광시에 병과로 급제했다. 《방목》에는 벼슬이 없이 아버지〔澧煥〕, 할아버지〔仁老〕, 증조〔松性〕, 외조〔韓亨祚〕 이름이 보이고, 본관이 홍주洪州로 되어 있다. 그런데 《청구》와 《만성》의 《홍주이씨보》에는 이도남의 가계가 보이지 않는다. 2000년 현재 홍주이씨 인구는 4,733가구 1만 4,897명의 희성으로 조선시대 문과급제자 9명과

20명이 넘는 무과급제자, 수많은 무관武官을 배출한 집안이다. 그런데 문과급제자 9명 가운데 4명이 평안도 출신으로 3명이 평양平壤, 1명이 은산殷山에서 급제했다. 이들은 모두 《청구》와 《만성》의 《홍주이씨보》에 보이지 않는다.

155 이우삼李友三(개명 昌復, 1824~?) 경상도 풍기豊基 사람으로 유학을 거쳐 철종 11년(1860) 37세로 경과정시에 을과로 급제했다. 《방목》에는 벼슬이 없이 아버지[炳九], 할아버지[尙範], 증조[是琛], 외조[鄭璲] 이름이 보이고, 본관이 여주驪州로 되어 있다. 그런데 《청구》와 《만성》의 《여주이씨보》에는 이우삼의 가계가 보이지 않는다.

156 진명복晋命復(1819~?) 전라도 남원南原 사람으로 유학을 거쳐 철종 11년 42세로 경과정시에 을과로 급제했다. 《방목》에는 벼슬이 없이 아버지[廷表], 할아버지[順應], 증조[邦漢], 외조[林宗漢] 이름이 보이고, 본관이 남원으로 되어 있다. 그런데 《만성》에는 《남원진씨보》 자체가 없고, 《청구》의 《남원진씨보》에는 진명복의 가계가 보이지 않는다. 《세종실록》〈지리지〉에는 진씨가 남원의 토성土姓 가운데 하나로 인리성人吏姓으로도 되어 있다. 그러니까 남원의 향리 가문이다. 2000년 현재 남원진씨 인구는 1,612가구 5,084명의 희성으로 고려 초 중국에서 귀화한 성씨인데, 문과급제자는 그가 유일하다.

157 김계문金啓汶(1815~?) 경기도 양주楊州 사람으로 유학을 거쳐 철종 11년 경과정시에 병과로 급제했다. 《방목》에는 벼슬이 없이 아버지[漢鎭], 할아버지[尙輝], 증조[始昌], 외조[魚慶澤] 이름이 보이고, 본관이 강릉江陵으로 되어 있다. 그런데 《청구》와 《만성》의 《강릉김씨보》에는 김계문의 가계가 보이지 않는다.

158 최석규崔奭奎(1832~?) 평안도 숙천肅川 사람으로 유학을 거쳐

철종 11년 29세로 경과정시에 병과로 급제하여 벼슬이 고종 대 부사
과(종6품)에 이르렀다. 고종 11년 최석규는 평안도 출신으로 문과에
급제하여 승문원에 분관되었다가 성균관으로 강등된 인물이 김붕래
金朋來 등 10여 명이나 된다는 사실을 지적하면서 억울함을 진정하여
바로잡기도 했다.93) 《방목》에는 벼슬이 없이 아버지[鳳顯], 할아버지
[仁岳], 증조[斗興], 외조[金宗臣] 이름이 보이고, 본관이 전주全州로 되
어 있다. 그런데 《청구》와 《만성》의 《전주최씨보》에는 그의 가계가
보이지 않는다. 《여지도서》에는 숙천에 전주최씨가 없고 봉산최씨鳳
山崔氏만 보인다. 따라서 봉산최씨가 명성이 높은 전주최씨로 본관을
바꾸었거나 전주최씨가 영조 무렵에 숙천으로 이주한 것으로 보이는
데, 어느 것이 진실인지 알 수 없다.

　　159 한국보韓國輔(1822~?) 함경도 함흥咸興 사람으로 유학을 거쳐
철종 11년 39세로 경과정시에 병과로 급제하여 벼슬이 고종 31년 홍
문관 수찬(정6품)에 이르렀다. 《방목》에는 벼슬이 없이 아버지[道翊],
할아버지[挺斗], 증조[民俊], 외조[李容鼎] 이름이 보이고, 본관이 청주
淸州로 되어 있다. 그런데 《청구》와 《만성》의 《청주한씨보》에는 한
국보의 가계가 보이지 않는다. 함흥의 청주한씨에 대해서는 앞에서
이미 설명했다.

　　160 민재진閔載晋(1823~?) 경기도 수원水原 사람으로 유학을 거쳐
철종 11년 38세로 경과정시에 병과로 급제하여 벼슬이 고종 8년 사
간원 정언(정6품)에 이르렀다. 《방목》에는 벼슬이 없이 아버지[奭勳],
할아버지[種妵], 증조[永世], 외조[任希著] 이름이 보이고, 본관이 여흥

---

93) 《고종실록》 권11, 고종 11년 2월 17일 경인; 권11, 고종 11년 3월 1일 계묘.

驪興으로 되어 있다. 그런데 《청구》의 《여흥민씨보》에는 민재진의 가계가 전혀 보이지 않으며, 《만성》의 《여흥민씨보》를 보면 아버지 까지의 가계는 보이는데 그의 이름은 보이지 않고 6대조와 외조 가운데 벼슬아치가 없다.

161 이만송李晩松(1805~?) 경상도 예안禮安 사람으로 진사를 거쳐 철종 11년 56세로 경과정시에 병과로 급제하여 벼슬이 통정대부(정3품 당상관)에 이르렀다. 《방목》에는 벼슬이 없이 아버지[彙成], 할아버지[宅淳], 증조[龜元], 외조[金啓運] 이름이 보이고, 본관이 진보眞寶로 되어 있다. 《청구》와 《만성》의 《진보이씨보》를 보면 이만송은 이황李滉의 후손으로 직계 4대조와 외조 가운데 벼슬아치가 없다.

162 민희식閔羲軾(1829~?) 거주지를 알 수 없다. 유학을 거쳐 철종 11년 32세로 경과정시에 병과로 급제하여 벼슬이 홍문관을 거쳐 고종 대 사헌부 장령(정4품)과 통례원 우통례(정3품 당하관)에 이르렀다. 《방목》에는 벼슬이 없이 아버지[洙鳳, 생부 洙耉], 할아버지[懋鉉], 증조[彦周], 외조[申耉顯] 이름이 보이고, 본관이 여흥驪興으로 되어 있다. 그런데 《만성》의 《여흥민씨보》를 보면 증조까지의 가계만 보이고 그 뒤는 보이지 않으며, 증조 이상 5대조 가운데 벼슬아치가 없다. 한편, 《청구》의 《여흥민씨보》에는 민희식의 가계가 보이지 않는다.

163 정현유鄭顯裕(1830~?) 서울 사람으로 생원을 거쳐 철종 11년 31세로 경과정시에 병과로 급제하여 벼슬이 고종 대 사헌부 지평(정5품)을 거쳐 성균관 대사성(정3품 당상관)에 이르렀다. 《방목》에는 벼슬이 없이 아버지[夔和], 할아버지[鴻師], 증조[鎭魯], 외조[沈翼相] 이름이 보이고, 본관이 초계草溪로 되어 있다. 《청구》와 《만성》의 《초계정씨보》를 보면 직계 6대조와 외조 가운데 벼슬아치가 없다.

164 홍찬섭洪贊燮(1832~?) 경기도 적성積城 사람으로 유학을 거쳐 철종 12년(1861) 30세로 경과정시에 을과로 급제하여 벼슬이 고종 대 찰방(종6품)을 거쳐 사헌부 지평(정5품)에 이르렀는데, 고종 11년 서얼의 허통을 요청하는 상소를 올려 허락을 받았다.94) 《방목》에는 벼슬이 없이 아버지[秉善], 할아버지[樂泳], 증조[如人], 외조[李光春] 이름이 보이고, 본관이 남양南陽으로 되어 있다. 그런데 《청구》와 《만성》의 《남양홍씨보》에는 홍찬섭의 가계가 보이지 않는다. 서출이기 때문에 《족보》에 오르지 못한 것을 알 수 있다.

165 천일성千馹成(1821~?) 경상도 청도淸道 사람으로 유학을 거쳐 철종 12년 41세로 경과정시에 병과로 급제했다. 《방목》에는 벼슬이 없이 아버지[致億], 할아버지[有陳], 증조[載富], 외조[徐國輔] 이름이 보이고, 본관이 안동安東으로 되어 있다. 천씨는 임진왜란 때 귀화하여 화산군花山君(安東의 옛 이름)에 봉해진 명나라 장수 천만리千萬里를 시조로 삼고 있는데, 천만리는 중국의 영양潁陽 사람이므로 그 후손들을 영양천씨로 부르게 되었다. 다만, 후손들이 사방에 흩어져서 수십 개의 본관을 갖게 되었는데, 그 가운데 하나가 안동천씨다. 그러나 《청구》와 《만성》에는 《안동천씨보》 자체가 없어 천일성의 가계를 알 수 없다. 조선시대에 천씨로 문과에 급제한 인물은 2명으로, 하나는 천일성이고 다른 하나는 고종 29년 문과에 급제한 천광록千光祿이다. 순조 대 인왕산 아래 송석원시사松石園詩社를 운영한 천수경千壽慶은 위항인委巷人으로 알려져 있다. 2000년 현재 안동천씨 인구는 263가구 851명의 희성이다. 《실록》에 목사(정3품 당상관)를 지낸 천일

---

94) 《고종실록》 권11, 고종 11년 3월 1일 계묘; 권14, 고종 14년 4월 6일 신묘.

성千一成이라는 인물이 보이는데, 혹시 천일성千馹成과 같은 인물일지도 모른다.

166 김재봉金在瑃(1772~?) 전라도 옥과玉果 사람으로 생원을 거쳐 철종 12년 90세로 생원시에 급제했는데, 임금이 나이를 고려하여 문과에 급제시켰다. 《방목》에는 벼슬이 없이 아버지[箕範], 할아버지[相元], 증조[德澤], 외조[林亨鎭] 이름이 보이고, 본관이 광산光山으로 되어 있다. 그런데 《청구》와 《만성》의 《광산김씨보》에는 김재봉의 가계가 보이지 않는다.

167 한치규韓緻奎(1806~?) 평안도 성천成川 사람으로 유학을 거쳐 철종 12년 56세로 식년시에 을과로 급제하여 벼슬이 고종 대 사간원 정언(정6품)과 사헌부 장령(정4품)을 거쳐 부호군(종4품)에 이르렀는데, 고종 9년 임금이 나이 많은 사람이 먼 지방에서 온 것을 기특하게 여겨 특별히 가자加資했다. 《방목》에는 벼슬이 없이 아버지[宗範], 할아버지[遂泰], 증조[繼周], 외조[白賢郁] 이름이 보이고, 본관이 청주淸州로 되어 있다. 그런데 《청구》와 《만성》의 《청주한씨보》에는 한치규의 가계가 보이지 않는다. 《세종실록》〈지리지〉와 《동국여지승람》에는 성천에 청주한씨가 없다가 《여지도서》에 처음으로 청주한씨가 보인다. 따라서 영조 대 무렵에 성천으로 이주한 듯하다.

168 한응국韓應國(1782, 또는 1842~?) 서울 사람으로 교관敎官을 거쳐 철종 12년 80세(또는 20세)로 식년시에 을과로 급제하여 벼슬이 홍문록을 거쳐 고종 대 부사(종3품)에 오르고 행호군行護軍(정4품)의 무반산직을 받았다. 《방목》에는 벼슬이 없이 아버지[啓新, 생부 覺新], 할아버지[天維], 증조[命雨], 외조[安秉一] 이름이 보이고, 본관이 청주淸州로 되어 있다. 그런데 《만성》의 《청주한씨보》에는 한응국의 가계가

보이지 않으며,《청구》의《청주한씨보》를 보면 직계 4대조와 외조 가운데 벼슬아치가 없다.

169 이우회李友會(1838~?) 전라도 남원南原 사람으로 유학을 거쳐 철종 12년 24세로 식년시에 을과로 급제하여 벼슬이 고종 대 홍문관 수찬(정6품)을 거쳐 고종 29년 통례원 우통례(정3품 당하관)에 이르렀다.《방목》에는 벼슬이 없이 아버지[基秀], 할아버지[尙渭], 증조[命億], 외조[黃燾] 이름이 보이고, 본관이 광주廣州로 되어 있다. 그런데《청구》의《광주이씨보》에는 이우회의 가계가 보이지 않으며,《만성》의《광주이씨보》를 보면 직계 6대조 가운데 벼슬아치가 없다.

170 곽기락郭基洛(1825~?) 황해도 은율殷栗 사람으로 유학을 거쳐 철종 12년 37세로 식년시에 병과로 급제하여 벼슬이 고종 대 사헌부 장령(정4품)을 거쳐, 고종 18년에는 위정척사衛正斥邪 상소운동을 비판하고 동도서기東道西器 정책을 찬성한 상소를 올려 임금의 칭찬을 받기도 했으며,95) 병조참의(정3품 당상관)에 올랐다.《방목》에는 벼슬이 없이 아버지[麟著], 할아버지[甸], 증조[命德], 외조[朴聖健] 이름이 보이고, 본관이 현풍玄風으로 되어 있다. 그런데《청구》와《만성》의《현풍곽씨보》에는 곽기락의 가계가 보이지 않는다.

171 정겸식鄭謙植(1831~?) 경기도 양근楊根 사람으로 유학을 거쳐 철종 12년 31세로 식년시에 병과로 급제하여 벼슬이 홍문록을 거쳐 고종 대 사헌부 집의(종3품)와 승지(정3품 당상관)에 이르렀다.《방목》에는 벼슬이 없이 아버지[龍河], 할아버지[銘], 증조[英老], 외조[金用梅] 이름이 보이고, 본관이 진주晉州로 되어 있다.《청구》와《만성》의

---

95)《고종실록》권18, 고종 18년 6월 8일 무술.

《진주정씨보》를 보면 직계 5대조와 외조 가운데 벼슬아치가 없다.

172 백의행白義行(1841~?) 평안도 정주定州 사람으로 유학을 거쳐 철종 12년 21세로 식년시에 병과로 급제하여 벼슬이 고종 대 사헌부 장령(정4품)과 집의(종3품)를 거쳐, 1903년에는 평양에 풍경궁豊慶宮을 짓고 어진御眞(황제 초상화)과 예진睿眞(황태자 초상화)을 봉안할 때 시독侍讀으로 배종한 공으로 가자加資되었다. 《방목》에는 벼슬이 없이 아버지[時逴, 생부 時逑], 할아버지[宗倫], 증조[慶翰], 외조[朴基彦] 이름이 보이고, 본관이 수원水原으로 되어 있다. 그런데 《청구》와 《만성》의 《수원백씨보》에는 백의행의 가계가 보이지 않는다. 정주 지방의 수원백씨는 영조 대 이후로 문과급제자 22명을 배출하여 이 지역 신흥 명문으로 올라섰다. 다만, 《세종실록》〈지리지〉와 《동국여지승람》에는 정주에 황주백씨黃州白氏만 보이다가 《여지도서》에는 황주백씨가 사라지고 수원백씨가 등장한다. 황주백씨가 명성이 높은 수원백씨로 본관을 바꾸었는지도 모른다.

173 김정섭金鼎燮(1826~?) 평안도 가산嘉山 사람으로 유학을 거쳐 철종 12년 36세로 식년시에 병과로 급제하여 벼슬이 고종 대 찰방(종6품)에 이르렀다. 《방목》에는 벼슬이 없이 아버지[觀碩], 할아버지[希祚], 증조[鳳瑜], 외조[趙永信] 이름이 보이고, 본관이 김해金海로 되어 있다. 그런데 《청구》와 《만성》의 《김해김씨보》에는 김정섭의 가계가 보이지 않는다. 《세종실록》〈지리지〉, 《동국여지승람》, 《여지도서》에는 가산에 풍주김씨豊州金氏와 안동김씨安東金氏만 보이고 김해김씨는 없다. 영조 대 이후 김해김씨가 가산으로 이주했거나 풍주김씨가 명성이 높은 김해김씨로 본관을 바꾸었는지도 모른다.

174 김장한金章漢(1833~?) 경상도 안동安東 사람으로 유학을 거쳐

철종 12년 29세로 식년시에 병과로 급제하여 벼슬이 사간원 정언(정6
품)에 이르렀다. 《방목》에는 벼슬이 없이 아버지[鼎鎭], 할아버지[度
均], 증조[炳觀], 외조[趙英植] 이름이 보이고, 본관이 안동으로 되어
있다. 《청구》와 《만성》의 《안동김씨보》를 보면 직계 11대조 가운데
벼슬아치는 5대조 한 사람뿐이다.

175 임태오任泰五(1826~?) 충청도 아산牙山 사람으로 유학을 거쳐
철종 12년 36세로 식년시에 병과로 급제하여 벼슬이 고종 대 홍문관
교리(정5품)에 이르렀다. 《방목》에는 벼슬이 없이 아버지[養白, 생부
義白], 할아버지[時勉], 증조[斗夏], 외조[閔鍾] 이름이 보이고, 본관이
풍천豊川으로 되어 있다. 《청구》와 《만성》의 《풍천임씨보》를 보면
직계 6대조와 외조 가운데 벼슬아치가 없다.

176 유명근柳明根(1836~?) 경기도 장단長湍 사람으로 유학을 거쳐
철종 12년 26세로 식년시에 병과로 급제하여 벼슬이 사간원 정언(정6
품)에 이르렀다. 《방목》에는 벼슬이 없이 아버지[說], 할아버지[東煥],
증조[塾], 외조[趙正敎] 이름이 보이고, 본관이 전주全州로 되어 있다.
《청구》와 《만성》의 《전주유씨보》를 보면 직계 4대조와 외조 가운데
벼슬아치가 없다.

177 윤정수尹正洙(1841~?) 평안도 성천成川 사람으로 유학을 거쳐
철종 12년 21세로 식년시에 병과로 급제했다. 《방목》에는 벼슬이 없
이 아버지[錫耉], 할아버지[瓛], 증조[衡鎬], 외조[李尙穆] 이름이 보이
고, 본관이 파평坡平으로 되어 있다. 그런데 《청구》와 《만성》의 《파
평윤씨보》에는 윤정수의 가계가 보이지 않는다. 《세종실록》〈지리
지〉,《동국여지승람》,《여지도서》 어디에도 성천에는 파평윤씨가 없
다. 영조 대 이후 성천으로 이주한 듯하다.

178 김홍식金鴻植(1830~?) 전라도 익산益山 사람으로 유학을 거쳐 철종 12년 32세로 식년시에 병과로 급제했다. 《방목》에는 벼슬이 없이 아버지[濟宅], 할아버지[宗弼], 증조[昌夏], 외조[張斗采] 이름이 보이고, 본관이 김해金海로 되어 있다. 그런데 《청구》와 《만성》의 《김해김씨보》에는 김홍식의 가계가 보이지 않는다.

179 남종두南宗斗(1829~?) 충청도 황간黃澗 사람으로 유학을 거쳐 철종 12년 33세로 식년시에 병과로 급제하여 벼슬이 고종 초 사간원 정언(정6품)에 이르렀다. 《방목》에는 벼슬이 없이 아버지[舜輔, 생부 舜朝], 할아버지[璨柱], 증조[德文], 외조[李寬烈] 이름이 보이고, 본관이 의령宜寧으로 되어 있다. 그런데 《청구》와 《만성》의 《의령남씨보》에는 남종두의 가계가 보이지 않는다.

180 김진모金鎭模(1828~?) 평안도 영변寧邊 사람으로 유학을 거쳐 철종 12년 34세로 식년시에 병과로 급제하여 벼슬이 고종 34년 사간원 정언(정6품)에 이르렀다. 《방목》에는 벼슬이 없이 아버지[履璜], 할아버지[處權], 증조[正來], 외조[申正大] 이름이 보이고, 본관이 정산定山으로 되어 있다. 그런데 《청구》와 《만성》에는 《정산김씨보》 자체가 없을 만큼 집안이 한미하다. 2000년 현재 정산김씨 인구는 218가구 673명의 희성으로 조선시대 문과급제자는 김진모가 유일하다. 《세종실록》〈지리지〉, 《동국여지승람》, 《여지도서》 어디에도 영변이나 정산에 정산김씨가 없다. 그가 벼슬한 뒤에 본관을 정산으로 정한 듯하다.

181 전재봉全在鳳(1834~?) 강화江華 사람으로 유학을 거쳐 철종 12년 28세로 식년시에 병과로 급제하여 벼슬이 고종 11년 사헌부 지평(정5품)에 이르렀다. 《방목》에는 벼슬이 없이 아버지[榮穆], 할아버지

〔彦福〕, 증조〔性謙〕, 외조〔韓膺爀〕 이름이 보이고, 본관이 성주星州로 되어 있다. 그런데 《청구》와 《만성》의 《성주전씨보》에는 전재봉의 가계가 보이지 않는다. 2000년 현재 성주전씨 인구는 1,410가구 4,654명의 희성으로 조선시대 문과급제자는 그가 유일하다.

182 한용규韓龍珪(1829~?) 평안도 태천泰川 사람으로 유학을 거쳐 철종 12년 33세로 식년시에 병과로 급제하여 벼슬이 고종 대 사헌부 장령(정4품)에 이르렀다. 《방목》에는 벼슬이 없이 아버지〔致楷〕, 할아버지〔國胤〕, 증조〔慶福〕, 외조〔李仁爀〕 이름이 보이고, 본관이 청주淸州로 되어 있다. 그런데 《청구》와 《만성》의 《청주한씨보》에는 한용규의 가계가 보이지 않는다. 《세종실록》〈지리지〉와 《동국여지승람》에는 태천에 공주한씨公州韓氏만 보이다가 《여지도서》에는 공주한씨가 사라지고 청주한씨가 처음으로 등장한다. 공주한씨가 명성이 높은 청주한씨로 본관을 바꾼 듯하다.

183 남헌진南憲珍(개명 啓憲, 1812~?) 충청도 전의全義 사람으로 유학을 거쳐 철종 12년 50세로 식년시에 병과로 급제하여 벼슬이 고종 대 사간원 사간(종3품)에 이르렀다. 《방목》에는 벼슬이 없이 아버지〔惠采〕, 할아버지〔洪〕, 증조〔泰寬〕, 외조〔金洙〕 이름이 보이고, 본관이 의령宜寧으로 되어 있다. 그런데 《청구》의 《의령남씨보》에는 남헌진의 가계가 보이지 않으며, 《만성》의 《의령남씨보》를 보면 개국공신으로 반역죄를 짓고 죽은 남은南闇의 후손으로 직계 9대조 가운데 벼슬아치가 없다.

184 김두흡金斗洽(1834~?) 평안도 가산嘉山 사람으로 유학을 거쳐 철종 12년 28세로 식년시에 병과로 급제했다. 《방목》에는 벼슬이 없이 아버지〔錫廈〕, 할아버지〔躍麗〕, 증조〔德昌〕, 외조〔玄武玉〕 이름이 보

이고, 본관이 안동安東으로 되어 있다. 그런데 《청구》와 《만성》의
《안동김씨보》에는 김두흡의 가계가 보이지 않는다.

　　185 박창수朴昌壽(1817~?) 전라도 나주羅州 사람으로 유학을 거쳐
철종 12년 45세로 식년시에 병과로 급제하여 벼슬이 고종 대 홍문관
부교리(종5품)와 사헌부 장령(정4품)을 거쳐 통례원 우통례(정3품 당하
관)에 이르렀다. 《방목》에는 벼슬이 없이 아버지[宗髦], 할아버지[重
源], 증조[師華], 외조[宋翼庠] 이름이 보이고, 본관이 반남潘南으로 되
어 있다. 그런데 《만성》의 《반남박씨보》에는 박창수의 가계가 보이
지 않으며, 《청구》의 《반남박씨보》를 보면 증조까지의 가계만 보이
고 그 뒤는 보이지 않는다. 증조와 그 윗대 직계 3대조 가운데 벼슬
아치가 없다.

　　186 안익풍安翊豊(1830~?) 평안도 안주安州 사람으로 유학을 거쳐
철종 12년 32세로 식년시에 병과로 급제하여 벼슬이 고종 대 찰방(종
6품)을 거쳐 사헌부 장령(정4품)에 이르렀다. 《방목》에는 벼슬이 없이
아버지[夢任], 할아버지[濟德], 증조[思鼎], 외조[金洛祺] 이름이 보이고,
본관이 순흥順興으로 되어 있다. 그런데 《만성》의 《순흥안씨보》에는
안익풍의 가계가 보이지 않으며, 《청구》의 《순흥안씨보》를 보면 증
조까지의 가계만 보이고 그 뒤로는 보이지 않는다. 이를 보면, 증조
만 벼슬이 참봉(종9품)일 뿐 그 윗대 직계 8대조 가운데 벼슬아치가
없다. 할아버지와 아버지의 벼슬이 없음을 감안하면 직계 11대조 가
운데 벼슬아치는 증조밖에 없는 셈이다. 그러나 안주 지방의 순흥안
씨는 영조 대 이후로 문과급제자 24명을 배출하여 이 지방에서 가장
많은 문과급제자를 배출한 가문이 되었다.96) 《세종실록》〈지리지〉,
《동국여지승람》에는 안주에 순흥안씨가 없다가 《여지도서》에 처음

으로 순흥안씨가 등장하여, 조선 후기 안주 지역으로 이주한 것으로
보인다.

187 조경창趙景昌(1809~?) 황해도 황주黃州 사람으로 유학을 거쳐
철종 12년 53세로 식년시에 병과로 급제했다. 《방목》에는 벼슬이 없
이 아버지[光熙], 할아버지[宗璞], 증조[泰柱], 외조[李師哲] 이름이 보
이고, 본관이 밀양密陽으로 되어 있다. 그런데 《만성》에는 《밀양조씨
보》 자체가 없고, 《청구》의 《밀양조씨보》에는 시조인 고려시대 사
람 조홍사趙洪祀 한 사람만 기록되어 있을 뿐 조경창의 가계는 보이
지 않는다. 2000년 현재 밀양조씨 인구는 794가구 2,666명의 희성으
로, 조선시대 문과급제자 2명을 배출했는데, 영조 대 급제한 조언혁
趙彦烇 이후로 그가 두 번째이다.

188 이재황李在晃(개명 在果, 1834~?) 서울 사람으로 유학을 거쳐 철
종 12년 28세로 식년시에 병과로 급제하여 벼슬이 고종 대 홍문관
교리(정5품)에 이르렀다. 《방목》에는 벼슬이 없이 아버지[峻祜], 할아
버지[普澤], 증조[宜馣], 외조[白東浚] 이름이 보이고, 본관이 용인龍仁
으로 되어 있다. 그런데 《청구》와 《만성》의 《용인이씨보》를 보면
아버지까지의 가계는 보이나 이재황의 이름은 보이지 않는다. 아버

---

96) 안주 지방의 순흥안씨로 영조 대 이후 문과에 급제한 인물은 다음과 같다.
　　영조 5년 안정인安正仁(군수), 9년 안도겸安道謙(정랑), 20년 안정택安正宅(정랑), 38년 안
　　　이권安以權(학유), 41년 안중권安中權(찰방), 44년 안임권安任權(판관)
　　정조 4년 안매권安邁權(장령), 4년 안제원安濟元(도사), 7년 안경심安經心(능령), 22년 안유
　　　安裕
　　순조 원년 안윤승安允昇(장령), 10년 안형진安亨鎭, 16년 안윤경安允璟, 25년 안윤항安允沆,
　　　28년 안윤중安允中, 34년 안영풍安永豊
　　현종 3년 안국진安國鎭, 12년 안염진安念鎭(공조참의)
　　철종 2년 안시협安時協, 6년 안윤정安允錠, 12년 안익풍安翊豊
　　고종 10년 안염신安念信, 22년 안병건安炳乾, 28년 안형진安衡鎭

지와 증조가 모두 문과급제자임에도 그의 이름이 누락된 것을 보면
신분에 어떤 문제가 있는 듯하다.

189 장석묵張錫黙(1833~?) 평안도 구성龜城 사람으로 유학을 거쳐
철종 12년 29세로 식년시에 병과로 급제하여 벼슬이 고종 초 찰방(종
6품)에 이르렀다. 《방목》에는 벼슬이 없이 아버지[宗翰], 할아버지[文
衡], 증조[仁國], 외조[白思質] 이름이 보이고, 본관이 인동仁同으로 되
어 있다. 그런데 《청구》와 《만성》의 《인동장씨보》에는 장석묵의 가
계가 보이지 않는다. 《세종실록》〈지리지〉, 《동국여지승람》에는 구
성에 인동장씨가 보이지 않다가 《여지도서》에 처음으로 인동장씨가
보인다. 조선 후기에 구성으로 이주한 듯하다.

190 김태환金泰煥(1831~?) 황해도 황주黃州 사람으로 유학을 거쳐
철종 12년 31세로 식년시에 병과로 급제했다. 《방목》에는 벼슬이 없
이 아버지[載顯], 할아버지[養道], 증조[相義], 외조[洪錫允] 이름이 보
이고, 본관이 연안延安으로 되어 있다. 그런데 《청구》와 《만성》의
《연안김씨보》에는 김태환의 가계가 보이지 않는다.

191 선우승鮮于昇(1823~?) 평안도 정주定州 사람으로 유학을 거쳐
철종 12년 39세로 식년시에 병과로 급제하여 벼슬이 고종 대 찰방(종
6품)에 이르렀다. 《방목》에는 벼슬이 없이 아버지[鑄], 할아버지[亨],
증조[祉], 외조[金大成] 이름이 보이고, 본관이 태원太原으로 되어 있
다. 그런데 《청구》와 《만성》의 《태원선우씨보》에는 선우승의 가계
가 보이지 않는다. 《세종실록》〈지리지〉와 《동국여지승람》에는 정
주에 태원선우씨가 보이지 않다가 《여지도서》에 처음으로 선우씨가
등장한다. 조선 후기에 정주로 이주한 듯하다.

192 장호근張皓根(1814~?) 경상도 상주尙州 사람으로 유학을 거쳐

철종 12년 48세로 식년시에 병과로 급제하여 벼슬이 고종 대 통례원 좌통례(정3품 당하관)를 거쳐 사간원 사간(종3품)에 이르렀는데, 1876 년에는 일본과의 수호조약을 반대하는 상소를 올리기도 했다. 《방목》에는 벼슬이 없이 아버지[潤], 할아버지[錫仁], 증조[至德], 외조[崔尙晩] 이름이 보이고, 본관이 덕수德水로 되어 있다. 그런데 《청구》와 《만성》의 《덕수장씨보》에는 장호근의 가계가 보이지 않는다.

   193 김문교金文敎(개명 箕文. 1821~?) 서울 사람으로 유학을 거쳐 철종 12년 41세로 식년시에 병과로 급제하여 벼슬이 고종 대 홍문관 제학提學(종2품)에 이르렀다. 《방목》에는 벼슬이 없이 아버지[顯耉], 할아버지[邁敍], 증조[思泰], 외조[李禧秀] 이름이 보이고, 본관이 광산光山으로 되어 있다. 《청구》와 《만성》의 《광산김씨보》를 보면 직계 5대조와 외조 가운데 벼슬아치가 없다.

   194 장태수張泰秀(1841~1910) 전라도 금구金溝 사람으로 유학을 거쳐 철종 12년 21세로 식년시에 병과로 급제하여 벼슬이 고종 대 군수(종4품)와 사간원 대사간(정3품 당상관)을 거쳐 1905년에는 시종원 부경侍從院 副卿(종2품)으로 칙임관 3등에 임명되었다. 《방목》에는 벼슬이 없이 아버지[漢斗], 할아버지[錫輔], 증조[友天], 외조[崔錫] 이름이 보이고, 본관이 인동仁同으로 되어 있다. 그런데 《청구》와 《만성》의 《인동장씨보》에는 장태수의 가계가 보이지 않는다.

   195 박기종朴淇鍾(1824~1898) 전라도 무안務安 사람으로 유학을 거쳐 철종 12년 38세로 식년시에 병과로 급제하여 벼슬이 고종 대 사헌부 장령(정4품), 성균관 직강(정5품)을 거쳐 고종 25년 사간원 사간(종3품)에 이르렀는데, 주로 위정척사적인 대책을 진언進言했다. 《방목》에는 벼슬이 없이 아버지[赫修], 할아버지[値運], 증조[重岱], 외조[宋達

載] 이름이 보이고, 본관이 무안務安으로 되어 있다. 그런데 《청구》와 《만성》의 《무안박씨보》에는 박기종의 가계가 보이지 않는다.

196 신재관愼在寬(1814~?) 경상도 안의安義 사람으로 유학을 거쳐 철종 12년 48세로 식년시에 병과로 급제하여 벼슬이 고종 초 사간원 헌납(정5품), 사헌부 장령(정4품)을 거쳐 사간원 사간(종3품)에 이르렀다. 《방목》에는 벼슬이 없이 아버지[必驥], 할아버지[性黙], 증조[元明], 외조[鄭履龍] 이름이 보이고, 본관이 거창居昌으로 되어 있다. 그런데 《청구》와 《만성》의 《거창신씨보》에는 신재관의 가계가 보이지 않는다.

197 윤두혁尹斗爀(1832~?) 평안도 중화中和 사람으로 유학을 거쳐 철종 12년 30세로 식년시에 병과로 급제했다. 《방목》에는 벼슬이 없이 아버지[之鳳], 할아버지[景濂], 증조[致大], 외조[梁達海] 이름이 보이고, 본관이 파평坡平으로 되어 있다. 그런데 《청구》와 《만성》의 《파평윤씨보》에는 윤두혁의 가계가 보이지 않는다. 《세종실록》〈지리지〉, 《동국여지승람》, 《여지도서》 어디에도 중화에 파평윤씨가 없어 영조 대 이후에 중화로 이주한 듯하다.

198 이창환李昌煥(1836~?) 평양平壤 사람으로 유학을 거쳐 철종 12년 26세로 식년시에 병과로 급제했다. 《방목》에는 벼슬이 없이 아버지[膺柱], 할아버지[陽慶], 증조[鎭海], 외조[金養道] 이름이 보이고, 본관이 교하交河로 되어 있다. 그런데 《만성》에는 《교하이씨보》 자체가 없고, 《청구》의 《교하이씨보》에는 시조 이진형李震亨 한 사람만 기록되어 있는데 그는 숙종 대 문과에 급제하여 군수(종4품)에 이른 인물이다. 2000년 현재 교하이씨 인구는 154가구 464명의 희성으로 조선시대 문과급제자 3명을 배출했는데, 모두 숙종 대 이후에 배출되

었으며 그 가운데 2명이 평안도 출신이다. 하지만 《여지도서》에는 평양에 교하이씨가 보이지 않는다. 따라서 《여지도서》가 편찬된 이후에 평양으로 이주한 듯하다.

199 김학로金學魯(1841~?) 경상도 성주星州 사람으로 유학을 거쳐 철종 13년(1862) 22세로 경과정시에 장원급제했다. 《방목》에는 벼슬이 없이 아버지[尙燦], 할아버지[養國], 증조[儀亭], 외조[卞之一] 이름이 보이고, 본관이 일선一善(善山)으로 되어 있다. 그런데 《청구》와 《만성》의 《일선김씨보》에는 김학로의 가계가 보이지 않는다.

200 강문규姜文奎(1821~?) 전라도 진안鎭安 사람으로 유학을 거쳐 철종 13년 42세로 경과정시에 을과로 급제했다. 《방목》에는 벼슬이 없이 아버지[福成], 할아버지[得位], 증조[渭榮], 외조[金尙祚] 이름이 보이고, 본관이 진주晋州로 되어 있다. 그런데 《청구》와 《만성》의 《진주강씨보》에는 강문규의 가계가 보이지 않는다.

201 차세걸車世杰(1807~?) 평안도 숙천肅川 사람으로 유학을 거쳐 철종 13년 56세로 경과정시에 병과로 급제했다. 《방목》에는 벼슬이 없이 아버지[延修], 할아버지[亨喬], 증조[聖由], 외조[李昇圭] 이름이 보이고, 본관이 연안延安으로 되어 있다. 그런데 《청구》와 《만성》의 《연안차씨보》에는 차세걸의 가계가 보이지 않는다. 조선 후기에 연안차씨 가문에서 문과에 급제한 인물은 대부분 평안도 사람으로, 영조 대 이후로 숙천에서 7명, 영변寧邊에서 3명, 선천宣川에서 3명, 정주定州에서 1명, 용천龍川에서 1명, 구성龜城에서 1명, 도합 16명이 급제했다.[97] 연안차씨는 조선시대 문과급제자 28명을 배출했는데, 남

---

97) 영조 대 이후 평안도에서 배출된 문과급제자 명단은 다음과 같다.
　　영조 32년 차봉원車鳳轅(영변), 35년 차승진車升鎭(선천), 차대수車大修(선천).

방에서보다도 평안도에서 급제자가 더 많이 나왔다.

202 이시덕李是德(1820~?) 경상도 안동安東 사람으로 유학을 거쳐 철종 13년 43세로 경과정시에 병과로 급제했다. 《방목》에는 벼슬이 없이 아버지[承達], 할아버지[錫周], 증조[珪], 외조[李明道] 이름이 보이고, 본관이 여주驪州로 되어 있다. 그런데 《청구》와 《만성》의 《여주이씨보》에는 이시덕의 가계가 보이지 않는다.

203 정수룡鄭壽龍(1816~1890) 경상도 칠곡漆谷 사람으로 은유학恩幼學을 거쳐 철종 13년 47세로 경과정시에 병과로 급제하여 벼슬이 고종 초 김천찰방(종6품)에 이르렀다. 《방목》에는 벼슬이 없이 아버지〔升燁, 생부 容燁〕, 할아버지[光樂], 증조[澤], 외조[李載漣] 이름이 보이고, 본관이 동래東萊로 되어 있다. 그런데 《청구》와 《만성》의 《동래정씨보》에는 정수룡의 가계가 보이지 않는다.

204 이기선李箕善(1805~?) 서울 사람으로 은유학을 거쳐 철종 13년 58세로 경과정시에 병과로 급제했다. 《방목》에는 벼슬이 없이 아버지[若源], 할아버지[漢鎭], 증조[奎賢], 외조[金基性] 이름이 보이고, 본관이 성산星山(星州)으로 되어 있다. 그런데 《청구》와 《만성》의 《성주이씨보》에는 이기선의 가계가 보이지 않는다.

205 이원기李元祺(1839~?) 충청도 괴산槐山 사람으로 유학을 거쳐 철종 13년 24세로 경과정시에 병과로 급제하여 벼슬이 사헌부 장령(정4품)과 사간원 헌납(정5품)을 거쳐 교리(정5품)에 이르렀다. 《방목》에는 벼슬이 없이 아버지[薗, 생부 蔬], 할아버지[亨寂], 증조[璟], 외조

철종 9년 차응태車膺泰(숙천), 13년 차세걸車世杰(숙천).
고종 5년 차유성車有聲(영변), 10년 차기형車驥衡(영변), 16년 차두진車斗鎭(정주), 22년 차재형車載衡(숙천), 23년 차병호車炳虎(숙천).

[崔錫東] 이름이 보이고, 본관이 전의全義로 되어 있다. 《청구》와 《만성》의 《전의이씨보》를 보면 직계 5대조와 외조 가운데 벼슬아치가 없다.

206 최병대崔柄大(1820~?) 서울 사람으로 유학을 거쳐 철종 13년 43세로 경과정시에 병과로 급제했다. 《방목》에는 벼슬이 없이 아버지 [漢綺], 할아버지[光鉉, 생조 致鉉], 증조[配觀], 외조[朴宗赫] 이름이 보이고, 본관이 삭령朔寧으로 되어 있다. 그런데 《만성》의 《삭령최씨보》에는 최병대의 가계가 보이지 않으며, 《청구》의 《삭령최씨보》를 보면 할아버지까지의 가계는 보이고 그 아래는 보이지 않는다. 할아버지 최광현까지의 가계를 보면 그는 최항崔恒의 14대손으로 직계 11대조 가운데 벼슬아치는 8대조가 문과에 급제하고 6대조가 군수(종4품)를 지낸 것밖에 없다. 따라서 직계 5대조 가운데 벼슬아치가 없다. 최한기(1803~1879)는 널리 알려진 유명한 실학자이다.

207 박봉환朴鳳煥(1825~?) 경상도 상주尙州 사람으로 유학을 거쳐 철종 13년 38세로 경과정시에 병과로 급제하여 벼슬이 고종 대 경상도 도사(종5품)에 이르렀는데, 백성을 침해한 죄로 유배당했다. 《방목》에는 벼슬이 없이 아버지[性權], 할아버지[顯殷], 증조[道三], 외조 [鄭必鎭] 이름이 보이고, 본관이 밀양密陽으로 되어 있다. 그런데 《청구》와 《만성》의 《밀양박씨보》에는 박봉환의 가계가 보이지 않는다.

208 조승탁曺承鐸(1825~?) 평양平壤 사람으로 유학을 거쳐 철종 13년 윤8월 경과정시에 을과로 급제했다. 《방목》에는 벼슬이 없이 아버지[延龍], 할아버지[時喆], 증조[興禎], 외조[洪敍龜] 이름이 보이고, 본관이 창녕昌寧으로 되어 있다. 그런데 《청구》와 《만성》의 《창녕조씨보》에는 조승탁의 가계가 보이지 않는다. 《여지도서》에 처음으로

평양에 창녕조씨가 보인다.

　209 김기룡金基龍(1847~?) 서울 사람으로 유학을 거쳐 철종 13년 윤8월 16세로 경과정시에 병과로 급제하여 벼슬이 고종 대 사간원 정언(정6품)과 홍문관 수찬(정6품)을 거쳐 1897년에 법부 형사국장(정3품)에 이르렀다. 고종 14년에는 자신을 포함한 서얼들의 차대를 철폐할 것을 주장하는 상소를 올리기도 했다.98)《방목》에는 벼슬이 없이 아버지[行黙], 할아버지[聖植], 증조[道沃], 외조[許橙] 이름이 보이고, 본관이 청풍淸風으로 되어 있다. 그런데《만성》의《청풍김씨보》에는 김기룡의 가계가 보이지 않으며,《청구》의《청풍김씨보》를 보면 직계 4대조와 외조 가운데 벼슬아치가 없다. 하지만 자신이 서얼이라는 점을 밝힌 것으로 보아 서얼 출신으로《족보》에 오른 것이다.

　210 김동식金東軾(1824~?) 경상도 금산金山 사람으로 은생원恩生員을 거쳐 철종 13년 윤8월 39세로 경과정시에 병과로 급제하여 벼슬이 고종 대 사헌부 장령(정4품)을 거쳐 봉상시정(정3품 당하관)에 이르렀다.《방목》에는 벼슬이 없이 아버지[學淵], 할아버지[鍾顯], 증조[致華], 외조[鄭一善] 이름이 보이고, 본관이 청풍淸風으로 되어 있다. 그런데《청구》와《만성》의《청풍김씨보》에는 김동식의 가계가 보이지 않는다.

　211 송상순宋祥淳(1842~?) 제주濟州 사람으로 유학을 거쳐 철종 14년(1863) 22세로 제주목 별시에 갑과로 급제하여 벼슬이 고종 대 김천찰방(종6품)을 거쳐 사헌부 지평(정5품)에 이르렀다.《방목》에는 아버지[膺桓] 이름만 보이고, 본관이 여산礪山으로 되어 있다. 그런데

---

98)《고종실록》권14, 고종 14년 4월 6일 신묘.

《청구》와 《만성》의 《여산송씨보》에는 송상순의 가계가 보이지 않는다.

212 **고경준**高景峻(1839~?) 제주濟州 사람으로 유학을 거쳐 철종 14년 25세로 제주목 별시에 을과로 급제하여 벼슬이 고종 대 사헌부 지평(정5품)에 이르렀다. 《방목》에는 아버지〔漢柱〕 이름만 보이고, 본관이 제주로 되어 있다. 그런데 《청구》와 《만성》의 《제주고씨보》에는 고경준의 가계가 보이지 않는다.

213 **신재우**愼哉佑(1840~?) 제주濟州 사람으로 유학을 거쳐 철종 14년 24세로 제주목 별시에 병과로 급제하여 벼슬이 고종 대 사헌부 지평(정5품)에 이르렀다. 《방목》에는 벼슬이 없이 아버지〔敬欽, 생부 尙欽〕 이름만 보이고, 본관이 거창居昌으로 되어 있다. 그런데 《청구》와 《만성》의 《거창신씨보》에는 신재우의 가계가 보이지 않는다.

214 **한석규**韓錫奎(1845~?) 제주濟州 사람으로 유학을 거쳐 철종 14년 19세로 제주목 별시에 병과로 급제했다. 《방목》에는 아버지〔貞淳〕 이름만 보이고, 본관이 청주淸州로 되어 있다. 그런데 《청구》와 《만성》의 《청주한씨보》에는 한석규의 가계가 보이지 않는다.

215 **김병수**金炳洙(1836~?) 제주濟州 사람으로 유학을 거쳐 철종 14년 28세로 제주목 별시에 병과로 급제했다. 《방목》에는 아버지〔錫敦〕 이름만 보이고, 본관이 김해金海로 되어 있다. 그런데 《청구》와 《만성》의 《김해김씨보》에는 김병수의 가계가 보이지 않는다.

216 **채동식**蔡東寔(1841~?) 경상도 풍기豊基 사람으로 유학을 거쳐 철종 14년 23세로 경과정시에 장원급제했다. 《방목》에는 벼슬이 없이 아버지〔周永〕, 할아버지〔聖會〕, 증조〔卿〕, 외조〔安敬뽀〕 이름이 보이고, 본관이 평강平康으로 되어 있다. 그런데 《청구》와 《만성》의 《평

강채씨보》에는 채동식의 가계가 보이지 않는다.

217 이진영李秦永(1828~?) 황해도 황주黃州 사람으로 유학을 거쳐 철종 14년 36세로 경과정시에 을과로 급제했다.《방목》에는 벼슬이 없이 아버지[思復], 할아버지[仁行], 증조[聖喆], 외조[安處淡] 이름이 보이고, 본관이 나주羅州로 되어 있다. 그런데《만성》에는《나주이씨보》자체가 없고,《청구》의《나주이씨보》에는 영조 대 문과에 급제한 이취복李就復 한 사람만 기록되어 있을 뿐 이진영의 가계는 보이지 않는다. 나주이씨 시조는 세조 대 사람 이철우李哲祐이다. 2000년 현재 인구는 1,988가구 6,281명의 희성으로 조선시대 문과급제자 2명을 배출했는데 앞에 소개한 이취복과 이진영이며, 무과급제자는 13명에 이르러 무관집안임을 알 수 있다.

218 유학수劉學洙(1845~?) 충청도 금산錦山 사람으로 동몽교관童蒙教官(종9품)을 거쳐 철종 14년 19세로 을과에 급제하여 벼슬이 고종 대 성균관 직강(정5품)에 이르렀다.《방목》에는 벼슬이 없이 아버지[汝源], 할아버지[漣孫], 증조[仲義], 외조[崔元鳳] 이름이 보이고, 본관이 경주慶州로 되어 있다. 그런데《만성》에는《경주유씨보》자체가 없으며,《청구》의《경주유씨보》를 보면 선조 대 문과에 급제하여 성균관 전적(정6품)에 오른 시조 유경상劉景祥의 이름만 보인다. 2000년 현재 경주유씨 인구는 2,197가구 6,874명의 희성으로 문과급제자는 시조 유경상과 유학수뿐이다.

219 손영일孫永一(1844~?) 경상도 상주尙州 사람으로 유학을 거쳐 철종 14년 20세로 경과정시에 병과로 급제했다.《방목》에는 벼슬이 없이 아버지[鳳熙], 할아버지[應璣], 증조[光來], 외조[成楚世] 이름이 보이고, 본관이 밀양密陽으로 되어 있다. 그런데《청구》와《만성》의

《밀양손씨보》에는 손영일의 가계가 보이지 않는다.

   220 이학년李學年(1847~?) 경기도 수원水原 사람으로 유학을 거쳐
철종 14년 17세로 경과정시에 병과로 급제하여 벼슬이 고종 대 사헌
부 지평(정5품)과 사간원 정언(정6품)에 이르렀다.《방목》에는 벼슬이
없이 아버지[殷燁], 할아버지[泰郁], 증조[昌一], 외조[金時斗] 이름이
보이고, 본관이 양성陽城으로 되어 있다. 그런데《청구》와《만성》의
《양성이씨보》에는 이학년의 가계가 보이지 않는다.

   221 김상래金尙萊(1824~?) 경상도 합천陜川 사람으로 유학을 거쳐
철종 14년 40세로 경과정시에 병과로 급제하여 벼슬이 고종 대 예조
좌랑(정6품)에 이르렀다.《방목》에는 벼슬이 없이 아버지[洵], 할아버
지[得恒, 생조 得光], 증조[斗實], 외조[金漢浹] 이름이 보이고, 본관이
부안扶安으로 되어 있다. 그런데《청구》와《만성》의《부안김씨보》
에는 김상래의 가계가 보이지 않는다.

   222 장두헌張斗憲(1812~?) 함경도 종성鍾城 사람으로 유학을 거쳐
철종 14년 52세로 경과정시에 병과로 급제했다.《방목》에는 벼슬이
없이 아버지[龍祥], 할아버지[百齡], 증조[鵬博], 외조[李秀英] 이름이
보이고, 본관이 인동仁同으로 되어 있다. 그런데《청구》와《만성》의
《인동장씨보》에는 장두헌의 가계가 보이지 않는다.

   223 안익량安翊良(1836~?) 서울 사람으로 유학을 거쳐 철종 14년 28
세로 경과정시에 병과로 급제했다.《방목》에는 벼슬이 없이 아버지
[廷璘], 할아버지[弘殷], 증조[德新], 외조[林師俠] 이름이 보이고, 본관
이 순흥順興으로 되어 있다. 그런데《청구》와《만성》의《순흥안씨
보》에는 안익량의 가계가 보이지 않는다.

   224 한성근韓聖根(1833~?) 경상도 안동安東 사람으로 유학을 거쳐

철종 14년 31세로 경과정시에 병과로 급제하여 1866년 병인양요 때 봉상시 봉사(종8품)로서 겸차초관兼差哨官으로 참전하여 큰 무공을 세워 병좌좌랑(정6품)에 제수되었다. 그 뒤에는 현감(종6품)을 거쳐 1893년에는 한성판윤漢城判尹(종2품), 1899년에는 궁내부 특진관(2품), 1905년에는 중추원 의관議官에까지 올랐다. 《방목》에는 벼슬이 없이 아버지[用喆], 할아버지[永彪], 증조[相謙], 외조[鄭好淳] 이름이 보이고, 본관이 청주淸州로 되어 있다. 그런데 《청구》와 《만성》의 《청주한씨보》에는 한성근의 가계가 보이지 않는다.

225 김병건金秉鍵(1824~?) 평양平壤 사람으로 유학을 거쳐 철종 14년 40세로 경과정시에 병과로 급제했다. 《방목》에는 벼슬이 없이 아버지[宗默], 할아버지[聖玉], 증조[仁采], 외조[盧贊元] 이름이 보이고, 본관이 광주廣州로 되어 있다. 그런데 《청구》와 《만성》의 《광주김씨보》에는 김병건의 가계가 보이지 않는다. 2000년 현재 광주김씨 인구는 6,845가구 2만 1,926명으로 희성에 속하는데, 조선시대 문과 4명, 무과 45명의 급제자를 배출하여 무관을 주로 배출한 집안임을 알 수 있다. 그런데 흥미로운 것은 문과급제자 4명 가운데 3명은 평양(2명)과 구성龜城 출신이고, 모두 조선 후기에 등장한 인물이라는 점이다. 《여지도서》에는 평양에 광주김씨가 보이지 않아 영조 대 이후에 평양으로 이주한 듯하다.

226 최상관崔相縮(1808~?) 전라도 남원南原 사람으로 유학을 거쳐 철종 14년 56세로 경과정시에 병과로 급제했다. 《방목》에는 벼슬이 없이 아버지[爽彦], 할아버지[復泰], 증조[以健], 외조[金來朋] 이름이 보이고, 본관이 삭령朔寧으로 되어 있다. 그런데 《청구》와 《만성》의 《삭령최씨보》에는 최상관의 가계가 보이지 않는다.

227 황종운黃鍾運(1839~?) 서울 사람으로 유학을 거쳐 철종 14년 25세로 경과정시에 병과로 급제하여 벼슬이 사간원 정언(정6품)에 이르렀다. 《방목》에는 벼슬이 없이 아버지[基礎, 생부 基植], 할아버지[仁爲], 증조[櫟], 외조[閔戀鉉] 이름이 보이고, 본관이 창원昌原으로 되어 있다. 《청구》와 《만성》의 《창원황씨보》를 보면 직계 5대조와 외조 가운데 벼슬아치가 없다.

5

정조-철종 대
신분이 낮은 급제자에 대한 종합정리

지금까지 정조에서 철종 대(1776~1863)에 이르는 88년 동안의 문과급제자 가운데 신분이 낮은 급제자의 인원과 신분, 그리고 벼슬에 대해 알아보았다. 이 시기는 18세기 후반에서 19세기 중엽에 이르는 시기로서, 앞 책에서 다룬 광해군에서 영조 대(1608~1776)에 이르는 17세기 초~18세기 중엽의 상황과 많이 다른 모습이 나타난다. 한마디로 그 차이를 말한다면 신분이 낮은 급제자의 평균 비율이 29.62퍼센트에서 52.25퍼센트로 높아졌다는 것이다. 거의 두 배 가까이 증가했다. 이는 그만큼 18세기 후반기 이후 신분이동이 격심했다는 것을 말해 준다.

이제 정조에서 철종 대에 이르는 동안 신분이 낮은 급제자에 관한 사항을 출신 지역, 인원, 신분, 벼슬의 순서로 정리하면 다음과 같다.

1) 정조-철종 대 신분이 낮은 급제자의 인원 변동

정조에서 철종 대 88년 동안 문과에 급제한 전체 인원은 2,752명으로 이를 매년 평균으로 나누면 31.27명이다. 이 수치를 광해군에서 숙종 대 113년 동안의 평균 수치인 28.87명과 견주어 보면 해마다 2.4명씩 더 늘어난 셈이다. 다만, 숙종 다음의 경종과 영조 대 57년 동안 급제자가 급자기 늘어 매년 평균 40.59명을 헤아리게 되면서 공급과잉을 불러왔고 벼슬을 받지 못한 급제자들이 전보다 늘어났다.

다음에 전체 급제자 2,752명 가운데 신분이 낮은 급제자는 모두 1,438명으로 평균 비율이 52.25퍼센트이다. 그러니까 문과급제자의 절반 이상이 신분이 낮다는 뜻이다. 그런데 각 왕대별로 살펴보면 그 수치가 다르다. 이를 표로 만들어 보면 다음과 같다.

왕 대	전체 급제자	신분이 낮은 급제자	비율
정조 대(1776~1800)	777명	412명	53.02%
순조 대(1800~1834)	1,049명	567명	54.05%
헌종 대(1834~1849)	455명	232명	50.98%
철종 대(1849~1863)	471명	227명	48.19%
합 계	2,752명	1,438명	평균 52.25%

표를 보면, 정조에서 철종 대 신분이 낮은 급제자의 평균 비율은 52.25퍼센트로서 전체 급제자의 절반을 넘어서고 있다. 하지만 각 왕대별로 보면 그 비율에 차이가 있다. 정조와 순조 대에는 각각 53퍼센트대와 54퍼센트대를 보여 평균 수치를 넘어서고 있다가 헌종과 철종 대에는 각각 50퍼센트대와 48퍼센트대로 내려가고 있음을 볼 수 있다.

　　그러면 정조에서 철종 대의 상황을 앞 시기인 광해군에서 영조 대
와 비교하면 어떤가? 광해군에서 영조 대의 신분이 낮은 급제자의
비율은 다음과 같다.

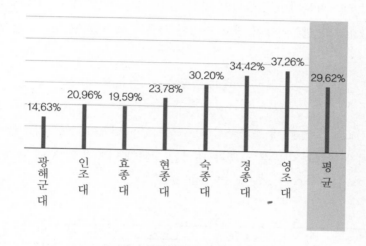

　　표를 보면, 광해군에서 영조 대 신분이 낮은 급제자의 평균 비율은
29.62퍼센트로서 광해군 대 14.63퍼센트의 낮은 수치를 보이던 신분
이 낮은 급제자의 비율이 인조에서 현종 대에는 20~23퍼센트대로
올라가고, 숙종과 경종 대에는 30퍼센트대를 넘어서고, 영조 대에는
37퍼센트를 차지했다. 그 다음 정조와 순조 대에는 53~54퍼센트대를
기록하여 절반을 넘어서고 있으며, 세도정치가 극성했던 헌종과 철
종 대에는 다시 50퍼센트대를 거쳐 48퍼센트대로 내려가고 있는 것
을 볼 수 있다. 이런 변화는 17~18세기 전반기가 신분이 낮은 급제
자의 급제율이 가장 낮아 문벌이 득세한 시대임을 말해 주고, 민국民
國을 표방한 18세기 후반의 영조와 정조 대 이후로 급제율이 급상승
하여 19세기 초의 순조 대에 이르러 절정에 오른 것을 알 수 있다.

여기서 눈여겨볼 것은 순조 대의 현상이다. 흔히 순조 대는 세도정치가 시작된 시기로서 신분이동이 경색된 시대로 알려져 있는데, 그렇지 않다는 것이 증명되고 있다. 19세기 중엽의 헌종과 철종 대는 비록 세도가문의 권력독점이 다시 강화되는 시기이지만, 그래도 문과급제자의 신분이동이 결코 경직된 사회는 아니었음을 알 수 있다.

2) 정조-철종 대 문과급제자의 지역분포

정조에서 철종 대 문과급제자는 모두 2,752명이다. 이들 가운데 출신지가 밝혀지지 않은 급제자 15명을 제외한 나머지 2,737명 급제자의 출신 지역을 알아보면 다음과 같다.

지 역	정조 대	순조 대	헌종 대	철종 대	합계
서 울	257명(33.07%)	414명(39.46%)	169명(37.14%)	185명(39.27%)	1,025명(37.24%)
평안도	120명(15.44%)	162명(15.44%)	68명(14.94%)	64명(13.58%)	414명(15.04%)
경기도	115명(14.8 %)	85명(8.1 %)	43명(9.45%)	43명(9.12%)	286명(10.39%)
경상도	94명(12.09%)	148명(14.1 %)	73명(16.04%)	80명(16.98%)	395명(14.35%)
충청도	70명(9 %)	110명(10.48%)	47명(10.32%)	32명(6.79%)	259명(9.41%)
전라도	44명(5.66%)	55명(5.24%)	25명(5.49%)	30명(6.36%)	154명(5.59%)
함경도	29명(3.73%)	25명(2.38%)	14명(3.07%)	13명(2.76%)	81명(2.94%)
강원도	23명(2.96%)	30명(2.85%)	7명(1.53%)	4명(0.84%)	64명(2.32%)
제주도	9명(1.15%)	6명(0.57%)	–	9명(1.91%)	24명(0.87%)
황해도	4명(0.51%)	13명(1.23%)	4명(0.87%)	7명(1.48%)	28명(1.01%)
미 상	12명(1.54%)	1명	5명	4명	22명(0.79%)
합 계	777명	1,049명	455명	471명	2,752명

표를 보면, 정조에서 철종 대 가장 많은 문과급제자를 배출한 지역

은 서울로 전체 급제자의 37.24퍼센트를 차지하고 있으며, 2위 평안
도(15.04퍼센트), 3위 경상도(14.35퍼센트), 4위 경기도(10.39퍼센트), 5위
충청도(9.41퍼센트), 6위 전라도(5.59퍼센트), 7위 함경도(2.94퍼센트), 8
위 강원도(2.32퍼센트), 9위 황해도(1.01퍼센트), 마지막으로 제주도가
10위(0.87퍼센트)를 차지하고 있다.

여기서 서울이 37퍼센트대를 차지하고 있는 것은 인구 약 20만으
로서 인구비율로 보면 전국 인구의 2.7퍼센트를 차지하고 있던 것에
견주어 압도적인 우위를 차지했다고 볼 수 있다. 그런데 왕대별로 보
면 정조 대는 33퍼센트에 지나지 않다가 순조와 철종 대에는 39퍼센
트대로 올라가고 있는 것을 볼 수 있다. 이는 세도정치기에 서울 양
반에게 권력이 집중되어 있던 상황과 관련이 깊다.

서울 다음으로 문과급제자를 배출한 지역이 평안도라는 사실도 놀
라운 일이다. 정조 22년(1798)의 인구비율로 보면 8도 가운데 인구 약
158만 명의 경상도가 1위이고, 인구 약 128만 명의 평안도가 2위, 인
구 약 122만 명의 전라도가 3위, 인구 약 87만 명의 충청도가 4위,
인구 약 68만 명의 함경도가 5위, 인구 약 66만 명의 경기도가 6위,
인구 약 58만 명의 황해도가 7위, 인구 약 33만 명의 강원도가 8위였
다. 그런데 인구 2위의 평안도의 급제율이 경상도를 제치고 8도 가운
데 1위로 올라선 것이다. 다만, 헌종과 철종 대에는 잠시 1위 자리를
경상도에 내준 것이 눈길을 끈다. 이는 세도정치기가 극성했던 시기
에 평안도에 대한 배려가 상대적으로 소홀했다는 것을 뜻한다.

다음에 인구 6위의 경기도가 급제율 4위, 인구 4위의 충청도가 인
구 3위의 전라도를 제치고 급제율 5위를 기록하고 있으며, 인구 8위
인 강원도가 인구 7위인 황해도를 앞지르는 급제율을 보이고 있다는

것도 특이하다.

　한 가지 아쉬운 것은 문과급제자의 거주지가 영조 대 이후부터 처음으로 《방목》에 기재되고 있는데, 영조 대에는 급제자의 약 3분의 1만 거주지가 기록되고 있어서 지역별 급제자의 전체상을 알 수 없다는 점이다. 그래서 정조 대 이후의 상황과 비교할 수 없는 것이 유감이다. 하지만, 영조 대에 파악된 수치만을 가지고 본다면 역시 평안도가 8도 가운데 급제율이 가장 높다.

　3) 정조-철종 대 신분이 낮은 급제자의 지역분포

　정조에서 철종 대 문과급제자 전체의 출신 지역에 대해서는 앞에서 알아보았다. 그러면 이 시기 신분이 낮은 급제자의 지역분포는 어떠한가? 신분이 낮은 급제자 1,438명을 대상으로 지역별 인원을 알

지 역	정조 대	순조 대	헌종 대	철종 대	합 계
평안도	115명(14.8 %)	157명(14.96%)	65명(14.28%)	60명(12.73%)	397명(14.42%)
경상도	77명(9.9 %)	126명(12.01%)	60명(13.18%)	43명(9.12%)	306명(11.11%)
충청도	43명(5.53%)	74명(7.05%)	30명(6.59%)	17명(3.6 %)	164명(5.95%)
경기도	52명(6.69%)	50명(4.76%)	22명(4.83%)	25명(5.3 %)	149명(5.41%)
전라도	40명(5.14%)	47명(4.48%)	20명(4.39%)	28명(5.94%)	135명(4.9 %)
서 울	30명(3.86%)	53명(5.05%)	15명(3.29%)	18명(3.82%)	116명(4.21%)
함경도	26명(3.34%)	23명(2.19%)	13명(2.85%)	12명(2.54%)	74명(2.68%)
강원도	15명(1.93%)	18명(1.71%)	4명(0.87%)	3명(0.63%)	40명(1.45%)
황해도	3명(0.38%)	11명(1.04%)	3명(0.65%)	7명(1.48%)	24명(0.87%)
제주도	7명(0.9 %)	6명(0.57%)	-	9명(1.91%)	22명(0.79%)
미 상	4명	2명	-	5명	11명
합 계	412명	567명	232명	227명	1,438명

아보면 다음과 같다. 다만 급제자의 출신 지역이 기록되지 않은 11명을 제외한 1,427명을 대상으로 한다.

　위 표를 보면 정조에서 철종 연간에 전국에서 신분이 낮은 급제자를 가장 많이 배출한 지역은 397명을 배출한 평안도이고, 그 뒤를 경상도(306명), 충청도(164명), 경기도(149명), 전라도(135명), 서울(116명), 함경도(74명), 강원도(40명), 황해도(24명), 제주도(22명)가 따르고 있다.

　그런데 위 수치는 신분이 낮은 급제자의 지역별 인원을 가지고 순위를 매긴 것으로, 앞에서 소개한 각 지역 전체 급제자를 대상으로 하여 신분이 낮은 급제자의 비율을 알아보면 사정이 달라진다. 이제 신분이 낮은 급제자의 비율이 가장 높은 지역순으로 표를 만들어보면 다음과 같다.

지 역	전체 급제자	신분이 낮은 급제자	비 율
평안도	414명	397명	95.89%
제주도	24명	22명	91.66%
함경도	81명	74명	91.35%
전라도	154명	135명	87.66%
황해도	28명	24명	85.71%
경상도	395명	306명	77.46%
충청도	259명	164명	63.32%
강원도	64명	40명	62.5%
경기도	286명	149명	52.09%
서　울	1,025명	116명	11.31%

　위 표를 보면 평안도는 신분이 낮은 급제자의 인원이 서울 다음으로 8도 가운데 1위이지만, 평안도 전체 급제자 가운데 차지하는 비율

도 95.89퍼센트로 가장 높은 것을 알 수 있다. 그러니까 평안도 출신 급제자의 신분이 전국에서 가장 낮다는 뜻이다. 그 뒤를 제주도(91.66 퍼센트), 함경도(91.35퍼센트), 전라도(87.66퍼센트), 황해도(85.71퍼센트), 경상도(77.46퍼센트), 제주도(68.18퍼센트), 충청도(63.32퍼센트), 강원도(62.5퍼센트), 경기도(52.09퍼센트), 서울(11.31퍼센트)이 따르고 있다. 여기서 서울 출신의 비율이 11.31퍼센트로 다른 지역과 현격한 차이를 보이고 있는 것은 눈여겨볼 만하다. 서울 출신 급제자들의 약 89퍼센트는 집안이 좋은 가문에서 배출되었다는 것을 말해 준다.

위 사실을 뒤집어 말하면 서울 출신 급제자의 신분이 압도적으로 가장 좋고, 그 다음에 경기도, 강원도, 충청도, 경상도, 황해도, 전라도, 함경도, 제주도, 평안도 순으로 급제자의 신분이 높다는 것을 알 수 있다. 여기서 강원도 출신의 신분이 충청도, 경상도, 전라도보다도 높다는 것은 의외로 보인다. 제주도 출신의 신분이 경상도보다 높다는 것도 특이하다.

4) 정조-철종 대 신분이 낮은 급제자의 유형

정조에서 철종 대 신분이 낮은 급제자 1,438명 가운데는 여러 유형이 있다. 첫째, 《족보》 자체가 《청구》와 《만성》에 보이지 않는 급제자이다. 이들은 조상 가운데 벼슬아치가 거의 없고, 인구가 극히 적은 희성稀姓인 경우가 많다. 둘째, 《청구》와 《만성》에 《족보》가 보이지만 조상의 가계家系가 보이지 않는 급제자들이다. 이들은 희성이거나 또는 성관姓貫은 좋아도 직계 조상 가운데 벼슬아치가 없는 한미寒微한 신분으로 볼 수 있다. 셋째, 《족보》에 가계가 보이지만 본인 또는 아버지 윗대가 끊어져 있는 급제자들이다. 이들도 신분이 매우 한미하다는 것을 말해 준다. 넷째, 《족보》에 가계가 체계적으로 보이지만 직계 3대조와 외조 또는 3대조 윗대에도 여러 대에 걸쳐 벼슬아치가 보이지 않는 부류이다. 이들은 앞에 소개한 부류들보다는 상대적으로 신분이 좋다고 말할 수 있지만, 과거에 응시할 때 보단자保單子라는 신원보증서를 제출하도록 되어 있는 부류이다. 이른바 내외 4대조 가운데 현관顯官이 없는 부류이다. 흔히 이들은 과거응시가 불가능한 것처럼 알려져 있지만, 사실은 그렇지 않다는 것이 증명되고 있다.

그러면, 각 왕대별로 위 유형의 급제자들의 비율이 어떻게 변해 왔는지를 알아볼 필요가 있다. 다만, 번거로움을 피하여 첫째와 둘째 유형을 하나로 묶어 《족보》가 없는 급제자로 보고, 셋째와 넷째를 하나로 묶어 내외 4대조 가운데 벼슬아치가 없는 급제자로 분류하기로 한다.

왕 대	신분이 낮은 급제자	《족보》가 없는 급제자	내외 4대조에 벼슬이 없는 급제자	신원미상자
정조 대	412명	240명(30.88%)(58.25%)	168명(21.62%)(40.77%)	4명
순조 대	567명	332명(31.64%)(58.55%)	233명(22.21%)(41.09%)	2명
헌종 대	232명	149명(32.74%)(64.22%)	83명(18.24%)(35.77%)	
철종 대	227명	154명(32.69%)(67.84%)	68명(14.43%)(29.95%)	5명
합 계	1,438명	875명(31.79%)(60.84%)	552명(20.05%)(38.38%)	11명

비고: 앞의 비율은 전체 급제자 대비, 뒤 비율은 신분이 낮은 급제자 대비

위 표를 보면 정조에서 철종 대 《족보》 없는 급제자의 평균 비율은 전체 급제자의 31.79퍼센트, 신분이 낮은 급제자의 60.84퍼센트를

차지하고 있다. 한편, 내외 4대조 또는 그 위 여러 대에 걸쳐 벼슬아 치가 없는 급제자의 비율은 전체 급제자의 20퍼센트, 신분이 낮은 급 제자의 38.38퍼센트를 차지한다. 그러니까 《족보》가 없는 급제자의 비율이 내외 4대조 가운데 벼슬아치가 없는 급제자의 비율보다 약 11퍼센트 정도 높고, 신분이 낮은 급제자 가운데에서는 약 6대 4 정 도로 높은 것을 알 수 있다.

그러면 정조에서 철종 대의 이 수치는 앞 시기인 광해군에서 영조 대와 비교하면 어떠한가? 광해군에서 영조 대에는 신분이 확실치 않 은 급제자가 많아 이들을 제외하고, 《족보》가 없는 급제자의 비율은 평균적으로 전체 급제자의 19.65퍼센트, 신분이 낮은 급제자의 66.34 퍼센트를 차지하고 있으며, 내외 4대조 가운데 벼슬아치가 없는 급제 자의 비율은 전체 급제자의 9.43퍼센트, 신분이 낮은 급제자의 31.84 퍼센트를 각각 차지하고 있다. 그러니까 이 시기에도 《족보》가 없는 급제자의 비율이 내외 4대조 가운데 벼슬아치가 없는 급제자의 비율 보다 2배 이상 높다는 것을 알 수 있다.

위 두 시기의 차이를 정리하면, 정조에서 철종 대는 앞 시기보다 내외 4대조 가운데 벼슬아치가 없는 급제자의 비율이 한층 높다는 것을 알 수 있는데, 이는 바꿔 말하면 몰락양반으로 불리는 평민층의 급제율이 시대가 내려갈수록 상대적으로 높아졌다는 것을 뜻한다.

5) 정조-철종 대의 서얼 출신 문과급제자

정조에서 철종 대에 서자庶子로 확인된 문과급제자는 모두 6명인 데, 정조 대 2명, 순조 대 1명, 철종 대 3명이다. 이들 가운데 순조 대 1명만 벼슬을 받지 못했고, 나머지 5명은 벼슬을 받았다. 정조 대 급제자 정현조丁俔祖는 현감(종6품)에, 최수옹崔粹翁은 찰방(종6품)에 올랐다. 철종 대 급제자 3명은 모두 청요직에 올랐는데, 청풍김씨 김 기룡金基龍은 홍문관 수찬(정6품)을 거쳐 고종 대 형사국장刑事局長에 까지 올랐고, 풍천김씨 김붕래金朋來는 사헌부 지평(정5품)에 올랐으 며, 남양홍씨 홍찬섭洪贊燮은 승문원承文院의 벼슬을 받았다. 고종 대 신분제도가 무너지면서 청요직 벼슬을 얻은 것을 알 수 있다.

그러나 위에 소개한 서자 출신 6명은 《방목》이나 《실록》에서 확 인된 인물일 뿐이고, 확인되지 않은 인물 가운데에도 수많은 서자 출 신이 있을 것으로 짐작된다.

6) 자기 성관의 유일급제자나 첫 급제자

정조에서 철종 대 신분이 낮은 문과급제자 1,438명 가운데 자기 성 관의 유일한 급제자는 45명이고, 첫 급제자는 9명이다. 이 둘을 합친 54명은 전체 급제자의 1.95퍼센트, 신분이 낮은 급제자의 3.75퍼센트 를 차지한다. 광해군에서 영조 대에 각각 1.75퍼센트와 5.93퍼센트를 보였던 수치와 비교하면 전체 급제자 가운데서 차지하는 비율은 거 의 비슷하지만, 신분이 낮은 급제자 가운데 차지하는 비율은 정조에 서 철종 대에 오히려 낮아진 것을 알 수 있다. 이들의 명단을 왕대별 로 살펴보면 다음과 같다.

표를 보면 정조에서 철종 대 유일급제자와 첫 급제자 54명 가운데 정조 대가 21명으로 가장 많고, 순조 대가 20명, 헌종 대 10명, 철종 대 3명이다. 자기 성관에서 역사상 유일하게 문과급제자가 나왔거나

왕 대	유일급제자	첫 급제자	합계
정조 대(재위 24년)	19명	2명	21명
순조 대(재위 34년)	16명	4명	20명
헌종 대(재위 15년)	7명	3명	10명
철종 대(재위 14년)	3명	–	3명
합 계	45명	9명	54명

첫 급제자가 나왔다는 것에서 그 성관이 얼마나 한미한가를 알 수 있
다. 그런데 정조 대에 그런 급제자가 가장 많았다는 것은 이 시기에
하층민의 신분상승이 가장 활발했다는 증거이기도 하다. 특히 재위
기간이 순조 대보다 10년이 짧은 사정을 고려하면 더욱 그렇다.

이들 54명의 명단과 인적사항을 소개하면 다음과 같다.(*표는 첫
급제자)

유일급제자	출신지	벼 슬	본 관	인구(2000년 현재)		비 고
정조 대 21명						
김치간金致簡	평안도 순안		당악唐岳(중화)	1,743가구	5,464명	
유사평劉師玶	평안도 은산		충주忠州	497가구	1,597명	
이학연李學淵	함경도 안변		안산安山	1,184가구	3,667명	
이정일李鼎鎰	황해도 신천	봉사(종8)	화산花山	230가구	1,775명	베트남 귀화인
김종탁金宗鐸	함경도 정평	장령(정4)	청송靑松	504가구	1,641명	
김취행金就行	개성		웅천熊川	119가구	347명	
필성뢰弼聖賚	함경도 함흥	승문원	대흥大興	52가구	172명	
장지묵張志默	경기도 풍덕		지례知禮	97가구	318명	
최운한崔雲翰	평안도 삭주	장령(정4)	청송靑松	389가구	1,225명	입진성
임효원林孝源	함경도 명천		동래東萊	175가구	530명	
박창조朴昌朝	함경도 함흥		사천泗川	252가구	881명	
방재악方在岳	평안도 맹산		풍천豊川		1명	입진성

최치호崔致祜	평안도 운산		상주尙州	517가구	1,685명	
채일상蔡一祥	충청도 제천		이천利川	1가구	2명	
동방숙東方淑	평안도 위원	전적(정6)	진주晋州	30가구	98명	귀화인, 중시조
김온金瑥	평안도 순천		순천順川	147가구	431명	
부종인夫宗仁	제주		제주濟州	2,980가구	9,440명	
허형許珩	경기도 포천		원주原州	알 수 없음		
정익방鄭翼邦	평안도 희천		개성開城	428가구	1,313명	
이형李珩	함경도 함흥		용강龍崗	알 수 없음		
*유사평劉師玶	평안도 은산		충주忠州	497가구	1,597명	
*현기玄紀	함경도 경성	성균박사(정7)	연주延州	18,686가구	59,096명	

순조 대 20명

김희룡金熙龍	경상도 영천		용궁龍宮	3,325가구	10,660명	중인가문
임학문林鶴聞	평안도 가산		옥야沃野	196가구	626명	
김경리金景履	전라도 순천		계림鷄林	알 수 없음		
최석현崔錫玄	서울		직산稷山	250가구	768명	중인가문
전윤담全允淡	평안도 평양		전주全州	4,985가구	16,434명	중인가문
김광정金光鼎	전라도 영암		천안天安	442가구	1,494명	
이식李埴	평안도 요산		정주定州	1,010가구	3,320명	
배상인裵想仁	평안도 안주		공주公州	알 수 없음		
이원일李源一	경기도 통진		단성丹城	695가구	2,226명	
김조흠金祖欽	평안도 평양		하양河陽	1가구	1명	
최진경崔晋慶	함경도 경성		원주原州	550가구	1,709명	
윤서유尹書有	충청도 은진		청주淸州	157가구	532명	
김당金棠	평안도 안주		화성華城(수원)	105가구	340명	입진성
김치일金致一	평안도 평양	도사(종5)	시흥始興	알 수 없음		
최중식崔重湜	평안도 의주	좌랑(정6)	황주黃州	446가구	1,395명	
*최대식崔大寔	평안도 정주	도사(종5)	배천白川	291가구	823명	
*임건林堾	평안도 정주		안의安義	530가구	1,681명	
*최종환崔宗煥	평안도 정주		나주羅州	1,922가구	6,018명	
*김연金輦	평안도 선천		옥천沃川	215가구	723명	

헌종 대 10명					
최상유崔尙儒	개성		보령保寧	230가구 713명	
이호형李好亨	경상도 진보		월성月城	14,452가구 47,309명	
김정원金政源	함경도 종성		진천鎭川	580가구 1,885명	
김재두金載斗	서울		영동永同	5,349가구 17,120명	
박문홍朴文鉷	함경도 안변		영해寧海	7,985가구 25,189명	중인가문
초병덕楚秉惪	함경도 명천	대사간(정3)	성주星州	74가구 281명	명 말 귀화인
양정빈楊廷彬	경상도 밀양	현감(종6)	밀양密陽	1,369가구 4,477명	
*임익증林翊曾	함경도 길주		전주全州	1,328가구 4,273명	
*김용기金龍基	경상도 풍기	우통례(정3)	영천永川	1,100가구 3,540명	중인가문
*백홍수白弘洙	충청도 남포	찰방(종6)	남포藍浦	399가구 1,280명	
철종 대 3명					
천일성千馹成	경상도 청도	목사(정3)	안동安東	263가구 851명	왜란 중 귀화인
김진모金鎭模	평안도 영변	정언(정6)	정산定山	219가구 673명	
진명복晋命復	전라도 남원		남원南原	1,612가구 5,084명	향리가문

비고: 입진성入鎭姓은 조선 초기 남방에서 평안도로 강제로 이주한 성씨를 《세종실록》〈지리지〉에 그렇게 기록했다.

위 표를 보면 유일급제자나 첫 급제자 54명의 대부분은 인구가 적은 희성 출신이다. 2000년 현재 인구가 1천 명 미만의 성관이 20개에 이르고, 1만 명 이상의 성관은 5개에 지나지 않는다. 현재 인구를 알수 없는 성관도 5개요, 인구가 1명이나 2명인 경우도 있다. 현재의 인구가 극소한 경우는 다른 본관에 통합된 것으로 보인다.

유일급제자와 첫 급제자는 대부분 《청구》와 《만성》에 《족보》가 실려 있지 않아 조상의 신분을 확인할 수 없다. 조상 가운데 벼슬아치가 전혀 없거나, 있더라도 과거를 통하지 않고 얻은 하찮은 벼슬인 경우가 많다.

54명의 출신 지역을 보면 평안도 출신이 22명으로 가장 많고, 그 다음이 함경도 12명, 경기도 5명, 경상도 5명, 전라도 3명, 충청도 3명, 서울이 2명, 황해도와 제주도가 각각 1명이다. 여기서 평안도와 함경도를 합치면 34명으로 62.96퍼센트를 차지한다. 그러니까 유일 급제자의 절반 이상이 북방 지역 출신임을 알 수 있다.

성관의 뿌리를 알아보면 귀화인歸化人 성씨가 4개요, 《세종실록》 〈지리지〉에 향리로 되어 있는 성씨가 1명이요, 조선 후기의 중인가문이 5명이다.

특히 평안도 출신 22명 가운데는 《세종실록》 〈지리지〉에 입진성入鎭姓으로 되어 있는 성관이 3개이다. 이들은 조선 초기에 남방에서 평안도로 강제 이주당한 주민의 성씨다. 그런데 영조 대 편찬된 《여지도서》에 처음으로 등장하는 성관이 3개 있고 나머지 16개의 성관은 《여지도서》에 보이지 않는다. 따라서 이들은 급제자가 나온 뒤에 비로소 성관을 가진 것으로 보인다. 이들은 실제적으로는 자기 성관의 시조라고 볼 수 있다.

다음에 54명의 벼슬을 알아보면 15명만이 벼슬을 받아 취직률이 27.77퍼센트에 지나지 않는데, 대부분 고종 대에 이르러서다. 어느 계층보다도 취직률이 부진한 것을 알 수 있다.

7) 신분 때문에 논란을 일으킨 급제자

정조에서 철종 대 신분이 낮은 급제자 1,438명 가운데는 앞에서 소개한 서자 출신이나, 자기 성관의 유일급제자, 첫 급제자가 포함되어 있지만, 그 밖에 신분 때문에 대간臺諫의 서경署經이 거부되는 등 조정에서 문제를 일으킨 급제자들이 있다. 그런데 특이한 것은 광해군에서 영조 대와 비교하여 신분이 낮은 급제자들에 대한 대간의 서경 거부가 현저하게 줄어들었다는 사실이다. 이는 대간의 관리들 자체 가 신분이 낮은 자들이 많기 때문이다. 그 명단을 소개하면 다음과 같다.

〈정조 대〉

김서복金瑞復 경상도 영천榮川 사람으로 병과로 급제하여 외교문서 를 담당한 승문원承文院에 분관分館하도록 추천되었는데, 그를 추천한 관리가 탄핵을 받았다. 자격이 없는 자를 추천했다는 것이 그 이유였 다. 그런데 《풍산김씨보》를 보면 할아버지까지 가계는 보이나 아버 지와 김서복의 이름은 보이지 않는다. 아마도 서자인 듯하나 확실하 지 않다.

〈순조 대〉

홍구섭洪龜燮 경기도 양주楊州 사람으로 순조 4년 급제하여 벼슬이 사헌부 장령(정4품)에 임명되자 대간은 홍구섭의 지벌地閥이 낮다는 이유로 서경을 거부했으나 임금이 듣지 않았다. 《남양홍씨보》를 보 면 직계 4대조와 외조 가운데 벼슬아치가 없다. 하지만 남양홍씨가 지벌이 낮다는 것은 이해가 되지 않는다. 아마 다른 이유가 있는 듯 하다.

홍구섭洪龜燮 전라도 순창淳昌 사람으로 순조 15년 급제하여 벼슬이 세자시강원 관원이 되었는데, 사헌부는 홍구섭의 문학文學과 지벌이 낮다는 이유로 반대했으나 임금은 따르지 않았다. 《남양홍씨보》에는 그의 가계가 보이지 않는다.

〈헌종 대〉

조정조趙廷祖 평안도 정주定州 사람으로 벼슬이 찰방(종6품)을 거쳐 고종 대 성균관의 어느 자리에 올랐는데, 《배천조씨보》에는 조정조의 이름이 보이지 않는다. 《실록》을 보면 그는 관비官婢의 아들이라고 한다.[99]

이승택李承澤 경기도 포천抱川 사람으로 벼슬이 사헌부 집의(종3품)에 이르렀는데, 고종 대 홍문록弘文錄에 올리려 하자 사헌부는 이승택이 벌열閥閱이 아니라는 이유로 서경을 거부했다. 그가 세조의 후궁 소생 덕원군德源君의 12세손임에도 벌열이 아니라고 한 것을 보면, 신분에 심각한 문제가 있는 듯하다.

〈철종 대〉

안시협安時協 평안도 정주定州 사람으로 벼슬이 찰방(종6품)을 거쳐 고종 대 도정都正(정3품 당상관)에까지 올랐는데, 《실록》을 보면 안시협은 안주의 토족土族이라고 한다. 안주의 순흥안씨는 조선 후기에 급제자 26명을 배출했는데, 이들은 안주의 토족으로 불리고 있었음을 알 수 있다.

이석주李錫宙 경상도 안동安東 사람으로 벼슬이 고종 대 종정원경宗正院卿(정2품)에 이르렀는데, 이보다 앞서 홍문록에 올랐다가 대간의 반대로 취소된 일이 있었다. 이석주는 태종의 후궁 소생인 온녕군溫寧君의 14세손으로 처음으로 벼슬아치가 된 인물이다.

이붕순李鵬純 경기도 과천果川 사람으로 벼슬이 도사(종5품)를 거쳐

---

99)《고종실록》 권9, 고종 9년 5월 30일 계축.

고종 초에 홍문록에 올랐으나 사헌부는 이붕순이 왕족의 후손이지만 벌열이 아니라는 이유로 서경을 반대했다. 그는 태조의 아들 익안대군益安大君 이방의李芳毅의 18대손이다. 비록 9대조 가운데 벼슬아치가 없다고 하더라도, 벌열이 아니라고 한 것을 보면 어떤 신분적 하자가 있는 듯하다.

이수증李守曾 충청도 목천木川 사람으로 서얼 출신 실학자 이서구李書九의 문인이며 대원군의 심복이었다. 고종 초 홍문록에 오르자 사헌부는 이수증이 왕족의 후손이지만 벌열이 아니라는 이유로 반대하고 나섰다. 하지만 뒤에 참판(종2품)에까지 올랐다. 그는 세종의 후궁 소생 담양군潭陽君의 13세손으로 증조가 문과에 급제했음에도 벌열이 아니라고 한 것을 보면 서출인 듯하다.

이종학李從鶴 서울 사람으로 병과로 급제하여 청요직인 홍문관 부수찬(종6품)에 추천되었는데, 사헌부는 이종학이 문벌과 학문이 합당치 않다는 이유로 서경을 거부했다. 《전의이씨보》에는 그의 가계가 보이지 않는데, 전의이씨가 명문임에도 문벌이 낮다고 한 것은 그가 서자임을 말하는 듯하다.

8) 중인, 향임, 향리, 향인 출신

정조에서 철종 대 신분이 낮은 급제자 가운데는 기술직 중인가문에 속하는 급제자가 7명이고, 시골의 향임鄕任 출신이 1명, 향리집안 후손이 3명, 향인鄕人(시골사람) 출신이 1명이다. 이들의 명단을 소개하면 다음과 같다.

고응관高應觀 전라도 영광靈光 사람으로 정조 대 급제하여 벼슬이 사헌부 장령(정4품)에 이르렀는데,《실록》을 보면 동생은 영광의 좌수座首를 지낸 향임이었다고 한다. 따라서 고응관도 향임 집안 출신인데, 향임은 지방에서 중인을 자처하던 부류이다.

김희룡金熙龍 경상도 영천永川 사람으로 순조 대 급제했는데, 용궁김씨龍宮金氏에서 유일한 문과급제자이지만《용궁김씨보》에는 가계가 보이지 않는다. 그런데 용궁김씨는 조선 후기 수십 명의 기술직 중인을 배출한 집안이다.

최석현崔錫玄 서울 사람으로 순조 대 급제했는데, 본관이 직산稷山이지만《직산최씨보》에 가계가 보이지 않는다. 그런데 최석현의 아버지 최진옥崔振玉은 의과醫科급제자이므로 기술직 중인의 아들이다.

전윤담全允淡 평양平壤 사람으로 순조 대 급제했는데, 본관이 전주全州이지만《전주전씨보》에 전윤담의 가계가 보이지 않는다. 조선시대 문과급제자는 그가 유일하지만, 조선 후기에 기술직 중인을 수십 명 배출한 중인 집안이다.

방계영方啓霙 황해도 황강黃岡 사람으로 순조 대 급제했는데, 본관이 온양溫陽이지만《온양방씨보》에는 가계가 보이지 않는다. 온양방씨는 문과급제자 9명을 배출했지만 동시에 조선 후기에 1백 명 이상의 기술직 중인을 배출하여 중인가문으로 알려져 있다.

김조흠金祖欽 평양平壤 사람으로 순조 대 급제했는데, 본관은 하양河陽이다. 하양의 김씨는《세종실록》〈지리지〉에 속성續姓으로 향리를 하고 있다고 되어 있으므로 김조흠의 집안도 본래는 향리였음을 알 수 있다.《청구》와《만성》에는《하양김씨보》자체가 없으며, 조선시대 문과급제자는 그가 유일하다. 2000년 현재 인구는 1가구 1명이다.

안급인安扱仁 평안도 벽동碧潼 사람으로 순조 대 급제했는데, 아버지는 벽동의 향인으로 홍경래의 난 때 쌀 1백 석을 나라에 바치고 아들을 진중陣中으로 보내 의병들을 호궤犒饋했다고 한다. 그러니까 안급인은 벽동의 촌사람이지만 부자였다.《순흥안씨보》에는 그의 가계가 보이지 않는다.

김용기金龍基 경상도 풍기豐基 사람으로 헌종 대 급제하여 벼슬이 통례원 통례(정3품 당하관)에 이르렀는데, 본관이 영천永川이지만《청구》와《만성》에는《영천김씨보》자체가 없다. 김용기가 첫 급제자이다. 영천김씨는 조선시대 문과급제자 2명을 배출했지만, 기술직 중인 12명도 배출한 집안이다.

박문홍朴文釸 함경도 안변安邊 사람으로 헌종 대 급제했는데, 본관이 영해寧海이지만《영해박씨보》에 가계가 보이지 않는다. 조선시대 문과급제자는 박문홍이 유일하지만, 조선 후기 50여 명의 기술직 중인을 배출한 집안이다.

김대현金大鉉 평안도 의주義州 사람으로 헌종 대 급제하여 벼슬이 군수(종4품)에 이르렀는데, 본관이 대구大丘이지만《대구김씨보》자체가 없다.《세종실록》〈지리지〉를 보면 김씨는 대구의 속성續姓으로 향리를 하고 있다고 하므로 김대현의 집안도 본래 향리집안이었음을 알 수 있다.

김병수金秉洙 함경도 회령會寧 사람으로 철종 대 급제했는데, 본관이 삼척三陟이지만《삼척김씨보》에는 김병수의 가계가 보이지 않는다. 삼척김씨는 조선시대 문과급제자 8명을 배출했으나 동시에 조선 후기에 60명 이상의 기술직 중인을 배출한 집안이기도 하다.

진명복晋命復 전라도 남원南原 사람으로 철종 대 급제했는데, 본관이 남원이지만 《남원진씨보》에는 진명복의 가계가 보이지 않는다. 문과급제자는 그가 유일하며, 《세종실록》〈지리지〉를 보면 진씨는 남원의 토성土姓인 동시에 인리성人吏姓으로 되어 있어 남원의 향리 집안임을 알 수 있다.

9) 취직률

정조에서 철종 대 신분이 낮은 급제자 1,438명의 취직률은 어떠했을까? 먼저 《족보》 자체가 없거나 《족보》가 있더라도 《족보》에 가계가 보이지 않는 급제자(A형)와 《족보》에 가계가 보이더라도 내외 4대조 또는 그 윗대에도 여러 대에 걸쳐 벼슬아치가 보이지 않는 급제자(B형)의 취직률과 벼슬은 차이가 있다는 것을 유념할 필요가 있다. 각 왕대별로 취직률의 차이를 알아보면 다음과 같다.

왕 대	전체 취직률	A형 취직률	B형 취직률
정조 대	51.21%	23.98%	91.56%
순조 대	46.2 %	17.5 %	88.26%
헌종 대	48.27%	24.16%	91.56%
철종 대	57.26%	40.76%	94.28%
평 균	49.72%	24.54%	90.36%

표를 보면, 정조에서 철종 대 신분이 낮은 급제자의 평균 취직률은 49.72퍼센트로서 약 절반 정도가 벼슬을 받았다는 뜻이다. 그런데 이 수치를 A형과 B형으로 나누어 살펴보면 사정이 달라진다. A형의 취직률은 24.54퍼센트인 것과 달리, B형의 취직률은 90.36퍼센트로 약 3.7배 정도의 차이를 보이고 있다. 그러니까 신분이 상대적으로 좋은

급제자들이 취직률도 월등하게 좋다는 것을 알 수 있다.

그런데 49.72퍼센트의 평균적인 취직률을 각 왕대와 비교하면 다소간 차이가 보인다. 정조 대는 평균보다 다소 높은 51퍼센트대의 수치를 보이다가 순조와 헌종 대에는 평균을 밑도는 46~48퍼센트대로 내려가다가 철종 대에는 평균율을 크게 웃도는 57퍼센트대를 보이고 있다. 이렇게 철종 대의 취직률이 갑자기 높아진 것은 철종 대 급제자들이 대부분 신분제도가 무너진 고종 대에 벼슬을 받았기 때문이다.

A형과 B형의 취직률도 철종 대에 이르러 평균 취직률인 24퍼센트대를 크게 앞지르는 40퍼센트대를 보이고 있는데, 이 점도 또한 고종 대의 상황과 관련이 있다.

참고로, 광해군에서 영조 대의 평균 취직률은 81.11퍼센트를 기록하고 있어 정조에서 철종 대의 49.72퍼센트와 비교하여 월등하게 높은 수치를 보여 주고 있는데, 그렇다고 이 수치가 신분이동이 더 활발했다는 것을 증명해 주는 것은 아니다. 왜냐하면 광해군에서 영조 대에는 신분이 낮은 급제자의 평균비율이 29.62퍼센트로서 정조에서 철종 대의 평균 비율인 52.25퍼센트에 견주어 월등하게 적기 때문이다. 다시 말해, 정조에서 철종 대에 신분이 낮은 자의 급제율은 전보다 1.8배 가까이 높아지고, 취직률은 61퍼센트 정도로 낮아진 것이다.

10) 벼슬의 성격

앞에서 정조에서 철종 대 신분이 낮은 급제자의 취직률에 대해 알아보았다. 그러면 벼슬을 받은 급제자 933명은 어떤 종류의 벼슬을

받았을까? 이들이 받은 벼슬도 《족보》에 오르지 못한 급제자(A형)
218명과 내외 4대조 또는 그 위의 여러 대에 걸쳐 벼슬아치가 없는
급제자(B형) 497명 사이에 차이가 있다. 따라서 두 유형을 나누어 벼
슬의 실태를 알아보면 다음과 같다.

(1) A형의 벼슬

판윤判尹(정2품)	1명(평안)
참판參判(종2품)	2명(서울, 전라)
궁내부 특진관(2품)	1명(경상)
장례원소경掌禮院少卿(종2품)	1명(경기)
시종원부경侍從院副卿(종2품)	1명(전라)
사헌부 대사헌大司憲(종2품)	1명(경기)
참의參議(정3품 당상관)	7명(평안 3명, 경상 2명, 함흥, 황해)
참지參知(정3품 당상관)	3명(함경, 개성, 제주)
사간원 대사간大司諫(정3품 당상관)	9명(평안 2명, 전라 3명, 강원, 서울, 경상, 미상)
승정원 승지承旨(정3품 당상관)	1명(경상)
통정대부通政大夫(정3품 당상관)	1명
돈녕부 도정都正(정3품 당상관)	1명(평안)
목사牧使(정3품 당상관)	1명
1~정3품 당상관	30명
통례원 통례通禮(정3품 당하관)	11명(평안 2명)
감인정監印正(정3품 당하관)	2명(평안 2명)
봉상시정奉常寺正(정3품 당하관)	1명
사간원 사간司諫(종3품)	8명(평안 2명)
사헌부 집의執義(종3품)	3명(평안 1명)
부사府使(종3품)	2명
정3품 당하관~3품	27명
사헌부 장령掌令(정4품)	30명(평안 18명)

시강원 필선弼善(정4품)	1명
첨정僉正(종4품)	1명(평안)
군수郡守(종4품)	7명(평안 4명)
경력經歷(종4품)	1명(평안)
정랑正郎(정5품)	2명
사헌부 지평持平(정5품)	31명(평안 7명)
사간원 헌납獻納(정5품)	4명(평안 1명)
의정부 검상檢詳(정5품)	1명(평안)
홍문관 교리校理(정5품)	1명
성균관 직강直講(정5품)	1명
도사都事(종5품)	4명(평안 1명)
현령縣令(종5품)	2명
종부시령宗簿寺令(종5품)	1명(평안)
전사관典祀官(종5품)	1명(평안)
사간원 정언正言(정6품)	15명(평안 6명)
성균관 전적典籍(정6품)	4명
좌랑佐郎(정6품)	3명(평안 2명)
홍문관 수찬修撰(정6품)	2명
겸춘추兼春秋(종6품)	2명
현감縣監(종6품)	10명(평안 2명)
찰방察訪(종6품)	18명(평안 6명)
부사과副司果(종6품)	4명(평안 1명)
홍문관 부수찬副修撰(종6품)	1명
지구관知彀官(6품)	1명
4~6품	148명
승정원 주서注書(정7품)	2명
성균관 박사博士(정7품)	1명
봉사奉事(종8품)	1명
부봉사副奉事(정9품)	1명
춘추관 기사관記事官(7~9품)	1명
승문원承文院(품계미상)	2명(평안 1명)

시강원侍講院(품계미상)	1명
홍문록弘文錄	3명
초계문신抄啓文臣	1명
7~9품	13명
합 계	218명

표를 보면, 벼슬을 받은 218명 가운데 정3품 당상관 이상에 오른 급제자는 모두 30명이고, 정3품 당하관 이하에 오른 급제자는 27명이며, 이 둘을 합치면 3품 이상에 오른 급제자는 모두 57명이다. 그런데 벼슬의 성격을 보면 1품직인 의정부 정승政丞과 정2품직인 6조 판서判書는 단 1명도 없다. 최고위직은 정2품 판윤으로, 판서와 품계는 같지만 실권은 약하다. 그래도 종2품직인 참판이 2명, 정3품 당상관인 참의와 참지가 10명에 이른다.

3품 이상에 오른 57명의 급제자 가운데 평안도 출신은 13명으로, 그들이 받은 벼슬은 판윤(정2품) 1명, 참의(정3품 당상관) 3명, 사간원 대사간(정3품 당상관) 2명, 통례원 통례(정3품 당하관) 2명, 감인정(정3품 당하관) 2명, 사간원 사간(종3품) 2명, 그리고 사헌부 집의(종3품) 1명이다. 그러니까 언관직에 오른 인물이 5명이다.

4품에서 6품에 이르는 참상관參上官에 오른 급제자는 모두 148명으로 직종별로 보면 사헌부, 사간원 등 언관직에 오른 인물이 80명으로 가장 많은데, 그 가운데 평안도 출신이 32명을 차지하고 있다. 평안도 출신 급제자가 언관직에 활발하게 진출하고 있음을 알 수 있다.

언관직 다음으로는 현령, 군수, 경력, 도사, 현감, 찰방 등 지방관이 42명으로 많은데, 그 가운데 평안도 출신이 14명을 차지하고 있다. 요직에 해당하는 6조 낭관郞官(5~6품)이나 홍문관, 규장각, 예문관 등 청직에 나간 벼슬아치는 매우 적다는 것을 알 수 있으며, 평안도 출신은 좌랑(정6품)에 2명이 진출했을 뿐이다.

7품에서 9품에 이르는 참외관參外官은 모두 13명에 지나지 않는다. 그러나 홍문관, 규장각의 초계문신, 승정원과 승문원 등 청직에 나간 급제자도 보인다.

(2) B형의 벼슬

정조에서 철종 대 B형에 속하는 급제자 가운데 벼슬을 받은 급제자는 497명으로 이들이 받은 벼슬을 최고품계순으로 인원을 정리해 보면 다음과 같다.

판의금부사判義禁府事(종1품)	3명
지의금부사知義禁府事(정2품)	1명
궁내부 특진관特進官(2품)	1명
종정원경宗正院卿(정2품)	1명
장례원경掌禮院卿(정2품)	1명
판서判書(정2품)	9명
참판參判(종2품)	26명
부윤府尹(종2품)	4명
사헌부 대사헌大司憲(종2품)	1명
홍문관 제학提學(종2품)	1명
오위장五衛將(종2품)	1명(평안)
승정원 승지承旨(정3품 당상관)	46명
참의參議(정3품 당상관)	20명
병조참지兵曹參知(정3품 당상관)	4명
사간원 대사간大司諫(정3품 당상관)	35명
돈녕부 도정都正(정3품 당상관)	7명

성균관 대사성大司成(정3품 당상관)	1명
통정대부通政大夫(정3품 당상관)	2명
목사牧使(정3품 당상관)	1명
1~정3품 당상관	165명
형사국장刑事局長(정3품)	1명
통례원 통례通禮(정3품 당하관)	13명
시정寺正(정3품 당하관)	3명
장악원정掌樂院正(정3품 당하관)	1명
사간원 사간司諫(종3품)	19명
사헌부 집의執義(종3품)	8명
부사府使(종3품)	6명
정3품~종3품	51명
사헌부 장령掌令(정4품)	35명(평안 3명)
홍문관 응교應敎(정4품)	1명
시강원 필선弼善(정4품)	1명
군수郡守(종4품)	7명
정랑正郎(정5품)	3명
홍문관 교리校理(정5품)	21명
사헌부 지평持平(정5품)	43명
사간원 헌납獻納(정5품)	11명
시강원 문학文學(정5품)	3명
경연 시독관侍讀官(정5품)	1명
도사都事(종5품)	9명
영令(종5품)	3명(평안 1명)
판관判官(종5품)	1명
교서관 교리校理(종5품)	2명
홍문관 수찬修撰(정6품)	2명
시강원 사서司書(정6품)	1명
좌랑佐郎(정6품)	18명
사간원 정언正言(정6품)	72명
성균관 전적典籍(정6품)	8명

사과司果(정6품)	1명
서장관書狀官(4~6품)	1명
찰방察訪(종6품)	10명
현감縣監(종6품)	7명
주부主簿(종6품)	1명
선전관宣傳官(종6품)	1명
전사관典祀官(4~6품)	1명
벼슬 미상(6품)	1명
4~6품	265명
성균관 박사博士(정7품)	1명
승정원 주서注書(정7품)	6명
직장直長(종7품)	1명
교서관 정자正字(정9품)	6명
승문원 정자正字(정9품)	1명
참봉參奉(종9품)	1명
7~9품	16명
합 계	497명

표를 보면 정3품 당상관 이상 벼슬을 받은 급제자는 165명이고, 당하관은 51명으로 이를 합치면 3품 이상에 오른 급제자는 216명으로 497명 가운데 43.46퍼센트를 차지한다. 이 수치는 앞에서 설명한 A형 급제자의 26.14퍼센트에 견주어 17.32퍼센트가 높은 수치다. 그만큼 B형 급제자들이 A형 급제자들보다 우대를 받았음을 알 수 있다.

당상관에 오른 165명의 벼슬을 살펴보면 의정부 정승은 한 사람도 없지만, 정승에 해당하는 판의금부사(종1품)가 3명을 차지하고 있다는 점이 눈여겨볼 만하다. 행정실권자인 6조 판서(정2품)가 9명, 참판(종2품) 26명, 참의(정3품 당상관)와 참지(정3품 당상관) 24명으로 이를 합치면 59명에 이르러 35.75퍼센트를 차지하고 있는 것도 대단하다.

A형 급제자에 판서가 단 1명도 없는 것과 비교된다. 그 다음으로는 승정원 승지(정3품 당상관)가 46명, 사간원 대사간(정3품 당상관)이 35명으로 큰 비중을 차지하고 있다.

4품에서 6품에 이르는 참상관은 265명으로, 그 가운데 가장 많은 벼슬은 사간원 헌납(정5품)이 11명, 정언(정6품)이 72명으로 이를 합치면 83명에 이르고, 여기에 정3품 당상관인 대사간 35명을 합하면 무려 118명에 이른다. 사간원 다음으로 많은 벼슬은 사헌부로서 장령(정4품) 35명과 지평(정5품) 43명을 합하여 78명에 이른다. 이상 사간원과 사헌부를 합하면 161명으로 265명 가운데 60.75퍼센트를 차지하고 있다. 그 나머지 벼슬 가운데 6조의 요직인 정랑(정5품)과 좌랑(정6품)은 각각 3명과 18명으로 이를 합하면 21명에 이른다. 여기에 청직淸職의 핵심 벼슬인 홍문관에도 응교(정4품) 1명, 교리(정5품) 21명, 수찬(정6품) 2명, 도합 24명이 진출하고 있는데, 이런 현상도 A형 급제자와는 매우 다르다.

7품에서 9품에 이르는 참외관參外官은 497명 가운데 겨우 16명에 지나지 않아, 218명 가운데 13명에 이르렀던 A형 급제자와 견주어 한층 우대를 받았음을 알 수 있다.

(3) 광해군−영조 대와의 비교

정조에서 철종 대 신분이 낮은 급제자의 취직 상태를 광해군에서 영조 대와 비교하면 어떤 차이가 있을까? 먼저 취직률을 비교하면 광해군에서 영조 대는 81.11퍼센트의 높은 취직률을 보이고 있었으나, 정조에서 철종 대에는 49.72퍼센트로 내려간 것이 다르다. 그 이유는, 앞에서도 설명했듯이, 급제자의 증가와 더불어 정조에서 철종 대에는 B형 급제자의 취직률이 90퍼센트를 넘고 있는 것과 달리, A형 급제자의 취직률은 24.54퍼센트로 급격히 떨어진 데 있다.

그러면 3품 이상에 오른 급제자의 비교는 어떠한가? 광해군에서 영조 대에는 15.14퍼센트를 보였으나, 정조에서 철종 대에는 38.18퍼센트로 오히려 2배 이상 높아지고 있다. 하지만 정조에서 철종 대 A형과 B형을 비교해 보면 A형은 26.14퍼센트, B형은 43.46퍼센트로 둘 사이에 차이가 크다. 어쨌든 정조에서 철종 대에는 취직률이 전보다 낮아졌지만, 고관으로 올라가는 비율은 오히려 높아졌다는 것을 알 수 있다.